タヌーヒー
al-Tanūkhī

森本公誠 訳
Kosei Morimoto

イスラム帝国夜話

Nishwār al-muḥāḍara wa-akhbār al-mudhākara

上

岩波書店

目次

凡例

一　本書『イスラム帝国夜話』は、タヌーヒー Abū ʻAlī al-Muḥassin b. ʻAlī al-Tanūkhī（九三八―九九四）の原題『座談の粋《すい》として記憶すべき数々の物語』*Nishwār al-muḥāḍara wa-akhbār al-mudhākar*（略称『座談の粋』）のアラビア語原典からの翻訳である。

二　本書の底本は、一九七一―七三年、アッブード＝シャールジー ʻAbbūd al-Shāljī によって校訂出版された八巻本のベイルート版である。シャールジー氏は世界各地に現存するタヌーヒーの写本のマイクロフィルムを取り寄せ校訂したという。ただし、タヌーヒーの原典は一一巻からなっていたが、写本で現存するのは第一、第二、第三、第八の四巻のみである。第四巻から第七巻までは、タヌーヒーを引用している後世の著述からシャールジー氏が復元したものである。したがって、写本が現存している四巻については、極端に短い逸話か理解が行き届かない詩文などを除いて、できるだけ全訳することを心掛けた。しかし、第四巻から第七巻までの四巻については、訳者が興味深いと思った逸話のみ翻訳した。なおシャールジー校訂版の第一巻から第三巻まで（ただし欠落部分が多い）と第八巻に当たるマルゴリウス校訂版 ed. D. S. Margoliouth（ロンドン、一九二一年。ダマスクス、一九三〇年）も適宜参照した。

三　タヌーヒーはみずから序文で述べているように、逸話の内容を分類したり章立てにしたりして記述するという方式を採らず、各巻とも百数十の逸話を切れ目なく紹介している。したがって各巻で取り上げた逸話の内容なり並べ方なりについて、タヌーヒーの意図がどこにあるのか読者にとっては非常にわかりづらい。そこでシャールジー氏は逸話のすべてに番号を振り、表題を掲げた。本書で各逸話の末尾に（　）内で示しているのはシャールジー氏の付した巻数と逸話番号である。ただし表題についてはシャールジー氏のそれを採用せず、日本の読者になじみやすいように訳者が逸話の主旨を勘案して示した。また逸話が前話を受けるなど関連がある場合には、同じ表題内で複数の逸話を列記した。

四　本書はイスラム学の専門家のみならず、広く一般の読者をも予想するものであるため、原文の理解のうえから必要と思われる箇所については適宜註記を設けた。また同様の理由から、固有名詞などのローマナイズを本文中に組み込むことを避け、その代わり人名・地名や歴史的な語彙で必要なものについては、できるだけ初出箇所に註記で示し、後出の逸話では註記でローマナイズを示すとともに初出の註記の巻数と逸話番号を付記した。

五　アラブ人の名前は伝統的な好みから同名異人が多く、そのため古来さまざまな呼び方が併用され複雑である。同名者を識別する方法には、㈠クンヤ(尊称)、㈡ラカブ(あだ名)、㈢ニスバ(出身地、部族、職業などによる)がある。クンヤ名とは息子の名前のまえにアブーを付け、父親の呼び名とする(母親ならばウンム)方法で、たとえば息子がムハンマドならば、父親はアブー＝ムハンマドと呼ぶ。会話ではお互いは本名で呼ぶのを避け、クンヤ名を用いる。ただし地位の高い目上の人が呼ぶ場合には、クンヤ名でなく本名を用いることがある。

一方、息子は父親の名前のまえにイブン(娘ならばビント)を付け、たとえば父親がアブドッラーならば、その息子はイブン＝アブドッラーと呼ぶ。さらにクンヤ名以外でも同様なことがあるので、同一人物が別名で表記されることがしばしば起こる。その誤謬を避けるために著名な人物の場合にはおのずと通名が生まれる。本書ではそうしたアラブ人の人名事情を斟酌し、本文中では複雑さを避けるために可能な限り通名で表記することを心掛けた。もっとも、しばしば登場する人物で適当な通名がない場合には、本書限りの簡略名を用いた。いずれの場合も別人との誤謬を避けるために、註記に正確な本名のフルネームをローマナイズで示した。

六　固有名詞のカナ表記はなるべく発音に留意することにしたが、語頭にくる冠詞の「アル」は慣例に従って省略した。

七　当時の貨幣にはディーナールで呼ばれる金貨とディルハムで呼ばれる銀貨があり、金銀両本位制であった。本書でもしばしば両者の単位による数字が登場するが、混同しないようディーナールには「金」を、ディルハムには「銀」を補って示した。なお当時の金銀対価はおよそ一五対一であるが、時代によって変動があり、逸話のなかには一ディーナールが二〇ディルハムに相当している場合がある。

八　本文中に用いた括弧のうち、〔　〕は註記がなければ訳者自身による語句の補足、（　）は主として語彙の説明、『　』は原則として書名を示し、また《　》はコーランの章句、それに続く（　）内の数字はその章と節の番号を示す。コーランの節番号はカイロ版に従った。また、会話文・引用文は「　」で括り、その中にさらに会話文が含まれる場合は『　』さらに〃　〃で括った。

【詳細目次】

第一巻

第二巻

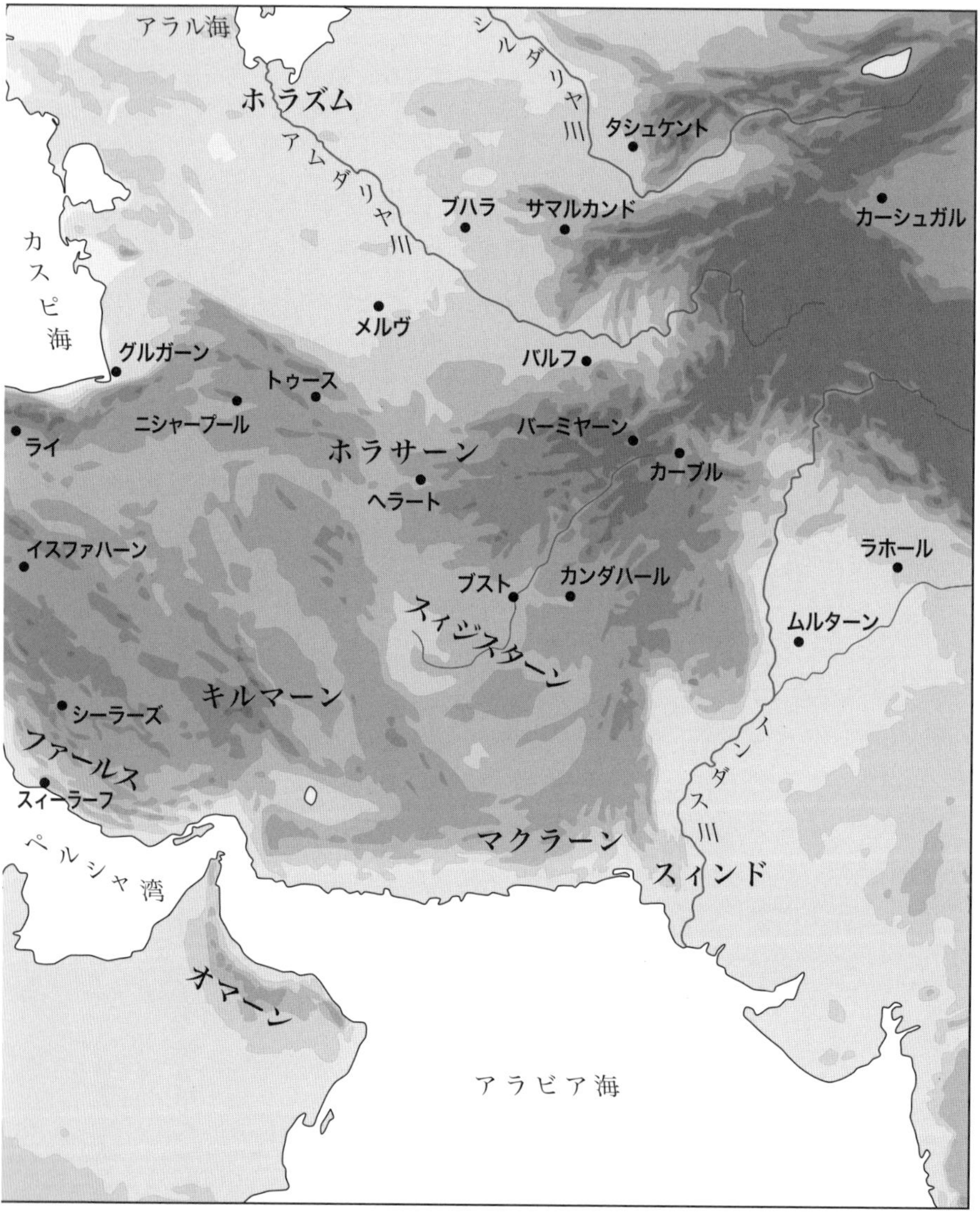
アラル海
ホラズム
シルダリヤ川
アムダリヤ川
タシュケント
ブハラ
サマルカンド
カーシュガル
カスピ海
メルヴ
グルガーン
バルフ
トゥース
ニシャープール
ライ
ホラサーン
バーミヤーン
カーブル
ヘラート
イスファハーン
ラホール
ブスト
カンダハール
スィジスターン
ムルターン
キルマーン
シーラーズ
ファールス
スィーラーフ
インダス川
ペルシャ湾
マクラーン
スィンド
オマーン
アラビア海

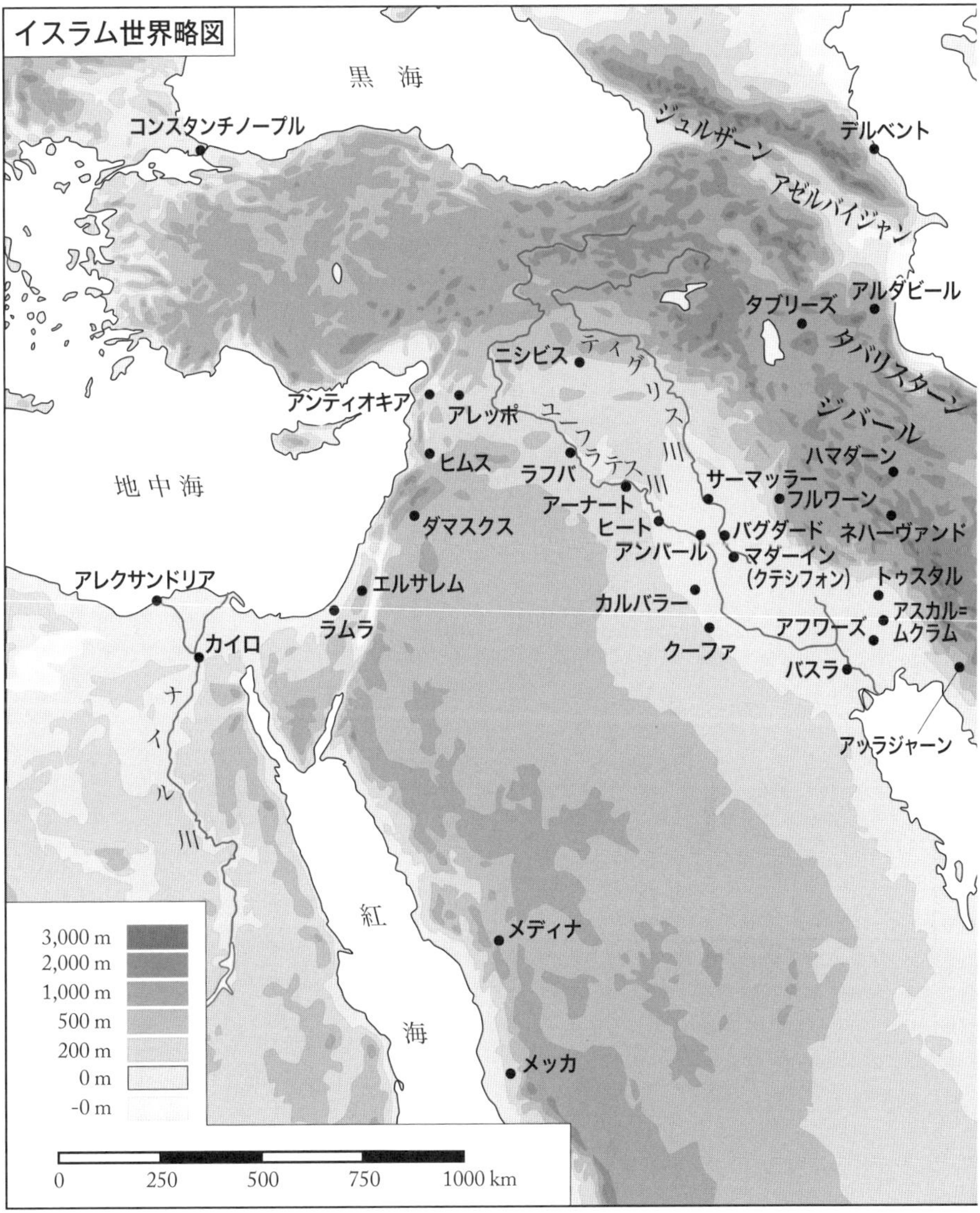
イスラム世界略図
黒海
コンスタンチノープル
ジュルザーン
デルベント
アゼルバイジャン
アルダビール
タブリーズ
タバリスターン
ジバール
ニシビス
ティグリス川
アンティオキア
アレッポ
ユーフラテス川
ヒムス
ラフバ
ハマダーン
地中海
サーマッラー
フルワーン
アーナート
ダマスクス
ヒート
ネハーヴァンド
アンバール
バグダード
マダーイン
（クテシフォン）
アレクサンドリア
エルサレム
トゥスタル
カルバラー
アスカル＝
ムクラム
ラムラ
アフワーズ
カイロ
クーファ
バスラ
ナイル川
アッラジャーン
紅海
メディナ
メッカ
3,000 m
2,000 m
1,000 m
500 m
200 m
0 m
-0 m
0
250
500
750
1000 km

バグダード（アッバース朝時代）

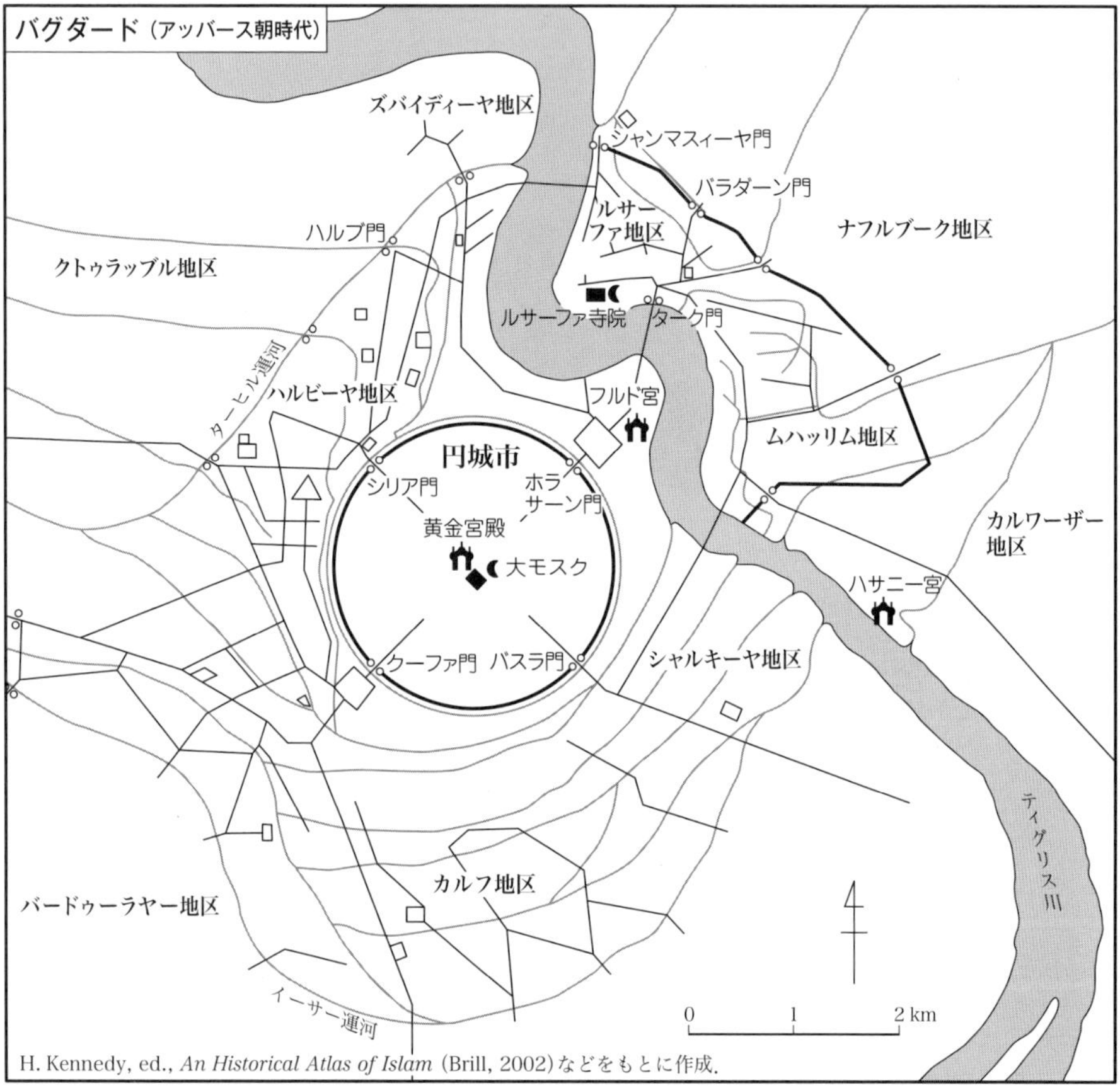

H. Kennedy, ed., *An Historical Atlas of Islam* (Brill, 2002) などをもとに作成.

第一巻

序文

唯一なる正義の神〝アッラー〟に称えあれ。最後の使徒にして預言者ムハンマドならびに清純と美徳の持ち主たる素晴らしき彼の家族に神の祝福あらんことを。

本書は、私が人々の口から直接聞いて集めた物語集である。それはさまざまな社交の集まりで語り継がれるものであり、大部分はこれまで人々の心に留めおかれるだけで、紙に書き留められることはほとんどなかった。私はこの種の物語が書物の形になったというのをあまり聞いたことがない。普通の習慣では、似たようなことが起こって話を求められたりやむをえず尋ねられたりしたとき、話されるのを聞いて記憶に留めるだけである。

おそらく読者は、本書が歴史や物語や伝承を書物にするさいの、文人たちのあいだでは決まり切った叙述の方法というものから外れているのを見て、本書をあまり評価しないかもしれない。とりわけ私がこれを書物にしようとした理由を知らなければなおさらであろう。これは私が以前、有徳の長老たちや教養ある学者たちと集って得たものである。彼らは、さまざまな信仰共同体の物語や諸王とか国家とかの年代記をよく知り、諸民族の長所や短所、美徳や悪徳を記憶に留め、以下に列ねるようなさまざまな人たちの、実にあらゆる種類の不思議で興味ある事件を目撃した人々なのである。

王、カリフ、書記、宰相、君侯、総督、諸侯、大人《たいじん》、碩学、知性の人、物惜しみせぬ人、けちんぼ、高慢ちき、貴人、才人、喋り屋、廷臣、座談家、侍臣、利口な人、機敏な人、気前よい人、寛大な人、愚か者、お人好し、哲学者、賢人、神学者、大学者、伝承家、法学者、思想家、偏向家、教養人、文人、随筆家、雄弁家、ラジャズ[*1]調詩人、説教師、韻律学者、詩人、系図学者、語り部、記憶家、預言者物語家、言語学者、文法家、公証人、法官、後見人、行政官、役人、能吏、騎士、栄光の人、勇士、軍人、部将、狩人、漁師、密偵、情報官、中傷家、謗《そし》り屋、本屋、先生、会計家、写字生、官吏、庁吏、豪農、農夫、地租納税地主、耕作者、百姓、辻占い師、藪医者、講談師、隠遁者、敬神者、庵主、山野の苦行者、信心家、聖者、高潔な人、世捨て人、入門者、修行者、崇拝者、奉仕者、遊行者《ゆぎょう》、隠者、スーフィー[*2]行者、苦行者、導師、礼拝布令役人、コーラン読師、コーラン唱師、秀才、学才、身体障害者、金持ち、破産者、愚者、知的障害者、聡明な人、先見者、食わせ者、抜け目ない人、徒党の人々、刀使い、追剥ぎ、泥棒、放浪者、外地移動者、道楽者、無頼漢、骰子《さいころ》賭博師、チェス指し、頓智《とんち》者、皮肉屋、夜伽《よとぎ》話手、道化師、噺家、おどけ者、相続人、浪費家、居候、物乞い、食客、大酒飲み、飲み仲間、歌い女、歌手、踊子、女装屋、女将、歌姫、歌姫買い、聴衆、冗談言い、離婚を重ねる人、狂人、大ばか者、間抜け、思索家、謎言《めいげん》者、誘惑者、うつ病患者、手品師、奇術師、異端者、自称予言者、医者、占星家、眼医者、瀉《しゃ》血《けつ》師、内科医、外科医、傷手当師、粉薬師、占い師、星占い師、籤運勢師、謎言占い師、巡回賭博師、夢占い師、乞食、物もらい、幸運者、不運者、飛脚、旅行者、歩行者、旅人、水泳者、潜水夫、舟子、水夫、船乗り、旅先案内人、職人、工人、金満家、貧者、商人、富者、器量よし、姫、女中、石屋、獣屋、薬売り、魔術師、妖術家、諺師、まったくの偶然とか、不思議な夢見とか、世にも
　気高い物語とかいったことの、二人とない体験者

その他ここには善人や悪人、得した人や損した人、東方や西方の、あるいは遠方や近在の、定住民や遊牧民、あるいは砂漠の人や都会の人の、さまざまな話が含まれている。

私が〔本書に〕引用した話題の人物たちは、常の座談のなかでその話を語ったのであり、そこに機智と教養を光らせ、学問や知恵の持ち主たる聞き手を退屈させないかと恐れ、時には〔長話で〕泊りになるのを断ったり話に誘ったりしながらも、同席の縁を結び、次第に打ちとけ、この世の過去と現在のさまざまな物語を吟味し、人々の伝記や事件を互いに述べ合い、見聞したことの内容を比較して、その行為や移りやすさを非難し、行動を推し測り、また不思議なことを語ってくれたのであった。そのさい、彼らは話の内容やその赴くところに従って、さまざまな語り方で話をしてくれ、それを私はすぐに記録し、何かのさいの私の手本とし、為としたのである。

その後何年かが経ち、本書の資料提供者となってくれた多くの長老たちが死没し、同類の者でも生き残っている者はわずかとなった。そうした彼らの死は、もし語られた内容が記録されていなければ、その話も死んでしまうことを意味するものであった。それに、今日の諸王や諸侯の立ち居振舞いには、これらの物語に含まれている気高さといったような美徳が見られなくなった。もし同様のことが目にできたならば、先人たちの逸話を記録し文章を整えるようなことはしなくても済むのであるが、その振舞いたるやこれらの物語が示す先人たちの振舞いや性質、気質、行動とはまったく対照的なもので、国家の統治者や有力者の面前で、これら生き残りの長老たちが記憶しているこの種の話、とりわけ気前よさにかかわることとか品のよさを示すこととか、とてつもない裕福、野心の大きさ、度量の広さ、日常生活の豊かさ、心の寛大さといったことに触れる話をしても、それは嘘だと非難し、撥

ねつけ、そんなことは起こりそうもない作り話か誇大妄想だと決めつける。彼らの脳裏はこうした美徳や品格といったことを浮かべることができず、これらの善性や善行に近づく行為をするほどの十分な度胸はないのである。

しかも、それはこの今日、学問の教育にかかずらっている学者や教養と理解力の養成に携わっている文人たち、真面目であるかないかはともかく、それぞれの学問や学芸の分野、また技術の分野で熟達した有徳の人々のうちには、思いつきの素晴らしさや心の内外の美しさ、従事している事柄に対する習熟の度合いや優秀さの点で、かつての時代に生まれた先人たちよりもいっそう進んだ者が大勢いるにもかかわらずである。そんな彼らでさえ、今日の王者からは敬意は表されることがあっても、褒美は貰えず、科料に処せられたり借金の重荷を負わされたりしないだけで、ぎりぎりの生活ができるだけである。王者らはそんなことに興味を示さず、時に一瞥するに過ぎない。それは今日の時代の没落のためであり、かつての御世は遠くに隔たってしまったからである。人々の気質はすっかり変わり、かつての立ち居振舞いは古びたものになってしまった。勉学への願いは失われ、そうした大望は無用のものとなり、庶民は生活に忙しくて関心なく、王者は殺戮の残忍さに喜びを感じている。我々は伝承に語られている、時代はますます悪く、人々は困窮のひどさに喘《あえ》ぎ、もはや人類の悪に審判の時が来るしかない、そのような時世に出会っているのである。ムタナッビー[*3]はこの今日の状況を叙して私に美しい詩でかく詠じてくれた。

子らには　時はやがてくる青春の喜び
だが我らが時は　老いの悲哀をもたらす

さて幾年かの無沙汰ののち、ヒジュラ暦三六〇年(西暦九七〇)に、私がバグダードの寄合いに出席してみると、そこにはかつてのような人々の群れはなく、座談で賑わい輝くこともなくなっていた。かつての長老たちの生き残りと会い、座談を交わしたが、私が記憶していた逸話は古びたものとなって数も少なく、流布しているものは趣旨が変わってしまっていた。事実、私がかつて聞いた話は、語られるあいだにその多くが意味を混同され台なしとなっており、私が忘れてしまったものこそ——たとえ記憶に留めていたとしても——この種の座談、会合の話題の種に相応しいものであることに気づいたのである。そこで私はかつての記憶を呼び起こし、私が聞いたこの種の話のすべてを書き下ろし、それに読者の興をそそるよう、当今の詩人や洗練された書記とか文人とかの詩、現代の人の散文、随筆、独創的な書簡文、美しい韻文や散文などを挿入した。詩文にしろ散文にしろ、こうした作品は人々の手になく、その詩文集が繰り返し筆写されることも、その有益な趣旨が繰り返し引用されることもないようなものである。またこうして書き下ろした逸話には、最新の諺や新しい格言、金言、あるいは近年生まれたばかりの名言も付け加えた。それは当今も、学問や文学のさまざまな分野で、かつての時代と同等かあるいはそれ以上の多くの才人やすぐれた人物を輩出していることを知ってもらいたいためである。

しかしながら、かつての王朝の人々による庇護が文芸の光輝をもたらしたのに対して、今日の王者による消極的態度は文芸を日蔭に押しやってしまっている。今日の治世下でなされた立派な行為が埋もれ、諸王の物語が疎《うと》まれるのはこのためであり、今日に起こったさまざまな珍しい事件が年代記から脱け落ちてしまっているのもこの故である。それというのも、文才ある人は、自分にとってなんの得にもならないのであれば、他人の栄光を讃えることに生涯を費やしたり頭を悩ませたりしないものである。王や有力者、諸侯や金満家の多くは、こうした文才のある人々に対して気前よく与えようとしないので、彼らもまた、王者らの偉業を永遠に残す詩や賛辞を作ったり、随筆や書物を草したりする気になれない。王者らはけちで、文才ある人々は怠け者である。双方ともその分を果たすことに投げやりかその気もないかである。

しかしながら、実は我々の時代かその少し以前の時代に、おそらくはかつての先人たちにとって、ほとんど難解で近づき難いものだっただろう学問の秘密が顕わとなり、精神活動の細部が明らかとなってきている。そのうえ、この我々の時代に、これまで経験したことのなかったようなさまざまな大事件や大変な出来事、驚くべき変革、異常な突発事件が起こり、綿密な策略、よく整えられた制度が出現した。しかもそれは、同じ年でもたびたび起こったのであり、もしこれらの事柄を書物に著し、詩文や説教文にしたため、年代記に記録して後世に残せば、かならずや前代のものよりすぐれた、より注目に価するものとなろう。

そこで私は、またこれらのうちの僅かのものを、しかも簡潔な形にして書き留めたが、それはこれらの歴史的情報が私の主題から逸れないようにするとともに、ここでしか見られない一つの学問分野であることを示すためであり、同時に、理性ある有能な知識人が、実際にさまざまな状況に携わったり人々の口から聞き出したりしなくても、倫理や人心の機微に触れるような事柄を聞き理解するのに役立てるためである。それは彼に現世と来世の知識を得させ、善行と悪業の結果を教え、諸々の政務がどのような結末を迎えるか、人民全体はどのように統治されねばならないか、どのような過ちを避ければその種の深みにはまり込んだり巻き込まれたりせずに済むかがわかろう。そうすれば経験のために人生を浪費することも、年月を待って結果を知るということも必要なかろう。

私は本書を、私の記憶にある古い話に最近聞いたばかりの話を織り交ぜながら書き下ろしたが、そのさい、私は章や節ごとに分けたり主題ごとに類別したりしなかった。それは、本書の歴史的情報のそれぞれが幾つかの趣旨を含んでいるからである。その情報の大半はもし章や節に区分けし順序に並べ立てれば、かならずや無味乾燥な面白くないものになってしまうであろう。読者がもし各章の最初の逸話を読むことによって、残りも同じような話だと知ってしまえば、全体を読み通そうという意欲や楽しみは減退し、ましてや精読する気にはなれない。そうすれば折角挿入した詩賦や書簡文や諺、語録も台なしになってしまう。そんなものをもし章や節に分けて叙述するとすれば、本書の他の箇所で見られる同種の話も一緒にまとめたり繰り返したりしなければならず、そうすると、我々が前に述べた本書の原則を損なうことになる。すなわち、この逸話集はこれまで書物に書かれたことのないもの、私が文献からでなく口伝えによって集めたものであり、したがってそうした叙述法を取れば、私の意図、首尾一貫した目的から外れることになるのである。本書には類別したり同種のものを集めたりすることによって得られる価値はない。というのも、逸話の多くは互いに似たようなものを持たず、それ自身固有のもの、独自性あるものだからであり、それらを織り交ぜて並べることは聞く者の耳に快く、心により印象的に響き親しめるからである。

私は、かつて書かれたことのあるようなもの、他人が書き留める価値があると注目したものは、詩のようなこの範疇に入らないものは除いて、できるだけ採録することを避けたが、ただどうしても必要だと認められる場合には、書物に書かれていることがわかっていても本書に書き留めた。そうすることがその話題を活気づかせ、その物語を飾れて、歴史の学徒を魅了することができると考えたからである。

私は一〇〇葉からなる各巻をそれぞれ独立した一巻とした。それは他の巻がなくとも読者が楽しめ、またあえて他の巻をも読まなくともよいようにするためである。しかし、それだからと言って、他の巻には知られていない価値がそれぞれの巻にないというわけではない。私は各巻に、全巻に見られるこの逸話集の本質、本書をまとめた目的や動機を明らかにする序文を付けた。その序文はこの長文の説明の要約、概要でもある。また私はそれぞれの逸話を提示するに当たって、趣旨といい種類といい、時には他の諸巻に挿入したらよいと思われるもの、だがそれでも同様のものは容易には起こり得ないと思われる話を取り混ぜて述べた。

私は、私が蒐集し労苦して書き、校訂し、作文したものが、散逸したり消滅したりしないよう望む。本書にはこれといって得るところがないとしても、白紙よりもましであろうし、そうなればなんらかの有益さがあるというものである。神が思し召すならば。私はその神にこそ、私の言葉を正しいものにし、私のすべての行為を善導され、過ちや逸脱から身を守ってくださることを願おう。それこそ神は救い主、長きにわたって望まれるお方、いとも高きお方にして、私にとっては何事も頼りになられるお方、その方なしでは私は無力、まさに神は素晴らしき主にして何事もお任せのできるお方である。

(第一巻序文)

1——ラジャズ rajaz は駱駝の膝の震えを連想した震動の意で、アラブ語では震調として古くから即興詩などに用いられた。

2——第一巻四八話註2参照。

3——al-Mutannabī, Abū al-Ṭayyib Aḥmad b. al-Ḥasan. 賛辞を得意とした一〇世紀の詩人。クーファ生まれ。若年、みずからの詩才を過信し、アラブ遊牧民を率い、カルマト教徒となって叛乱、そのときの振舞いからムタナッビー、つまり「預言者気取り」とあだ名された。ハムダーン朝のサイフ＝アッダウラ(第一巻四四話註1参照)の庇護を得た。九六五年没。第八巻八六話参照。

4——マルゴリウス版には次のような文言が挿入されている。「Abū Bakr al-Azraq al-Anbārī の子 Abū l-Ḥasan Aḥmad b. Yūsuf b. Yaʻqūb b. Isḥāq b. al-Buhlūl al-Tanūkhī は語った。父は語った。やあ、わが子よ、もし審判の日がもっとも苛酷な日であるならば、それに近い日々、その兆しに入る日もまた苛酷な日であろう」

死者に嘘つく要はなし

侍臣イブン＝アルムナッジムとして知られるヒバトッラー[*1]は、カリフ＝マームーン[*2]の僚友ヤフヤー＝ブン＝アビー＝マンスール[*3]の子孫の一人で、その家族や先祖は、カリフや宰相や総督たちと親しかったばかりでなく、神学、天文学、科学、文学、作詩およびこれらの分野に関する著述でも有名であり、また一族の政府における地位の高さや莫大な富、豪奢な生活といったことでもよく知られている人たちである。ヒバトッラー自身もまた学者、文人、詩人として、また弁論家、法学者などとして名声のある人で、かつて〔ブワイフ朝の宰相〕アブー＝ムハンマド＝ムハッラビー[*4]と親しく交わり、長年にわたってその信頼を受けるとともに、その後の宰相たちや首長たちとも交わりを持った人物である。ヒバトッラーはそうした家柄の生き残りの一人で、その彼が、かく語ってくれたのである。

儂《わし》が〔ブワイフ朝君主〕ムイッズ＝アッダウラ[*5]の僚友でタバリスターン出身のアブー＝マフラド[*6]の面前にいたとき、寛大さや気前よさといったことについていろんな話題が出された。話題がバルマク家[*7]などの名望家が贈り物を物惜しみせずに

人々に与えたというような話に及ぶと、アブー＝マフラドはそうした話を退け、それは偽りで、

「そんな話は乞食がお金をもらうためにでっち上げたものだ。なんの根拠もありはしない」とまで言いはじめた。そこで儂はたしなめた。

「おゝ長老よ、かつて〔執政ムワッファクの宰相〕サーイド*8があなたと同じようなことを申されたので、言い返されましたぞ」

「なんと言われたのだ」

「バルマク家の気前よさが語られたとき、サーイドが『それは本屋の作り話で、嘘だ』と申されたので、その場に居合わせたアブルアイナー*9が『生きておられて、何事かを頼まれたり恐れられたりされる宰相閣下に対してならば、そうした作り話もなされましょうが、この世にいず、善いことも悪いことも望みようもないバルマク家のことに、そんな嘘をつく必要がありましょうや』と」

儂がこう言ったので、アブー＝マフラドは恥をかいてしまった。

（第一巻一話）

1 —— Abū l-ʿAbbās Hibat Allāh b. Muḥammad b. Yūsuf, 通称 Ibn al-Munajjim.

2 —— al-Maʾmūn, Abū l-ʿAbbās ʿAbd Allāh b. Hārūn al-Rashīd. アッバース朝第七代カリフ。在位八一三―八三三。カリフ＝ラシードの子、母はイラン系の女奴隷であったが、出生後すぐに亡くなり、カリフ＝マンスールの孫娘で后妃のズバイダ Zubayda に育てられた。長じて中央アジアのメルヴを首府とする東方諸州の総督となり、この地方の支配権を固めたが、カリフとなった異母弟のアミーン（在位八〇九―八一三）がその権限の譲渡を要求して、両者間は険悪となり内乱に発展、マームーンはメルヴでカリフ位を宣言、ターヒル＝ブン＝フサイン指揮下の軍隊がバグダードを陥落して、アミーンは処刑され、マンスールが築いたバグダードの円城市は灰燼に帰した。そのうえ各地でシーア派などアッバース朝に叛旗を翻す叛乱が起こり、バグダードでは八一七年にカリフ＝マフディー（在位七七五―七八五）の子イブラヒーム Ibrāhīm がカリフ位を僭称した。そこでマームーンは八一八年にメルヴを離れて西方に進撃し、一方イブラヒームは拘禁されてカリフ位を断念、八一九年にバグダードに入城してイマームとしての地位を確立した。混乱を極めた帝国の再建にムウタズィラ派法官イブン＝アビー＝ドゥアード Aḥmad b. Abī Duʾād の進言を受け入れ、軍事と行政のための人事を整えるとともに、シーア派と保守的な伝承派双方を納得させる意味で、新しい法理論を備えたムウタズィラ派神学を公認、また八三二年にはバグダードに「知恵の館」Bayt al-Ḥikma を建設して、ギリシャ哲学関係の書物に限らず、キリスト教・ゾロアスター教・インドなどの文献も蒐集、アラビア語に翻訳させた。

3 —— Yaḥyā b. Abī Manṣūr al-Munajjim. 父親のアブー＝マンスール Abū Manṣūr はカリフ＝マンスール（在位七五四―七七五）の占星術師で、ゾロアスター教徒であったが、子のヤフヤー Yaḥyā は宰相ファドル＝ブン＝サフル al-Faḍl b. Sahl に、ついでカリフ

ーマームーンに仕え、このカリフのもとでイスラムに改宗した。さらにその子のアリー＝ブン＝ヤフヤー ʿAlī b. Yaḥyā はカリフ－ムタワッキル(在位八四七—八六一)の侍臣となった。歌謡にすぐれ、作詩や料理の著述があり、八八八／八九年に没した。さらにその子のハールーン Hārūn とヤフヤー Yaḥyā も文人で有徳の士として知られていた。

4 —— Abū Muḥammad al-Ḥasan b. Muḥammad al-Muhallabī. ブワイフ朝の宰相で財政確立の功労者。九〇三年、ウマイヤ朝の総督を出した著名なアラブのムハッラブ家の子孫としてバスラに生まれる。九四五年、ブワイフ朝のムイッズ＝アッダウラがバグダードへ進撃中、カリフとの交渉役に派遣され、九五〇年一一月に書記長官に任命された。九五一年バスラに赴き、財政を立て直し、翌々年バスラに侵攻しようとしたオマーンの支配者を撃退した。一時ムイッズ＝アッダウラの不興を被ったが、もとに復し、オマーンへの侵攻では指揮を執った。九五六年、正式に宰相の肩書を与えられ、九六三年、病を得てバグダードへの帰還途中に没した。遺産のすべてはムイッズ＝アッダウラによって没収された。

5 —— Muʿizz al-Dawla, Abū l-Ḥusayn Aḥmad b. Būya. バグダードにおけるブワイフ朝の創建者。在位九四五—九六七。ブワイフ朝三兄弟の末弟として、兄でのちのイマード＝アッダウラ ʿImād al-Dawla の命令でホーズィスターンに進軍し、当地を支配していたバリード家を抑え、ついで南イラクに矛先を向け、九四五年一二月、ついにバグダードを占領、翌九四六年一月、カリフ－ムスタクフィー(在位九四四—九四六)を廃して、その甥ムティーウ(在位九四六—九七四)を即位させた。ここにカリフはブワイフ朝の傀儡となり、初期のイスラム帝国は新たな時代へと向かった。九六七年没。

6 —— Abū Makhlad ʿAbd Allāh b. Yaḥyā al-Ṭabarī. 一〇世紀の前半、北イラン一帯を支配してかつてのペルシャ帝国の復興を夢見ていたマルダーウィージュ Mardāwīj に仕えていたが、彼が九三五年に暗殺されてからは、ブワイフ朝のムイッズ＝アッダウラに近づき、やがて彼の廷臣となった。

7 —— al-Barāmika. 現アフガニスタン北部の都市バルフの仏教寺院の院主を祖とするが、イスラムに改宗、アッバース朝の前期に代々のカリフに仕えて権勢を振るった一族。第五代カリフ－ラシード(在位七八六—八〇九)のとき、ヤフヤー＝ブン＝ハーリドが宰相となり、一族は絶頂期を迎えたが、八〇三年、ラシードが突如ヤフヤーとその子ファドルを捕らえ、カリフの息子たちの教育係だったジャアファルを処刑、一門を断絶させ、みずからが国政に臨んだ。その原因は当時から謎とされている。

8 —— Ṣāʿid b. Makhlad. 執政ムワッファクの書記官として、絶大な権力を振るった人物。ムワッファクの命で八八五年ファールス州へ遠征し、独立王朝を建てていたサッファール朝を駆逐した。しかしムワッファクの逆鱗に触れて政敵に引き渡され、八八九年獄中で没した。

9 —— Abū l-ʿAynāʾ Muḥammad b. al-Qāsim. 八〇六年アフワーズに生まれ、幼少期をバスラで過ごし、バグダードで諸学を学んだ。弁舌にすぐれ、当意即妙に答えるのを得意とした。晩年、バスラへ向け、ティグリス川を下る途中、船が転覆し、彼以外の乗客約八〇人全員が溺死した。八九五年没。

本当の利益とは何か

こうした趣旨の話は書物にでも見られようが、もっと話題に出そう。繰り返しもいいものだ。それは〔宰相〕イブン＝アッザイヤート[1]に関するもので、ヤフヤー＝アズディー[2]から聞いたことだ。イブン＝アッザイヤートが〔カリフ＝ムタワッキル（在位八四七―八六一）に拘禁され、〕拷問具の穴竈《あながま》に抛《ほう》り込まれたとき、従僕の一人が言った。

「私どもは常々こうした災難が起こったときのことを思って、権力をお持ちだった閣下に善行を施し、人々に恩恵を与え、便宜を図ってあげられますように、そうすれば今日のような苦難のときに報いがありましょうぞ、とご忠告申し上げたではありませんか」

すると宰相イブン＝アッザイヤート曰く、

「たとえそのように善行をしていたとしても、自分にはそれが役立ったということはなかったろう。およそ人というものは、同情心に乏しく、やすやすと裏切りに走り、償いを渋るものだ。お前は儂《わし》がバルマク家よりもっと寛大なことをなさっていたらというのか。儂同様、彼らが運命に見放されカリフの暴虐の犠牲になったとき、そうした行為が彼らに役立ったか」

と。従僕は言った。

「なるほど閣下のおっしゃるように、閣下同様の状況に置かれた彼らにとって役立たなかったかもしれません。だが、バルマク家はそのことで、〔最高の名声という〕より大きな利益を得られたのです」

（第一巻二話）

1――Muḥammad b. ʻAbd al-Malik al-Zayyāt. カリフ＝ムウタセム（在位八三三―八四二）、続いてワースィク（在位八四二―八四七）の宰相。ムタワッキルはカリフに即位すると、かねてから憎悪を抱いていたイブン＝アッザイヤートを逮捕し、かつて彼自身が発明した穴竈に押し込んで拷問にかけた。その穴竈は木製で狭く、外から周囲に鉄釘が打ち込まれていて、手を頭のうえに伸ばすことも、身をかがめて坐ることもできず、イブン＝アッザイヤートは数日ののちに死んでしまった。八四七年のことである。

2――Abū Muḥammad Yaḥyā b. Muḥammad b. Sulaymān b. Fahd al-Azdī al-Mawṣilī. タヌーヒーの重要な情報源の一人。モスル出身の文人で詩人。ハムダーン朝の情報に詳しい。

宰相の寛大さをバルマク家にたとえる

書記イスバハーニーとして知られるアブルファラジュ[*1]が私タヌーヒーに話すところによれば、アーセム＝ブルジュミー[*2]の語った宰相ウバイドッラー＝ブン＝ヤフヤー＝ブン＝ハーカーン[*3]にまつわる逸話をイブン＝マフラワイフ[*4]が伝え、さらにハサン＝ブン＝アリーが伝えているという。

アーセムが宰相ウバイドッラーのサロンに陪席していたとき、話題がバルマク家のことに及び、人々は口々に彼らの気前よさ、寛大さや褒美の数々を語り、話題に花を咲かせた。宴席も半ばとなったとき、アーセムは立ち上がって申し上げた。

「おゝ宰相閣下、私は対句の詩文を作ることで、この話題に決着をつけたいと存じます。これには誰も反駁できないでしょうし、詩にすることで、記憶に残り流布もしましょう。宰相閣下は私が朗誦することをお許しくださいますか」

「誦してみよ。お前はよく箴言を申しておるのう」

ウバイドッラー閣下こそ　とても気前の良いお方
ハーリド　ヤフヤー　ファドルの　誰よりも寛大[*5]

アーセム＝ブルジュミーは別の機会にも同様のことを朗誦した。

ウバイドッラー閣下こそ　とても堂々としていらっしゃる
ハーリド　その子ヤフヤー　孫ファドルの　誰よりも寛大
彼らは善き世に気前よく　閣下は悪しき世に気前よくあられる

（第一巻三話）

1 —— Abū l-Faraj ʻAlī b. al-Ḥusayn al-Iṣbahānī. アラブの歴史家、文筆家、詩人。大著『歌謡の書』*Kitāb al-Aghānī* の著者。八九七年、ウマイヤ家の子孫として、イランのイスファハーンに生まれる。バグダードで学び、ブワイフ朝宰相ムハッラビー、さらにはアレッポのハムダーン朝君主サイフ＝アッダウラの庇護を得た。九六七年、バグダードで没した。

2 —— Abū l-Shibl ʻĀṣim b. Wahb b. al-Burjumī.

3 —— ʻUbayd Allāh b. Yaḥyā b. Khāqān. カリフ＝ムタワッキル（在位八四七—八六一）の書記官を務めていたが、やがて宰相に抜擢された。ムタワッキル暗殺後の軍閥跋扈の混乱時代を生き抜き、カリフ＝ムウタミド（在位八七〇—八九二）のとき宰相となった。八七七年没。

4 —— Ibn Mahrawayh.
5 —— ハーリド、ヤフヤー、ファドルは三代続いたバルマク家の名前。第一巻一話註7参照。

貧すれば鈍する

アブー＝ナーフィウ[*1]の郎党でムナッジム[*2]という人がおり、私タヌーヒーはその座談の会に伺ったことがある。当時ムナッジムは〔ブワイフ朝君主〕ムイッズ＝アッダウラ[*3]のアフワーズならびにその諸県[*4]の一部における税務長官を務めていて、その地位は宰相に匹敵するものであった。私の父はかつてアフワーズの税務長官カースィム＝ブン＝ディーナール[*5]に仕えたあと、このムナッジムに仕えたことがあって、父はムナッジムの官邸の執事を務めたり、私領地[*6]（荘園）の代理人となったり、またアフワーズ市の造幣局における発行純度の〔鑑査〕代理を務めた。その後父はバリード家のアブー＝アブドッラー[*7]に仕えることになり、それによって父の地位が上がり、後述するような身分に達したのである。

　さて、私が税務長官ムナッジムのもとをよく訪れたころは彼の絶頂期で、私は一介の若者にすぎなかったが、出向くと私をとても歓迎してくれたものだった。ムナッジムは面と向かって褒められると喜ぶくせがあり、それで人々は彼を大仰に褒めそやし、この税務長官によるワクフ地[*8]の開墾や灌漑事業、マスルカーン[*9]の端までの導水工事、住民への喜捨税[*10]の分配などを語り合い、私もその末席に加わっていた。そうしたとき、ムナッジムは私に言った。

「やあ息子よ、この王朝の高官たちが余についてこうしたことを語るとき、『ムナッジムはこのような事業を見せかけのためにやっているのだ』と噂しているが、余は神のためにこそしているのだ。よしんば見せかけのためであっても、それはまたそれでよいではないか。そのような噂をする者たちは、こうした見せかけに類することをなぜ行なわないのか。それは心がさもしいからであって、実は妬みさえ抱いているのだ。

昔の人々は、もしある人物の富が妬ましいと思えば、お金を儲けてその人物に対抗しようと心掛け、もし知識が妬ましいと思えば、懸命に勉強して同等の学者になろうとし、気前よさが妬ましければ、物惜しみせず与えて、あの人物より気前よい男だと言われるように努めた。こうしたことはいくらでもあった。

ところが今や、気宇はしぼんで、心は貧しくなり、妬みを抱いている人物に対抗する努力もしないで、代わりに卓越した人物を過小に評価するのだ。もし金持ちならば貧乏していると中傷し、学者ならば間違いをあげつらい、気前よい人物ならばそれは仕事で気前よいだけで本当はけちなのだと責め立てる。そして慈善事業家には、あれは偽善者だと言うのである」

（第一巻四話）

1――Abū Nāfiʻ.

2――al-Ḥasan b. ʻAlī b. Zayd al-Munajjim. 第二巻一一四話も参照。

3――Muʻizz al-Dawla. 在位九四五―九六七。第一巻一話註5参照。

4――al-Ahwāz はイラン南西部のホーズィスターン州の首府。ホーズィスターンは七県からなっていたが、ただ当時、行政的には州名を首府のアフワーズで代表させることが多かった。

5――Abū l-ʻAbbās al-Qāsim b. Dīnār.

6――原語 ḍayʻa. 複数形は ḍiyāʻ. イスラム帝国では、土地は主として原住農民が所有するハラージュ地と売買や相続が可能な私領地とに大別され、前者は農民が重い土地税を支払ったが、後者は所有主が政府とのあいだで取り交わした一定の賦課規約に従い、軽度の土地税を支払った。何らかの形で資産を得た者は、確実な収入が得られる私領地の取得を目指し、みずから経営に当たるか、あるいは代理人にさせるかして、富の増大を図った。地主は概して都市在住者であった。

7――Abū ʻAbd Allāh Aḥmad al-Barīdī. バリード家はこのアブー＝アブドッラーがホーズィスターン州の徴税請負権を得たのを皮切りに、一〇世紀前半のアッバース朝の政治の舞台に登場し、アッバース朝国家の混乱と没落を早めた一族。九四四年没。

8――原語 waqf. 第一巻一二四話註5参照。

9――Masruqān. ホーズィスターン州を流れる川。多くの村々を潤し、トゥスタルまで伸びている。

10——原語 māl al-ṣadaqāt. サダカはイスラム教徒に課せられる義務としてのザカートに対し、自発的な喜捨を意味する。ただしコーランでは区別は明確でなく、初期には強制的に徴収されることがあった。

成り上がりだが無類の気前よさ

ハーシム家出身の法官イブン＝アブドルワーヒド[*1]が私タヌーヒーに語ってくれたことがある。

〔カリフ＝ムクタディル（在位九〇八—九三二）の宰相〕ハーミド＝ブン＝アルアッバース[*2]は儂《わし》が出会ったなかでもっとも心が広く、もっとも男気があり、気前がよく、もっとも物惜しみせず、もっとも男らしさを追い求める人物であった。彼は毎日自邸にいくつもの食卓を用意していて、高位高官であれ、庶民であれ、従者であれ、はては奴僕に至るまで、食事時だと誰一人として食事をしないまま屋敷を立ち去らせるようなことはしなかった。時には一日に四〇もの食卓が用意されたことがある。パンが与えられれば、かならず肉も出されたし、それもすべて白パンが出されたのである。

ある日、ハーミドは屋敷の玄関の間に入ろうとして、そこにソラマメの莢《さや》を見つけた。ハーミドは執事を呼び出してしかりつけた。

「いまいましい。儂の屋敷でソラマメを食べさせたのか」

「これは門番たちの仕業です」

「門番たちには肉の手当は出ていないのか」

「いいえ、出ております」

「ならばソラマメの莢がどうして落ちているのだ。わけを聞いてみよ」

そこで執事が門番たちに聞いてみると、「お肉のようなご馳走は、家族と一緒に食べてこそ楽しいので、それで儂らは持ち帰って、夜に家族と一緒に食べますだ。それで翌朝はお腹がすいていれば、ソラマメを食べることにしています」と言う。

わけを聞いたハーミドは、家族分の肉手当を門番たちに支給し、それを彼らの家まで届けるように、また門番たちにも別途、玄関の間で肉が食べられるようにと命じた。命令通りに取り計らわれたあと、数日が過ぎて、ハーミドはまた玄関の間でソラマメの莢を見つけた。彼はひどく腹を立て、口汚く執事をののしった。

「儂は手当を倍にしなかったか。なぜまた儂の玄関にソラマメの莢があるのだ」

「手当は確かに二倍にして支給されました。ところが当初分は毎日家族のもとへ持ち帰っているのですが、加増分は肉屋に持って行って預けているのです。それは夜勤がはけて昼間、休みとなって家でくつろげるとき、肉屋に預けてあった肉をまとめて取り寄せ、それで盛大にご馳走を食べようということなのです」

「よし、わかった。門番たちにはそのまま手当を支給してやれ。そして毎朝、儂らの食卓を準備するまえに、新たに食事を用意し、彼らに食べさせてやれ。もしまた儂の玄関でソラマメの莢を目にするようなことがあれば、お前も門番たちも鞭打たれるものと心得よ」

ハーミドの命令はその通り実行されたが、この一件で莫大な出費が掛かることになったのである。**（第一巻五話）**

ハーミドについて、法官イブン＝アイヤーシュ[*3]とハーシム家のイブン＝アルマームーン[*4]から聞いたのであるが、ハーミドが獄死に至る拷問を受けたとき、屋敷の便所の穴に金貨四〇万ディーナールを持っていたことが発見され、ハーミドへの誅求がますます激しさを増したのだという。

関連する話はこの二人以外からも聞いている。ハーミドはかつて便所付きの部屋を造り、つねづね執事に金貨を購入してくるよう命じていた。執事が金貨を買い財布に入れてもって来ると、ハーミドは袖の下で受け取って、あたかも用足しに出るかのように立って便所に入り、財布を穴に投げ込んでいた。むろん水を注ぐことも小便もせずに出てくるのである。小間使いはハーミドが用を済ませたと思って、出てくると便所に鍵をかけ、誰も入れなかった。

これは専用の便所を持つという、当時の上流階級の人々の習慣でもあったのである。入ろうとするときには、清掃専門の奴僕が扉を開けるのであるが、この奴僕も便所内の秘密を知らなかった。穴が金貨でいっぱいになると、「この便所は狭苦しく汚らしいから閉鎖して、代わりを用意しろ」と言ってその穴をふさぎ、便所は使わず仕舞いとなった。こうして金貨は彼以外誰も知らないまま、その場所に保管され続けたのである。ハーミドへの誅求が激しさを増し、彼はとうとう秘密を打ち明けた。こうして便所の穴が掘られて金貨が取り出されたのであるが、これはハーミドが秘密を洩らさなければ、誰も気が付かなかったことである。**（第一巻六話）**

1——Abū l-Ḥasan Muḥammad b. ʿAbd al-Wāḥid al-Hāshimī. バスラの法官を務めたことがある、タヌーヒーの情報源の一人。

2——Ḥāmid b. al-ʿAbbās. 若いときは水売りやザクロの行商をしていたが、やがて徴税請負人として名を成し、九一八年、カリフ＝ムクタディルにより宰相に取り立てられた。しかし任に堪えず、元宰相のアリー＝ブン＝イーサーが補佐に任命された。ところが両者の対立やハーミドの強引な穀物価格の釣り上げなどによりバグダードに暴動が発生、九二三年に宰相を罷免された。ハーミドは政敵だった新宰相のイブン＝アルフラートに引き渡され、拷問に掛けられ、九二三年獄死した。

3——Abū l-Ḥusayn ʿAbd Allāh b. Aḥmad b. al-Ḥārith b. ʿAyyāsh al-Jawharī al-Baghdadī. アフワーズにおける法学判定（ファトワー）にさいし父親の代理を務める。タヌーヒーの重要な情報提供者の一人。

4——Abū l-Ḥasan b. al-Maʾmūn al-Hāshimī.

イブン=アルジャッサースが莫大な科料に処せられる

法官イブン=アイヤーシュ[*1]が信頼のおける一団の書記たちから聞いて語ったところによると、カリフ=ムクタディル[*2]の時代、イブン=アルジャッサース[*3]の科料は累計したところ、金六〇〇万ディーナールに達し、しかもこれには、屋敷内で没収された動産や没収されずに残された不動産は含まれていないという。[*4]

（第一巻七話）

ヒジュラ暦三四九年（九六〇）、総督イブン=ワルカー[*5]はイブン=アルジャッサースにまつわる次のような話を語ってくれた。

総督はイブン=アルジャッサースとは友情関係にあると同時に姻戚関係にもあったのであるが、そのイブン=アルジャッサースが科料から釈放されて帰宅した数日後、総督はティグリス川畔のイブン=アルジャッサースの屋敷の側を舟艇[*6]で通りかかった。それはとても暑い日のひとときだったが、イブン=アルジャッサースが素足で、しかも裸でバルコニーを端から端まで、まるで狂人のように行ったり来たり走りまわっているのが見えた。

総督は舟艇を急がせ、岸に着くと許しも得ないで階段を駆け上がった。イブン=アルジャッサースは総督を見ると赤面して部屋に走って入った。

「いったいどうしたというのだ。何か大変なことが起こったのか」

イブン=アルジャッサースは水盤と水を持ってこさせ、顔と足を洗ったが、しばし茫然自失の有様であった。

「私の手からしかじかの額が失われ、しかじかの財を没収されて——イブン=アルジャッサースはそう言って没収された莫大な財産を数え上げながら——どうして心を取り乱さずにおられましょうか。これに代わるものを得られるときがいつ来ると期待できましょうか。その無念さを思えば、なぜ取り乱さずにいるということができましょうか」

「友よ、お金の行く先は分からないものだ。だがお前も知っていよう。魂や知性や信仰というのは代わりのないものだ。それが大丈夫であれば、まだお前に余得はあろう。お前の悩みは、貧乏や物乞いを恐れ、食べたり飲んだり着たりするといった類の習慣が保てなくなるのではと心配し、あるいは面目を失うのではと不安を抱く人の悩みと同じものだ。そんな悩みは耐えよ。お前が財産を没収されてしまったあとでも、なおバグダードには、上流の人でお前よりも金持ちだという者はいないことを明らかにしてやろうではないか」

「どうぞそうしてください」

「この屋敷はお前が科料に処せられるまえと同様お前のものでないのか。しかも屋敷内には、以前ほどの極上品ではないにしても、立派な調度品や家具があるではないか」

「はい」

「お前は〔バグダードの商工街〕カルフ地区に土地をもっていたはずだが、その価格は金五万ディーナールでなかったか」

「はい」

「絹工場の価値は一万ディーナールはあろう」

「はい」

「ターク門[*7]にある宅地は三万ディーナールの価値があるはずだ」

「はい」

「お前の所有する某果樹園と某私領地の価格はしかじかになろう」

「はい」

「またバスラにお前が所有しているものの価格は一〇万ディーナールに達しよう」

「はい」

こうして、総督はイブン＝アルジャッサースの宅地や私領地を順次数え上げてみたが、その資産総額は七〇万ディーナールに達した。

「それにお前の手元に無事残った宝石や家具、織物や香料、男女の奴隷や乗用馬について本当のことを言ってごらん。それらの価値やお前の屋敷の価格はいくらになる」

イブン＝アルジャッサースが承知してそれらを見積り、算定していくと、その価格は三〇万ディーナールに達した。

「友よ、今日のバグダードで一〇〇万ディーナールに達する資産を所有している者がほかにあろうか。市民のなかでのお前の勢威は第一等のもので、市民たちはお前がなおこれに倍する資産をもっていると考えているぞ。それなのに、どうしてお前は悲しむのだ」

イブン＝アルジャッサースはがばと身を伏せてアッラーを称え、落涙した。

「本当に自分は考えに乱れて、これらすべてのものが自分の所有物であることを忘れ、没収されたものに比べて取るに足らない額だと思い違いをしておりました。丁度よい具合に貴殿が来てくださらなかったら、ますますいたずらな考えに走って、ついには気が狂ってしまったかも知れません。だがアッラーが貴殿を通して私を救ってくださった。このような為になる慰め言葉でなだめてくれた人はほかにござらぬ。儂は三日間というもの、何も食べていないので、貴殿が私のところに留まり、ともに食事をして語り合い、気晴らしをしたいのだが」

「そうしよう」

　このようなわけで、総督はその日イブン＝アルジャッサースのところに留まって、一緒に食事をし、残りの一日話し合ったのであった。

（第一巻八話）

1 —— Abū l-Ḥusayn b. ʻAyyāsh. 第一巻六話註3参照。

2 —— al-Muqtadir, Abū l-Faḍl Jaʻfar. アッバース朝第一八代カリフ。在位九〇八―九三二。カリフ＝ムウタディドの子。九〇八年八月、兄のムクタフィーの没後、わずか一三歳で即位。官僚にとって牛耳りやすいのが理由だった。反対勢力の不満からカリフ＝ムウタッズ(在位八六六―八六九)の子イブン＝アルムウタッズ Ibn al-Muʻtazz を推すクーデターが発生、廃位させられ、宰相アッバース＝ブン＝アルハサン al-ʻAbbās b. al-Ḥasan は殺されたが、宦官出身の将軍ムーニス Muʼnis al-Muẓaffar の活躍で、クーデターは一日で瓦解、ムクタディルが復位した。統治者としての資質に欠けるところがあり、治世中、ファーティマ朝・ハムダーン朝の独立やカルマト派教徒の叛乱、国家体制の弛緩や宮廷諸費の増大などによって急速に国力は減退、首都バグダードの治安は乱れ、九二九年二月、カリフの浪費と無能に不満を抱く軍隊が叛乱、弟のカーヒルを即位させた。しかし叛乱軍の要求に応えられず、二日で復位した。治安の悪化はさらに続き、九三二年、ムクタディルの保護者であった将軍のムーニスが首都を留守にしていたすきに、軍隊がふたたび叛乱、しかもムーニスが廃位を目指して軍を進めているとだまして、嫌がるムクタディルを出馬させ、一〇月三一日、遭遇戦の冒頭に殺された。三八歳であった。タヌーヒーではもっとも多く登場するカリフである。

3 —— Abū ʻAbd Allāh Ḥusayn b. ʻAbd Allāh b. al-Jaṣṣāṣ al-Jawharī. エジプト出身の宝石商。トゥールーン朝(八六八―九〇五)の宮廷に出入りするうちに財をなし、八九三年、太守ホマーラワイフ Khumārawayh の娘カトル＝アンナダーがカリフ＝ムウタディドと婚姻を結んでバグダードへ赴くのに随伴し、そのまま定住、バグダードの社交界の一員となった。九〇〇年にカトル＝アンナダーが没すると、管理していた彼女の宝石類はイブン＝アルジャッサースの手元に残され、莫大な富を得ることになった。タヌーヒーにはイブン＝アルジャッサースに関する逸話は多い。九二七／二八年没。

4 —— 九〇八年、カリフ＝ムクタディルを廃してイブン＝アルムウタッズを擁立するクーデターが起こったが、一日にして失敗、イブン＝アルムウタッズは逃れてイブン＝アルジャッサース邸に身を隠した。しかし召使いに密告され、イブン＝アルムウタッズは逮捕され死刑となり、イブン＝アルジャッサースは莫大な科料に処せられた。

5 —— Abū Muḥammad Jaʻfar b. Warqāʼ al-Shaybānī. 九〇四／〇五年、サーマッラーに生まれ、長じて各州の総督を歴任、文人であり、詩人でもあった。九六三年没。

6 —— 原語 ṭayyār. 主として個人送迎用の三角帆の短艇。ṭayyār は鳥などが飛ぶことを意味する動詞 ṭāra の変化形で、「飛ぶように」速いことからその名が付いた。富裕者は自家用の舟艇を持つことが一般的。バグダード市内には縦横に運河が引かれ、邸宅の表玄関は道路沿いよりも運河沿いに設けられることが多かった。現代語ではパイロット。

7 ―― Bāb al-Ṭāq. カリフ＝マンスールが建てた通称「マンスールの円城市」からティグリス川をまたぐ舟橋を渡り切ったところの、バグダード東岸地区に入る門で、ホラサーン道に通じていた。

宰相の首のすげかえ金次第

ヒジュラ暦三五〇年代(九六三頃)に、私タヌーヒーはバグダードでイブン＝アルジャッサース*1の子アブー＝アリー*2と会った。彼は上品で話の上手な老人であった。私は父親のイブン＝アルジャッサースにまつわる話、たとえばあるモスクの導師の後ろで、導師がコーランの《汝の怒りを蒙《こうむ》る人々や踏み迷う人々の道でなく》という文句(一章六節)を誦したとき、アーミーン(かくあらせ給え)と言う代わりに、「はい、我が命かけて」と言ったとか、宰相ハーカーニー*3に「昨日、自宅の門のところで街の犬が吠えて目が覚めてしまった。どの犬も自分にも宰相にも似ている」と言ったとか、宰相の頭に口づけをしようとしたところ、「香油をつけたので、そうしなくともよい」と宰相が言うと、「たとえ宰相の頭に排泄物が塗られていても、私は口づけをしますよ」と言ったとか、また「昨日、暗闇のなかで便所に立ち、とうとう出るまで便座に坐り詰めであった」と言ったとか、ある一冊のコーランの古さが話し合われたとき、「それは〔ササン朝ペルシャの〕ホスロー王時代のものだ」と言ったとか、こんな類のイブン＝アルジャッサースにまつわる多くの逸話について息子に尋ねてみた。

「便座の話や『はい、我が命かけて』などといった類の話は作り事です。父はそんなことを言うような愚かな人ではありません。むしろ人々のうちでももっとも賢く、抜け目ない人物の部類に入るでしょう。ただ父は宰相たちのまえで、少し間が抜けたところがあるのを示すために、そんな類の言葉を口からすべらせたのでしょう。というのは、父はカリフたちときわめて親密であったために、宰相たちが安心するよう、また自分に悪意を持たれないよう、彼らのまえでは自分が愚かな人間であることを好んで示そうとしたのです。もしよければ、父が私たちに語った話をしますが、そうすればあなたは父がきわめて慎重な人物で、とても噂にあるようなことをする男でないことがおわかりになります」

「ぜひその話をしてください」

以下は息子のアブー＝アリーが、父親の言葉として語ってくれた話である。

イブン＝アルフラート[*4]は何度目かの宰相職に就いたとき、儂《わし》に対して心に何か含むところがあって、悪意に満ちた攻撃を儂に仕掛けてきた。宰相は儂の私領地に徴税吏を派遣し、儂とのこれまでの課税規約を廃棄するよう命じた。また宰相の執務室なりサロンなりにおいて、儂を中傷する言葉を吐き、儂の悪口を言い、儂が入って行くと、いつも軽蔑の眼を儂に向けるのであった。儂は幾人かの仲介者を宰相のもとへ遣って、宰相との関係を改善すべく贈り物を与えたが、効果はなかった。宰相は儂を攻撃し続け、儂はそれに耐えて、宰相が何とか心を変えてくれるように願った。

ある日、宰相を訪れ、官邸を退出しようとしたとき、侍従が「何と金庫が地面を歩いて行くではないか。金二〇〇万ディーナールが歩いて行く。それに触手を伸ばさない者があろうか」と囁いているのが聞こえた。儂はそれが彼の主人の言葉でもあり、儂は破滅の危機に曝されていることを悟った。当時、儂は七〇〇万ディーナールの現金や宝石類を持っており、またそれ以外にも相当の私有財産を所有していた。儂は意気消沈することこのうえなかった。一晩中眠れぬ夜を過ごして自分の一大事を考えた。そして夜明けまえ、儂にある一つの考えが浮かんだ。儂はさっそく官邸に馬で赴いた。むろん門番たちは錠を下ろしたままであったが、儂は門を叩いた。門番たちは言った。

「そこにいるのは誰だ」

「イブン＝アルジャッサースだ」

「今は来るべき時間ではない。宰相閣下は就寝しておられる」

「儂はある重大な事柄のために伺候したのだ。その旨侍従に知らせてもらいたい」

門番らが知らせに行くと、侍従の一人が出てきた。

「閣下は一時間もすればお目覚めになられて、それからお会いになられるであろう。それまで待たれたい」

「ことはきわめて重大なのだ。閣下を起こして、儂からだと知らせたまえ」

その侍従はいったんなかに入り、しばらく経ってから出てきた。そして儂を導き入れ、ある建物からある建物へと案内し、宰相の寝室のところまでやってきた。宰相は寝台のところにいたが、周りにはおよそ五〇ばかりの寝台が並んでおり、それは小姓たちのためのものであった。小姓らはあたかも護衛兵でもあるかのごとく、すでに起き上がっており、一部の寝台は動かされていた。

宰相は、何事が起こったのだろうか、儂がカリフの書簡でも持って来たのだろうかと考えながら、恐懼して寝台のうえに坐っていた。儂が何を述べようとしているのか不安いっぱいの表情であった。儂に近寄るよう手招きした。

「こんな時間にいったい何事か」

「ご心配なく。何事も事件は起こっていませんし、私は〔カリフの〕書簡を持って来たのでもありません。ただ閣下と私とのあいだのことで、それも極々内密にお話ししたいために参ったのです」

宰相は少し沈黙してから周りの者たちに席を外すように言い、その者らは退出した。

「さあ、申せ」

「宰相閣下、あなたはすでに私に対してひどい悪意をもって攻め立てられ、私の破滅、私の幸運の終わりを目論んでおられます。それは私の命の終わりをも意味します。幸運や命に代わるものはありません。私は命かけて、あなたには仕打ちをもって当たることにしました。このお返しをすることで私は満足するでしょう。かつて、私はあなたとの友好を保つようにできるかぎりの努力をし、あなたとのあいだに誰それを仲介者に立てもし、しかじかの贈り物をしたり、あれこれと言葉を掛けたりもしましたが、あなたはいっさい受け付けず、私を攻撃することをお止めになりませんでした。八百屋で悪さをして捕まえられ、絞め殺すよう隅にくくり付けられた猫ほど哀れで無力な生き物はおりますまいが、それでも猫は主人に跳びかかり、顔や体を引っ掻き着物を引き裂き、どんなことをしてでも生きようと懸命にもがきます。私はあなたとのことに対し、まさに自分自身がそのような状況に追い込まれていることに気付きました。しかし、私はそうした猫ほど無力ではありません。それで、私たちのあいだを取り繕おうと、今こうして申し上げることにしたのです。もし閣下が、和解について私の申し出をお受けになればそれでよし、さもなければ私としてはそれなりの覚悟があります。私はただちにカリフ〔ムクタディル〕のもとに会いに行き、私の金庫から金銀貨で二〇〇万ディーナールをカリフに贈ろう、そのように固く誓いを立てました。朝になればそれはカリフの手もとに届いているはずです。閣下は、私ならばそれができることをご存じでしょう。私はカリフにこう申し上げるのです。『このお金をお受け取りください。そしてイブン＝アルフラートを誰それに引き渡し、その人物を宰相に任命してください』と。

私は心に浮かぶ人物のうちで、カリフが任命してくれそうな、カリフの覚えもめでたく、話上手で字もうまく、策にもたけている者の名を挙げるでありましょう。誰かあなたの書記のひとりを挙げればそれで充分だと思います。カリフはお金を見れば、あなたか書記かの区別のお付きにならないお方です。すぐにもあなたを引き渡し、任命された人物は私を、身分の低い地位から取り立て、莫大なお金を使ってまでして自分を宰相にしてくれた人だ、という目で見るでありましょう。その人は私を自分の主人、幸運の恩人と確信するに違いなく、したがって、その人は何事も私の思い通りに取り仕切るでありましょう。こうして、私はあなたをその新宰相に引き渡し、新宰相はあなたを拷問に掛け、二〇〇万ディーナール全額をあなたから没収するでありましょう。むろんあなたは、ご自分の資産がそれに充分見合うだけあることをご存じです。だがそれを支払ってしまえば、あなたは貧乏になってしまいます。ところが私の方は、新宰相があなたから没収したお金を返してくれて、銀一ダーニク〔六分の一ディルハム〕たりとも損失することはありません。しかも、私は敵を破滅させ、私の怒りを癒えさせ、財産を取り戻して、幸運を保てるばかりか、宰相を更迭し、新たに任命することによって、いやがうえにも立場に重みを増すことができるのです」

宰相は、この儂の言葉を聞いていかにびっくり仰天したことか。

「やあアッラーの敵め、そんなことができると思っているのか」

「私はアッラーの敵ではありません。アッラーの敵とは、むしろ私をこのような考えに至らしめたと思われる人物にこそ言われるべきであります。私の破滅と幸運の終わりを目論んでいる者にどうして憎しみを抱かないということがありましょうや」

「他に途はないのか」

「他の途を望まれるなら、それはあなたが、もはや小さな事柄でも大きな事柄でも、私にとって有利なように計らい、不利なことはせず、私に対するいかなる特恵税率も破棄せず、課税規約も変更せず、私を卑しめもせず、むしろ私の地位や名声を高め、私に災禍を加えようと望まず、私に陰謀を企てたり、また公であれ内々であれ、私にいかなる危害も災難も決して目論んだりせず、しかじかする、かくかくすると、私が指示申し上げる通りに、今すぐに固く誓いをお立てになられることであります」

こうして儂は宰相に、儂がこれまで恐れていたことすべてから安全であるよう義務づけたのだ。すると宰相は言ったものだ。

「お前もまた余に忠誠を尽くし、服従し協力するとの誓いを立てるか」

「立てましょう」

「いまいましい奴め、お前は悪魔も同然じゃ。余を誑《たぶら》かしおって、いやまったく」

それから宰相はインクをもって来させ、儂らは誓約文書を認《したた》めた。まず宰相に誓いを立てさせ、ついで儂が宰相に誓いを立てた。

儂が立ち去ろうとすると、宰相は念を押した。

「やあ、アブー＝アブドッラーよ、余はまさにお前を見直すことになったし、お前は儂の重荷を軽くしてくれた。実際、カリフ－ムクタディル[*5]はお前の言ったように、金品を目のまえにすれば、有能で有益な、立場も心得ている余と、身分の卑しい余の書記たちとのあいだの区別が付かないであろう。過ぎたことは内密にしておくのだぞ」

「承知いたしました」

「朝になれば公開の謁見場に参れ。余がお前をどのように遇するかがわかるであろう」

儂が立ち上がると、宰相は促した。

「やあ、小姓たち、お前たちみんなしてアブー＝アブドッラーどのを先導せよ」

一〇〇人の小姓たちが儂を先導し、こうして儂は自分の屋敷に帰った。まだ夜が明けていなかったので、儂はそのまま休んだ。

儂が謁見の時間に宰相のところに参上すると、宰相は儂をその場に伺候していたみんなよりも上座《かみざ》に導き、儂にとても丁重な物言いをして、その場に居合わせた者たちが、宰相は儂と仲直りしたのだとわかるように遇してくれた。そのうえ、地方の徴税官に宛てて、儂の代理人たちに名誉を与え、儂の資産や私領地に保護を与えるよう指示した書簡を書くよう命じ、また〔税務〕諸官庁の書記官たちには、すでに盛り込まれていた儂への特恵税率の改変や税の増額等すべてを撤回して、以前の特恵税率のままにするよう命令したのである。

儂が宰相に感謝して立ち上がると、宰相は声を上げた。

「やあ、小姓たち、先導せよ」と。

そこで侍従たちが抜剣して儂を先導したので、みんなはこの光景を見て驚嘆した。こうして儂の権威は戻ったのであるが、儂らの関係が改善されたわけは誰ひとりとして知ることはなかった。このことを儂が語ったのは、宰相が逮捕されて以後のことである。

イブン＝アルジャッサースの息子アブー＝アリーは以上のように語ったあと、「先ほど、父について語られている愚かな話が出ましたが、この逸話からすると、それが父にふさわしい行動や考え方だと言えますか」と問うた。そこで私は「いや、違う」と答えたのである。

（第一巻九話）

1——Ḥusayn b. ʻAbd Allāh b. al-Jaṣṣāṣ. 第一巻七話註3参照。

2——Abū ʻAlī b. Abī ʻAbd Allāh b. al-Jaṣṣāṣ.

3——Muḥammad b. ʻUbayd Allāh b. Yaḥyā al-Khāqānī. イブン＝アルフラートの第一次宰相の後を承けて、九一二年七月に宰相になったが、もっぱらカリフへの対応やライバルとの対立に明け暮れ、実務を息子に委ねるなど、宰相としての職務を怠り、在職一年、九一三年八月にアリー＝ブン＝イーサーに取って代わられた。

4——Abū l-Ḥasan ʻAlī b. Muḥammad b. al-Furāt. 八五五年生まれ。九〇八年、カリフ－ムクタディルの廃位を目指すクーデター騒ぎのあと宰相となった。これを皮切りに、ムクタディルに三たび宰相として登用された。有能だが策士としての一面を持ち、政争の具となって最後にはカリフの命で死刑に処せられた。九二四年没。

5——al-Muqtadir. 在位九〇八—九三二。第一巻七話註2参照。

靴音さえ気遣う

イブン＝ダーッサ[1]が長老たちから聞いたところによると、法官アブー＝ウマル[2]のまえで話題がイブン＝アルジャッサース[3]のことに及んだとき、彼は愚か者だということになった。するとアブー＝ウマルは「とんでもない。イブン＝アルジャッサースはそんな男ではない」と言って、次のような話をした。

数日まえ、儂は表敬訪問をするためにイブン＝アルジャッサースのもとを訪れた。中庭には大天幕が張られてあって、我々はその天幕の近くに坐って話をしていたが、そのとき、天幕の後ろから靴のきしむ音がしたので、イブン＝アルジャッサースが「やあ、小姓、天幕の後ろで歩いている者をすぐに連れてまいれ」と叫んだ。そこで黒人の女奴隷が連れてこられた。

「そこで何をしていたのだ」

「料理ができましたので、それを知らせて、運ぶ許しを得ようと宦官のところへ参りました」

「それなら仕事に行ってよろしい」

儂にはわかった。イブン＝アルジャッサースは儂に、この靴音は卑しい黒人のもので、自分のハレムの女でも、またハレムを守る者たちのものでもないと、知らせようとしたのだ。儂がその靴音をハレムの者が立てていると思わないかと、恐れて叫んだのだ。こんな男がどうして愚か者といえるだろうか。

（第一巻一〇話）

〔侍臣〕ヒバトッラー＝イブン＝アルムナッジム*4の祖父が語ったところによると、カリフ＝ムクタディル*5はイブン＝アルジャッサースを逮捕するとき、彼の邸宅に人を派遣し、家財道具を調べ上げ、カリフのもとに運ぶように命じた。その家財目録を作成した人物が、「なんと家財道具のなかに葦管製の冷水器が七〇〇器もあるではないか。家具にこれだけのものを揃えるとは、もてなし心が大変なものだと思わないか」と祖父に話したという。

（第一巻一一話）

1 —— Abū Muḥammad ʻAbd Allāh b. Aḥmad b. Bakr b. Dāssa. タヌーヒーの重要な情報源の一人。

2 —— Abū ʻUmar Muḥammad b. Yūsuf b. Yaʻqūb al-Azdī. 八五七年バスラ生まれ。八七七／七八年にバグダードの円城市の法官となり、その後法官職を歴任、九二九年大法官となる。九三二年没。

3 —— Ibn al-Jaṣṣāṣ. 第一巻七話註3参照。

4 —— Abū l-ʻAbbās Hibat Allāh b. al-Munajjim. 第一巻一話註1参照。

5 —— al-Muqtadir. 在位九〇八―九三二。第一巻七話註2参照。

高級軍人の遺産の壺

私タヌーヒーがバグダードで〔ブワイフ朝の〕宰相ムハッラビー[*1]のもとに陪席していたところ、エジプトから到着したばかりの〔元宰相〕カラーリーティー[*2]の来訪があった。そのとき同席していたジュハニー[*3]が宰相に言上した。

「宰相閣下、かつてお話し申し上げた石榴《ざくろ》石《いし》の壺の件についてカラーリーティーにお尋ねになりませんか。カラーリーティーはこの一件に居合わせた人物であり、私はまさか彼がエジプトからやってきて、この件の話をするとは思いも及ばず申し上げたのでしたが」

「遠慮はいらぬぞ、ジュハニー」

「有難うございます、閣下」

ジュハニーは宰相に許しを得てからカラーリーティーの方に向かい、話し掛けた。

「私はかつて宰相閣下に、カリフ＝ムクタディル[*4]が誰それ――ジュハニーはある高級軍人の名を挙げたが、確かな名は忘れてしまった。ヤーニス＝ムワッファキー[*5]を挙げたと思う――の遺産を没収するために、その人物の相続財産の調査に数日間私を派遣され、貴君も遺産目録作成のための助手として派遣された。それはまさしく膨大なものだったからな。この遺産のなかに我々は三〇口もの石榴石の壺のあることを発見した。どの壺も口の直径は一手幅（親指と小指を伸ばした長さ）あり、葦の芯で造られ、絹布や錦地で覆われた箱、それも草木模様の刺繍や金糸で飾られた箱のなかに入っていた。我々はそれらをいちいち確認すると、カリフ＝ムクタディルのもとに送った。カリフはその美しさに驚き、〔宝石商〕イブン＝アルジャッサース[*6]を呼び出してその壺の値段を尋ねた。するとイブン＝アルジャッサースは、自分にはその値踏みはできないし、いまだかつてそのようなものは見たこともない。もし実際に見ていなければ、そうしたもののあることを否定したでありましょう。もし申し上げるとすれば、その壺一口が少なく見積もっても金一〇万ディーナールはすると思います、と言上した。

実は宰相閣下にこの話をすると、その場に居合わせた客人たちは私の言葉を信用しなかった。貴君はエジプトに滞在していたし、困惑していたところだ。今ここで、貴君が私の話の正しさを証明してくださらんかね」

ジュハニーがこのように言うと、カラーリーティーは、

「宰相閣下、ジュハニーは本当のことを申しております。私もその壺は見ました。カリフのために、遺産のなかから壺を没収したのであります」

と助け舟を出した。この言葉を聞いていたイブン＝アルジャッサースが横から口を出した。

「この件でジュハニーが言い忘れたことがあります」

宰相がそれは何だと聞いたので、イブン＝アルジャッサースは答えた。

「私どもはこれらの壺について、庫吏にその由来を聞きますと、庫吏はそれがどこから入手されたか知らないが、しかし主人は同じ壺を八〇口所有していて、それを諸王たちに贈呈したので、これはその残りだとのことでした」と。

宰相ムハッラビーは「この話はこれまでにない新しいものだ」と面白がった。

（第一巻一二話）

1 —— Abū Muḥammad al-Ḥasan b. Muḥammad al-Muhallabī. 第一巻一話註4参照。

2 —— Abū Isḥāq Muḥammad b. Aḥmad b. ʻAbd al-Muʼmin al-Qarārīṭī. カリフ＝ムッタキー（在位九四〇―九四四）のとき宰相に任命されるが、わずか一カ月余で免職、その後も短期の宰相職を繰り返した。九六八年没。

3 —— Abū l-Qāsim al-Juhanī. バスラの経済検察を務めたことから宰相ムハッラビーの知己を得た文人。タヌーヒーの情報源の一人。ただし、話の内容はあまり信用されなかったようである。

4 —— al-Muqtadir. 在位九〇八―九三二。第一巻七話註2参照。

5 —— Yaʼnis al-Muwaffaqī. 執政ムワッファクの解放奴隷出身の軍人。九二三／二四年没。年間三万ディーナールの収益のある私領地を残した。

6 —— Ibn al-Jaṣṣāṣ, Abū ʻAbd Allāh. 第一巻七話註3参照。

気前のよい男とはこんなもの

〔侍臣〕ヒバトッラー＝イブン＝アルムナッジム[*1]の祖父が語ったところによると、一人の婦人が道端で〔宰相〕ハーミド＝ブン＝アルアッバース[*2]を待って貧困を訴え、施しを求め、手にしていた嘆願書を差し出した。ハーミドは坐って、この婦人のために金二〇〇ディーナールの支払いを命じる決裁書を書いた。

ところが〔決裁書を手にした〕貨幣取扱吏[*3]はかかる金額をこのような者に与えることはないと支払いを認めず、ハーミドに相談した。するとハーミドは、

「自分ではただ銀二〇〇ディルハムを与えるつもりであったが、神が儂の手に二〇〇ディーナールと書かせたのだから、今さらもとに戻せない。与えてやれ」

と命じたので、貨幣取扱吏は言われた通り支払った。

それから数日後、一人の男がハーミドに嘆願書を差し出した。そのなかには、妻も自分もともに貧しい人間でありましたが、妻が宰相に嘆願書を差し出し、二〇〇ディーナールを与えてくださいましたので、妻は自分に対して居丈高な態度を取るようになり、今や妻を離婚せねばならぬかと悩んでおります。どうか宰相閣下が誰か自分の妻に控え目にするよう訓戒してくれそうな方に、そのようにご命令をお出しくださいますように、といったことが書かれていた。ハーミドは笑ってその男宛ての二〇〇ディーナールの支払い命令書を決裁し、

「この金を支払ってやって、その男に、今やお前の財産はお前の妻の財産と同じになったから、お前に離婚を望むことはなかろうと言ってやれ」

と命じた。こうしてその男はお金を受け取り、金持ちになって帰って行った。

（第一巻一三話）

1 ―― Abū l-'Abbās Hibat Allāh b. al-Munajjim. 第一巻一話註 1 参照。
2 ―― Hāmid b. al-'Abbās. 第一巻五話註 2 参照。
3 ―― 原語は jahbadh. 語源はペルシャ語の kahbadh で、金銀貨幣の取扱・両替・出納等の業務や庫吏の役を果たした。とりわけ税金を徴収する場合、納税者はどうしても悪貨を納めようとするので、貨幣取扱吏が天秤などを用いて良貨に換算して受け取った。

高等官吏は技術だけでは務まらぬ

父親がアブー＝バクル＝アズラク[*1]として知られるアフマド＝アズラク[*2]が、バグダードで隣人であったアブー＝サフラの兄弟アブー＝イーサー[*3]について次のように語ってくれた。

アブー＝イーサーは社会的地位が高く、財産も多く、権威溢れる人物であり、書記官僚のうちでも指導的な人物である。かつては重要な行政区の徴税業務を委ねられ、古くはイスマイール＝ブン＝ブルブル[*4]の宰相代理を務めたこともあった。ムハンマド＝ハーカーニー[*5]は宰相職に就くや、このアブー＝イーサーをサワード[*6]庁長官に任命した。〔その後〕ムハンマド[*7]＝ハーカーニーが免職となり、アリー＝ブン＝イーサーに宰相の大命が下った。

アリー＝ブン＝イーサーはイブン＝アルムウタッズのクーデター[*8]に加担した罪でイエーメンに追放されていたが、その追放先からシリアを経て〔バグダードに〕帰京し、宰相職に就任した。このとき新宰相はアブー＝イーサーをサワード庁長官にふさわしい人物とは見なかった。この税務官庁にかなう書記官僚としての技術を完全には備えていなかったからである。

しかし、宰相はアブー＝イーサーの宮廷における高い地位のために、彼を更迭することができず、そこで会議の席などで彼に軽蔑の目を向けたりして、サワード庁長官が受けるにふさわしい尊敬の念を与えようとはしなかった。宰相はこの官庁から予算表[*9]とか覚書[*10]とか、あるいは決算書[*11]とかを取り寄せる場合にも、サワード庁の書記官たちに書面を送って彼らを召集し、書記官たちと話を交えるだけで、アブー＝イーサーが面前にいてもその件について彼と話し合うこともなく、こうして非常な侮辱を与えたのであった。

というのは、宰相にはアブー＝イーサーの書記の技術では不十分だとの思いがあって、話をしようにも無駄だと分かっているような予算表を求める場合には、みんなのいるまえで、アブー＝イーサーの無能ぶりが明らかとなり、人にも知れるようなやりかたで彼と話をする。ところが、その予算表が重要なものである場合には、サワード庁の書記官たちを伺候させ、書記官たちと話し合いをして、アブー＝イーサーにこのうえない侮辱を示す、という具合であった。

こうしたアブー＝イーサーに対する仕打ちが長く続いたある日、彼は宰相の執務室に坐っていた。そこには宰相と宰相の弟イブラヒーム＝ブン＝イーサー以外誰も残っていなかった。宰相はアブー＝イーサーに言った。

「何か用か」

「はい、宰相の執務室でふたりだけでお話ししたいことがあります」

この言葉を聞いてイブラヒームは立ち上がり、部屋から出て行った。のちにイブラヒームから聞いたところによると、次のようなことだったという。

翌日イブラヒームが兄の宰相のもとに出向くと、宰相執務室の一番まえに、サワード庁長官が占めるにふさわしくアブー＝イーサーがいて、承認や否認の命を下したり、愉快に話をしたりしており、しかも税務行政の問題について、宰相が書記官たちでなく、アブー＝イーサーと話し合っていて、アブー＝イーサーは有頂天のありさまだった。イブラヒームはことの次第について、宰相にどうしても聞きたいという思いにかられ、誰もいなくなるまで執務室に坐って待った。

「やあ弟よ、何か言いたいことがあるのかね」

「宰相どのにちょっと尋ねたいことがありましてね」

「もし、ちょっとしたことならば聞かずともよいではないか」

「いや是非聞きたいのです」

「まあここへ来い」

「昨日アブー＝イーサーはあなたに人払いを求め、あなたは彼とふたりだけで話をされました。ところが今日あなたを見ると、これまでと違って、彼と話をなさっているではありませんか。いったいどうなさったのですか」

「そうだな。アブー＝イーサーが余に語ってくれた内容は余を感心させ、アブー＝イーサーがなかなかの人物であることを示すに足るものだった。余は彼が正しかったことを知って、彼を見直すことにしたのだ。というのは、アブー＝イーサーは余とふたりきりになるとこう言ったのだ。

『お〻宰相閣下、私は老練の書記官僚のうちでも指導的な人物のひとりですが、私は自分の書記の技術がどの程度のものので、決して完全なものでないことを知っておりますし、宰相閣下が私を蔑まれ、私の技術の欠陥を暴かれ、重要な問題を検討しようとするときには当該官庁の書記官たちと話し合われ、解決不能な問題が起こったときに私と話し合われることをよく存じております。しかしながら閣下は、私の境遇や資産や隠然たる力が閣下のお考えになられている以上のものであり、また外見的にも絶大なものであることをよくお知りになる必要がございます。私はただ利益を求めんがために仕事をしているわけでも、貧乏になることを恐れているわけでもありません。私はまさにみずからの権威の発揚を、命令と禁止を行なえる権力へのかかわりを望んでいるのであります。これまで長年のあいだ、私は命令者として、禁止者として、また行政の技術について助言を求められる者として生きてきました。どの宰相も私に敵対されませんでしたし、私もまたどの宰相に対しても敵意を持つことはありませんでした。私は宰相たちに礼を尽くし、宰相たちもまた私に礼を尽くしてくださいました。宰相閣下が私をいかに軽蔑なさろうとも、宮廷の人々や一般の人々の心から、私がかつて宰相イスマイール＝ブン＝ブルブルの代理を務めたことがあることや、私がしかじかの役職を任されたという記憶を消し去ることはお出来にならないでありましょう』

と言って、アブー＝イーサーはこれまで担当してきた重要な役職の数々を挙げはじめ、そして、

『こうした仕事は能力のない者には任せられませんし、私の地位の偉大さは、豊かな生活、数多の私領地、莫大な財産とあいまって、人々の心から拭い去ることはできないでありましょう。宰相閣下といえども、これまでなされたこと以上には、私の立場を抹殺させることはお出来になりますまい。私には選べる途はいくつもあります。おそらく閣下にとっては重荷になる手段でもって、私はこの屈辱を払い除けることができるでしょうし、あるいは閣下の意図を純粋に汲んで職を辞し、家に引き籠りながら、しかし決して落ち込んで無気力に過ごすことなく、宰相の友人としてであれ敵対者としてであれ、私は思う通りの立場に立つこともできましょう。一方、宰相は私に対して取っておられる接し方を止められ、私の地位のような者が任命された場合にふさわしい慣習に私を戻されるか、あるいは私に辞職を命じられ、私が家に引き籠るようにされるか、いずれかの途しかありますまい』

と。そこで余は彼に言ってやったのだ。

『おゝ、アブー＝イーサーよ、これからは貴君が無視されるような目に遭うことは決してないであろうし、余は貴君に対して最大限の友好的態度を取るであろう。明朝、余のもとに来れば、このことの真実が貴君に明らかとなろう』

と。そして今日、アブー＝イーサーが余のもとにやって来たとき、余はお前が見た通り、彼に接してやったのだ」

（第一巻一四話）

1 —— Abū Bakr al-Azraq. 執政ムワッファクの時代、バドル＝ラーニー Badr al-Lānī という人物の書記をしていた。第一巻七三話参照。

2 —— Abū l-Ḥasan Aḥmad b. Yūsuf b. Yaʿqūb b. Isḥāq b. al-Buhlūl al-Anbārī al-Tanūkhī. タヌーヒーの重要な情報源の一人で、通常は Abū l-Ḥasan b. al-Azraq と表記される。九八七／八八年没。

3 —— Abū Sakhra の兄弟 Abū ʿĪsā. 歴代の宰相に仕え、諸官庁の長官を務めた官僚の重鎮。

4 —— Ismāʿīl b. Bulbul. 八四四／四五年生まれ。カリフ＝ムウタミド時代の八七八年、執政ムワッファクの推挙で宰相になったが、執政が没した直後の八九二年、次期カリフのムウタディドに逮捕され、殺された。

5 —— Muḥammad b. ʿUbayd Allāh al-Khāqānī. 九一二年、カリフ

ームクタディルの宰相となるが、翌年には免職になった。第一巻九話註3参照。

6――原語 dīwān al-Sawād. 当時ティグリス・ユーフラテス両川に沿った豊壌地はサワード(黒い土地)と呼ばれ、アッバース朝の直轄地として政治的に重要な地域で、その徴税業務を担当した役所。

7――Abū l-Ḥasan ʻAlī b. ʻĪsā b. Dāʼūd b. al-Jarrāḥ. カリフ＝ムクタディルの宰相。八五九年生まれ。先祖はキリスト教徒であったが、改宗後、代々アッバース朝の官吏を務め、自身は二〇歳頃に書記官となった。八九二年、新設の宮内庁の書記となって頭角を現し、九一三年、メッカに追放中だったにもかかわらず、呼び戻され、宰相に任命された。国家の財政破綻の建て直しに尽力したが、出費を制限したことから宮廷に疎《うと》まれ、四年で免職になった。以後、宰相代理を務めたり、短期だが二度目の宰相になったりして活躍したが、九四六年、八九歳で没した。

8――qiṣṣat Ibn al-Muʻtazz. 第一巻七話註2参照。

9――原語 ʻamal.

10――原語 kharj. テキストでは kharāj(地租、税額など)となっているが、ここは税務行政における文書の種類を列挙している場面であり、訂正した。

11――原語 ḥisāb.

威厳の示し方

〔宰相〕アリー＝ブン＝イーサー[*1]が弟に「ちょっとしたことならば聞かずともよいではないか」と言った言葉は、宰相が極端に重々しい態度を取るとか、非常な威厳を示すとか、慎み深さを心掛けるとか、そうした態度を家族や子供たちにまで取るといったことと共通している。

アフマド＝アズラク[*2]が父祖たちから聞いたところによれば、宰相の晩年、彼の年長の子供が居間に入ると、身を横たえていた宰相が、子供を見てわざわざ起き上がり、坐り直したという。

私タヌーヒーの父[*3]やイブン＝アイヤーシュ[*4]によると、人々が大勢いた謁見室で晩年の宰相を目撃したのであるが、そのとき、宰相は開け放された扉のそばに坐っていた。つまり扉のそばにクッションが置かれてあり、実際にはそれに寄り掛かるためだった。というのは、戸口いっぱいにカーテンが吊り下がっていて、床面まで達していたので、カーテンがクッションを隠す形になっていて、それで人々は宰相がクッションにもたれていると気付かなかった。宰相は慎み深さから、人々のまえでクッションに寄り掛かっているところを見られたくなかったのである。宰相アリー＝ブン＝イーサーはつねにこうしたやり方で、人々に対する威厳を保とうとしたのである。

（第一巻一五話）

1 ——'Alī b. 'Īsā b. Dā'ūd b. al-Jarrāh. 第一巻一四話註7参照。

2 ——Abū l-Ḥasan b. al-Azraq. 第一巻一四話註2参照。

3 ——Abū l-Qāsim 'Alī b. Muḥammad b. Abī l-Fahm Dā'ūd al-Tanūkhī. 著者タヌーヒーの父。八九二年、シリアのアンティオキア（アンタキヤ）に生まれ、九一八／一九年にバグダードに上京して、法学・伝承学を学んだ。九二三／二四年、同族の大法官イブン＝アルブフルールの推挙を受けて、アスカル＝ムクラム 'Askar Mukram など、アフワーズ諸県の法官となり、以後クーファ・ワースィト・ユーフラテス川地区・シリア・ホーズィスターンの法官職を歴任した。九五三年七／八月、バスラで没する。タヌーヒーの重要な情報源の一人で、タヌーヒーの逸話にしばしば登場する。

4 ——Abū l-Ḥusayn b. 'Ayyāsh. 第一巻六話註3参照。

孫にも威厳を見せる

〔法官〕アブルハサン＝イブン＝アルブフルール[*1]は語っている。

子供のころ、よく祖父のアブー＝ジャアファル[*2]のところへ行き、その面前でよく遊び、祖父によく叱られたものだ。私が入って行くと、祖父はもし頭に被りものをしていなければ、背もたれの後ろからカランスワ帽[*3]を取ってそれを被り、気むずかしい顔をして坐った。私はまだ当時一〇歳かそこらである。私が出て行って少し離れたところから祖父を見ると、祖父は帽子を脱いでしまっていた。

（第一巻一六話）

1 ——Abū l-Ḥasan 'Alī b. Abī Ṭālib b. Abī Ja'far b. al-Buhlūl. Abū l-Ḥasan 'Alī b. Muḥammad b. Aḥmad b. Isḥāq b. al-Buhlūl al-Tanūkhī と同一人物。九一四年生まれ。アンバールとヒートを振り出しに、ホラサーン道・クーファ・アスカル＝ムクラム・イーザジュなどの法官を歴任。九六五年没。タヌーヒーの情報源の一人。

2 ——Abū Ja'far Aḥmad b. Isḥāq b. al-Buhlūl. 八四五／四六年生まれ。二〇年にわたりバグダードの円城市の法官を務め、晩年に大法官となった。文人で詩人。九三〇年没。

3――法官の被る円錐形の帽子。

屈辱へのお返し

信頼のおける人たちが語ってくれたところによると、〔宰相〕アリー＝ブン＝イーサー[*1]について、アブー＝サフラの兄弟アブー＝イーサーに対して取った態度[*2]に似た次のような話がある。それは一団の書記官たちが語ったものである。

アリー＝ブン＝イーサーは、カリフ＝ムクタディル[*3]が自分を更迭し、当時いくつかの官庁で自分の補佐をしていたイブン＝ムクラ[*4]を宰相に任命しようとしていると伝え聞くと、イブン＝ムクラを呼び出し、彼に担当官庁にかかわる予算表を作成するよう要求した。これに対しイブン＝ムクラはその提出を約束した。数日後、アリー＝ブン＝イーサーは人々の面前でイブン＝ムクラに恥辱を与えようとして言った。

「余はお前に予算表を作成するよう命じたが、いまだにそれを提出しておらぬ。お前にはそれが困難なことは分かっているが、もしそうなら、お前の口からそうとはっきり言えばよいぞ」

「その予算表なら持参しております」

イブン＝ムクラはそう答えて、それをアリー＝ブン＝イーサーのまえに置いた。宰相はその予算表を読みはじめると、その表中の間違いについて列席の高等書記官たちに驚いて見せ、イブン＝ムクラに向かって彼の書記術の未熟さを思い知らせ、その該当箇所をいちいち引用し、あばき、話しかけながら、

「これは繕《つくろ》いものであって、文書といえるようなものでない」

などと言って、予算表一つひとつを指で押さえ、それはどう作成すべきか何度も書いて見せた。こうして、その場に居合わせた書記官たちがアリー＝ブン＝イーサーの指摘の見事さとイブン＝ムクラの無能に驚くあいだに、アリー＝ブン＝イーサーはすべての予算表を指摘し終わって、イブン＝ムクラに言った。

「行け。今指示した通りに予算表を作成して清書し、自分のところにもってまいれ」と。そこでイブン＝ムクラは足を引きずるように立ち上がった。イブン＝ムクラが立ち去ろうとしているとき、アリー＝ブン＝イーサーは重ねて言った。

「イブン＝アルフラート[*5]もできなかったことだ。我々は彼に当惑したものだ。そんな彼にお前が付くのだから不思議だと思わないか」と。

この事件から四、五日経ったある日、アリー＝ブン＝イーサーが逮捕され、宰相に任命されたイブン＝ムクラに引き渡された。イブン＝ムクラはアリー＝ブン＝イーサーをやり込めようとしたが、結局は男らしさの持ち主ならば唾棄するようなやり方で、憎々しげに面と向かって口汚くののしる以外には何もできなかった。

イブン＝アルブフルール[*6]が語ってくれたこの話の他に、アブー＝アフマド＝シーラーズィー[*7]が語ってくれた次のような話もある。

イブン＝ムクラが宰相であったある日、彼のところにいるとアリー＝ブン＝イーサーが入って来て彼のまえに坐った。そこにはアリー家のムーサウィー[*8]が伺候しており、〔書記官の〕ハサン＝ブン＝ハールーン[*9]が同席していて、イブン＝ムクラはハサン＝ブン＝ハールーンに、

「ムーサウィーの私領地が荒廃しているので、課税の厳しさに考慮を払われ、ムーサウィーに恩恵が与えられるようにと求める旨の嘆願書を認《したた》めよ」

と命じた。そこでハサン＝ブン＝ハールーンはそれを直ちに書き、イブン＝ムクラに提出した。するとイブン＝ムクラは「至急命令」で執行するよう署名し、それを嘆願書に付記するよう書記官に命じた。それが実行されると、イブン＝ムクラは「至急命令」の下に小麦と大麦各二〇クッル[*10]ずつをムーサウィーに対する援助として与えるよう決裁して、ハサン＝ブン＝ハールーンに「これをムーサウィーに渡してやれ」と言った。

その場に居合わせた人々は、アリー家の人に対するイブン＝ムクラの寛大さを褒めそやし、アリー＝ブン＝イーサーもイブン＝ムクラに感謝し、彼に賛意を表した。するとイブン＝ムクラはアリー＝ブン＝イーサーに答えたのであった。

「あなたは宰相であったときに、なぜこうしたことを行なわなかったのですか」と。

アリー＝ブン＝イーサーは立ち上がり、「宰相、失礼するよ」とだけ言って、あとは何の言葉もなかった。

（第一巻一七話）

1 ―― Abū l-Ḥasan ʻAlī b. ʻĪsā. 第一巻一四話註7参照。

2 ―― 第一巻一四話参照。

3 ―― al-Muqtadir. 在位九〇八―九三二。第一巻七話註2参照。

4 ―― Abū ʻAlī Muḥammad b. Muqla. 八八五／八八六年バグダード生まれ。長じて税務官僚を務め、九二八年、カリフ＝ムクタディルにより宰相に任命された。翌年、宮廷でクーデター騒ぎがあり、ムクタディルは一時廃位されたが、イブン＝ムクラはそのまま宰相に留まり、九三〇年まで務めた。その後二度宰相になったが、軍閥が跋扈した晩年は悲惨で、逮捕されて右手が、ついで舌が切られ、九四〇年、獄中で没した。

5 ―― ʻAlī b. Muḥammad b. al-Furāt. 第一巻九話註4参照。

6 ―― Abū l-Ḥasan b. al-Buhlūl. 第一巻一六話註1参照。

7 ―― Abū Aḥmad al-Faḍl b. ʻAbd al-Raḥmān b. Jaʻfar al-Shīrāzī. イブン＝ムクラの書記官で、イラン・ファールス州のシーラーズ出身。第二巻二六・二七話、第八巻一一三話参照。

8 ―― Abū ʻAbd Allāh al-ʻAlawī al-Mūsawī. 第一巻一八九話、第二巻一七七話も参照。

9 ―― Abū ʻAlī al-Ḥasan b. Hārūn. 宰相イブン＝ムクラ時代に高等書記官を務め、以後歴代の権力者に仕えた。

10 ―― 原語kurr. イラクやイランで小麦や大麦を量るのに用いられた容積の単位。地域によって異なるが、一〇―一一世紀頃、一クッルは小麦で二八〇〇キログラム強。

馬子にも衣裳

〔宰相〕アリー＝ブン＝イーサー[*1]の几帳面さ、一徹さを物語るものとして、彼がこうした点で他の誰よりも抽《ぬき》んでていると自負していたふしがある。これに関して複数の人から聞いた話。

アリー＝ブン＝イーサーが何回目かの宰相職に就いたある日、法官のアブー＝ウマル[*2]が宰相のところに入ってきた。アブー＝ウマルは豪奢なシュシュタル産のダビーク織[*3]法官服を身にまとっていた。宰相は法官が恥じ入るさまを見たいものと思って聞いた。

「やあ、アブー＝ウマルよ、いったいその法官服の布地はいくらで買ったのかね」

「金二〇〇ディーナールです」

「さようか。だが余のこの外套の布地はずっと安く、着分が二〇ディーナールだったと聞いておるぞ」

宰相がそう言うのを聞いて法官は即座に、まるで答えを用意していたかのように言った。

「宰相閣下がお召しになりますと、衣服も映えまする。派手なものをお召しになる必要はございますまい。それに引き換え、私どもは馬子にも衣裳で、飛び切りのものを着なければなりません。と言いますのは、私どもは一般民衆と親しく交わりますが、威厳を見せ、畏敬の念を引き起こさせねばなりませぬ。ところが宰相閣下は一般民衆がお仕えするというより、貴人たちがお仕えいたします。宰相のようなお方は見せびらかすようなことはなさらないものだ、ということをよく存じております」

この法官の返答を聞いて宰相はぐっと胸がつかえ、黙ってしまった。

（第一巻一八話）

1―― Abū l-Ḥasan ʻAlī b. ʻĪsā. 第一巻一四話註7参照。
2―― Abū ʻUmar. 第一巻一〇話註２参照。
3―― 原語 dabīqī. 金糸や絹糸で刺繍が施された亜麻布。エジプトの都市ダビーク Dabīq(ダミエッタ)に起源がある。シュシュタルはホーズィスターン州第二の都市で、アフワーズの北方約九六・五キロメートルの都市トゥスタルのペルシャ語名。

対東ローマ外交の持ち駒は

法官アブー＝バクル[*1]がムカッラム＝ブン＝ブクラーン[*2]を通じて伝え聞いた法官イブン＝ムカッラム[*3]の語った話。

私はアリー＝ブン＝イーサー[*4]とは昵懇《じっこん》の間柄で、宰相は政務について、しばしば私に相談したものだった。ある日、私が彼のところに入っていくと、ひどく悲しんだ様子をしていた。きっとカリフ＝ムクタディル[*5]から不愉快な知らせが届いたに違いないと推測して、「何か事が起こりましたか」と尋ね、それとなくカリフのことかと暗示した。

「余の悲しみはそんな類のものではない。もっと重大なことなのだ」

「差し支えなければお教えくださいませんか。何か進言を差し上げられるかも知れませんから」

「そうだな。実は我らの国境地区司政官から、東ローマ領にいるイスラム教徒の捕虜の状態について由々しいことを知らせてきたのだ。というのは、捕虜たちはこれまで友好的に保護されてきたにもかかわらず、先頃二人の若者がローマ皇帝の権力を掌握すると[*6]、捕虜たちを虐待し飢えさせ、裸にし、拷問にかけ、あげくはキリスト教に改宗するよう迫ったのだ。捕虜たちは非常な苦難と厳しい試練にあえいでいるが、余にはどうしてやることもできないのだ。というのも、この問題は我らの権威が及ばないところの事件だし、カリフも我らの意見に応じようとされないからだ。それでも余は資金を投じて、なんとか軍隊の装備をはかり、コンスタンチノープルへの遠征を目指しているのだ」

「おゝ宰相閣下、この問題を解決するのにもっとやさしい方法が私にはあるように思われます」

「それはよい。申してみよ」

「実はキリスト教徒の首長として、アンティオキアにはパトリアルコスと呼ばれる枢要な人物がおりますし、エルサレムにはカソリコスと呼ばれるやはり枢要な人物がおります。この二人の総主教の権威は東ローマ帝国にまで及んでおり、ときには皇帝を破門することがあるほどです。そうなれば皇帝は東ローマ帝国内でも破門されることになり、もし二人の総主教が破門を解けば、彼らの国でも破門が解かれるといった具合です。東ローマ帝国内では、これらの総主教に従わない者は異端と見なされており、総主教たちの承認がなければ、皇帝といえども東ローマ帝国内でその座を全うすることはできません。皇帝は総主教たちに対して忠誠の誓いを立てねばなりませんし、昇進も総主教次第なのです。

そのアンティオキアとエルサレムの二つの都市はといえば、

それは我らの統治下にあって、二人の総主教は我々の庇護下にあります。宰相閣下はこれら二つの都市の司政官に書簡を送り、総主教たちを伺候させ、捕虜たちに起こっていることを教えてやるようお命じになるべきです。こうした行為は皇帝権から逸脱したものであり、もしこの二人が捕虜虐待をやめさせることができないならば、いったい誰が皇帝の罪を問責できるでしょうか。閣下は彼らの返事を待たれるだけでよろしいかと存じます」

宰相は〔私、法官イブン＝ムカッラムの進言に従って〕書記官を呼び出し、この問題にかかわる書簡を二通書き取らせ、直ちに総主教たちのところへ送付させた。宰相は私に、

「お前のお蔭で少しは悲しみが晴れたぞ」

と声を掛けられ、私たちは別れた。

それから二カ月と数日が経って件《くだん》の話も忘れたころ、宰相からの飛脚がやって来た。私に伺候するようにとのことであった。そこで馬に乗って出かけたが、何事かと思案して胸が騒いだ。ところが宰相のもとを訪れると、宰相は喜びにあふれていて、私を見るや叫んだのである。

「やあ、神は貴殿の信仰や余の悲しみに思いを致し、善き報酬をくだされたぞ」

「いったいどんな知らせが」

「捕虜の件に関する貴殿の見解はもっとも嘉《よみ》すべき賢明なものであった。これなる者はかつて知らせをもたらしてくれた司政官からの使者だ」

宰相はそう言って目の前にいる男を指差し、

「起こった経緯を話してみよ」

と命じた。使者は次のように報告したのである。

「司政官は二人の総主教の書簡をもった使節とともに、私をコンスタンチノープルに派遣いたしました。二人の皇帝に宛てられたその書簡には以下のようなことが書かれておりました。

『捕虜たちに対して陛下らがお取りになった行為は、キリスト教の教えにもとるものであります。陛下にはそのような権利はございません。かかる行為は陛下には禁じられており、キリストがしかじかと我らに命じ給うた掟に背くものであります。——としていくつかの律法を挙げたうえで、——もし陛下らがこうした行為をおやめになり、捕虜たちの処遇を改善し、捕虜たちにキリスト教への改宗を迫ることを思い止まるならばよし、さもなければ我らは二つの総主教座の名において、陛下らを譴責し破門するでありましょう』と。

私は使節とともに旅をしてコンスタンチノープルに到着しましたが、数日間二人の皇帝に謁見することを許されず、皇帝は使節とだけ会談を持ちました。やがて私にも呼出しがあって、皇帝に拝謁しますと、通事が私にこのように言いまし

た。

『陛下はお前に申しておられる。我らが捕虜たちに行なったとアラブの支配者に伝わっている行為というのは虚偽であり中傷である。すでに我らは汝が宮殿内に入り、汝らが捕虜たちを視察することを許した。汝は捕虜たちの境遇が汝らのもとに伝わっているものと違っていることを見て取るであろうし、我らに対する彼らの感謝の言葉を汝は聞くであろう』と。


それから私は宮殿に連れて行かれ、捕虜たちを自分の目で見ることができました。ところが捕虜たちの顔はまるで墓場から引きずり出されたかのようで、おそらく我々が到着するまでは拷問に掛けられていたのでしょう、まったくひどい危害の跡が見受けられました。ただそのときは、捕虜たちは安堵感を味わっているかのようで、注意して彼らの衣服を見ると、それはすべて真新しく、私が到着してからの数日間、接見を許されなかったのは、捕虜たちの身なりを変え、処遇を改善するためだったと理解しました。ある捕虜は私に、

『私どもは皇帝に感謝しております。神が彼ら二人を嘉し給わんことを』

と言いながら、

『事実はあなた方に伝わっていた通りで、我々に対する虐待が和らぎ待遇が改善されたのは、あなた方が到着されてから以後のことですよ』

と私に合図を送りました。捕虜たちが私に
『どうして私どもの状況が分かり、誰が私どものことを思い遣ってあなたを派遣されたのですか』

と尋ねたので、

『アリー＝ブン＝イーサー閣下が宰相になられてこのことを伝え聞かれ、それで宰相はバグダードから人を派遣されて、かくかくしかじかのことをなされたのです』

と申しますと、彼らは、

『宰相閣下にアッラーの祝福あらんことを』

と叫び、また婦人の一人は
『アリー＝ブン＝イーサーさまは素晴らしいことをなさいました。アッラーがあの方のこの善行をお忘れになられませんように』

と言いました」

アリー＝ブン＝イーサーは使者のこの言葉を聞くと涙にむせび、ひれ伏して偉大なる神のお蔭だと感謝を捧げた。そして使者の労をねぎらい、退出させた。そこで私は宰相に声を掛けた。

「お丶宰相閣下、私はつねに閣下が宰相の職務について苦言を洩らされ、罪に陥ることを恐れて、辞職して隠退できればどんなにいいか、と申されているのを聞いております。し

かし、もし閣下が自邸に引き籠ったままならば、どうしてこのような善き報いを得られましょうや。たとえ莫大な財産を注ぎ込まれても得られますまい。もう政務のことでお嘆き召されますな。おそらくは神が閣下を助けて、こうした事柄を閣下の手で成し遂げてくださるでありましょう。そうすれば閣下は、来世において神の報償を得られるでありましょうし、それはまさに、この世において閣下が宰相としての際立った栄誉を得られたからにほかならないと申せましょう」と。

（第一巻一九話）

1 —— Abū Bakr Muḥammad b. ʻAbd al-Raḥmān, 通称イブン＝クライア Ibn Qurayʻa. 九七七／七八年没。
2 —— Mukarram b. Bukrān.
3 —— Abū Yaḥyā ʻAbd Allāh b. Ibrāhīm b. Mukarram. バグダードで法官を務めた。宰相イブン＝アルフラートがエジプトの法官に任命したが、任地に赴かず、代理を派遣した。
4 —— Abū l-Ḥasan ʻAlī b. ʻĪsā. 第一巻一四話註7参照。
5 —— al-Muqtadir. 在位九〇八—九三二。第一巻七話註2参照。
6 —— アリー＝ブン＝イーサーの第二次宰相時代(九二七—九二八)、東ローマ帝国はコンスタンティヌス七世(九一一—九五九)とロマヌス一世(九一九—九四四)の二人が共同統治していた。

国を越えた慈善の交換

バスラのイブン＝ダーッサ[*1]が語るところによれば、法官イブン＝ハンマード[*2]があるアラブの老人から聞いたという話、つまり東ローマの捕虜となり、やがてイスラムの国に帰ることができたという一人のイスラム教徒の次のような話がある。

「我々は東ローマの国に連行され、厳しい苦難に耐えねばなりませんでした。あまりの寒さに幾晩も眠れず、今や死が目前というところまで来たとき、我々はある村里に入りました。すると一人の修道士がやってきて、捕虜たち一人ひとりに暖かい衣服や厚手の外套を掛けてくれました。我々はその晩、生きた心地がしたものでしたが、その村では幾日もそんなふうに過ごすことができました。ところがやがて別の村に移されると、我々は元通り、まとうものがなく寒さに震える日々を過ごさねばなりませんでした。

土地の人にわけを聞くと、イブン＝アビー＝アウフ[*3]の従兄弟イブン＝リズクッラー[*4]というバグダードの商人が、莫大な費用を使ってこれらの衣服や外套をととのえ、修道士に預けたそうです。しかもその商人は、イスラム教徒の捕虜たちがその村にやって来たらこれを着せてやってほしいと頼み、その見返りとして毎年、捕虜たちに与えられる衣服類に見合うだけの費用をイスラム諸国にあるキリスト教会に使うと保証したのだといいます。そのようなわけで、この村の修道士はこの約束を実行しているのですが、村々のうち後にも先にも、こんなことをしてくれるところはないとのことでありました。そこで我々は、寒さが我々を襲い、苦難に見舞われるたびごとに、見知らぬ人イブン＝リズクッラーのために祈りを捧げたのでした」と。

（第一巻二〇話）

1——Abū Muḥammad ʻAbd Allāh b. Aḥmad b. Dāssa al-Baṣrī. タヌーヒーの情報源の一人。第一巻一〇話註**1**参照。

2——ʻAlī b. Ibrāhīm b. Ḥammād.

3——Abū ʻAbd Allāh Aḥmad b. ʻAbd al-Raḥmān b. Maruzūq b. ʻAṭiyya b. Abī ʻAwf. バグダードの通りの名にまでなった宮廷出入りの清廉な資産家で、宰相ウバイドゥッラー ʻUbayd Allāh b. Sulaymān の寵臣であった。九一〇年没。

4——Ibn Rizq Allāh.

宰相閣下は太っ腹

法官イブン＝アイヤーシュ[*1]は私タヌーヒーにこんな話を語ってくれた。

ずっと失職していたある男が、エジプトの税務長官アブー＝ズンブール[*2]宛ての宰相イブン＝アルフラート[*3]の書状を偽造して税務長官のところへ出かけ、その書状をもって彼に面会した。しかしアブー＝ズンブールは、その書状があまりにも人間としての間違いのなさを強調しすぎることやその男に祝福を与える言葉の多いこと、またその男の地位からすると不必要な文体があり言葉がちりばめられていることなどによって、その書状の信憑性を疑った。長官はその男にわずかの贈り物を与え、何がしかの給与を支給するよう命じて言いおいた、

「私がお前のことについて考えを出すまでそれを受け取ればよい」と。

一方、長官は件《くだん》の書状を特別行嚢でイブン＝アルフラートに送致し、彼宛ての手紙を書いて状況を説明した。偽造の書状には、その男が宰相と強い絆で結ばれ、古くから宰相に奉仕しているとあったからである。

書状が宰相イブン＝アルフラートのもとに届くと、宰相は面前にいた部下たちに事の次第を打ち明け、彼らを驚かせた。宰相が、

「この男のことはどうしたものかのう」

と尋ねると、部下たちは口々に、

「宰相の名をかたった罪で手を斬り落とせばいかがでしょう」

「その男の親指を斬り落とせばよい」

「鞭打ちの刑に処したあと、牢獄に入れれば」

「長官アブー＝ズンブールにこの男の真相を知らせてやり、彼を追放するよう命令なされたら。苦しい長旅のあと無一文になるというだけでよいのではありませんか」

などと語った。ところが宰相は、

「お前たちの性格はなんと雅量に欠け、高尚さに掛け離れているのだろう。今ここに、我らの名前で取り入ろうとしている男がいる。その男はエジプトまでの苦労な旅に耐え、我らの権威を利用して富を得ようと望んでいる。おそらく我らに近づく途もなく力もなく、それで我らの書状を書いたのであろう。役に立つと思ってその男がおのれのために書状を書いたということは、むしろ我らの手間が省かれたということだ。しかも糧を求めて旅立ち、生計の手段を我らに賭けているのだ。そうした男に、お前たちが考えるもっとも良い事態というのが、失望に遭わせることだというのか」

とたしなめ、みずからインク壺を取り、偽造の書状の裏を返して、みずからの手書きで以下のように決裁文を書いたのである。

「これは余の書状である。貴下がどのような理由でその信憑性を否定され、どうして疑いを抱かれるのか、余には分からぬ。貴下はまるで余が逆境にあったときや隠遁していた時期など、過去に余に仕えてくれたすべての者を知っているとでも言うのか。彼らすべてはかつて余が知り合った者たちであるのに、そのうちの一人であるこのアブー＝某を貴下は否認しようと言うのか。彼の余に対する影響力はこの書状にある以上に大きく、余と彼との絆は貴下が考えているよりも強いのである。よって彼には大いに贈り物を与え、面倒を見てやり、彼にふさわしい立派な仕事を与えられよ」と。

宰相はこうした類の言葉を付け加えたあと、その書状を直ちに発送した。それからかなりの月日が経ったあと、見事な服装をし、小姓を連れた立派な容姿の男が宰相のもとにやって来て、涙を流し宰相のまえで大地に口づけをしながら、宰相のための祈りを捧げはじめた。しかし宰相イブン＝アルフラートはその男を知らなかったので、

「やあ、汝に神の祝福があらんことを――これが宰相の言葉だったのだが――。汝に何かあったのか」と尋ねた。する

と、

「私はアブー＝ズンブールへの書状を偽造した張本人です。その書状を宰相閣下はご親切にも本物と裏書きしてくださいました」

と打ち明けた。イブン＝アルフラートは笑いながら言った。

「長官はいったいいくらお前にくれたんかね」

「彼は私にしかるべき俸禄を割り当て、公職を決めてくださったばかりでなく、みずからのお金から二万ディーナールも与えてくれました」

「それは神のお蔭じゃ。我らのもとに留まるがよいぞ。そうすれば汝にはその何倍もの利益を得させてやろうぞ」

そこで、その男は宰相のもとに留まることにした。宰相は、彼のことを調べてみると書記の素養があると分かったので、彼を雇い入れることにし、彼に莫大な財産を儲けさせた。これによって、この男は宰相に強い絆を抱くことになったのである。


（第一巻二一話）

1――Abū l-Ḥusayn ʻAbd Allāh b. Aḥmad b. ʻAyyāsh. 第一巻六話註3参照。

2――Abū Zunbūr al-Ḥusayn b. Aḥmad b. Rustam al-Mādharāʾī. ワースィトの上流、ティグリス川東岸沿いのマーザラーヤー村出身。アッバース朝における官僚の重鎮。カリフ＝ムクタフィー（在位九〇二―九〇八）のときエジプトの税務長官となり、カリフ＝ムクタディルも追認、税務行政に活躍した。イブン＝アルフラートの第三次宰相時代に一族のムハンマドとともに一七〇万ディーナールの科料に処せられた。その後宰相の候補者になったこともある。九二六年または九二九年にシリアで没した。

3――ʻAlī b. al-Furāt. 第一巻九話註4参照。

法の番人でも度量は広い

私タヌーヒーがヒジュラ暦三四九年(九六〇)に会ったことのある法官の子息アブー＝アフマド[*1]によると、法官アブー＝ウマル[*2]と親しかったというその父親が次のように語った。話は法官アブー＝ウマルとイブン＝アルハワーリー[*3]とが友情で結ばれているのを利用して、就職口を求めようと、イブン＝アルハワーリーに宛てて法官アブー＝ウマルの偽の手紙を書いた男にまつわるものであった。

男は偽造した手紙をもってイブン＝アルハワーリーを訪れた。手紙は受け取られたが、待つように言われたので、返事を期待して坐った。ちょうどそのとき、儂《わし》は法官アブー＝ウマルにお伴してイブン＝アルハワーリーを表敬するためにやって来た。法官はなかに入ると、自分の筆跡に似せた手紙が目のまえに置かれているのを見て驚き、そのわけを知りたいと思った。しかし、法官は譬え話になるほど重々しい態度を取る人だったので、イブン＝アルハワーリーには法官の心の動揺はわからなかった。ただ儂は法官の性格を経験上知っていたので、そのことに気付いていた。

イブン＝アルハワーリーは手にした手紙にあらためて目をやると、

「法官どの、この手紙はたったいま来たところだ。貴殿が望まれるように、儂はこの男のためにしてやろうと思っている」

と言った。アブー＝ウマルはイブン＝アルハワーリーに感謝を述べ、はっきりと言わなくとも、それが自分からの手紙だと思わせるようにして話した。アブー＝ウマルはこうした話し方のいわば名手で、万事それらしいあいまいな、説明をしなければ意図がはっきりしない仕方で話をし、言葉尻を取られないような用心を心得ていた。

「もしこの男が来ているのであれば、呼び出してここに連れてきてもらいたいが」

アブー＝ウマルの求めで男が部屋に入ってきたが、顔色は真っ青であった。イブン＝アルハワーリーが、

「お前さんが法官閣下の手紙の人かね」

と男に尋ねると、そうですと男は答えた。アブー＝ウマルは男に、

「閣下は貴殿に就職を世話し、貴殿の面倒を見ると約束しておられる。閣下のおっしゃる通りになされよ」

と命じた。法官はしばらくイブン＝アルハワーリーと談笑していたが、やがて席を立ち、「あとでこの男を連れてまいれ」と儂にささやいた。儂はすこし残って男に気さくに話しかけ

たのち、男を連れて法官のいる部屋に入った。法官は一人で我々を待っていた。

「なんたること、なぜお前は余の手紙を偽造したのだ。余は裁きをする人間だ。余の文書は、財産・名誉・生命の如何を問わず、与奪のできる権威あるものなのだ。もし余がお前の悪事をイブン＝アルハワーリーに知らせたならば、お前は見せしめの罰を受けねばならないと、考えもしなかったのか」

アブー＝ウマルに言われて男は涙を流した。

「法官閣下、私がこんなことをしでかしたのも、食べ物がなく、極貧にあえいでいるためです。私は閣下の寛大さに望みをかけ、法律や証拠といったことにかかわりないことならばと思って、いたしました。そのうえ、愚かにも私は、このことが閣下の耳に入ることはなく、私は閣下を傷つけずに得することになると考えたのです」

「貧乏こそがお前をこんなことに追い込んだのだと、お前は誓うことができるか」

「はい、誓います」

アブー＝ウマルは目に涙をにじませ、自分の召使いに何事か耳打ちした。その召使いはしばらくいなくなったが、やがて金一〇〇ディーナールの入った財布と、衣服一揃いの入った風呂敷包みをもって来た。アブー＝ウマルはそれを男に渡しながら言った。

「このお金を使いたまえ。そしてこの衣服を着て、イブン＝アルハワーリーに従いたまえ。お前のことはよく言っておく。ただし、もう決して余の手紙を偽造しないと誓うのだ」と。

男はその通り誓いを立て、立ち去った。それから数カ月後、アブー＝ウマルは一人の表敬者を迎えた。その人物は立派な馬に乗り、素晴らしい衣裳に身を包んでいて、アブー＝ウマルに会うと感謝と祝福の言葉を述べたが、アブー＝ウマルには憶えがなかった。だが儂は思い出した。

「貴殿はどうして余に感謝の言葉を述べるのかね」

「私はあのイブン＝アルハワーリー宛ての手紙を書いた本人です。法官閣下は私にお金をくだされ、閣下の権威で私を蘇らせてくださいました。イブン＝アルハワーリーはあれからずっと私を雇ってくだされ、それで私は今のような境遇にたどり着くことができました。これもひとえに法官閣下のお蔭だと、終生ご祈念申し上げる所存です」

「神の善きお導きこそ称えあれ」

アブー＝ウマルはこのように祝福の言葉を与えたのであった。

（第一巻二一話）

1 —— Abū Aḥmad b. Abī l-Ward.

2――Abū ʿUmar. 第一巻一〇話註2参照。

3――Abū l-Qāsim Ibn al-Ḥawārī. 贈与によりカリフ＝ムクタディルの宮廷に隠然たる影響力のあった人物。カリフにハーミド＝ブン＝アルアッバース（在職九一八―九二三）を宰相として推挙し、ハーミドは見返りとしてイブン＝アルハワーリーに、西部方面にかかわる全軍の俸給業務ならびに首都バグダードの俸給国庫の業務を委ねた。

風変わりな震え字の書き方

法官イブン＝アイヤーシュ[*1]が語ったところによると、ひどく風の吹く日、彼の友人がバグダードの舟橋に坐って書きものをしているのを目にしたという。そこで話しかけた。

「おやおや、こんな所でしかもこんな時に何をしているのだ」と。すると友人は答えたのだ。

「震え字を書く男の偽手紙を書こうとしているのだ。儂《わし》の手ではそんなことはできないので、ここに坐って書けば、この風と波による舟橋の揺れで、男の字に似た震え字の手紙が書けると思ったのだ」と。

（第一巻二三話）

1――Abū l-Ḥusayn b. ʿAyyāsh. 第一巻六話註3参照。

弟に公文書を偽造された宰相

法官イブン＝アイヤーシュ[*1]はこんな話もしてくれた。

宰相だったイブン＝ムクラ[*2]のもとに伺候すると、いくつもの弁明書や決裁書が宰相のまえに持ち込まれていた。しかもそれは、宰相の弟のアブー＝アブドッラー[*3]が自分の利益になるよう、兄の名で偽造したものであった。宰相の弟もその場にいた。宰相は弟になぜこんなことをしたのか暴き立てるのを躊躇していた。宰相は文書のあまりの多さに思い至ると、弟の方に振り向いて言った。

「アブー＝アブドッラーよ、お前は儂《わし》の身を軽くしてくれたが、その代わりお前には責任が重くのしかかったぞ。儂らはお前がそれに耐えられるかどうか恐れている。よってお前からその労苦を取り除いてやろうと思うがのう」

と。するとアブー＝アブドッラーは笑いながら言った。

「宰相閣下の仰せに従います」と。

（第一巻二四話）

1 —— Abū l-Ḥusayn b. ʻAyyāsh. 第一巻六話註3参照。

2 —— Abū ʻAlī b. Muqla. 在職九二八—九三〇。第一巻一七話註4参照。

3 —— Abū ʻAbd Allāh al-Ḥasan b. ʻAlī b. al-Ḥusayn b. Muqla. 八九一—九四〇。

国家の歳入激減せり

法官アブルハサン＝イブン＝アルブフルール[*1]の語った話。

イブン＝ヒンザーバとして知られるアブルファトフ＝イブン＝アルフラート[*2]が、父を頼って我々一族の屋敷に身を隠したことがあった。当時自分はまだ若輩で、アブルファトフはよく自分を呼び出し、語り合ったり、チェス[*3]をして遊んだりしたものだった。

ある日、話題がカリフ＝ムクタディル時代の歳入が歳出に対して不足したという点に及んだとき、アブルファトフは自分に次のように語った。

「儂《わし》が検討してみると、国家の歳入はしかじかで、歳出はしかじかであった。一方、儂の伯父〔元宰相〕アブルハサン[*4]の私領地ならびに伯父が逮捕されたときに、これと一緒に没収された我々一家の私領地の歳入はしかじかであった。その額は今日では当時の三分の一に落ち込んでいる。もし儂がこれらの私領地を一括して所有できたならば、それを耕作させ、私領地の収益を以前の額に戻すことができように。

かつての収益と現今の収益との差額は、この世のすべてを栄えさせることができるものだ。その我らが私有の土地でさえ、大地のうちではごく一部を占めるだけ。もしこの世に、大地のすべての耕作に関心をいだいている者がいるとすれば、どんなことになろうかのう」

法官アブルハサンの語るところでは、そのときまでこんな巨額の数字を聞いたことがなく、しかもアブルファトフが語ったのは、彼が宰相に任命される以前のことだという。法官はこのときの歳出入の数字は憶えていて、私タヌーヒーに教えてくれたのであるが、私は失念してしまった。

（第一巻二五話）

1――Abū l-Ḥasan ʻAlī b. Muḥammad b. Aḥmad b. Isḥāq b. al-Buhlūl al-Tanūkhī. 第一巻一六話註1参照。

2――Abū l-Fatḥ al-Faḍl b. Jaʻfar b. al-Furāt, 通称 Ibn Ḥinzāba. 宰相イブン＝アルフラートの甥で、能筆家。ヒンザーバはローマ人女奴隷だった母親の名前。九三二年、カリフ＝ムクタディルにより宰相に任命されたが、わずか五カ月後にカリフは暗殺された。カリフ＝ラーディー（在位九三四―九四〇）時代にも、宰相となるがすぐに引退し、九三八年没した。

3――原語 shaṭranj. アッバース朝時代にもっとも流行した室内遊戯。起源はインドにあり、東方では日本にまで伝わって将棋となり、西方ではイラン・イスラムを経て西洋のチェスとなった。イスラムで最初にチェスを楽しんだカリフはラシード（在位七八六―八〇九）とされていて、お抱えのチェス指しに手当てを支給したという。八×八のマス目の盤に、王 shāh、助言者 firzān（西洋で女王)、象 fīl(西洋で僧正)、騎士 faras、城 rukhkh(梵語 rath 戦車の転訛)、歩卒 baydaq の駒を配し、相手の王を追い詰め、王手 shāh māt(王は死んだ)を掛ければ勝ちとなる。

4 —— イブン＝アルフラートのこと。第一巻九話註4参照。

受けた恩義は万倍にして

私タヌーヒーの父がイブン＝アルフラート[*1]にまつわる逸話を次のように語ってくれた。

イブン＝アルフラートがまだごく中流程度の身分だったころの話である。二人の奴僕を連れて馬に乗り、狭い街路を通り過ぎようとしたところ、とある家の排水用の雨樋から水が流れてきて、イブン＝アルフラートはびしょぬれになってしまった。奴僕の一人に命じて、なかに入れてもらえるところを探させ、奴僕がある家の戸を叩くと、裁縫師であるその家の主人はイブン＝アルフラートの姿や容貌から、本人や奴僕たちをただ者ではないと考え、家のなかに導き入れた。主人はイブン＝アルフラートを坐らせ、衣服を脱がせ、それを洗濯するよう妻に渡した。イブン＝アルフラートは坐って主人と雑談しながら、もう一人の奴僕を自分の家に走らせ、衣服一式をもって来させた。イブン＝アルフラートはその新しい服を着ると、着ていた衣服の方はまだ洗濯が終わっていなかったので、その家の人たちに与えるよう命じて立ち去った。

時が流れに流れて、イブン＝アルフラートが第一次宰相職に就任した(九〇八年)ある日、宰相は長い行列を引き連れて

〔件《くだん》の街を〕通り過ぎようとしていた。人々は立ち並んで宰相を見ていたが、例の裁縫師も立っていた。裁縫師は宰相を見ると、あの時の人物だとわかったので、街の人々に、

「この人と俺さまとは不思議な縁があるんだ」

と言って、そのエピソードを話した。すると人々は、

「宰相は寛大な人で、彼のところへ行けば、お前さんにはいいことがあるだろうよ」

と勧めてくれた。

翌朝、裁縫師がイブン＝アルフラートのもとへ出かけて行くと、ちょうど宰相が馬上の行列を組んで門のところに到着するところであった。裁縫師は宰相に挨拶して、

「私には宰相とのご縁があります」

と言った。イブン＝アルフラートは裁縫師をじっと見て彼に気付き、彼との話を思い出した。それで〔館に入って〕坐って待つよう命じた。

イブン＝アルフラートは戻ると、裁縫師にその後の様子や妻子のことを尋ねた。裁縫師はそれに答えて友情を謝した。

「余はお前に何かしてやろうと思うのだが、それには褒美がよいか、それとも我らに仕えるのがよいか」

「宰相閣下にお仕えしとうございます」

イブン＝アルフラートは裁縫師に、金一〇〇〇ディーナールの贈与と彼を宰相官邸付裁縫師の長にすることを命じ、それが実行された。それから長い年月が経って、裁縫師はついに百万長者になったのである。


（第一巻二六話）


私タヌーヒーは〔ブワイフ朝の〕宰相ムハッラビー[*2]について、このイブン＝アルフラート[*3]の逸話に似た例を目撃したことがある。すでに宰相であったムハッラビーは、バリード家[*4]の同僚で何度もバスラの警察長官を務めたことのあるアブー＝ムハンマド＝スッカリー[*5]に招待されて、ミルバド通りにある彼の邸宅を訪れたことがあった。宰相はそのスッカリーの家から自分が住んでいるミスマーラーン地区に帰ろうとしたとき、酒を飲んでいるためにモスクの傍《かたわ》らを通るのが憚られて、帰路を横町のサイハーン通りに変え、そこから舟艇に乗ろうとした。

ところが水差し工房まで来たところ、小用を催したので、貧しい人たちが住むある一軒に入って用を済ませた。それで宰相は家の主人を呼んだ。

「この家はお前のものか」

「いいえ、借家です」

「家賃は幾らか」

「月額銀五ディルハムです」

「家は幾らに当たるのだ」

「五〇〇ディルハムです」

「水差し作りに要するお前の資本は幾らだ」
「一〇〇ディルハムです」
やり取りを終えると、宰相はすぐさまその男に一〇〇〇ディルハムを与え、
「これで家を買い、残りはお前の資本に加えよ」
と言って、馬に乗った。

（第一巻二七話）

1——Abū l-Ḥasan ʻAlī b. al-Furāt. 第一巻九話註4参照。
2——Abū Muḥammad al-Ḥasan b. Muḥammad al-Muhallabī. 第一巻一話註4参照。
3——Abū l-Ḥasan ʻAlī b. al-Furāt. 第一巻九話註4参照。
4——バリード家について、第一巻四話註7参照。
5——Abū Muḥammad ʻAbd al-Raḥmān b. Naṣr al-Sukkarī al-Baṣrī.

本当の雅量とはこんなもの

宰相ムハッラビー[*1]は雅量のある最後の人物であった。私タヌーヒーはヒジュラ暦三五一年ラマダーン月（九六二年一〇月）に、ある集会で彼に会ったが、その集会は私が後にも先にも見たことがないような、まるでバルマク家[*2]のサロンのようなものであった。

つまり、「ヌウマーンの侍従の子[*3]」として知られていたサワード庁[*4]の書記官アブルフサイン＝アブドルアズィーズ[*5]が宰相ムハッラビー邸のバルコニーからティグリス川に転落し、それから八日後に死亡した。宰相は彼の死を深く悼み、夜の埋葬式を済ませた翌日、彼の子供たちのところへ出かけた。私も宰相に同行したのであるが、着くと宰相が坐るための座所が用意されていた。宰相は家のなかに入ったが、差し控えて坐らなかった。宰相は優しく丁寧な言葉で遺児たちを慰め、遺児たちの面倒をよく見ると約束して言った。

「余はお前たちの父親だ。お父さんが亡くなられたこと以外、今まで通りでお前たちには失うものはない」

と。そして長男のアブー＝アブドッラーに向かって、

「お前を父親の地位に任命し、父の職務をお前に与えよう。

またお前の弟アブルフサイン――彼は当時まだ一〇歳かそこらの子供に過ぎなかったが――には〔宰相の子〕アブルガナーイム[*6]の二人の息子の秘書に任命し、幾ら幾ら――給与としては莫大だったが金額は忘れてしまった――を支給しよう。そうすれば彼らは友達になれるだろう。年齢も同じぐらいだし、一緒に学び、ともに成長すれば、何か頼りにしたいとき聴き入れる間柄になろうから」

と明言した。それから宰相代理のサーイド＝ブン＝サービト[*7]に命じた。

「長男アブー＝アブドッラーへの辞令を書け。また故アブルフサインの賃借人を呼び出し、その賃貸契約を相続人たちと更新するよう交渉せよ。というのは、彼が豊かだったのは主として諸収入や賃料[*8]、分益小作料[*9]などがあったからで、今やアブルフサインの死によってそれらは解約されてしまった。もし更新を拒む者があれば、余のお金を使ってでも頼み、条件がどうなろうとも契約の更新をかならず果たせ」

と。ついで故人の義弟アブルマカーリム[*10]に対し、

「アブルフサインの扶養家族は多かったはずだ。余は彼が姉妹やその子供たち、それに親戚にも毎月かなりの額を渡してやっていたのを知っている。こうした人たちは今や彼の死によって生計が立たなくなり、彼らには遺産の取り分もない。お前はアブー＝ムハンマド＝マーザラーイー[*11]の娘――つまり故人の妻――のところへ行って、彼女を慰め、彼女に尋ねて、アブルフサインが養っていたすべての女たちの名簿や同じく家族同然にしていた貧しい召使いたちの名簿も書き出せ」

と言った。さらに宰相代理に向かい、

「名簿がお前のところにもたらされたならば、すぐにも毎月の手当を出してやり、それもきちんと十分に支給するよう取り計らえ」

と命じた。名簿による金額は毎月銀三〇〇〇ディルハム以上に達したが、その支払命令書は宰相官邸で作成され、当該金額が支給された。またその他宰相ムハッラビーが指示したことはすべて実行された。人々はこの宰相の行為に感動し、それを褒めて涙しない者は誰一人としていなかった。

私はこの日、宰相官邸に伺候していたアリー家の伝道者アブー＝アブドッラー[*12]を見たが、彼は涙にむせび、宰相に対して大仰に感謝と称賛の声を上げた。彼は自分の関心事以外については言葉の少ない、しかもムハッラビーについてあまりよく思っていない男であったが、それでもこの善行は彼を感服させ、両者の普段の関係にもかかわらず、本当に感じたことを吐露せずにはいられなかったのである。

この日私は宰相ムハッラビーに言上した。

「もしかるべき時が来たって死が訪れようとも、我らが宰相閣下の時代にある限り、家族の多い者にとっては誰も死

を安心して迎えられましょう。この行為は雅量という点で時代を画するものであり、その意義深さの極みをなすものであります。これまで祖先たちや過去の人たちについて話されてきた寛大さや途方もない雅量とかいった事柄が、今ここに居合わせている者たちにはどんなものであったかが、この行為によって確かめられたようなものであります」と。それから宰相は立ち上がって去ろうとした。すると女たちや男たち、家の人々や通りの人々から宰相に対する祝福と感謝の叫び声が上がった。

（第一巻二八話）

1——al-Muhallabī. 第一巻一話註4参照。

2——al-Barāmika. 第一巻一話註7参照。

3——Ibn Ḥājib al-Nuʻmān. 父は書記官のヌウマーン Abū al-Mundhir al-Nuʻmān の側用人を務めた。

4——原語 dīwān al-Sawād. 第一巻一四話註6参照。サワード庁以外に徴税業務を担当した役所として、イランなど東方諸州の徴税を扱う東部方面庁、シリア・エジプトなど西方諸州を扱う西部方面庁があった。

5——Abū l-Ḥusayn ʻAbd al-ʻAzīz b. Ibrāhīm. 当時の書記官僚の重鎮。いくつかの著書もあった。

6——Abū l-Ganāʼim al-Mufaḍḍal b. Abī Muḥammad al-Muhallabī.

7——Abū l-ʻAlā Ṣāʻid b. Thābit. ブワイフ朝のムイッズ＝アッダウラとその子息バフティヤールの従臣。宰相ムハッラビーの代理を務め、のち九六四年にはムイッズの命でモスルの徴税を委ねられた。

8——原語 ijārāt.

9——原語 muzāraʻāt.

10——Abū l-Makārim b. Warqāʼ.

11——Abū Muḥammad al-Ḥasan b. Aḥmad al-Mādharāʼī. 官僚の重鎮。イブン＝アルフラートの第三次宰相時代、宰相の息子ムハッスィン al-Muḥassin によって莫大な科料に処せられた。

12——Abū ʻAbd Allāh Muḥammad b. al-Ḥasan b. al-Qāsim. 父は九二六年ライで蜂起し九二八年に殺されたザイド派のイマーム。ムイッズ＝アッダウラはアブー＝アブドッラーを尊敬していたが、息子のバフティヤール（イッズ＝アッダウラ）の部下から虐待を受けて九六四年バグダードをひそかに脱出してダイラムに向かい、当地で約一万人のシーア派教徒を糾合して叛乱、マフディー（救世主）と称し、タバリスターンのズィヤール朝軍を撃破した。

横領した公金を帳消しに

モスル出身のヤフヤー＝アズディー[*1]が語るところによれば、自分の父親のアブー＝アブドッラー＝アズディー[*2]は、「モスルの和約」（ハムダーン朝ナーセル＝アッダウラ[*3]とブワイフ朝ムイッズ＝アッダウラ[*4]とのあいだで結ばれた和約）にもとづいて、ムイッズ＝アッダウラへ納付すべき金額など、〔ブワイフ朝の〕宰相ムハッラビー[*5]とナーセル＝アッダウラとのあいだの仲介の業務に当たっていたが、みずからが抱えてしまった負債のために、そのお金から銀四万ディルハムを使ってしまった。

アブー＝アブドッラーとは親密な友情関係にあった宰相ムハッラビーは、和約にもとづく送金のすべてをアブー＝アブドッラーに委ねており、彼が金額の一部を私消してしまったことは知らなかった。アブー＝アブドッラーは手元に残っていたお金は間違いなく送ったが、使ってしまった金額については延滞した。

アブー＝アブドッラーはある日、自邸で坐りこみ、どのような償いをして残額を送金するか思案していた。そこに宰相ムハッラビーから、一緒に酒を酌みかわそうという誘いの書状が届いた。後日にと断ると、再度の誘いが来たので出かけた。宰相とアブー＝アブドッラーはともに食事を摂り、坐って酒を飲んだ。

同席していたアブー＝アブドッラーの友人のアブー＝アリー＝アンバーリー[*6]がアブー＝アブドッラーに尋ねた。アブー＝アリーは当時宰相代理を務め、宰相の娘婿でもあった。

「やあ友よ、何だか気落ちしているように見えるが」と。

そこでアブー＝アブドッラーはアブー＝アリーに事情を話した。どのようにして弁済の方法を見つけ、そのお金を返すかで頭はいっぱいだと語り、この秘密を洩らさないようにと頼んだ。アブー＝アブドッラーが気落ちしている様子は宰相ムハッラビーも気がついて、どうしたのかと尋ねた。しかし、事情を話すには彼の自尊心が許さず、真相を語ろうとはしなかった。宰相もまたそれ以上追及しなかった。

アブー＝アブドッラーが立って小用に行ったので、宰相はアブー＝アリーに、

「お前はアブー＝アブドッラー＝アズディーが気落ちしているのに気がついているであろう。彼はお前の友人だ。先ほどお前に囁いていたのを余は見たのだが、彼が気落ちしている理由をお前に話したに違いない。それはいったい何だったのだ」

と聞いた。そこでアブー＝アリーは話した。アブー＝アブド

ッラーが戻ってきたので、宰相は言った。
「おゝ、アブー＝アブドッラーよ、お前とは友情を分かち合っているのに水臭いじゃないか。お前自身のことにもっと知恵を働かせなければ。お前は四万ディルハムのことで悩んでいるのであろうが、余がそのお金をお前から帳消しにしてやろう。ただこのことについて余は知らなかったことにし、お前はあたかも、そのお金を未知の人に借りているか、あるいは負債として抱えているかのようにしておけばよい」と。

アブー＝アブドッラーは、この問題を否認し、アブー＝アリーの顔を睨んでいたが、ついに自分の秘密を打ち明けた。そこで宰相ムハッラビーはアブー＝アリーに、

「すぐさま貨幣取扱吏にこの四万ディルハムの受領証を書くように命じ、お前は覚書のなかに当該の項目を設けて、アブー＝アブドッラー＝アズディーからの負債を帳消しにし、かつ我々に負担が掛からないよう、むろん太守ムイッズ＝アッダウラにかかわる必要支出であるかのように書き記せ」と命じた。アブー＝アリーは貨幣取扱吏を呼び出して受領証を受け取り、それをアブー＝アブドッラーに渡した。それからムハッラビーは言った。

「さて、こうすることでお前なり余なりが傷つくことがあるか。お前は煩わしさから逃れて肩の荷が降りたであろうし、余の方はお前にしてやれるべきことを果たすことができた。お金は太守の金を回しただけだ。さあてもう一度飲みなおそう」と。

こうしてアブー＝アブドッラー＝アズディーはその晩ムハッラビーのもとに留まり、負債は免れることができたのである。

（第一巻二九話）

私タヌーヒーは宰相ムハッラビーの侍臣たちが口をそろえて語るのを聞いたことがある。

ある晩ムハッラビーは、侍臣たちやその場に居合わせた歌手、幇間たちに銀貨や衣裳類をばら撒いたが、その価値は金貨にして総額五〇〇〇ディーナールに達したという。

確かに私も、一度ならずジュハニー[*7]やアブルファラジュ＝イスバハーニー[*8]に銀貨五〇〇〇ディルハムとか四〇〇〇ディルハムとかを与えるのを見たことがあり、二人以外の者にもよく渡しているのを目にしたものだ。

（第一巻三〇話）

1 —— Abū Muḥammad Yaḥyā b. Muḥammad b. Sulaymān b. Fahd al-Azdī al-Mawṣilī. 第一巻二話註2参照。

2 —— Abū ʻAbd Allāh Muḥammad b. Sulaymān. 九四六／四七年以降、アレッポのハムダーン朝初代君主サイフ＝アッダウラ（在位九四四―九六七）の書記官を務める。九五三／五四年没。

3 —— Nāṣir al-Dawla, Abū Muḥammad al-Ḥasan b. ʻAbd Allāh b. Ḥamdān. モスルのハムダーン朝君主。アッバース朝のモスル総

督だった父のアブルハイジャー Abū l-Hayjā' の代官を九二〇年頃より務め、九二九年に父がバグダードで殉職すると、ハムダーン家の宗主権を引き継いだ。やがてアッバース朝カリフ政権が弱体化したのに乗じて、イラクとシリアの各北部を支配地とする半独立の王朝を樹立した。一方、カリフ体制は政治と軍事の実権を新設の大総督 amīr al-umarā' に移譲するという事態に追い込まれていたが、バリード家がバグダードへの侵攻を試みると、カリフ＝ムッタキー（在位九四〇―九四四）がハムダーン朝を頼ってモスルに避難してきた。これを好機としてみずからが大総督となり、カリフから「ナーセル＝アッダウラ（国家の援助者）」の称号を得た。しかし九四五年にバグダードを占領したブワイフ朝のムイッズ＝アッダウラという新たな敵対者との戦いを強いられ、ハムダーン朝が一定額の貢納をするという条件で両者は和解した。晩年は生きる気力を失って暴君となり、息子のアブー＝タグリブ Abū Taghlib によってアルドムシュト Ardumusht の城塞に幽閉され、そのまま九六九年に没した。第二巻七七話参照。

4――Mu'izz al-Dawla. 第一巻一話註5参照。

5――Abū Muḥammad al-Muhallabī. 第一巻一話註4参照。

6――Abū 'Alī〔al-Ḥasan b. Muḥammad〕al-Anbārī. 宰相ムハッラビーに書記官として仕え、九五〇年、宰相の娘を娶った。タヌーヒーの情報源の一人。

7――Abū al-Qāsim al-Juhanī. 第一巻一二話註3参照。

8――Abū l-Faraj al-Iṣbahānī. 第一巻三話註1参照。

大金贈与の約束は仲介料の得られる地位で

ザッジャージュ[*1]にまつわる話をイブン＝アイヤーシュ[*2]が語ってくれた。

かつてザッジャージュは〔宰相〕ウバイドッラー＝ブン＝スライマーンの子カースィム[*3]の家庭教師をしていたとき、カースィムに言ったことがあった。

「もしアッラーのお蔭で、お前が父親の地位にまで達して宰相になったならば、私に何をしてくれるかね」

「あなたは何を望まれますか」

「金二万ディーナール貰いたいな。それが精一杯の私の望みだ」

「よろしい」

数年も経ずしてカースィムが宰相になったので、ザッジャージュは側近くに仕え、カースィムの侍臣となった。それでザッジャージュはカースィムに約束を思い出させようという思いに駆られたが、実際にそうすることは憚られた。ところがカースィムが宰相になって三日目、彼の方から切り出した。

「やあアブー＝イスハーク〔ザッジャージュ〕よ、お前がわざと約束のことを言わないのを余が気付いていないとでも言うのかね」

「私は宰相閣下のご配慮を信頼していますから。価値ある一人の召使いのことなど、あえて思い出してもらおうとする必要はありませんよ」

「実はカリフ＝ムウタディド[*4]のことが気掛りなのだ。さもなければ一度に約束のお金をお前に払ってやることなど、自分には大したことではないのだが、このことについてカリフに話をしなければならない羽目になるのを恐れるのだ。それで相談だが、お前は分割払で受け取ることを認めてくれるかね」

「閣下、そうします」

「お前は人々の苦情処理を聞く席に坐って、重大な問題の訴願状を受け付け、その報酬を求めればいいのだ。お前が取り扱うどんな問題であれ、それが解決できそうであろうがなかろうが、遠慮なく余に尋ねたらよい。そうすれば、お前に約束のお金は集まろう」

そこでザッジャージュは受付の席に坐って毎日訴願状を宰相に提出し、そのなかに宰相の決裁文を書いてもらった。そして宰相はときにはこう尋ねた。

「この問題解決のためにお前はいくらの報酬を保証されたかね」

「いくらいくらです」

「お前はだまされている。それはいくらいくらの価値がある。差し戻してもっと要求すればよい」

ザッジャージュがその当事者たちに事案を差し戻して、彼らと保証額について駆引きを続けると、当事者たちは宰相がザッジャージュに指示した額まで増やしたものだった。こうしてザッジャージュは多くの訴願状を宰相に提出し、僅かのあいだに二万ディーナール以上の保証金を得た。数カ月後のこと、

「やあ、アブー＝イスハークよ、約束のお金はもう手にすることができたかね」

「まだです」

宰相はそれ以上何も聞かなかった。

ザッジャージュは相変わらず訴願状を提出し続け、宰相はおよそ一カ月毎に、

「約束のお金は手に入ったかね」

と尋ねた。ザッジャージュは収入の道が絶たれることを恐れ、

「いいえ、まだです」

と答えて、とうとうこの二倍に達する金額を手に入れた。

ある日、宰相はまた同じことをザッジャージュに尋ねたので、嘘を言い続けてきたことを恥じた。

「宰相の祝福のお蔭でお金は手にすることができました」

「それを聞いて本当にほっとした。お前が手にするまでず

っと気掛りだったのだ」

宰相はそう言ってインク壺を取り、三〇〇〇ディーナールをザッジャージュへの贈り物とするという庫官宛ての決裁書を書いた。ザッジャージュはそれを受け取ったが、もはや宰相に訴願状を提出することは差し控えた。むろん、それでどんなことになるのかはザッジャージュにはわからなかった。

翌日、宰相のところに出かけて、ザッジャージュがいつものように坐ると、宰相は、

「受け取っているものをもって来るように」

と指示して、以前通り訴願状を求めた。

「私は訴願状を一通も受け取っておりません。約束のお金はすでに満額頂きましたし、閣下のおっしゃるわけがわかりませんが」

「おやおや、すでにお前にとって習慣となっていることを余が取り止めさせるとでも思ったのかね。みんなは訴願の受付のことは知っているし、それはみんなからすると、とても権威のある立場となっていて、朝な夕なにお前のところに押しかけるであろうが。それなのに、お前が受付を止めたらその理由は知らないから、きっとお前の権威が失墜したか、それともお前の身分が変わってしまったと思うのではないかね。これまで通り余に訴願状を提出し、約束のお金のことは勘定に入れないで保証金を受け取りなさい」

ザッジャージュは宰相の手に口づけをし、翌日からまた訴願状を宰相に差し出した。こうして宰相が死ぬまで毎日提出し続けて、ザッジャージュは大金持ちになったのである。

（第一巻三一話）

1――Abū Isḥāq Ibrāhīm b. al-Sarī al-Zajjāj. 八四四年頃に生まれ、長じてガラス職人となったが、文法に興味をもち、文法家のムバッラド al-Mubarrad やサアラブ Tha'lab に師事、クーファ派とバスラ派の文法を統一、新しい文法体系を確立した。やがて大文人となり宮廷にも出入りするようになった。九二三年没。

2――Abū l-Ḥusayn b. ʻAyyāsh. 第一巻六話註3参照。

3――al-Qāsim b. ʻUbayd Allāh. のちにカリフ＝ムウタディド（在位八九二―九〇二）、続いてムクタフィー（在位九〇二―九〇八）の宰相となる。在職九〇一―九〇四。

4――al-Muʻtaḍid, Abū l-ʻAbbās Aḥmad b. al-Muwaffaq. アッバース朝第一六代カリフ。在位八九二―九〇二。八六〇年頃、執政ムワッファク al-Muwaffaq の子として生まれ、父の訓育を受けて、二〇歳頃にはすでにザンジュ（黒人奴隷）の叛乱鎮圧の指揮官を務めていた。八九一年に父親が没すると、その地位を引き継ぎ、カリフ＝ムウタミドの息子ムファッワド al-Mufawwaḍ に次ぐ第二位のカリフ位継承権を得たが、翌年ムファッワドが地位をはずされ、六カ月後にはカリフに即位した。ムウタディドは父親から継いだ文武両権の強力な支持を背景に、アッバース朝の直轄地ともいうべきイラクや南西イランの統治を固め、支配権を失っていたホラサーン・エジプト・シリアの失地回復に努めた。また首都を

サーマッラーからバグダードに戻し、その中心はカリフ＝マンスールの建てたティグリス西岸の円城市から東岸地区に移った。

恩義のお返しは仲介料の得られる地位で

イブン＝アイヤーシュ[*1]は、イブン＝アビー＝アウフ[*2]の語った次のような話をある長老——私タヌーヒーはその名前を失念してしまったが——から聞いて伝えている。

〔高官〕ウバイドッラー＝ブン＝スライマーン[*3]は私の家を隠れ家にしていたが、ある日、私が屋敷内の離れにウバイドッラーを訪れると、彼は立ち上がって、私を迎え入れた。私は口の赴くまま、冗談交じりに、

「あなたはここに身を隠してればいいですよ。このことで、私がそのうちに得することになろうから」

と言ったものだ。その後しばらくしてウバイドッラーは引越して行ったが、それから数日もしないうちに宰相に任命された。当時私は貧しかったので、家族は、

「宰相に会いに行けばいいことがあるかもしれませんよ」

と勧めたが、私は、

「そんなことはしない。私は別に困っているわけでもないし、今私がウバイドッラーのところに出かければ、まるで私が彼に与えてやった何がしかの貸しを返してくれるように請求するようなものじゃないか。私にはそんな気持ちはない。

もしウバイドッラーが私に何かしてくれるというのであれば、きっと彼の方から言ってくるだろうよ」と言って取りあわなかった。それでも私はその晩、あれこれ思案に耽って過ごした。その日はウバイドッラーが宰相に任命されて栄誉服[*4]を与えられた日だったからである。

夜が明けたとき、ウバイドッラーの直筆の手紙をもった飛脚がやって来た。それは私の伺候が遅れていると非難し、会いに来るようにという誘いであった。そこで私がウバイドッラーのところに出かけると、彼は〔謁見の間に〕坐っていて、周りに大勢の人たちがたむろしていた。私がその座所に近づくと、新宰相はすくと立ち上がり、私を抱擁した。そして私の耳元で、

「余がお前のために立ち上がったことで、お前には役得が得られるチャンスが来た」

と囁きながら坐り、私にも座所の傍らに坐らせた。私は彼の手に口づけをし、お祝いの言葉を述べて祝福した。

しばらくすると、宰相はカリフ－ムウタディド[*5]の呼出しを受けたので立ち上がったが、私には帰らないよう命じた。そこで坐ったのであるが、周囲の目が私に向けられ、すぐさまきわめて丁重な言葉遣いで話しかけられ、尊敬をもって扱われた。

それからしばらくして宰相がにこやかに戻って来た。そして私の手を取り、私室に連れて行った。

「やあ、わかるかね。カリフが余を呼んだのはお前のためだったのだ。余が宰相の間で立ち上がって、お前を迎え入れたという知らせがカリフにもたらされたので、余を呼び出してこう言われたのだ。

『お前は商人ごとき者のために立ち上がって迎え入れ、宰相の間の権威を台無しにしようというのか。地方の太守に対してさえこうしたことは禁じられているのだ。皇太子にでもそれは過ぎたこととされているのだ』

と。カリフはこのことについてさらに言い続けようとしたので、余は、

『おゝ信徒の指揮者よ、私は決して宰相の間の権威、その高い尊厳を忘れているわけではありません。しかしながら私には弁明したいことがございます。陛下、どうぞそれをお聞き頂いてから私に対するご判断を仰ぎとう存じます』

そう言って、カリフに、余がお前の家に隠遁していたころのお前との話を申し上げたのだ。するとカリフは、

『今はわかったのでお前を赦すとしよう。だが二度としてはならぬぞ』

と言われ、そこで余は退出して来たのだ」

宰相はさらに続けて言われた。

「イブン＝アビー＝アウフよ、余は今まさにお前を著名な

人物にしてやることができた。このさい、お前が不慮の災禍の用意として、金一〇万ディーナールを手にすることができなかったならば、それはお前の身の破滅というものだ。我らしてこれを機にこのお金を集め、さらにはお前の繁栄を得ようではないか。それはお前にとっても子供たちにとっても充分なものとなろう」

「私は宰相閣下の下僕であり、召使いです。おっしゃる通りにいたします」

宰相は書記官の某を呼び出し、来ると命じた。

「ただちに商人たちを伺候させ、サワード州（南イラク）の政府穀物[*6]のうち一〇万クッルを払い下げるための値段を決めるよう商人たちと交渉せよ。そして結果を余に知らせよ」

書記官は退出し、しばらくしてまた戻って来た。

「仰せの件について商人たちと取り決めてまいりました」

「その一〇万クッルをお前が取り決めた価格から一クッルにつき一ディーナールの値引でイブン＝アビー＝アウフに売却し、さらにそれを商人たちに、すでに取り決めてある価格でイブン＝アビー＝アウフのために転売せよ。そして商人たちに、今日の二つの価格のあいだの差額を急ぎ彼のもとにもたらすよう要求し、商人たちには、彼らが政府穀物を受け取るまで、代価の支払を猶予してやれ。また穀物を払い下げる当該の地方には、一〇万クッルの払下げ契約を商人たちと取り交わしたと書き送れ」

書記官が宰相に命じられた通りの手配をしたあと、私は立ち上がって宰相の間を退出した。こうして、私は何もしないのに一日のうちに一〇万ディーナールを手にしたのであった。そのとき宰相は、

「このお金をお前の幸運の元手、不慮の災禍の備えとせよ。またもし誰かがお前に頼みごとをもってきたならば、お前はかならず訴願状の形で受け取り、その人物と自分の手数料を取り決めて、それから話を余のところにもって来い」

とまで言ってくれた。そこで私は毎日訴願状を宰相のもとに提出し、それによって私は金何千ディーナールも儲け、重大な事柄の仲介役をし、多大の利益の得られる話の仲立ちをし、ついに私の富は途方もないものになったのである。

私はしばしば宰相に訴願状を提出したが、すると宰相は私によく言ったものだ。

「お前はこれをいくらで請負ったのだ」

「しかじかです」

「それは間違っている。これはいくらいくらに相当するものだ。戻って、増額を求めよ」

「私には恥かしいことで」

「彼らに知らせてやれ。この金額でなければ余がこの問題の解決に同意しないのだ。余がお前のためにこの金額を決め

たのだと」

そこで戻って、宰相が言った通りの口きき料の増額を求めると、その通りになったのである。

（第一巻三二話）

1 —— Abū l-Ḥusayn b. ʻAyyāsh. 第一巻六話註3参照。

2 —— Abū ʻAbd Allāh Aḥmad b. ʻAbd al-Raḥmān b. Maruzūq b. ʻAṭiyya b. Abī ʻAwf. 九一〇年没。第一巻二〇話註3参照。

3 —— ʻUbayd Allāh b. Sulaymān b. Wahb, Abū l-Qāsim. カリフ－ムウタミド（在位八七〇—八九二）、ついでムウタディド（在位八九二—九〇二）の宰相（在職八九一—九〇一）。九〇一年に没した。父スライマーン＝ブン＝ワフブ Sulaymān b. Wahb はカリフ－ムフタディー（在位八六九—八七〇）の宰相であった。

4 —— 原語 khilaʻ. khilʻa の複数形。叙任や褒賞に際してカリフが与える衣服。

5 —— al-Muʻtaḍid. 在位八九二—九〇二。第一巻三一話註4参照。

6 —— ghallat al-sulṭān. 現物による税金として徴収され、地方の倉庫に貯蔵されている穀物。

宰相の決裁を得るには気遣いが

私タヌーヒーの父が法官アブー＝ウマル[*1]から聞いたところによると、同僚の法官イスマイール＝アズディー[*2]が〔宰相〕ウバイドッラー＝ブン＝スライマーン[*3]に、人々のさまざまな案件についての書類を提出し、宰相から決裁を得ていた。見ていると、イスマイールはうるさく思われはしないかと恐れながら別の書類を提出し、

「もし宰相閣下がこの件をよしとされることが可能ならば」

と言葉をかけ、宰相から決裁を得た。すると、また別の書類を差し出して、

「宰相閣下がこの件に応じてやろうと思し召すことができましたならば」

と言って決裁を貰った。ところがまた別の書類を差し出し、

「宰相閣下にとって、この件を処置なさることがいともたやすいことでありましたならば」

と言い、決裁してもらった。そしてまた、別の書類を差し出して同じような言葉を述べた。

「おゝイスマイールよ、お前は何回、できましたならばとか、可能ならばとか、たやすいことでありましたならばとか

言うつもりか。この宰相の椅子に坐っている者が差し出された書類の処置をできないとお前に言えば、それはお前に嘘をついたことになる。お前の書類は全部一括して出せ」

宰相ウバイドッラーがこう言うと、イスマイールは袖から書類を引っぱり出して宰相のまえに差し出し、それらに決裁を貰った。すでに決裁を得ている書類も入れると、みんなで約八〇通にも及んだのである。

（第一巻三三話）

1――Abū ʿUmar. 第一巻一〇話註2参照。

2――Abū Isḥāq Ismāʿīl b. Isḥāq b. Ḥammād al-Azdī. バスラ出身のマーリク派法学者。八一四年生まれ。カリフ－ムタワッキル時代の八六〇年にバグダード東岸区の法官となり、一〇年務めたあと、八七一／七二年にバグダード西岸区の法官に転出し、八七六年からは八九五年に没するまでバグダード両岸区の法官職にあり、実質的に大法官を務めた。また八七五／七六年にはホーズィスターン州に侵攻したサッファール朝への使節として派遣された。

3――ʿUbayd Allāh b. Sulaymān. 第一巻三二話註3参照。

宰相への嘆願書は社会的弱者のため

フサイン＝ワースィキー[*1]によると、イブン＝ムクラ[*2]の宰相時代、総督イブン＝ワルカー[*3]は公的な接見や私的な接見の場で人々から持込まれた多くの嘆願書を宰相に提出する役目を負っていたが、日によっては嘆願書が一〇〇通を超えることがあった。

ある日、私的な接見の場でイブン＝ワルカーが宰相イブン＝ムクラに多くの訴状を提出すると、イブン＝ムクラはうるさがり、

「いったい何通まで裁けばよいのか」

といらだった。イブン＝ワルカーはこれに怒った。

「宰相閣下、もしこの訴状のなかに小生のものが入っているとすれば、小生はそれを引き裂くでありましょう。閣下はこの世を統べる方。我らは閣下に至りつく道に過ぎませぬ。閣下の門前には寡婦や病身者、流浪者や貧者など、閣下に近づくことができない者たちがおります。この者らが我らに求めれば、代わって我らが閣下に求めるのです。もしこれを腹立たしいとお思いなら、宰相閣下として我らにお命じなされぱよい。我らはいかなる訴状も閣下に提出できぬ、と。さす

れば我らは、かかる訴状は閣下には煩わしく、閣下は我らの権威を低く見ておられる、と人々に通告するでありましょう。されば我らの言い訳も立とうというもの」

「おゝ、アブー＝ムハンマドよ、余はそこまで申してはおらぬ。ただ公私の接見でも、書記官たちが余に代わって決裁文を書いてくれる接見でも、あまりにも多くの嘆願書が提出されるからだ。もしこのすべての訴状が貴殿にかかわるものであれば、大いに喜んで裁くであろうぞ。渡したまえ」

イブン＝ムクラはこう言ってすべての書類を受け取り、嘆願者の求めに応じて決裁した。イブン＝ワルカーは宰相に感謝し、手に口づけしてから立ち去った。

（第一巻三四話）

1 ―― al-Ḥusayn b. al-Ḥasan al-Wāthiqī.
2 ―― Abū ʿAlī Ibn Muqla. 第一巻一七話註4参照。
3 ―― Abū Muḥammad Jaʿfar b. Warqāʾ. 第一巻八話註5参照。

嘆願書の煩わしさを諫める

ファドル＝ハイヤーニー[*1]は、〔宰相〕アリー＝ブン＝イーサー[*2]の友人アブー＝バクル＝シャーフィイー[*3]が宰相とのあいだで交わした次のようなやり取りを伝えている。

〔元宰相〕イブン＝アルフラートの子ムハッスィン[*4]は宰相との友人関係を理由に、アブー＝バクル＝シャーフィイーを虐げ、科料に処し、拷問に掛けた。アブー＝バクルは、そんな苦境からやっと抜け出し、しかもアリー＝ブン＝イーサーが権力の座に返り咲いたので、科料で失ったものを取り返そうと、人々の嘆願書を預かり、それをアリー＝ブン＝イーサーに提出して、宰相の決裁を得た。

ところがある日、あまりにも多くの嘆願書を差し出したことから、アリー＝ブン＝イーサーがいらだちを見せた。そこでアブー＝バクルは言上した。

「おゝ、宰相よ、閣下の逆境の日々、我らに与えられた分け前が平手打ちなのはまだしも、閣下が権力の座にあられる日々に頂くものが拒絶だとすれば、いったい何時、儲けさせて頂くことができるのか、お教え頂きたいが」と。

宰相は笑ってすべての書類を決裁し、その後はアブー＝バクルが差し出す嘆願書にいやな顔を見せることはなかった。

（第一巻三五話）

1——al-Faḍl b. Aḥmad al-Ḥayyānī.

2——ʻAlī b. ʻĪsā. 第一巻一四話註7参照。

3——Abū Bakr al-Shāfiʻī. 第一巻五〇話にもアリー＝ブン＝イーサーの友人として登場する。

4——al-Muḥassin b. al-Furāt. 宰相イブン＝アルフラートの息子。史書には九一八年に、父親とともに逮捕されたのが初めての登場で、当時の宰相ハーミド＝ブン＝アルアッバース Ḥāmid b. al-ʻAbbās の命で拷問を受けた。父親の復権を狙って陰謀をたくらみ、九二三年、父親が第三次の宰相職に任命されると、政敵を次々と拷問にかけた。翌年、父親の失脚とともに逃亡して身を隠したが、見つかって処刑された。

預言者の家系も品位は地に落ちた

コーラン読師アブッサリー[*1]によると、宰相アリー＝ブン＝イーサー[*2]は息子のアブルカースィムにつぎのような話を語ったという。

余の宰相時代、〔預言者の家系〕ハーシム家のアブー＝バクル[*3]が、自分として承知してやることができないような内容の嘆願書を提出し、余の手に口づけをした。そこで余はこれにどう答えてやったものか、非難をあびることなく承諾してやるにはどうしたものかと考えながら、しばし嘆願書をそのまま目のまえに置いていた。だが馬に乗らねばという思いがよぎったので、立ち上がった。すると、アブー＝バクルは余の手を摑んで、

「我が輩の嘆願書に決裁せずして宰相を行かせるのは、我が輩が〔王朝の祖〕アッバースの子孫でないと言われるようなもの。子孫だというのなら、我が輩のしたように、宰相が我が輩の手に口づけしてくれるってものよ」

と言いだす始末。余は立ったままこの男のために決裁してやったが、この男の礼儀のなさ、大変な恥知らずにはまったく驚きだった。

（第一巻三六話）

預言者の末裔も憐れなもの

私タヌーヒーはかつて〔ブワイフ朝の宰相〕ムハッラビー[*1]の面前で、このハーシム家のアブー＝バクル[*2]を目撃したことがある。それはヒジュラ暦三五〇年（九六一）、アブー＝バクルや預言者の家系の人々が運命の日々に翻弄されたときのことである。無頼漢[*3]たちがバグダードで騒動を起こし、大変な騒乱状態となったのであるが、その事の発端はハーシム家にあった。無頼漢たちはバグダード西岸地区にある円城市の大モスクを封鎖し、そのためその週の金曜日の礼拝ができなくなってしまった。

この事件の原因は〔バグダードの〕ターヒル運河でアッバース家のある男とアリー家のある男とが酒のうえから起こした喧嘩にあって、この喧嘩でアリー家の男が殺されたために、アリー家の人々がこのアッバース家の男を襲撃した。それで騒乱が起こり、それに一般民衆も加わって事は大きくなり、ついには〔ブワイフ朝の〕ダイラム人兵士たちがこの地区に駐留するという異常な事態となった。

しかし、それでも騒ぎは収まらず、宰相ムハッラビーはアッバース家のほとんど全員、つまり彼らのうちの有力者たち

1—— Abū l-Sarī ʿUmar b. Muḥammad.
2—— Abū l-Qāsim ʿĪsā b. ʿAlī b. ʿĪsā.
3—— Abū Bakr Muḥammad b. al-Ḥasan ʿAbd al-ʿAzīz al-Hāshimī.

や有識者たち、無頼の徒や悪漢たちを逮捕し、あげくにはそのなかに多数のハーシム家の法官や公証人や聖者まで捕えてしまった。実はそのなかにこのハーシム家のアブー＝バクルが捕えられていたのである。

ある日、宰相ムハッラビーは彼らを取り調べるために着座し、ハーシム家のうちの無頼漢たちや街の若衆たち[*4]や刀剣持ちたちの名前を言うよう強要した。それはこうした者たちを逮捕して、その他の者を釈放しようとしたからであったが、また宰相は、ハーシム家のうちの罪なき正しい者たちがこれら悪人たちの身上を保証し、もはや騒乱の火を起こさないように、彼らをよく監視することも求めた。

するとこの場に伺候していたハーシム家の法官イブン＝サーリフ[*5]がこの申し出を断わるため、それにふさわしい言葉で話しはじめ、しかも宰相の機嫌を和らげるようにできるだけ丁重な物言いをした。ところが件《くだん》のアブー＝バクルがその言葉を遮り、荒っぽく、がさつで粗野な言葉で話し出したのである。そのとき私タヌーヒーは宰相が次のように言うのを聞いた。

「やあ、乳飲み子みたいな奴め。お前の馬鹿さ加減もいいかげんにしろ。お前の昔のことも今のことも儂《わし》が知らないとでも思っているのか。お前の愚かさもお前の父親の愚かさも、お前が宰相たちの謁見室で無礼を働いたことも知っているぞ。お前は『宰相が言って俺が答えてやったのさ』と言いたいのだろうが、そうは行かないぞ。カリフームクタディル[*6]がいまだ玉座にあるとでも思っているのか、儂がその宰相の一人だとは思うな。現在、玉座に坐っておいでの方は誰なのか、お前は知らないのか。それはダイラムの太守ムイッズ＝アッダウラ[*7]さまだぞ。太守は神への捧げ物としてお前の血を流すことをお考えになっておられる。あの方にとってはお前のことなんか犬ほどの値打も置いておられないぞ。やあ小姓たち、こやつの足を摑んで引きずり出せ」

アブー＝バクルは我々の見ているまえで足から引きずり出され、彼が頭に被っていたカランスワ帽は地面に転がってしまった。ついで宰相は、

「この男を囚人艇に押込めてオマーンに追放せよ」

と命令した。アブー＝バクルは舟に乗せられ、ティグリス川を下っていくことになった。

人々は宰相の手に口づけをして退出した。カリフームティーウ[*8]はアブー＝バクルの件に関して宰相に書簡を送り、その手紙のやり取りはアブー＝バクルが赦されるようになるまで続いた。結局アブー＝バクルは在宅謹慎となり、宰相はアブー＝バクルの家族から、いったんは断った宰相の申し入れ事項のすべてに関する供述書を取った。

そしてハーシム家の若衆やハーシム家以外の一般人の若衆、

悪漢徒党の衆など[*9]一団の者たちを選び出し、彼らを囚人艇に乗せて蓋をし、釘付けをして、〔ホーズィスターン州の〕バスィンナとバイルーズに送り出した。彼らはその地の狭い牢獄、まるで城塞のような建物に監禁され、宰相ムハッラビーが死ぬまで閉じ込められたのであった。ある者たちは牢獄で死に、宰相の死後数年して残りのわずかの者が釈放された。その後今日まで騒乱は起こっていない。

（第一巻三七話）

1——al-Muhallabī. 第一巻一話註４参照。

2——Abū Bakr Muḥammad b. al-Ḥasan ʻAbd al-ʻAzīz al-Hāshimī. 第一巻三六話参照。

3——原語 al-ʻayyārūn. 一〇世紀半ば、アッバース朝カリフの権威が失墜し、アッバース朝が国家としての機能を果たさなくなると、首都バグダードの治安は乱れ、無頼の徒が横行した。こうした無頼漢たちはアラビア語でアイヤールーンと呼ばれ、街中を睥睨した。

4——原語 al-aḥdāth.

5——Abū l-Ḥasan Muḥammad b. Ṣāliḥ al-Hāshimī.

6——al-Muqtadir. 在位九〇八—九三二。第一巻七話註２参照。

7——Muʻizz al-Dawla. ブワイフ朝君主。在位九四五—九六七。第一巻一話註５参照。

8——al-Muṭīʻ li-llāh. アッバース朝二三代カリフ。在位九四六—九七四。カリフ＝ムクタディルの子。ブワイフ朝のムイッズ＝アッダウラがバグダードを占領したとき、ムスタクフィーが廃され、カリフに即位した。長期間在位したものの、権力をブワイフ朝に牛耳られ、中風を患い、言葉も重かったので、九七四年八月、廃位させられた。同年病没。

9——原語 ahl al-dhiʻāra wa-l-ʻaṣabīya は徒党を組んで一般人に恐怖を与える人々のこと。アサビーヤ ʻaṣabīya の人々とは、家族・部族・思想など、何らかの目的のもとに連帯感を持って集まった連帯集団のことを指すが、この場合はいわゆるヤクザのような反社会的な暴力集団だろう。なおアサビーヤは連帯意識として、のちに歴史家イブン＝ハルドゥーン（一三三二—一四〇六）によって取り上げられ、強力な結束力を持つ集団に内在する連帯意識が歴史を動かす動因となると指摘された。

お堅い法官でさえ青春はあった

バスラのイブン＝アブドルワーヒド家[*1]の法官たちの書記であったハサン＝アーミディー[*2]は、すぐれた詩人で文学に造詣が深く、朗読したり諳んじたり、書物を編纂したりしているが、その彼が次のようなザッジャージュ[*3]の目撃談を伝えている。

私はある晩、宰相カースィム＝ブン＝ウバイドッラー[*4]の酒宴に同席していたが、そのとき〔往年の名歌姫〕アリーブの女奴隷ビドアが歌った。

なんとあだっぽい娘よ
その高貴さといったら
我が血を燃え上がらせる
その娘が虐げば我れは柔順
それだけが我れのできる精一杯

ビドアはこの歌を巧みに美しく歌ったので、宰相はとても喜び、歌い方とその詩を褒め、とくに詩を褒めそやした。するとビドアが言った。

「やあご主人さま、この詩には詩そのものよりももっと面白い話があるのですよ」

「どんな」

「それは法官アブー＝ハーズィム[*5]さまにまつわるものですの」

これを聞いて我々は驚いた。というのはアブー＝ハーズィムはとても実直な男で、女嫌いで慎み深く、控え目な人物として通っていたからである。宰相は私に、

「やあザッジャージュよ、明朝かならずアブー＝ハーズィムのところへ出かけて、この詩を作ったわけを聞いて来い」

と命じた。そこで私は朝アブー＝ハーズィムを訪ね、彼が仕事を終えて一人になるまで待つことにした。やがてあとは頭にカランスワ帽を被り、法官の服装をした男だけが残った。私はアブー＝ハーズィムに、

「二人きりでお話ししたいことがあるのですが」

と言った。

「この男ならかまわないよ」

そこで私はここに来た経緯を話し、この詩のわけを尋ねた。すると、アブー＝ハーズィムは微笑んで、

「それは青春の一つの出来事だ。その詩はこの子の母親のために詠んだものなのだ」

と言いながら席に坐っている法官——それは息子だったのだ

が――を指差し、続けた。

「儂《わし》は当時、彼女にぞっこん惚れ込んだ。彼女は儂の女奴隷だったが、儂の心にとっては女主人であった。それから何年も過ぎた。いまや儂にはそんな出会いはないし、長いあいだ詩も作っていない。ただ過ぎ去った月日にアッラーの赦しを乞うばかりだ」

法官は立ち上がり、その若者はうつむいて恥かしがり、汗さえ流すほどだった。私は宰相カースィムのもとに戻り、一部始終を伝えた。宰相はとくに息子が恥かしがったことを笑って、

「もし誰しも愛欲の虜にならずにすむのならば、法官アブー＝ハーズィムも女嫌いのまま押し通せたものを」と言った。しばらく我々のあいだではこの話で持ちきりだった。

（第一巻三八話）

1――Banū ʻAbd al-Wāḥid. 第一巻五話註1参照。

2――Abū l-Qāsim al-Ḥasan b. Bishr al-Āmidī. バスラ出身の文人。詩人アブー＝タンマームとブフトゥリーの比較論の著者。九八一年没。

3――Abū Isḥāq al-Zajjāj. 第一巻三一話註1参照。

4――al-Qāsim b. ʻUbayd Allāh. 第一巻三一話註3参照。

5――Abū Khāzim ʻAbd al-Ḥamīd b. ʻAbd al-ʻAzīz. バスラ生まれ。バグダードに住み、シリア・クーファ・バグダードの法官を務めた。九〇四／〇五年没。

アリー家出身者が誇らしく詠う

アリー家のイブン＝アルアブヤド[*1]がシリアで朗誦した詩を神学者のナセービーニー[*2]とバッバガーら[*3]が私タヌーヒーに吟じてくれた。

余は広き河底メッカの息子なり
泡立つ海の貝のなかの真珠
あたかも真珠のように抱かれる
まるで黒き瞳を開いて見せる瞼のように
カーバ神殿の柱と壁は余を目覚めさせる
余が高貴はあたかもメッカを囲む山々
余が気立てはあたかもメッカの平野
余が隣人はあたかも聖域内のカモシカ

アブルハサン＝サラーミー[*4]によると、アブルハサン＝ラーミー[*5]はバグダード出身のアリー＝ブン＝ハラフ[*6]とひと時を過ごしたことがあって、このイブン＝アルアブヤドの詩を朗誦したという。

（第一巻三九話）

1 ―― Abū ʻAbd Allāh Ibn al-Abyaḍ.
2 ―― Abū Isḥāq Ibrāhīm b. ʻAlī al-Naṣībīnī.
3 ―― Abū l-Faraj ʻAbd al-Wāḥid b. Naṣr al-Babbaghāʼ. ハムダーン朝の君主サイフ＝アッダウラ（在位九四四―九六七）に仕えた宮廷詩人。第一巻五二話註1参照。
4 ―― Abū al-Ḥasan al-Salāmī. ブワイフ朝君主アドゥド＝アッダウラ（在位九七八―九八三）に仕えた宮廷詩人。一〇〇三／〇四年没。
5 ―― Abū al-Ḥasan al-Rāmī.
6 ―― ʻAlī b. Khalaf al-Qaṭṭān al-Baghdādī.

ティグリス川を詠む

イブン＝カンナーシュとして知られるバグダードのタルハ＝ブン＝ウバイドッラー[*1]がティグリス川を詠む詩を朗誦した。

わらわはのどが渇いた　水を注いでおくれ
わらわは誇り高きもの　ティグリス川を仲買人の
着物の裾の引きずり跡のようにしないでおくれ
かつては右岸も左岸も宮殿が誇らしげに聳《そび》え立ち
川の水嵩《みずかさ》は増してカモシカの背のように筋目がついた

（第一巻四〇話）

1 —— Abū Ja'far Ṭalha b. 'Ubayd Allāh al-Ṭā'ī al-Baghdādī, 通称 Ibn Qannāsh. タヌーヒーの情報源の一人。

リュート弾きを皮肉る

教養豊かなイブン＝アブドルワーヒド[*1]が、リュート弾きの歌い手イブン＝タルハーン[*2]のことを朗誦した。

イブン＝タルハーンに言う
お前は恥ずかしくないのか
宴会に押しかけて演じた
あげくががっかりするような奏《かな》でとは
調子はずれの団員は追い出し
聴衆のところに入れてしまえ

またイブン＝アブドルワーヒドが朗誦した。

おゝ一流でもない喉で叫ぶ者よ
やさしくも激しくも調弦できずに弾く者よ
お前と組む合奏者は離れたほうがよいぞ
お前の演奏は犬が肉汁をなめるようなものだ
演奏の声が掛かったならそれは何かの間違い
何がしかの給銀が頂けたならそれは喜捨しろよ

（第一巻四一話）

1 —— Abū l-Ḥasan Muḥammad b. ʻAbd al-Wāḥid. 第一巻五話註1参照。

2 —— Abū l-Qāsim al-Ḥasan b. Ṭarkhān al-Ṭanbūrī al-Baghdādī. バグダードにおける当代随一のリュート弾きだと言われた。第三巻一七五話参照。

ビシュル＝ブン＝ハールーンが諷刺の詩を詠む

バグダードのキリスト教徒書記官ビシュル＝ブン＝ハールーン[*1]がバグダードのあるサワード地区の法官代理をしていたアブー＝リファーア[*2]について朗誦した。

我が詩は某法官に裁決を下すもの
なんと恥知らずの判決に賛同したことか
賛同せずとも　我はあやつの口髭を
一本残らずむしり取りたいものよ
とは言っても　それは不可能なこと
髭剃り屋がそうしてしまったから

（第一巻四二話）

この書記官ビシュルはヒジュラ暦三五九年シャアバーン月（九六九年六月）に、罷免と任命を繰り返された二人の上司についても朗誦している。当時ビシュルは二人に仕えて書記官をしていたのであるが、そのうちのアブルファドル＝シーラーズィー[*3]が宰相職を罷免され、アブルファラジュ＝イブン＝ファサンジャス[*4]が任命されることになったからである。

我らに少ししかくれなかった男が去って
その少しさえけちけちする男がやって来る
予測が正しければ次には乞食が来るかもしれぬ
ファーティマ朝に言え　イラク遠征になぜ遅れると
急げ　おそらくは神がこの病める国を
癒さんとして汝に与え給うであろうぞ

（第一巻四三話）

1 —— Abū Naṣr Bishr b. Hārūn al-Naṣrānī al-Baghdādī. 宰相イブン＝アルフラートのもとで書記官を務める。

2 —— Abū Rifā'a b. Kāmil.

3 —— Abū l-Faḍl al-'Abbās b. al-Ḥusayn al-Shīrāzī. ブワイフ朝の宰相ムハッラビーに仕える書記官であったが、九六三年にムハッラビーが没すると、君主ムイッズ＝アッダウラはアブルファドルとイブン＝ファサンジャスの二人にどちらを宰相と指名することなく後任とした。九六七年、ムイッズ＝アッダウラが没し、息子バフティヤール、のちのイッズ＝アッダウラ（在位九六七—九七八）が即位すると、二人の関係は微妙なものになった。九七三年没。第二巻一一三話参照。

4 —— Abū l-Faraj Muḥammad b. al-'Abbās b. Fasānjas. ブワイフ朝の君主イッズ＝アッダウラがアブルファドル＝シーラーズィーを逮捕したあと宰相に任命されたが、任期わずかで九七一年、アブルファドルが再び宰相となった。

アブー＝ナスルをビンスとあだ名するわけ

〔ハムダーン朝君主〕サイフ＝アッダウラ[1]の侍臣イブン＝カンナーシュ[2]が私タヌーヒーに語ってくれた。

我々はよくサイフ＝アッダウラの御前に伺候したものだが、なかにアブー＝ナスル＝ビンス[3]という者もいた。この男はニシャプールの出身で、カリフ＝ムクタディル[4]、ついでラーディー[5]の時代にはバグダードに住んでいたという。男は我ら同様、法学はハナフィー派に属し、神学はムウタズィラ派[6]に属していた。軽々しいところはあるが機知に富む人物として有名で、慎み深さを心得た座談の名手であった。シリアのいくつかの地方で司法行政にもかかわったことがあった。

ある日、アブー＝ナスルはサイフ＝アッダウラの御前で、「どうしてビンスというあだ名が付いているのか」と尋ねられたことがあった。彼の答えはこうであった。

「これはあだ名ではありません。私の通称アブー＝ナスルから派生した言葉なのです。もしここにいらっしゃるイブン＝アルバーズィヤール[7]どのの通称アブー＝アリーから派生して言えば、ビウルとなります。閣下——とサイフ＝アッダウラを指し示して——の通称アブルハサンならば、ビフスということになります」と。[*8]

　これにサイフ＝アッダウラは笑ったが、アブー＝ナスルを非難しはしなかった。

（第一巻四四話）

1——Sayf al-Dawla, Abū l-Ḥasan ʻAlī b. Abī l-Hayjāʼ. シリアのハムダーン朝初代君主。在位九四四—九六七。アラブのタグリブ族のハムダーン家はモスル総督だったアブルハイジャーの後を継いで、ハサンが北イラク（ジャズィーラ）とシリア北部にハムダーン朝を開いたが、弟のアリーは九四二年、兄ハサンを助けてバリード家との戦いに勝利し、カリフからサイフ＝アッダウラ（国家の剣）の称号を得た。その後、兄のナーセル＝アッダウラからシリアの領有権を認められ、アレッポに拠って王朝を樹立した。エジプトのイフシード朝の反撃に苦しみながらもビザンツ帝国に対抗して勇名をはせ、傍ら文人や学者を保護した。九六七年没。

2——Abū Jaʻfar Ṭalḥa b. ʻUbayd Allāh b. Qannāsh. 第一巻四〇話参照。

3——Abū Naṣr al-Bins.

4——al-Muqtadir. 在位九〇八—九三二。第一巻七話註**2**参照。

5——al-Rāḍī, Abū l-ʻAbbās. アッバース朝第二〇代カリフ。在位九三四—九四〇。九〇九年生まれ。父ムクタディルの暗殺直後、カリフへの推挙もあったが、ムウタディドの子カーヒルがふたたびカリフとなり、彼によって投獄された。カーヒルの失墜によって釈放され、即位した。アッバース朝はすでに危機的状況にあり、父の宰相だったアリー＝ブン＝イーサー ʻAlī b. ʻĪsā に助力を乞うも、高齢のため断られ、やむなくイブン＝ムクラ Ibn Muqla を宰相にした。しかし長続きせず、九三六年、ワースィトとバスラの総督イブン＝ラーイク Muḥammad b. Rāʼiq をバグダードに召還、大総督 amīr al-umarāʼ に任じ、国家の全権を委ねた。軍人による支配の道を開いてしまったわけで、以後大総督の地位は権力争奪の的となり、二年後にはバジュカム Bajkam に取って代わられた。こうしたなか地方に派遣されていた総督たちは独立の機運を見せ、とくにハムダーン朝のモスルのナーセル＝アッダウラは交代を拒み、バジュカムはカリフを伴ってハムダーン朝討伐を試みたが失敗した。エジプトではイブン＝トゥグジュ Muḥammad b. Ṭughj がイフシード朝を樹立、またバジュカムはイランのダイラム地方から興ったブワイフ朝との戦いを強いられ、やがてバグダードを占領されることになる。カリフ自身は当時首都で猖獗を極めた狂信的なハンバル派教団対策に苦しめられた。彼らは個人の家に侵入して楽器を破壊したり女性歌手に乱暴したり、酒瓶を毀し通行人に危害を加え、シャーフィイー派の人物を襲撃し、タバリーのような著名な学者に対してさえ、まるで宗教審問官気取りで迫害した。ラーディーはそうした騒乱のなかで浮腫により九四〇年一二月に没した。タヌーヒーも記しているが、ラーディーは敬虔、正義、寛容、文学的素養といった面で、最後のカリフであるとアラブの歴史家からは称えられている。

6——原語 ahl al-ʻadl wa-l-tawḥīd. 原義は「正義と唯一性の人々」。ホワーラズミー al-Khwārazmī は九七七年にサーマーン朝の宰相に献呈した著書『諸学の鍵』*Mafātīḥ al-ʻulūm* のなかで、ムウタズィラ派 al-Muʻtazila は「正義と唯一性の仲間たち」aṣḥāb al-ʻadl wa-l-tawḥīd と呼ばれているとし、六つの分派を挙げている。ムウタズィラ派はイスラム思想史上最初の体系的神学を樹立した学派で、八世紀半頃から現われ、九世紀初頭から一〇世紀にかけて隆盛を極めた。とくに彼らの唱えた「神の言葉はアッラーによって創造された」とするコーラン創造説をカリフ＝マームーン(在位八一三―八三三)が八二七年に公認したことから、ムウタズィラ派はイスラムの神学や法学の分野で一大支配勢力となり、ムウタズィラ派出身の大法官が各地の法官の任免権を握ったり、自派の神学に従わない者を異端審問に掛けたりした。やがてカリフ＝ムタワッキル(在位八四七―八六一)が公認を取り消したことで、次第に少数派となったが、彼らの理論はその後のイスラム神学の確立に大きな影響を与えた。第一巻八八話註２も参照。

7 —— Ibn al-Bāziyār.

8 —— シリアや北イラクでは、アラビア語の表現として意味のないbを加えることがあった。

有名な学者に臆することなく

バグダードで行なわれたイブン＝ドゥライド[*1]の集会に、このアブー＝ナスル[*2]も出席していて、カセーダ体詩を学ぶために朗誦した。その冒頭は次のようなものだった。

娘はまるで砂漠に這う長虫のような
細長い指で顔からベールをさっと外した
それから次々と詩句を

みんなは大きな岩陰にトカゲを見つけると
縁がラバーイスの刀をもって取り囲んだ

とまで朗誦すると、続きをやめて、

「イブン＝ドゥライドどの、このラバーイスとはどういう意味か」

と尋ねた。するとイブン＝ドゥライドが、

「アラブの遊牧民では、ラバーイスは幅広の鉄の槍先のことだ」

と答えた。これに対してアブー＝ナスルが、

「イブン＝ドゥライドどの、貴殿は間違っておられる」

と言ったものだから、我々は博学で聞こえるイブン＝ドゥライドの間違いをアブー＝ナスルが指摘するという彼の大胆さに驚き、成り行きがどうなるかと見守った。

　穏やかな性格のイブン＝ドゥライドは、

「アブー＝ナスルどの、それではどのような意味か」

と尋ねた。アブー＝ナスルは、

「大皿に盛られた小魚を意味するラビーサーの複数形だ」

と答え、熱意を込めてふたたび詩を朗誦しはじめた。それで我々は大いに笑った。


（第一巻四五話）

1 —— Abū Bakr Muḥammad b. al-Ḥasan b. Durayd al-Azdī. バスラ生まれの文人。八三七—九三三。第二巻一〇九話註3参照。

2 —— Abū Naṣr al-Bins. 前話参照。

機転で窮地を脱する

このアブー＝ナスル＝ビンスが語った次のような話を、法官にして法学者のアブー＝ハーミド[*1]が聞いて伝えている。

「儂《わし》は旅をしていてある町に逗留し、一軒の宿屋に泊っていた。しばらく経つと、若衆や男衆が談論を求めて幾人も集まってきたので、儂は自分の部屋で法学の講義をしてやった。学習が終わると、みんなして遊び、冗談を言い合った。儂のところにいる連中はアブー＝ナスルのみだらな冗談話を聞くために集まっているのだと考えた宿の主人は、儂に警察署長のもとへ行くよう要求し、儂が女衒《ぜげん》であると訴えた。儂は連行され、署長のまえに立った。

　儂は、署長の後ろに髭のない美顔の若衆が立っているのを見た。そのとたん、儂に欲情が起こった。署長が儂に『お前は女衒か』と聞いたので、儂はズボンを下ろし、儂の一物《いちもつ》をさらけ出し、『お前さま、これが女衒の一物と思われますか』と言った。署長は笑って『いや、違う』と言い、訴えた人たちを去らせた。

　署長は儂に友情を抱いたようで、儂はその町に滞在しているあいだ、署長と語らいのときをもち、友誼を深めたのであ

った」

1——Abū Ḥāmid Aḥmad b. ʿĀmir b. Bishr al-Khurasānī.

（第一巻四六話）

機知は身を救う

やはりこの法官アブー＝ハーミドがこんな話も伝えている。

儂《わし》はよく〔ブワイフ朝君主〕ムイッズ＝アッダウラ[*1]の御前にいたものだが、あるとき、ムイッズは宰相のサイマリー[*2]にペルシャ語で、

「アブー＝ジャアファルよ、直ちに金五〇万ディーナールを用意しろ。遅れることは許されんぞ」

と命じた。するとサイマリーは口応えした。

「太守閣下、もっとお願いします。私自身も同額要りますので」

「お前が余の宰相であるから頼むのだ。お前以外の誰に頼めばいいと言うのか」

「歳入から歳出を差し引いた余剰がないとすれば、私はどこから閣下に用立てすればよろしいでしょうか」

ムイッズ＝アッダウラは烈火のごとく怒って叫んだ。

「お前が五〇万ディーナールをもって来るまで、便所に監禁するぞ」

「便所に監禁するとおっしゃるとは、私が五〇万ディーナールの金塊を閣下のために排泄するとお思いなのでしょう

か」

ムイッズ=アッダウラは笑って、宰相を捕えることを思いとどまった。

（第一巻四七話）

1 —— Mu'izz al-Dawla. 在位九四五—九六七。第一巻一話註5参照。

2 —— Abū Ja'far Muḥammad b. Aḥmad al-Ṣaymarī. ムイッズ=アッダウラにより宰相に任命され、財政の立て直しに貢献した。九五〇／五一年没。

なぞかけでスーフィー行者をからかう

マダーイニー[*1]が語るところによれば、バグダードの大モスクに拠点を構えるスーフィー（神秘主義）教団[*2]のもとに立ち寄ったところ、彼らは示唆や暗示といったスーフィー教団特有の神秘体験について語り合っていた。それはあたかも狂気の沙汰に似ていて、自分にはまったく理解できなかった。それでふと彼らをからかってやろうという思いが浮かび、呼びかけた。

「ひときわすぐれた先達どの、一つお尋ねしてよろしゅうござるか」

「いいとも」

「お教えください。もし先達どのがお考えのような老師だとして、先達自身の実在に専心されているとき、突如、知識論という鋭利な剣で頭頂が割られ、なおかつ先達は意志のもとにあられるとして、先達の人格は意志との繋がりで損なわずにおられるのでしょうか。おゝ熱烈な世捨て人よ」

老師の周りの者たちはこれをまじめな質問と受け取り、どのように返答したものか論争しはじめた。しかし老師は気付いていた。そして老師がみんなに自分を襲うよう命じるのではないかと恐くなり、自分はこっそりと立ち去ったのである。

(第一巻四八話)

1 ―― Aḥmad b. Muḥammad al-Madāʾinī.

2 ―― 原語 ḥalqa ṣūfiya. スーフィー ṣūfī とは元来は神との合一を目指して、清貧に甘んじ修行に励む人々のことを指す。本書ではあえてスーフィー行者とした。神との合一という神秘体験を目指していることから、スーフィーたちの営為タサッウフ taṣawwuf はもっぱら「イスラム神秘主義」と訳される。スーフィーたちは、預言者ムハンマド自身が模範的なスーフィーだったとするが、歴史的にはウマイヤ朝期の物質的繁栄と精神的堕落への反発から、まずザーヒド zāhid(禁欲主義者)と呼ばれる人々が登場し、より内面を重視して清貧と禁欲を実践するスーフィーが現われるのは九世紀の中頃とされる。修行の結果として到達した忘我の境地はファナー fanāʾ(消滅)と呼ばれ、そのような境地に入った人はワリー walī(聖者)として尊敬された。修行は集団を組んで行なわれることが多く、本話では「人々の輪」の意味のハルカ ḥalqa が用いられている。修行にはいくつもの階梯があり、師匠の指導が重要となる。そこで後世になると、師弟関係で強く結ばれた教団は「修行道」から転訛したタリーカ ṭarīqa で指すようになった。

スーフィー行者の詩はよくわからぬ

私タヌーヒーがアブー＝アフマド＝ハーリスィー*1と同席しているとき、その場に居合わせたあるスーフィー行者が四行詩を口ずさみはじめた。するとアブー＝アフマドはその詩を好ましいと思わず、行者に向かって間髪を容れずに叫んだのである。

「やあ兄弟よ、詩吟をやめられよ。我がもっとすぐれた詩を吟じようから」

(第一巻四九話)

1 ―― Abū Aḥmad ʿAbd Allāh b. ʿUmar al-Ḥārithī. タヌーヒーの情報源の一人。父親はカリフ＝ムウタミド(在位八七〇―八九二)の武器庫の役人だった。第二巻一七一話参照。

物売りの少年とのやり取り

ファドル＝ハイヤーニー[*1]によると、宰相アリー＝ブン＝イーサー[*2]の友人アブー＝バクル＝シャーフィイー[*3]はある日、乗っている馬の轡《くつわ》をスープ売りの少年に掴まれた。少年は手に肉汁の入った鉢をもち、それをシャーフィイーの鼻先まで持ち上げて、

「アーモンドと羊の肉とを混ぜたスープだよ」

と叫んだ。少年はその物売り声を繰り返すのである。アブー＝バクル＝シャーフィイーは、

「お前さん。儂《わし》は宰相のところへ行くところだ。お前さんの話はきっと宰相に伝えるから、もしわかったら儂を放してくれないか」

と言ったという。

（第一巻五〇話）

1 —— al-Faḍl b. Aḥmad al-Hayyānī. 第一巻三五話註 1 参照。
2 —— ʻAlī b. ʻĪsā. 第一巻一四話註7参照。
3 —— Abū Bakr al-Shāfiʻī. 第一巻三五話註3参照。

人それぞれにふさわしい言葉で

アブー＝アフマド＝ハーリスィー[*1]は私タヌーヒーに語っている。ワースィトの我々の仲間に金持ちだが知的障害のある一人の男がいた。イブン＝アビー＝アイユーブ[*2]といって、彼が好きな歌姫を呼んで我々をよくもてなしてくれた。歌姫のある歌の出だしはこうだった。

隊商は出発せんものと慌ただしい
駱駝の背に荷物を積むことの忙《せわ》しさ

歌姫はこの詩句を難しい節回しでかつ見事に歌ったが、イブン＝アビー＝アイユーブは知的障害のために詩句の意味を理解できなかった。ある日、男は歌姫に、

「ねえお前さん、私のために言葉を変えて歌ってくれないか。そうすれば自分にもわかると思うのだ」

と頼み込んだ。

「困ったわ。私はどう歌ったらいいの」

男が何を望んでいるか自分には理解できたので、

「男の望む通りに歌ってやれ」

と言うと歌姫は、
「『隊商は出発せんものと慌ただしい』という詩句のどこを
どのように変えてほしいのか言ってみて」
と言った。歌姫が歌った詩句は次のようなものだった。

　　わが友よ、暗闇を払って朝食にしよう

ある日、男は歌姫に、

「ねえお前さん、私のために『暗闇』を意味するsawādをsamād(肥?・)に変えて歌っておくれよ」

と頼んだ。すると歌姫は、

「あんたがそうしたいなら、自分一人でおやりよ」

と言って突き放してしまった。

ある日、我々が互いに枕を投げ合ってふざけているところに、突然、かの歌姫がやって来た。男は恥ずかしく思って、我々に席を外すように頼んだ。我々が男を一人にして酒を飲んでいるとき、男は次のような詩句を歌ってくれるように歌姫に頼んだ。

　　我が武器が拒みこそすれお前を拒むわけではない
　　まさに合戦はますます激しさを増し長引きそうなのだ

歌い終わると、歌姫は男に枕を一つ手渡したのである。

(第一巻五一話)

1 —— Abū Aḥmad ʻAbd Allāh b. ʻUmar al-Ḥārithī. 第一巻四九話註1参照。

2 —— Abū Muḥammad b. Abī Ayyūb.

太守の寛容を称える詩

通称バッバガー[*1]というニシビスの書記官が〔ハムダーン朝君主〕サイフ＝アッダウラ[*2]を称えるカセーダ体詩を朗誦してくれた。それはサイフ＝アッダウラがキラーブ族と戦いはしたが、彼らに恩寵を与えたことを述べたものであった。

太守は厳罰を下すべく剣を振り上げられた
だが寛容の心が湧いて　剣を鞘に収められた
慈悲は汝らを鎮め　決意は汝らを立ち上がらせる

本来ならば、この詩の全文を提示すべきかもしれないが、私は書簡を書く場合に参考になる事件だとか金言だとか、あるいは使用例がないような意味だとかにかかわるような部分の詩句を選び、詩集を研究する者にとっては必ず参照したいような傑出した詩句とか調和した詩句とか韻律や語彙のすぐれた詩句とかは大部分を割愛した。次はそうして選んだ詩句である。

あまりにも度の過ぎた極悪非道のため
正義をもっては改悛できないとなれば
もはや暴虐をもってしつけねばならぬ
……
アラブの王たちの善行が感謝で報われなければ
野蛮人どもはアラブの支配地を巡って吠え立てる
汝の寛容で境域を元通りあの者どもに戻してやれ
かつて誇り高き汝の父祖もあの者どもを飼い馴らした
あの者どもが犯した罪を赦すゆとりがなくとも
汝の心にはなお容赦と寛容のゆとりはあるはず

（第一巻五二話）

1 —— Abū l-Faraj ʻAbd al-Wāḥid b. Naṣr b. Muḥammad al-Makhzūmī al-Babbagā'. 一〇世紀のアラブの有名な詩人で文筆家。九二五年、ニシビス（現トルコ領ヌサイビン）に生まれ、ハムダーン朝君主のサイフ＝アッダウラがアレッポで支配権を確保した九四四年以降、その側近の文人となり、君主を称える作詩などで名声を博した。彼の詩集は三〇〇頁に及ぶ大部なものであったが、現存するのはその抜粋である。一〇〇七年に没した。バッバガーはアラビア語でオウムを意味するあだ名。

2 —— Sayf al-Dawla. 第一巻四四話註1参照。

指勘定の仕方と人の一生

法官のイブン＝サイヤール[*1]が私タヌーヒーに語ってくれたところによると、人の一生について次のような数え方をするという。一〇歳の子供は家族のなかで走り回るものだが、それはちょうど——と言って人差し指の先を親指の付け根に置いて一〇の位を示しながら——回るようなものだ。二〇歳になれば二つの事柄、つまり稼ぎと家族とのあいだの両立を図らねばならないが、それはちょうど——と言って人差し指と中指のあいだに親指を置き、二〇の位を示しながら——二つのあいだに立っているようなものだ。

三〇歳になれば均衡がとれるものだが、それはちょうど——と言って親指の先と人差し指の先とを合わせて三〇の位を示しながら——均衡がとれているようなものだ。四〇歳になれば〔一家のあるじとして〕立つものだが、それはちょうど——と言って親指の先を人差し指の中付け根に置き四〇の位を示しながら——まっすぐに立っているものだ。五〇歳になれば腰が曲がって来るものだが、それはちょうど——と言って親指の先を人差し指の付け根に置き五〇の位を示しながら——曲がっているようなものだ。

六〇歳になれば——と六〇の位を示す人差し指と親指の形を取りながら——気力も体力も弱まり、このような指になる。七〇歳になればもたれるものだが、それはちょうど——と言って親指を人差し指の下に置き七〇の位を示しながら——もたれるようなものだ。八〇歳になれば、何かに寄り掛かることが必要になって来るが、それはちょうど——と言って親指を人差し指のさらに下の付け根に置き八〇の位を示しながら——寄り掛かるようなものだ。九〇歳になれば、気力も内臓も限界に達し、指の形も限界になる。一〇〇歳になれば人はこの世からあの世に移らねばならないが、それはちょうど一〇〇の位の指勘定を右手から左手に移して行なうようなものだ。[*2]

（第一巻五三話）

1 —— Abū Bakr Aḥmad b. Sayyār. 九六七年バグダード東岸区の法官となり、翌年カリフ宮廷の法官を兼務、九七〇年には宮廷法官を免ぜられ、東岸区のみ法官業務に携わったが、それも翌年には免ぜられた。タヌーヒーの情報源の一人。

2 —— 一〇から九〇までの一〇の位の指勘定について、原文では人差し指と親指を使うことを示唆しているものの、それぞれの位の詳しい指の形には触れていない。そこで、ここではマルゴリウスによる英訳の **Appendix** の説明で補った。

インドの遊女は国王にも進言できる

同じく法官イブン＝サイヤール[*1]は、ヌウマーンというイエーメンの長老が語った次のような話を伝えている。この長老は海事に関する知識に詳しく、インドや中国にも渡ったことがあるという。

儂《わし》がインドのある国にいたころ、王に叛乱を起こした者がいた。王が軍隊を差し向けると、その叛乱者は身の安全を求めたので、王は許した。叛乱者が王都に向かって出発し、近くまで来たとき、王は彼を迎えるために武装した軍隊を派遣した。民衆も叛乱者の入城を見るために出かけ、儂もみんなと一緒に出かけた。

平原でほどよい距離に達したとき、人々は立ち止まって叛乱者が現われるのを待った。男は多くの兵士を引き連れ歩いてやってきた。錦織の服をまとい、腰に前掛けを着け、制服の身なりをしていた。男は名誉をもって迎えられ、導かれるままに歩み、美しく飾り立てられた巨象の列まで来た。上には象使いたちが乗っていたが、なかに王がときどき乗る専用の巨象がいた。

男が近づいてきたとき、象使いが「わきへ寄って象の道を開けよ」と怒鳴ったが、男は黙ったままであった。そこでもういっぺん怒鳴ったが、やはり黙ったままであった。

「おいお前、気をつけろ。王の象の道を開けろ」

「王の象に言え。俺さまが通る道からよけろとな」

象使いは怒り、象になにごとか言ってけしかけた。象は怒って叛乱者に向かって走り、鼻で巻き上げ、男を高々と持ち上げた。儂ともどもみんなが見守るなか、象は男を大地に打ちつけたが、男は両足ですくと立ち上がり、しかも手はしっかりと鼻を摑んでいた。

象はますます怒って男をいっそう高く持ち上げ、走ってから大地に投げ飛ばした。だが男はまたもや両足でまっすぐ立ち、鼻をしっかり摑んでいた。象は三たび持ち上げ、男を投げつけたが、またも象の鼻を摑んだまま立ち上がった。一方、象は息絶えてばたりと倒れてしまった。長いあいだ鼻を摑まれていたために、呼吸ができなくなったのである。こうして象は男に殺されてしまった。

男は身柄を拘束され、王のところに連れてこられた。一部始終を聞いた王は、男を殺すよう命じた。

そこで遊女たちが集まった。インドでは、このよからぬ女たちが公然とブッダのもとに集まり、ブッダに帰依する。お金を受け取らずに、である。当地では、遊女たちは正義を証言する公証人でもあり、証言に立つのである。法を司る者はこの証言を確たるものとして宣言する。遊女たちは諸々の事柄や見解について相談するのである。

さて、こうして遊女たちはお金を受け取ることなく、ブッダにみずからを捧げ、苦行者、礼拝者の知恵に至った。遊女たちは王に、

「陛下はこのような者を生かしこそすれ、殺してはなりませぬ。この男には王国にとって美点となるべきものがございます。この国の王は、武器を使うことなく腕力と知略でもって象を殺した男を召使いにしている、と評判になりましょうゆえに」

と進言した。そこで王はこの男を赦し、命を助けたのである。


（第一巻五四話）

1 ―― Abū Bakr Aḥmad b. Sayyār. 第一巻五三話註 1 参照。

賢人たちにインドの王は尋ねる

次も同じく法官イブン＝サイヤール[*1]がティーザとマクラーンの一長老から聞いた話である。法官はオマーンでこの長老に会ったことがあって、海事の知識に詳しく、また当地の人々から信頼されていた人とのことである。

さて、その長老がインドの人に会って聞いたところによると、ある年、あるインドの王に叛乱を起こし、統治にすぐれた能力を示した男がいた。王は自負心が強く、強情な暴君であった。王は軍隊を差し向けたが、叛乱者に打ち負かされてしまったので、みずから出征すると言い出した。大臣たちは進言した。

「なりませぬ。軍隊をくりかえし差し向ければ、叛乱軍は弱体化いたしましょう。王たるものはみずからを危険にさらすものではなく、叛乱軍を疲れさせるべきであります。くりかえし軍隊に立ち向かえば、物資は底を尽きます。陛下は絶えず軍隊を差し向ければよろしいのです」

ところが王は聞き入れず、みずから出発し、攻撃を仕掛けた。しかし、叛乱者は王を殺して宮殿と王国をみずからのものとし、立派な政治を行なって王としての務めを果たした。

新王の治世が確立し、名声も上がって王権が強固なものとなったとき、王は国中からインドの賢人たちを召集した。また各州の知事に、それぞれの州から哲人や賢人一〇〇名を選び出し、王のもとに派遣するよう書簡を送り、それが実行された。

選ばれた人たちが城門に到達したとき、王はうち一〇名を選ぶよう命じた。一〇名の廷臣たちに伴われて、選ばれた一〇名の者たちが王のまえに出た。王は諮問した。

「知性ある者は自分自身の欠点を見つけて、それを取り除こうとするものだ。汝らは余に関して、あるいは余の政治にいかなる欠点を見出すや」

「一つを除いてはございません。もし命が保証されるのであれば申しますが」

「汝らの身は安全じゃ」

「陛下に関することすべてが新しいということです」

と言って、賢人たちは王には王家としての血統がないことをほのめかした。

「では、余のまえの汝らの王はどうであったか」

「王の子でありました」

「その父は」

「王の子でありました」

「その父は」

と尋ねて一〇代以上遡ったが、やはり、

「王の子でありました」

と答えて、とうとう初代にまで遡り、

「その人は征服者でありました」

と答えた。

「余はその初代の王だ。もし余の治世が永続し、善政を施せば、この国の王権は余ののち余の子、さらに余の子の子に受け継がれるであろう。そうすれば余の子孫たちは、余のまえの汝らの王と同様、王家としての血統をもつことになろう」

王のこの言葉を聞いて賢人たちは王にひれ伏したが、これは何事かを賢人たちが是認したり、論駁されたりした場合の習慣となった。こうして王権はこの王のもとでいっそう確固たるものとなった。

このインドの話を語ってくれた法官イブン＝サイヤールに、私タヌーヒーは感想を述べた。

「ここで言わんとしていることは、すでにアラブが二つの言葉で表現しているものと同じではないか。このインドの長い話より、それで充分では」と。

「どんな言葉か」

「それはアラブの話で、二人の男が互いに自慢し合ったところ、一人が一方に、俺の血統は俺から始まる。だがお前の血統はお前で終わりだ、と言ったというものだ」
（第一巻五五話）

1――Ahl al-Tīz wa-Makrān. マクラーンはスィンド（現パキスタン）とイランのあいだの海岸地帯。ティーザはその地の都市。

情けを掛ける

イスファハーン出身の書記官サアド＝ブン＝アブドッラフマーン[*1]が〔ブワイフ朝君主〕ムイッズ＝アッダウラ[*2]の宰相サイマリー[*3]のもとに伺候したところ、すでに宰相によって科料に処せられていた一人の男が出頭していた。宰相は男に命じた。

「保証人を出せ。お前を保釈するから、当該の金子《きんす》をきっかりもってまいれ」

「おゝ宰相閣下、私には閣下がお与えくださる恩寵より信頼のおける保証人はおりません」

男のこの言葉に宰相は心を動かされた。科料の金額を減らし、男に何がしかを恵んだのであった。（第一巻五六話）

1――Abū l-Qāsim Saʻd b. ʻAbd al-Raḥmān al-Iṣbahānī. 原文には Saʻīd とあるが、Saʻd の誤り。ムイッズ＝アッダウラの子息アブー＝ハルブ＝ハバシーの書記。第二巻七八話参照。

2――Muʻizz al-Dawla. 在位九四五―九六七。第一巻一話註5参照。

3――Abū Jaʻfar Muḥammad b. Aḥmad al-Ṣaymarī. 第一巻四七話註2参照。

口論に巻き込まれる

イブン＝バクル[*1]によると、医者のサイード＝ブン＝ハールーン[*2]の父親はスィーラーフ[*3]の人で、当地や近郊で尊敬され、裕福な人物であった。あるとき父親は、バスラからやって来た一人の男との口論に巻き込まれた。その男が父親に言った。

「儂《わし》に話してくれ。お前さんはスィーラーフ人の端くれか」

「私は自分の国の根っこだが、お前はお前の国の恥さらしだ」

（第一巻五七話）

1 ―― ʻAbd al-Raḥmān b. ʻAbd Allāh b. Aḥmad b. Bakr.

2 ―― Abū Bakr Saʻīd b. Hārūn.

3 ―― Sīrāf. ペルシャ湾岸に沿うイランの海港都市。かつてはインドへの中継港として栄えた。

運と不運との分かれ道

アフマド＝アズラク[*1]によると、大法官イブン＝マアルーフ[*2]は次のように語ったという。

宰相ムハッラビー[*3]をまえにして、我々のあいだで運と不運について議論が戦わされたことがあった。そのとき宰相は、

「運というのは身を低くして行ない努めればめぐって来るものであり、不運は怠け者のくせに虚栄心が強い者にほど訪れるものだ」

と言った。

（第一巻五八話）

1 ―― Abū l-Ḥasan Aḥmad b. Yūsuf b. Yaʻqūb b. Isḥāq b. al-Buhlūl al-Anbārī. 第一巻一四話註２参照。

2 ―― Abū Muḥammad ʻUbayd Allāh b. Aḥmad b. Maʻrūf. 九一八／一九年生まれ。九六七年にバグダードの大法官となった。見識のある学者で、お金に執着しなかった。九九一年没。

3 ―― Abū Muḥammad al-Muhallabī. 第一巻一話註４参照。

バッバガーの詩

通称バッバガー[*1]というニシビスの書記官が、自作のカセーダ体詩を私タヌーヒーに朗誦してくれた。

われは愛を心の臓近くに置いてしまった
愛への思いは千々に乱れ悦びはままならず
だが子供っぽい激情はやがて思いをとどめ
もっとも崇高なる愛が信心へと近づけてくれる
わが身をかこち不満にこだわれば苦悩に陥る
だがわれは絶望に備え自制の鎧《よろい》を身に付けた
何故に当世人は欺かれたかのように無知なのだ
一族の秀逸を栄光にまで高めえなかった者には
もはや王家の創始者となることはできなかろう
われは人の群がる水の豊富な水場を避けて
喉の渇きを癒してくれるところを見つけよう
水一口でも癒しは充分なのだ

（第一巻五九話）

同じくバッバガーが〔ハムダーン朝君主〕サイフ＝アッダウラ[*2]を称えるカセーダ体詩を、私タヌーヒーに朗誦してくれた。

日々は汝に得がたい経験を与えた
お蔭で時の刻みは汝の髪を白くした
すべては遥か遠い先のことと思っていた
汝の勇猛なる騎兵が疾駆して向かう先の如く
運命の死があっという間に近づいてくる
あの者らは四方の国々に突進する　まるで
東西の地平に激しく吹くあらしの如く
朦々たる砂塵は大地を覆う　まるで
太陽の顔も死人のように薄ぼんやり
栄光は鍛えに鍛えられた者にのみ得られる
厳しい吟味なしに仲間を選んではならぬ
親友が必ずしも高潔なる人物とは限らぬからだ

（第一巻六〇話）

1 —— Abū l-Faraj ʻAbd al-Wāḥid b. Naṣr b. Muḥammad al-Makhzūmī al-Babbaghā'. 第一巻五二話註 1 参照。
2 —— Sayf al-Dawla. 第一巻四四話註 1 参照。

貧しい人、困っている人への施し方

法官アブー＝バクルが[1]〔高官〕ヌウマーン＝ブン＝アブドッラー[2]の執事から伝え聞くところによると、ヌウマーンの習慣には次のようなことがあったという。

ヌウマーンは毎年、冬の終わりになると、冬のあいだ使っていた絹織物や毛織物、絨毯やストーブ、その他冬用の家財をまとめて競《せ》り市《いち》に売り出した。

そうしたあと、法官の監獄に人を遣って、証拠による立証がなく、自供のみで投獄され、しかも〔保釈のための〕手だてのない囚人の面倒を見させ、もし支払いの負担が大きな場合だと、冬物を売って得た代金からその負担金を支払ってやるか、あるいは和解の話を付けてやったりして、その囚人を釈放してやるのであった。

それから八百屋とか行商人とか、元手が金一ないし三ディーナール程度のささいな商売をしている者たちにも気を配り、金一〇ディーナールから銀一〇〇ディルハム程度のお金を与えて、元手を増やしてやるのであった。

また市場で、鍋や壺、古着といった物を売っている人たち、おそらく極度の窮乏から売らざるを得なくなったであろう人たちとか、自分で紡いだ糸を売っている老婆たちとかを心に掛けて、売値の数倍ものお金を与え、その人たちの手にお金を残すようにしてやるのであった。

ヌウマーンはこうした類の作善をさまざまに行ない、執事に、それを実行し、家財を売ったお金をこれらの作善に替えるよう命じた。

夏の季節が終わると、持ち物のうち、紗織物や麻織物、棕《しゅ》櫚《ろ》マットや冷却壺[3]、その他夏用の家財をまとめて、やはり同じようなことを行なうのであった。そして翌年の冬が来たり夏が来たりすると、必要なものすべてを新調した。

ヌウマーンのこうした行為が、執事にとってはたいそう煩わしくなった。そこで執事はヌウマーンに言った。

「ご主人さま、あなたは他人を利用なされないがために、ご自身貧乏になっておられます。と言いますのも、あなたはこれらの衣類や家財や敷物をみんなが必要とする時期に二倍の価格で購入され、これらを必要としなくなったときにお売りになり、みんなはそれをあなたから半額で買うという具合だからです。こうしてあなたは莫大なお金を失っておられます。もし私にお任せいただけるのでしたら、私がこれらの品物を競りに出し、落札者が決まって代金が得られるときには、あなたのために高値で売り、それを翌年の夏もしくは冬まで取って置き、こうした品物を競り落とされたと同じような価格で買いましょう」

　ヌウマーンは執事に答えた。

「儂《わし》はそんなことは望んでおらぬ。アッラーはこれらの家財で、冬中あるいは夏中、儂を楽しませ、それらが要らなくなるときまで儂を生かしてくださった。こうした品物がまた必要になるときまで、果たして生きておれるのか、儂は確信がもてぬ。それにおそらく、これらの品物を儂は何かにつけてアッラーのご意志に逆らい、使ってきたであろう。したがって、儂はこれらの品物そのものを売り、しかるべきお金に替えたいのだ。

　それはまた、必要としなくなる時期まで儂を生かしてくださったアッラーへの感謝と、儂がアッラーに逆らって犯した罪の懺悔ともなるのだ。もし次に必要とするときまでアッラーが儂を生かしてくださったならば、その品物は儂にとっては何も高価なものではない。それに同等のものが新たに購入できるし、品物を新しく買い換えて、新品を楽しむことができるのだ。

　そのうえ、儂が品物を安く売って高く買うということには、別の意味の利益もあるのだ。それは、儂の売買の相手であるしがない商人たちが、儂によって何がしかの利得を得るということだ。しかも、それは儂の生活になんら影響するものではないのだ」


（第一巻六一話）


　ヌウマーンの執事はこんなことも伝えている。ヌウマーンは何か美味な料理、素晴らしい菓子などが目のまえに運ばれてくると、それをすべて食べないで、そのまま乞食にやるよう命じることを楽しみとした人であった。ヌウマーンは毎日食卓のうえの余りものや召使いたちが食べる厨房での余りものはすべて分け与えるので、門前には乞食の群れが大勢集まってくるのであった。

　ある日、ハーシム家出身の友人がヌウマーンの家に食事に呼ばれた。ところが美味な料理が運ばれてくると、この友人が食べ終わっていないのに、ヌウマーンは乞食にやるよう命じ、料理が下げられてしまった。次に太った仔羊の丸焼きが運ばれてきたが、これも食べる楽しみを味わうまえに、ヌウマーンの命令で乞食に下げられてしまった。

　ついでピスタチオの実の入ったアーモンド料理が運ばれてきた。これはヌウマーンの好物で、深鉢の大きさで多少の違いはあるが、一鉢当たり銀五〇ディルハム、金では五ディーナールほどもする高価な料理であった。それを客人たちがまだ少ししか食べていないのに、乞食たちに下げてやるよう言ったので、このハーシム家の客人はその深鉢をつかみ、

「お前さんよ、我らこそ乞食だと思ってくれないか。我らにもこれを食べる楽しみを与えたまえ。お前さんだって、ど

うして好きなものを乞食たちにやってしまうのだ。乞食にどんなわけがあるのか。乞食たちには牛肉や棗椰子《なつめやし》の練りもので充分ではないか。神かけて、片付けないでくれ」

と言った。

「友よ、ご覧の通りこれが私の習慣なのだ」

「なんて悪い習慣だ。我らは耐えられぬ。どうしてもと言うならば、これと同じものを乞食たちにも作るよう命じられよ。我らにこの料理を食べる楽しみを与えられよ。さもなければ乞食たちにそれ相応のお金をやればよいではないか」

「改めて乞食たちに同じものを作らせよう。ただお金をやっただけでは、どの乞食も自分では同じ料理を作るつもりはないだろう。たとえ何倍ものお金をやってもだ。もしお金を手にすれば、もっと必要なことにそのお金を使ってしまうであろうし、またそのような料理を作ることも巧みではない。それに、自分としては食べる楽しみを彼らとともに味わいたいのだ。おい給仕、すぐにも同じ料理を一鉢分作って、乞食たちに分け与えるよう命じよ」

こうしてヌウマーンの命令が実行されたが、このことがあってのち、ヌウマーンは気を使わねばならない人物が食卓に着いているときは、その人物に出したのと同じものを別に作って、それを喜捨として与えるようになった。また、陪席者が満腹するまでは目のまえの料理を下げるよう命じることもなくなった。

（第一巻六二話）

1 —— Abū Bakr Muḥammad b. ʻAbd al-Raḥmān. 第一巻一九話註1参照。

2 —— Abū al-Mundhir al-Nuʻmān b. ʻAbd Allāh. アッバース朝時代の高等官僚。アリー＝ブン＝イーサーの宰相時代、アフワーズ諸県の税務長官を務めた。誠実な人間であったが、政争に巻き込まれ、九二三／二四年にイラクのワースィトで殺された。

3 —— 原語 muzammalāt. muzammala の複数形。素焼の壺で、水を入れると気化熱で中の水が冷える。

母親への孝養は食卓でも

イブン＝アイヤーシュ[*1]によると、バグダードからほど近いウクバラー村で説教師をしている一人の男が、イブン＝アルハワーリー[*2]のもとによく訪ねてきた。恥知らずで軽薄な人物であったが、機知に富み話し上手で、話題も豊富であった。名はアブー＝イスマ[*3]といった。イブン＝アルハワーリーはこの男とよく食事を共にし、何かと目をかけお金を惜しまなかった。

　イブン＝アルハワーリーはとても母親に孝養を尽くす人物で、母親のために何かと都合をつけたが、とくに飲み水には気を使った。母親が食べないものは自分も食べようとはしなかった。食卓においしそうな料理が運ばれてくると、母親にそれを取り分けるのがイブン＝アルハワーリーの習慣であった。

　アブー＝イスマがイブン＝アルハワーリーのところで初めて食事に呼ばれたとき、アブー＝イスマはこの習慣を知らなかった。おいしそうなアーモンド入りの菓子が運ばれてきても、イブン＝アルハワーリーがそれを母親のところにもっていくよう命じるので、アブー＝イスマは満足に食べられなかった。

　ついで七面鳥とインド産鶏を酸味のあるヨーグルトで調理し、クルミ油とからしを添えた素晴らしい肉料理が運ばれてきた。ところが客人たちが少しだけ食べたところで、イブン＝アルハワーリーはそれを母親のところにもっていくよう命じてしまった。そこでアブー＝イスマはパンを一切れ手にし、立ち上がって料理の載った大皿の方へ歩き出した。イブン＝アルハワーリーが尋ねた。

「アブー＝イスマよ、どこへ行くつもりか」

「旦那さん、母御前のところです。儂《わし》はこの肉料理を母上と一緒に食べたいのです。こちらのテーブルはもはや不毛の地だが、母上のテーブルは実り豊かな土地なので」

　イブン＝アルハワーリーは笑って、皿を元に戻すよう命じた。

（第一巻六三話）

1 —— Abū l-Ḥusayn b. ʿAyyāsh. 第一巻六話註3参照。

2 —— Abū l-Qāsim ʿAlī b. Muḥammad, 通称 Ibn al-Ḥawārī. 第一巻二二一話註3参照。

3 —— Abū ʿIṣma al-ʿUkbarī.

機知は富むが不遜な説教師

語り手のイブン＝アイヤーシュが言うには、このアブー＝イスマは自分にとっても親友で、何でも話し合える相手であった。ある日、アブー＝イスマが打ち明けた。

「ウクバラー村の住人は実に人間のくずだ。彼らに説教しなければならないとは不幸なことだ。礼拝布令役人が礼拝の呼びかけをするまえ、儂は説教壇に登って、手で挨拶の仕草をするのだが、彼らは自分が本当に祝福の挨拶をしたと思っている。ところが儂は、『まさに汝らすべてを余のケツのなかに召喚する』と言ったのだ」

（第一巻六四話）

氷売りスライマーンの幸運

シーラーズ出身の書記官アブー＝アフマド＝イブン＝ジャアファル[*1]は、氷売りスライマーンが語った次のような逸話を、その息子から聞いて伝えている。

儂《わし》の幸運のもとは五ラトル[*2]の氷だった。バグダードである年、氷の値が高騰し、残り少なくなった。儂も氷を売っていたが、それも五ラトルを残すのみとなった。そうした折、当時バグダードの総督であったウバイドッラー＝ブン＝ターヒル[*3]の女奴隷シャージーが病気になった。女奴隷は氷を欲しがったが、総督は儂の店でしか氷を見つけることができなかった。儂のところに使いの者がやってきた。だが儂は、

「一ラトルしかないんだ。銀五〇〇〇ディルハムでしか売らないよ」

と言ってやった。むろん儂には状況がよくわかっていたのだ。

家令は敢えてこの取引に応じようとはせず、総督ウバイドッラーの許しを得るためにシャージーのいる館に戻った。すると女は氷をとても欲しがり、すぐにも買ってくるよう頼んだ。総督は家令をののしって、

「早く行って、いくらでもよいから買ってこい。相談しに

戻ってくるな」と命じた。家令は儂のところにやって来て五〇〇〇ディルハムを出し、一ラトルの氷を買い求めた。だが儂は言ってやった、

「一万ディルハムでしか売らないよ」

と。家令は許しを求めるために敢えて帰るようなことをせず、儂に一万ディルハムを払い、一ラトルの氷を受け取った。病人は氷を食べてすこし気分がよくなったが、

「もう一ラトル欲しい」

とせがんだ。家令がまた儂のところに一万ディルハムをもってやって来て、

「もしあればもう一ラトル買いたい」

と。儂は売ってやったのだが、病人はこれを食べて元気を回復し、椅子にも腰掛け、氷をもっと欲しがった。そこで使いの者がまた儂のところにやって来て買い求めた。

「儂にはもう一ラトルしか残っていない。もっと高く買ってくれるのでなきゃ売らないよ」

とねばった。だが使いの者はなんとかうまいことを言って一万ディルハムだけ払い、儂から一ラトルを受け取って行った。

儂はといえば、突如「一ラトル一万ディルハムもする氷を食べたんだぞ」としゃべりたい欲望に駆られて、一ラトル食べてしまった。それから夜明け近くに、例の家令がやって来た。

「やあやあ、お蔭で病人はよくなった。もう一ラトル食べればすっかり回復するように思うよ。もしお前がいくらかでも氷をもっているならば、その売値を決めるがよいぞ」

「神かけて、儂にはもう一ラトルしか残っていない。三万ディルハムでしか売らないよ」

「よい、受け取れ」

しかし儂はアッラーに対して、氷一ラトルを三万ディルハムで売ろうとしたことにいたく恥じた。

「二万ディルハムよこしな。だが、もうこのあとは大地に黄金を積もうとも、儂のところにはこれっぽちの氷もありはしないよ。すっかり仕舞いになった」

家令は儂に二万ディルハムを与え、一ラトルの氷を受け取って帰った。シャージーはこの氷を食べると病気が治り、食べ物を所望して食事を摂った。総督ウバイドッラーは人々にお金を喜捨した。

翌朝、総督は儂を呼び出し、

「お蔭でお前は余の女奴隷の命を救い、余まで命拾いしたぞ。望みの物を取らせよう」

と感謝の気持ちを述べたので、

「私は総督の召使いであり下僕であります」

と答えた。すると総督は、儂を総督の氷や飲み物など、邸宅

内の諸事の係に雇ってくれた。

こうして儂のところにもたらされた銀貨がまるまる儂の幸運のもととなり、さらに総督にお仕えして得られたもので、それはいっそう膨らむことになったというわけだ。


（第一巻六五話）

1 —— Abū Aḥmad al-Faḍl b. ʻAbd l-Raḥmān b. Jaʻfar al-Shīrāzī. 第一巻一七話註7参照。
2 —— 原語 raṭl. 一ラトルは約四〇〇グラム。
3 —— ʻUbayd Allāh b. ʻAbd Allāh b. Ṭāhir. カリフ＝マームーン時代にホラサーン(東北イラン)で半独立の王朝を開いたターヒル家出身の文人で詩人。カリフ＝ムウタッズ(在位八六六—八六九)により死没した兄の代わりとして任命された。当時アッバース朝の首都はサーマッラーにあり、ウバイドッラーの職責は正式には「警察長官」であっても、本文に amīr とあるように、実質的には総督に等しいものであった。九一二／一三年没。

カリフ＝ムクタディル時代のバグダードの繁栄

ヒジュラ暦三六〇年(九七〇／七一)に、我々は法官イブン＝ウンム＝シャイバーン[*1]の館で、カリフ＝ムクタディル時代[*2]のバグダードの大きさやその人口の多さ、バグダードにある諸々の建築物や大通り、横町や街区の大きさ、そこに住むさまざまな職業を持った人の多さについて語り合った。

このとき私タヌーヒーは、ペルシャ人のヤズダジルド＝ブン＝マフビンダーン[*3]として知られるムクタディル時代の人物が書いた、かつて私も読んだことのある書物を、宰相ムハッラビー[*4]のまえで披露した。そこで、その書物を写し、それを〔ブワイフ朝の〕太守ルクン＝アッダウラ[*5]のもとへ送り届けることができるようにと、私とその場に居合わせた一団の人たちとに白紙の冊子が渡された。

というのは、太守がバグダードのことを叙述している書物を求めていたからで、バグダードには公衆浴場がどこにあって、その数は一万軒に達しているとか、各街区にどのくらいの人口が含まれているかとか、舟艇はどのくらいあって、船頭は何人いるかとか、毎日に要する小麦や大麦、その他の食料品の量とか、船頭を含め、水運業の人々に支払われる料金は総計銀三万ないし四万ディルハムに達するとかいったことが、その書物には記述されていた。また私以外に、やはりバグダードのことを著したアフマド＝ブン＝アッタイイブ[*6]の書物を披露した者もいた。

法官イブン＝ウンム＝シャイバーンは私に言った、

「これは我々が聞いたこともないような、とてつもない数字だ。私は書物でこれを見たが、ヤズダジルドやイブン＝アッタイイブが語っているようなことは、ちゃんと証明でもされないかぎり到底信じられないことだ」

と。しかし、すこし前のヒジュラ暦三四五年（九五六／五七）にトッラとして知られるムハンマド＝ブン＝アフマドが[*7]（バグダード近郊の）バードゥーラヤー郡[*8]を徴税請負して農村経営を担当し、その請負期限が終了したとき、我々は彼がこの年に播種したレタス畑の面積を見積らせ算定し、カルワーザー、クトゥラッブルなど、バグダードの近郊からバグダードへ運ばれたレタスのおおよその量を計算した。するとその総面積は二〇〇〇ジャリーブ[*9]に達していて、一ジャリーブごとに六畝《うね》のレタスが耕作され、各畝からしかじかの数のレタスが根から引き抜かれた。私はその株数を忘れてしまったが、ジャリーブごとでいうとレタスはしかじかの株になり、この当時のレタスの値段は平均して二〇株が一ディルハムであったから、一ジャリーブ当たり得られる平均収益は三五〇ディルハムに上り、それは金貨単位に換算すると二五ディーナールになった。したがって二〇〇〇ジャリーブではそれは五万ディーナールになる。このすべてがバグダードで食べられるのである。一シーズンに一種類の野菜を五万ディーナールも食べてしまう町があるなんて考えられようか。

それから、この法官は我々に次のように言った。スープでもエジプト豆のスープを売っていたある男――私タヌーヒーはその男の名前を忘れてしまった――が語ってくれたが、毎年彼が市場でつくるエジプト豆のスープに使う豆の量を計算したところ、それは一四〇クッルに達した。それが毎年少しも残らずに使い尽くされるのだ。ちょうど一年が経つと、また同じだけ製粉されるのだ、と。このエジプト豆スープは贅沢な食べ物ではなく、貧乏人やきざっぽい〔若者たち〕が果物の出回っていない一年のうちの二、三カ月間食べるだけで、これを食べない人は彼らの数倍にも達するはずである。

このように話が進んだとき、その場に居合わせたある長老が私に言った。ヒジュラ暦三四五年のバグダードの人口状況は、建物や人口そのものを考慮して、正確なところカリフ・ムクタディル時代のそれの一〇分の一である、と。

（第一巻六六話）

さらに法官イブン＝ウンム＝シャイバーンのまえで、議論が懐妊期間ならびにこれについての〔法学派の祖〕シャーフィイー*10と〔同じく〕マーリク＝ブン＝アナス*11の言説に及んだとき、私タヌーヒーはムハンマド＝ブン＝アジュラーン*12の子供は四年もかかって生まれてきて、しかもすでに立派な歯が生えていたという話をした。すると法官は私に語ってくれた。

「私の父親はクーファ生まれのアシュアス＝ブン＝カイス*13の娘を妻に迎えていたが、妻は妊娠一一カ月で女の子を産んだ。この期間は正確に計られたもので、父親は、これはきわめて厳格に計算された数値で、同じようなことはありうるのだと我々に教えてくれた。この女の子は普通に長生きし、何人かの子供も授かった。また父親は祖父から聞いた話として、クーファで四つ子が生まれ、どの子も無事に成長し、なかには子供をもうけた者もいたという」

法官は我々に、伝承家のイスマイール＝ブン＝アビーハーリド*14は三つ子を授かり、三人とも育って成人したと述べた。

（第一巻六七話）

1——Abū l-Ḥasan Muḥammad b. Ṣāliḥ b. ʿAlī al-Hāshimī, 通称 Ibn Umm Shaybān. 九〇六年クーファに生まれ、長じてバグダードに赴き、大法官アブー＝ウマル＝ムハンマド＝ブン＝ユースフ Abū ʿUmar Muḥammad b. Yūsuf の娘婿となり、やがてバグダードの法官となる。九七九年急死した。

2——al-Muqtadir. 在位九〇八—九三二。第一巻七話註２参照。

3——Yazdajird b. Mahbindān al-Kisrawī.『バグダードの美徳』*Kitāb Faḍāʾil Baghdād* の著者。

4——Abū Muḥammad al-Muhallabī. 第一巻一話註４参照。

5——Rukn al-Dawla. ジバール州におけるブワイフ朝の創建者。在位九四七—九七六。第一巻一七四話註15参照。

6——〔Abū l-ʿAbbās〕Aḥmad b. Muḥammad b. Marwān b. al-Ṭayyib al-Sarkhasī.『バグダードの美徳とその情報』*Kitāb Faḍāʾil Baghdād wa-akhbārhā* の著者。八九九年没。

7——Muḥammad b. Aḥmad, 通称 Ṭurra.

8——Bādūrayā. 第八巻六話註４参照。

9——原語 jarīb. 一ジャリーブは約一六〇〇平方メートル。

10——al-Shāfiʿī, Muḥammad b. Idrīs. 四法学派のうちのシャーフィイー派の祖。生没年七六七—八二〇。メディナではマーリク＝ブン＝アナス、イラクではシャイバーニー Abū ʿAbd Allāh al-Shaybānī のもとで法学を学び、晩年はエジプトに移住、そこで没した。ハディース（預言者ムハンマドの伝記）を重視するメディナの伝統と、イラクの論理的な学風とを総合しながら独自の学風を創設した。

11——Mālik b. Anas al-Aṣbaḥī. 四法学派のうちのマーリク派の祖。生年七〇八—七一六、没年七九六。メディナで生涯の大半を送り、預言者ムハンマドのハディースやメディナの慣習法を蒐集し、編纂した。

12——Muḥammad b. ʿAjlān.

13——al-Ashʿas b. Qays.

14——Ismāʿīl b. Abī Khālid.

厳罰でなく温情をかけるべし

イブン＝アルムナッジムとして知られるヒバトッラー[*1]が先祖から次のように伝え聞いて語ってくれた。

カリフ＝マームーン[*2]は、ムーサー＝ブン＝アビルファラジュ[*3]の婿でサワード出身の金満家のアムル＝ブン＝ナフヤウィー[*4]という徴税官を免職し、〔宰相〕ムハンマド＝ブン＝ヤズダード[*5]に、

「アムルの身柄を引き取って拷問にかけ、罰を与えて銀一〇〇〇万ディルハムの自筆の証文を書かせ、それをアムルから徴収せよ」

と命じた。アムルはムハンマドに引き渡されたが、ムハンマドはアムルを丁重に扱い、親切にして、召使いを付けて厚く遇するように命じた。そのうえ彼を屋敷内の立派な一室にひとりで住まわせ、身分にふさわしい調度品をしつらえ、小姓たちを置き、三日間は何も話しかけなかった。

そうこうするうち、カリフ＝マームーンがアムルのその後の様子を尋ねた。というのは、宰相がアムルを厚遇しているという噂が耳に入り、怒りを覚えたからである。そこで宰相にアムルのことを詰問したのであるが、宰相は、お金は請求していると答えた。

四日目になったとき、アムルが宰相ムハンマドに会いたいという申し出をしてきた。宰相はアムルのいる部屋に入っていった。

「やあ閣下、カリフが私のことで、閣下にどのようなことを命じられたかわかっております。神かけて、私はそんな大金を見たことはありませんし、その半額、いやその三分の一の金額すら目にしたことはありません。また私の財産だってそんなにありません。おそらくカリフは私の死を望んでおられ、そこで、このような手段をただ方便として使っておられるのでしょう。すでに閣下は私に対して大変親切にしてくださいました。そのことに感じて、私は閣下が閣下の主人に対して身を立てられますよう、努力を惜しむまいと決心いたしました。私は表向きにもまた内々にも、私がもっている全財産を盛り込んだ手形[*6]を書きました。これがそれです」

アムルはそう言って、宰相にその手形を渡した。しかも、

「ご覧のように、これにはしかじかの項目、しかじかの項目というように、計三〇〇〇万ディルハムが含まれております」

と言って、このことについては離婚と奴隷解放と聖なる誓いとにかけて[*7]、

「このあとは、もはや私には何も残っておりません。ただ

我が身を覆い隠す衣服一式があるのみです」

と誓いを立て、そのうえで語った。

「これが私のできる精一杯の努力です。もし閣下がこれを受け取り、この手形でカリフの満足が得られるか願ってみようとお考えになって、カリフがその通り満足されれば、アッラーは閣下を通じて私をお救いになり、閣下の手で死を免れさせ給うたことになりましょう。もしカリフが拒まれれば、カリフはかならずや私を敵手ファドル＝ブン＝マルワーン*8に引き渡されるでありましょう。それは私の死を意味します。しかしながら、私は決してその人物に一ディルハムたりとも与えることはございません。私は名誉よりも恥辱に甘んじる男ではありません。私は死に到りましょうが、カリフもまたびた一文私の財産に手を付けることはできますまい。それでも閣下が私にかけてくださった恩顧はそのまま残っております。もし私が生きておれば、私は閣下に感謝の報いをさせていただくつもりです。もし死ぬようなことになれば、アッラーが私に代わって閣下に報われるでありましょう」

と。宰相は手形を受け取って、カリフ―マームーンのところへ出かけた。

「アムル＝ブン＝ナフヤウィーの件はどうした」

「アムルは二〇〇万ディルハムを差し出しております。彼にはそれ以上の財産はございません」

これを聞くと、カリフはかっかと怒り、

「とんでもない。あれには名誉はないぞ。たとえ四〇〇万ディルハムであろうが、八〇〇万ディルハムであろうが」

と決めつけた。〔これを聞いた〕ファドル＝ブン＝マルワーンが宰相に、

「貴殿はアムルを優遇し、親切にし、礼儀で遇し、貴殿みずからも、また小姓たちも使って仕えたのではないのか、そんなことをすれば財産など差し出そうとする気などどうして起こりえようか」

と詰問した。そこで宰相はファドルに向かって言った。

「貴殿がアムルの身柄を引き取り、好きにすればよかろう」

カリフもそうしろと命じたので、ファドルはアムルを受け取り、痛めつけて一〇〇〇万ディルハムを要求し、拷問にかけ、打擲《ちょうちゃく》したが、アムルは少しもへこたれなかった。そこでファドルは要求額を五〇〇万ディルハムに引き下げたが、アムルは応じようともしなかった。さらに三〇〇万ディルハムでもよいと下げたが答えなかった。

ファドルはアムルに対する憎悪の火を燃え上がらせた。だが、アムルが拷問で死ねば、アムルへの金の要求が自分の身に降りかかるかもしれないと恐れて、今度はアムルを丁重に扱うことにし、甘言を用い、立派な服を与え、数日間くつろがせた。

「お前は宰相ムハンマドには二〇〇万ディルハム贈ったそうだが、それでよいから儂にもよこせ」

「私はそんな大金をもっておらぬし、また宰相ムハンマドにも贈っておりません」

ファドルはカリフ＝マームーンのところへ行き、アムルとの経緯について詳しく報告した。はじめはアムルを懲らしめ、金を全額要求したが、次にはそれを減額し、くつろがせ、丁重に遇して二〇〇万ディルハムで妥協することを申し出た。しかし、アムルは金をもってもいないし、そのような金をムハンマドに与えた覚えもないと抗弁した、などと。

宰相はその場に同席していたのであるが、カリフ＝マームーンはと見ると、もはや取るべき手段がなくなって、いまにもファドルにいらだちをぶつけようとしていた。そこで宰相はカリフに言った。

「おゝ信徒の指揮者よ、人間は推し量ることのできないものです。すべての人間が屈辱で転ぶとは限りません。私がアムルを厚遇したことについて、ファドルは私の考え方を間違いだと見なしましたが、屈辱を与えても無駄だとわかると、結局は同じように礼儀を尽くしました。もし最初の通りアムルを私にお任せくださっておれば、無理なく三〇〇万ディルハムを引き出すことができたでありましょう。これがアムルの裏書きしました三〇〇万ディルハム相当の手形です」

宰相はその手形を取り出し、カリフのまえに差し出した。

「もし私が、あのとき陛下が三〇〇万ディルハムをお受けになるだろうと知っていましたならば、そのお金を差し出したことでありましょう。ところが私は二〇〇万ディルハムを提示し、もしご満足いただけなければ、もう一〇〇万ディルハム増やすつもりでした。しかしながら、私の目論みははずれました。かならずやアムルは、自分の身に起こったことで、びた一文だって支払いはしないでありましょう。もし陛下が彼の死罪を合法だと思し召すならば、それは彼にとってやむを得ないことです。しかし、たとえ陛下が死罪はよくないと思し召されても、彼からなにがしかのお金を引き出す道はございません」

カリフ＝マームーンは恥じ入ってしばらく考え込んでいたが、やがて頭を上げて、

「神かけて、予の書記官たちのなかでも、また予のナバテア人[*9]の官吏たちのなかでも、予自身よりもこれほど寛大で正直で、仕事に忠実な者はおるだろうか。おゝムハンマドよ、アムル自身のこともアムルの負債のことも、汝に任せるぞ。アムルを受け取って好きなようにいたせ」

と宣した。宰相はファドル＝ブン＝マルワーンからアムルを引き取って釈放し、礼儀をもって屋敷まで送らせたのである。

（第一巻六八話）

この物語は私タヌーヒーが法官アブー＝ジャアファル＝イブン＝アルブフルール[*10]の写本で見つけた話に似ている。写本にはムハンマド＝ハシャミー[*11]が出所だとあった。

〔総督〕ハッジャージュ＝ブン＝ユースフ[*12]はムハンマド＝ブン＝アルムンタシル[*13]に、

「〔ペルシャ人の〕アーザードマルド＝ブン＝アルフィリンド[*14]を拘禁し、手をあやつの足のうえに置いて叩き、負債の金額を搾り取れ」

と命じた。ムハンマドは、

「一週間の猶予を頂ければ、寛大な手段で銀三〇万ディルハムを差し出させますが」

と申し出たが、ハッジャージュはこれに満足せず、拷問人マアッドに引き渡した。マアッドはアーザードマルドの手を叩き、体を殴り、足を叩いた。

ある日、ムハンマドが市場にいると、騾馬に跨《またが》ったアーザードマルドが通りかかり、「ムハンマドさん、近《ちこ》う近う」と呼び止めた。近づくとこう言ったのである。

「お前さんには儂《わし》が受けたと同じ仕事を委ねたい。お前さんは儂に親切にしてくれたので、お前さんには喜んで払うべきものを払おうと思うのだ。神かけて、力ずくでは決して儂から一ディルハムたりとも奪い取ることはできまい。儂は某のところに三万ディルハムを預けている。お前さんが儂にしてくれたことの報酬としてそれを受け取ってもらいたい」

「神かけて、あんな窮状にあったお前からは何も貰うわけにはいかぬ」

「儂はお前さんと信仰を同じくする者から聞いたのだが、お前さんたちの預言者が話されたという言葉を知っているかね」

「いや、知らない」

「お前さんと同じ信者たちが話すところによれば、預言者はこう言われたそうだ。『神が人々に善を施そうと望まれるときには、そのうちのもっとも善良な人々に善を委ねられ、しかるべき季節に雨を降らされる。しかるに人々を懲らしめようと望まれるときには、もっとも邪悪な人々に悪を委ねられ、季節でないときに雨を降らされる』と」

アーザードマルドはこう言うと、馬丁に馬を進めるよう命じた。一方、ムハンマドの方はしばしその場に立ち尽くしてしまった。そこへ、ハッジャージュの使いがやって来て、アーザードマルドの喚問について答えよとのことであった。ムハンマドが出かけると、ハッジャージュは怒りをあらわにして、刀を抜いて膝元まで垂らしていた。

「近う寄れ」

と命じたが、ムハンマドは、

「抜刀されたままでは、神かけて近寄れません」と断った。ハッジャージュは苦笑し、刀を鞘《さや》に収めた。

「あのゾロアスター教徒はお前に何かしゃべったか」

「神かけて、閣下が私を信頼される限りは、私は閣下を欺くことはありませんし、私を友人として遇していただける限りは、決して偽りは申しません」

このように誓いを立ててから、ムハンマドはアーザードマルドとの一件をハッジャージュに話しはじめた。ムハンマドがアーザードマルドは三万ディルハムを持っていると話そうとしたとき、ハッジャージュはそれを遮って言った。

「話さなくともよい。何しろ、この不信心者は称えある我らが預言者の伝承を知っていたのだからな」

（第一巻六九話）

1―― Abū l-ʻAbbās Hibat Allāh b. Muḥammad b. al-Munajjim. 第一巻一話註1参照。

2―― al-Maʼmūn. 在位八一三―八三三。第一巻一話註2参照。

3―― Mūsā b. Abī l-Faraj b. al-Ḍaḥḥāk.

4―― ʻAmr b. Nahyawī.

5―― Muḥammad b. Yazdād b. Suwayd. 祖父スワイドはゾロアスター教徒であったが、イスラムに改宗し、ホラサーンのメルヴの政庁に出入りするようになった。スワイドの子孫は立派な教育を受け、孫のムハンマドは学問を修め、何事にも優れた人物になったので、マームーンは彼を宰相に任命し、すべての政務を任せ、八三三年、マームーンが没したときには宰相の任にあった。彼は詩人でもあった。

6―― 原語 tadhkira.

7―― イスラム教徒が誓言を立てるときによく使う言葉で、違約すれば離婚や奴隷解放を実行しなければならない。

8―― al-Faḍl b. Marwān. カリフ＝ムウタセム（在位八三三―八四二）の皇太子時代に書記を務め、カリフになると宰相に抜擢された。もっとも田舎の出で、知識に乏しく、ただムウタセムの強力な後ろ盾を得ただけなので、人々は彼の地位を羨んだ。

9―― 原語 nabaṭī. ヨルダンのペトラで著名な古代ナバテア王国のナバテア人とは別系統で、初期のアラブ史家はこれを「シリアのナバテア」とするが、ここは「イラクのナバテア人」のこと。アラブ人がイラクを征服したときに住んでいたアラム語を話す人々で、かつてのアッシリア人、バビロニア人、カルデア人をナバテア人と称した。概して農民で、なかにはキリスト教を信仰する者もいた。なお、ナバテアはギリシャ語読みからナバタイと呼ばれることもある。

10―― Abū Jaʻfar b. al-Buhlūl. 第一巻一六話註2参照。

11―― Abū Bakr Muḥammad b. Aḥmad b. ʻImrān al-Ḥashamī.

12―― al-Ḥajjāj b. Yūsuf. ウマイヤ朝の軍人で政治家。イブン＝アッズバイルによる第二次内乱中、カリフ＝アブドルマリクに登用され、内乱を鎮圧、やがてイラク総督に任命された。強圧的な統治を行なったが、イラクの農業開発に功績があった。

13―― Muḥammad b. al-Muntashir.

14―― Āzādmard b. al-Firind.

宮仕えはつらきもの

ブワイフ朝の太守ムイッズ＝アッダウラは、[*1] シャンマスィーヤ門[*2]のところに宮殿とその一角に接する厩舎とを建設した。これらはいまだかつてないほど美しいものであった。また太守は、宮殿とティグリス川沿いの、元のサーイド＝ブン＝マフラド邸[*3]に接する庭園とのあいだに競馬場も設けた――なお、この邸宅はのちイブン＝シールザード[*4]の邸宅となり、ついでアブー＝ジャアファル＝サイマリー[*5]が庭園に変えてしまったのであるが、現在はすべてがムイッズ＝アッダウラの宮殿に取り込まれてしまっている。

ムイッズ＝アッダウラはこの宮殿を建設しようとしたとき、まず宮殿と競馬場を取り巻く城壁を築くとともに、シャンマスィーヤの遊水池の端から競馬場の一角に延びる巨大な堤防を建設することからはじめた。その堤防の長さは一五〇〇腕尺[*6]あり、奥行は約七〇腕尺あって、強度を保つために内部に挿入されている支柱以外は大きな焼煉瓦でできていた。この建設工事は継続して行なわれ、職人たちはそれぞれ手分けして仕事を行なった。

先にムイッズ＝アッダウラは、自分自身のための新都市建設の構想をもっていた。まずその候補地としてカルワーザーへ出かけ、その向かい側に決めようと考えた。ついでクトゥラッブルへ出かけ、そこに建てようとした。しかし、結局はシャンマスィーヤ門のところに宮殿を建てることで考えが固まったのであった。その方が都市を建設しなくとも防備を強固にすることができるし、経費も安価に済ますことができるからであった。

建設費として銀幾百万ディルハムが見積られたが、実際の経費は見積額の何倍にも達した。ムイッズ＝アッダウラは宰相ムハッラビー[*7]にこの建設の経費を工面するよう求めた。ところが、国家の歳入は歳出を下回っており、宰相は苦難に直面することになった。しかし、それでもムイッズ＝アッダウラは敢えてこの宮殿の建設を宰相とその書記官たちに強いた。宰相らはやむをえず建設事業に取りかかったのであるが、ムイッズ＝アッダウラのある廷臣が、城壁の建設の費用を安くあげて残りを横領するために、彼らが手抜き工事をしていると告発した。

その廷臣はムイッズ＝アッダウラに問題の場所を指摘した。そこは確かに煉瓦の列が職人たちによってきちんと積まれていなかった。廷臣が馬上のムイッズ＝アッダウラのまえで城壁のうえを歩くと、一つの煉瓦がずり落ちた。この人の心根はやさしいのであるが、非常に激しやすい性格の持ち主であった。ただ、いったん怒りを爆発させ、その激情が去ってしまうと、自分の行なった行為を後悔するのであった。もっとも、誰かがこの人の怒りに耐えねばならなかった。

ムイッズ＝アッダウラはムハッラビーを召し出し、目撃したことを問い糺《ただ》した。宰相は弁解をはじめた。ムイッズ＝アッダウラは怒り、宰相を地面に投げ倒して鞭打つよう命じた。宰相は幾度となく鞭打たれた。それでもおさまらず、ムイッズ＝アッダウラは「こやつを縛り首にしろ」と叫んだ。宰相の首に縄が掛けられ、城壁のうえの馬丁たちが縄を摑んでうえに引き上げ、架上に首を吊ろうとした。

事件の知らせが指揮官たちやトルコ人〔将校〕たち、廷臣たちのもとに届き、急ぎ来てムイッズ＝アッダウラのまえの大地に口づけし、宰相を赦すよう嘆願した。そこでムイッズ＝アッダウラは宰相を降ろし、釈放した。

宰相は死人同様の姿で官邸に赴いたが、この事態そのものについてはきわめて何でもないような風を装った。それは、ライバルたちが自分の不幸を喜び、更迭を願っていて、もし自分の様子が明るみに出れば、宰相は半身不随になったとデマを飛ばされるのではないか、と恐れたからであり、さらにこの事件で宰相が憎悪していると主人ムイッズ＝アッダウラが耳にすれば、主人が宰相に嫌悪の念を抱くであろうと心配したためであった。

いつもの習慣では、その夜も酒を飲み、歌手を呼ぶ予定であったので、宰相は起こった事態に少しも動揺していないことを示すために、飲み仲間を集めることにした。宰相が帰宅したときにはほとんど晩になっていたが、食事に誘い、飲み仲間たちと食事を共にした。宰相は激しい苦痛のため余力はなかったが、それでも耐えて語りあった。そして酒をもってくるよう命じた。

「おゝ宰相閣下、お休みになって、体を横たえられた方が酒を飲むよりいいのではありませんか。今はそんなときではないと思いますが」

客人たちはそう言って押し止めたが、宰相は身に起こったことについての彼らの心配をなだめ、安心をさせ、

信徒の長のなさることはまるで運命のようなもの
運命のなされることには　不名誉などありはせぬ

と、詩まで吟じたほどであった。

それからまだ宰相は何杯か飲んで立ち上がったのであるが、この話を私タヌーヒーに語ってくれたのは、実際にその場に居合わせた宰相ムハッラビーの飲み仲間の一人であった。

（第一巻七〇話）

1——Mu'izz al-Dawla, Abū l-Ḥusayn Aḥmad b. Buwayh. 第一巻一話註5参照。

2——Bāb al-Shammāsiya. バグダード市の北端にあった城門。

3——Ṣā'id b. Makhlad. 第一巻一話註8参照。

4——Abū Ja'far Muḥammad b. Yaḥyā b. Shīrzād. ムクタディルの母方の伯父の子ハールーン＝ブン＝ガリーブ Hārūn b. Gharīb の書記官を振り出しに、イブン＝ラーイク Ibn Rā'iq、バジュカム Bajkam、トゥズン Tūzūn ら、次々と大総督に仕えて一〇世紀半ばの混乱の時代を生きた人物。第二巻二六話註7参照。

5——Abū Ja'far al-Ṣaymarī. 第一巻四七話註2参照。

6——原語 dhirā'. 肘から中指の先までの長さ。さまざまな腕尺があったが、八六一年カイロのローダ島のニロメーターの腕尺は、計測すると五四・〇四センチメートルある。アッバース朝時代のバグダードでは四八—五〇センチメートルほどであった。

7——Abū Muḥammad al-Muhallabī. 第一巻一話註4参照。

怒りの拳の落としどころ

ブワイフ朝の太守ムイッズ＝アッダウラは、よくかっとなって死刑を命じることがあったが、いざそれが実行されると不機嫌になり、赦免を願い出る者があると、それを喜ぶという癖があった。このようなことはムイッズ＝アッダウラの家臣でもたびたび起こったが、知られているところでは、そのような赦免の願い出の先例になったのは、ムイッズ＝アッダウラがまだアフワーズにいたころ、ある男の罪過を見つけたときに起こった事件であった。

その男とは、アフワーズのイブン＝カルダム[*1]として知られる造幣業者[*2]であった。この男はムイッズ＝アッダウラからアフワーズ市の造幣局[*3]の仕事を請け負ったとき、粗悪な金貨を鋳造した。むろんムイッズ＝アッダウラはそのことを知らなかった。太守が乗用馬を買うためにその金貨をバスラへもたせてやったところ、当時バスラはバリード家[*4]が支配していたのであるが、彼らはその金貨があまりにも粗悪なので受け取らずに返した。

この取引に派遣された調教師が帰ってきて事の次第をムイッズ＝アッダウラに知らせると、彼はかっと怒って、このイブン＝カルダムを呼び出して詰問した。そのあげく、怒りはますますつのって、ついにその男をアフワーズにあるヒンドゥワーン橋のうえで絞首刑にするよう命じた。

イブン＝カルダムはムイッズ＝アッダウラの目のまえを引きずられて、絞首され、死んだ。ムイッズ＝アッダウラの命令を執行した者が帰ってきて、まえにまかり出た。

「あの男はどうした」

「絞首され死にました」

この報告を聞くと、ムイッズ＝アッダウラは我を忘れんばかりに怒ってその者をののしり、その場に居合わせた人たちにも当たり散らしたあげく、

「お前たちのなかには、あれを殺さないよう余に願い出る者もいないのか」

と言って泣き出す始末であった。内心では死罪を免じようとしていたのである。

「閣下の命令に従わなければと恐れるだけで、少しも気付きませんでした」

と側近たちは詫びた。

このことがあってのち、ムイッズ＝アッダウラが死刑を命じることがあると、人々は繰り返しその人物の赦免を求め、それで赦しを与えるという慣例ができ上がったのである。

（第一巻七一話）

1——Ibn Kardam Ahwāzī.
2——原語 ḍarrāb.
3——原語 dār al-ḍarb.
4——al-Barīdīyūn. 第一巻四話註7参照。

臣下は君主の激情をなだめるもの

イブン＝カンナーシュ[*1]は私タヌーヒーに次のように語ってくれた。

ある日、〔ハムダーン朝君主〕サイフ＝アッダウラ[*2]の宮廷で廷臣たちにまじって座談の会に列席していたところ、ある男が太守に紹介され、話をはじめた。ところが、太守はその男を死刑にするよう命じ、男はすぐさま殺されてしまった。すると太守は我々の方に振り向き、

「こんな礼儀知らずがあろうか。親しい者たちが集まる余の宮廷がこんな恥知らずな交わりの場であるとは。これでは、まるで貴君らが世間知らずで、諸王の物語を聞かず、世の中の処し方にうとく、宗教とか男らしさとかの教訓を学んでもいないと証明したようなものだ」

と、なじった。我々は、誰かが太守のお叱りを受けても仕方のないようなことをしでかし、太守の知るところとなったのではないかと考えた。

「どんな嗜《たしな》みも我らが閣下――いつもこのように呼びかけていたのであるが――から学んでおります。我らは非難に値するようなことをなすすべを存じません。もし閣下が我らに訓戒を与えようと思し召すならば、そのようにお願いいたします」

「貴君らは余が申すことがわからぬか。余は、死刑にする必要もない一人のイスラム教徒を殺すよう命じてしまった。それは、一つには激情が、また一つには彼の件に関する厳しいこの世の政治的判断が余をそのように仕向けたのであるが、しかし、それはあくまで貴君らのなかに正義感のある人間がいて、余に恩赦を求め、余が赦せば、その男にも他の人たちにも威厳が保てたものを。ところが貴君らが差し控えたものだから、余にその男の血を流させ、その男を無益に死なせてしまった」

太守がそう言ったので、我々は弁解した。

「敢えて申し上げる勇気がございませんでした」

「ひとりの男の生死にかかわることでもできないというのか。言い訳にはならないぞ」

「もう再び同じことはいたしません」

我々はこうして太守の気持ちがおさまるまで謝り続けたのであった。

（第一巻七二話）

1――Ṭalḥa b. ʻUbayd Allāh b. Qannāsh. 第一巻四〇話参照。

2――Sayf al-Dawla. 第一巻四四話註1参照。

叛乱者には極刑の報いあり

執政ムワッファク[*1]とその子カリフ‐ムウタディド[*2]の治世中、バドル＝ラーニー[*3]の書記をしていたアブー＝バクル＝アズラク[*4]は、息子アフマド[*5]に次のように語ったという。

儂《わし》ことユースフは、よく主人のバドルと一緒に宮殿に出入りしたり、あるいは宮殿にいるバドルを訪ねたりしていたが、〔あるときカリフ‐マームーンの宰相〕ハサン＝ブン＝サフルの子のムハンマド、通称シャイラマがカリフ‐ムウタディド[*6]によって串刺しの火刑に処せられたのを見た。ユースフが主人のバドルに、「どうしてこんな刑に処せられたのか。その理由は何だったのか」と尋ねると、バドルは次のように答えた。

〔バグダードの〕マンスール円城市に住むカリフ‐ワースィク[*7]の子孫の一人が、カリフ位を請求する行動を起こし、シャイラマを宰相に任命した。そこでシャイラマはその僭称者のために、〔預言者の家系の〕ハーシム家や法官、指揮官や軍人、バグダードの若衆組[*8]や徒党の人々[*9]など、首都の大半の人々から忠誠の誓いを得た。その結果、シャイラマの力は強まり、その噂が広まった。あげくにシャイラマは、バグダードに姿を現わして立てこもり、防備を固め、カリフ‐ムウタディドを捕えたあかつきには、自分がカリフの宮殿におさまろうとさえ考え出した。

カリフ‐ムウタディドはこの情報の一部始終を摑んだが、カリフ位僭称者の名前だけはわからなかった。カリフはシャイラマの屋敷を急襲させ、逮捕するとともに、屋敷から僭称者に忠誠の誓いを立てた人々の名簿を発見した。このことがハーシム家の人たちの耳に達し、彼らは逃亡した。

ムウタディドは、公衆の面前でその名簿を燃やすよう命じた。それは軍人たちに、カリフがその名簿の内容を知っていると思わせないためで、カリフが軍人たちに疑念を抱いていないとわかれば、軍人たちのカリフに対する疑心も起こらないだろうと考えたからであった。

カリフはクーデター計画についてシャイラマに尋問をはじめ、シャイラマはそのあらましをすべて白状した。だが、カリフ位僭称者の名前だけは言わなかった。カリフは白状させるために、シャイラマを丁重に扱ってもみたが、シャイラマは拒んだ。両者のあいだに長いやり取りが続き、カリフは嚇《おど》しをかけた。これに対してシャイラマは、

「神かけて、たとえ陛下が私を串刺しの火刑に処せられましょうとも、私は陛下にその人の名前は申しますまい」

と答えるのみであった。ムウタディドは従者たちに、

「長くて重いテントのポールをもって来い」

と言って、それにシャイラマをしっかりと縛りつけるよう命じた。そして大量の石炭をもって来させ、それをカリフのまえの大煉瓦のうえに広げさせた。従者たちはそれに火を付け、シャイラマを火のうえでぐるぐると廻しはじめた。シャイラマはポールにしっかりとくくり付けられていたために、息絶え、あぶり焼かれてしまった。儂ユースフがシャイラマを見たのは、埋葬のためにちょうど引き出されていくところだったのである。

このあと、カリフ＝ムウタディドは円城市を取り壊すよう命じた。その取り壊しが始まったところへ、ハーシム家の人々がカリフのところにやって来て、

「おゝ信徒の指揮者よ、あの円城は我らが栄光であり、記憶すべきものであり、我らが記念碑であります」

と進言したので、取り壊しが中止された。しかし、カリフは城壁の保存の責任を負っていた管理者たちを免職し、そのうえ人々が城壁に近寄ることを認め、放置させて、城壁の一部を自由にもち出すことを許したのである。

数年が経つと、人々は少しずつではあるがその大部分を取り壊し、城壁に隣接している家々を広げ、城壁のある場所にくっつけてしまった。そしてとうとう、住宅の広がる地域になってしまったのである。それで、カリフ＝ムクタディル[*10]の宰相は、この場所を占有している建物のすべてに、その地積に応じた借地料[*11]を課し、それは莫大な収益となった。

こうしてマンスールの円城市の荒廃は年々少しずつ進行し、ついには現在見られるような姿になってしまったのである。

（第一巻七三話）

不思議な話のなかに、人の意志の強さを語った次のようなものがある。〔叛乱を起こした〕ホッラム教のバーバク[*12]とその仲間マーズィヤール[*13]がカリフ＝ムウタセム[*14]のもとに連行されて来たとき、マーズィヤールはバーバクに叫んだ。

「やあバーバクよ、お前はいまだかつて誰も為しえなかったことを行なった。今度は、誰もが為しえなかったような責め苦に堪えてやれ」

と。するとバーバクは、

「俺の忍耐強さをお目にかけてやろうぞ」

と、応じた。二人がカリフ＝ムウタセムの面前に引き出されるや、カリフは自分の目のまえで手足を切断するよう命じ、バーバクから始められた。バーバクの右手が切断され、血が流れ出ると、バーバクはその血で自分の顔全体を撫でまわし、ついには顔の作りも表情もまったくわからなくなってしまった。カリフは、なぜそんなことをするのか尋ねてみよ、と命じた。カリフの言葉を聞いたバーバクは、

「カリフに言え。貴様は俺の四肢を切断するよう命じたが、狙いは殺すことだ。貴様は切断箇所を焼灼《しょうしゃく》するつもりはなく、血が流れるにまかせ、ついには俺の首を刎ねるだろう。血が流れ出て顔面が蒼白になったことがわかると、それを見た奴らが、俺が死ぬのを怖がっている、蒼白になっているのはそのためで、血が出てしまったためでない、と勝手に思いやがるのが俺は嫌なのだ。それで、俺は顔を血で撫でて覆ったのさ。そうすりゃ青白くなってもわかるまいて」

　バーバクの返事が伝えられると、カリフ＝ムウタセムは、

「もしあれの犯した罪が赦されないものでなかったならば、勇気に免じて命を助けてやるのだが」

と惜しみ、引き続き死刑の執行を命じた。そこで四肢が切断され、首が刎ねられた。それから四肢や首などすべてはバーバクの体のうえに置かれ、そこに石油が注がれて火がかけられた。同じような刑の執行はマーズィヤールについても行なわれたが、二人とも叫び声もうめき声も上げなかった。

（第一巻七四話）

1――al-Muwaffaq, Abū Aḥmad. カリフ＝ムタワッキル（在位八四七―八六一）の子タルハ Ṭalḥa、すなわちカリフ＝ムウタミド（在位八七〇―八九二）の弟で、帝国の事実上の執権者。まだ少年期の八六一年、父ムタワッキルがトルコ奴隷軍団に暗殺されたのを経験、五年後、サーマッラーにいる後継カリフで兄のムウタッズから、バグダードを本拠とする従兄弟のムスタイーンと戦うための指揮官に任命され、それ以来トルコ軍団との関係を強めた。カリフが軍団の権力の掣肘を図ったことから、メッカに追放されていたが、カリフ＝ムフタディー（在位八六九―八七〇）の死去に伴い帰還、トルコ傭兵の将軍ムーサー＝ブン＝ブガー Mūsā b. Bughā の支持を得て、イラクとアラビアの総督となり、ムウタミドは名目上のカリフとなった。八七六年、ムワッファクはイランで半ば独立していたサッファール朝軍を撃破したあと、南イラクで叛乱を続けていたザンジュ（黒人奴隷）を八七九年までに鎮圧、エジプト・シリアで独立するトゥールーン朝の再征服に取り掛かったが、病を得て八九一年に没した。

2――al-Muʿtaḍid. 在位八九二―九〇二。第一巻三一話註4参照。

3――Badr al-Lānī.

4――Abū Bakr al-Azraq, Yūsuf b. Yaʿqūb. 第一巻一四話註1参照。

5――Abū l-Ḥasan Aḥmad b. Yūsuf al-Azraq. 第一巻一四話註2参照。

6――Muḥammad b. al-Ḥasan b. Sahl, 通称 Shaylama. 父親も伯父ファドル al-Faḍl b. Sahl もカリフ＝マームーンの宰相であったが、シャイラマは最初ザンジュの乱の首謀者と接触をもったあと、バグダードに移って身柄の安全を得た。ところが転向して叛乱に加担し、火刑に処せられた。『ザンジュの乱史』*Kitāb Akhbār ṣāḥib al-Zanj* など著述を残した。

7――al-Wāthiq, Hārūn b. Muḥammad al-Muʿtaṣim. アッバース朝第九代カリフ。在位八四二―八四七。ムウタセムが没すると、直ちに後継カリフとして宣言されたが、ダマスクスやアラビア半島で起こった叛乱の鎮圧軍の派遣に、さらにはコンスタンチノー

プルへの遠征に勢力を割かねばならなかった。八四七年に没したときには三二歳かそこらだったという。

8——原語 ahl Baghdād al-aḥdāth.

9——原語 ahl al-ʻaṣabīya. 第一巻三七話註9参照。

10——al-Muqtadir. 在位九〇八―九三二。第一巻七話註2参照。

11——原語 ujrat al-ʻarṣa.

12——Bābak al-Khurramī. Bābak はペルシャ語名 Pāpak が訛ったもの。八一六／一七年、イラン北部の山岳地でペルシャ王朝の復興とゾロアスター教への回帰を目指して叛乱を起こし、アッバース朝軍隊を敗走させるなど、二〇年にわたって勢力を張ったが、八三七年、カリフ=ムウタセムの派遣した軍隊によってバッズの根城が陥落し、バーバクは首都のサーマッラーに護送され、極刑に処せられた。

13——al-Māziyār〔b. Qārin〕. バーバクにはアブドッラー ʻAbd Allāh という弟がいたことが知られている。マーズィヤールはタバリスターンを支配していた地方君主で、八三九年にカリフ=ムウタセムに叛乱を起こした。アゼルバイジャンのバーバクと連携した可能性は否定できないが、バーバクの腹心ではない。ただムウタセムの将軍に捕えられ、死に至る打擲のすえに、遺体はバーバクの隣に埋められたという。

14——al-Muʻtaṣim, Abū Isḥāq. アッバース朝第八代カリフ。在位八三三―八四二。カリフ=ラシード(在位七八六―八〇九)の子ムハンマド Muḥammad、兄マームーンの治世中から統治の才を認められ、即位後はジバール(メディア)のホッラム教徒の叛乱、ホラサーンのシーア派の叛乱、南イラクのズット族の叛乱と次々と起こった叛乱の鎮圧に多忙をきわめ、異教徒に対する偉大な討伐者としての名声を得た。この間、ムウタセムは軍制改革に努め、軍隊の主流をバグダードに居住するアッバース朝革命以来のアラブの功臣の子孫やホラサーン出身のアラブ人から、軍事訓練を受けたトルコ人や北アフリカ出身の奴隷兵に置き換え、バグダードの北方のサーマッラーに新軍隊のための基地を設けた。ここはやがて都市となり、およそ六〇年にわたる首都となった。ムウタセムに宗教的に大きな影響を与えたのは大法官のイブン=アビー=ドゥアード Aḥmad b. Abī Duʼād で、マームーンが公認したムウタズィラ派神学による政策を推進し、反対派の法学者や神学者を宗教裁判(ミフナ)にかけ、四法学のうちのハンバル派の祖イブン=ハンバルらが犠牲となった。

我慢はどこまでできるか

語られるところでは、当時、徒党の仲間[*1]の二人の領袖であったアーフィヤ＝バーキッラーニー[*2]とハーリド＝ハッザー[*3]が熱せられた鉄の扉のうえを歩くという誓いを立て、それを実行することになった。二人が扉のうえに立ったとき、一方が腰巻のひもを緩め、手で相手方を叩き摑んで、訛《なま》りのあるアラビア語で、「腰巻を着け直すから待ってくれ」と言って、腰巻をしっかりと結ぶまで先に行かせなかった。その間、二人は熱せられた扉のうえに立っていた。やっと歩き終えて、扉のうえから出た。

こうして立てた誓いは守られたのであるが、もし鉄の扉にトリックが仕掛けられておらず、自然の法則通りだとすると、これは火に掛けられた鍋の底のようなもので、人間は一瞬だけなら掌でそれを摑むことができる。なぜなら、昇っていた蒸気が一瞬底にまで下ってなくなるまえに横に置けるからである。

私タヌーヒーはかつてバスラで、アブルアガッル[*4]が同様のことをしたのを目撃したが、その方法については忘れてしまった。

また複数の人が語ってくれたのだが、炉に入れられ、白くなるまで熱せられた鉄片を一人の人間が取り出し、まだ熱いうちに二回も三回もなめたが、舌は火傷《やけど》しなかったという。

私はかつてイブン＝アフマド＝タヌーヒー[*5]が一ラトルもある火の点いた蠟燭を何度も口のなかに入れ、歯で噛み、唇を開けて見せたが、蠟燭は火が点いたままであった。消えないわけを尋ねると、さっと機敏にやれば唇を焼くことはなく、口のなかに入れても、火傷をしない。体内の熱が上がって、蠟燭の熱に打ち勝ち、体を傷めることはないのだと言うのであった。

（第一巻七五話）

1――原語 aṣḥāb al-ʻaṣabīya.
2――ʻĀfiya al-Bāqillānī.
3――Khālid al-Hadhdhāʼ.
4――Abū l-Agharr b. Shihāb al-Taymī.
5――Abū l-Ḥasan ʻAlī b. Muḥammad b. Aḥmad al-Tanūkhī.

一風変わった極刑

カリフ＝ムウタディド[*1]が行なった変わった懲罰として、〔宰相だった〕イスマイール＝ブン＝ブルブル[*2]を死刑にしたときの方法がある。

宮廷の事情に詳しかった一団の人々から私タヌーヒーの父が聞いたところによると、ムウタディドは鉛白《えんぱく》で満たされた大きな甕を用意させ、そこにイスマイールを生きたまま漬けたあと、水を注いで泥状にするように命じた。イスマイールはたちまち首から胸まで甕のなかに浸され、鉛白が固まるまで抑え込まれた。あげく、体内の気は放屁となって出ていき、やがて息絶えたのである。

（第一巻七六話）

また父が話してくれたところによると、カリフ＝ムウタディドはある男の口・両目・両耳・鼻孔・男根・肛門など、あらゆる穴を綿でしっかりと塞ぐよう命じ、後ろ手に縛って放置させた。すると男は膨れはじめ、やがて頭蓋骨が浮き上がり、死んでしまったという。

（第一巻七七話）

1 —— al-Muʻtaḍid. 第一巻三一話註4参照。

2 —— Ismāʻīl b. Bulbul. 第一巻一四話註4参照。

叛乱者の望んだままの極刑を

バドル＝ラーニー[1]の書記をしていたアブー＝バクル＝アズラクは、息子アフマド[2]に次のように語ったという。

儂《わし》は主人バドル＝ラーニーとともに〔執政〕ムワッファクの軍営にいた。ムワッファクは〔黒人奴隷の叛乱軍〕ザンジュの首領[3]と戦闘の最中であった。

ザンジュの叛乱軍の一人、キルタースと呼ばれる射手がムワッファクめがけて矢を放ち、それがムワッファクの胸に当たった。キルタースは叫んだ。

「俺から〔弓を〕取ってみろ。俺はキルタースだ」

この言葉は今に至るまで射手たちの手本となっているのだが、いずれにしてもムワッファクは重傷を負って倒れ、そのまま運ばれて矢が引き抜かれたが、腐ってもろくなっていた矢であったために、矢尻が胸内に残ってしまった。そのため傷口は膿《う》んで膨れ上がり、化膿が進みムワッファクは瀕死の状態となった。このことを聞き知った叛乱軍の兵士たちは、ムワッファクはすでに死んだものとして、毎日戦場で我々に向かい、

「あいつを塩漬けにして、ずっと置いておいたらどうだ」

と叫んだ。医者たちは、患部を切開すべしということで意見の一致をみたが、ムワッファクは手術を許さなかった。医者たちは〔皇太子の〕ムウタディド[4]に進言した。

「もし切開しなければ、膿が内部に入り込み、死に至ります」

「陛下を欺いてでも手術をしろ。余がお前たちを守ってやる」

医者のひとりが右手親指の爪を長くし、その裏に外科用の小さなメスを付け、ムワッファクに近づいた。

「おゝ閣下、私に患部を診察させてください。どうなっているか調べてみたいのです」

「お前は切るのではないか」

「どうして切開できましょうや。手にメスを持っておりません」

医者がそう言って手を見せたので、ムワッファクは近寄ることを許した。医者は患部を調べ、その端から端までをメスで急いで切り裂いた。すると矢尻が落ちて、大量の固まりや膿がどっと流れ出た。油断の隙に手術されたことに驚いたムワッファクは、医者に拳骨を食らわし、医者はその場にひっくり返った。

ムワッファクは患部から化膿したものが出たことで、安堵を感じ、元気を回復した。そこでその医者を赦し、栄誉服を

与え、全快するまで治療させた。

一方、〔皇太子〕アブルアッバース〔ムウタディド〕は、キルタースを探し出そうと心に決めた。戦場でキルタースを見つけるや、彼を捕えるためにみずから突進した。キルタースもまたムウタディドと激しく闘い、訛《なま》りのある言葉で、

「やあ、ブルッバース――アブルアッバースのことだが――もし俺がお前の手に落ちることがあれば、俺の体から弓の弦を切り取ってみろ」

と叫ぶほどであった。

ムウタディドはキルタースの捕縛に情熱を傾け、とうとう捕虜にした。キルタースはすでに満身に傷を負っていた。ムウタディドがムワッファクのところにキルタースを連れて行くと、ムワッファクは首を刎ねるよう命じた。そのときムウタディドは頼んだ。

「私にこやつを殺させてください。好きなようにやってみたいのです」と。

「お前にはもっともその資格がある。そやつを受け取るがよい」

そのように、父の許しを得たムウタディドは、キルタースの身柄を受け取ると、キルタースの五本の指から〔もう一方の手の指までを〕弦に切り取ったのであった。どうやって切り取ったのかというと、まず爪を引き抜き、右手の指の皮をその端から手の甲を経て肩にかけて剝ぎ、さらに背骨のところを横切って、肩から左手の指まで剝ぎ取った。人間の皮というのは丈夫なもので、それが全部済むと、ムウタディドはこれを撚り合わせて弦にするよう命じた。弦ができると、キルタースはそれで磔《はりつけ》にされたのである。　**（第一巻七八話）**

1 ―― Badr al-Lānī. 第一巻七三話参照。
2 ―― Abū l-Ḥasan Aḥmad b. Yūsuf b. Yaʻqūb al-Azraq al-Tanūkhī. 第一巻一四話註2参照。
3 ―― Ṣāḥib al-Zanj. 八六九年から八八三年にかけて、サワード（南イラク）で黒人農業奴隷を主とする叛乱が起こった。サワード地方を農業開発するには排水と灌漑、地表の塩分除去が必要で、ササン朝時代から東アフリカのザンジュやスーダン人が劣悪な条件で農業奴隷として使役され、それはイスラム時代になってからも続けられ、すでに二度ばかり叛乱が起こっていた。九世紀後半の叛乱を指導したのは第四代のカリフ＝アリーの子孫を自称するアラブ人アリー＝ブン＝ムハンマド ʻAlī b. Muḥammad で、イランのライ近郊ワルザニーン Warzanīn 村に生まれ、バフラインで頭角を現わし、農業奴隷を結集してバスラを陥れ、イラク南部の大半を統治し、バスラ近くにムフターラという城郭都市を築いてそこを首都とし、独自の貨幣を発行するなど、アッバース朝の権威を脅かした。当時のアッバース朝は軍閥が跋扈し、無政府状態に近かったが、カリフ＝ムウタミドの弟ムワッファクが実権を掌握して、反撃に転じ、叛乱を鎮圧した。八八三年、バグダードでさらし首になった。

4――al-Mu'tadid. 在位八九二―九〇二。第一巻三一話註4参照。

悪知恵を働かせる憎めない泥棒たち

我々の時代に起こった泥棒のとても変わった計略の話として、靴屋のウバイドッラーが語ったものがある。

ウバイドッラーが目撃したところによると、ひとりの泥棒が逮捕され、家々の錠前をこじ開けたと告発されていた。その泥棒の手口はこうであった。独り者が住んでいそうな、こじんまりした家を選び、なかに忍び込むと、ちょうどさいころ遊びで使うような小さな穴を掘り、そこにいくつかの胡桃を投げ入れる。それは、あたかも誰かと賭け事をしているかのように見せるためで、ついで二〇〇個の胡桃が入った小さな包みを取り出し、その傍らに置く。それからあちこちを物色して、持ち運びできると思われるものすべてを包む。

もし誰も気が付かなければ、そのまま家を出て、すべて運び去ってしまう。もし家人がやって来れば、家財類の包みを捨てて必死に逃げ出す。ところが、もし家人が強い人で、泥棒に飛びかかって抵抗し、いまにも取り押さえようと、〈泥棒！〉と叫んだりして近所の人たちが集まって来ると、泥棒は家人に近付いてふっかけるのである。

「俺はお前に何も迷惑を掛けちゃいねえじゃねえか。俺はここ何カ月もお前と胡桃で賭け事をして、俺はお前のお蔭で貧乏になっちまった。お前は俺から俺のもっているものを全部取り上げ、俺を破産させちまった。だが俺は〈泥棒〉と叫んだことも、近所の人のまえでお前に恥をかかせることもしなかった。それなのに、いまお前はお前の家財で俺と賭けをして、俺に〈泥棒〉と叫ぶのか。やあ、さもしい奴め、冷血漢！俺とお前とのあいだには俺たちだけが知っている賭博場がある。そこ、ここにいる人たちに、俺が『いかさまをしたんだ』と言え。そうすりゃあ、お前の家財を置いていってやらあ」と。

こうなると、家人が「こいつは泥棒なんだ」といくら言っても、近所の人たちは、

「賭け事がばれてしまうのを恐れて、それで泥棒と叫んだんだな」

と言って、その家人が賭博師で、この男が本当のことを話しているのだと疑わず、ふたりのあいだをあれこれ執り成そうとする。そこで、その泥棒は胡桃を取って立ち去るという寸法である。一方、家人は近所の人たちに対し、面目を失ってしまうのである。

（第一巻七九話）

靴屋のウバイドッラーは、自分が目撃した別の泥棒の話も語ってくれた。

その泥棒の手口は、人の住んでいる家に昼間に忍び込み、男たちが外出中の、家に残っている女を利用したものであった。泥棒は、侵入がうまく行くと何かを盗んで立ち去るのであるが、もし気付かれて家の主人がやって来ると、自分は奥さんの友達だ、自分はある指揮官の小姓だ、と欺き、

「このことは自分の上官には黙っていてほしい。その方が自分ばかりでなく、お前のためでもあるんだ」

と巧みに言う。軍服は着ているし、自分が蒙る恥辱を考えれば、姦通のことを当局に訴えるわけにはいかないと、その家の主人に思い込ませてしまうのである。

もし主人が〈泥棒だ〉と声を出せば、泥棒はこの作り話を叫ぶ。すると集まって来た近所の人たちは、その家の主人が自分の内緒事を隠すために泥棒と言ったのだと思うし、泥棒でないと否認すれば、隣人たちは、

「それは主人が女房を愛しているからだ」

と言って、泥棒を主人の手から釈放する。あげくには、泥棒を無理にでも立ち去らせようとさえする。

もし女の人が否定し、泣きながら誓いを立てて、「この男は泥棒です」と言えば、それはかえって近所の人たちに、泥棒を早く行かせようと思わせることになる。こうして泥棒は逃れ、主人は諦めて妻と離婚し、子供たちの母親と別れることになる。

この泥棒はこうして何軒かの家庭を破滅させ、貧窮に落としめていたのであるが、とうとう年貢の納めどきが来てしまった。というのは、ある一軒の家に押し入ったが、そこには九〇歳以上にもなる老婆がいて、そのことを知らなかったのである。家の主人に捕えられたとき、これまで同様作り話をはじめたが、主人は、

「この悪党め。この家には九〇歳にもなる儂《わし》のおっ母しか女はおらん。おっ母は五〇年このかた、夜はお祈りで起きていて昼間は断食をしているんだ。お前はおっ母がお前と愛し合うと思うのか、それともお前がおっ母と愛し合おうというのか」

と言って叩き、この泥棒を押さえつけてしまった。

近所の人たちが集まってきたとき、泥棒はそれでもこれまでと同じような話をしたが、彼らは泥棒が嘘をついているとわかっていた。なぜなら、その婦人が信心深く、正しい行ないの人だと知っていたからである。それで泥棒は叩かれ、顛末を白状し、当局に連行されたのである。

(第一巻八〇話)

神秘家の不思議には裏がある

アフマド=アズラク[*1]によれば、ハッラージュ[*2]は付きっ切りで監視されているにもかかわらず、約一カ月間というもの、何も食べなかったという。このことを聞いてアフマド=アズラクは驚きを禁じ得ず、友人にイブン=ラウハーン[*3]という敬虔で信仰深い神秘家がいて、その妹の夫がハッラージュの召使いのカスリーという者であることから、このハッラージュの話が本当のことかどうか友人に尋ねてみた。すると友人の答えはこうであった。

「ハッラージュがそのような断食を行なったという話だが、私はハッラージュがどのようにしてそれをやり遂げたかはよく知りません。しかし、私の義弟でハッラージュの召使いでもあるカスリーでさえもが、何年間も食事を少ししか摂らないという修行をしていて、これを徐々に行ない、ある期間を経てついに、一五日間かそこら、断食することに成功したという話ですが、それには私に隠していたごまかしがあったのです。ハッラージュの信者たちとともにカスリーが投獄されたとき、そのことを打ち明けました。

『たとえ厳しい監視であっても、長く続き、しかもごまか

しが見つからなければ、監視は弱まり、次第におろそかになってしまうものだ。もしごまかしが見つからず、監視もされなくなれば、もう思いのままだ。俺は一五日間、監視されて来た。その間、俺は何も食べていない。だが、これは俺が絶食に耐えられる限界なのだ。もしあと一日でも食べなければ、俺は死んでしまうであろう。

そこでホラサーン産の干し葡萄一ラトルと大粒のアーモンドを一ラトルすり潰し、それを油粕のように延ばして薄い布状のものを作ってくれ。それを明朝もって来てもらいたいが、そのとき、それを帳面の二枚の紙のあいだに挟み、帳面を中身がわからないよう広げずぐるぐる巻きにして、むき出しで手にもち、それから監視が誰もおらず、我々だけで話しているときに、それを俺の袖の下に置いてくれ。それから帰ってくれたらよい。そうすれば俺はそれを内緒で食べ、水は手洗いのために口をすすぐときに飲むことができる。もし同じような方法でまたもって来てもらえれば、それだけで俺はもう一五日間生きられよう。一五日間というもの、監視されていても実際に何も食べていないと思われるだろうし、そのあとでお前が食べ物をもって訪ねてくれれば、それを俺はまたこっそり食べ、そのお蔭で、俺は生きておれるというものだ』と。

私はカスリー〔の頼みを聞き入れ、彼〕が牢に入れられているあいだ、この差し入れを行なったのです」と。

（第一巻八一話）

同じくアフマド＝アズラクによれば、ハッラージュは布教のためにバグダードへやって来たとき、有力者を含め多くの人を邪道に誘い込んだという。ハッラージュは常々イスラムの異端者たちを自分の教義に引き入れようと強く望んでいたからである。

ハッラージュは〔有力な書記官〕アブー＝サフル＝イブン＝ナウバフト*4に使いを遣り、入信させようとした。イブン＝ナウバフトが異端派に属し、しかも育ちがよく聡明で分別があったからである。イブン＝ナウバフトは使いの者に求めた。

「お前の主人が行なう奇跡にはごまかしがあるかもしれない。儂《わし》は女に言い寄るただの男だ。もっと女たちと楽しみたいと思っているのだが、悩みは禿だ。無理やり髪の毛を伸ばし、額にまで下げてターバンで止めてごまかしているというわけだ。もう一つの悩みは白くなった髭を染めねばならないということだ。もしハッラージュが儂の髪をふさふさとさせ、染めなくてもよいように、髭を黒くしてくれるのなら、なんであれ、儂に勧める教義を信じてやってもいいよ。ハッラージュがお望みなら、〈最高指導者の門〉でも〈最高指導者〉でも〈預言者〉でも、果ては〈神〉でも、何とでも呼んでやるよ」

ハッラージュはこの返事を聞いてイブン＝ナウバフトのことはあきらめ、かまわないことにした。

ハッラージュはここにイブン＝ナウバフトが挙げたような尊称で、いろいろと呼ばせることをしていたが、それは相手の愚かさに応じて呼び名を変えさせたからである。

（第一巻八二話）

1 —— Abū l-Ḥasan Aḥmad b. Yūsuf al-Azraq. 第一巻一四話註２参照。

2 —— al-Ḥusayn b. Manṣūr al-Ḥallāj. 密教的修行者のことをイスラムではスーフィーという。第一巻四八話註２参照。一定の修行によって、またその修行の階梯を踏み登って行くことによって神に近づき、神との合一をはかる人々で、修行の最終段階に達すると、すべての雑念を退け、ひたすら神の名前などを唱えて精神を集中する。ハッラージュは八五七年イランのファールス州のトール Tūr という町で生まれ、若いときから霊能の才があり、スーフィーを目指した。ところが、当時のアッバース朝は凡庸なカリフ、権力闘争に明け暮れ私利私欲に耽る政治家や高級官僚たち、法の形式主義に走り、法の抜け道を考え出して莫大な報酬を手にする法官たち、こうした国家の指導者層の腐敗堕落によって内部崩壊寸前となっており、イスラム社会の腐敗を救済するには、自分がその犠牲となって血を流すしかないと、ハッラージュはそのように感じて激烈な布教を開始した。これに対し、聖者の出現を待望していた民衆はハッラージュを熱狂的に信奉したが、危機感を抱いた支配者層はハッラージュを逮捕し、裁判にかけて死刑を宣告、九二二年三月に処刑された。法官である本書の著者タヌーヒーはむろん体制擁護派に属し、ハッラージュに対して批判的立場を取っている。したがって彼が蒐集したハッラージュに関する逸話は、この点を考慮して理解すべきであろう。

3 —— Abū l-Faraj b. Rawḥān al-Ṣūfī.

4 —— Abū Sahl Ismāʿīl b. ʿAlī al-Nawbakht. アッバース朝の有力な書記官の一人で、シーア派に属していた。

ハッラージュの異端審問

法官イブン＝アイヤーシュ[*1]が〈宰相〉ハーミド＝ブン＝アルアッバース[*2]臨席のハッラージュ審問裁判[*3]に列席した人から聞いたところでは、ハッラージュが逮捕されたとき、屋敷内で発見された書簡類も押収されたが、それは各地で活動していたハッラージュの伝道者からのもので、文中に伝道者たちは次のように書いていた。

「我々はあなたのために、やがて生育するであろう種を各地に播きました。それに応えてある人たちは、最高指導者（イマーム）を意味してあなたを〈門〉と呼び、またある人たちは、あなたを、イマーム派の信者たちが待ち望む最高指導者を意味して〈時代の主〉と呼び、またある人たちは、預言者を意味してあなたを〈大立法者〉と呼び、またある人たちは偉大なる神を意味してあなたを〈彼そのもの〉と呼んでおります」

――邪《よこしま》なる者たちが至高なるお方と呼んでいるものとはかかわりない神にこそ称えあれ。

宰相臨席のもと、ハッラージュはこの隠喩的な呼び方について詳しく説明するよう尋問された。しかし、ハッラージュはこのことを否定し、

「自分はそんな書簡は知らない。それは自分を陥れるために捏造されたものだ。自分は書簡の中身も、これらの文句の意味も知らない」

と答えた。

法官イブン＝アイヤーシュがやはり宰相ハーミド臨席の審問裁判に列席していた別の人から聞いて語ったところによれば、ハッラージュのところで発見され、もたらされた書付けのなかに、次のような文面があったという。

「ある人がメッカ巡礼を希望したところ、ハッラージュはそんな必要はないと言って、自分の屋敷内にある一つの建物に行くよう指示した。ハッラージュはその建物のなかにミフラーブ（壁龕《へきがん》）を設けていて、身を清め、巡礼の衣をまとい、しかじかと言葉を言い、かくかくと作法を為し、しかるべき礼拝をし、しかじかと誦し、その建物をかくかくと巡り、称えて、ハッラージュ自身が取り決め、みずからの言葉で述べたさまざまな儀礼を行なうように」

実は、こうした行為をすべて果たせば、メッカのカーバ神殿への巡礼の義務を果たしたことになるというのであった。

これは、ハッラージュの信者たちにはよく知られている教えで、かつて彼らのあいだで学者と呼ばれていたある男が、その通りだと私に認めたが、ただその男は、ハッラージュはこの教えを預言者の家系が保持している伝承によって説いた

のであって、

「我々のあいだでは、このことによってメッカ巡礼はしなくてもよいというのではなくて、それはただ貧窮であるとか、支障があるとか、病気だとかで巡礼に出かけることができない人のための代参のつもりなのである」

と主張した。男が述べた巡礼方法は、表現に若干の違いはあるが、意味するところは同じであった。

法官イブン＝アイヤーシュの語るところによれば、ハッラージュはこのことについて尋問されると、彼としては、それはなんら罪ではないと考えていたので、

「これは私が聞いた通り説いてきた教えです」

と言って認めてしまった。これがハッラージュの命取りになってしまったのである。

宰相ハーミドは、当時バグダードの法官をしていたイブン＝アルブフルール*4とアブー＝ウマル*5の二人の法官に法意見*6を求めた。アブー＝ウマルは言った。

「これは異教の教え(ザンダカ主義)であり、この異教の輩《やから》は改悛が認められないので、死刑に処すべきである」

イブン＝アルブフルールは言った。

「ハッラージュは自分でもこの教義を信仰していると告白するのでなければ、死刑に処すべきではない。なぜなら、人々はたとえ異端教義を語ったとしても、それを信仰しているとは限らないからである。もしハッラージュが、その教義を語っただけであって、そんなものは信じていない、と主張するのであれば、彼は罪に問われることはない。もし信じていると認めたとしても、改悛を求められて懺悔すれば、やはり罪に問われることはない。しかし改悛しなければ、死刑に値する」

結局ハッラージュの審判はアブー＝ウマルの法意見によって判決が下され、それが市中に布告され、ハッラージュの背信と異端、人々を教唆して信仰を誤らせた罪が公表された。

カリフ＝ムクタディル*7のもとに、ハッラージュの死刑を執行しないよう嘆願が寄せられた。これは正式に願い出があったということではなくて、〔侍従の〕ナスル＝クシューリー*8の信仰心がハッラージュの教えに迷わされていたからで、ナスルはムクタディルの母后《ぼこう》に、

「もし死刑にすれば、この敬虔なる老師の罰が陛下に下るのではないかと不安でなりません」

と訴えた。そこで母后はムクタディルに死刑をやめるよう懇請したが、カリフは拒否し、宰相ハーミドに死刑を執行するよう命じた。ところが死刑執行の当日、カリフは熱を出し、ナスルと母后の迷妄は強まった。カリフも疑念に駆られて、急ぎ死刑を中止するよう宰相に使いを出した。そこで、死刑はカリフの病気の心配がなくなるまで、数日間延期された。

宰相がふたたび死刑の執行の許可を求めると、カリフは宰相の言葉に耳を貸そうとはしなかった。そこで宰相は言った。

「おゝ信徒の指揮者よ、もしハッラージュを生かしておけば、聖法を枉《ま》げることになります。民はハッラージュの手で道を踏み外し、それは陛下の大権を終息させることになりましょう。死刑のことは私にお任せください。もしなんらかの災いが陛下の身に降りかかるようなことが起これば、私に死を賜りください」

カリフは宰相に死刑の執行を許した。そこで宰相は退出し、カリフの気が変わらないよう、その日のうちにハッラージュを死刑に処した。

ハッラージュが殺されたとき、信者たちは言った。

「殺されたのはハッラージュではない。書記の某が所有していた駄馬で、その馬はちょうどその日に死んだのである。ハッラージュはしばらくののち、我々のもとに戻って来られる」

こんな愚かな話がハッラージュの信者一派の信条になっているのである。

(第一巻八三話)

1——Abū l-Ḥusayn b. ʻAyyāsh. 第一巻六話註3参照。

2——Ḥāmid b. al-ʻAbbās. 第一巻五話註２参照。

3——ハッラージュの裁判については第六巻五一話も参照のこと。

4——Abū Jaʻfar Aḥmad b. Isḥāq b. al-Buhlūl al-Tanūkhī. 第一巻一六話註２参照。

5——Abū ʻUmar Muḥammad b. Yūsuf b. Yaʻqūb al-Azdī. 第一巻一〇話註２参照。

6——原語 fatwā. ファトワーは法学者が司法に関して、個人もしくは公的機関の求めに応じて出した法意見のこと。回答は口頭の場合もあるが、書面で示されることが一般的。

7——al-Muqtadir. 在位九〇八—九三二。第一巻七話註２参照。

8——Naṣr al-Qushūrī. カリフ＝ムクタディルの侍従で、カリフや宮廷内に影響力のあった人物。ハッラージュの死刑には強く反対した。

ハッラージュのまやかし

このハッラージュは、あたかも奇跡を起こしているかのごとく、まやかしを行なって愚かな人々を誤らせたが、そのまやかしの多くは、トリックを弄して季節外れのときに食べ物を出して見せるというものであった。聡明さに欠ける者はそれにまったく誑《たぶら》かされ、分別ある者でもそのトリックを見抜けなかった。

　そうした奇異な話の一つに次のようなのがある。それはアフワーズの公証人アブー＝バクル[*1]が、賢明さと機敏さを持ち合わせたある占星家の話として語ってくれたものである。

　この占星家は、ハッラージュが奇跡だと主張している不思議なまやかしの話を聞いて、自分で行ってみてそれがどんな種類のトリックなのか見てみようと考え、まるで彼に教えを乞う求道者のようなふりをして出かけた。二人でしばし語り合ったあと、ハッラージュが、

「お前はいま何が欲しいか望みのものを申してみよ。儂《わし》がそれをお前にもって来てやろう」

と言った。二人はそのとき川らしきもののまったくないある山国にいたのであるが、占星家は、

「いますぐ新鮮な魚が欲しい」

とねだった。するとハッラージュは、

「わかった。そこに坐っておればよい」

と言い、占星家が坐ると、ハッラージュは立ち上がって言った。

「儂は館に入ってお前にその魚を送ってもらうよう神に祈ろう」

　ハッラージュは何もないひとつの館に入って扉に鍵を掛け、かなり長い時間ののち戻ってきた。彼はぬかるみのところを歩いたのか、膝まで泥水で濡れていて、手にはばたばたはねる大きな魚を持っていた。

「どうしてこれが」

「儂がアッラーに祈ると、儂に沼地に行ってお前のために魚を獲ってくるよう命じられたのだ。そこで儂は沼地へ行き、湖に足を入れた。この泥はそこで付いたものだが、こうして魚を捕まえたのだ」

　これはトリックだ、占星家はそう理解して言った。

「私をその館に入れてください。もしそれがトリックでないことがわかれば、私はあなたを信じます」

「お前の好きにしろ」

　占星家はその館に入り、自分で錠を下ろした。ところが道もトリックも見つけることができず、入ったことを悔んだ。

自分を殺すであろう。逃げるには彼を欺かねばならない」

占星家はもとの館に戻るや叫んだ。

「私は信じます。あなたを信じます」

「何があったのだ」

「ここにはまやかしはございません。あなたを信じるのみです」

「では行きたまえ」

占星家は歩きかけた。ハッラージュは扉から離れたところにいて、占星家の言葉に眩惑されていた。占星家が歩き出し、扉に向かって走り出したとき、ハッラージュは占星家が手に魚をもっているのを見て、占星家の方に向かってきた。占星家がハッラージュのまやかしに気付いたと知って、後ろから走ってきたのである。追い付くや、占星家は魚でもってハッラージュの胸や顔を叩き、

「手間をかけてくれるじゃないか。お蔭で海まで行って、お前のためのこの魚を獲るはめになった」

と叫んだ。ハッラージュが魚で胸や目に受けた傷にかまけているあいだに、占星家は出た。だが館の外に出たとたん、恐怖のあまりにひっくり返ってしまった。ハッラージュが追い付き、占星家に向かって叫んだ。

「戻って家のなかに入れ」

「とんでもない。もし入れば一生出してくれないだろう」


「もしごまかしを見つけ、それを暴けば、この館内で殺されるかもしれない。逆にもし見つけられなければ、約束通り信じることを求められるであろう。いったいどうすればいいのだ」

占星家は悩みながら館のなかを調べ、壁の腰板を叩いてみた。それはチーク材の板で覆われていたのであるが、どうやら内側が空洞になっているところに出くわした。疑わしい場所の板を動かすと、すこんと抜けて、なかに入るとそこに釘付けされた扉が現われ、そこをくぐると大きな屋敷に出た。そこには大きな庭園があって、さまざまな樹木が茂り、果物が実り、花々や香りのするハーブが、あるものは季節通りに、あるものは季節を外れて咲き乱れていた。枯れかかっているのもあれば、まだ蕾のものもあった。長もちするよう細工が施されているようであった。なんと素晴らしい貯蔵庫もあるではないか。すでに調理されたさまざまな食べ物、求められればすぐにでも調理に掛かれる材料がそこには詰まっていた。すると突如、屋敷内に大きな池が現われた。なかに入っていくと、なんと大小さまざまな魚がいっぱいいる。占星家はそのうちの大きな魚を捕まえ、池を出た。占星家の足は、ハッラージュの足で見たのと同じ高さまで、泥水で濡れていた。

占星家は自問自答した。

「いまもし出ていって、ハッラージュがこの姿を見れば、

「聞け。本当に儂がお前を寝台のうえで殺すつもりなら、確かに殺す。お前がこの話を喋ったとわかれば、たとえお前が大地の果てにいようが、儂はかならずお前を殺す。話が洩れない限りはお前の身は安全だ。わかれば行くとよい、好きなところへ」

ハッラージュは占星家を行かせ、自分は館のなかへ入った。占星家は、ハッラージュに服従する信者の一人に言い含めて殺させることは、ハッラージュにとってわけないことだと知っていたので、この話はハッラージュが死刑になるまで語らなかったのである。

（第一巻八四話）

1 —— Abū Bakr Muḥammad b. Isḥāq b. Ibrāhīm al-Ahwāzī.

ハッラージュの著述

ハッラージュには、みずからの教義について著わした書物がある。そのなかでハッラージュは神秘家、すなわちスーフィー行者たちが恍惚状態[*1]にあるときに発する言葉を綴っていて、繰り返し〈燦然と輝く光〉[*2]について述べている。ハッラージュが〔人々の〕理解できる言葉で明瞭に話すとき、その言葉はゆったりと荘重に語られ、発音は美しいものだった。

ある書記官の信者が語るところによれば、伝道者宛ての親書が出され、ハッラージュはそれをその書記官に朗読したという。書記官はそれを記憶していた。

「いまや輝かしきファーティマの高貴なる王朝を、汝が導くべき時が到れり。そは天と地の民に取り巻かれたる王朝。汝は勝利する軍団を率い、か弱きものたちをも力となしてホラサーンに進め。真実がそのベールをはぎ取り、正義がその腕をあらわにせんことを」

この書記官が、信者から伝え聞いて語ったところによれば、ハッラージュとともにバグダードのある通りにいると、悲しげだが妙《たえ》なる笛の音が聞こえてきた。一人が、

「なんでしょう」

と尋ねると、ハッラージュは、

「あれはこの世についての悪魔の悲嘆の声だ」

と答えたという。

（第一巻八五話）

1——原語 hawas.
2——原語 al-nūr al-sha'sha'ānī.

バスラの碩学ブーミニー

ブーミニー[*1]というバスラの碩学で座談の名手であり、信頼のおける話題の語り手が語ってくれた話であるが、一人の若者を連れたバスラの人たちが通りを歩いていると、ウード琵琶を弾く音が聞こえてきた。その少年はいたく感動し、父親に、

「あれはなに」

と尋ねた。すると父親は、

「あれは棗椰子《なつめやし》の根っこを引き抜くヒーブの音だ」

と言った。


ヒーブとはバイラム[*2]のような大きな鉄梃棒《かなてこ》のことで、これで棗椰子の根を引き抜くのである。これがないと根を抜き取ることはできない。バグダードではこれはアタラといい、火掻き棒のように長くて先が尖り、しかも重い。おそらく一〇マンナの重さがあるだろう。

（第一巻八六話）


このブーミニーという人は修辞にすぐれた大変な能弁家で、バスラで何か重大な問題が起こったときにはいつも弁舌をふるい、政府当局と対論するのであった。

〔ブワイフ朝君主ムイッズ＝アッダウラの宰相〕サイマリー*3がバスラにやって来て、未払いとなっている賦課金の支払いを要求した。実はこの賦課金については説明すれば長くなる経緯があった。ブーミニーはサイマリーに対し、賦課金の支払い義務はないと弁論したので、サイマリーは論拠を示すのではなく、暴力に訴えようとした。そこでブーミニーは警告した。

「閣下、我らが町には貧しくとも見識のある人々が大勢おります。彼らを虐げようとする者には決して幸運は訪れますまい。彼らは栄《は》えある神にこそ閣下を委ねるべきであると、閣下に夜明けの矢――つまり祈り――を放とうとしているのであります」

するとサイマリーは心弱き人々に激烈な言葉を返した。それは宰相サイマリーが一般大衆や職人たちのつどった集会で公然と使うやり方でもあった。

「やあ長老、夜明けの矢はお前のあごひげにこそ放たれるぞ――つまり屁をくらえ――」

（第一巻八七話）

1 —— Abū Muḥammad al-Ḥasan b. Muḥammad al-Būminī al-Baṣrī.

2 —— 原語 bayram. ペルシャ語で、石などを梃子で上げるための鉄棒。

3 —— Abū Ja'far al-Ṣaymarī. 第一巻四七話註２参照。

ハッラージュについてのジュッバーイーの見解

アフマド＝アズラク[*1]が我々の一団の同僚たちから伝えているところによると、アフワーズならびにその諸県の人々がハッラージュのこと、つまりハッラージュが季節外れのときに食べ物や飲み物を取り出すこと、ハッラージュが〈力の銀貨〉と名付けた銀貨のこと、このようなことに魂を奪われていたとき、〔ムウタズィラ派の〕アブー＝アリー＝ジュッバーイー[*2]がハッラージュについて尋ねられて、

「これらの品物はおそらくごまかしが可能な場所に仕舞われているに違いない。だからハッラージュの家ではなく、お前たち誰かの家にハッラージュを入らせ、そこから黒と赤の二つの首飾りを取り出すように求め、もしそれができれば、ハッラージュのことを信じると言え」

と指示したという。このジュッバーイーの言葉がハッラージュの耳に入り、しかも人々がその準備にかかっていると聞いて、ハッラージュはアフワーズを離れた。

（第一巻八八話）

1――Abū l-Ḥasan Aḥmad b. Yūsuf〔al-Azraq〕al-Tanūkhī. 第一巻一四話註２参照。

2――Abū ʻAlī〔Muḥammad b. ʻAbd al-Wahhāb〕al-Jubbāʼī. ムウタズィラ派はイスラムにおける最初の合理主義神学派で、カリフ＝マームーンが八二七年に公認して以来、アッバース朝の宮廷で支配勢力となり、後に異端とされるまで一世を風靡した。ジュッバーイーはその重鎮で、イラン南西部ホーズィスターン州のジュッバーに生まれ、バスラのシャッハーム神学塾で学び、のち塾長となり、九一五／一六年に没した。高弟に息子のアブー＝ハーシム Abū Hāshim（九三三年没）とアシュアリー Abū l-Ḥasan al-Ashʻarī（八七三―九三五）がいる。しかしアシュアリーは四〇歳のときに同派を離れ、ムウタズィラ派の弁証法を用いながら同派を異端だと批判し、伝統的な信条を擁護してアシュアリー派の祖となった。

ハッラージュ信奉者の信条

今日、ハッラージュの信奉者たちは、ハッラージュに宿っていた神性[*1]は〔ホーズィスターンの〕トゥスタルにいる息子に化融している[*2]と、また預言者ムハンマドさまの聖霊[*3]は、ハーシム家出身者でラビーア族の流れをくんでその地に住む[*4]ムハンマド＝ブン＝アブドッラー、クンヤ名アブー＝ウマーラという男に化融している、と信じている。その男は信奉者たちから〈我らが主〉と話し掛けられているが、これは信奉者たちのあいだでは最高位の肩書きである。

ハッラージュの教義を語るこのアブー＝ウマーラのバスラでの説教会に、あるハッラージュ教徒[*5]から招かれ、勧誘を受けた人が、そのときのことを次のように語ってくれた。

「部屋に入ると、みんなは私を求道者だと思ったらしく、その男は私のまえで語りはじめた。男は斜視で、両目は天井に向けられたままであったが、心は恍惚の境地にふるえていた。部屋を出ると、友人が『お前は信じるだろうな』と聞くので、『いや、前よりもいっそう疑わしくなった。あの男は、あなたがた信者のなかでは預言者の地位に相当するのでしょう。ではなぜ自分の斜視を治さないのですか』と答えると、『愚か者め、本当に斜視だと思ったのか。あの人は両目を天国に向けているのだ』と一蹴されてしまった」

（第一巻八九話）

〈ハッラージュの信者たちが、預言者ムハンマドの聖霊が化融していると信じている〉このアブー＝ウマーラという男は、アフワーズの女性、イブン＝ジャーンバハシュの娘[*6]と呼ばれている人と結婚していた。この女性にはタンバリンを鳴らして歌を歌う放蕩者の弟があった。父親は有力な公証人で、富裕な豪農[*7]であった。ハッラージュ教徒はこの弟を〈信徒の叔父〉カリフ‐アブー＝バクルの子のムハンマドの地位に当たると信じていた。

ウバイドッラー＝ブン＝ムハンマド[*8]は私タヌーヒーに次のように語った。

我々はある日アフワーズを旅していた。一行のなかに〈ペルシャ湾の港町〉スィーラーフ出身の、ムバーラク＝ブン＝アフマド[*9]という才知あふれた書記官がいた。たまたま我々がこの弟のそばを通り過ぎると、弟は立ち上がり、我々と挨拶をかわした。書記官が誰かと聞くので、儂《わし》はこの人物について詳しく説明した。すると書記官は馬の踵《きびす》を返し、もと来た道を戻りかけた。

「どこへ行くのだ、アブー＝サイードよ」

と聞くと、
「この弟をつかまえ、かの駱駝の戦い[10]の日、弟ムハンマドが姉の〈信徒の母〉アーイシャに手を伸ばして駱駝の轎《かご》から助け出したときに、弟が姉になんと囁いたのか、尋ねようと思うのだ」
と答えたので、儂は笑って書記官を引き戻した次第だ。

（第一巻九〇話）

1――原語 lāhūt.
2――原語 ḥalla.
3――原語 rūḥ.
4――Muḥammad b. ʻAbd Allāh, Abū ʻUmāra.
5――Ḥallājīya.
6――Bint Ibn JānBakhash.
7――原語 ṭānī'. 農地を経営している地主のことで、在地の有力者であることもあれば、都市などに拠点を持つ不在地主のこともある。
8――ʻUbayd Allāh b. Muḥammad.
9――al-Mubārak b. Aḥmad, Abū Saʻīd.
10――六五六年、カリフ＝アリーがタルハ・ズバイル・アーイシャの三派連合と戦った。第二巻六八話註6参照。

美田は息子のためならずや

この若者、イブン＝ジャーンバハシュの息子[1]は、かつて莫大な財産を相続したが、その直後に〔ブワイフ朝の〕ダイラム人[2]がアフワーズに進軍してきた。若者は財産を見せびらかし、ダイラム人を接待して、財産の大半を費消してしまった。しかし、若者はお蔭でダイラム語を学び、ついにはダイラム生まれかと紛うほどダイラム語を話し、ダイラムの村々の名前や町々の特色を知るほどになった。

若者はお金が底を突くと、二頭の馬と二頭の騾馬、一組の投槍やその他の武器、武具類を買い求め、頭の髪をギーラーン人やダイラム人の形に結い、名前もギーラーン風にバアリーの子ハルワズ[3]と名乗った。バアリーというのは、父親の名前アブー＝アリー[4]に因《ちな》んだのであった。

若者は、当時バスラにあってブワイフ朝太守アフマド[5]と戦っていたバリード家のアブルカースィム[6]のところへ行き、保護を求めた。この話はよく知られているところであるが、実はバリード家には五〇〇人からなるダイラム人やギーラーン人がいたのである。

のちにこの若者の語るところによれば、彼らの軍営に出入りし話しかけても、誰も自分をダイラム人と疑わず、自分も故郷の町々の特色を言い当てたという。もし見破る者がいた場合には、黙らせるかわりに給与の半分を与える心づもりをしていた。若者はにんにくを食べるのがつねで、それも悪臭を抑える処方を取らなかったので、ダイラム人の風習通り、死体のような悪臭を放つ体になった。

　若者は人々が居並ぶなかを入ってゆき、〔頭領〕アブルカースィムに近づいた。すると、体がちょうど頭領の頭に接するほどになったので、アブルカースィムは若者のひどい体臭に卒倒しそうになった。しかし、気に入られたのか、側近にしか与えられない椅子を寄越されたが、若者はその椅子に坐ったとき、頭領のまえで蝿を追い、それを殺してしまった。それこそが粗野なダイラム人のやり方だったのである。頭領は叫び声を上げ、

「誰かこの粗野でいやな、鼻持ちならないダイラム人を儂《わし》から引き離してくれ。給料を倍にしてやってよいぞ」

と命じた。それから数年間、若者はアブルカースィムのもとに留まったが、やがて身元がばれて逃げ出した。

　以上は、莫大な遺産を受け継いだ相続人の話のなかでも特記すべきものである。

（第一巻九一話）

1――al-fatā Ibn JānBakhash. ハッラージュ教徒により預言者の聖霊が化融していると信じられている男の妻の弟。第一巻九〇話参照。

2――al-Daylam. ダイラムはカスピ海南西部、ギーラーンとタバリスターンとの中間、セフィード＝ルード川が貫く山岳地帯を指す。渓谷は狭く、その地域に居住する民族の呼称でもある。イラン系の言語を話す。山岳地帯のため、住民は剣と盾など武具の扱いに優れ、歩兵戦に長じ、古くから傭兵として登用された。九世紀にシーア派のうちのザイド派がこの地に保護を得て王朝を樹立、住民のシーア派イスラム化が進んだ。これを契機に兵士としてのダイラム人がイランの地方軍閥に入り込み、やがて独立の王朝を建てたのがブワイフ朝であった。

3――Ḥalwaz b. Bā ʿAlī.

4――Abū ʿAlī.

5――Aḥmad b. Būya. ムイッズ＝アッダウラ Muʿizz al-Dawla のこと。一〇世紀半ば、ダイラム人の族長ブワイフの三人の息子たちはイラン各地で独立を始め、末弟のアフマドは九三六年キルマーンの支配権を得て、続いて九四五年末にはバグダードに入り、イラクにおけるブワイフ朝を開いた。第一巻一話註5参照。

6――Abū l-Qāsim al-Barīdī. 第一巻一〇〇話註5参照。

遺産の速やかなる費消法

遺産相続人の話で面白いものに、次のようなのがある。ある男が莫大な財産を相続し、それを見せびらかし、欲するまま、あらゆることをして湯水のように使った。それからその男は友人たちに、

「何も利益を生まず、この財産を散財できる方策はないものか」

と尋ねたので、友人たちが一人ずつ案を出した。

「〔北イラクの〕モスルで棗椰子《なつめやし》を買ってそれを〔産地である南イラクの〕バスラに運べばよい。そうすれば財産がなくなるだろう」

「そんなことをすれば、たとえ二割でも、元手が残ってしまうじゃないか」

「三本か四本で銀一ディルハムする裁縫の針を買い続け、一万本集まったところでそれを鋳物に熔かし、銀二ディルハムで売ったら」

「それでは代金の二ディルハムが残るじゃないか」

「お前はそれで何も残らないということにしたいのか」

「そうだ」

「ではお前が望むだけ品物を買ってベドゥイン[*1]のところへ行くのだ。そしてその品物をベドゥインたちに売ったならば、彼らからクルド人宛ての手形を受け取り、クルド人に売る場合にはベドゥイン宛ての手形を受け取るということにすればよい」

この男はこの方法を採用し、ついには全財産がなくなったという。

（第一巻九二話）

1——主に駱駝を飼育するアラブ系遊牧民。

浪費癖から立ち直った遺産相続人

私タヌーヒーは、財産を早々と費消してしまった別の遺産相続人の話を聞いたことがある。残りが金約五〇〇〇ディーナールになってしまったとき、その遺産相続人は〔友人たちに〕、

「自分はこの金をすぐにも使い切ってしまいたい。というのは、そのあとで何をしたらよいか考えたいからだ」

と言った。そこでそのための案が幾つか出されたが、その男は応じなかった。すると友人の一人が一案を出した。

「五〇〇〇ディーナールだけ残して、全額でカットグラス〔の容器〕を買い、そのグラスを君のまえにできるだけきれいに並べ給え。そして残りの五〇〇〇ディーナールを、その日の歌姫の花代、果物、香料、酒、氷、食べ物の費用に使い給え。酒がほとんど仕舞になったら、グラスの並んだなかに二匹の鼠を放ち、そのあと猫を放すのだ。そうすれば鼠と猫はグラスのあいだで追い駆けっこをし、それでグラスは全部砕け散ってしまうという算段だ。残れば客人に好きなように与えればよい」

「それは名案だ」

そこで相続人はこの案を実行に移すことにし、宴席に坐って酒を飲んだ。そして酔いが回ったとき、

「それ、やり給え」

と声を掛けた。件《くだん》の友人が二匹の鼠と一匹の猫を放った。グラスは粉々に砕けた。男は大笑いし、そのまま眠ってしまった。友人と仲間たちは立ち上がってグラスをかき集め、持ち帰った。割れた小瓶からコップを作り、粉々になったコップから高価な小壺を作り、ひび割れたものはくっつけ、それらを仲間内で売り払ったのである。かなりの銀貨が得られたので、彼らはそれを分け合った。もはやその男のもとに来ることはなかった。みんなはこのあと、あの男がどうなったか知るよしもなかった。

一年が過ぎたとき、カットグラスを並べて鼠と猫を放てばよいと勧めた友人は、「あの目茶苦茶な浪費男は今どうしているだろう。出かけてみればわかるかもしれない」と思って、件の男のところへ出かけてみた。〔以下はこの友人の話である。〕

行ってみると、男はすでに家の家財道具を売り払ってそれを使い果たし、屋敷も壊しては売り、屋根も売ってしまって、もはや玄関の間しか残っていなかった。そこで男は綿にくるまって寝ていたが、その綿というのは蒲団を覆っていた布や毛布を剝いで売ってしまったあとの残りの綿で、男はそれを

身体の下にも敷き、身にくるむようにして寒さを凌《しの》いでいたのである。それはまるで、二枚の木綿の蒲団のあいだに挟まったマルメロの実のような恰好になっていた。

「やあ、不幸な男よ、これはいったいどうしたことだ」

「見ての通りだ」

「何か悲しんでいるようだが」

「そうだ」

「それは何だね」

「あの女に会いたい」

女というのは、この男が熱愛していた女歌手のことで、男は財産の大半を女に注ぎ込んだのであった。男がそう言って泣くので、自分は哀れに思って、家から衣服を持ってきて男に与え、それを着せてやった。我々が歌姫の館に出かけると、彼女は男の生活がもとの豊かさに戻ったのかと思い、我々を招き入れた。

歌姫は男を見ると、丁重にもてなし、男に微笑みかけてその後どうしていたか尋ねた。男がありのままを話すと、女はすぐさま叫んだ。

「立って」

「どうしてなんだ」

「女将《おかみ》さんがやって来て、文無しのあんたを見たら『どうして入れてやったのさ』と叱られるから。さあ表へ出て行って。わたしが二階に昇り、上からあんたと話すから」

男は外に出て坐り、通りに面した館の出窓から女が話しかけてくれるのを待った。ところが坐っていると、女は懲らしめのしるしとばかりに、シチュー鍋をひっくり返して男の頭上に肉汁をかけ、高笑いした。男は悔し涙にくれて、

「やあ友よ、俺はなんという目に遭うのだ。神かけて、今という今こそ、俺は悔やんでいる。本当にそうだっていうことをお前さんも知っていてもらいたい」

と言ったが、私は、

「今さら後悔してなんの役に立つのだ」

と男を嘲りながら家に連れ帰り、自分の衣服を脱がせ、男を以前のまま、木綿の蒲団のところに置き去り、衣服を持って帰った。そして服を洗い、男のことは見放してしまった。

それから三年間というもの、男のことは何も知らずに過ごしたある日、〔バグダード市東部の〕ターク門のところで、馬上の男のために道を開けるよう指図している召使いに出くわした。馬上の男の方に目を向けると、なんと件の男が馬に跨《また》がっているではないか。しかも馬には美しい銀飾りの付いた軽そうな鞍を乗せ、立派な服と素晴らしいガウンを身にまとい、馨《かぐわ》しい香水の匂いをさせている。男はかつて書記官僚の息子で、富裕なときにはこれよりも立派な馬に乗り、もっと素晴らしい鞍を付け、装身具や衣服、調度品なども、自分で

買える程度のもの、あるいは両親から相続したものより見事なものをもっていた。男は私を見ると、

「やあ君」

と声を掛けた。私は男の境遇がよくなったことを知り、男の足に口づけをした。

「やあ旦那、アブー某ではないか」

「そうだ」

「いったいこれはどうしたことだ」

「アッラーの仕業だ。アッラーに称えあれ。まあどうぞ、家へ、家へ」

私が男に付き従って門口までやって来ると、なんともとの屋敷は修復され、庭園付きの中庭がしつらえてあって、壁は真っ白ではないが漆喰が塗られてあり、床にはタイルが張られていた。また客間の一つには美しい調度品が飾られ、他の客間はいずれも広間になっていた。屋敷はかつてのものほど豪壮ではないが、それでも瀟洒なものであった。

男は私をかつての私室に通した。そこはすっかり元通りの立派な部屋になっていて、以前ほどではないが美しい調度品が並べられていた。そのうえ、屋敷には四人の召使いがいて、それぞれ二つの仕事が割り当てられていた。私の知っていた老召使いも戻って来ていて、門番の仕事を受け持っていた。新たに雇われた男は執事[*1]の役をしていた。

男は食卓に坐り、召使いたちが、小綺麗だがそれほど高価でない食器類を運んできて給仕をした。果物は量といい値段といい、ほどよいもので、料理も決して多くはないが、綺麗で充分なものであった。我々は食事を摂り、それから上質の棗椰子《なつめやし》酒が出され、私のまえに置かれた。男のまえには、やはり上質の〔葡萄の〕蒸留酒が運ばれた。それから紗のカーテンが引かれ、その向こうから妙《たえ》なる歌声が聞こえてきた。そのうえ、馨しい伽羅《きゃら》の香と龍涎香《りゅうぜんこう》が部屋いっぱいに漂ってきた。私はいったい何事が起こったのか、わけを知りたくなった。男は気分がよくなると言った。

「お前、昔のことを覚えているかい」

「はい」

「俺はさあ、今はほどよい暮らしをしているのだ。自分が知ったこの世を処す分別や知識は、かつての贅沢な暮らし向きよりも、今の方が俺には望ましいことを教えてくれた。ほら、俺の家具類を見たろう」

「ええ」

「かつてのような大層な品物ではないが、それでも中流階級[*2]の人々が自分たちの家の飾り付けに用いるようなものなのだ」

「そうですね」

「俺の食器類や衣服、馬具の類いや食事、果物や酒なども

みんなそうだ」

男はこうして数えはじめ、その一つひとつに、

「昔のように超一流品ではないが、それなりに美しさがあり、洗練さがあり、充分満足のいくものなのだ」

と言って、自分が持っているすべてのものについて、以前の品と比べながら語り、

「こうした品々は、かつての品物の代わりとなっている。俺はもうかつてのせっぱ詰まった感情から解き放たれた。お前はあの呪うべき女歌手が、俺にひどいことをした日のことを憶えているかい。そして、お前があの日、俺にしたことを。またお前が俺に日々言っていたことやグラスを壊す案を出した日のことを憶えているかい」

「それはもう過ぎ去った昔のことだ。君に昔の暮らしを取り戻させ、君をかつての苦しみから解放したアッラーを称えよう。それにしても君はどこからこの富を手に入れ、今歌ってくれた女奴隷はどうしたのだ」

「彼女は金一〇〇〇ディーナールで買ったのさ。それで歌姫の花代を節約することができた。今、自分の暮らしはちゃんと釣り合いの取れたものになっているよ」

「それにしてもそんなお金はどうしたのだ」

「親父の召使いとエジプトにいる従弟が一日のうちに死んで、金三万ディーナールを遺産として残し、それが全部自分のところに送られて来たのだ。しかも一度にね。俺は君の知っての通り、綿の蒲団にくるまっていた。大いにアッラーを称えたよ。俺はもう散財せず、始末をしようと決心したのだ。死ぬまでその金で生計を立て、経済的に使おうとね。

そこでこの屋敷を改築し、家具類や食器、衣服、乗り物、女奴隷、男奴隷など、家にあるすべてのものを五〇〇〇ディーナールで買い、さらに五〇〇〇ディーナールをもしものときの備えとして地中に埋め、一万ディーナールで私領地[*3]と借家[*4]を買った。それは君が見ての通りの、この程度の生活に要する費用の額を毎年生み出してくれるもので、毎年収益がもたらされる時期には、何がしかの余裕ができていて、なんらの借金もする必要がないほどなのだ。そんなことやらで、俺の暮らし向きはうまく行っているのだ。

俺はこの一年、お前を探したのだが、お前の便りは聞くことができなかった。お前には俺の生活が元通りに戻り、しかも安定した生活を続けられるところを見せたかった。そのうえで、もはやお前のような恥知らずとは金輪際付き合いしないぞと決めていたのだ。さあ、奴隷たち、客人の足を摑んで引きずり出せ」

男がこう言うと、奴隷たちは有無を言わせず私の足を引きずり、私を外に出してしまった。その日、私はその男のもとで、酒を飲み干すことが許されなかったのである。その後、

私は路上で馬に乗る件の男に会ったことはあったが、男は私を見るとただ笑うだけで、私と付き合おうとはしなかった。またかつての遊び仲間の誰とも付き合わなかったのである。

（第一巻九三話）

1――原語 shākirī. 語源はペルシャ語で、元来は私的な警護兵を意味した。第八巻一一一話註10参照。
2――原語 awsāṭ al-nās.
3――原語 diyāʿ. 第一巻四話註6、同一一九話参照。
4――原語 mustaghallāt.

第一巻94話

改悛すでに遅し

かつて語られたところによると、バグダードの豪商の息子にイブン＝アッドゥカイニー[*1]という男がいて、バグダードでは、この男の話は有名になったという。というのは、父親が死んだとき、金五〇万ディーナールを遺したが、この男はいまだかつて聞いたこともないやり方で、このお金を使って遊んだからである。

男はカリフ＝ムクタディル[*2]を真似るのが好きで、カリフが何かおもしろい娯楽なり遊びなりをしたと聞くと、できるだけそれに近い遊びをするのであった。

男はつねに一日で金二〇〇〇ディーナールを遊びに使いきったが、とりわけ女歌手には銀五〇〇〇ディルハムとか一万ディルハムとかを一度ならずばらまいたし、三〇〇〇ディルハムとか二〇〇〇ディルハムとか、あるいは金一〇〇〇ディーナールもする礼服を女たちに与え、ときには父親の店の衣裳棚からもち出して、一回の宴会で一〇着とか一五着とかの礼服を女たちに与えることもあった。

それに、酔っ払ったまま朝を迎えるときなど、ダビーク織という錦織の衣裳をもって来させ、それを目のまえで、瀉血《しゃけつ》

用の包帯に引き裂かせ、

「この引き裂く音を聞かねば俺の二日酔いは覚めぬわ」

とわめくのであった。というのも、愛人が瀉血をするときなど、金三〇〇〇ディーナールも使うことがあったからである。

この種の馬鹿げた浪費の数々を行なって、もはや五万ディーナールしか残っていないとなったとき、男はこれまでの行ないすべてを後悔し、浪費をやめ、メッカ巡礼の旅支度にかかった。結局、男は巡礼と善行の寄進に一万ディーナールを費やして巡礼を済ませ、バグダードへの帰路についたが、その道中で死んでしまった。まだ若かったにもかかわらずである。残りのお金は男の相続人たちが受け継いだ。

（第一巻九四話）

1――Ibn al-Dukayni.

2――al-Muqtadir. 在位九〇八―九三二。第一巻七話註2参照。

金遣い、その気になれば早や無一文

私タヌーヒーはある香料商からこんな面白い話も聞いている。それは金一〇万ディーナールに相当する財産を相続したあるバスラの男にまつわるもので、男は遺産をわずかの年数で費消し、もとの貧乏人に戻ってしまった。そして言ったのである。

「やあ友よ、〔金遣いという〕この商売・商品は一里進めば塵も同然だ」

（第一巻九五話）

歌姫買いは人生勉強の授業料

アフマド＝アズラク[*1]によれば、アスカル[*2]にイブン＝ハフス[*3]という大金持ちの商人がいて、イスファハーンに出かけた。ところが、留守中その息子が父親のお金から金三〇〇〇ディーナールを歌姫買いに使ってしまった。

手紙でこのことを知った父親は、旅から帰り、息子に会ってお金を返すよう求めた。だが息子は返すのを遅らせた。ある日、父親は、

「いったいいつまで清算を遅らせるのか。お前がお金を無駄使いしたことは聞いて知っているぞ。もしお前がこのことで、世間についての知恵や知識を身に付け、経験から学び、考え方を改めるというなら、この儂《わし》のお金は高いものではない。そのお金はお前のお金でもあるからだ。だが、もしお前に何も得るところがなければ、そんな息子をもった儂の不幸というのは、儂にとってはお金を失ったことよりももっと大きいというべきものだ」

と言って息子を諫《いさ》めたのであった。

（第一巻九六話）

1 —— Abū l-Ḥasan Aḥmad b. Yūsuf al-Azraq. 第一巻一四話註2参照。

2 —— al-ʿAskar. ホーズィスターン州のアスカル＝ムクラム（第二巻八四話註2参照）のことか。

3 —— Aḥmad b. ʿUmar b. Ḥafṣ.

しかしながら、その後アフマドにはアッラーの思し召しがあって、イブン＝ヤークートに仕えることになり、金持ちになると同時に、賢い人間になったのである。

（第一巻九七話）

歌姫買いはお高くつきますよ

同じアフマド＝アズラクによる話。

ホラサーン出身のアフマド＝ブン＝ムハンマド[*1]という者がいて、のちにイブン＝ヤークート[*2]の友人となるのであるが、私のところによく来ていた。このアフマドは、若くして銀五万ディルハムを相続したとき、女歌手ズクーリーヤの妓楼[*3]へ遊びに行き、ズクーリーヤの女奴隷ズフラ[*4]に対し激しい恋心をいだいた。ズフラはその美しさといい、才知といい、歌の巧みさといい、バグダードの有名な女奴隷で、まさにバグダードの若者たちにとって憧れのアイドルであった。

女主人のズクーリーヤがアフマドにささやいた。

「どうやら若旦那さまは、うちの女奴隷にぞっこん惚れなさったようだけど、お金はいくらもっているの」

「銀五万ディルハムだ」

「それじゃあ、オプションなしのお決まりコースの遊び賃ね」

それから数日ならずして、アフマドは遺産を使い切ってしまった。私が彼を見たときには、上も下も下着なしの長上衣姿で歩いていて、しかも裸足であった。

1 —— Aḥmad b. Muḥammad al-Khurāsānī.
2 —— Ibn Yāqūt.
3 —— Dār al-Zukūrīya al-mughanniya.
4 —— Zuhra.

同性愛の若者の言葉

やはり同じアフマド＝アズラクによれば、イブン＝ワスナー[*1]という歩兵隊の男がいて、イブン＝ガリーブ[*2]というバグダードの青物商の若者を熱愛した。[*3]この若者は美貌で筆舌に尽くしがたく、気立ては明るく、会えば喜びがあふれた。男は若者にお金をつぎ込み、所有していた宅地も売った。だがお金がなくなると、若者から手を引き、関係を絶った。

その後、男は「なぜイブン＝ガリーブを棄てたのか、なぜ話しかけまいと誓いを立てたのか」と尋ねられると、こう言ったのである。

「イブン＝ガリーブの言葉は煉瓦を飛ばすようなものだ（それほど危険なのだ）」

（第一巻九八話）

1—— Ibn Wasnā al-Khuzā'ī.
2—— al-Ḥusayn b. Gharīb.
3—— 同性愛はイスラム法上は禁止されているが、とくに男色についてはイスラム社会の一端を示すかと思われるほど盛んで、軍に限らず一般的であった。

同性愛者の奇妙な関係

スーフィー行者の舞踊家ドッラ[*1]の語るところによれば、行者ドッラは（カリフの近衛軍団）サージー隊[*2]の一員サーフィー[*3]の書記官アブー＝ガーリブ＝ブン＝アルアージュッリー[*4]と同棲し一カ月間身を隠したことがあったが、やがてそのことが疎《うと》ましくなったので、アブー＝ガーリブを棄てて逃げ出し、数日間を友人のところで過ごした。

しばらくしてドッラが戻ると、アブー＝ガーリブはドッラをなじった。そこでアブー＝ガーリブに答えた。

「お前さんには言いにくいが、疎ましくなったのだ」

「そう言わずに、身を隠しているあいだ俺と一緒にいてくれ。アッラーが俺を自由の身にさせてくださったあかつきには、隠れていた日数だけ毎日お前を招待し、歌姫の花代として一日当たり金一〇〇ディーナールをお前のために払うとしよう」

こう言われて、ドッラはこのあと約一カ月間、アブー＝ガーリブと身を隠していたが、その後アブー＝ガーリブの身の危険が去り、隠れることを止めて、アブー＝ガーリブの生活はもとに戻った。

ある日、ドッラがアブー＝ガーリブと出会って、
「お前さんの誓いはどうなった」
と言うと、
「わかっている。今日を最初の宴会日としよう」
と応じた。アブー＝ガーリブはその日とその晩、歌姫たちの花代に金一〇〇ディーナールを払い、またほかのことにも同じくらいのお金を使った。そのうえ、歌姫たちをそのまま帰らせずに歌わせ、飽きがくると、代わりの女たちを呼んだ。

こうして二人は宴会を続け、アブー＝ガーリブは毎日夜一〇〇ディーナールを歌姫たちに花代として渡し、また食べ物や飲み物、果物やお香にも同様のお金を使った。

アブー＝ガーリブは、主人のサーフィーに会う必要があるとか、主人と仕事をしなければならないときとかには、馬に乗って出かけ、仕事を済ませ、夜か夕方には戻るのであった。それがアブー＝ガーリブにはもっともふさわしいことでもあった。

こうして歌手たちは坐り、食卓に料理は並べられ、舞踊家ドッラたちはご馳走を食べ、歌を聴いた。それは主人のアブー＝ガーリブが屋敷にいないときでも行なわれたのである。こうしたことが続いて、ついに二人が一緒に隠れていた日数だけ、アブー＝ガーリブはドッラのために宴会を催した。つまり三〇日間以上も続けたのである。

（第一巻九九話）

私タヌーヒーは、かつてこのアブー＝ガーリブに会ったことがある。それは彼がバリード家のアブルカースィム[5]の支配時代（九四四―九四七年）にバスラにやって来て、アブルカースィムの奴僕[6]だったムバッシル[7]との仲をとりもってほしいと私の父に頼んだからである。というのは、当時はアブルカースィムの絶頂期で、この奴僕を所有していたのであるが、今は私の父の奴僕となっている。

私が見ていると、ムバッシルは時折、自分の財布から銀二〇ディルハムとか三〇ディルハムとかをアブー＝ガーリブに恵み、一方、アブー＝ガーリブは父からも七〇ディルハムもしくは一〇〇ディルハムを受け取っていたのである。しかもアブー＝ガーリブはムバッシルのところにやって来て、ともに食事をし、酒を飲み、談笑し、かつては自分の奴僕であったという気安さからか、あたかも飲み仲間であるかのごとく振舞った。

だがアブー＝ガーリブの恰好たるや破れたシャツ、継ぎの当たった外套、それにクンバール靴といったありさまで、私は彼がそうした身なりで道を歩いているのを見たのだが、その後ろから奴僕がサンダル式のスリッパを持って付き従っていた。彼は我が家の玄関に着くと、そのスリッパに履き替え、父のもとを訪れるのであった。

アブー＝ガーリブはしばらく我が家に居候していたが、父がある徴税官に月額金一〇ディーナールで就職を斡旋し、その額でようやく職にありついたのであった。

（第一巻一〇〇話）

1 —— Durrat al-raqqāṣ al-ṣūfī.

2 —— al-Sājīya. 一〇世紀前半のカリフの近衛軍団の一つで、隊長のイブン＝アビッサージュ Ibn Abī al-Sāj の名に由来する。軍団は他にフジャリー隊 al-Ḥujarīya があった。

3 —— Ṣāfī.

4 —— Abū Ghālib b. al-Ājurrī.

5 —— Abū l-Qāsim ʻAbd Allāh b. Aḥmad al-Barīdī. バリード家の実力者だったアブー＝アブドゥッラー Abū ʻAbd Allāh Aḥmad b. Yaʻqūb al-Barīdī の息子。九四四年六月に没した父のあとを継いでバスラの支配者となったが、叔父アブルフサイン Abū l-Ḥusayn の陰謀に苦しみ、同年末に排除した。しかし、その後はブワイフ朝のムイッズ＝アッダウラとの戦いを余儀なくされ、九四七年にはバスラを追われて九六〇年に没した。

6 —— 原語 ghulām.

7 —— Mubashshir.

生まれの幸運に背を向ける

スーフィー行者ドッラ[*1]が私タヌーヒーに言ったことがある。

金一万ディーナールとか銀一〇万ディルハムとかを相続したばかりの男が、我々を無理にでも遊びに誘おうとした場合、我々はそういう男を「急ぎ屋ちゃん」と呼んでいると。そこで私がその理由を尋ねると、一年も経たないうちにか、あるいは乳離れもしていないうちにわが子を亡くしてしまった母親が、その赤子のことを「急ぎ屋ちゃん」と呼んでいるのに倣ったのだという。

つまり、相続したお金が、数カ月か、あるいは乳離れもしていない一年かそこいらで遊びに使って無くなってしまうので、そのように名付けるのであると。

神よ、感謝を忘れて幸運に背を向け、幸運を台無しにし、うらぶれた境遇に落ち込むことから我らを守り給え。

（第一巻一〇一話）

1 —— 第一巻九九話参照。

指導的人物への書簡文はいかように

かつて私タヌーヒーは、私に降りかかった災難のことである指導的な人物に一通の書簡をしたためたことがある。その折、先に述べた、書記官アブー＝ガーリブがかつて自分の奴僕であったという気安さからか、我らの解放奴隷ムバッシルとあたかも飲み仲間であるかのごとく振舞っているという一節に、その書簡で触れた。その人物に状況を快く受け入れてもらうためにふさわしい論拠になると思ったからである。ここにその一節を引用しよう。

「神が決して貴家にしかるべき代価を与えるよう無理強いされることも、貴家が授けた恩寵の代わりを強いられることもありませんように。また神は高みにあった貴家の手をあえて低みに下げられることもありますまい。権力が失われるとか、厳しい生活を強いられるとかいったことから、神が貴家をお守りくださいますように。命ある限り、神が貴家をもっとも望ましく生かされ、死を迎えねばならないとしたら、それはこれ以上望めないほどの延命と遥かなる栄光の果てにしてくださいますように。神が貴家の煩わしい仕事を祝福でもって終わらせ、神が貴家のこの世での望みをかなえさせ、どんな煩わしさも始末をつけてくださり、あの世においては貴家の冥福を嘉《よみ》し給われんことを。まさに神はよく聞かれよく答えられるお方、寛大で身近なお方である」

（第一巻一〇二話）

名前になった語句の忌避

ヤフヤー＝アズディー[*1]の語るところによれば、モスルのイブン＝アムル[*2]が〔ハムダーン朝の〕ナーセル＝アッダウラの子アブー＝タグリブ[*3]に書簡を送ったとき、その文中に〈褒むべきhamida事柄〉という語句を書いていた。

ヤフヤー＝アズディーが、その箇所は〈美しきjamila事柄〉と書いた方がふさわしいのではないか、〈褒むべき〉という語句は好ましくないと言うと、イブン＝アムルは答えた。

「貴下の言われるのは正しいが、私はモスルにいてアブー＝タグリブへ送る書簡なので、〈褒むべき事柄〉と書いたのだ。この書簡がアブー＝タグリブのもとに届くと、そこには姉のジャミーラjamilaがいる。アブー＝タグリブはこの姉の言いなりになっており、事は姉に牛耳られているのだ。アブー＝タグリブは何事も姉抜きでは決められず、姉の忠告に依らない限り意見を決定できないということだ。この書簡はかならず姉に見せねばならない類いのもので、姉が読めば私の〈美しき事柄〉という語句だけで否認するであろう。というのは、かつて私は姉の名と同じ〈美しき〉という語句を使ったために姉に厳しく否認され、謝罪しなければならなかった。それ以来、今に至るまで、どんな書簡であってもこの〈美しき〉という語句を使わないことにしており、それが習慣となってしまった」と。

(第一巻一〇三話)

これとよく似た話はカリフ＝マフディー[*4]の娘ウッライヤ[*5]にまつわるものとして語られている。彼女はコーランを読み進んで《大雨が降らねば露が降る》(二章二六五節)のところまできたとき、〈大雨が降らねば信徒の長が述べることを禁じられる〉と読んでしまった。つまり《露が降る》のṭallを声にできなかったのである。というのも、ṭallは当時彼女が熱愛していた奴隷の名前でもあったからで、このことを聞いた兄でのちのカリフのラシード[*6]は彼女をひどく叱り、以後彼女がこの奴隷の名前を言わないよう誓いを立てさせたのであった。

(第一巻一〇四話)

〔コーランの読み間違いについては、バグダードの〕ある優美な女性が、《汝の御心のうちは私にはわかりませぬが、汝は私の心のうちをすべてご存知でいらっしゃいます》(五章一一六節)とある《心のうち》のfī nafsīと言うべきところをfī rūḥīと言ってしまったのである。このことを聞いたある人物が彼女に、

「なんということよ。お前さんは神さまより優美だと思っ

ておいでか。神が言われた通りに言いなさい」とたしなめた。

（第一巻一〇五話）

1 —— Abū Muḥammad Yaḥyā b. Muḥammad b. Fahd al-Azdī. 第一巻二話註2参照。

2 —— Abū l-Ḥasan ʻAlī b. ʻAmr al-Mawṣilī. ハムダーン朝ナーセル＝アッダウラ Nāṣir al-Dawla の子アブー＝タグリブ Abū Taghlib の書記官。

3 —— Abū Taghlib Faḍl Allāh b. Nāṣir al-Dawla. 在位九六七―九七九。モスルのハムダーン朝の第二代君主。九四〇年、ナーセル＝アッダウラとクルド人の母ファーティマ Fāṭima の子として生まれ、九六七年五月、父のナーセル＝アッダウラを廃位してアルドムシュト Ardumusht の城塞に閉じ込め、権力を掌握した。しかし異母弟のアブルムザッファル Abū l-Muẓaffar Ḥamdān はこれを認めず、ブワイフ朝の大総督でアッバース朝の将軍でもあったバフティヤール Bakhtiyār と合従連衡を繰り返し、九七九年八月、ブワイフ朝に征服され、殺された。

4 —— al-Mahdī. アッバース朝第三代カリフ。在位七七五―七八五。第二巻一五話註3参照。

5 —— ʻUllaya bt. al-Mahdī. 母はマクヌーナという女奴隷の歌姫。ウッライヤは人並み優れた美貌の持ち主で素晴らしい詩人でもあったという。

6 —— al-Rashīd. アッバース朝第五代カリフ。在位七八六―八〇九。ハールーン＝アッラシード Hārūn al-Rashīd の名で知られることが多い。この王朝の全盛期を代表する君主で、七九七年、八〇三年、八〇六年の三回にわたってビザンツ帝国に親征、屈辱的講和条件を与えたが、対内的には相次ぐ叛乱の鎮圧に苦慮した。内政では最初の一七年間はバルマク家一門を重用したが、その権勢があまりにも強大になりすぎたために、八〇三年に断絶させ、みずから政治に臨んだ。『千夜一夜物語』の登場人物としても有名。

大総督もほれた女には取り繕う

私タヌーヒーは以下の話を何人かから聞いたことがある。バグダードの大総督バジュカム*1はフトゥッワという、ハーシム家の女奴隷であった歌姫が好きになった。しかし彼女を買い取るにはバジュカムの自尊心が許さず、彼女への愛を明かすこともならず、ただよく彼女をはべらせ、何でも贈り物をするのであった。

あるときバジュカムは、彼女のために非常に高価なインド産の沈香《じんこう》でウード琵琶を作らせた。むろん彼女がその琵琶を弾いて歌ってくれることを期待してのことであった。ところがある日、バジュカムは酔っ払って、その琵琶の表側をへこませてしまった。そこで琵琶を引き裂き、そのなかにディルハム銀貨を一杯に満たした。二万ディルハム以上あったであろうか。

（第一巻一〇六話）

1――Bajkam al-Mākānī. もとギーラーン・タバリスターンなどのダイラム人支配者マーカーン Mākān の、ついでマルダーウィージュ Mardāwīj の一トルコ系傭兵であったが、九三五年、仲間とともに主人を殺害、逃れて南イラクのワースィトとバスラの総督イブン＝ラーイク Ibn Rā'iq に仕え、トルコ・ダイラム傭兵の隊長となる。九三六年一一月、イブン＝ラーイクがカリフ＝ラーディー（在位九三四―九四〇）から大総督 amīr al-umarā' に任命されると、バジュカムは大総督の副官となって頭角を現し、九三八年、イブン＝ラーイクに代わってカリフから大総督に指名された。バジュカムはまずカリフに貢納をせず半独立状態にあったモスルのハムダーン朝を攻めて北イラクの安定を取り戻し、一方、南イラクではバリード家との紛争を征してワースィトを制圧した。九四〇年にカリフ＝ラーディーが没すると、あとを継いだカリフ＝ムッタキー（在位九四〇―九四四）から大総督の地位を追認されたが、九四一年四月、ワースィトを離れて南下、バリード家との戦闘を果たして帰還中、クルド人強盗団に背後から強襲されて戦死した。

市井の人でもかつての遊びは桁外れ

バスラの住人で、アブルアッバース＝バグダーディー[*1]として知られる競売人[*2]がいた。この人は若いときに莫大な財産を相続したが、そのすべてを歌姫買いに費消してしまった。貧乏になってから競売人となるや、お金を儲けてふたたび莫大な額を手にした。だが、またもやすべてをつまらないことに使い、すっかり無一文になってしまった。

バスラのある長老はラマダーン月のある晩、まだ若いころのこの競売人と出会ったことがあるという。長老が見ると、競売人は袖にものをいっぱい詰め、ビドア＝ドルーニーヤ楼[*3]へ向かっていた。ビドアというのはバスラの女歌手のことで、気立ての良さと歌の巧みさを兼ね備えた、バスラでは知らぬものがない絶世の美女であった。

「やあ、アブルアッバースよ、お前さんの袖の中身は何だね」

「ホラサーンの果物菓子の詰め合わせだ。ラマダーン月の喜捨としてビドアに贈ろうと思っているんだ」

バスラの長老は若者が言う通りのものだと思い、気軽に、

「儂《わし》にもくれるか」

と言ったところ、若者は長老の袖のなかにそのいくつかを突っ込んだ。長老は袖のなかがずっしり重くなったと感じたが、そのまま別れた。

家に帰り着いて、家族のものにやろうと、袖から取り出すと、なんと、それは黄金のアーモンドに銀の砂糖、龍涎香《りゅうぜんこう》のピスタチオとはしばみの実、それに伽羅《きゃら》の葡萄ではないか。長老はすぐに仕舞い込んだ。翌日取り出してよく見ると、相当高価なものだ。長老は若者のところへ行き、貰ったものを返そうとした。

「やあ、とんまなおじさんよ、どうして返そうなんて思うんだ。昨日、俺の袖のなかにあったのはすべてこんなものだった。俺はそれをビドアや彼女の女奴隷たちにみんなやってしまった」

「もしそんな高価なものだとわかっていたら、お前さんにねだりはしなかったさ」

「おやおや、あんたさんはこの俺さまがほんもののアーモンドや砂糖、干し葡萄やピスタチオをビドアのところにもって行くとでも思ったのかね」

（第一巻一〇七話）

1 —— Abū l-'Abbās al-Baghdādī.
2 —— 原語 dallāl.
3 —— Dār Bid'at al-Durīnīya.

どんな生き物の魂も正しく導かれる

バスラのアフマド[*1]がウルワ＝アッズバイリー[*2]から聞いたところによると、彼は〔九二四年、〕ハビール[*3]の年に巡礼に出かけ、メッカで猿を買った。彼の〔駱駝の〕同乗者は犬を飼っていたのであるが、猿はこの犬に慣れ、二匹の動物は一緒に餌を食べるようにまでなった。以下はこのウルワの語った話である。

「カルマト教徒が我々を襲ってきて、我々に刀を振るい、一行は離ればなれとなってしまった。荷物とも駱駝とも引き裂かれた。みんなは散りぢりになって逃れ、私自身も徒歩となり、クーファに辿りついたときには、手元に銀一ディルハムしか残っていなかった。

ある日、坐って誰に相談したらよいか、何をどうしたらよいか考え事をしていると、騒がしい声や叫び声が聞こえてきた。何事かと見に行くと、犬の背中に猿が乗っているではないか。二匹の動物はそのような恰好でクーファまでやって来たので、その様子を見て人々が笑っているのであった。

どうやら猿は餌を見つけると、それを犬に食べさせ、代わりに背中に乗って道中を続けてきたらしい。私が二匹を見つけて呼ぶと、私のところにやってきた。人々が、どうしたのかと尋ねるので、私がこの二匹の飼い主なのだと言って、二匹を引き取った。

この噂はクーファの総督の耳に達し、私のもとに使いを遣わして二匹を買いたいと言ってきた。そこで私は三〇〇ディルハムで売り払った。こうして私の境遇はしばし改善され、私はクーファを離れることができたのである」

（第一巻一〇八話）

1 ―― Aḥmad b. ʻAbd Allāh b. Bakr al-Baṣrī.

2 ―― ʻUrwat al-Zubayrī.

3 ―― Sanat al-Habīr. シーア派系イスマイール派の一分派であるカルマト派は一〇世紀になるとイラクやシリアなど各地で反政府運動を起こし、とりわけバハレーンの教徒はバスラやクーファに侵攻して勢力を拡大、九二四年四月にはメッカから帰途についていた巡礼団を襲撃した。ハビールはアラビア半島のナジュド高原にあり、メッカ巡礼道に沿った窪地で、ここを通行中の巡礼団を襲ったのである。そこでこの年をハビールの年という。カルマト派については第一巻一七四話註5も参照。

猿の知恵

ワフブ＝ブン＝ムナッビフ[*1]〔の著述〕によれば、〔旧約聖書の〕イスラエル人の時代に一人の葡萄酒屋がいて、一匹の猿を連れて酒を売り歩いていた。この酒屋は葡萄酒に水を混ぜて二倍に薄め、それを葡萄酒と同じ値段で売っていた。猿がそんなことをしないように忠告すると、酒屋は猿を叩いた。

　葡萄酒がすべて売れて酒屋は自分の国に帰ろうと船に乗った。猿も一緒で、雑嚢には酒屋の衣服と葡萄酒の売上代金の入った財布が仕舞われていた。海に出ると、猿は財布を雑嚢から引っ張り出し、それを持ったまま帆柱のうえに上り、てっぺんに辿りついた。すると猿は財布から、一ディルハムは船に、一ディルハムは海へと投げはじめ、遂には銀貨を二分してしまった。つまり葡萄酒分は船に投げて主人の儲けた分とし、薄めた水の分は海に投げ、儲けを捨てさせてしまった。こうして猿はすべての銀貨を投げ終えると、帆柱から下りてきて船に戻ったのである。

（第一巻一〇九話）

　バスラのアフマド[*2]が聞いたワースィトの伝承家ヌウマーン[*3]の語るところによると、彼がイエーメンに滞在していたとき、ある信頼のおける羊飼いが以下のような話をしてくれたという。

「自分がとある涸河《かれがわ》で羊を放牧していると、雄と雌の二匹の猿が目に入った。二匹はそろって丘のうえで寝ていた。そこへ一匹の雄猿が忍び足でやって来て、連れの雄猿のそばで寝ていた雌猿を揺すった。すると雌猿が起きてその雄猿とその場を離れ、二匹の猿は媾《まぐわ》った。自分はその二匹の様子を見ていたのであるが、連れの雄猿が目を覚まして雌猿を見ると、けたたましい大きな叫び声を上げ、大勢の猿たちがその雄猿のところに集まって来た。その光景は自分を大いに驚かすものであった。

　連れの雄猿が集まった猿たちのまえで何か叫ぶと、猿たちは次々雌猿の臭いを嗅ぎはじめ、遂に全頭が嗅ぎ終えた。すると猿たちは、雌猿と隠れて交尾した雄猿とを遠く離れた窪地まで連れてきて、無理やり二匹をそこに突き落とし、二匹に向かって石を投げつけ、とうとう二匹の猿は死んでしまった」

（第一巻一一〇話）

1 —— Wahb b. Munabbih. イスラム初期、南アラビアの語り部。六五四／五五年、サンアー近郊でペルシャ系の子として生まれ、イエーメンの法官を務めたこともあったが、七二八年もしくは七三二年、時の総督によって死刑に処せられた。啓典の民の系統の伝承の権威者とされている。

2 —— Abū ʻUmar Aḥmad b. ʻAbd Allāh b. Aḥmad b. Bakr al-Baṣrī. 第一巻一〇八話註 1 参照。

3 —— al-Nuʻmān al-Wāsiṭī, Abū l-Ṭayyib. ワースィトの法官であったが、バグダードに移住し、伝承家となった。九二七年、バスラで没した。

熊にまつわる話

またバスラのアフマドが親友のガラス職人アブルハサンから聞いたところによると、彼はシーラーズで、まるで鍛冶屋の使用人のように熊が鍛冶屋の皮袋のふいごを吹いているのを目撃したという。　（第一巻一一一話）

またアブルハサンは鍛冶屋で金槌を叩いている熊を見たこともあって、ある日、熊は間違って鍛冶屋の頭を叩いてしまい、鍛冶屋を殺してしまったという。　（第一巻一一二話）

どんな動物の肉でも食べる総督

書記官でファムッセルフ出身のアブー＝ムハンマド[1]が、ハーカーン＝ムフリヒー[2]に書記として仕えていた父親から次のような話を伝えている。

儂《わし》がある日ハーカーンと酒を飲んでいると、ハーカーンは儂に干し肉を持ってくるよう召使いに命じた。口にするとおいしくなかったので、儂は尋ねた。

「総督閣下、これは何でしょうか」

「熊の干し肉だ」

儂は干し肉を投げ出し、口から吐いた。儂の体液は逆流し、病気が襲った。儂は四カ月ものあいだ、家で病人として臥せねばならなかった。

ハーカーンはよくライオンやハイエナの肉を食べておいしいと思ったほどであるから、彼にとってはどんな動物の肉も食肉となったのである。

（第一巻一一三話）

ユダヤ人の医師ワフブ＝ブン＝ユースフ[3]がシリア出身のユダヤ人ダーウード[4]から次のような話を聞いた。

私はこの軍人ハーカーンに仕えていたのであるが、ハーカーンが病気になったので、病人食を給して食養生をさせた。病状が回復し、ほぼ健康体になったとき、ハーカーンがこれ以上食養生することはできないというので、若鶏を食べるよう勧めた。翌日、私がハーカーンのもとを訪れると、ハーカーンは高熱を出し、病状がぶり返しいっそうひどくなっていた。肋膜炎に罹《かか》っていたのである。

「閣下は昨日何をお食べになりましたか」

「若鶏を食べた」

「この症状は若鶏を食べてなるようなものではありません」

私がハーカーンの奴僕に聞くと、仔馬を屠《ほふ》ってその最良の部位を食べたのだという。

「おゝ閣下、私は若鶏を食べるよう勧めたはずです。それなのに馬の肉を食べるとは」

「お前さん、儂は若い馬を食べたのだ」

私は胸のうちで、「いまや死体の若いのでも食べるがよい」と言って、それから何カ月も治療し、ようやく回復させたのである。

（第一巻一一四話）

ファムッセルフのアブー＝ムハンマドが書記だった父親から聞いたところによると、将軍ハーカーン＝ムフリヒーの一日当たりの俸給は、将軍ならびにその傭兵と召使いの食糧として一二〇〇ラトル（約三〇〇〇キログラム）が支給されていた。それがすべて彼の官舎で食べられていたのである。ただこれは将軍が任地の軍管区に駐在していたときの話で、バグダードに滞在しているときにはこの半額、つまり六〇〇ラトルの食肉で満足した。ただし、これには将軍の食卓に供されるために屠る動物の肉は含まれていない。

（第一巻一一五話）

ちなみに、〔ブワイフ朝君主イッズ＝アッダウラの〕当時宰相だったイブン＝ファサンジャス*5の代官たちから聞いたのであるが、この宰相の一日当たりの俸給は、六〇ラトル余の食肉で、これは宰相ならびに妻や奴僕など彼の邸宅で食されるすべてなのであるが、他には三頭の仔羊、一〇羽の家禽、四、五羽の小鳥、市場から買ってくる三碗の砂糖菓子などであった。ただし、これには宰相が自慢のものは入っていない。つまり繊細な味の甘い菓子類で、よく食卓に出されたものである。

（第一巻一一六話）

1 —— Abū Muḥammad al-Ḥasan b. Muḥammad al-Ṣilḥī. ワースィトの北方、ティグリス川に沿って五パラサングのところにある都市ファムッセルフ Fam al-Ṣilḥ の出身。ハムダーン朝のナーセル＝アッダウラに仕えていたが、九四六年八月、ナーセル＝アッダウラがブワイフ朝のムイッズ＝アッダウラとの戦いに敗れると、ナーセルとともにバグダードからモスルへ敗走した。

2 —— Khāqān al-Mufliḥī. エジプトのトゥールーン朝の指揮官であったが、太守ホマーラワイフ Khumārawayh の軍隊を離れてカリフ＝ムウタディド（在位八九二—九〇二）に仕え、イランのライの総督となった。ついで九一六／一七年、アッバース朝に叛旗を翻したアルメニア・アゼルバイジャン総督イブン＝アビッサージュ Yūsuf b. Abī l-Sāj の討伐に派遣されたが敗走した。

3 —— Wahb b. Yūsuf al-Yahūdī.

4 —— Dā'ūd al-Yahūdī al-Shāmī.

5 —— Abū l-Faraj Ibn Fasānjas. 第一巻四三話註4参照。

借金主、九死に一生を得る

大法官[1]アブッサーイブ[2]は〔扱った事件のなかから、〕私タヌーヒーに次のような話を語ってくれた。

ある男が借金をして夜逃げをした。貸し主は〔追跡し、〕砂漠でその男を見つけて捕まえた。貸し主はもっていた足枷《あしかせ》を取り出し、まず男の足にはめ、その片方を自分の足にはめた。それで二人の足首は一つの金属の輪で繋がれた。二人はそこから近くの村まで歩いて行ったが、着いたときには日はとっぷりと暮れ、村人たちは村の城壁の門を閉ざしていた。

二人は門を開けてくれるよう熱心に頼んだが、村人たちは拒んだ。二人は仕方なく、村の入口にある荒れ果てたモスクに入って夜を過ごすことにした。ところが二人が寝ているあいだにライオンがやって来て、貸し主を捕まえ、引き裂き、引きずりはじめた。借り主もやむなく引きずられ、そうした状態はライオンが貸し主を食べ尽くすまで続いた。ところがライオンはそれで満腹したのか、借り主を残したまま立ち去った。

借り主はライオンが引きずったり引っ張ったりしたために深い傷を負っていた。しかも足枷には貸し主の足が残ったままであった。借り主は足枷を付けたまま歩いて村に行き、起こったことを話した。それで村人は借り主の足枷をはずし、ようやく借り主は自分の目的地に向かうことができたのである。

（第一巻一一七話）

1 ── 原語 qāḍī al-quḍāt.

2 ── Abū l-Sā'ib 'Utba b. 'Ubayd Allāh. 八七七／七八年、商人の子として生まれたが、学問を修め、長じてアゼルバイジャン、ついでハマダーンの法官となり、バグダードに移り住んで、クーファやアフワーズの法官を務め、九四九／五〇年に大法官に任じられた。九六一年没。

いっぷう変わったライオンの捕獲法

法官アブー＝バクル＝イブン＝サイヤール*1が私タヌーヒーに語ってくれた。

旅の途中、夜の帳《とばり》が下りて途方に暮れた男があった。男は叢林と沼地が近くにあるさびれた隊商宿で夜を過ごすことにしたが、ちょうど月夜の晩で、そこはまた野獣の群なす場所でもあった。男はこのことがわかっていたので、隊商宿の屋根によじ登り、煉瓦をいくつか取ってきて、それを階段の扉のところに置き、坐って見張った。するとと突然、全裸の男が現われ、池の縁に坐った。旅の男は聞いた。

「そこで何をしているのだ」

「ライオンを捕まえるのだ」

「なんと、お前さん、命が惜しくないのか」

「すぐにわかるさ」

ほんのしばらくすると、一頭のライオンが現われた。その男が姿を見せると、ライオンは吼《ほ》え、男の方に向かってきた。ほんの際まで来たとき、男は水のなかに飛び込んだ。ライオンも続いて飛び込んだ。男もライオンも潜った。しばらくすると男がライオンの後ろから姿を現わした。手はしっかりとライオンの睾丸を摑んでいた。ついで男は鉢巻きに差していた丈夫で鋭い、一腕尺ばかりのペルシャパイプを取り出し、それをライオンの尻の穴に深く突き刺した。しかも片方の手でライオンのなかに水を突っ込みはじめた。水が腹のなかに入ると、ライオンは重くなり、力が弱まった。この間、男はライオンの睾丸をずっと摑んだままで、ついにライオンを溺死させてしまった。

ついで男は水のなかでライオンを引っ張り、岸辺に引き上げ、ライオンの皮を剝ぎ、頭、足、脂など、およそ金目になると男が熟知している部分を取り出した。それから旅の男に声を上げた。

「だんな、俺はこうしてライオンを獲っているのだ」

と。そしてそのまま旅の男をあとにして、立ち去ってしまった。

（第一巻一一八話）

1 —— Abū Bakr Aḥmad b. Sayyār. 第一巻五三話註1参照。

私領地争いは命懸け

私タヌーヒーの父の叔父で、〔ホーズィスターン州の首府〕アフワーズ出身の〔元〕書記官イブン＝アビー＝アッラーン[*1]が私にかく語ってくれた。

儂《わし》とイブン＝クダイダ[*2]とは敵対関係にあったが、儂はすでに政府の仕事から引退していた。イブン＝クダイダはカリフ＝ムクタディル[*3]の母后の私領地[*4]〔の徴租業務〕を引き受けていたが、その私領地は儂の私領地[*5]に隣接していて、それで灌漑や農夫[*6]のことで儂に多大の損害を与えた。儂の私領地の荒廃と儂の名誉の失墜を狙っており、儂はそれに耐えねばならなかったのである。

イブン＝クダイダはある日、儂の農夫の一人を捕えてひどく打擲《ちょうちゃく》した。そこで儂は自分の私領地のために働いてくれているイブン＝ヒルバーン[*7]という書記をイブン＝クダイダのもとに派遣し、彼を咎めて思い止まらせ、その農夫を取り戻そうとした。ところがイブン＝クダイダは儂の書記に荒々しい言葉で応対した。そこで書記は儂のところに戻ってきて報告した。

「あの男はまさにあなたを苦しめようとしています。御用心ください。これまでとは違った方法で事を処すべきです」

「どんな状況だったのか」

儂がそう尋ねると、書記は事の顛末を教えてくれた。儂は考えた。儂に仕掛けられたイブン＝クダイダの暴虐の根を断ち切り、逆に彼自身に痛手を与えるには、儂が母后の私領地の徴租を請負う[*8]だけでなく、イブン＝クダイダの身柄を自分のもとに拘禁して〔徴租請負の前年分の〕精算を要求し、拷問にかける以外にはない、と。

そこで儂は母后の書記に手紙を書き、当該地方の徴租請負をイブン＝クダイダが納めた額より三年間で金三万ディーナールも増額すると申し入れた。ただ、イブン＝クダイダの身柄の引き渡しをその付帯条件とした。それは、イブン＝クダイダに精算をさせ、その精算の結果得られるものを請求して、この増額分以上に精算額を増やすためであった。そして儂は、この旨の手紙を特別の飛脚[*9]に持たせて送った。だが、飛脚が出かけると儂は後悔した。

「実際の収穫高も知らない私領地〔の徴租請負〕を、なぜ自分で引き受けてしまったのか。あの男の敵意に耐えるほうが、まだたやすかったであろうものを」

と。儂はうなだれて考え込んでしまい、寝ているのか覚めているのか、もうろうとなっていた。そのとき、白髪白鬚の老人が法官の衣服をまとって部屋に入って来た。見ると、その老人は青いタイラサーン服[10]を着てカランスワ帽をかぶり、赤い靴をはいていた。すると、その老人が言うではないか。

「この仕事で何をお前は悲しむのか。お前は増額すると申し出た徴租請負によって、第一年目は一万ディーナールの利益を得るであろうが、二年目には一万ディーナールの損失を蒙り、三年目には利益もない代わりに損失も出さないで終わるであろう。結局、お前の労力は敵の脅迫をもはや受けないで済むということになって報われよう」

と。儂は驚いて目が覚め、〔家の者に〕誰か儂の部屋に入って来なかったかと尋ねた。しかし、「入っておりません」と言う。それで儂は少し気を取り直したのであった。

〔母后の書記への書簡を送って〕二二日目、バグダードから書簡をもった使いの者が到着した。書簡には儂の要望が許された旨書かれていたが、別途に、アフワーズ諸県の全徴税吏を監督するために、テーブ[11]に滞在している徴税官[12]に対して、アフワーズに赴き、イブン＝クダイダを儂に引き渡すことと、儂に徴租請負契約[13]を委ねるよう命令した旨の書簡が同封してあった。

そこで儂はその徴税官に賄賂として〔額面〕一〇〇〇ディーナールの小切手[14]を送り、手紙を書いて徴税官の来駕を求め、同時に儂に来た〔母后の書記の〕書簡も一緒に送った。

数日後、〔テーブから到着した〕アフワーズの徴税官と一緒に、ドゥジャイル川[15]畔の徴税官の館で坐っていると、突然マームーニーヤの方から大部隊がやって来た。徴税官は驚いて自分を更迭するための使者が来たのかと思い、事情を調べてくるよう人を派遣した。使いの者が戻ってきて、

「母后の徴租使[16]の某です」

と報告したので、徴税官はその人物に会うために、儂と一緒に舟艇に乗って川を渡った。二人が出会うと徴租使が徴税官に、

「やあ閣下、イブン＝アビー＝アッラーンに会いたいのだが」

と言った。そこで儂が、

「それは私です。閣下」

と名乗り出た。

徴租使は儂との面識はなく、儂も彼を少し知っているぐらいだったが、徴租使は儂を上座に導き、一団の人々の一番まえに坐らせた。これには徴税官も、その場に居合わせた人たちも驚いた。徴租使がアフワーズの徴税官に、

「イブン＝クダイダに用向きがあるのだ」

と求めたので、徴税官は使いをやってイブン＝クダイダを召喚した。イブン＝クダイダが来ると、徴租使は彼を縛り、儂に言った。

「さあ、イブン＝アビー＝アッラーンよ、イブン＝クダイ

ダを引き渡すぞ」と。

「この騒ぎはいったい何事だ」

徴税官がそう言って驚き、人々も儂を揶揄しはじめたので、儂は説明した。

「彼こそが私にこのようなことをさせたのだ」と。

儂はイブン＝クダイダの身柄を預かり、自分の館に帰った。ほどなくして母后の徴租使が川を渡ってやって来た。儂は丁重に出迎え、供応し、それ相当の贈り物をした。翌日、徴租使は儂と徴租請負の契約を結び、三日目に立ち去った。儂はさらに一〇〇〇ディーナールを賄賂として贈っておいた。儂は自宅でイブン＝クダイダを繰り返し拷問にかけ、母后やその書記および徴租使に支払った分のお金をイブン＝クダイダから徴収し、徴租使の供応や賄賂のために儂の負担となっていた額を取り戻した。

数カ月後、儂はイブン＝クダイダを釈放して家に帰してやった。イブン＝クダイダの肩には重い借財がのしかかっており、彼は自分の私領地の一部を売却せざるを得なかった。イブン＝クダイダの威光は薄れ、その意気は消沈した。

徴租請負を監督して丸一年が経つと、儂は一万ディーナールの利益を得ていた。

「夢のなかで老人が語った通りのことが起こったのだ」

儂はこう考え、その利益金を両替商*17に預託し、それを収入方にも支出方にも繰り入れなかった。

二年目になったとき、〔穀物の〕価格は低迷し、儂は〔一年目の利益〕額と同額の欠損を出したので、預託しておいたお金で支払って、その欠損額を埋めた。三年目には収支同額を出し、損失も利益もなかった。そこで徴租請負金*18を精算し、〔母后の書記に〕請負を辞退したい旨書き送った。というのも、すでにイブン＝クダイダが受けた災禍は深刻なものとなっており、もはや彼が敢えて徴租請負を引き受けたり委ねられたりすることはないと思われたからであった。

ところが、母后の書記は儂の求めを認めず、増額して請負を更新するよう求めてきた。イブン＝クダイダの教唆をもとに強要してきたのであった。書記は母后の高位の一宦官《かんがん》を儂のところへ派遣し、その宦官は舟艇で、しかも物々しい陣容でやって来た。儂は、もしこのままこの宦官と出かければ、牢屋に入れられて繰り返し拷問にかけられ、釈放される道も閉ざされるのでは、と恐れた。そこで儂は宦官を泊め、贈り物をして歓待し、銀五〇〇〇ディルハムを贈った。すると宦官はそれを大層に思い、儂をあがめるようにして礼を言った。そこで儂は宦官に申し出た。

「まことに私の一族は多く、私は諸事を整えてから出かけたいと思いますので、一週間の猶予をお与えください。そして必要なものを整えるあいだ、私の家でひとりにさせてください。それから貴殿と出かけましょう」

宦官はこれを許してくれた。それで儂は兄弟たちや義兄弟たち、書記たちに言い付け、それぞれが宦官とその召使いや側用人のために一日ずつ接待すること、彼らが儂のことを気にかけないようにすること、酒やチェスや歌舞で気晴らしさせることなど、命じた。

一方、儂は夜陰に紛れ、継ぎの当たった衣服を着て、驢馬に乗って出かけた。同行したのは二人の召使いと案内人だけであった。儂は〔額面〕金五〇〇〇ディーナールの手形[*19]以外には何も携行しなかった。儂が旅をしているあいだ、宦官は招待宴に忙しく、儂の出奔を知ったときには、儂はすでにワースィトに着いていた。宦官は怒り狂って水路を下り、ウブッラ[*20]にやって来たが、そのときには儂はバグダードの近くまで来ていた。

それから儂は変装してバグダードに入り、アブルムンズィル＝ヌウマーン[*21]のもとに身を寄せた。ヌウマーンはアフワーズ〔の徴税〕を担当し、儂が彼と一緒に業務に携わっていた時代、儂に尊敬と友愛の念を抱いてくれていたからである。ヌウマーンは儂を伴って当時宰相をしていたアリー＝ブン＝イーサー[*22]に会いに行き、宰相に儂の立場を説明してくれた。アリー＝ブン＝イーサーは儂に、

「かねがね貴下には会いたいと思っていた。というのも、貴下の書記の技術は素晴らしいと伝え聞いていたからだ」

と言って、儂にいくつかの文書を書くよう投げて寄越した。そこで儂は宰相の面前でそれを作成し、書記の技術で驚嘆させた。宰相は儂を褒めてくれた。

儂は宰相のもとに数日間滞在した。儂が〔宰相のところにいるという〕話は母后の書記には内密にされていたが、それから宰相は儂の件に関して母后と話し合った。母后が言うには、

「イブン＝アビー＝アッラーンがわらわの役所に来ないかぎり、事を決めぬ」

とのことであった。宰相は、

「〔母后のところへ〕行け。恐れるな。儂がお前の後ろに付いている」

と、儂を励ましてくれた。儂は出かけたが、先方は儂を逮捕したので、使いを頼んでこのことを友人たちに知らせた。

アブルムンズィル＝ヌウマーンが母后の役所に伺候して、儂と母后側とのあいだの調停の労をとり、三〇〇〇ディーナール——そのぐらいだったと思うが——の和解金で事を決め、儂に代わって〔徴租を〕請け負った。そして儂を自分の館に連れ帰った。それで儂は〔自分が持ってきた〕手形のうちからその金額をヌウマーンに支払った。

宰相アリー＝ブン＝イーサーは儂に自分のもとで公職に就

くよう求めたが、儂は固辞した。やむなく徴租請負を結んだところであり、そうした事情にないと説明したので、宰相は許してくれた。

儂はアフワーズに戻った。儂とイブン＝クダイダとのあいだは敵対関係のまま数年が過ぎたが、ときには彼は失踪していることがあった。

さて、カリフからアフワーズにあるカリフの私領地を売却する旨の書簡が送られてきた。[*23] そこで人々は一年の生産高かそれ以上に値する〔土地を〕半額の値段で買った。儂もできるだけ購入し、しかも法外といえる契約で買い入れた。アブー＝アブドッラー＝バリーディー[*24]も自分のために儂の意見と選択によって、広大な面積の土地を一団の人々の名義のもとに購入した。その秘密は儂だけが知っていた。このときには、バリーディーは儂の意図を見抜けなかったのである。イブン＝クダイダも購入者たちに混じって〔私領地を〕買った。儂らはこのような私領地の管理をとりしきることになった。

ほどなくしてカリフは莫大な増額分――一〇万ディーナールと言ったと思うが――を儂らに課すと書き送ってきた。バリーディーが、

「この増額分をどうしようか」

と尋ねるので、儂は、

「貴殿は、拒否することもありうるという条件で町の人々と売買契約を結んでいるから、その増額分を貴殿のために負担しようとしないでしょう」

と答えた。バリーディーは人々を集め、彼らと談合したが、〔案の定〕彼らは拒み、〔説得のためには〕彼らを打擲しなければならなかった。バリーディーは儂と二人きりになったときに、

「このことをお前に任せる以外によい方策が見つからぬ。俺のために処理してくれ」

と言って、儂にこの問題を義務づけた。

「この仕事を私の思うようにさせてくれますか。〔増額分の〕お金は私が引き受けますが」

と儂が求めると、バリーディーは、

「お前の好きにしろ」

と言った。

儂は〔バリーディーの書記で〕解放奴隷のジュザーブ[*25]とともに坐って、〔増額分の〕お金を町の人々に分割して割り当てた。〔そのさい〕儂ら自身については除外して、何の負担額も義務づけなかった。また儂らが目をかけている者たちについては減額し、逆にそれ以外の者たちには増額した。儂はイブン＝クダイダに対しては彼のしかるべき負担額の二倍の額を意図的に割り当て、そのように賦課簿[*26]を作成した。

儂らは割り当てた賦課額[*27]について人々と議論したが、みん

なは拒否して、

「これはいかなる計算にもとづいているのか」

と問うた。儂らは勘定をし、議論し合った。〔ほどよいころと見た〕儂は一団の人々に向かって、

「この割当額の負担をよしとする者はそうすればよかろう。しかし、そうでない者は購入した私領地から得た穀物の収穫高[*28]について我らと精算をしよう。そしてそのあとの残余の額は、私がその者に返却し、〔そのうえで〕その者の購入〔した私領地〕を自分が引き取り、自分でこの増額分を引き受けよう」

と申し出た。さて、各人はすでに共有[*29]でなり隣人同士でなり、私領地を購入していたが、それらは、本人や先祖がそこで百年来労苦してきた土地であったり、長いあいだ非常に切望していた土地であったり、安く購入して改良した土地であったりした。

町の人々は大いにあわてて、一人残らず儂が割り当てた通りそのまま分担額を引き受けた。儂はイブン＝クダイダに莫大な額の負担を強いていたが、彼にはそれを支払う手段がなかった。ある晩、儂が自宅で坐っていると、イブン＝クダイダが訪れ、儂の部屋に入って来た。

「何の用だ、おゝアブー＝ジャアファルよ」

儂がそう言って立ち上がり、挨拶すると、イブン＝クダイダは儂を半ば咎め、半ばへりくだった態度を示した。

「何が望みだ」

儂がそう言うと、

「分担金を軽減し、あなたのお金で私を助けてください。神かけて、私には支払うお金がないのです」

と答えた。そこで、儂はわずかばかりの軽減をしてやるとともに、イブン＝クダイダに銀三万ディルハムを貸し付け、彼を負債者とする借用書[*30]を書かせ、町の一団の公証人たち[*31]にその証言を依頼した。そしてその借用書を自宅に保管したまま、数年間はそのお金〔の取り立て〕のことを考えなかった。〔その代わり〕儂は彼に対してさまざまな苦痛や罰金や試練をたくらんだ。彼はやせ衰え、日々体重が減っていった。

儂はイブン＝クダイダの力ももはや限界に達したと知るや、彼に借金〔の返済〕を要求した。すると彼は儂から身を隠し、自宅に引きこもってしまった。そこで儂は法官アブルカースィム＝タヌーヒー[*32]に彼のことを訴え出た。法官は儂のために治安長官[*33]へ宛てた協力要請状[*34]を書いてくれた。

イブン＝クダイダは自分の館から逃走した。そこで法官は彼の館の門前で出頭[*35]〔命令〕を読み上げさせたが、効果はなかった。儂はバリーディーにイブン＝クダイダの探索を頼んだ。バリーディーは不意をついてイブン＝クダイダを隠れ家から引きずり出し、儂と一緒に法官のまえに出頭させた。イブン

＝クダイダには借金があるとの証拠*36が提出され、儂は法官に彼の投獄を求めた。だが法官アブルカースィムは儂に言った。

「投獄そのものは必要ない。男らしさの持ち主*37は下層の人々と一緒にひとつの牢獄に入ることはない。しかしながら本官は貴殿に、貴殿の望み通り貴殿自身かあるいは貴殿の仲間がイブン＝クダイダを監視する権限を与えよう」

と。それで、儂は法官衙門《がもん》*38の傍らのモスクに儂の仲間を付けてイブン＝クダイダを軟禁し、バリーディーのところへ出向いて訴えた。

「私の訴訟相手*39は法官の配慮を受けております。どうか私に情けをかけてください。私はイブン＝クダイダが、自分の農夫やあるいは一団の兵卒たちをそそのかして私の手から自分を奪い取らせ、バグダードへ出かけて、私のお金を払うどころか、バグダードで私を中傷し、私の幸運を危険に落とし込めるのではないかと心配です」

と。バリーディーは法官とこの件に関して談合し、法官は以下のように決定した。すなわち、儂は法官の牢獄に近い一軒家を借り、儂自身がその家賃を支払って、イブン＝クダイダをそこに住まわせること、儂の仲間に彼の世話をさせ、その家にはイブン＝クダイダを警備するための歩卒たちを置くこと、その賃金を儂のお金から彼らに支払うこと、というのであった。

儂はイブン＝クダイダをその家に移した。彼はそこに一年余り留まったが、借金を支払うことができず、心のなかで儂を恨むだけだった。儂は借金の返済が遅れることに満足であった。その間、彼は監禁されたままだったからである。

イブン＝クダイダは重い病気にかかった。儂とは姻戚関係にあった母親がやって来て、息子の釈放を泣いて頼んだが、儂は承知しなかった。それからしばらくして、イブン＝クダイダが死ぬかもしれないという知らせが届いた。母親がやって来て泣くので、儂は彼女を哀れに思い、〔保釈のための〕彼女の保証を得たあと彼を釈放した。三日後、イブン＝クダイダは死に、儂は〔貸し付けていた〕お金でイブン＝クダイダの私領地の一部を買い取ったのである。

（第一巻一一九話）

1 —— Abū l-Qāsim ʿAbd Allāh b. Muḥammad b. Mahrawayh b. Abī ʿAllān al-Ahwāzī. この人物については次話も参照。なお、彼の語る逸話はアッバース朝時代の社会体制を知るうえで重要な資料でもある。

2 —— Abū Jaʿfar Ibn Qudayda.

3 —— al-Muqtadir. 在位九〇八—九三二。第一巻七話註2参照。

4 —— 原語 diyāʿ al-Sayyida Umm al-Muqtadir. カリフの母后名義になっている私的な所有地。管理は国家でなく、母后の私的使用人が当たる。母后の私領地については第八巻一一七話も参照。

5 —— 原語 dayʿa. 前掲 diyāʿ の単数形。国家管理の土地ではなく、売買可能な私的所有権を有する農業経営地、ほぼ荘園の概念に近い。

6——原語 akara. akkār の複数形。

7——Abū l-Qāsim ʻAlī b. Muḥammad b. Khirbān.

8——原語 ḍamān.

9——原語 fayj. ペルシャ語 paik の転訛。

10——原語 ṭaylasān. 司法に携わる者が着るゆったりとした外套。

11——al-Ṭīb. ワースィトからホーズィスターンに向かう途中のイラク州内の小都市。

12——原語 ʻāmil.

13——原語 ʻaqd al-ḍamān.

14——原語 suftaja.

15——Dujayl. 現在のカールーン川のこと。ザグロス山脈に発し、アフワーズを通ってペルシャ湾に注ぐ大河。

16——原語 ʻāmil al-Sayyida.

17——原語 ṣārif. ṣarrāf と同義語。

18——原語 māl al-ḍamān.

19——原語 safātij. suftaja の複数形。

20——al-Ubulla. バスラの外港都市で、ユーフラテス川に沿う。

21——Abū l-Mundhir al-Nuʻmān b. ʻAbd Allāh. 第一巻六一話註２参照。

22——Abū l-Ḥasan ʻAlī b. ʻĪsā. 第一巻一四話註７参照。

23——アフワーズにあるカリフ私領地の売却については第一巻一五四話も参照のこと。

24——Abū ʻAbd Allāh〔Aḥmad〕al-Barīdī. 第一巻四話註７参照。

25——Abū ʻAlī Ghulām Judhāb.

26——原語 jarāʼid. jarīda の複数形。

27——原語 al-iltizām.

28——原語 ghallāt al-ḍiyāʻ.

29——原語 shirka.

30——原語 qabāla.

31——原語 ʻudūl al-balad.

32——Abū l-Qāsim ʻAlī b. Muḥammad al-Tanūkhī. 著者タヌーヒーの父親。

33——原語 ṣāḥib al-maʻūna.

34——原語 ʻadwā.

35——原語 ḥuḍūr.

36——原語 bayyina.

37——原語 dhū al-murūʼāt.

38——原語 bāb al-qāḍī.

39——原語 khaṣm.

一　税務官吏が信仰に目覚める

私タヌーヒーが〔父の叔父〕アブルカースィム＝イブン＝アビー＝アッラーン[*1]に「なぜあなたは公職を辞したのですか。その理由は何ですか」と尋ねると、「それは次のような理由からだ」と語った。

アブー＝アリー＝ジュッバーイー[*2]はよくアフワーズにやって来て、儂《わし》のところに滞在したものだが、それは儂がアフワーズの税務局の書記[*3]であり、かつ〔アフワーズの徴税官〕アブー＝アフマド[*4]の徴税官代理をしていて、その税務すべてを儂が執りしきっていたからであった。

ジュッバーイーは毎年一度、徴税開始期[*5]にアフワーズにやって来て、〔故郷〕ジュッバー[*6]にある彼の私領地の地租[*7]に、長年のあいだの習慣からジュッバーイーの庇護下に置かれている人々の地租を付け加えた。

ジュッバーイーが村にやって来ると、人々は彼を敬い歓待した。ジュッバーイーはたいていの場合、儂のところに逗留するのがつねで、儂は徴税官とともにジュッバーイーの〔取り分の〕ことを決定した。ときには儂の仲間以外の者か、あるいはジュッバーイーの立場を知らない者が徴税官になることがあって、〔そうした場合〕ジュッバーイーの〔取り分〕として決定される額がそれよりも少ないことがあった。しかしながら〔それでも〕ジュッバーイーは自分にかかる地租の二分の一もしくは三分の一を納付するに過ぎなかった。

彼はジュッバーに帰ったときには、自分の私領地の地租をみずからはまったく負担せず、また彼の〔支払うべき〕地租を控除した残りの額を見て、それを彼の庇護下にある人々に配当し、その代わり彼ら一人ひとりに、ジュッバーイーから学問を学んでいる貧乏な学生一人の一年間〔の生活維持費〕を負担させた。それで彼ら一人当たりに課せられる額は、ジュッバーイーの権威のお蔭で、支払うべき地租額の五分の一にも達しないわずかの額であった。

ジュッバーイーは村に帰ると、私領地の〔収穫高の〕うちからちょうど一〇分の一を控除して、それを彼の住んでいる村、ハウズの住民のうちの貧乏学生と彼の居住区[*8]の住民とに喜捨した。これは毎年の彼の習慣であった。あるときジュッバーイーが来て儂のところに逗留したが、〔そのとき〕儂は地租のことについてジュッバーイーの希望をかなえてやった。そして一晩儂らは坐って語り合った。

「おゝアブー＝アリー〔ジュッバーイー〕どの、あなたは儂が手心を加えてやったことに、なんの畏れの念も抱かれぬのか」

「アブルカースィム〔イブン＝アビー＝アッラーン〕よ、なぜ私がお前さんを畏れかしこまねばならぬのか。もしそのような〔考え方の〕ままで死んだとしたら、お前さんは天国の匂いを嗅ぐことはできないぞ」

「なぜだ。どういう理由でそのように言われるのか。まさに儂は計算書を作成し、筆写の仕事をし、国庫から報酬を受け取っている。あるいは、ある男が儂のところにやって来て、地租に関して不当な増額を課せられたと訴えれば、儂はそれを減額して、計算書のなかでそれを是正してやり、その男は感謝の心で儂に贈り物をしてくれるか、あるいは政府の金から何がしかの利得を得る。儂にもムスリムの戦利品[*9]の割前に与《あずか》れる権利があるはずだ」

「おゝアブルカースィムよ、アッラーは瞞《だま》されないぞ。私に話してみろ。お前は測量吏[*10]をえり好みしないか。彼らを測量に派遣して注意深く調べるよう命令するであろう。すると測量吏らは出かけて、筆で〔手心を加えて〕一〇分の一、あるいは一〇分の二を増やし、虚偽の報告をするであろう。そこでお前はその〔面積の〕数値を記帳し、課税簿[*11]を作成し、それを収税吏[*12]に手渡して、『儂はしかるべき日、貨幣取扱吏[*13]のもとに税金がしかじかの額、収納されることを望む。さもなければ、儂はお前の両手両足を釘付けにしてくれようぞ』と言うのではないか」

「そうだ」

「収税吏たちが出かけ、騎兵や歩卒[*14]、伝令や督促人[*15]たちがあちこちに出向き〔納税民を〕打擲《ちょうちゃく》したり枷《かせ》で縛ったりするであろう。またお前は命じたり禁じたりしよう。もしお前が『その男は放してやれ』とか『税金の納付を猶予してやれ』とか言えば、その命令は承知されよう。もし許さなければ、収税吏はその男が支払うまで請求するではないか」

「そうだ」

「税金は貨幣取扱吏のもとに集められ、お前の税務署[*16]からの手形[*17]がお前の署名[*18]を得て貨幣取扱吏に振り出されるのであろう」

「そうだ」

「お前の仕事のうちで、罪や罰をいかほども負わなくともよい仕事がいったいあろうか。アッラーに悔い改めよ。さもなければ、お前は死者も同然だ。職を辞せ。お前の来世の事を正せ」

ジュッバーイーは儂に戒《いまし》めを垂れ、説教を始め、それでついに儂は涙してしまった。ジュッバーイーは儂に言った。

「お前はジャアファル＝ブン＝ハルブ[*19]のほどには繁栄を誇り、尊大となっているわけではない。というのはこの男は国家の枢要な仕事を委ねられ、その栄華は宰相の栄華に近づいていた。またこの男は信仰篤く、その知識の豊かさは有名で、今も人々が手にするような書物を一冊ならず著していた。その彼が国家の政務に従事していたころのある日、馬に乗り、長い行列を組んで進んでいた。その男の立派なことは目もくらむほどであったが、彼はそのときある男が〔コーランの一節〕《本当の信者であるならば、もうそろそろ心低くアッラーのお諭《さと》しを受け入れ、こうして天から下し給うた真理を有難く頂戴する潮時ではないか》(五七章一六節)と誦すのを聞いた。

〔そのとたん〕イブン＝ハルブは『はい、そうです』と言い、その言葉を繰り返して涙した。ついで馬から降り、衣服を脱ぎ、ティグリス川に入って首まで水に浸かった。そして、かつて自分が虐げた人々に自分の全財産を分け与え、補償をし、遺言で遺贈し、残りを喜捨しようと決意するまで出ようとはしなかった。こうしてイブン＝ハルブはしなければならないと思ったこと、義務があると考えたことをしたのである。

イブン＝ハルブが水のなかに立っているのを見た通りがかりの人が、彼の話を聞き、下着と腰巻きを与えた。イブン＝ハルブはそれで体を覆い、水から出てそれを着た。それから彼は死ぬまで学問と信仰に専念したのである。

おゝアブルカースィムよ、お前も彼と同じことをされよ。たとえその通りにしようという決心がつかなくとも、改悛はせねばなるまいぞ」

ジュッバーイーの言葉は儂の心を揺り動かし、儂は悔い改めて職を辞することにした。そのために儂はしばらくのあいだ準備を整えてから、ついに政府の仕事を辞める機会を得て、懺悔の生活に入り、もはや公職には復帰しまいと決めたのだ。

(第一巻一二〇話)

1 —— Abū l-Qāsim Ibn Abī ʻAllān. 第一巻一一九話、同註1参照。この逸話は、アッバース朝国家による農民からの徴税の実態を知るうえで重要な資料となる。

2 —— Abū ʻAlī Muḥammad b. ʻAbd al-Wahhāb al-Jubbāʼī. ムウタズィラ派の重鎮。第一巻八八話註2参照。

3 —— 原語 dīwān al-Ahwāz.

4 —— Abū Aḥmad b. al-Ḥusayn b. Yūsuf.

5 —— 原語 waqt iftitāḥ al-kharāj. 国家財源の大半を農産物租税に依存する前近代国家では、主要農産物の収穫期と租税徴収の開始期とは密接な関係にあり、当時の徴税開始期はペルシャ暦ホルダード月一日に置かれていて、これは夏至に当たっていた。第一巻一五七話註5参照。

6 —— Jubbā. ホーズィスターン州にある小都市。ペルシャ湾からドゥジャイル川を遡ったところにある。

7 —— 原語 kharāj. 土地に賦課される税金で、人頭税 jizya と並ぶ初期イスラム国家の基本的な税目。時代の変遷や広大なイスラム帝国の地域によって違いはあるが、概して所有する農地の面積や作物やさまざまな条件を加味した規約が税務長官と地主とのあいだに取り交わされ、税額が決められた。

8――原語 maḥalla.
9――原語 fay' al-Muslimīn.
10――原語 massāḥ.
11――原語 jarā'id. jarīda の複数形。
12――原語 mustakhrij.
13――原語 jahbadh.
14――原語 al-fursān wa-l-rajjāla.
15――原語 rusul wa-l-mustaḥiththīn.
16――原語 dīwān.
17――原語 ṣikāk. ṣakk の複数形。
18――原語 'alāmāt. 'alāma の複数形。
19――Ja'far b. Ḥarb al-Hamadhānī. ムウタズィラ派神学者。最初、バスラのアブルフザイル＝アッラーフ Abū l-Hudhayl al-'Allāf に学び、のちバグダードのムルダール Abū Mūsā al-Murdār（八四〇年没）の弟子となった。カリフ＝ワースィク（在位八四二―八四七）の帰依を受けた。八五〇年没。

当世アラブ騎士の理想像

ハムダーン朝一族のうちでも際立った人物はアブー＝フィラース[*1]である。彼と知己であった人たち、しかも私タヌーヒーが信頼する人たちがいずれも語ってくれたのであるが、彼はすべての徳目において秀でていたという。彼らの主張するところでは、彼は性格のよさ、その純粋さ、裏表のなさ、完璧な乗馬術、非の打ちどころのない勇気、このうえない寛大さを備えていた。なぜなら、アブー＝フィラースは〔太守〕サイフ＝アッダウラ[*2]の訓育と家庭の愛情に育てられたからで、彼は太守の気質を受け継ぎ、その教養を学びとった。加えて書道に秀で、書簡文においても作詩においてもその極致を究めた。その詩集は大部で、生前に彼みずからが選んだものであるが、〔詩人〕バッバガー[*3]が私タヌーヒーに語ったところによると、それは彼が多くの作品を詩集に採録しなかったうえでのものだという。バッバガーは次のように述べている。

「私はアブー＝フィラースが採録しないことに同意したのであるが、それは彼が私に提示したうえで、二人で駄作だと思われるものは捨て、秀作だと思われるものは採用するというようにして決定し、清書したもので、それが写本となって人々のあいだに出回っているのである。アブー＝フィラースは四〇歳にならないうちに暗殺されてしまった」

私が思うに、殺されたときは三七歳かそこらだったろう。サイフ＝アッダウラのかつての部将の一人で侍従でもあったアブルハイジャー[*4]の奴僕カルガワイフがアブー＝フィラースに対して陰謀を企て、ヒジュラ暦三五七年(九六八)に殺してしまったのである。

主君サイフ＝アッダウラの没後、彼の軍隊は分裂し、分隊ごとに領地を占拠したが、大部分の軍隊はアレッポを領有していたカルガワイフとともにあり、一部の軍隊がヒムスを統治していたアブー＝フィラースのもとに集結した。カルガワイフの権力が確立すると、カルガワイフはサイフ＝アッダウラの子で〔後継の〕太守アブルマアーリー[*5]——当時まだ幼児で、アブー＝フィラースは伯父に当たるのであるが——を擁して、アブー＝フィラースと戦うために進軍した。しかし両者のあいだで話し合いが行なわれ、休戦協定が成立した。

そこでアブー＝フィラースは、太守アブルマアーリーと会うためにやって来た。むろんカルガワイフが大胆にも彼を襲おうとしているとは夢にも思わず、また妹の子である太守になんの恐れも抱いていなかった。アブー＝フィラースは太守のもとを訪れ、立ち去った。太守アブルマアーリーも伯父に対してなんの悪意も抱かなかった。

ところがカルガワイフはアブー＝フィラースが甥の太守に影響力を及ぼし、自分を殺すよう甥を唆《そそのか》すのではないかと恐れた。カルガワイフは軍隊内でアブー＝フィラースを暗殺するよう一団の騎士たちに仕向けた。というのも、彼らは戦いの直後であり、血が騒ぎ興奮が収まっていなかったからである。しかし、太守アブルマアーリーはこの非道な暴力沙汰を認めず、罰を与えようとしたが、カルガワイフが邪魔をした。そこで、しばらくアブー＝フィラースの血は流れず彷徨《さまよ》うことになった。

アブルハサン〔アフマド＝アズラク〕によれば、アブー＝ムハンマド＝セルヒー[*6]の父親がアブー＝フィラースの書記をしていて、息子に語ったところでは、つまるところ、これと異なった以下の話が伝わっているという。

アブー＝フィラースは捕えられ、虜囚として馬に乗ったまま連れて来られた。もとサイフ＝アッダウラの奴隷騎士団の一隊がこの光景を目にするや、馬から降りてアブー＝フィラースの太腿に口づけをした。これを目にしたカルガワイフが一気にアブー＝フィラースを殺してしまったのだ。

（第一巻一二一話）

サイフ＝アッダウラがアブー＝フィラースに統治を委ねていたマンビジュとハッラーン[*7]の管区に一団のビザンツ軍が侵

攻してきた。アブー＝フィラースはこれを迎え撃ち、わずか七〇騎の護衛兵や同僚を率いて彼らと戦い、殺傷した。アブー＝フィラースは引き続き部下たちが自分に付き従い、付いて来ていると思っていた。ところが数が勝るビザンツの大軍に攻撃され、捕虜になってしまった。

　アブー＝フィラースは数年間、虜囚として敵地に抑留された。そこでサイフ＝アッダウラに手紙を書き、彼のもとに抑留されている総主教のゲオルグや皇帝の甥ら、ビザンツ側の重鎮たちと交換して、アブー＝フィラースを解放してくれるよう懇願した。しかしサイフ＝アッダウラは、自分が身代わりとなってやりたいほどアブー＝フィラースに親愛の情をもっているが、他のイスラム教徒を残して身内のためにのみ代償を支払うというわけにはいかない、捕虜の交換はすべての人を対象にして行なうべきものだと断った。

　それから日々が過ぎ去って、アブー＝フィラースがようやく解放されたのは、サイフ＝アッダウラが亡くなる直前、双方全員の捕虜交換が成立したヒジュラ暦三五五年(九六六)のことであった。このときアブー＝フィラースとともに、やはり捕虜となっていたナーセル＝アッダウラの息子のムハンマド[*8]、法官アブルハセーン[*9]の息子で数年前にハッラーンで捕虜となっていた法官アブルハイサム[*10]、その他大勢のイスラム教徒が解放された。

　アブー＝フィラースはみずからが捕虜となったことについて、実に美しい詩を書き残している。その詩文は次のような状況のもとで書かれたもののようである。

　サイフ＝アッダウラからの書簡が滞ったころ、アブー＝フィラースは捕虜の一人が彼に、「もし太守サイフ＝アッダウラにとって身代金を用意するのが困難だとしたら、ホラサーンの支配者に手紙を書き送りましょう」と言ったと太守に伝えてきた。サイフ＝アッダウラは、これはアブー＝フィラース自身の言葉ではないかと疑った。つまり莫大な捕虜の身代金の支払いをビザンツ側に保証するための作為だと受け取り、ホラサーンの人たちがアブー＝フィラースについてどこから知りえたのかと問い詰めた。そこでアブー＝フィラースは次のような書き出しのカセーダ体詩をサイフ＝アッダウラに書き送った。

正道に導く剣にしてアラブの英雄よ
何故にかかる仕打ちに向かわれ
何故にかかる怒気を含まれ給うや
まさに苦境にあえぐ我が身に宛て
汝は我への疎《うと》ましさをにじませし
手紙を寄越された　何故なりや
汝は我にとっても汝の一族にとっても

否すべてのアラブの上に聳《そび》える高き山
求めてやまない栄光の人にして頼られる人
尽きることなき名誉を高め恩寵を授けし人よ
囚われの身たりとも我が名誉は汚れず
我が身は蔑《さげす》みに値せざる純金のごときもの
何故に不明瞭なりと我を責められ給うや
主人にあたう高き位を我が持つとされるや
不運をかこつ我を何故に認められぬか
我は汝が不満に思う人に不満を抱く者なり
我は戻らぬかと疑いて我より離るるや
我にも我が言葉にもかかる威圧は止められ
汝が抱く不明瞭さを我に帰せられ給うな
我は異邦の人となるはなく汝と共にあり
余っても欠けてもそれが起こるは汝次第
ホラサーンが我が勲功を知らずとも
汝が都アレッポはよく知っていよう
我が名声はいずこに消え去りしや
我が祖父も父も無名となり果つるや
我は汝にとり身内にはあらざるや
我と汝のあいだに血の繋がりなきや
高貴な人々を固く結びつける情愛
訓育と団欒は根の如く互いを絡ませる
汝の従弟にして奴僕の贖《あがな》いを怠り給うな
かつての汝は近親者にして愛しき人
夜でも汝を呼べばすぐ近くにありし人
だが今や遠くにありて冷たき情が芽生え
我に好ましからざる事の次第を目にする
もし汝について十分に知り得てなければ
汝の友は遠くに離れし人と言うべきか
どうか我に疑いの言葉を抱き給うな
悲しみがあろうとも我への思いを変え給うな
我は汝と親しく過ごせし日々に感謝こそすれ
汝が我に抱く怒りの心に憤ることはない

（第一巻一二二話）

〔詩人〕バッバガーは付け加えている。アブー＝フィラースには、みずからの虜囚や、かの地で苛《さいな》まれた疾病、束縛に伴う悲哀、サイフ＝アッダウラに対する懇願と虜囚についての経緯や状況などを綴った多くの素晴らしい詩があるが、その多くは先例のない新しいスタイルで作ったものである。今後もし機会があれば、我らとしてはそのいくつかを選んで紹介したいものだ。

1 —— Abū Firās al-Ḥārith b. Abī l-ʻAlāʼ Saʻīd b. Ḥamdān. アラブの詩人、九三二年生まれ。ハムダーン朝の一員で詩人であった父サ

イードが、九三五年に甥でモスルの支配者であったナーセル＝アッダウラに殺されたあと、母がアブー＝フィラースを連れてサイードの従兄であるアレッポのサイフ＝アッダウラのもとに身を寄せた。その後、わずか一六歳にしてマンビジュの代官に任命され、アラブ遊牧民ニザール族との戦いで名声を博した。しばしばサイフ＝アッダウラに伴ってビザンツ遠征に参加、九五一年捕虜となったが、脱獄し、馬に乗って逃げ帰った。九六二年にふたたび捕虜となり、四年間、コンスタンチノープルに幽閉された。帰国後ヒムスの代官となるが、サイフ＝アッダウラの死後、その指揮官で幼い後継者アブルマアーリー(註5)を擁したカルガワイフ(註4)に謀られ殺された。九六八年四月のことである。

2——Sayf al-Dawla. 第一巻四四話註**1**参照。

3——Abū l-Faraj al-Babbaghā'. 第一巻五二話註**1**参照。

4——Qarghawayh ghulām Abū l-Hayjā'.

5——Abū l-Ma'ālī Sharīf b. Sayf al-Dawla, Sa'd al-Dawla. 在位九六七—九九一。

6——Abū Muḥammad al-Ṣilḥī.

7——Manbij. アレッポからモスルへ向かう街道でユーフラテス川を渡る手前の都市。Ḥarrān はさらにモスルに近く、ラッカの北方、現在のトルコ・シリア国境沿いの都市。

8——Muḥammad b. Nāṣir al-Dawla.

9——Abū l-Ḥaṣīn ‘Alī b. ‘Abd al-Malik.

10——Abū l-Haytham ‘Abd al-Raḥmān.

司法の乱れは国家滅亡の最初の兆候

法官イブン＝アイヤーシュ[*1]が私タヌーヒーに次のように語ってくれた。

アッバース朝時代、我々が目にした国家体制衰退の最初の兆候は司法の乱れであった。〔宰相〕イブン＝アルフラート[*2]は司法の職務を軽んじ、知識も父祖からの薫陶もない者たちに、なんらかの名目を付けてその職務に任命した。すると数年もしないうちに、宰相の職務が堕落をはじめ、資格もない者たちが宰相職に就き、ついにヒジュラ暦三三〇年代(九四〇年代)になると、カリフ＝ムッタキー[*3]のもとで、書記アブルアッバース＝イスバハーニー[*4]までもが宰相になるほどとなった。この男はおよそ人としての度量に縁遠い、無能者であった。

ある日のこと、イブン＝アイヤーシュはこの男のもとを訪れた。門番が、

「イブン＝アイヤーシュが門のところに来ております」

と知らせると、この男は、

「入れてやれ」

と言っているではないか。それがカーテンの向こうから聞こえてきたので、イブン＝アイヤーシュはその言葉遣いに驚き、

「神よ、宰相位の品位はここまで落ちましたか」

とつぶやいたのであった。

いや、これだけではない。この男が馬に乗って通りを歩くとき、なんと随行しているのは四分管区長[*5]のイブン＝ハドゥブナー[*6]だけだった。

あげくにこんなことがあった。〔バグダード旧市街の〕ハルド通りに芸を仕込まれた猿がいて、群衆が集まっていた。猿廻しが猿に向かって、

「お前は反物商になりたいか」

と聞くと、

「はい」

と頭で仕草をした。次に、

「香料商になりたいか」

と聞くと、

「はい」

とやはり頭で仕草をする。猿廻しがこうして次々と職業の名前を挙げると、猿は「はい」の仕草をしたが、最後に、

「宰相になりたいか」

と聞いたときである。猿は「いや」の仕草を頭でして、きーきーと叫び声を上げ、猿廻しのまえを走り回った。群衆はどっと笑った。

宰相位の権威の失墜に続いてカリフ位も低落し、我々が目にするような末期症状に至った。アッバース朝国家の崩壊は司法の権威の失墜に負っている。

司法権を失墜させた最初の人物は〔宰相〕イブン＝アルフラートである。宰相はバスラ出身のアブー＝ウマイヤ＝アフワス[*7]という者を法官に任命したが、この男は反物商であった。実はイブン＝アルフラートがこの男のところに身を隠していたところ、宰相に指名され、この男の屋敷から出て位を授けられたのであった。

イブン＝アルフラートがまだこの男のところで身を隠していたころ、二人はこんな会話を交わしていたという。

「もし儂《わし》が宰相になったら、お前は儂にどんなことをしてほしいか」

「なにか政府の仕事をお授けくださいませ」

「おやおや、お前のような者には徴税官も将軍も警察長官も書記官も将校も無理な話だ。どんな仕事を授けたらよいかのう」

「私にはわかりませぬ。お気の召すままに」

「では法官の仕事を授けよう」

「よろしゅうございます」

イブン＝アルフラートは、この男の屋敷から出て宰相に就任するや、男になにかと贈り物を与えて恩に報いたばかりでなく、さらにバスラとワースィトならびにアフワーズ七県の

司法管区の法官に任命したのである。この男のところに隠遁していたころ、イブン＝アルフラートはこの男と冗談を言い、この男をからかったり冷やかしたりしたものであったが、法官に任命してからはこの男を丁重に扱うようになった。

　アブー＝ウマイヤは任地に赴くと、自分の人間的な欠陥や知識のなさを隠し、むしろ人柄の良さを見せるように努めた。とりわけお金には厳しくけじめをつけ、賄賂を取らず、身を慎み、俸給やイブン＝アルフラートからの豊富な贈り物で満足したので、このことが彼の欠点を覆い隠した。しかしながら詩人たちの諷刺からは逃れることはできなかった。バスラのカトラーニー[*8]はアブー＝ウマイヤについて次のように詠んでいる。

運命は我らを嘲り　寛大な人を弄ぶ
日々幻滅を味わう時代より我を救いたまえ
我生き長らえて　アフワスが法官の席に坐し
アブー＝イーサーが語り部になるのを見るとは

（第一巻一二三話）

1 —— Abū l-Ḥusayn b. ʻAyyāsh. 第一巻六話註3参照。

2 —— Ibn al-Furāt. 第一巻九話註4参照。

3 —— al-Muttaqī, Abū Isḥāq. アッバース朝第二一代カリフ。ムクタディルの子。在位九四〇—九四四。二六歳で異母兄ラーディーの後継者として即位。大総督のバジュカムを追認するも九四一年に没すると、トルコ系とダイラム系の傭兵間で起こった勢力争いに乗じたバリード家のアブー＝アブドッラーが一時バグダードを占拠、これをダイラム系部将が排除し、さらに大総督イブン＝ラーイクがこれを駆逐した。ところがバリード家の軍隊がふたたびバグダードへ進撃、カリフとイブン＝ラーイクはハムダーン朝を頼ってモスルに逃走、イブン＝ラーイクが暗殺されるに及んで、ハムダーン朝アブー＝ムハンマドを大総督に任命し、ナーセル＝アッダウラの称号を授与した。ところがトルコ将軍のトゥズンが叛乱を起こし、ナーセル＝アッダウラは撤退、九四三年トゥズンがバグダードに入城した。しかし翌年、ムッタキーはふたたびハムダーン朝の保護を求めてモスルに逃れ、ついでラッカに落ち着いた。それもつかの間、トゥズンとハムダーン朝間で停戦協定が成立、今度はエジプトのイフシード朝を頼ろうとした。九四四年、イフシード朝のイブン＝トゥグジュはラッカにやって来たが、トゥズンとの調停は不成立に終わり、結局カリフはトゥズンに服従を強いられ、誓約書に署名させられたうえで両眼を抉り取られ、廃位させられた。以後路頭をさ迷いながら九六八年に死んだ。

4 —— Abū l-ʻAbbās Aḥmad b. ʻAbd Allāh al-Iṣbahānī. 在職期間はわずか五〇日であった。

5 —— 原語 ṣāḥib al-rubʻ. 警察の一官職で、特定地区を四分割し、その各四分管区に任命された責任者をいう。ひとつの四分管区はさらに四分の一に再分割され、各分割区にもそれぞれ警吏が任命された。これらの警吏は担当分割区の情報を四分管区長に上げ、各管区長はさらに管轄分管区の情報を当該地区の総督に報告した。こうしてその特定地区のすべての情報が集まる仕組みになっていた。

6 —— Ibn Ḥadubnā.

7 —— Abū Umaya al-Aḥwaṣ al-Ghalābī al-Baṣrī.

8 —— al-Qaṭrānī al-Baṣrī.

商人出身法官の清貧

イブン＝ナスラワイフとして知られる法官アブルフサイン＝ムハンマド[*1]が、私タヌーヒーに次のように語ってくれた。

自分は、アブー＝ウマイヤ＝ガラービー[*2]がバスラの法官職を務めていたころはまだ少年であったが、母方の叔父と一緒にこの法官のもとをよく訪れたものであった。当時のバスラはとても暑く、その暑さは現在よりもとてもひどかった。

アブー＝ウマイヤはアフナフ広場にある自分の館から毎晩出かけたもので、腰巻を着し、背には軽いマントをはおり、足には粗末なサンダルをはき、手には団扇をもっていた。バスラとウブッラ、ティグリス川諸県とアフワーズ諸県、ワースィトならびに所轄の管区の法官であるにもかかわらずである。法官の周りには、ちょうどそのときは職に就いていない人たちが一緒に歩き、〔モスク内の〕アブー＝ヤフヤー＝ザカリーヤー＝サージー[*3]の集いの場に来ると、そこに坐り、話の輪に加わるのであった。ときには法官の方が先に着いていて、それからアブー＝ヤフヤーが来て、二人して坐り、談笑し、そこに双方の古くからの友人や仲間たちが加わるのであった。そして話に花を咲かせ、思う存分冗談を言い合うのであった。

そんなところへ、アブー＝ウマイヤのバスラにおける法官代理サイード＝サッファール*4が、大きなカランスワ帽をかぶり、立派な服と靴とガウンを身に着けて現われ、法官としてのアブー＝ウマイヤに挨拶を送り、仕事の相談をもちかけることがあった。するとアブー＝ウマイヤは法官代理に、

「儂《わし》から離れてくれ。儂の周りに群衆が群がるのを好まぬ。古い仲間たちと談笑する楽しみの邪魔をしないでくれ。あっちの自分の席へ行きたまえ」

そこでサイードは立ち上がって、アブー＝ウマイヤから離れたモスク内の所定の場所に坐り、人々の裁きを行なった。

しかし、これは何も法官の権威を低めるものとはならなかった。アブー＝ウマイヤの生活態度はきわめて立派なもので、とりわけお金のことではことのほか清潔を旨としていた。

当時バスラのワクフ(宗教財産)を管轄する官庁*5はバグダードにあって、もしそのワクフの受益者が何か手続きをしようとするときには、わざわざバグダードまで出かけ、首都の役所からの命令を得なければならず、人々は非常な不便を感じていた。

そこでアブー＝ウマイヤはこのワクフ庁をバスラに移したのであるが、人々はこのことを非常に感謝したのであった。その後これは慣例となり、ワクフ庁はいまもバスラに所在している。

そのうえ、アブー＝ウマイヤはバスラ総督イブン＝クンダージュ*6に対し威厳をもって接した。というのは、イブン＝クンダージュが訪ねてくる以外には、法官の方から総督のところへ出かけることはなかったし、さまざまな問題でイブン＝クンダージュに反対したり、イブン＝クンダージュに対する人々の苦情に耳を傾けたりした。ときには告訴人に対し賠償してやるよう総督に使いを送ることさえもあった。もしイブン＝クンダージュが激しく抗議すれば、アブー＝ウマイヤは総督のことを手紙にしたためてそれを〔宰相の〕イブン＝アルフラートに送った。するとイブン＝アルフラートはイブン＝クンダージュに対し激しい叱責の言葉を返し、法官アブー＝ウマイヤに従うよう命じるのであった。そこでイブン＝クンダージュは法官の歓心を買うことを強いられ、法官のところへ出かけて、彼と仲直りをしなければならなかった。

イブン＝アルフラートが逮捕されたとき、アブー＝ウマイヤはそのことを知らなかった。イブン＝アルフラート逮捕の知らせが伝書鳩によってイブン＝クンダージュのもとに届けられると、彼はみずから軍隊を率いてアブー＝ウマイヤのところにやって来た。アブー＝ウマイヤは、いつも通り挨拶のために来たのだろうと考えて出てきたが、そこをイブン＝クンダージュによって逮捕され、バヌー＝ヌマイル街にある自分の館まで、道中ずっとイブン＝クンダージュの前を歩かさ

れた。そして天井が格子になっている牢獄へ入れられた。アブー＝ウマイヤはしばらく牢獄内で生きていたが、やがて死んだ。

法官で天井が格子の牢獄に入れられたというのは、アブー＝ウマイヤ以外では聞いたことがないし、牢獄で死んだ法官というのも彼以外に聞いたことがない。

その後、イブン＝アルフラートがふたたび宰相職に就任した。彼は宰相の席に坐るや自分の仲間や部下たちの安否を尋ね、アブー＝ウマイヤのことも聞いた。宰相はアブー＝ウマイヤの身に起こったこと、彼が死んだことを知らされて深く悲しみ、

「あの男は、人物としては儂よりも勝っていた。彼には子供はあったのか、何か償いをしてやりたいが」

と尋ねた。側近たちから「男の子がおります」と聞いて、宰相は手紙を書き、その息子を丁重に連れてくるよう命じた。

しかしその息子が連れてこられ、宰相のところに現われると、その子が知的障害のある挨拶をするのがわかった。宰相が「名前はなんというのか」と尋ねると、息子は「アブー＝ガッサーン」と言うべきところを「アブー＝ガッシャーン」と、舌のもつれた言い方をし、しかも自分の名前とクンヤ名との区別もわかっていなかった。イブン＝アルフラートは「これでは法官の職務をどうして授けられよう。儂はアブー＝ウマイヤ本人にもその息子にも、償いを付けてやることができないのが心苦しい」と言って、息子に莫大なお金を贈り物として与えるとともに、多額の年金を支給するよう命じ、そのうえで、息子を故郷の町へ送らせた。息子はイブン＝アルフラートが宰相の地位を去るまで、その年金を受け取ったのである。

（第一巻一一四話）

1 —— Abū l-Ḥusayn Muḥammad b. ʿUbayd Allāh b. Muḥammad, 通称 Ibn Naṣrawayh. タヌーヒーの重要な情報源。バスラの重鎮の一人で、知識、知性、人徳ともに優れた法官。第三巻五二話参照。

2 —— Abū Umayya al-Aḥwaṣ al-Ghalābī. 第一巻一一三話註7参照。

3 —— Abū Yaḥyā Zakarīyā al-Sājī. バスラの伝承家。九一九年没。

4 —— Saʿīd al-Ṣaffār.

5 —— 原語 dīwān wuqūf al-Baṣra. ワクフ waqf は本来アラビア語で「停止」を意味する。そのことから、何らかの収益を生む私財の所有者がその収益を慈善目的に永久に充てるために、当該私財の所有権を放棄する、イスラム法上の行為を指す。設定された土地などの財源やその運営組織をいうこともある。ワクフ設定後は売買や譲渡などの所有権の行使はいっさい認められない。

6 —— Muḥammad b. Isḥāq b. Kundāj. カルマト派教徒がバスラに現われはじめた九一一／一二年頃、バスラの治安管区の長官に任じられた。九一六／一七年没。

醜聞のある人物に法官たる資格はない

ブハラ出身の法官イブン＝アムル[*1]がバグダードの信頼のおける一団の人々から伝え聞いたところによると、法官アブー＝ウマル[*2]は〔ハンバル派の祖〕アフマド＝ブン＝ハンバルの子孫に法官職を授けたが、そのことについて不満を訴えられ、その人物が法官にふさわしくない不名誉な行為を行なっていると告げられた。そこで罷免しようとしたが、今度はそのことが非難された。つまり、このような人物を正しい人だと訴えるのはありえないことだ。告訴内容に確信があるのか、もしなければ罷免すべきではない、と主張されたのである。

そこでアブー＝ウマルは、

「告発が正しいかどうか確信はないが、それでもこの人物は罷免しなければならないのだ」

と答え、その理由を聞かれると、

「人の評判というのは、その種の事柄がその人に認められるので立てられるのだ。告発されるということは、その人に疑わしいことがあるからで、この人物の行跡も同じようなものではないのかね。この点、法官職というのはより微妙なものなのだ」

と言って、このイブン＝ハンバルの子孫を罷免したのである。

（第一巻一二五話）

1 —— Abū Naṣr Aḥmad b. ʻAmr al-Bukhārī.
2 —— Abū ʻUmar. 第一巻一〇話註2参照。

法官の地位もみくびられたものになった

法官イブン＝アイヤーシュ[*1]がある語り手から聞いた。

法官アブー＝ハーズィム[*2]と通りを歩いていると、一人の男が立ち上がって、

「法官閣下、某を我らが国の法官にご任命くださり、閣下には神の祝福がありましょう。あの人は正直な人物です」

と感謝の言葉を述べた。するとアブー＝ハーズィムはその男に向かって、

「お黙りなさい。貴殿は法官たる者に正直者という言葉を使われるか。これは警察官にいわれる言葉であって、法官はそれ以上の資格のあるものなのだ」

と叫んだ。それから我々は歩き出したが、法官は黙りこくったままであった。

「法官閣下、いったいどうなさったのですか」

「儂《わし》はこんな言葉を聞くまで生きようとは思いもしなかった。時代は堕落し、法官職は腐敗してしまった。いまや正直な法官が称賛されねばならないほど、不運な時代になってしまった。かつては、法官某は正直者だといわれるようなことは必要なかった。ところが某が法官に任命された。儂は名前をあげるのも好かぬ人物のことを指しているのだ」

「その人物とは誰のことですか」

法官はこのことに答えようとはしなかったが、あえて頼むと、アブー＝ウマル[*3]のことをほのめかした。

（第一巻一二六話）

1 —— Abū l-Ḥusayn b. ʻAyyāsh. 第一巻六話註3参照。

2 —— Abū Khāzim ʻAbd al-Ḥamīd b. ʻAbd al-ʻAzīz. 第一巻三八話註5参照。

3 —— Abū ʻUmar. 第一巻一〇話註2参照。

新しい叙任に、民衆はつねに驚きいぶかしがるもの

法官イブン＝アイヤーシュ[*1]が私タヌーヒーに語ってくれた。カリフ＝ムクタディル[*2]が法官アブー＝ウマル[*3]の存命中に、その子アブルフサイン[*4]〔ウマル〕を〔バグダードの〕円城市の文字通り法官に任命し、栄誉服を与えたとき、大勢の貴顕や法官、公証人、将軍や豪商たちが、カリフの宮門に参集した。やがて栄誉服を身にまとったアブルフサインが現われ、人々がこの新法官を伴って歩みはじめた。

このとき私こと〔法官〕イブン＝アイヤーシュは、アブー＝ウマル家と姻戚関係にある私の叔父と一緒にその場に居合わせていた。叔父が公証人の一人だったからで、叔父は私を伴い、群衆の雑踏を恐れて、行列の最後尾を歩き出した。かなり年配の公証人――イブン＝アイヤーシュはその名を言ってくれたが、タヌーヒーは忘れてしまった――も我々と一緒であった。

我々がとある場所を通り過ぎようとしたとき、群衆がアブルフサインを中傷し、彼が補佐でなく、文字通り法官に任命されたことに驚いているのが耳に入った。叔父が長老の公証人に尋ねた。

「アブー某どの、貴殿はこの若者の就任を人々が嫌っているのをどう思われるかね。この若者は立派な人物で、類まれな人格と知識をもち、出自も際立っているのだが」

「アブー＝ムハンマドどの、驚くことはないぞ。かつて儂《わし》は〔あの若者の父〕アブー＝ウマルが〔法官に任命され〕宮殿で栄誉服を与えられた日、アブー＝ウマルと一緒に馬に乗り進んだものだが、そのときも人々は彼の就任に驚き、それはいまよりもいっそう激しかったので、我々は襲われるのではないかと恐れたものだ。だが、いまやこのアブー＝ウマルは模範的な有徳の人であり、知性といい気高さといいお手本となる人物だ。大衆というのは、自分の見慣れないことに出くわすと、いともたやすく驚いて見せるものなのだ」

（第一巻一二七話）

1――Abū l-Ḥusayn b. ʿAyyāsh. 第一巻六話註3参照。
2――al-Muqtadir. 在位九〇八―九三二。第一巻七話註2参照。
3――Abū ʿUmar. 第一巻一〇話註2参照。
4――Abū l-Ḥusayn ʿUmar b. Abī ʿUmar. 大法官だった父親の代理を務めたとき、わずか二〇歳であった。だが学者としての素養があり、優秀な法官だったようで、やがて大法官に就任し、九四〇年に没した。

神の掟はワクフ以外も無限に

法官アブー＝ジャアファル＝イブン＝アルブフルール[*1]の孫で法官アブー＝ターリブ＝ムハンマド[*2]の子のアブルハサン＝アリー[*3]が、私タヌーヒーに語ってくれた。

カリフ＝ムクタディル[*4]の母后陛下が私の祖父〔法官イブン＝アルブフルール〕に、母后が買った私領地のワクフ文書[*5]をもって来るよう求めた。この文書は法務庁[*6]にあって、母后はそれを手に入れて引き裂き、ワクフ財産であることを取り消そうとしたのであった。しかし、祖父はこのことを知らなかった。

祖父が宮殿にその文書をもって行き、宮廷女官[*7]に、

「ご命令通り文書をもってまいりましたが、どうなさるつもりですか」

と聞くと、

「それを私どものところでもっていたいのです」

と答えたので、事態を悟り、女官のウンム＝ムーサー[*8]に言った。

「母后陛下に申し上げてください。陛下の申し入れをお受けするわけにはまいりません。私は法務庁[*9]を管理するイスラム教徒の番人です。しっかりと守るよう私を勇気付けられるのが筋だと思料されます。さもなければ、私を罷免され、当該官庁を接収なさって、お望みのままをなさりませ。望みのものを手にされるか、それともそのまま置いておかれるかは母后次第であります。しかし私の手から奪おうとされるのであれば、私はたとえ剣で脅されようとも承知することはあり得ませぬ」と。

祖父は文書をもって立ち上がり、歩いて〔待たせてある〕舟艇に乗った。祖父は自分が罷免されるであろうことを疑わなかった。彼はそのまま当時宰相の職にあったイブン＝アルフラート[*10]の邸宅に寄り、上がって事の次第を話した。

「貴殿は返事を遅らせるのがよろしかろう。何かあったら余に知らされよ。それまで余がなんとか取り繕うとしよう。いまや貴殿が罷免されるのは必定じゃ。だが母后に対し、そちのためにしてやれる方策は余にはないのだ」

一方、女官は母后への書簡を伝え、母后はカリフ＝ムクタディルに不平を訴えた。船列式の日、カリフはこの問題について祖父と話し合い、祖父はカリフに状況を説明し、同時に辞意を表明した。しかしムクタディルは、

「アフマドよ、お前のような人物こそ法官に任命されるべきなのだ。お前はその任に留まれ。お前にはアッラーのご加護があろう。予の家族のなかでお前の評判が落ちるのを恐れ

てはならぬ」

となだめた。我々が伝え聞いたところでは、母后がムクタディルにふたたび不満を訴えると、カリフは母后に、このように諫《いさ》めたとのことであった。

「およそ法はそのようなことで弄《もてあそ》ぶべきものではございませぬ。イブン＝アルブフルールは我々に誠実な男であり、我らが王朝にとっての友であり、祈りが聞き届けられる敬虔な長老であります。もしこれが合法なものであれば、彼とて母后陛下を妨げたりしないはずであります」

と。そこで母后は自分の書記官イブン＝アブドルハミード*11に、この問題について尋ね、事態を説明した。この書記官は書記のなかでも高潔な長老として知られた人物であったが、私の祖父が言上した言葉を聞くと、いたく感動し、

「いまや私には、母后ならびに信徒の指揮者の治世が永遠に続き、その礎《いしずえ》が確たるものであることがよくわかりました。母后に対して法の権威を守り、神にかかわることであればどんな非難をも恐れない、このような高潔な長老がおられるのか、と知ったからであります。それはかけがえのないものであり、母后陛下のワクフ地購入の問題と較べるような事柄ではありません。もし母后陛下がワクフ文書を手中にされ、それを引き裂かれましたならば、ことはみんなの知れるところ、延《ひ》いては万象の支配者たるアッラーの知れるところとなりましょう」

と、母后に言上した。

「これは合法ではないというのかね」

「合法ではございません。これは神の資産に対するワクフ地主の策略です」

こうして書記官は母后に、たとえワクフ文書を引き裂いてもこうした購入は正当ではなく、文書を破ることも許されることではないと教えた。そこで母后はお金を取り戻して購入を取り消し、私の祖父にも感謝の言葉を述べたのである。これで宮廷での祖父に対する評判も一変した。

私の祖父はこの話のあと、

「神の被造物の命令より神そのものの命令を先んじる者には、神は被造物のいかなる悪害にもその者を守り給う」

と我々に述べられたのである。　（第一巻一二八話）

1――Abū Jaʻfar Ibn al-Buhlūl. 第一巻一六話註2参照。
2――Abū Ṭālib Muḥammad b. al-Buhlūl.
3――Abū l-Ḥasan ʻAlī b. al-Buhlūl.
4――al-Muqtadir. 在位九〇八―九三二。第一巻七話註2参照。
5――原語 kitāb waqf. ワクフについては第一巻一一四話註5参照。
6――原語 dīwān al-qaḍāʼ.
7――原語 qahramāna.
8――Umm Mūsā. カリフ＝ムクタディル（在位九〇八―九三二）

時代、カリフの母后と叔母とこの女官の三人の女性が宮廷で隠然たる勢力を持っていた。

9 —— 原語 dīwān al-ḥukm.

10 —— Ibn al-Furāt. 第一巻九話註4参照。

11 —— Ibn 'Abd al-Ḥamīd.

カリフの宦官といえども奴隷は奴隷

私タヌーヒーの父によれば、法官アブー＝ウマル[*1]は父親〔の法官アブー＝ムハンマド＝ユースフ〕[*2]が、カリフ－ムウタディド[*3]の非常に地位の高い宦官《かんがん》の裁判を受け持つことになった件について、次のように話したという。

この宦官が法廷に入り父のまえに連れてこられると、法廷内にいたすべての人が立ち上がった。衛士は宦官に訴訟の相手方[*4]と向かい合って坐るよう命じた。ところが宦官は宮廷内での自分の高い地位に驕《おご》りたかぶり、坐ることを拒んだ。すると父が宦官に向かって、

「さあ、お前は訴訟の相手方と向き合って坐るよう命令されているのだ。それを拒むというのか。奴隷商アムル＝ブン＝アビー＝アムル[*5]の代理人よ、すぐにもこの奴隷を売却し、代金をカリフのもとへ送り届けるよう儂《わし》が命じていると主人に申し伝えよ」

と叫び、ついで衛士には、

「宦官の手を取って、相手方と同列に坐らせよ」

と命じた。そこで衛士は無理やり宦官の手を取り、相手方と同等に坐らせた。

裁判が済んで宦官は退出すると、そのままカリフ－ムウタディドのところへ行ってことの次第を話し、泣いて不満を訴えた。しかし、カリフは宦官を叱りつけ、

「お前が売られてしまっても、予はその売却を合法と認めねばならないのだ。そうなれば、お前はもはや予の所有に戻すことはできないのだぞ。予との特別な縁故があっても、それは法[6]の権威をゆるがすものではない。法とは、政府[7]の支えであり、信仰の養い手[8]なのだ」

と、諭したのであった。

（第一巻一二九話）

1——Abū ʿUmar. 第一巻一〇話註２参照。

2——Abū Muḥmmad Yūsuf b. Yaʿqūb b. Ismāʿīl. 八二三／二四年バスラに生まれ、八八九年頃、バスラとワースィトの法官を振り出しに、八九六年バグダード東岸地区の法官となり、九一〇年に没した。第三巻六五話参照。

3——al-Muʿtaḍid. 在位八九二—九〇二。第一巻三一話註４参照。

4——原語 khaṣm.

5——ʿAmr b. Abī ʿAmr al-Nakhkhās.

6——原語 ḥukm.

7——原語 sulṭān.

8——原語 qiwām al-adyān.

公証人の資格は並大抵のものではないぞ

私タヌーヒーは大法官アブッサーイブ[1]が次のように述べるのを聞いた。

我々の町、すなわちハマザーン[2]に高潔な一人の男がいた。当地の法官はこの男を公証人にしようと思い、男について調べさせたところ、公的にも私的にも間違いない人物だという結果を得た。そこで法官はその男に、法廷に出席するよう人を遣わし、彼の証言が受け入れられるであろうことを伝えた。ついで命令が来て、呼び出しがなされれば、しかるべき文書の内容を証言する署名が求められるであろうと知らされた。法官が法廷に坐り、その男が他の公証人たちとともに出席した。名前が呼ばれると、男はもう一人の公証人と一緒にまえへ進み出た。証言を行なおうと坐ったところ、法官が二人に立つよう命じたので、二人はそうした。ついで法官は訴訟を取りしきり、法廷は散会した。ところが男の証言は求められなかった。

男にとってはきわめて不愉快な結果となった。そこで男は人に頼んでそのわけを法官に尋ねさせた。すると法官は、

「確かに儂《わし》は彼の慎ましさや信仰心から彼の証言を受け入

れようとした。ところが、儂にはこの男が偽善者であることが明らかになったので、そうするわけにはいかなくなったのだ」

と言った。

「証言を受け入れると呼び出したあとで、どうしてそのようなことが明らかになったのですか」

と尋ねると、法官は、

「この男は毎日儂のところに来るが、儂は自分の屋敷から法廷までの道中、儂の目が届く限り、男の歩く歩数を数えていた。ところが今日、証言のために呼び出しをかけ、男がここにやって来るまでの歩数を数えたところ、いつもより二歩か三歩、多かったのだ。そこで儂は男がこの件に関して何か作為を隠している、要するに偽善者だとわかり、男の証言は受け入れないことにしたのだ」

と答えた、というのであった。


（第一巻一三〇話）

上の市民の対立が激しかったが、交易都市として繁栄した。

1 —— Abū l-Sā'ib 'Utba b. 'Ubayd Allāh. 第一巻一一七話註2参照。

2 —— Hamadhān. ハマダーン Hamadān とも。イラン北西部の都市。かつてのメディア。六四五年にアラブによって征服され、ラビーア族、イジュル族などが移住し、やがてジバール州の主要都市となった。九三一年、ダイラム人の将軍マルダーウィージュ Mardāwīj が占領、街は破壊され、多くの住民が殺された。その後復興しつつあったものの、九五六年に地震に見舞われた。宗派

大法官の諭し方はこんなもの

酌取りイブン＝アビー＝アムルとして知られる、カリフ-ムティーウ[*1]の侍従アブドルアズィーズ[*2]が言うには、まだ若者のころのある日、法官アブッサーイブ[*3]のところに入って行くと、年齢からくる衰えと長患《ながわずら》いがもとで、立ち上がりにくそうにしていて、私に手を伸ばした。そこで私は法官の手を引っ張り、ちゃんと立たせた。私は言ったものだ。

「俺さまは大法官どのをお助けしたぞ。それもまったき献身の気持ちをもって、同胞への務めを果たしたまでだ」

実は、私には法官が私に行なった事柄で腹が立っていたことがあり、ちょうど法官ともめごとを起こそうとやって来たところで、そのことで話をはじめようとした。ところが私の顔に悪意を読み取った法官は、

「まあふたこと聞いてから言いたいことを言いたまえ」

とさえぎり、私が同意すると、

「コーランの《立派な寛容の態度を取るがよい》(一五章八五節)を註して、イブン＝アッバースが伝えるハディース(預言者ムハンマドの伝記)は『非難のない寛容だ』というにある。もしお前がそうしようと思うなら、そのようにするがよい」

と諭され、非難するのが恥かしくなった。

(第一巻一三一話)

1 —— al-Muṭīʿ li-llāh. 在位九四六—九七四。第一巻三七話註8参照。
2 —— Ibn Abī ʿAmr, Abū Manṣūr ʿAbd al-ʿAzīz b. Muḥammad b. ʿUthmān.
3 —— Abū l-Sāʾib〔ʿUtba b. ʿUbayd Allāh〕. 第一巻一一七話註2参照。

人を迎え入れる心遣い

私タヌーヒーがスーク＝アフワーズの徴税官フミーニー[*1]のところにいると、イスファハーン出身の書記官イブン＝アビー＝サイードとして知られるアブー＝バクル＝アフマド[*2]が入ってきた。徴税官は立とうとする様子を見せたのであるが、立つよりまえにアブー＝バクルが坐ってしまったので、徴税官は立ちづらくなってしまった。アブー＝バクルはそのことを感じ取って、やおら立ち上がって言った。

「どうぞお立ちください。それから参ります。そうでなければこの場からいったん立ち去りましょうか」

フミーニーは笑いながら、

「いやいや、そこまでしてもらわなくとも結構」

と言って、きっちり立ち上がったのである。

（第一巻一三二話）

1 —— Abū ʻAbd Allāh Muḥammad b. Aḥmad al-Khūmīnī. ブワイフ朝ムイッズ＝アッダウラの官僚の一人で、サイマリー（第一巻四七話註2参照）の没後、宰相の候補者にもなったが、ムイッズはムハッラビーを宰相に選んだ。

2 —— Abū Bakr Aḥmad b. ʻAbd Allāh, 通称 Abū Bakr b. ʻAbd Allāh Abī Saʻīd al-Iṣbahānī.

宰相官邸はしきたりの厳しいところ

〔法官〕イブン＝アイヤーシュ*1は私タヌーヒーに次のように語った。

儂《わし》はスライマーン＝ブン＝アルハサン*2とはすでに以前からごく親しい関係にあった。そのスライマーンが第一次宰相職に就任したとき、儂はいままで通り宰相のもとを訪れたが、宰相の態度はこれまでとなんら変わることなく、疎《うと》んじるふうはまったくなかった。当時、儂はまだ若者で、王族たちのところに出入りすることは許されていなかった。しかし、宰相のところには、人々が入ることを許されていない場合でも、宰相が一人でいるかぎり、いつも入室を許されていた。

儂はたまたま船列式の前夜、宰相の父、アブー＝ムハンマドのところで夜を過ごした。そして翌朝目が覚めると、宰相に会いに出かけた。着くと法官アブー＝ウマル*3とその息子のアブルフサイン*4、法官イブン＝アビッシャワーリブ*5とその息子*6、法官イブン＝アルブフルール*7、そのほか名家の貴族たちや書記官たち、有力な将軍たちや廷臣たちが入室を許されず、列柱のある廊下で坐っており、侍従が宰相の私室に通じる階段の扉のところに立っていた。

侍従は儂を見ると、帳《とばり》を上げるよう命じ、儂は許されて宰相の部屋に入った。宰相はみずからをお香で薫じているところで、黒礼服を身にまとっていた。ちょうどカリフ＝ムクタディル*8のもとに拝謁に出かけようとしていたところで、宰相のまえには誰もいなかった。

宰相は儂に長時間話し掛け、終わると、剣付の帯をしっかり腰に締め、部屋を出た。儂も後ろに続いた。すると訪問客が宰相に挨拶し、手に口づけをした。人々は宰相の後ろに続き、儂はその列のなかに紛れてしまった。すると突然、儂は誰かにマントを引っ張られた。振り向くとそれは某で、名だたる長老の書記官であった――イブン＝アイヤーシュはその名前を言ってくれたが忘れてしまった。語るところによれば、その長老はイブン＝アイヤーシュの父の友人で、そのまえは祖父の友人だとのことであった。長老は儂に語りかけた。

「アブルフサインよ、お前の家に何か起こった場合、お前の叔父さんは金五万ディーナールでお前を身請けしてくれるかね」

「いいえ、決して」

「お前は五万回の棒叩きや鞭打ちに耐えられるかね」

「いいえ、決して」

「それではなぜ、お前は宰相の部屋に入ったのかね。誰それや誰それ――そう言ってその場にいた人たちを数え上げて

――が許されていないにもかかわらずだ。あの者たちは入ることを望んでいるのだが、それができないのだ。お前は快く思われていないにもかかわらず、宰相のところに長居をし、しかも船列式の日に宰相の後ろから出てきた。お前のほか、宰相は誰も供を連れずにだ。もし宰相が失脚したとき、お前は五万ディーナールをこしらえて支払うことができるか。お前はあの宰相のお気に入りだということを見せつけながら、そのお金をこしらえることができないのだぞ」

「おじさん、私はちっとも気付きませんでした。私は商家の出の一介の法学生にすぎませんし、こうした人々に仕えるためのしきたりに疎うございました」

「坊ちゃん、もう二度としてはいけないよ。もしこんなことで名前を売ってしまったら、それはお前にとってあとが怖いということだ」

このことがあってからというもの、儂は公的な接見のときとか、船列式の日とかに宰相スライマーンのもとを訪れるのを避けることにしたのである。

(第一巻一三三話)

1――Abū l-Ḥusayn Ibn ʿAyyāsh. 第一巻六話註3参照。

2――Sulaymān b. al-Ḥasan b. Makhlad. カリフ・ムクタディルの治世、九三〇年に宰相となり、カリフ・ラーディー(在位九三四―九四〇)の治世、九三六年にふたたび宰相となり、ついで大総督バジュカム Bajkam のとき、九四〇年に宰相となるが、いずれも不適格とされ、短命に終わった。九四四年没。

3――Abū ʿUmar. 第一巻一〇話註2参照。

4――Abū l-Ḥusayn ʿUmar b. Abū ʿUmar. 第一巻一二七話註4参照。

5――al-Ḥasan b. ʿAbd Allāh b. ʿAlī b. Abī l-Shawārib al-Umawī. 九二八年から九三二年までバグダード円城市の法官を務める。九三六年一一月没。

6――Muḥammad b. al-Ḥasan b. ʿAbd Allāh b. Abī l-Shawārib.

7――Ibn al-Buhlūl. 第一巻一六話註2参照。

8――al-Muqtadir. 在位九〇八―九三二。第一巻七話註2参照。

のちの大法官もかつては貧乏学生

複数の人たちから伝え聞いて、父が私タヌーヒーに語ってくれた。

アブー＝ユースフ[*1]は〔ハナフィー派の祖〕アブー＝ハニーファ[*2]に師事して学問を学んでいたころ、貧窮のどん底にあった。師につねに付き従っていたので、生活の糧が得られなかったからである。それでいつも、これといったものもないあばら家に帰るのであった。

こうしたことが永く続き、アブー＝ユースフの妻は、その日その日の食べ物をなんとか工面しなければならなかった。こうして妻が永く耐えていても、アブー＝ユースフは師の塾に出かけていたが、ある日一日そこにとどまり、夜に帰ってきて食事の用意を命じた。そこで妻は布巾で覆った大皿をもって来た。布巾を取り除くと、そこには帳面が乗せられていた。

「これはいったい何だ」

「あなたが一日中働いて得たものです。今夜はこれを召し上がれ」

このことにアブー＝ユースフは深く心を動かされ、その夜は空腹のまま過ごした。翌朝、アブー＝ユースフは塾に行くのが遅れた。家族のために食べ物を工面しなければならなかったからである。師のアブー＝ハニーファのところに着くと、師が遅れてきたわけを尋ねた。そこでアブー＝ユースフはありのままを話した。すると師は、

「どうして儂《わし》に知らせてくれなかったのかね。助けてやろうものを。お前は心配することはない。もしお前に命があれば、お前は法学の知識で皮をむいたピスタチオ入りのアーモンドケーキを食することができるであろう」

と勇気付けた。

その後アブー＝ユースフの語ったところでは、彼がカリフ＝ラシード[*3]に仕えて寵愛を得ていたときのある日、ピスタチオ入りのアーモンドケーキの銀カップが運ばれてきた。そこでそれを食べはじめるや、アブー＝ハニーファの言葉が思い出されて涙が出た。カリフ＝ラシードがそのわけを聞いたので、カリフにその思い出話をしたとのことであった。

（第一巻一三四話）

1――Abū Yūsuf Yaʻqūb b. Ibrāhīm al-Anṣārī. 著名な初期ハナフィー派の法学者。ハナフィー派の創始者の一人とされる。七三一年生まれ。クーファでアブー＝ハニーファ Abū Ḥanīfa に学んで認められ、メディナではマーリク＝ブン＝アナス Mālik b. Anas

に学んでクーファに戻った。やがてバグダードの法官となり、カリフ＝ハールーン＝アッラシード(註3)により初代の大法官に任ぜられ、同時に政治顧問となった。カリフの求めにより『ハラージュ(租税)の書』*Kitāb al-Kharāj* を著し、イスラムの政治論や租税徴収、財政問題などを論じた。七九八年没。

2——Abū Ḥanīfa al-Nuʿmān b. Thābit. 四法学派の一つ、ハナフィー派の創始者。祖父はアフガニスタンからクーファに連れてこられた奴隷。父の代から解放奴隷となり、絹織物商として生計を立てたようである。クーファでハンマード＝ブン＝アビー＝スライマーン Ḥammād b. Abī Sulaymān に神学と法学を学び、ハンマードの死後は、クーファにおける法学派の中心的存在となり、多くの弟子を育てたが、法官の職務に就くことはなかった。七六七年没。

3——al-Rashīd. 在位七八六—八〇九。第一巻一〇四話註6参照。

疑わしきは罰せず

また父は私タヌーヒーに語ってくれた。アブー＝ハニーファ[*1]の死後、バグダードに来ていたアブー＝ユースフ[*2]はカリフ＝ラシード[*3]に親しく仕えるようになったが、そのきっかけは次のようなことであった。

誓いを破ってしまったある将軍がいて、この問題について相談できる法学者を探していた。それにアブー＝ユースフが招かれ、将軍は誓いを破っていないという法意見を出した。そこで将軍はアブー＝ユースフに金貨を与え、近くにアブー＝ユースフの住む屋敷を用意し、自分の顧問とした。

ある日、将軍がカリフ＝ラシードのもとに参内すると、カリフが悲しみに沈んでいた。そのわけを聞くと、カリフは、「ある宗教上の問題が予に降りかかってきたのだ。相談に乗ってくれる法学者を探してくれ」と依頼した。そこで将軍はアブー＝ユースフを連れて行くことにした。以下はのちにアブー＝ユースフが語ったことである。

私は宮殿のあいだの廻廊に入ると、王家の紋章を身につけた美しい少年の姿を目にした。少年は廻廊に面した一室に幽閉されていて、私に助けを求めているかのような素振りを指で示した。だが私はこの少年が何を求めているのか意味がわからなかった。カリフ－ラシードのいる部屋に入り、カリフのまえに進み、挨拶をして立った。

「お前の名は」

「ヤアクーブと申します、信徒の長たる陛下に神のご加護がありますように」

「不義を犯した男を目撃した主権者はその男を罰すべきか否か、お前はどう思うか」

「その必要はございません」

私がこのように言うと、カリフはじっとうなだれた。その様子から私には、カリフの息子の一人が問題の罪を犯し、私に助けを求めていた先ほどの少年がその息子だと解された。やおら首を上げたカリフは尋ねた。

「お前の主張の根拠は」

「預言者さまはおっしゃっています。『疑わしき罪は罰を避けるように』と。この場合、処罰を無効にする疑念がございます」

「実際に目撃したのにいかなる疑念があるというのだ」

「たいていの場合、目撃というのは起こったことについての知識が要るものですが、この場合にはそうした目撃を必要としないのです。〔神の定めた〕ハッド罪[*4]に関する法というのは単なる知識でもって罰が決まるものではございません」

「なぜだ」

「なぜならば、ハッドの罰というのはいと高き神の権利であって、主権者とはその罰を維持するよう神から命令されておられるお方です。したがって、それはまたあたかも主権者の権利ともなっているものです。何ぴとといえども、おのれの知識でもって神の権利を行使することはできませんし、みずからの手で執行することもできません。かつてイスラム教徒は、ハッド罪を成立させるには自白なり証拠なりが必要であるとの意見の一致を見ました。それを成立させるには知識で充分であるとの合意には至っておりません」

こう私が申し上げると、カリフはうなずき、私に莫大な謝金を与え、毎月に法学者としての手当を支給するよう、また私を宮廷付きとするように命じられた。

カリフのもとを退出するや否や、私はかの少年やその母后、その縁者たちからそれぞれ贈り物を与えられ、それはその後の私の富のもととなった。そのうえ、かの将軍はこれまで私に俸給を支給してくれていたが、カリフよりの俸給がそれに加増されたかたちとなった。

私はつねに宮殿に詰めていたので、ある宦官から法意見を求められたり、ある廷臣から助言を求められたりすることがあって、そのつど法意見を与えたり助言したりしたが、その結果、私は宮廷内の人たちから権威と尊敬と贈り物を与えられるようになり、私の立場は強まった。
　それでカリフは私を召喚して長いあいだ下問したり、重大な政務について意見を求めたりして、私に誠意をもって遇された。そこで、私の立場はますます強力なものとなり、ついにカリフは私に大法官職[*5]を授けたのである。

（第一巻一三五話）

1 —— Abū Ḥanīfa. 第一巻一三四話註2参照。
2 —— Abū Yūsuf. 第一巻一三四話註1参照。
3 —— al-Rashīd. 在位七八六―八〇九。第一巻一〇四話註6参照。
4 —— ḥadd. 複数形は ḥudūd. ハッドとは妨害、境界、制限、禁止などの意だが、狭義にはコーランに言及される神が定めた罪のこと。具体的には姦通罪、姦通中傷罪、飲酒罪、窃盗罪、追剝罪を指す。ただし飲酒については、コーランの原語ではハムル khamr すなわち葡萄酒を用いているので、初期のイスラム社会では葡萄酒以外の酒類は禁止されていないと解釈され、棗椰子《なつめやし》酒が盛んに飲まれた。
5 —— 原語 qaḍā' al-quḍāt.

大法官アブー＝ユースフの遺産

また伝えられているところによると、〔大法官〕アブー＝ユースフ[*1]が亡くなったとき、衣裳函にはさまざまな種類のズボンが残されていたが、それは絹製のものだけでも二〇〇着もあった。それらのズボンすべてに金一ディーナールはするアルメニア製の帯が付いていた。
　アブー＝ユースフがカリフ＝ラシード[*2]といかに親しかったかは、ある日カリフがアブー＝ユースフを召喚したさいの逸話が示している。アブー＝ユースフは外套をまとってやって来たが、カリフはそれを見てまわりの者たちに、ある詩人の詩を引用して語った。

頭を外套で覆った男がやって来る
たてがみの薄い牝馬に
あの無比の男が振り落とされねばよいが

（第一巻一三六話）

1 —— Abū Yūsuf. 第一巻一三四話註1参照。
2 —— al-Rashīd. 在位七八六―八〇九。第一巻一〇四話註6参照。

いかにして法官になったか

法官イブン＝アルブフルール[*1]の孫の法官アブルハサン＝アリー[*2]が父祖を通じて、またアブルハサン＝アフマド＝アズラク[*3]が法官イブン＝アルブフルール本人を通じて、私タヌーヒーに法官イブン＝アルブフルールの話を伝えてくれた。

　ザンジュの叛乱[*4]を鎮圧したあと、国家の政務が執政ムワッファク[*5]のもとで安定化したとき、執政は諸国の民の状況を調べ、諸国の法官を任命するためにしかるべき人物を選び出すよう命じた。

　アンバール[*6]について、その地に法官職を授けるにふさわしい人物はと執政が尋ねたとき、私ことイブン＝アルブフルールの名前が挙がった。執政はすでに私の父イスハーク＝ブン＝アルブフルール[*7]のことを知っていた。それはカリフ＝ムタワッキル[*8]がサーマッラー[*9]の宮廷に父を召し出したときのことで、父と話をしたことがあるとのことであった。しかし、私自身はいまだかつてそのような地位に任命されたことはなかった。

　執政は私を召喚し、任命するように命じた。そこで〔宰相〕イスマイール＝ブン＝ブルブル[*10]がこの件に関して、法官イスマイール＝ブン＝イスハーク[*11]に指示を与え、法官は私に出頭するよう書簡を書いてきた。私が伺候すると、法官は事情を説明して、私を〔宰相〕イスマイールのところに連れていった。しかし、私は二人に、

「自分は一人で充分やっており、法官職に就かねばならないという状況にはございません」

と伝えたので、二人は私を諦めた。私は自分の仕事を整え、それから〔故郷に〕帰ろうと、バグダードの自分の家に戻った。すると、アンバール出身のジャアファル＝ブン＝イブラヒーム[*12]が私のところにやって来て、なぜ呼び出されたのかと尋ねた。この人はアンバールに住む聡明なペルシャ人で、私の友人でもあった。私がことの次第を話すと、

「もっと自分のことをよく考えるとよい。お前と二人の重臣とのあいだに何があったかは人にはわからない内緒事だ。だからお前が自分の国〔アンバール〕に戻れば、お前のライバルたちは噂するだろう。お前を法官に任命しようと呼び出したが、実際に会ってみるとふさわしいと思われず、はねられてしまったのだ、と」

「ではどうしたらいいだろうか。もう自分の思いを言ってしまったあとだが」

「〔法官〕イスマイールのところに戻って、この通りを話すとよい」

翌朝早く、私はイスマイールを尋ねた。彼は私を見ると、言った。

「お前は昨日とは違った顔をしているな」

「おっしゃる通りです」

「思っていることを申してみよ」

そこで私はかくかくしかじかと、ジャアファル＝ブン＝イブラヒームとのあいだで取り交わした話の内容を法官に語った。すると、

「お前の親友はよい忠告をした。ことは彼の言う通りだ。一緒に宰相のところへ行こう」

そう言って、私を連れ出した。宰相は我々の顔を見ると、微笑を浮かべて聞いた。

「どうして戻ってきたのだ、アブー＝ジャアファル＝イブン＝アルブフルールよ」

それで法官イスマイールはことの次第を宰相に話した。

「お前の友人はアッラーの善き報いを受けるであろう。お前に正しい忠告をしたものだ。お前の叙任状を書かせよう」

こうして宰相は私をアンバール、ヒート、アーナート、ラフバ、カルキースィヤー[*13]および付属の管区の法官に任命する旨の叙任状を執政ムワッファクの名で書き、私は自分の故郷の町に帰ったのである。

タヌーヒーによる追記。法官アブー＝ジャアファル＝イブン＝アルブフルールの地位はその後ますます上がり、ついにはイブン＝アルムウタッズのクーデター[*14]によってアブー＝ウマルが罷免されたあと、〔バグダードの〕マンスール円城市の法官に任命されるに至った。彼はすぐれた資質を示して名声を高め、カリフ－ムクタディルや宰相たちのあいだでは、信仰篤い禁欲家との評価を得たのである。このことを示す逸話を次話で取り上げる。


（第一巻一三七話）

1——Abū Jaʻfar Aḥmad b. Isḥāq b. al-Buhlūl. 第一巻一六話註2参照。
2——Abū l-Ḥasan ʻAlī b. Abī Ṭālib. 第一巻一六話註1参照。
3——Abū l-Ḥasan Aḥmad b. Yūsuf b. Yaʻqūb al-Azraq. 第一巻一四話註2参照。
4——amr al-Zanj. 第一巻七八話註3参照。
5——al-Nāṣir l-Dīn Allāh al-Muwaffaq. 第一巻七三話註1参照。
6——al-Anbār. ユーフラテス川東岸の都市で、バグダードの西方およそ六二キロのところにあり、バグダードへ通じる運河の出発地として重要であった。古代から都市が営まれ、ササン朝時代に城塞も築かれた。アッバース朝初代カリフ－アブルアッバースが一時都と定め、ホラサーン軍を住まわせた。
7——Isḥāq b. al-Buhlūl.
8——al-Mutawakkil. アッバース朝第一〇代カリフ。在位八四七—八六一。兄のカリフ－ワースィクの死に伴い、宰相のイブン＝アッザイヤート Ibn al-Zayyāt、大法官イブン＝アビー＝ドゥアード Aḥmad b. Abī Duʼād、トルコ軍人のアイターフ Aytākh とワセ

ーフ Waṣīf らの推挙を得てカリフとなったが、彼らに牛耳られることを嫌ったムタワッキルは、イブン＝アッザイヤートとアイターフを粛清、大法官イブン＝アビー＝ドゥアードを免職して、息子たちを各州の総督に任命するなど人事を一新、またトルコ奴隷軍団による軍事権の独占を打破するために、シリアのアラブ族、バグダードに住むアッバース朝革命軍の子孫たち、アルメニアなどから兵士を募集し、従来のトルコ奴隷軍団の反発を招いた。新しい軍団を住まわせる意味もあって、サーマッラーの北郊に新都ジャアファリーヤを建設した。宗教政策ではカリフ－マームーンが欽定したムウタズィラ派神学の公認を取り消し、ハンバル派など伝承主義者を重用した。アゼルバイジャンやアルメニアでの叛乱はあったものの、その治世は概して平和であったが、権力から排除されたと感じたトルコ軍閥に暗殺され、以後アッバース朝は混乱の時代へと向かった。

9――原語 Surra Man Raʾā. バグダードの北方一二五キロのティグリス川東岸に位置する都市で、第八代カリフ－ムウタセム(在位八三三―八四二)が八三四／三五年にトルコ系奴隷軍団とバグダード市民との対立を避ける意味でここに遷都した。新首都名スッラ＝マン＝ラアー(「見る者喜べり」の意)はのちにつづめてサーマッラー Sāmarrāʾ と呼ばれるようになった。その後カリフたちによって拡張されたが、ムタワッキル(在位八四七―八六一)の暗殺後、軍閥の跋扈《ばっこ》によってカリフは軍人たちの傀儡となるなど、政治的混迷を深め、八九二年、第一六代カリフ－ムウタディド(在位八九二―九〇二)がバグダードに還都した。現在も当時の広大な都市遺構が存在し、螺旋状をした巨大な尖塔は有名。

10――Ismāʿīl b. Bulbul. 第一巻一四話註4参照。

11――Ismāʿīl b. Isḥāq. 第一巻三三話註2参照。

12――Jaʿfar b. Ibrāhīm al-Ḥaṣīnī al-Anbārī.

13――Hīt. アンバールからユーフラテス川を北上した町。ʿĀnāt. ユーフラテス川をさらに北上し、ジャズィーラ州に入った町。al-Raḥba. さらに北上したユーフラテス西岸の町。現シリア領ミヤーディーン。Qarqīsiyā. ラフバの東方、ユーフラテス東岸の古都。

14――qiṣṣat Ibn al-Muʿtazz. 第一巻七話註2参照。

徳ある宰相の計らい

アブルハサン＝アフマド＝アズラク[1]は、アンバールのジャアファル＝ハセーニーの子で書記官のアブー＝アリー＝アフマド[2]を通じて、以下のような逸話を伝えている。

カリフ＝ムウタディド[3]の解放奴隷ワースィク[4]が死んだとき、カリフ[5]は〔宰相〕アリー＝ブン＝イーサー[6]がワースィクのために祈りを捧げるようにと命じた。そこで将軍や書記官、貴族、法官ら、国家の顕官たちが葬儀に参列した。この参列者のなかには、アブー＝ジャアファル＝イブン＝アルブフルール[7]とアブー＝ウマル[8]の二人の法官もいたが、私ことアフマド＝ブン＝ジャアファル＝ハセーニーも参列していた。

柩が安置されると、アリー＝ブン＝イーサーは前に進むよう促された。そこで前へ進もうとしたとき、法官アブー＝ジャアファルの姿が目に入ったので、宰相はアブー＝ジャアファルを引っ張り、自分のまえに押し出して、自分は後ろへ下がった。

礼拝が終わったとき、私はもう一人の法官アブー＝ウマルがこのことをどんなふうに感じているか見定めようと目で探した。すると、アブー＝ウマルの顔が無念さで黒ずんでいるのが見えた。アブー＝ジャアファルの方が誰よりも先に選ばれたのを悲しんでのことであった。

私はアブー＝ジャアファルのところへ行き、このことにお祝いを述べるとともに、アブー＝ウマルのことを知らせた。すると、アブー＝ジャアファルはそのことを内緒にしておくようにと制したが、しかし〔アンバールの〕同郷人として、私がアブー＝ウマルのことを知り、しかも実際に目撃したことを喜んだ。

宰相アリー＝ブン＝イーサーは、アブー＝ジャアファルとのあいだが芳しくないにもかかわらず、このような行動を取ったのである。アリー＝ブン＝イーサーというのはそのような人で、おのれの美徳のゆえに、たとえ自分とは気まずくなっているような者であっても、美徳ある者ならば、その人を立てこそすれ、差し控えさせるようなことはしないのであった。

（第一巻一三八話）

1――Abū l-Ḥasan Aḥmad b. Yūsuf b. Yaʻqūb b. Isḥāq b. al-Buhlūl al-Azraq. 第一巻一四話註2参照。

2――Abū ʻAlī Aḥmad b. Jaʻfar b. Ibrāhīm al-Ḥasīnī al-Anbārī.

3――al-Muʻtaḍid. 在位八九二―九〇二。第一巻三一話註4参照。

4――Wāthiq mawlā al-Muʻtaḍid.

5――このカリフはムウタディドではなくムクタディル（在位九〇八―九三二）。アリー＝ブン＝イーサーが宰相になるのは九一三年。したがって解放奴隷ワースィクが没したのはそれ以降となる。
6――'Alī b. 'Īsā b. Dā'ūd. 第一巻一四話註7参照。
7――Abū Ja'far Aḥmad b. Isḥāq b. al-Buhlūl. 第一巻一六話註2参照。アブー＝ジャアファルは法官アブー＝ウマルより一〇歳余り年長で、アリー＝ブン＝イーサーはアブー＝ウマルよりさらに二つ年下であった。
8――Abū 'Umar. 第一巻一〇話註2参照。

小さな得は大きな損

法官イブン＝アルブフルールの孫、法官アブルハサン＝アリー[*1]が私タヌーヒーに語ってくれた。

〔カリフ－ムウタディドの宰相〕カースィム＝ブン＝ウバイドッラー[*2]の子フサイン[*3]は、金数万ディーナールという莫大な額の借金を抱え込み、債権者たちから法官のもとに訴えられた。そのため、債権者たちにおびえて身を隠してしまった。フサインは〔法官である〕私の祖父〔アフマド＝ブン＝イスハーク＝ブン＝アルブフルール[*4]〕のところにやって来て、この件に関して相談した。

「たとえ私の財産を売ったところで、それは借金に見合うだけで、私は無一文になってしまいます。私は喜んで飢えに耐え、収入のすべてを債権者たちに与えてもかまいませんが、果たして債権者たちがこのようなことで満足するでしょうか。私はどうしたらよいでしょう。法官どのには私のために何か手段をお考えくださいませんでしょうか」

さて、フサインの住まいは〔ティグリス川の〕東岸区[*5]にあって、そこは〔法官〕アブー＝ウマルの管轄下にあった。私の祖父はフサインに言った。

「マーリク派の見解によれば、金銭の処理能力に欠けていることが明らかとなった人物は、禁治産者に指定され〔その資産は管財人に委ねられ〕る。もしアブー＝ウマルがお前のことを心配するようであれば、おそらくはアブー＝ウマルがお前の負債をかならずしも負わないですむように取り計らってくれるであろう。何しろお前は金銭に関する無能力の証拠に、お金を浪費し、おびただしい無駄遣いをしたのだから。もしアブー＝ウマルが、お前が本当に金銭の処理能力に欠けていることを知り、その旨を通知した人の証言を聞いて、アブー＝ウマルに無能力の確信が生まれれば、アブー＝ウマルはお前を禁治産者に認定し、お前が自分の財産を処分することを禁じ、お前の財産をお前に代わって執りしきる管財人の手に委ねるであろう。そして、債権者たちの、お前に対する負債額がアブー＝ウマルのもとで確定された時点で、アブー＝ウマルは管財人たちに、負債の弁済の手段として、お前の資産の収益を債権者たちに支払うよう命じるであろう。そうすれば、お前の資産の元本はお前のところに残ることになるのだ」

フサインは祖父の忠告を入れ、すべてをアブー＝ウマルに委ねることにし、アブー＝ウマルはその通り実行した。それでフサインは隠れ家から姿を現わし、生活ももとに戻って、債権者たちとの取り決めも予定通り実行された。

のち〔九三一年〕、このフサインが宰相に任命されたが、〔最高軍司令官〕ムーニス[*6]とのあいだが不和となったとき、ムーニスはフサインの罷免を画策し、カリフ＝ムクタディル[*7]に進言した。

「おゝ信徒の指揮者よ、この者は自分の財産ですらよく管理できない人物です。法官たちは金銭処理の無能と浪費癖とによってこの者を禁治産者に認定しております。このような者にどうして国家の財産とその運用、世界の政治を任せられると勧められましょうや。この者は自分の家のことですら収支を執りしきることができないのですから」と。

これはフサインが宰相職を罷免されることになるもっとも大きな理由であった。

（第一巻一三九話）

1 —— Abū l-Ḥasan ʻAlī b. Muḥammad b. Aḥmad b. Isḥāq b. al-Buhlūl. 第一巻一六話註1参照。

2 —— al-Qāsim b. ʻUbayd Allāh. 第一巻三一話註3参照。

3 —— al-Ḥusayn b. al-Qāsim b. ʻUbayd Allāh. カリフ＝ムクタディル（在位九〇八―九三二）は九三〇年、宰相イブン＝ムクラを逮捕し、代々宰相を務めてきたという家柄からフサインを宰相に任命しようとしたが、将軍ムーニスの反対で断念した。それでも翌九三一年に任命され、政権を担った。ところがムーニスへの敵対と失政とで一年足らずで罷免され、バスラに追放された。カリフ＝ラーディー（在位九三四―九四〇）の時代まで生き延びたが、宰相に返り咲いたイブン＝ムクラに刺客を送り込まれ、殺された。イブン＝アッティクタカーが一三〇二年に著わした『ファフリー』*Kitāb al-Fakhrī* によれば、フサインの首は籠に入れられ宮廷に運ばれたが、やがて政変によってイブン＝ムクラの切られた手が同じ籠に入れられたという。

4 —— Aḥmad b. Isḥāq b. al-Buhlūl. 第一巻一六話註２参照。

5 —— Abū ʿUmar. 第一巻一〇話註２参照。

6 —— Muʾnis al-Muẓaffar. ムウタディドがカリフに即位する以前、八八〇／八一年のザンジュの叛乱鎮圧に、ムウタディドの奴隷傭兵として活躍したのが最初の経歴で、九〇〇年、バグダードの警察長官となる。ムウタディドにより一時メッカに追放されるが呼び戻される。九〇八年、少年カリフ＝ムクタディルの廃位を狙ったイブン＝アルムウタッズのクーデターのさいの活躍により、宮廷において絶大な信頼を得る。やがてカリフから宰相人事の相談を受けるなど、隠然たる勢力を保ち、後期アッバース朝国家の安定にも寄与した。

7 —— al-Muqtadir. 在位九〇八―九三二。第一巻七話註２参照。

法学派によっては誰もが証人になれる

イブン＝ナスラワイフとして知られる〔法官〕アブルフサイン＝ムハンマド[*1]の語るところによれば、バスラの前法官タイミー[*2]は、在任期間中に三万六〇〇〇人もの証人を受け付けたという。私タヌーヒーが「それはとてつもない人数だ。どうしてそんなことになったのだ」と尋ねると、イブン＝ナスラワイフは次のように話してくれた。

「アブー＝ハニーファ[*3]などの法学者の学説に従っている法官たちは、お前も知っての通りの諸条件を満たしている者ならば、すべての人が〔証人として〕信頼がおけるということになる。したがって、タイミーのまえでは大半の人々が証人として証言を行なっていたのである。すなわち、タイミーは人々の証言を聞いたあと、〔それで間違いないかどうか〕人々に尋ね、そうだと容認すると、彼らの証言を受け入れるという具合であった。こうして人々は、つねに隣人であれ市井の人であれ、お互い同士で証言しあったのである。証言に当たって、人々のあいだに特別な資格の差はなかった。こうした状況は次の法官イスマイール〔アズディー[*4]〕が着任するまで続いた」

タイミーが受け入れた三万六〇〇〇人の証人のうち、二万人はただ一回の証言をしただけだったという。

（第一巻一四〇話）

1 —— Abū l-Ḥusayn Muḥammad b. ʻUbayd Allāh, 通称 Ibn Naṣrawayh. 第一巻一二四話註1参照。
2 —— al-Taymī.
3 —— Abū Ḥanīfa〔al-Nuʻmān b. Thābit〕. 第一巻一三四話註2参照。
4 —— Ismāʻīl〔Abū Isḥāq al-Azdī〕.

あわて者の高官

アブルカースィム＝ジュハニー*1は私タヌーヒーに話してくれた。

〔高官〕アサド＝ブン＝ジャフワル*2は性格的には鬱的で忘れっぽいところがあった。ある日、私ジュハニーは宰相官邸でアサドと一緒になったことがあった。彼は坐って我々と話し合い、我々のうちにはある法官も同席していた。その日は暑く、我々はターバンを脱ぎ、その法官もカランスワ帽を横に置いていた。

宰相がアサドを呼び出したので、彼は急いで立ち上がり、その法官のカランスワ帽を取ってそれを被り、そのまま宰相の部屋に入ろうとした。法官は〔あわてて〕アサドを呼び止め、我々もそうしたが、アサドはそれが耳に入らぬまま、宰相のところに入ってしまった。宰相はアサドのそのような様子に笑い出し、アサドは恥じて我々のところに戻ってきた。

（第一巻一四一話）

1 —— Abū l-Qāsim al-Juhanī. 第一巻一二話註3参照。
2 —— Asad b. Jahwar. アッバース朝の高等官僚の一人。第二巻九

一、九二、一四七の各話参照。

笑いを取ってカリフの侍臣に

私タヌーヒーはヤフヤー＝アズディー*1から、アブー＝ジャアファル＝ブン＝ハムドゥーン*2を通じて〔侍臣〕アブドゥッラー＝ブン＝ハムドゥーン*3父子にまつわる以下の話を聞いた。

私アブドゥッラーはまだ幼年で、父とともにサーマッラー*4に住んでいて、父はカリフ＝ムタワッキル*5の侍臣を務めていた。カリフが狩猟に出かけることになり、父も陪従することになったので、私は父に随行した。その間のある日、父は一人離れて小用をしようと、一緒にいた私に馬を預けた。私は手綱を手に馬をとどめ、父から顔をそむけた。父がしゃがんで用を足していると、突然ムタワッキルが一人で馬に乗って姿を現わした。軍隊から離れて父を探しにやって来たのであった。

カリフは近づくと父に尋ねた。

「お前の馬の手綱を手にしているこの少年は誰だ」

「信徒の指揮者の奴隷、愚息です」

「なぜお前から顔をそむけていたのだ」

このとき父は、私や母を冗談の種にするつもりもなしに、ふざけた物言いを思いついたのでしょう。

「私から顔をそむけていたのは、私の一物が大きくなっているのを恥ずかしく思ったからでしょう」

父の言葉を聞いて、私はカリフに申し上げました。

「畏れ多くも陛下、もし私が父の姿を見ていたとしても、私は父のそれが蕾のようなものであると承知しております」

するとカリフ＝ムタワッキルは笑って告げた。

「アフマドよ、まさしくお前の息子はお前より面白いぞ。侍臣に加えてやるから息子を伺候させろ」と。

それから数日後、私は伺候し、侍臣仲間の一人となったのである。


（第一巻一四二話）

1――Abū Muḥammad Yaḥyā b. Muḥammad b. Sulaymān al-Azdī. 第一巻二話註2参照。以下一四五話までこのヤフヤー＝アズディーを情報源としている。
2――Abū Ja'far b. Ḥamdūn. カリフ＝ラーディーの侍臣。
3――Abū Muḥammad 'Abd Allāh b. Aḥmad b. Ḥamdūn. カリフ＝ムウタディドの侍臣。
4――原語 Surra Man Ra'ā. 第一巻一三七話註9参照。
5――al-Mutawakkil. 在位八四七―八六一。第一巻一三七話註8参照。

賭け事に負けたカリフの粋な計らい

私タヌーヒーはやはり同じヤフヤー＝アズディーから、アブー＝ジャアファルを通じて〔侍臣〕アブー＝ムハンマド＝イブン＝ハムドゥーン[*1]の話を聞いて伝えている。

私ことイブン＝ハムドゥーンは、かつて誓いを立て、賭け事でお金を得るようなことはせず、もし賭け事でなにがしかのお金を得た場合には、燃やすべき蠟燭の費用とか、飲んでしまうための酒代、歌を聴くための歌い女の花代にしか使いません、とアッラーとの契約を結んだことがあった。ところがある日、私はカリフ＝ムウタディド[*2]と坐って双六《すごろく》に興じ、銀七万ディルハムもカリフに勝ってしまった。

カリフは私にその金を支払うよう命令することなく、午後の礼拝をするために立ち上がった。だが、礼拝のまえに長いこと腰をかがめ、なにか懸命に考えている様子であった。私はといえば、ただ午後の礼拝を済ませただけで坐り、考えに耽った。そして、かつて誓いを立ててしまったことに後悔したのであった。

「この七万ディルハムものお金を使って、蠟燭を買ったり、飲み代を払ったりすることなんてできるだろうか。いったい何人の歌い女に歌を歌わせて花代を払えばいいのだろうか。あわてて誓いなど立てるのではなかった。もし誓いを立てていなかったならば、今頃はこのお金で私領地[*3]を買えたものを。〔もしこんなお金を手にすることができるのであれば〕妻を離婚[*4]するとか、奴隷を解放[*5]するとか、私有財産[*6]や私領地を喜捨するとか、新たに誓いを立ててもよいのだが」と。

　私はこうしてあれこれと考えに没頭していたが、カリフがそんな私を見ていたとは少しも知らなかった。カリフは膝を屈して深々と礼拝を続け、終わりに「アッラーに栄光あれ」と称えた。

「イブン＝ハムドゥーンよ、何を考えていたのだ」

「よいことです、陛下」

「包み隠さず、本当のことを申してみよ」

そこで本当のことを話すと、カリフは言われた。

「お前は予がお前に賭け事で負けた七万ディルハムを与えるとでも思っているのか」

「私をお騙しになったというのですか」

「そうだ、騙したのだ。立って行くがよい。もうこのことは考えるな」

　カリフ-ムウタディドはそう言うと、定めの午後の礼拝に入った。私は前よりもいっそう大きな嘆きに襲われ、落ち込み、大金が逃げたことに落胆した。自分はなぜ本当のことを喋ってしまったのだろう。心のなかでそう言って自分を責めた。

　カリフは礼拝を終えると、坐って私に言われた。

「やあ、イブン＝ハムドゥーンよ、あのあとで何を考えていたか包み隠さずに申してみよ」

　私は逃れる道はないと思い、ありのままを話した。ところがカリフは言われたのである。

「賭け事のお金については、予がお前を騙したのだから、お前はその金を損してしまった。しかし、予は別途自分のお金から七万ディルハムをお前に与えよう。お金を与えることは予にとって罪ではないし、それを受け取ることはお前にとって罪ではなく、お前の誓いにも抵触しない。お前はそのお金を受け取って、それで合法的に私領地を買えばよい」と。

　私はカリフの手に口づけをした。カリフはお金を用意させ、私に与えた。そのお金を受け取って、私は私領地を得ることができたのである。

（第一巻一四三話）

1——Abū Muḥammad ʻAbd Allāh b. Aḥmad b. Ḥamdūn. 第一巻一四二話註3参照。

2——al-Muʻtaḍid. 在位八九二—九〇二。第一巻三一話註4参照。

3——原語 ḍayʻa. 第一巻四話註6参照。

4——原語 ṭalāq. イスラム社会では、神の名においてある行為をするとかしないとかを誓うことが日常的に行なわれるが、この当時はもし自分の発言が嘘であれば、妻を離婚するとか、奴隷を解放するとかいった誓いを立てることがよく行なわれた。
5—— 原語 ʿatāq.
6—— 原語 milk.

カリフの権威をかさに、世間を甘く見てはならぬ

タヌーヒーは続いて、やはり同じヤフヤー＝アズディーから、〔侍臣〕アブドッラー＝ブン＝ハムドゥーン[*1]の話をアブー＝ジャアファルを通じて聞いて伝えている。

私ことイブン＝ハムドゥーンには重い借金があり、その額は金五〇〇〇ディーナールに達していた。しかし、私にはそれを弁済する手段がなく、ただ私がカリフ＝ムウタディド[*2]と親しいことから、〔貸し主を助けて〕私に敵対しようという法官は誰もいなかった。

〔当時〕カリフはみずから訴願院[*3]の法廷に着座するのをつねとしていたが、あるとき、私にお金を貸している者たちが私のことをカリフに訴えた。そこでカリフは私に参内を命じ、借金のことを尋ねた。私がそのことを白状すると、カリフは、いったんは私を拘禁して貸し主たちの権利を守ろうと考えた。

しかし、それでは私との親密さが失われるし、カリフはけちで侍臣の借金さえ支払おうとしないと噂されるのを嫌って、そのお金を自分で引き受けることにし、貸し主たちに対して、「その借金は予が負担しよう」と告げた。こうして、カリフはただちに支払い命令書に署名をし、貸し主たちはそれを受

け取って立ち去った。

我々のほか、部屋に誰もいなくなると、カリフが、

「この馬鹿者め、どうしてあゝも急いで自白してしまったのだ。お前が拒めば、予が支払うこともなくなるし、お前だって拘禁されずにすむものを」

となじったので、私は、

「それは私の良心が許しません。あの人たちが私にお金を貸してくれているのに、どうして顔を向けて拒めましょうや」

と答えたのであった。

それからしばらく経って、私はふたたび手元不如意となった。そこでまた、以前よりは少ないが、それでも金何千ディーナールかの借金をしてしまい、その返済を求められた。だが、私は返済を引き延ばした。私の収入は支出を賄《まかな》うのに充分ではなかった。それでは私の生活程度に応じた男らしさを発揮できない。そこで借金したのであるが、私にはそれを返す当てはなかった。

カリフが訴願院の法廷に坐ったとき、件《くだん》の貸し主たちがふたたびカリフに訴え、私が呼び出された。カリフに尋ねられるまま、私が白状すると、カリフはその借金を私に代わって支払ってくれた。しかし、カリフは傍らに列席していた法官に言った。

「この男を連れて行き、町中に布令を出してまいれ。この男は禁治産者で文無しであり、なんら売るものを持たないから、借金をしても返済することはできぬ。この男と取引きした者は、今後その貸し金の権利は失われる、とな」

このカリフの言葉に私はすっかりうろたえてしまったが、それを見たカリフは、

「神かけて、もうこれ以上お前の貸し主たちに、毎日予の金をくすねさせる方策を与えてはならぬぞ」

と、念を押すのであった。こうなれば、私には他に取るべき道はない。私は法官の館へ行き、法廷に坐った。そこで法官はこの旨を人々のまえで公表させ、私に対して実際に宣告したが、布令を出すまではしなかった。　**（第一巻一四四話）**

1——Abū Muḥammad ʻAbd Allāh b. Aḥmad b. Ḥamdūn. 第一巻一四二話註3参照。

2——al-Muʻtaḍid. 在位八九二—九〇二。第一巻三一話註4参照。

3——原語 maẓālim. アッバース朝時代、イスラム法（シャリーア）では適用できない事件を扱う一種の行政裁判制度が発達し、政府管轄下の「訴願院」が設けられた。内容的には税務を中心とする苦情処理を扱い、裁判官には通常行政官が当たるが、大きな問題には宰相、ときにはカリフ自身が苦情を聞き、処理した。

恋はお高くつきますよ

アブー＝ムハンマド＝ヤフヤーは、信頼のおける人々からシーラーズ出身の書記アブー＝アフマド＝シーラーズィー*1を通じて〔カリフ＝ムウタミド（在位八七〇―八九二）の宰相を一時務めたことのある〕イブン＝アルムダッビル*2にまつわる話を伝えたが、イブン＝アルムダッビルは次のように語ったという。

儂《わし》は長い間〔元カリフ＝マームーンの女奴隷だった往年の名歌姫〕アリーブに愛を求めていて、そのために莫大なお金を使った。儂が逆境に陥って公職を辞し、家に引きこもっていたとき、アリーブもまた老境に入って歌謡から引退し、長く患《わずら》っていた。ある日、家でくつろいでいると、門番がやって来て、

「アリーブさまの舟艇が〔岸辺の〕門口に来ており、アリーブさまが案内を乞うておられます」

と知らせた。儂は驚くとともに、アリーブへの想いで心が熱くなった。立ち上がって〔ティグリス川の〕岸辺〔の舟着場〕まで降りて行くと、アリーブが舟艇のなかに坐っているではないか。

「やあマダム、これはどうしたことですか」

「長い月日が経ち、あなたへの思慕が募ってね。それで過ぎ越し日々を新たにするために、今日あなたのところでお酒を頂こうと思いましてね」

「まあお上がりください」

「わたしの輿《こし》が用意できるまでお待ちになって」

美しい舟艇のなかを見ると、輿が置かれている。アリーブがその輿に坐り、召使いたちが担いで上がってきた。

儂らはしばらく歓談の時を過ごし、それから食事が運ばれ、ともに摂った。また棗椰子《なつめやし》酒が出され、儂は飲んだ。アリーブのグラスに注ぐと彼女も飲み、自分の女奴隷たちに歌うよう命じた。というのは、アリーブは熟達した素晴らしい歌い女たちを連れていて、美しい歌を見事な調子で歌い、それに儂は非常な感動を覚えたのである。

実は数日前、儂は詩を作っていて、それをずっと繰り返し口ずさんでいた。それはこうであった。

汝の夜が終わりなき眠りとならば
我が瞼も閉じて眠らん
あたかも暗闇に鋏の刃が
我が身の脇腹を切り裂くごとく
悶えて愛の不平を告げやらず

ただ憐みを乞うて別れるばかり

「ねえマダム、実は詩を作ってみたのだが、貴女がそれにメロディーを付けてくださるとよいが」

「まあアブー＝イスハークさま、私は懺悔の日々を送る身ですよ」

「そこをなんとかしてみてくれないか。貴女の好きなように」

「では、これら二人の少女たちにその詩を語ってやってくださいな」

マダム－アリーブはそう言って、二人の女奴隷ビドアとトフファを指差した。そこで儂は二人に詩を憶えさせた。マダムはしばらく考えていたが、やがて扇で床を打ち、一人で口ずさみはじめ、それから二人に、ある調子に合わせるように、しかじかの弦を調律し、しかじかの指で叩き、これこれしなさいと命じた。

彼女たちに調子が出てくると、マダムは「しかじかの調べで歌うように」と言って、二人をしかるべき場所に着かせた。こうして女奴隷たちは歌い出したが、それはまるで、これまで幾度もその歌を聞き知っていたかのような歌い方であった。女奴隷たちの唇から歌が洩れるや、儂は感動を覚え、心に呟いた。

「アリーブが儂のもとを訪れ、儂の詩に曲を付けてくれた。何から何までアリーブは〔本職の〕歌姫としてやってくれた。その彼女に手ぶらで帰らせることができようか。否、たとえ自分が傷つき、飢えや貧窮で死ぬことがあろうとも、それはできぬというものだ」

儂は立ち上がって儂の女奴隷たちのところへ行き、事情を説明して、手近にもっているもので儂を助けてくれるよう頼んだ。すると、ある女は足環を、ある女は腕輪を、ある女はビーズの首飾りを、ある女は真珠のアクセサリーを差し出した。儂の手元に集まった装身具は全部で金一〇〇〇ディーナールの価値をもつものであった。儂は自分の持ち物で、重さ一〇〇ミスカール[*3]もある黄金で編んだ籠をもってこさせ、装身具類をその籠に入れてアリーブに差し出した。

「やあマダム、これらの装身具は逸品ぞろいで、これをあの二人の少女に贈りたいのだが、貴女から受け取るように言ってもらえまいか」

アリーブは少しためらうしぐさを見せた。

「アブー＝イスハークさま、今日は本当に楽しゅうございましたが、それ以上に喜んで頂けたと思ってよろしいのですか」

「もちろんだとも」

アリーブは娘たちに贈り物を受け取るように言い、二人は受け取った。アリーブは日没まで儂と一緒に坐っていたが、やがていとま乞いをするために立ち上がったので、儂もティグリス川の岸辺まで付き添った。アリーブは舟艇に坐ろうとして口を開いた。

「アブー＝イスハークさま、実はお願いがあったのですが」

「御用をお命じください」

「実はあなたの奥さま某がしかじかと呼ばれている私領地をお買いになったのですが、その土地は私の土地に隣接しており、私はその私領地の先買権保有者[*4]になりますの。そこであなたが奥さまに、私からお金を受け取って、その私領地の権利を私にお譲りくださるようお命じになって頂きたいのです」

儂は、アリーブが突然やって来たのはこのためだったのかと理解した。

「そのまま待っていてください」

アリーブを舟艇のなかに留まらせ、自分は家に入って妻のもとへ行った。儂は妻に対して〔土地の売買〕代金を保証し、その私領地の売買証書[*5]を受け取り、その証書をもってアリーブのところに取って返した。

「この土地売買証書を貴女に差し上げよう。代金は儂が妻に保証しました。明日この証書の裏に、貴女が権利を有するという証人の署名を得られるように取り計らいましょう。そうすれば、貴女はその証書をすぐにもって行けます」

アリーブは儂に感謝の言葉を残して去って行った。ところでこの私領地の購入金額は金一〇〇〇ディーナールであった。結局、儂にはアリーブと一日付き合い、儂の詩に曲を付けてもらうだけで二〇〇〇と一〇〇〇ディーナールかかったことになったのである。


（第一巻一四五話）

1――Abū Aḥmad al-Faḍl b. ʻAbd al-Raḥmān al-Shīrāzī. 第一巻一七話註7参照。

2――Ibrāhīm b. al-Mudabbir, Abū Isḥāq. イラン系書記官僚。カリフ＝ムタワッキルの侍臣に取り立てられるが、八五五年頃、宰相ウバイドッラー＝ブン＝ハーカーン ʻUbayd Allāh b. Khāqān によって投獄され、翌年には釈放された。のちに徴税官を務めたとき、ザンジュの叛乱に巻き込まれ、投獄されたが脱走した。八八二年、ムウタミドに従ってシリアに旅し、その後宰相に任ぜられた。八九二／九三年没。

3――一ミスカールは四・四六四グラム。

4――原語 shafīʻa. 男性ならば shafīʻ. もし隣接する土地が売りに出された場合、隣地の地主は他の買い主に先んじて売り地を買い取る優先権を有する。

5――原語 al-ʻuhdat bi-l-ḍayʻa.

文法家の内弟子となって学ぶ

私タヌーヒーは、文法家のイブン＝ドルストワイフ[*1]が語った〔文法家〕ザッジャージュ[*2]にまつわる話をアフマド＝アズラク[*3]から聞いた。ザッジャージュは次のように語ったという。

私は雇われてガラスをカットする仕事についていたが、文法を勉強したいという望みをもっていた。そこで、しばしばムバッラド[*4]のところに出入りして彼から教わろうとしたが、ムバッラドは無料では教えてくれず、授業料もほどよい額ではなかった。ムバッラドが尋ねた。

「お前の仕事は何か」

「私はガラスをカットする仕事をしております。日当は銀一ディルハムと三分の一か一ディルハムと二分の一です。ご教授いただけるようであれば、一日当たり一ディルハムをお支払いします。それは死が二人のあいだを分かつまでずっとお支払いすることをお約束しますし、しかも私がもはやあなたのご教授を必要とするしないに関係なく続けさせていただきます」

こうして私はムバッラドに師事して、諸事万端にわたって仕えるとともに、ディルハム銀貨を支払い続けた。一方、ムバッラドは誠実に教えてくれて、それは私が独り立ちできるまで続いた。

そうこうするうち、〔バグダード近郊の町〕サラートのマーリヤ族[*5]から子供たちに文法を教える教師を求めたいという書簡がムバッラドのもとに届いた。私はムバッラドに「私を指名してください」と頼んだので、彼はその通りにしてくれた。私は彼らのもとに出かけ、その教師となったが、それでもムバッラドには毎月三〇ディルハムを送り、他に私のできる範囲で必需の品物も送った。

それからしばらく経って、〔宰相〕ウバイドッラー＝ブン＝スライマーン[*6]がムバッラドに、息子カースィム[*7]のための家庭教師を求めたいと要請してきた。これに対してムバッラドは「サラートでマーリヤ族の教師をしているガラス職人の男以外に適任者は知らぬ」と返事をした。そこでウバイドッラーはマーリヤ族に書簡を送り、私を譲り渡してくれるよう頼み、彼らも了承した。

こうしてウバイドッラーは私に伺候するよう命じ、私にカースィムを預けた。これは私が裕福になるきっかけとなった。私はムバッラドが亡くなるまで、毎日一ディルハム当て送り続け、また他の必需物もできるだけ送ることを怠らなかった。

（第一巻一四六話）

1 —— Abū Muḥammad 〔ʻAbd Allāh b. Jaʻfar〕 b. Durustuwayh b. al-Marzbān. 多数の著述のある文人。九五八年没。

2 —— al-Zajjāj, Abū Isḥāq Ibrāhīm b. Muḥammad b. al-Sarī. 第一巻三二話註1参照。

3 —— Abū l-Ḥasan b. al-Azraq. 第一巻一四話註2参照。

4 —— al-Mubarrad, Abū l-ʻAbbās Muḥammad b. Yazīd b. ʻAbd al-Akbar. 著名な言語学者。八二六年、バスラに生まれ、バスラにおけるコーランやハディースに関する言語上の論争に早くからかかわり、八六〇年、首都サーマッラーのカリフ＝ムタワッキルの宮廷に招かれた。バグダードに移住して名声はより高まり、九〇〇年に没した。

5 —— Banū Māriya min al-Ṣarāt. イラクの人々のうち、諺《ことわざ》にまで引かれるような大人物を輩出した。

6 —— ʻUbayd Allāh b. Sulaymān. 第一巻三二話註3参照。

7 —— al-Qāsim b. ʻUbayd Allāh. 九〇一年、カリフ＝ムウタディド（在位八九二―九〇二）のとき宰相となり、続いてムクタフィー（在位九〇二―九〇八）のとき留任したが、九〇四年に没した。

時は流れながれて

ヤフヤー＝アズディー[*1]とバッバガー[*2]によれば、サイフ＝アッダウラ[*3]の書記官でシリア出身のアブー＝ムハンマド＝アブドッラー[*4]が自作の次のような詩を朗誦した。

人は言う　水はさまざまな跡を拭い去り
水路を満たしつつやがて河川に帰っていくと
だが我は言おう　水は岸辺を緑に変え
どんな蛙たちをも死に至らしめながら
流れながれてやがて河川に戻っていくと

（第一巻一四七話）

ヤフヤー＝アズディーは、またマワーヒブ[*5]という名の美貌で有名なバグダードの歌姫についての自作の詩を朗誦した。この歌姫はもと書記官のハサン＝ブン＝ハールーン[*6]が所有する女奴隷であったが、売却することにし、彼女を宰相アブル＝ファドル＝シーラーズィー[*7]が買った。シーラーズィーが宰相ムハッラビー[*8]の娘ズィーナと結婚することになったとき、シーラーズィーは歌姫を書記官アブー＝ムハンマド＝アブドッラーに譲ったので、アブー＝ムハンマドは歌姫を奴隷身分から解放し、ガーリブ[*9]という自分の奴僕の一人と結婚させた。ガーリブはまたシャールザーディー[*10]という名でも知られている。歌姫マワーヒブは、今は〔ブワイフ朝の〕太守イッズ＝アッダウラ[*11]に歌芸でもって仕えている。

巡礼の旅の満願とは　駱駝が
マワーヒブの住む館に止まることだ
愛しい人よと呼べないのであれば
せめてもの奇跡が起これば と言おう

（第一巻一四八話）

バッバガーは〔ハムダーン朝君主〕サイフ＝アッダウラを称えた自作のカセーダ体詩を朗誦してくれた。その出だしはこうだ。

春の雨は　村里の仲間に豊かな潤いを与え
稲妻は　バルカ＝サフマドに挨拶を送る
激流となり　あるは夜陰に紛《まぎ》れ　あるは雨滴《うてき》となり
押し合いへし合いに流れて　泡立つ海波に出会う
軍馬の蹄《ひづめ》が岩肌に　三日月の痕を彫ったかと紛《まが》う
陽は目をしょぼつかせ　水溜りには早や埃《ほこり》が舞う

軍旗についてはこう描写する。

槍もつ奴隷たちを統御し　よどむ微風の秘密を引き出す
はためきは言葉にならずとも　騎士たちの耳元に囁《ささや》き
言わんとするところは悟られ　反《かえ》しの荒き息吹が立ち上る
狭い空の隘路を進むが如く　不安げに飛び跳ね脅しながら
軍旗の主が気概を強め栄光の高みに登れと言っている如く
………
称賛に値する栄光とは刻苦精励する者にのみ得られる高み
父祖に思いを致さない者には権威に与《あずか》れる資格はない

このカセーダ体詩は次のように結んでいる。

ここに称賛の衣裳が陛下に捧げられる
我が感謝は陛下がご満足に纏《まと》われること
一句また一節と独創を重ねて紡《つむ》いだもの
誇るべき刺繍を陛下の目前に広げるとき

栄光あれ栄光あれ新たな栄光あれの声上がる

（第一巻一四九話）

バッバガーはまた息子アブルマカーリム[*12]の死に遭遇したサイフ＝アッダウラを慰める自作のカセーダ体詩を朗誦してくれた。その出だしはこうだ。

たとえ不運に見舞われようとも
陛下と共にある我らの喜びは勝る
悲嘆が歓喜に打ち勝つことはない
もし運命が陛下の傍らを過ぎれば
感謝が思い乱れるわけでもあるのか
この世の虚飾に欺かれてしまえば
もはや我らは目標に到達できないか
この世は我らに数多の喜びを与える
だがその成り行きによっては深刻も
そこから逃げようとも定めは迫りくる

（第一巻一五〇話）

ヒジュラ暦三五五年（九六六）、サイフ＝アッダウラはユーフラテス川の堤上において、金五〇万ディーナールに達する捕虜の身代金の支払いを実行した。彼はビザンツから救出することのできるすべてのイスラム教徒の捕虜を救出し、うち卑賤の者については一人当たりビザンツ金貨八三ディーナールと三分の一で贖《あがな》い、貴顕の者については彼が捕えたビザンツ側の貴顕の捕虜と交換した。この事件はその場に立ち会った多くの者たちが私に語ってくれたように、大変な出来事だったのであり、サイフ＝アッダウラには栄光と報いが後世に残ることになったのである。バッバガーはこの出来事について詠んだカセーダ体詩を朗誦してくれた。その出だしはこうだ。

富は使って賛辞を得られてこそ価値があり
力は行使して敵を防ぎえてこそ価値がある

身代金のことについては、

陛下は敵の虜囚を仲間と思って身代金を支払われた
陛下以外の誰が身代金を払うべき時を知り得ようか
あの者たちは陛下の博愛の奴隷であり
購入された虜囚は長引けば死に至るもの
だが陛下の奴隷は買われて
朝に目覚めてみれば幸いそのもの
陛下が彼らを生き返らせた

アブー＝フィラース[*13]の命を保証すれば
他の者の解放はいつにと
陛下は長く身を秘す新月
やがて姿を現わし美徳を完成された
陛下の博愛が虜囚を解放された日
顕官たちは陛下の虜《とりこ》となった

（第一巻一五一話）

1——Abū Muḥammad Yaḥyā b. Muḥammad b. Sulaymān al-Azdī. 第一巻二話註 2 参照。
2——Abū l-Faraj al-Babbaghāʾ. 第一巻五二話註 1 参照。
3——Sayf al-Dawla. 第一巻四四話註 1 参照。
4——Abū Muḥammad ʿAbd Allāh al-Shāmī.
5——Mawāhib.
6——Abū ʿAlī al-Ḥasan b. Hārūn. 一〇世紀半ば、アッバース朝末期からブワイフ朝にかけての重鎮の書記官の一人。混乱した政治情勢に翻弄される。
7——Abū l-Faḍl al-ʿAbbās b. al-Ḥusayn al-Shīrāzī. 第一巻四三話註 3 参照。
8——Abū Muḥammad al-Muhallabī. 第一巻一話註 4 参照。
9——Ghālib.
10——al-Shār Zādī.
11——ʿIzz al-Dawla, Abū Manṣūr Bakhtiyār. 史書にはよくバフティヤールの名で出る。在位九六七—九七八。ブワイフ朝のムイッズ＝アッダウラの子。父の後を継いだときは二五歳、悪徳君主の典型のような人物で、失政と約束不履行が多かった。九六八年、アブルファドル＝シーラーズィーを宰相に任命し、元宰相ムハッラビーの娘ズィーナと結婚させたが、九七〇年に免職、翌年には復職させた。ところが九七三年に再度罷免して一族ともども逮捕し、金一〇万ディーナールの科料に処した。その後クーファに派遣し、シーラーズィーを毒殺したといわれる。バフティヤールはシーラーズィーを拘束している間に、その妻ズィーナのもとに使いを遣り、夫との離婚と自分との再婚を執拗に迫った。これをきっぱりと拒絶したためか、襤褸《ぼろ》に包まれたズィーナの遺体がバグダードの郊外で発見され、首には宰相ムハッラビーの娘ズィーナであると書かれた紙片が巻き付けてあった。ハーシム家出身の法官アブー＝タミーム Abū Tamīm al-Ḥasan b. Muḥammad al-Zaynabī が赴き、遺体を自邸に運び、葬儀を行ない、クライシュ族の墓地に埋葬した。
12——Abū l-Makārim b. Sayf al-Dawla. 九六五年没。
13——Abū Firās〔al-Ḥārith b. Abī l-ʿAlāʾ Saʿīd b. Ḥamdān〕. 第一巻一二一話註 1、同一二二話参照。

カリフ＝ムクタディルは愚か者か

ある日、私タヌーヒーの父〔アブルカースィム＝アリー〕邸[*1]で〕の会合で、話題がカリフ＝ムクタディル[*2]のことに及んだとき、列席者の一人が「あのカリフは愚か者だ」と言った。すると父が「黙りなさい。カリフはそんなかたではない。理解にすぐれ判断力があるが、ただ我儘なだけだ」と反論した。

私はかつて〔元宰相〕アリー＝ブン＝イーサー[*3]が私的な席で、話題がムクタディルに及んだとき、このように語るのを聞いたことがある。

「この男は飲酒を五日間差し控えさえしたならば、思慮分別が健全となって、もし語り合えば、彼ほど明晰で見識があり、諸事に通暁し、適切な統治ができる人物はいないと思うに違いないのだが。儂《わし》がもし、この男がそのあいだだけでも飲酒を控えたならば、見識の確かさ、判断力の正しさという点で、この男はムウタディドやマームーンなどといったカリフたちに匹敵すると言っても当たらずとも遠からずというところであろう。つまりは絶え間ない飲酒がこの男を駄目にし、狂わせてしまったのだ」

（第一巻一五二話）

アフマド＝アズラク[*4]によれば、ヌジュフ＝トゥールーニー[*5]の兄、〔ムクタディルの侍従〕ムータマン＝サラーマ[*6]が次のように語ったという。

〔宰相〕アリー＝ブン＝イーサー、〔廷臣〕イブン＝アルハワーリー[*7]、〔侍従〕ナスル＝クシューリー[*8]、それに自分サラーマも加わり、カリフ＝ムクタディル時代に起こったある重要問題の処理について、意見の一致を見たので、我々で見解を確定し、それぞれ確信を得た。そこで、ムクタディルのもとに伺候し、案件を説明して、執行の許可を求めた。するとカリフが、

「その見解は間違っている。正しいのはかくかくしかじかだ」

と言ったので、我々はカリフの述べたことを検討し、カリフの意見が正しいことを発見した。我々はこのことに気が付かなかったのである。そこで我々は案件を撤回してカリフの意見を採用し、それに従って執行したのである。

（第一巻一五三話）

1 —— Abū l-Qāsim ʻAlī b. Muḥammad b. Dāʼūd al-Tanūkhī. 同族出身の大法官イブン＝アルブフルールの取り立てもあって、九二三年、ホーズィスターン州のアスカル＝ムクラム ʻAskar Mukram、トゥスタル Tustar、ジュンディーサーブール Jundīsābūr 等諸管

区の法官を振り出しに、法曹界で重きをなした人物。第一巻一五話註３参照。

2——al-Muqtadir. 在位九〇八―九三二。第一巻七話註２参照。

3——Abū l-Ḥasan ʿAlī b. ʿĪsā. 第一巻一四話註７参照。

4——Abū l-Ḥasan Aḥmad b. Yūsuf al-Azraq. 第一巻一四話註２参照。

5——Nujḥ al-Ṭūlūnī. 九一九／二〇年にバグダード警察長官となる。

6——al-Muʾtaman Abū l-Qāsim Salāma al-Ṭūlūnī. カリフ＝ムクタディル、続いてカーヒルの侍従を務める。ムータマンは「信頼のおける」の意。

7——ʿAlī b. Muḥammad al-Ḥawārī. 第一巻二二話註３参照。

8——Naṣr al-Qushūrī. 第一巻八三話註８参照。

ムクタディルの悲憤慷慨

アフマド＝アズラク[*1]によれば、法官アブー＝ターリブ＝イブン＝アルブフルール[*2]は次のように語ったという。

ある船列式の日、私はカリフの宮殿に伺候し、自分の舟艇に乗って待機していた。他の法官たちや指揮官たち、書記官たちもそれぞれ自分の舟艇に乗って、やはり出発の許可を待っていた。ところが法官のうち私だけが召喚され、カリフ＝ムクタディル[*3]のところに参内した。すると、その当時宰相であったイブン＝ムクラ[*4]がカリフの御前に立っていた。カリフは丁寧な口調で私に言われた。

「かつて汝の父親は頼みの綱であった。汝は神のお蔭でその父親のあとを継いだ。汝は予の奴隷兵たち[*5]の予に対する飽くなき貪欲さ、予に対する給金の要求を知っておろう。もし彼らが予をこの世から見失うようなことにでもなれば、彼らは予の治世が戻ることを願うであろう。予はアフワーズにある予の私領地ニムルーディーヤート[*6]を売却する決心をした。当地における司法担当の汝の代官[*7]に対し、この売却についてアフマド＝バリーディー[*8]と協議し、彼の助力を得るよう、書簡を書くように」

「事は信徒の指揮者――神が陛下に延命を賜わらんことを――におかれましても非常に重大な関心事でありますれば、私自身が当地に出かけたいと思います」

「予は汝をそこまで煩わすつもりはない。汝の代官にこの件についての書簡を書けばよいのだ」

私は宮殿を辞去し、カリフの命令に従って、当時アフワーズ諸県で私の代官を務めていたアブルカースィム＝タヌーヒー[9]に書簡を書き、事の起こりを説明した。

数日が過ぎて〔宰相〕イブン＝ムクラが罷免され、代わってスライマーン＝ブン＝マフラド[10]が宰相に任命された。新宰相はアフマド＝バリーディーに代えて自分の友人イブン＝アルハーリス[11]をアフワーズに派遣し、私領地を購入していた者たちに〔購入価格の〕増額分として莫大な金額を課した。

それについて〔法官〕アブルカースィム＝タヌーヒーは、イブン＝アルハーリスが〔私領地売却〕代金のうちから自分のために莫大な手数料を取り込み隠匿していると、私のもとに手紙で知らせてきた。私の心はイブン＝アルハーリスに対する怒りでいっぱいになったが、私はこれを自分だけの秘密にしておいた。

船列式の日、いつもの通り川を下り、我々は自分たちの舟艇に乗っていた。するとそのとき、侍従代理がやって来て私一人を召喚した。私は岸辺〔の石段〕を上がったが、他の法官たちは退けられた。私がカリフ－ムクタディルのもとに参内すると、カリフの御前には〔宰相〕イブン＝マフラドと〔元宰相〕アリー＝ブン＝イーサー[12]がいて、カリフが何事かを指示したり認可したり、諸事について互いに諮《はか》ったり協議したりしていた。カリフが私に言葉を掛けられた。

「我らが先に命令したニムルーディーヤートの〔私領地売却の〕件に関して、アフワーズ諸県の司法を担当している汝の代官はよくやっているように思う。イブン＝アルハーリスは買い手たちに対し、売却価格の増額を申し入れたところ、買い手たちはそれを受け入れたが、その支払いそのものは、予がその売却を認可し、それ以降はその種のいかなる増額も認めないと予自身が宣言しないかぎり応じられないと、そのように言っておる。そう書き送ってきたのだ。したがって汝の代官に、予がすでにそのことを宣言し、彼らが私領地を購入した旨のことが登記される、と書き送れ」

と。カリフのこの言葉を聞き、このさいイブン＝アルハーリスの鼻っ柱を折ってやろう、私はそう思って、私の書簡のなかに増額分の金額を記載する必要がある旨進言した。するとカリフはアリー＝ブン＝イーサーの方へ顔を向け、そんなことをする必要はなかろうという目つきをした。見ると、アリー＝ブン＝イーサーは身を震わせ、

「増額分の金額はしかじかです」

と言った。そこでカリフは私に、

「その額はしかじかであると汝の代官に書き送れ」

と言われた。それを聞いて私はカリフに「神の祝福があらんことを」と挨拶し、辞去した。

　私は退出するさい、このあとどんなことが起こるか聞いてみたいものだと思って、わざと歩みを遅らせた。カリフがアリー＝ブン＝イーサーに言葉を掛けるのが聞こえてきた。

「なんと、これほど恥ずべきことがあろうか。まるで、なぜ真っ先に売却価格の増額分の金額を知らせなかったのか、咎めているようなものではないか。その金額がいくらか、予が問いただす必要もないかのように、予に言上しおった」

　こうしてカリフは非難の言葉を繰り返し、

「これほどの恥ずべき、これほどの不作法があろうか」

と言って、君主たるものはあらゆる問題について、必要な事柄には言及すべきであって、しかも君主と話をする者には、よりいっそうの説明を求められこそすれ、省略して話すべきでないことが、君主と対話をする者のしきたりではないのかと念を押し、そして最後に、もし私がこの経緯を人々に喋ってしまったとしたならば、それは自分自身ばかりでなく、カリフの権威をも損なう行為であるとほのめかした。するとアリー＝ブン＝イーサーが、

「おゝ信徒の指揮者よ、あの者は陛下の召使い、陛下の召使いの子であり、陛下の恩寵を享受し、陛下の王朝によって養われる者であります。そんなふうなお考えに価するような者ではございません」

と執り成しているのが聞こえてきた。

（第一巻一五四話）

1——Abū l-Ḥasan Aḥmad b. Yūsuf al-Azraq. 第一巻一四話註２参照。
2——Abū Ṭālib Ibn al-Buhlūl, Muḥammad b. Aḥmad al-Tanūkhī. 大法官アブー＝ジャアファル Abū Jaʿfar Aḥmad b. Isḥāq の子。父は九〇八年から二〇年間にわたってバグダードの円城市の法官を務めていたが、その間アブー＝ターリブはよく父の代理を務めていたという。九五九年没。
3——al-Muqtadir. 在位九〇八―九三二。第一巻七話註２参照。
4——ʿAlī b. Muqla. 九二八年に宰相になり、九三〇年罷免された。第一巻一七話註４参照。
5——原語 ghilmān. ghulām の複数形。
6——al-Nimrūdiyāt. このカリフの私領地の売却については、第一巻一一九話を参照。
7——原語 qadāʾ.
8——〔Abū ʿAbd Allāh〕Aḥmad b. Muḥammad al-Barīdī. 第一巻四話註７参照。
9——Abū l-Qāsim ʿAlī b. Muḥammad al-Tanūkhī. 本書の著者タヌーヒーの父。第一巻一五話註３参照。
10——Abū l-Qāsim Sulaymān b. al-Ḥasan b. Makhlad. 第一巻一三三話註２参照。

11 —— Abū l-Ḥasan b. al-Ḥārith.
12 —— ʿAlī b. ʿĪsā. 第一巻一四話註7参照。

息子が浪費家のカリフになると予言する

書記官アブー＝アリー＝アンバーリー[*1]が書記ダラワイフ[*2]から聞いたところによると、カリフ＝ムウタディド[*3]の解放奴隷で宦官《かんがん》のサーフィー＝フラミー[*4]は次のように語ったという。

ある日、儂《わし》は後宮に向かおうとするムウタディドの先導役を務めて、のちのカリフ＝ムクタディル[*5]の母后シャガブの館の門前まで来た。するとカリフは立ち止まり、話し声を聞いて、窓のカーテンの隙間から部屋のなかを見られた。そこには当時五歳かそこいらだったムクタディルが坐っていて、同じ年頃の幼児たち一〇人ばかりに取り囲まれていた。その児のまえには銀の大皿が置かれており、季節としてはとても珍しい葡萄の房が盛られていた。ムクタディルは一粒葡萄を食べ始めると、周りの者たちにも同じように一粒また一粒と分けて与え、みんなして葡萄を食べ尽くしてしまった。

この光景を見たムウタディドは怒りを顕わにし、館のなかに入るのをやめ、引き返してしまわれた。カリフはと見ると、何事か悩まれている様子であった。儂は尋ねた。

「陛下、どうなさったのですか。何かございましたか」

「サーフィーよ、もし地獄の劫火も恥辱も存在しなかったならば、今日にでも殺してしまいたいところだ。イスラム社会のためを考えれば、あの児を殺してしまうことが善だと思うからだ」

「陛下、とんでもないことです。いったいあの児が何をしていたとおっしゃるのですか。神が陛下をお守りくださいますように。悪魔に呪いあれ」

「愚か者め！　予は自分が何を言っているかよくわかっておる。予は国家の政務を整え、腐りきっていたこの世をもとの正しい姿に戻した男だぞ。だが予もやがて死なねばならぬ。そのとき、民は予の息子を後継者に選ぶしかあるまい。つまり予の息子アリー――ムクタフィー[*6]のこと――をカリフ位に坐らせるであろう。だがアリーには病――サーフィーによれば、アリーには喉頭に腫瘍があったという――があり、予にはアリーの命が長く続くとは思われぬ。遠からず死ぬことになろう。するとみんなはカリフ位を予の家系以外から出すことを好まぬであろうし、ジャアファル〔ムクタディル〕より年長の息子は他にいないから、アリーのあとはこの児をカリフ位に即けるしかなかろう。だがこの児はお前がたった今見ての通り、周りの児らにも自分と同じように食べさせるという、世界にまたとない貴重なものでも自分と平等に分け与えようという気前よさの性格をもっている。しかも、そうした欲求をまだ年端のいかぬ子供のうちからもっている。日も浅からず、やがて女どもが息子を牛耳り、息子は予が蓄えた税金を、まるで葡萄でも与えるように分け与え、この世界の歳入を浪費し、遂には使い尽くしてしまうであろう。すると、国境地帯は蚕食され、諸々の政務は乱れ、叛乱者が現われ、さまざまな原因が起こってアッバース朝による王権は根本から瓦解するであろう」

「いいえ、陛下、神がきっと陛下をお守りくださって、御児は陛下の存命中に成長されるでありましょう。そして陛下の治世中に壮年となられて、陛下の政治の手法を学ばれ、陛下の御心を己が心とされ、陛下のご心配はご無用のものとなりましょう」

「予が申したことをよく憶えておくがよい。必ずや予が申した通りになろうから」

カリフ-ムウタディドはその日ずっと気落ちしたままであった。運命の時は巡ってムウタディドが亡くなり、ムクタフィーが即位した。しかしその命は長続きせず亡くなって、ムクタディルが即位した。すると状況はまさにカリフ-ムウタディドが断言された通りとなった。儂がムクタディルの御前にいるとき、あの方はいつも酒を飲んでおられるし、酒に酔うと、お金をもって来るよう叫ばれる。お金が来ると、銀一万ディルハムの束が解《ほど》かれ、後宮の女たちや歌姫たちにばら撒かれ、賭け事をされ、お金を費消され、与えられたりする。

儂は我らがムウタディド陛下のことを思い出し、涙するのです。

家隷サーフィーはまた次のような逸話も語ったという。

ある日、カリフ－ムウタディドの御前にいると、カリフがお香を焚きしめたいと思われて、香料係――香料庫を管理する家隷――を呼び出すよう命じられた。香料係が来るとカリフは尋ねられた。

「ガーリヤ香[*7]の在庫はいかほどか」

「数多のカリフがお作りになり、中国製の壺に収められたものが三〇口余りございます」

「最高級品はどれか」

「ワースィク陛下[*8]がお作りになったものです」

「それを持ってまいれ」

それで、よく磨かれた担い台に乗せられ、数人の家隷に担がれた大壺が運ばれてきた。開いてみると、すでに白く結晶化したガーリヤ香が現われた。そのかぐわしさはまさに極みと言えるものであった。ムウタディドはたいそう喜ばれ、壺の首の周りを手で撫でられ、そこに付着していたわずかの香料を拭き取られた。しかも壺の口先は擦《こす》られなかった。カリフはそのわずかの香料をご自分のあごひげに付けて言われた。

「予はこれ以上この壺の表面をかき乱そうと思わぬから、持って行け」

そこで香料壺はふたたび担がれ、仕舞われた。それから日々が過ぎてカリフとなったムクタフィーがある日、宴席に坐り、ガーリヤ香を所望した。儂はそのときカリフの御前にいた。香料係が呼び出され、ガーリヤ香について尋ねられたので、香料係は父カリフに答えたときと同様の答え方をした。やはりワースィクのガーリヤ香が所望され、まさしくあの大壺がムクタフィーのもとに運ばれてきた。蓋が開けられ、気に入ったカリフは少し取り出すよう命じた。そこで、三〇か四〇ミスカールが取り出された。カリフはすぐ必要なだけ使用し、残りは香料函を持って来させてそこに仕舞われた。幾たびか数日間、分けて使われるためであった。

やがてムクタディルがカリフとなった。ある日、酒を飲むために女奴隷たちと宴席を開き、儂も御前にいたところ、カリフが香を焚きしめたいと思って、香料係を呼び出し、尋ねた。すると香料係は、父や兄のカリフに答えたときと同じように答えた。ところがムクタディルはガーリヤ香をすべて持って来るよう命じた。香料の大壺がすべて持ち込まれ、各々の壺から一〇〇ミスカールとか五〇ミスカールとか、あるいはそれくらいの量が取り出された。ムクタディルはそれをいちいち嗅ぎ、その場に列席していた者たちに分け与えた。そしてとうとうワースィクの香料壺を吟味するところまで来た。その香りの素晴らしさがわかると、カリフは香料函を持って来るように命じた。なんとあのムクタフィーの香料函が運ばれてきた。カリフはワースィクの壺に取り出された跡があり、またムクタフィーの香料函も、ガーリヤ香を少ししか使わなかった痕跡を認めて、その理由を尋ねた。その詳しい経緯が説明されると、ムクタディルは二人のカリフのしみったれ加減に驚き、小馬鹿にしたようなことを言いはじめた。ムクタディルは命じたのである。

「この大壺の香料すべてを女奴隷たちに配ってしまえ」

と。こうしてムクタディルはガーリヤ香を一杯二杯と取り出し続けた。これを見た儂は憤りでいっぱいになり、かつて幼児のムクタディルが葡萄を分け与えたことや我らがムウタディド陛下の予言を思い出した。壺のガーリヤ香がほぼ半分になったころ、儂は思い余ってムクタディルに直言した。

「陛下、まさしくこのガーリヤ香は最高の極上品であり、もっとも古い年代物であって、これに代わるものはございません。それはご自身のために取っておかれて、後は他の香料壺からもっともよいと思われるものをお配りになってはいかがですか」

儂はムウタディド陛下の予言を思い出しながら、涙が止めどなく流れた。ムクタディルは儂の言葉に恥じ入り、大壺を持って行かせた。だがムクタディルの治世が数年も過ぎないうちに、このガーリヤ香は使い尽くされてしまい、カリフは莫大な費用をかけて、新たにガーリヤ香を調製しなければならなかったのである。

（第一巻一五五話）

書記官アブー＝アリー＝アンバーリー以外の者が語るところによれば、これらのガーリヤ香ならびに香料庫中の麝香《じゃこう》や龍涎香《りゅうぜんこう》などの香料は、すべてカリフの母后が作る泥状の香料剤を原料にして調製される。この泥状の香料剤の話は民衆のあいだでも広がっているが、この件については詳しく述べる必要もなかろう。カリフの宮廷行事ならびに政務の事情に精通している知識人たちは、この件の噂を強く否定している。それがここに引用しない理由でもある。（第一巻一五六話）

1——Abū ʻAlī al-Ḥasan b. Muḥammad al-Anbārī. 第一巻二九話註6参照。

2——Abū Muḥammad Dalawayh. 侍従ナスル＝クシューリーの書記。

3——al-Muʻtaḍid. 在位八九二—九〇二。第一巻三一話註4参照。

4——Ṣāfī al-Ḥuramī. 当時アッバース朝宮廷業務全般を取り仕切った。九一一年没。

5——al-Muqtadir. 在位九〇八—九三二。第一巻七話註2参照。

6——al-Muktafī, ʻAlī Abū Muḥammad. アッバース朝第一七代カリフ。在位九〇二—九〇八。即位後、父が首都に建設した地下牢を破壊して囚人を解放したり、没収されていた土地を返却したりして好評を得る一方、ダマスクスをはじめシリアを蹂躙していたカルマト派教徒を駆逐したり、エジプトの主権をトゥールーン朝から回復したり、軍事的にも優位を示した。内政ではカースィム＝ブン＝ウバイドッラー al-Qāsim b. 'Ubayd Allāh b. Sulaymān とアッバース＝ブン＝アルハサン al-'Abbās b. al-Ḥasan al-Jarjarāʾī の二人の宰相に支えられ、また父に倣って慎重な財政運営に尽くし、莫大な財産を残したが、後継のカリフ＝ムクタディルによって急速に使い尽くされてしまった。

7――原語 Gāliya. 麝香と龍涎香とを合わせた香料。

8――al-Wāthiq. 在位八四二―八四七。第一巻七三話註7参照。

ムクタディルの母后の無駄遣い

バスラの徴税官アブルハサン＝ブルスィー[*1]によれば、ヒラキーとして知られるイスハーク＝シーラーズィー[*2]の息子――名前を失念してしまったが――でカリフ＝ムクタディル[*3]の母后と取引のある人物が以下のように語ったという。

ムウタディド[*4]の定めたナイルーズ[*5]に近いある日、カリフの母后がきわめて軽い薄手のザフリー布[*6]一〇〇〇反を注文した。そこで儂《わし》は人を遣って布を集めさせたが、母后からの使いがやって来て督促し、宮廷女官も納品が遅いと不平を言ってきた。儂はようやく品物をととのえ、宮廷に持参した。すると女官がやって来て儂をいつもの部屋に坐らせ、このように命じたのである。

「裁縫師たちを呼び出してその布を裁断し、棉の実ほどの大きさにしつらえるように。そして、そのなかに襤褸《ぼろ》布を詰めて、棉の実の代わりとなるように縫い付け、それをバルサム油など、高価な香油に浸すように。ナイルーズ祭の晩、通常は城壁のうえでナフサ油を浸した棉の実を土器に入れて燃やすであろうが、これはその代わりとなるもので、石製の香炉に入れて燃やせば薫香があたり一帯に漂うという趣向なのです」

儂はこれを実行したのであるが、実に費用の掛かった膨大な布が、こうして費消されてしまったのである。

儂はまた母后のためによく靴布と呼ばれるダビーク織[*7]を買ったものだ。これは目の詰んだ布で、それを靴の大きさに裁断し、液状の麝香《じゃこう》と龍涎香《りゅうぜんこう》を塗り、それが固まれば、各層の布のあいだに十分な量の香料を詰めて一体になるようにする。我々はこの種の札状のものを何枚も作り、それを重ね合わせ、その周りを龍涎香のようなものでくっつける。すると、それはあたかも一つの物体であるかのようになる。ついでその一層目を白く塗って磨き、その周りを絹で縫い、こうしてすべて絹でできた網に仕立て上げる。それはまるで革紐で編まれた網となって、羽織ることもできる。

母后の靴はこの種の材料で作られるが、一〇日ほどしか履かれず、使い古したとしてくずになる。製作に要したかなりの金貨が無駄となるのである。母后がこの靴を捨てると、庫官らが靴から龍涎香や麝香を取り出し、それを着服してしまう。これはそれ相当な金貨に値するものなのである。

（第一巻一五七話）

1 —— Abū l-Ḥasan al-Bursī.

2 —— Isḥāq al-Shīrāzī, 通称 al-Khiraqī.

3 —— al-Muqtadir. 在位九〇八—九三二。第一巻七話註２参照。

4 —— al-Muʿtaḍid. 在位八九二—九〇二。第一巻三一話註４参照。

5 —— nayrūz al-Muʿtaḍid. ナイルーズ nayrūz (nawrūz, nowrōz) とはペルシャの元旦のことで、太陽暦のファルヴァルディーン月一日に当たる。ササン朝ではいくつかの暦が行なわれていたが、太陽暦ではこの日を春分に置く宗教暦のほか、夏至に置く農暦があって、一般的には後者が用いられていた。ところがイスラム時代になって宗教上の理由から閏を設けることができないので、一二〇年に一カ月の割合でナイルーズが春に接近し、徴税に不都合となっていた。そこでヒジュラ暦二八二年（八九五）、カリフ－ムウタディドはペルシャ暦のホルダード月一日、シリア暦のハズィーラーン月一一日を徴税開始期とする勅令を出し、新たに nayrūz al-Muʿtaḍid を設けた。この日は夏至に当たっていた。第一巻一二〇話註５参照。

6 —— 原語 shiqqa zahrīya. ザフラは花の意だが、詳細不明。

7 —— 原語 dabīqī. 第一巻一八話註３参照。

ムクタディルの無駄遣い

〔法官〕ジュハニー[*1]が話してくれた。

ムクタディル[*2]は、宮廷の中庭にある優雅な庭園の水仙の花壇で、酒宴を設けたいと思うことがあった。そこで庭園の管理官がカリフに申し出た。

「水仙の酒宴を計画されるのであれば、陛下が宴席を開かれる数日まえに、水仙に肥料を施すのがよろしゅうございましょう。そうすれば水仙がしっかりと咲き誇ることになります」

「なんと！　予のまえで糞尿を用いようというのか。臭く匂うではないか」

「いいえ、これはどんな農作物でも繁茂させようとする場合の慣習でございます」

「その理由は」

「肥料が植物をあたため、その成長を助けるからでございます」

「それならば、我らは肥料以外のもので水仙をあたためるとしよう」

こうしてカリフは、庭園に施すのに必要なだけの量の麝香《じゃこう》を砕き、それで施肥するように命じた。酒宴の日、カリフは昼も夜もその宴席に坐り、朝まで飲んだ。そして立ち上がって命じた。「麝香を奪い取ってもよいぞ」と。すると庭師たちや家隷たちがいっせいに水仙の根元から麝香をあさり、泥土も一緒に取り出し、とうとう麝香はきれいさっぱりなくなってしまった。あげくに、庭園はただの荒れた平地になってしまった。こうして、この麝香の価に要した莫大なお金が費消されてしまったのである。

（第一巻一五八話）

1 —— Abū l-Qāsim al-Juhanī. 第一巻一二話註3参照。

2 —— al-Muqtadir. 在位九〇八—九三二。第一巻七話註2参照。

カリフ‐ラーディーの無駄遣い

〔クーファの文人〕サアラブ[*1]の奴僕に苦行者のアブー＝ウマル[*2]という人物がいて、その奴僕アブー＝イスハーク＝タバリー[*3]は、ハムドゥーン一家に仕えていた人物であるが、アブー＝ジャアファル＝イブン＝ハムドゥーン[*4]が次のように語ったという。

我々はある日、カリフ‐ラーディー[*5]と酒宴を催していて、その部屋は素晴らしい高価な果物で覆われていた。ところが坐り心地が悪いと感じたのか、カリフは突如「我らが移れるよう、某の部屋を用意し絨毯で覆うように。マットのうえには水盤も置かず、いつものような薫炉もしつらえず、ただ芳しいハーブ類とスイレンだけばら撒け。すぐに取り掛かれ」と命じた。

しばらくして「用意できました」と言ってきたので、「さあ行こう」とカリフに促されて我々は部屋を移動した。カリフは部屋のなかを見て、酌取りに命じた。

「このハーブの色が変わるほど樟脳《しょうのう》の粉末を振りかけよ。これでは匂いがよくないぞ」

そこで酌取りたちは承知して、黄金の大皿をもって来た。そこには粉状のラバーヒー樟脳が何ラトルも盛られていて、それをハーブのうえに振りかけはじめた。そのあいだじゅう、カリフがもっと掛けるようにと催促するものだから、とうとうハーブは樟脳で真っ白に覆われ、まるで綿毛が振りかかった緑の衣裳か、薄く雪で覆われた芝生の庭園のようになった。するとカリフが「それで十分だ」と言った。

儂《わし》はこのために使われた樟脳を見積もってみたのであるが、それは一〇〇〇ミスカールを優に超す莫大な量であった。

我々はこのような部屋でカリフとともに酒宴を催したのであるが、お開きとなったとき、カリフがこのしつらえを取り壊すよう命じた。すると儂の奴僕たちも、我勝ちに拾い集めることが許されている他の大勢の従僕や給仕人や奴僕に交じって、樟脳を何ミスカールも取り集めたのだ。

（第一巻一五九話）

〔文人〕スーリー[*6]は私タヌーヒーの父に、カリフ‐ラーディーについての長い物語をよく語っていた。私がまだ少年のころのことで、私もそれを聞いたものである。それにはラーディーの作詩や逸話が含まれていたが、私はまだ幼かったので、そのすべてを記憶することはできなかった。

私の父がスーリーに話を書き取ってもよいかと頼んだので、父の友人がスーリーのそばに坐って書き取ることになった。

こうしてラーディーの作詩や物語などについて、スーリーの話が紙片に書き取られ、読み返されたが、その紙片は今も私の手元にある。私はそのお蔭で、記憶を新たにすることができた。次はそのなかにある話である。

カリフ＝ラーディーが何か建物を建設中だったかそれとも取り壊そうとしていたか——私タヌーヒーにははっきりしないのであるが——のとき、スーリーはカリフのもとに参内した。そしてカリフのために幾つかの詩を朗誦した。そのときラーディーは職工たちをまえにして敷煉瓦のうえに坐っていて、スーリーなど侍臣たちは立ったままであった。それで、カリフが御前に坐るよう命じたので、侍臣たちは各々敷煉瓦をもって来てそのうえに坐った。

その折、スーリーはたまたま、二つの敷煉瓦が漆喰でくっ付いたままのものを取って来てしまい、そのうえに坐った。やがて侍臣たちは立ち上がることになったのであるが、そのときカリフは侍臣たちがそれぞれ坐っていた煉瓦の重さを量るように、しかもその重さに応じてディルハム銀貨かディーナール金貨であったかはっきりしないが、等量の貨幣を支払うようにと命じたのである。そのようなわけで、スーリーは手にした煉瓦の重さに応じて、他の陪臣たちの二倍の贈り物を頂くことになった。

アリー＝ハージー*7によれば、ラーディーの家庭教師で侍臣でもあるアルーディー*8もこの同じ話を伝えているのであるが、スーリーの二倍の贈り物のことには触れておらず、ただ自分と一団の侍臣たちと言及しているに過ぎない。

（第一巻一六〇話）

1——Aḥmad b. Yaḥyā, 通称 Thaʿlab. クーファにおけるアラビア語の文法や語学の指導者。九〇四年没。
2——Abū ʿUmar al-Zāhid〔Muḥammad b. ʿAbd al-Wāḥid b. Abī Hāsim〕. 語学にすぐれ、苦行にも励んだ。九五七年没。
3——Abū Isḥāq al-Ṭabarī〔Ibrāhīm b. Aḥmad b. Muḥammad〕. バグダードの公証人の一人で、コーラン読師。当時の市民の指導者的存在。タヌーヒーの情報源の一人。
4——Abū Jaʿfar Ibn Ḥamdūn. 第一巻一四二話註2参照。
5——al-Rāḍī. 在位九三四—九四〇。第一巻四四話註5参照。
6——Abū Bakr Muḥammad b. Yaḥyā al-Ṣūlī. 文人で歴史家。先祖はジュルジャーンのトルコ系王族で、アッバース朝革命に加わり、アッバース朝の成立当初から高い地位に就いた。スーリー自身はそうした政治的地位に就くことなく、歴代のカリフに侍臣として、また王子の家庭教師として仕えた。九四〇年にカリフ＝ラーディーが亡くなり、ムッタキー（在位九四〇—九四四）が後を継ぐと、宮廷におけるスーリーの立場は変わった。スーリーはバグダードを離れてワースィトに移り、その地の支配者バジュカムの歓迎を受けた。カリフ＝ムスタクフィー（在位九四四—九四六）の治世中、スーリーは宮廷での出入りを試みるが成功せず、九四六年、バスラに隠棲、翌九四七年、失意のうちにその地で没した。多くの著述を残したが、『ラーディーとムッタキーの伝記』*Akhbār al-Rāḍī wa-l-Muttaqī* の他、わずかの刊行物がある。

7 ―― ʿAlī b. al-Ḥasan al-Ḥājī.

8 ―― Abū l-Ḥasan al-ʿArūḍī.

ラーディーは諸事万端にわたっての最後のカリフ

カリフ・ラーディー*[1]には多くの功績があって、諸事にわたって最後のカリフとなる人である。作詩をした最後のカリフ、みずから軍隊と財政とを取り仕切った最後のカリフ、建築をした最後のカリフ、金曜日にモスクの説教壇から訓戒を与えた最後のカリフ、廷臣たちとともに坐り侍臣たちに親しまれた最後のカリフ、宮廷の諸経費や祝儀、贈り物や奉仕、年金や財庫、厨房や酒宴、廷臣・宦《かん》官《がん》・侍従等々、アッバース朝初期のカリフ制度を守ってきた最後のカリフであった。

また初期のカリフたちの慣例通りに巡幸した最後のカリフであった。ラーディーののち、ムッタキー*[2]やムティーウ*[3]も一度ならず巡幸したが、様式は違っていた。

（第一巻一六一話）

1 ―― al-Rāḍī. 在位九三四―九四〇。第一巻四四話註5参照。

2 ―― al-Muttaqī, Abū Isḥāq. 在位九四〇―九四四。第一巻一二三話註3参照。

3 ―― al-Muṭīʿ li-llāh. 在位九四六―九七四。第一巻三七話註8参照。

カリフ＝ムタワッキルの無駄遣い

ジュハニー[*1]によれば、イブン＝ハムドゥーン[*2]が父親から次のような話を伝え聞いているという。

カリフ＝ムタワッキル[*3]は酒宴を開いていたある日、目にするものはすべて黄色でなければならぬと渇望した。そこで黄金色の白檀《びゃくだん》を使ったドームが建てられ、それは黄色の絹地で覆われた。カリフの御前には、黄金の皿に盛られたメロンや黄色のオレンジ、黄色のジュースが用意された。カリフの傍に侍ることを許されたのは、黄色の亜麻で織られた衣裳をまとった黄色の女奴隷だけであった。

白檀のドームは、水が流れるように鉛で上張りされた池のふちに建てられており、カリフは水が黄色に染まって池から流れ出るように、しかるべき量のサフランを水路に流すように命じ、それが実行された。酒宴が長引くと、用意したサフランが使い尽くされてしまい、代わりにベニバナを使わねばならなかった。もしカリフが酔っぱらうまえにサフランがなくなれば、市場まで買いにやらねばならず、それもなくなればもう方策は考えられなかった。

そこでサフランの残りが少なくなると、サフランの供給が止まってカリフが激怒することを恐れ、カリフにそのことを知らせ、もはや市場に買いに行く時間がないと弁明することにした。カリフに知らせると、なぜサフランをもっと大量に買っておかなかったのかとカリフは非難し、こう申し渡した。

「さて、もし黄色の水の供給が止まれば、今日の予の日は台なしとなる。よってベニバナ染めの糸で織られた布地をもって来てそれを水路に浸せ。そうすれば水はその染料の色に染まるであろう」

こうしてカリフの命令が実行され、カリフが酩酊している間に倉庫に保管されていたこの種の布地がすべて使い尽くされてしまった。サフランとベニバナ、それに無駄に消えてしまった布地の価値を見積もったところ、それは合わせて金五万ディーナールに達した。

これによく似た話として、次の、多くの人たちによって語られているものがある。

〔宰相〕ハサン＝ブン＝サフル[*4]が娘のブーラーンをファムッセルフ[*5]でカリフ－マームーン[*6]に嫁がせたとき、婚姻の日に厨房で薪が足らなくなった。しかももっとも必要とするときだったので、このことを宰相に知らせた。すると宰相は、亜麻製の粗布をもって来てそのうえにオリーブ油など油類をたっぷりと、ひたひたになるように注ぎ、これを鍋の下に置いて火にかけるように命じた。一方では薪を探す使いも出した。こうして、薪が運ばれて来るまでに膨大な量の亜麻が消費されたのである。

（第一巻一六二話）

私タヌーヒーらが目にしたことであるが、ムハッラビー[*7]は宰相時代に、三日間続けて金一〇〇〇ディーナールもする薔薇を買い入れたことがあった。宰相は「池の館」として知られる広大な屋敷のなかにある大きな池に薔薇を投げ入れ、そのうえで酒宴を開き、あとで薔薇は人々の取り放題となるのであった。その池にはきれいな泉があって、薔薇はそこに投げ込まれ、そこからさらに他の部屋に広がっていくという趣向であった。これについては長々とした説明がなされている。

（第一巻一六三話）

1――Abū l-Qāsim al-Juhanī. 第一巻一二話註3参照。

2――Abū Muḥammad Ibn Ḥamdūn. 第一巻一四二話註3参照。

3――al-Mutawakkil. 在位八四七―八六一。第一巻一三七話註8参照。

4――al-Ḥasan b. Sahl, Abū Muḥammad. カリフ－マームーン（在位八一三―八三三）の宰相。宰相ファドル＝ブン＝サフルの弟。元ゾロアスター教徒の改宗者の子。マームーンが義弟のカリフ－アミーンに叛旗を翻したときに参画、メルヴに滞在したマームーンの即位後、バグダードにあって治安維持に貢献、八一八年、兄ファドルが暗殺されると、宰相になるが、やがてワースィトに近いファムッセルフに隠棲した。八二五年、マームーンの娘ブーラーンと結婚、カリフの信任を得て、バグダード南郊、ティグリス川東岸に、のちにカリフの離宮となるハサニー宮を与えられた。八五〇年、ファムッセルフで没した。

5 —— **Fam al-Ṣilḥ.** ワースィトの上流、ティグリス川東岸の都市。

6 —— **al-Ma'mūn.** 在位八一三—八三三。第一巻一話註２参照。

7 —— **Abū Muḥammad al-Muhallabī.** 第一巻一話註４参照。

奴隷商人アブルアッバース

バスラのバリード家のアブー＝アブドッラー*1の子アブルカースィム*2は一日の酒宴で銀二万ディルハムもの薔薇を消費した。当地では薔薇は安価で、支配者であれば欲するままに値下げさせることができる。アブルカースィムは、その薔薇の花壇に軽い銀貨二万ディルハム、それは実質の重量では一万ディルハムに相当したが*3、その銀貨をはじめ、妙なる龍涎香《りゅうぜんこう》や樟脳《しょうのう》の粒、フィギュアなど、さまざまなものをばら撒いてシャーヅグリー遊び*4をし、終わると召使いたちがいっせいに、薔薇と一緒にそのなかの銀貨や香料を奪い取ったのである。

言われているところでは、アブルカースィムがこの饗宴にかけた費用は金三〇〇〇ディーナールに達し、他にこの日の歌い女の花代や香料代、食卓で要した費用、酒代や氷代がかかったという。

この話は、シリアの人として知られていた奴隷商人アブルアッバースが父に語ったもので、私タヌーヒーもそばで聞いていたのであるが、アブルアッバースは我々に幾枚かの銀貨を見せ、それが奴僕たちとともに拾ったものであると告げたのである。

（第一巻一六四話）

このシリア人は独特の商売のやり方をする人物で、奴隷売買のときにはいつもバリード家のアブー＝アブドッラーと一緒に立ち会い、通常の女奴隷と歌い女奴隷とを購入し、その双方をアブー＝アブドッラーに売るのであった。

時折、アブー＝アブドッラーが女奴隷を嫌になって、その女をこのシリア商人に返すことがあるが、そのさい双方のあいだで金銭のやり取りをすることはなかった。こうするうちに奴隷商アブルアッバースの商売は繁盛し、一般大衆も相手にするようになった。

やがてアブルアッバースの立場は上がり、歌姫や女奴隷を連れてアブー＝アブドッラーのそばに仕えるようになった。アブルアッバースは男たちが女奴隷と戯《たわむ》れたりふざけたりしても、抗議をしなかった。時には男たちが一線を越えることがあっても、この奴隷商は抗議をせず、しかるべき人物から心付けを受け取るのであった。このことは私も聞いている。

（第一巻一六五話）

加えてこの奴隷商は重宝がられる幇間になった。こんなことがあった。ある日、奴隷商がバリード家のアブー＝ユースフ[*5]のもとを訪れると、アブー＝ユースフが大変高価で美しい錦織の枕を奴隷商に投げつけた。すると奴隷商はその枕を取り、それをさっと自分の奴僕に渡して家にもって帰らせようとした。するとアブー＝ユースフが言った。

「おやおや、お前さんはその枕を取って行こうというのかね」

「とんでもない閣下、やって来たのにどこへ返そうと言われるのですか。私は取ってなんかいませんよ」

「やあ欲張りめ、もって行け、いまいましい奴め」

そう言われて、奴隷商はその枕を自分の奴僕に渡したのである。

（第一巻一六六話）

この奴隷商は女の周旋屋としても有名な人物であったが、そのことではかねてからバスラのアーダミーという織物商と敵対関係にあった。あるとき奴隷商は、法官のジャアファル＝ハーシミー[*6]がアーダミーを裁判の証人として受け入れるつもりだというのを耳にした。これはしかとした根拠があるわけでなく、単なるうわさに過ぎなかった。

奴隷商と法官とは古くからの知己で、法官も彼の冗談を喜ぶ間柄だったので、奴隷商は法官のもとを訪れた。

「やあ法官閣下、もしかして閣下は私の証言を受けてくださるでしょうか」

「お前のような人物の証言を受用するようなことはありえない。どうしてそんなことを聞くのかね、アブルアッバースよ」

法官がからかい半分に応えると、奴隷商が言った。

「閣下がアーダミーの証言を受け入れるおつもりらしいと聞いたからです。我々は二人ともバリード家に出入りしている周旋屋です。私の証言も受けてください」

奴隷商の言葉を聞くと法官は笑って言った。

「お前を受用できないし、アーダミーも受用しないよ」


（第一巻一六七話）


この奴隷商が歌手の女奴隷を伴ってアフワーズの〔宰相〕ムハッラビー[*7]のところにやって来た。当時私タヌーヒーもアフワーズにいた。以下の話は目撃した食客たちから私タヌーヒーが聞いたものである。

この歌い女はムハッラビーのために歌を歌い、いくたびか歌謡でもって宰相のそば近く仕えることになったが、それには奴隷商が陪席しないことも多かった。ある日、奴隷商も陪席した宰相のサロンで卑猥な話が話題となった。奴隷商はすでに齢《よわい》八〇を超えていたので、心中では話題に付いていけないなと感じていた。ムハッラビーが奴隷商に言った。

「やあアブルアッバースよ、お前の女奴隷は妊娠をしているぞ。いったい誰の子を宿したのだ」

「閣下、もし子供が生まれたら、その子にアッバース＝ブン＝アルハサン[*8]という名を付けたいと思います」

奴隷商はそう答えて、暗に宰相の子であることをほのめかし、宰相の子ならば、その子が宰相になるのも夢でないと述べたのである。それで宰相も食客たちも大いに笑った。


（第一巻一六八話）

1――Abū ʻAbd Allāh Aḥmad al-Barīdī. 第一巻四話註7参照。
2――Abū l-Qāsim b. Abī ʻAbd Allāh al-Barīdī. 第一巻一〇〇話註5参照。
3――重量が半分の特別な銀貨を鋳造し、これを人々にばら撒く習慣があった。
4――shādhgulī.
5――Abū Yūsuf Yaʻqūb al-Barīdī. バリード家のアブー＝アブドッラーの次弟、アッバース朝の財務官僚であったが、九四三年に兄のアブー＝アブドッラーに暗殺された。
6――Jaʻfar b. ʻAbd al-Wāḥid al-Hāshimī. 法官イブン＝アブドルワーヒドの兄。第一巻五話註1、第二巻八〇話註3参照。
7――Abū Muḥammad al-Muhallabī. 第一巻一話註4他参照。
8――al-ʻAbbās b. al-Ḥasan. 宰相ムハッラビーの本名はハサン al-Ḥasan で、奴隷商が女奴隷のお腹の子の父親は宰相だと主張し、宰相になるのも夢でないというのは、かつてアッバース＝ブン＝アルハサンという名の宰相がカリフ＝ムクタフィーとカリフ＝ムクタディルに仕えたことがあったからである。

意表をついて絶品を手に入れる

〔ブワイフ朝君主〕ムイッズ＝アッダウラ[＊1]の僚友ハムーリー[＊2]は我々に次のような話をしてくれた。

ある日、我々が太守――ムイッズ＝アッダウラ――の御前で立っていると、アブー＝マフラド[＊3]が入ってきて、太守が坐っている真新しく素晴らしい金襴の敷座を目にした。それはトゥスタルで製作されたもので、金二〇〇〇ディーナールは掛かっていた。アブー＝マフラドがムイッズ＝アッダウラに言った。

「太守閣下、その敷座からよけてください。何か付いているようですので」

太守はアブー＝マフラドの意図が呑み込めず、敷座からわさわさと身を動かした。するとアブー＝マフラドが敷座を引っ張り、その端を肩のところに持ち上げて立った。太守がダイラム語で言った。

「やあ欲張りめ、どこへ持って行くのだ」

「私の舟艇です。この敷座をご覧のように、そろりそろりと運びますが、誰か私の邪魔をする方、あえてそうしようという方はおられますかな」

太守が笑って、「誰もおるまい」と言ったので、アブー＝マフラドはまさしくその敷座を付属の道具ともども、すべて肩に乗せ、自分の舟艇へ運んでしまった。私ハムーリーはその一部始終を見たのである。

（第一巻一六九話）

このアブー＝マフラドは無類の男気の持ち主で、かつ敷物には格別の執着心があった。ある日カリフ＝ムティーウ[＊4]のもとを訪れ、部屋のなかに黄色の絹糸で織られた縞模様の長大な絨毯が敷かれているのを見た。それはまことにカリフにふさわしいものであった。アブー＝マフラドはそれを目にすると、たちまち虜《とりこ》になり、カリフの書記官アブー＝アフマド＝シーラーズィー[＊5]に言った。

「儂《わし》はムイッズ＝アッダウラの敷座で行なったように、この絨毯でもやってみたい」と。

アブー＝マフラドが太守の敷座を背中に担いで持って行ったというのは、当時有名な話であった。シーラーズィーがアブー＝マフラドに言った。

「ムイッズ＝アッダウラに行なったようなごまかしをカリフの御前で行なうことは許されまい。ここは冗談が通じるところではないのだ。私的な集まりならともかく、ここは公の謁見場なのだ。だが私は貴殿が絨毯を素晴らしいと思っていることはよくわかっているので、いずれカリフから貴殿への贈り物となるよう頼んでみよう」と。

〔謁見式が終わって〕ティグリス川での船列式が解散となり、書記官のシーラーズィーが出かけてみると、玄関の間にかのアブー＝マフラドが坐っているではないか。

「やあ貴殿はここで何しているのだ」

「御仁は我らが陛下のもとに戻って、あの絨毯を手にしない限り儂は決して立ち去らないのだと申し上げてくだされ。儂は御仁の忠告を受け入れて辛抱しているのだ。さもなければ、ムイッズ＝アッダウラの敷座のときのように、無理やり持って行くところだった」

シーラーズィーはカリフのところに戻って、アブー＝マフラドの話を一部始終伝えた。すると、カリフは件《くだん》の絨毯をアブー＝マフラドの舟艇に運ぶように命じたのである。こうして絨毯は運ばれ、アブー＝マフラドは立ち去った。

私タヌーヒーはこの逸話をシーラーズィー自身からも聞いている。

（第一巻一七〇話）

絨毯商のイブン＝ディヤ[*6]という、バグダードにおけるこの職業の長で、もっともこの道に通暁している人物が、人の大勢集まっている会合の席で語ったところによれば、アブー＝マフラドが自分の所有している絨毯類を値踏みしてくれるようイブン＝ディヤのところに持ち込んだので、調べたことがあるという。それはもっとも安く見積もっても金二〇万ディーナールに達する品物類で、それが彼の所有するすべての絨毯なのか、それとも一部なのか、わからないということだった。

（第一巻一七一話）

1――Muʿizz al-Dawla. 第一巻一話註5参照。

2――Abū ʿAlī Aḥmad b. Mūsā Ḥamūlī. 第二巻四七話によると、かつては物資運搬船の管理人をしたり倉庫番をしたりして極貧にあった人だったという。やがてムイッズ＝アッダウラとの出会いを経て寵臣となった。九六三年、宰相ムハッラビーがオマーン遠征からの帰途、何者かに毒殺されたという情報を耳にしたムイッズ＝アッダウラは、ハムーリーを差し向け、ムハッラビーの財産を没収させた。一三年余り宰相の任にあった者に対するムイッズ＝アッダウラの行為は恐怖と非難を呼び、もはや寛大さであるとか、書記という仕事の崇高さであるとかは終焉を迎えたと嘆かれた。

3――Abū Makhlad ʿAbd Allāh b. Yaḥyā al-Ṭabarī. 第一巻一話註6参照。

4――al-Muṭīʿ. 在位九四六―九七四。第一巻三七話註8参照。

5――Abū Aḥmad al-Shīrāzī. 第一巻一七話註7参照。

6――Ibn Diya.

義を見てせざるは勇無きなり

ハーシム家出身の法官イブン＝アブドルワーヒド[*1]が私タヌーヒーに語ってくれたことがある。

豪商某にはある軍司令官に莫大な貸付金があって、司令官はその支払いを引き延ばしていた。それで豪商はカリフ＝ムウタディド[*2]に訴願しようと考えた。それというのも、豪商が司令官のもとを訪ねても、門のなかに入れてくれず、奴僕には軽くあしらわれていたからで、辛抱して誰かに執り成しを頼んでも効果がなかった。〔宰相〕ウバイドッラー＝ブン＝スライマーン[*3]に訴えてもみたが、助けてくれなかった。

仲間の一人が豪商に言った。

「貸金を取り返す方策が儂《わし》にある。そうすれば貴殿はカリフに訴える必要はなくなろう。儂と一緒にすぐ行こう」

仲間は豪商を伴って、火曜市場[*4]に店を構える、とある裁縫師のところへ連れていってくれた。その人物は坐って仕立ての仕事をしたり、モスクでコーランを読誦したりする老人であった。仲間は豪商の事の顚末を話し、司令官に引き合わせ、悩みの貸金問題を解決してやってほしいと頼んだ。

司令官の邸宅は裁縫師の仕事場から近く、連れ立って向かった。豪商は歩く途中、少し遅れて仲間に言った。

「貴殿はこの老人に儂ばかりか貴殿にとっても大変厄介な問題を任せようというのか。奴の邸宅の門に着くと、あの老人は平手打ちを食らわされ、我々も同じような目に遭うのではないか。司令官は誰それや誰それの仲裁にも耳を貸そうとしなかった。宰相の言葉でも考えようとしなかった。果たしてこの老人の言葉に耳を貸すだろうか」

仲間は笑って、

「心配ない。黙って歩かれよ」

と言った。

一行は司令官の邸宅に着いた。すると裁縫師を目にした奴僕たちは大変丁重に出迎え、身をかがめて手に口づけをしようとした。裁縫師はそれを遮った。

「長老さま、何かご用でしょうか。主人はいま馬で出かけております。私どもにできることがございましたならば、早速とりかかりますが。さもなくば、どうぞお入りになって、主人が戻って来るまで掛けてお待ちください」

奴僕たちの対応に豪商の心は落ち着き、三人は邸内に入って坐った。司令官が帰ってきて裁縫師に会うと、司令官は完璧なほど丁重に応接して言った。

「私が着替えるまえに、長老のご用事をおっしゃってください」

そこで裁縫師は豪商の貸金のことで来たと告げた。

「神かけて、私には手元に銀五〇〇〇ディルハムしかございません。彼にそのお金と、残りは一カ月間の担保として金銀製の馬具を渡したいと申してください」

豪商がすぐさま同意すると、司令官はディルハム銀貨と残金に相当する価値の馬具をもってきた。豪商はそれを受け取り、同時に裁縫師と仲間に、残金のための担保は一カ月間手元に置いておくが、もし期限が過ぎれば、豪商はそれを売却する代理権を有し、その代金を取得できるという契約の証人となるよう連署を求めた。その通り、豪商は二人の連署を得て、裁縫師ら三人は司令官の邸宅を辞去した。

一行が裁縫師の仕事場に着いたとき、豪商は受け取ってきたお金を裁縫師のまえに出して言った。

「長老どの、あなたのお蔭で神がこのお金を返してくださった。どうぞ、このお金の四分の一なり三分の一なり、それとも二分の一でもお受け取りください。喜んで差し上げます」

「なんとお前さん、儂に善行の報いとして恥さらしなことをしろとおっしゃるのかね。お前さんのお金をもって帰りなされ。神のご加護がありますように」

「ところで、もう一つお願いがあるのですが」

「申されよ」

「どうか、国家の枢要な地位にあるような人物にさえ尊大な態度を取るあの司令官が、なぜ長老どのには従順な態度を取るのか、そのわけをお聞かせいただけませんか」

「あんたさんは目的を達成し、お金を取り戻すことができたのだから、儂の仕事をこれ以上邪魔しないでおくれ。儂は生活の糧を稼がねばならないのだ」

裁縫師からそう言われても、豪商はなおも懇願したので、老人は次のように話し始めた。

「儂は礼拝の導師で、モスクではすでに四〇年もコーランの読みを教えている。裁縫を生業としていて、他の仕事は知らぬ。かなり以前の話だが、儂は日没の礼拝を済ませて家路に着こうと歩き出したところ、トルコ軍人がそばを通り過ぎた。この屋敷のもとの住人だ。まさにそのとき美貌の女性が通りかかり、トルコ人は酔っていたせいもあってか、女性を捕まえて自分の屋敷に引きずり込もうとした。女性は抵抗し助けを求めたが、誰も女性を助けようとしない。なおも女性は叫び続けたが、トルコ軍人から女性を引き離そうとする者は誰もいなかった。女性はこうも叫んでいた。

『もしこの男を拒絶できなければ、夫は必ずや私を離婚すると誓います。この男と夜を過ごす羽目になれば、私の家は滅びます。それだけではありません。この男も私を犯した罪を負い、あげくは恥辱にまみれることになるのです』と。

儂はそのトルコ軍人に近づき、女性を放してやるよう穏やかに頼んだ。ところが軍人は手にした棍棒で儂の頭を叩き、傷を負わせ、痛い目に遭わせて女性を屋敷内に押し込んだ。儂は家に帰り、血を洗って傷を縛った。少し休んで痛みが治まったところで、儂は晩の礼拝のためモスクに出かけた。祈りが済んだところで、儂は会衆に呼びかけた。

『さあ立って儂と一緒にアッラーの敵、かのトルコ軍人のところへ行き、抗議をしよう。女性を連れ出すまでは決して立ち去らないぞ』と。

モスクに集まっていた人々は我々と一緒にトルコ軍人の屋敷に出かけ、門前で抗議して騒ぎ立てた。すると、かの軍人が大勢の奴隷傭兵を率いてやって来て、我々を激しく打擲《ちょうちゃく》した。軍人はみんなのなかから儂を見つけると、何度も打擲したので、儂は死にそうになった。隣人たちが家まで運んでくれたのであるが、儂はまさに死んだも同然だった。

家の者たちが儂を介抱し、儂は寝ようとした。だが痛みのためによく眠れなかった。儂は夜中に目が覚め、今日起こった出来事について考え続けた。

『あのトルコ軍人はおそらく夜通し酒を飲んでいるに違いなく、何時かはよくわからないであろう。もし儂が礼拝を呼びかけるアザーンの声を上げれば、軍人はもう夜明けだと思って女性を解放するかもしれない。女性が夜明けまえに家に入ることができれば、女性は少なくとも降りかかった災難の一つは免れることができて、家内は安泰となるかもしれない』と。

儂は体の無理を押してモスクに出かけ、尖塔に登り、アザーンの声を上げた。それからそのまま坐って様子を見ることにし、女性が出てこないかと待った。女性が出てくればよし、さもなければ、軍人がもう朝だと思って女性を釈放するまで祈り続けよう、と。

しかし、ひと時が過ぎても女性はまだ軍人のところであった。すると突然、通りが軍馬と兵士と松明《たいまつ》で満ち溢れ、『先にアザーンの声を上げたのは誰だ。どこにいる』と口々に叫んでいるではないか。儂は怖くなって黙っていたが、事情を話せば女性を解放する助けになるかもしれないと思い直し、尖塔から『自分がアザーンの声を上げた』と叫んだ。すると『降りて来い。カリフに申し開きをするのだ』と声が返ってきた。

儂は不安からの救いも近いと感じながら尖塔を降り、兵士たちのもとへ行った。するとそれは〔警察長官〕バドル*5に率いられた傭兵の一隊であった。バドルは儂をカリフ－ムウタディドのところへ連れていってくれた。儂はカリフを見ると、恐ろしさで震えた。しかし、カリフは儂を落ち着かせて尋ねた。

『お前はなぜ、しかるべき時間でもないのにアザーンの声を上げ、イスラム教徒を唆《そそのか》すようなことをしたのかね。仕事のある者は時間外に出かけねばならず、断食を予定していた者はそれまでに食べておくということができなくなってしまうではないか』

『信徒の指揮者さま、もし身の安全を保障していただけるのであれば、真実をお話ししますが』

『お前の身は安全じゃ』

そこで儂は例のトルコ軍人の顚末をカリフに話し、儂の傷跡を見せた。するとカリフは『やあバドルよ、直ちに件《くだん》のトルコ奴隷と女性を予のもとに連れてまいれ』と命じた。儂が別の場所に移り、しばらくすると例の奴隷軍人と女性が連れて来られた。カリフ＝ムウタディドは女性に事件の真相を尋ねた。女性は儂が語ったと同様のことを話したので、カリフはバドルに命じた。

『直ちに女性を夫のもとに送り届け、女性が家に入れるよう信頼のおける者を引き連れて、彼女の身に起こったことを夫に説明させ、夫が彼女を追い出さず、親切にしてやるよう予からの命令だと伝えよ』と。

それから儂は召し出され、カリフは儂の立っているまえで、儂の耳に聞こえるように奴隷軍人を尋問しはじめた。

『やあ某よ、お前の給与はいくらだ』

『しかじかです』

『お前の年金はいくらだ』

『しかじかです』

『お前の手当はいくらだ』

『しかじかです』

こうして、カリフは軍人に与えられている金額を数え上げ、軍人はそれが莫大な額に上ることを認めた。次にカリフは尋ねた。

『お前は何人の女奴隷を所有しているのだ』

『しかじかです』

『お前が彼女らにも莫大な報酬にもなお満足していないとすれば、それは偉大なる神を冒瀆し、国権の権威を損なうことにならないか。お前はそうした罪を犯したばかりでなく、お前を正しく導こうとした人を襲うという、道理を外れた罪まで犯した。そう思わないか』

軍人は深くうなだれ、何も返答できなかった。カリフが『大袋とセメント製の棍棒と足枷《あしかせ》、手枷をもってまいれ』と命じ、それらが持ち込まれると、軍人は足枷をはめられ、手枷や首枷をはめられ、大袋に押し込められた。カリフが下僕たちに命じると、軍人はセメント製の棍棒で叩かれた。これは儂の目のまえで行なわれた。軍人は叫び声を上げたが、やがて声は止まり、死んでしまった。

カリフは死体をティグリス川に投げ込むように命じ、バドルには軍人の屋敷内にあったものを没収するよう指示した。それから儂に向かって告げられた。

『やあ長老よ、今後もし、神がお認めにならないような悪行を大小の如何を問わず、貴殿が目撃したり、あるいは類似の事柄を大小の如何を問わず、目にしたりしたならば、それを正すように命じられよ。悪いことは悪いと否認されよ。たとえこの男――と言ってカリフはバドルを指さしながら――を使ってでもよいぞ。それでも貴殿に何かが起こったり、言うことを聞いてもらえなかったりしたときには、予と貴殿とのあいだの合図として、今回の場合のようにアザーンの声を上げられるとよいぞ。貴殿のアザーンの声が聞こえてきたならば、予が貴殿を呼び出し、貴殿の言葉に従わない者や貴殿を傷つけた者は、予が言うことを聞かせようぞ』と。

儂はカリフに祝福のお祈りをして辞去した。この一件は噂となってダイラム兵や*6トルコ軍人のあいだに広まった。これ以降軍人たちは、儂が他人に対する公平さとか、悪行への抑制とかを求めた場合、誰もがよく従ってくれるようになった。しかし、それはつとにカリフ－ムウタディドを恐れてのことなのだ。それで今までのところ、儂が非常時にアザーンの声を上げねばならないということは起こっていない」

（第一巻一七二話）

1――Abū l-Ḥasan Muḥammad b. ʻAbd al-Wāḥid al-Hāshimī. 第一巻五話註1参照。

2――al-Muʻtaḍid. 在位八九二―九〇二。第一巻三一話註4参照。

3――ʻUbayd Allāh b. Sulaymān. 第一巻三二話註3参照。

4――Sūq al-Thulāthāʼ. バグダードの東岸、ムハッリム地区にあったバグダード最大の市場。

5――Badr, Abū l-Najm〔mawlā al-Muʻtaḍid〕. カリフ－ムタワッキルの解放奴隷の子で、八九一年、執政ムワッファクの死に伴い、執政職を継いだムウタディドによりバグダードの警察長官に任命された。カリフとなったムウタディドの信任が厚く、やがて軍を掌握して総司令官となり、各地の叛乱の鎮圧に貢献したが、九〇二年にムウタディドが没すると、ファールスに滞在していたバドルは、宰相カースィム＝ブン＝ウバイドッラーに謀られ、新カリフ－ムクタフィー（在位九〇二―九〇八）の命で殺された。ムウタディドの没後四カ月のことであった。

6――原語 awliyāʼ. walī の複数形。本来はお偉方というような意味であるが、定冠詞の付いたこの語は当時もっぱらダイラム人の傭兵を指していた。

統治は細心の注意で

私タヌーヒーの父はイブン＝ハムドゥーン[*1]から次のような話を聞いたという。

私こと〔侍臣〕イブン＝ハムドゥーンがある晩、カリフ‐ムウタディド[*2]の酒宴に加わっていると、カリフのもとに書簡が届けられた。カリフはそれを読むと酒を飲むのを止め、何か悩んでいる様子であった。カリフは〔宰相〕ウバイドッラー＝ブン＝スライマーン[*3]を呼び出した。宰相はすぐさま参内したが、顔色はすっかり青ざめていた。自分が逮捕されるのではないかと考えたからである。

カリフは宰相に件《くだん》の書簡を投げてよこした。それはカズウィーン[*4]にいる秘密情報官からの密書で、ダイラム人[*5]の男がカズウィーンで発見され、しかもその男は変装して潜入したと書かれてあった。カリフは宰相ウバイドッラーに命じた。

「直ちに現地の総督と税務長官宛ての書簡をしたためよ。厳しい口調で書くのだぞ。もし叛乱でも起これば、二人は死罪でもって償わせるぞと脅せ。その男をたとえダイラムの地の果てまでも探索して逮捕するよう求めよ。二人の命は男を連れてくるまで、担保として預かると知らしめよ。さらに二人に、ダイラム人を誰一人としてこれ以上、カズウィーンに入り込ませたり通行証なしで出国させたりしないよう書き連ねよ。ダイラム人というのはみな、ひそかに入り込む策略に長《た》けているのだ。いっそうの用心をするように伝えよ。場合によっては、我らは軍隊を派遣してもよいとな。しっかりと確認せよ」

ウバイドッラーが、

「承知いたしました。仰せの通りいたします。官邸に退出して命令書を書かせます」

と答えると、カリフはそれを退け、

「そこに坐ってお前自身の筆でしたためて、それを予に見せよ」

と告げて宰相を坐らせた。宰相は当惑しながら命令書をしたため、カリフに見せた。カリフは満足すると、郵嚢を目のまえに持って来させ、書簡をそのなかに入れさせ、送り出してからウバイドッラーに言った。

「書簡をもった送達吏とともに、ナフラワーンに書簡が届いたという報告をお前に知らせる人間を派遣し、そこからは送達吏だけで旅をさせ、行かせるように」

と。ウバイドッラーは立ち上がり、カリフ‐ムウタディドは酒宴の席に戻った。カリフはとても疲れている様子で、しばらく横になり、それから宴席に戻った。侍臣イブン＝ハムドウーンがカリフにお伺いを立てた。

「おゝ信徒の指揮者よ、お話ししてもよろしいでしょうか」

「許すぞ」

「陛下がご機嫌麗しくあられたところに、しかるべき情報がもたらされ、明朝でも差し支えないでしょうに、すぐさまお命じになられました。お蔭で陛下のお心はふさぎ、酒宴は中断され、陛下のお楽しみは台なしとなりました。そのうえ宰相を驚かせ、異常な時間に宰相を召し出したことで、家族や縁者は肝をつぶすことになりました。ご命令は明朝まで遅延なされても差し支えなかったのではありませんか」

「やあイブン＝ハムドゥーンよ、この問題はお前にはかかわりないことだ。だがお前を許して話してやろう。ダイラム人というのは世界のなかでももっとも邪《よこしま》な民で、もっともずる賢く、もっとも有害で、もっとも心変わりしやすい人間たちなのだ。神かけて、予は彼らがひそかにカズウィーンに潜入しようとしたと知って、帝国の運命に恐れを抱いたのだ。大勢のダイラム人たちが集結してカズウィーンの住民を襲撃し、その地の支配権を奪うということになれば、その地は我らとダイラム人とを隔てる国境の町であるから、そこを奪還するには大変な月日を要することになろう。そうなれば帝国の支配権は弱まり権威は失墜して、国家滅亡の原因となりかねないのだ。よって予は、もしこの件の処理をたとえ一時間でも遅らせば、機会を逸し、ダイラム人たちにカズウィーンの占拠を許すことになると思ったのだ。神かけて、もしカズウィーンを支配するようになれば、彼らはかならずやこの予の玉座の下から予に向かってなだれ込み、帝国の宮殿を我がものとするであろう。そうなれば、予はもはや酒宴を楽しむことはむろんのこと、ダイラム人の問題をどう処理するか、といったことを考えないでもよいような、気楽な時間を過ごすこともできなくなるであろう。よって予は、お前が目にしたように事を処したのだ[*6]」

（第一巻一七三話）

1——Abū Muḥammad ʿAbd Allāh b. Aḥmad b. Ḥamdūn. カリフ＝ムウタディドの侍臣。第一巻一四二・一四三話参照。

2——al-Muʿtaḍid. 第一巻三一話註4参照。

3——ʿUbayd Allāh b. Sulaymān b. Wahb. 第一巻三二話註3参照。

4——Qazwīn. テヘランの北西約一四五キロ、エルブルズ山脈の南麓に位置する都市で、古来山脈を抜けてカスピ海沿岸に通じる要衝として重要な役割を果たした。

5——原語 ṣāḥib khabar al-sirr. カリフは自分の目と耳の代わりとなる秘密の情報官を派遣し、変装させてあらゆる情報を探らせた。一般的には ṣāḥib khabar で史料に現われる。またこのような秘密情報の伝達を駅逓官 ṣāḥib al-barīd が行なうこともあった。

6——カリフ＝ムウタディドが九〇二年に没して四三年後の九四五年末、ムイッズ＝アッダウラに率いられたダイラム人のブワイフ朝がバグダードを占領、翌月、カリフ＝ムスタクフィーは廃位させられ、ムイッズは甥のムティーウを即位させた。こうしてアッバース朝の実権はブワイフ朝によって奪われた。

蟻の穴から堤も崩れる

アフマド＝アズラク[*1]は私タヌーヒーに次のように語ってくれた。

ヒジュラ暦三一七年（九二九）、儂《わし》は政府官庁[*2]に出仕していたが、まだ若者で、当時の宰相はアフマド＝ハセービー[*3]であった。かつて我々の官庁では、政府からイブン＝アビッサージュ[*4]に宛てて、カルマト派教徒[*5]と戦うために首都バグダードに上がるよう命じる文書を発給したことがあった。イブン＝アビッサージュからの返書が政庁宛てではなくカリフ〔ムクタディル〕のもとに届いた。書記官の長老たちから聞いたところでは、イブン＝アビッサージュは返書のなかでこのように主張していたという。

「自分は目下、ビザンツとの国境よりももっと脅威のある国境地帯に駐留し、ゴグ・マゴグの城壁[*6]よりも堅固な障壁に直面しております。もし自分が持ち場を放棄したならば、そのことにより必ずやカルマト派問題よりもより深刻な事態が生まれ、〔アッバース朝〕帝国の全域において帝国の没落を引き起こしかねない事態となりましょう」

と。書記官僚たちは書簡の内容を口々に嘲笑い、

「あやつはどんな国境に駐留し、どんな人間たちに直面しているというのだ。たかだかダイラム人だけではないか。あの者らは農夫だ。おそらく、あやつは自分が気楽に過ごしたいだけで、政府に逆らっているのだ」
と皮肉った。

こうしてイブン＝アビッサージュ宛てに、現在の任務地を離れてイラクに上がるよう新たな命令書が発給された。イブン＝アビッサージュは命令に従って下向し、カルマト派教徒軍に向かって進撃した。ところがかえってカルマト派教徒に殺されてしまった。

彼が戦死していくらも経たないうちに、シーア派の宣布者カースィム＝ブン＝アルハサン[7]が、ダイラム人の軍司令官マーカーン[8]とともにタバリスターンからライに進撃し、その地を政府の手から奪った。

ついでダイラム人のアスファール＝ブン＝シーラワイフ[9]が現われてタバリスターンに進撃し、彼ら二人の手からタバリスターンを奪取した。そこでシーア派の宣布者は取って返し、奪還を試みて戦ったが、かえってアスファールに殺されてしまった。アスファールはタバリスターンでの権力を固めると、ライに進撃したが、軍司令官マーカーンに殺されてしまった。

そこでアスファールの部下の一人だったギーラーン人のマルダーウィージュ[10]が軍司令官マーカーンに反抗して殺し[11]、マーカーンの軍隊を掌握し、その領地を奪い、ライとジバールならびに所轄の諸州を獲得した。かつてイブン＝アビッサージュによって統治されていた諸州は、政治を無視した各地の軍閥に分配されてしまったのである。

こうして、ダイラム人の軍事力は重みを増し、それも時を追うごとに増大し、一方、帝国の権力は弱まり、亀裂は深まり、暴動が頻発し、とうとう〔九三二年〕カリフ＝ムクタディルは殺されてしまった。

マルダーウィージュはバグダードを目指そうと、イスファハーンへ向け進軍を開始し、〔その部下〕シーラジュ＝ブン＝ライラー[12]はアフワーズに向け進撃し、その地を奪った。

この当時、ブワイフ家のアリー、〔のちの〕太守イマード＝アッダウラ[13]は、カラジュにおけるマルダーウィージュの代官を務めていた。ところがマルダーウィージュへの忠誠心を捨てさせようと側近にそそのかされ、彼自身の名において、アッラジャーン[14]に向けて軍隊を率い占領した。

マルダーウィージュは、アリーに対して討伐に向かうぞと脅したので、アリーはマルダーウィージュに媚を売ることにした。つまり、その宗主権を認めると約し、弟の〔ハサン、のちの〕太守ルクン＝アッダウラ[15]を人質としてマルダーウィージュに差し出した。こうしておいてアリーはわずか七〇〇人のダイラム兵を率いて進発し、大軍を擁する〔アッバース朝軍司令官〕ヤークート[*16]を攻撃、ファールス州を占領し、莫大な財宝を手中にした。

アリーの立場が強大となったことを知ったマルダーウィージュは、アリーに軍隊を差し向けて逮捕し、それからバグダードへ進軍することを企んだ。ところが〔九三五年〕トルコ人奴隷兵たちがマルダーウィージュを襲い、暗殺してしまったので、マルダーウィージュの軍隊が太守アリーに帰属することになった。こうしてアリーはファールスを領有してヤークートを排除し、アリーの権力はますます強大となったのである。

それから数年が過ぎ、アリーは弟の〔アフマド、のちの〕太守ムイッズ＝アッダウラ[*17]をアフワーズに派遣した。それ以降、アフマドの勢力は強盛さを増し続け、遂にはバグダードを占領してしまった。

こうして、カリフ－ムウタディドやイブン＝アビッサージュが予言した通りに政権は実現し、ダイラム人たちは世界の諸王となった。何もブワイフ家の君主たちが支配する王国だけではなく、多くの王国がダイラム人に帰したのである。

かつて人々は圧政に苦しんだときでも、「我々がダイラム人、それともトルコ人の手中に帰すことなど考えられようか」と言って、決まりきったことしか想像できなかったが、今や人々はダイラム人の王国に住み、彼らの手中に握られているのである。我らは神にこそ平安を求めよう。

（第一巻一七四話）

1 —— Abū l-Ḥasan Aḥmad b. Yūsuf al-Azraq. 第一巻一四話註**2**参照。

2 —— al-dīwān. ディーワーン dīwān は官庁を意味する普通名詞であるが、ここでは定冠詞が付されていて、宰相府を意味する。

3 —— Aḥmad b. ʻUbayd Allāh al-Khaṣībī. 元来はカリフ－ムクタディルの母后の書記を務めていたが、九二五年一一月に突如宰相に任命された。しかし軍閥の敵意に遭い、九二七年一月に辞任、地方の税務長官を務めたりしたのち、カリフ－カーヒルのもとで九三三年一〇月から翌年四月まで宰相を務めた。しかし前任の宰相イブン＝ムクラの陰謀によって執務が思うに任せず、カリフは幽閉の身となった。カリフ－ラーディーの宰相となったイブン＝ムクラによって、一時オマーンに追放されたことがある。九四〇年没。

4 —— 〔Yūsuf〕Ibn Abī l-Sāj〔Dīwdād〕. ソグド系の血を引く軍人で、父のアブッサージュ＝ディーウダード Abū l-Sāj Dīwdād はバグダードとイラン南西部ホーズィスターン州の総督を務めた。八八九年、その子のムハンマド Muḥammad がアゼルバイジャンの総督に任命されると、その一族が四〇年にわたって当地で王権を確立し、その間、アルメニアへの遠征をたびたび行なった。ユースフはムハンマドの弟で、カリフ－ムクタディルの要請で、当時イラク南部で猖獗を極めていた異端のカルマト派教徒の討伐に派遣されたが、九二八年、クーファ近郊で戦死した。

5 —— al-Qarāmiṭa. 九―一〇世紀、シーア派に属すイスマイール派の一分派の呼称。ファーティマ朝カリフをイマームと認めるイスマイール派主流に対して、イラク地方の教宣に当たっていたハムダーン＝カルマトはこれを認めず、シリアの征服を試みたが、アッバース朝によって制圧されて戦術を転換、とりわけバハレーンに根拠を置く教団はたびたびメッカ巡礼団を襲撃、バグダードも脅かし、市民を動揺させたばかりでなく、九三〇年にはメッカを襲撃してカーバ神殿の黒石を奪い去るなど、当時のアッバース朝当局を震撼させた。

6 —— Sadd Yājūj wa-Mājūj. ゴグとマゴグは世界の東北に住むとされる旧約聖書以来の伝説上の蛮族で、アレクサンドロス大王が大城壁を築いて彼らを閉じ込めたという。コーランでは一八章九四節以下に出る。

7 —— al-Qāsim b. al-Ḥasan al-Dāʿī al-ʿAlawī. 正しくは al-Ḥasan b. al-Qāsim. シーア派の一派、タバリスターンのザイド派の君侯。当初、イラン北西部山岳地帯のダイラム人やギール人のイスラム化に熱心だったザイド派イマーム＝ハサン＝ウトゥルーシュ al-Ḥasan al-Uṭrūsh（通称 al-Nāṣir li-l-Ḥaqq）を支持して前衛軍の指揮官を務めた。九一四年にサーマーン朝軍に圧勝し、イマームのタバリスターン支配の契機となった頃から頭角を現わし、イマームから「正義への宣布者」al-Dāʿī ilā l-Ḥaqq の称号を得た。九一七年にイマームが没すると、その子アフマド Aḥmad に協力してたびたびサーマーン朝軍と戦うが、裏切りに遭い、ライのアッバース朝総督によってダイラムのアラムートの山塞に幽閉された。窮地を脱して九一九年にタバリスターンのアームルを奪回、翌年にはグルガーン一帯を平定して、シーア派への忠誠を宣言した。しかし、またも内紛に巻き込まれたり、サーマーン朝軍との戦いを強いられたりしながら、九二六年、サーマーン朝が支配するライに向け、マーカーン（註8）と進軍した。ところがグルガーンの支配者でサーマーン朝に臣事するアスファール（註9）がその留守を狙っていると聞き、アームルに引き返したが住民の支持を得られず、その近郊で敗退、九二八年一一月、マルダーウィージュ（註10）によって殺された。

8 —— Mākān〔b. Kākī〕al-Daylamī. ギーラーン東部の一地方領主の家に生まれ、タバリスターンのザイド派イマームの武将として名を挙げた。イマームの没後は宣布者ハサン＝ブン＝アルカースイム（註7）と連携して敵対するイマームの子のジャアファル Jaʿfar b. al-Ḥasan とその支持者アスファールと戦ったが、敗れてダイラムに逃れた。しかし勢力を回復、九三〇年までにタバリスターン、グルガーン、ホラサーン西部の支配者となったが、アスファールに取って代わる新たな敵対者マルダーウィージュ（註10）が現われ、タバリスターンを奪われ、一時はサーマーン朝に恭順した。九三五年、マルダーウィージュが暗殺されると、失地を回復してグルガーンを統治するまでになったが、それ以上の勢力拡大を望まないサーマーン朝によって軍隊を差し向けられ、グルガーンを撤退、九四〇年一二月、ライ近郊で敗れて殺された。その首は最初ブハラへ、さらにバグダードのカリフのもとに送られた。

9 —— Asfār b. Shīrawayh. タバリスターンのザイド派イマーム＝ハサン＝ウトゥルーシュ（註7参照）没後のカスピ海南岸山岳地帯の混乱期に重要な役割を果たした武将。サーマーン朝からグルガーンの統治を委ねられると、ギーラーン人のマルダーウィージュの協力を得てザイド一派をタバリスターンから一掃、さらにグルガーンやライにまで支配の手を伸ばし、みずから黄金の玉座に就いて、サーマーン朝やアッバース朝カリフの宗主権を否定、カリフームクタディル（在位九〇八―九三二）が派遣した討伐軍もカズウィーン近郊で敗走させた。しかしサーマーン朝との戦いを恐れて巨額の貢納金を強いられ、住民への圧政と残忍さから部下のマルダーウィージュの謀反を招き、九三一年に殺された。

10―― Mardāwīj [b. Ziyār] al-Jīlī. 一〇世紀半ばから一一世紀末ごろまでカスピ海南岸地帯を支配したズィヤール朝の創始者。先祖はギーラーン地方の王族で、当初はタバリスターンのザイド派支配者に仕え、ついでアスファール（註9）に臣事したが、その暴虐を憎んで謀反を起こした。九三一年にアスファールを殺したあと、ハマダーン、ディーナワル、イスファハーンといったイラン西部の諸都市をカリフの総督たちから奪い、タバリスターンやグルガーンを統治するダイラム人のマーカーンと激突、タバリスターンを奪ったが、マーカーンがサーマーン朝の援助を得たので、休戦調停に同意した。アリーほかブワイフ家の三兄弟がマーカーンからマルダーウィージュの傘下に移ったのはこの頃である。マルダーウィージュは矛先をイラン南部に向けることにし、アフワーズを経てバグダードの征服をもくろんだ。彼の脳裏にあったのはペルシャ帝国の復興だったようであるが、九三五年一月、苛酷な任務に耐えかねたトルコ人奴隷兵たちがゾロアスター教の祭日に紛れて暗殺した。

11――このあたりのアスファールとマーカーンの殺害については事実誤認がある。註7―10参照。

12―― Shīraj b. Laylā.

13―― ʿImād al-Dawla ʿAlī b. Buwayh, Abū l-Ḥasan. ブワイフ朝を創設したダイラム人の三兄弟のうちの長兄。当初サーマーン朝のナスル Naṣr b. Aḥmad に、ついでその部下のマーカーンに仕えたが、やがて主君を敵対するマルダーウィージュに変え、カラジュの代官の地位を得た。この頃からホッラム教徒の協力も得て、次第に財政的に恵まれるようになり、周囲に多くのダイラム兵を抱えることを可能にした。当然マルダーウィージュの疑念を招いたが、九三五年初、マルダーウィージュが暗殺されたことで、彼の運命は一挙に開けた。九四九年没。本文ならびに関連の註参照。

14―― Arrajān. ホーズィスターン州からファールス州へ抜けるターブ川東岸の都市。

15―― Rukn al-Dawla, al-Ḥasan b. Buwayh, Abū ʿAlī. ブワイフ朝を創設したダイラム人の三兄弟のうちの次兄。兄アリーの家長としての命令は絶対で、一時はマルダーウィージュへの人質として差し出されたが、マルダーウィージュが暗殺されると逃亡し、兄アリーに合流、軍隊を得てマルダーウィージュの後継者ワシュマギール Washmagīr と戦ったが苦戦を強いられ、九三九年にはイスファハーンを撤退、やがて奪回した。ただ、ライを基地にしてジバール州の支配権を得たが安定したものではなかった。九四五年、弟のムイッズ＝アッダウラ（註17）がバグダード入城を果たし、彼も称号を得た。九四九年長兄のイマード＝アッダウラ（註13）が没すると、ブワイフ家の家長となり、同時にカリフから大総督 amīr al-umarāʾ に任じられた。その後息子を含めた一族間の内紛に苦しめられ、九七六年、ライで没した。

16―― Yāqūt. 宦官出身の軍人。九三〇年にカリフの侍従となり、ついでファールス、キルマーン両州の税務長官兼総督となる。ブワイフ朝のアリーの進出に対抗するため、ワシュマギール（註15参照）と連合を組んだが、九三四年半ばの戦いに敗れ、シーラーズを撤退した。

17―― Muʿizz al-Dawla. 在位九四五―九六七。第一巻一話註5参照。

天下の難事は必ず易きよりなる

ハーシム家出身の法官イブン＝アブドルワーヒド[*1]によれば、カリフ＝ムウタディド[*2]の侍臣で、カリフとは昵懇の間柄であった法官ハサン＝ブン＝イスマイール[*3]が次のような逸話を語ったという。

ある日、我々がカリフ＝ムウタディドの酒宴に陪席していると、〔警察長官〕バドル[*4]が参内して、

「陛下、ビルケ＝ザルザルから綿花商が引き立てられて来ました」

と告げた。カリフは酒宴の席から座をはずし、その背後にある別室に移った。すぐ近くで、我々とカリフとのあいだにはカーテンが垂れ下がっているだけだったので、我々は一部始終を見たり聞いたりすることができた。カリフは袖のゆったりしたガウンを羽織っており、手に槍を握りしめながら恐ろしい剣幕で坐っていた。日頃親しくしている我々でさえ恐怖心を覚えるほどであった。

弱々しい一人の老人がカリフのまえに連れて来られた。カリフが凄みをきかせた声で聞いた。

「お前が、昨日報告のあった綿花商なのか」

その声を聞いただけで綿花商が失神してしまったので、カリフはしばらく老人を休ませるよう命じた。老人が落ち着きを取り戻し、ふたたびカリフのまえに連れて来られると、カリフは言った。

「何たることだ。『イスラム教徒には、イスラム教徒のさまざまな在りようを注視する番人はいないのか』と、お前のような者が言うとは。お前は予が、どこかへ行ってしまっていないとでも言うのか。予が仕事をしていないのではないか、とでも言っているつもりか」

「信徒の指揮者さま、手前は糸や綿のことしか知らない一介の商人にすぎません。女や大衆相手に売り言葉を掛けているだけでございます。たまたま品物を持った通りすがりの者が我らと取引をすることになったのですが、我らはその男が持っている秤《はかり》が不正なものであると見抜いたので、あの言葉を申してしまいました。暗に経済検察官[*5]のことを念頭にして申しただけで、他の人を指しているわけではございません」

「お前は本当に経済検察官のことを思っただけなのか」

「さようでございます。もうこんなことはしゃべるまいと後悔しております」

「経済検察官を伺候させるとしよう。その者に、なぜそのような不正行為を見過ごしたのか、絶対に見逃すことのできないことだと声高に言いつけ、秤を正しく調整させ、行商人

や市場の商人についても調査をさせて、秤を調整させるとしよう。行くがよいぞ。お前には何の罰も下ることはないぞ」

それからカリフが我々のところに戻ってきた。しかもすこぶる上機嫌で、ふたたび酒宴を始めた。儂《わし》は棗椰子《なつめやし》酒の酔いに任せて聞いてみた。

「陛下、お聞きしたいことがございますが、お尋ねしてもよろしゅうございますか」

「申してみよ」

「陛下はとてもご機嫌麗しくお酒を楽しんでおられました。にもかかわらず、それを中断され、しかも一介の市井の人間に話しかけられました。その内容は当該地区の市政官の従卒が怒鳴りつければ十分なものです。陛下はその人物を御前に伺候させることだけで満足されず、わざわざご衣裳まで変えられ、しかも武器まで手にされ、陛下ご自身で、大衆が話すような言葉まで使われて尋問なさいました」

「ハサンよ、お前はあの商人が言ったような言葉がどのような結果をもたらすか、わかっていないぞ。もしこれが大衆の口から口へと広がり、それもまるで他人から奪い取るかのごとくその言葉を伝え、しかも話すことに大胆となり、言葉に重みが増して来ると、ついには、あたかも周知の法令か神が定め給うた禁令かのようになってしまうものだ。そうすると、やがてはこれが政治や宗教に対する大衆の憤懣を誘い出し、政府への叛乱を起こさせるもとにもなるのだ。

こうした問題に始末を付けるもっとも有効な手段は、当初に根源を断ち切ることなのだ。先ほどあの男に起こったことは、深く心に刻まれたことであろう。したがって宮殿を出れば、あの男は身に受けた叱責を何度も語り、目にした畏怖や厳粛を声高に語り、耳にした政治的義務の遂行と正義の実現へ向けての予の決意を大げさに語るであろう。そうすれば、我々が統治にいかに心を砕いているかが大衆に広まろうというものだ。まさに、大衆のうちの一人の男の言葉といえども予が聞き逃すことはなく、その言葉に注意を払い、それに対するしかるべき処置をなしたと大衆は知るであろう。それは予がなさねばならない多くの手間を省き、代わってあの男がすべての大衆に警告し、自制を促しているということだ。害悪の火種が立ち消えになるのだ。もし害悪の原因が流れ出したならば、被害の修復には多くの手段と費用を要することになろう。それがわずかの言葉と行動とで害悪を断ち切れたということなのだ」

儂も他の者たちもすべてがカリフのために祝福の言葉を述べ、カリフを誉めそやしたのであった。**（第一巻一七五話）**

1 —— Abū l-Ḥasan Muḥammad b. ʻAbd al-Wāḥid al-Hāshimī. 第一巻五話註1参照。

2――al-Muʻtaḍid. 第一巻三一話註4参照。
3――Abū ʻAlī al-Ḥasan b. Ismāʻīl b. Isḥāq.
4――Badr. 第一巻一七二話註5参照。
5――原語 muḥtasib. イスラム教徒が法の定めの通り、正しく行動しているかを取り締まる係官のことだが、初期の時代では、たとえば基準を満たさない不正な秤を使っていないか、不正な商取引をしていないかなど、もっぱら経済活動のみを対象としていた。倫理面まで取り締まるのは後世のこと。

従臣のいたずら心にも厳しく

私タヌーヒーは〔父の叔父〕イブン＝アビー＝アッラーン[*1]に雇われている私領地管理人から次のような話を聞いたことがある。イブン＝アビー＝アッラーンは、アフワーズにある私の私領地の管理もこの人物に委ねるよう手配してくれていて、彼によれば、年齢はイブン＝アビー＝アッラーンよりも年取っており、信頼がおけるとのことであった。名前はズンヌーン＝ブン＝ムーサー[*2]とのことであった。管理人は語っている。

自分がまだ少年だった頃、ちょうど〔のちのカリフ〕ムウタディド[*3]がアフワーズ諸県〔ホーズィスターン州〕に滞在していたことがあった。ある日、自分はマナーズィルに属すシャーンタフ村を出て、驢馬に乗り、メロンを積んで、アスカル＝ムクラム[*4]に向かおうとしていた。村から運んで、町のアスカル＝ムクラムで売るつもりだったのである。

その途中、自分は大勢の〔騎兵〕軍団に出会った。どういう軍団かはわからなかったが、そのなかの数人が急ぎ自分の方に向かってきて、一人がメロンを三、四個取り、行ってしまった。メロンの数が少なくなったことに、自分が疑われるのではとおびえて、泣き叫んだ。驢馬もまた自分を乗せたまま道の中央に動いてしまった。そこで軍団がすぐそばを通り掛かることになった。

すると突如、大人数の騎兵の一隊が現われ、一人の人物が先導していた。その人物が尋ねた。

「若者よ、なぜ泣き叫んでいるのかね」

自分に起こった状況を話すと、その人物は自分のそばに立ち止まり、軍団の方に向かって、

「すぐさまその男を余のもとに連れてまいれ」

と命じた。まさにその男はすぐ後ろにいたので、あっという間に連れて来られた。

「若者よ、この男かね」

「はい、そうです」

その人物は男にひれ伏すように命じ、男は鞭で打たれた。その間、その人物は立ち止まったままで、自分は驢馬のうえに乗り、軍団も立ち止まったままであった。その人物は鞭打たれている男に話しかけた。

「やあ、卑劣な犬め、やあ、何なにめ、お前はメロンの代金も持っていないというのか。お前の生活はメロンを買うだけのゆとりもないのか。お前は自分の心を抑えることもできないのか。お前の財産、お前の父親の財産はどうして得られたのだ。この人間は、畑を耕したり水をやったり、収穫物を売ってお金を手に入れたり税金を払ったり、みずから汗水たらして労苦しているのではないのか。しかじかではないのか。しかじかではないのか」

と。こうしてその人物は、この種の仕事にまつわるさまざまなことを数え上げて男に質問を浴びせた。その間、鞭は打ち続けられ、およそ百叩きとなった。それから、その人物は男に立ち上がるように命じた。男が立ち上がると、その人物も歩みだし、軍団も続いた。すると、軍団の兵士たちが自分をののしり、口々に言いはじめた。

「某がこのホーズィスターンの百姓野郎のために一〇〇回も鞭で打たれた」

自分は詳しく事情を知りたいと思って尋ねた。すると、何人かが、

「あの方は総督アブルアッバース〈のちのカリフ＝ムウタディド〉さまだ」

と答えてくれた。

（第一巻一七六話）

1——Abū l-Qāsim〔ʻAbd Allāh b. Muḥammad b. Mahrawayh〕Ibn Abī ʻAllān. 第一巻一一九話註1参照。

2——Dhū l-Nūn b. Mūsā.

3——al-Muʻtaḍid. 第一巻三一話註4参照。

4——ʻAskar Mukram. ホーズィスターン州の都市でアフワーズの北東に位置する。

酷政と仁政とのはざま

アブドッラー＝ハーリスィー[*1]が父親から聞いたところによれば、〔侍臣の〕アブドッラー＝ブン＝ハムドゥーン[*2]は次のように語ったという。

カリフ－ムウタディド[*3]は狩猟に出かける途中、ある軍団のそばを通りかかった。私も随伴していたのであるが、そのとき胡瓜畑で見張り番が大声で叫んだ。そこでカリフはその見張り番を召し出し、なぜ叫び声をあげたのか尋ねた。すると、

「何人かの軍兵が胡瓜を取って行ったのです」

と答えた。そこで、カリフはその者らを探させ、三名の者が連れて来られた。カリフが見張り番に、

「胡瓜を取って行ったのはこれらの者たちか」

と尋ねたので、

「そうです」

と答えると、カリフはすぐさまこの者たちに足枷《あしかせ》をはめさせ、監禁するように命じた。翌日、カリフは捕えた者たちを胡瓜畑に連れて行き、そこで首を刎《は》ねさせ、出発した。

人々はカリフのこの行為を非難し、語り合い、カリフを心から恐れた。それからかなりの日数が経ったある晩、カリフが私に下問した。

「アブドッラーよ、人々が何か予に欠点があって非難していることがあれば予に知らせよ。予はそれを取り除こうと思う」

「決して何もございません、陛下」

「予は予の命にかけて誓いを立てよう。予に真実を告げよ」

「私の身は安全なのでしょうか」

「そうとも」

「それは、陛下があまりにも早く血を流させるよう決断されることです」

「神かけて、予が政務を執るようになって以来、正義に反して血を流させるようなことをした覚えはないぞ」

「申し上げにくいのですが、人々がはっきりと話していることがございます」

「実際どのように話しているのだ」

「人々が話していることのなかに、陛下がかつて陛下の宦《かん》官《がん》でありましたアフマド＝ブン＝アッタイイブ[*4]に死刑をお命じになったことがございます。アフマドにはこれといった罪はございませんでした」

「お前は予に道に外れたことをするように勧めるのか」

「とんでもない、陛下、私はイスラム法の番人の従弟のつもりです。私はしかるべき役目を果たそうとしているにすぎ

ません。道から外れるとすれば、どこに私の居場所がございましょうか。カリフたるものは怒らないものだと私におっしゃってくだされればよし、怒るものだとおっしゃれば、陛下はご満足されていないわけで、私としては、はっきり申し上げることは差し控えさせていただきます」

私はこのように述べて沈黙し、はっきり話そうと思うことを止めた。するとカリフが、

「お前の言う通りだ」

と言われたので、私は申し上げた。

「人々は陛下が、胡瓜畑で三人の首を刎ねさせたことについて咎め立てしております」

「神かけて、あの死刑になった者らは胡瓜を取ったのだぞ。つまり盗人なのだ。だからしかるべき場所に連行されたのだ。この処置は胡瓜作りの立場を配慮してのことなのだ。予は軍団の規律をよくわきまえず、誤った処分で済まされると思っている者たちに対し、予の処断は死刑なのだと軍兵たちが肝に銘ずるよう、果断に計ったのだ。そうすれば、今後はもはやそうした行為を思い止まるであろうとな。

しかし実を言うと、もし予が彼らを本当に死刑にしようと思ったのであれば、即座に実行したであろうが、実際はあの者らを監禁し、翌日、盗人を覆面のまま引き立てるように命じただけだ。そうすれば、連中は胡瓜を取った者たちで、その行為で死刑にされるのだと人は見るであろうからな」

「結局はどうなさったのですか」

「予は胡瓜を取った連中を生きたまま引き出させ、直ちに釈放するように命じたのだ。つまり、連中が引き出されたときには、監禁と殴打という連中のこれまでの境遇は変わっていたのだ。予が連中に『自分たちの事件を話してみよ』と言うと、連中は胡瓜を取ったことを正直に話した。そこで予は『もしそうした行為に及んだことを後悔しているのであれば、お前たちを釈放してやってもよいぞ』と言ってやった。むろん連中は『はい』と答えて、懺悔の言葉を述べはじめ、すっかり悔い改めた。そこで連中を釈放するように命じ、俸給も元に戻してやったのだ」

この逸話が世間に広まると、カリフに対する非難の声は止んでしまった。

（第一巻一七七話）

1――〔Abū Aḥmad〕'Abd Allāh b. 'Umar al-Ḥārithī. 第一巻四九話註1参照。
2――Abū Muḥammad 'Abd Allāh b. Aḥmad b. Ḥamdūn. 第一巻一四二話註3参照。
3――al-Mu'taḍid. 第一巻三一話註4参照。
4――Aḥmad b. al-Ṭayyib. 第一巻六六話註6参照。

寵臣に機略で富を

私タヌーヒーの父によれば、〔侍臣の〕アブドッラー＝ブン＝ハムドゥーン*1は次のように語ったという。

ある日、カリフ－ムウタディド*2のもとに棗椰子《なつめやし》酒を添えて夕食が運ばれたとき、カリフが私に「食べさせろ」と言われた。食卓には鶏と鷓鴣《しゃこ》が運ばれていたので、私は鶏の胸肉を差し出した。するとカリフは、

「そうではない。腿《もも》肉を食べさせろ」

と言われ、そこで鶏の腿肉を一口差し出した。すると、

「鷓鴣を食べたい」

と言われ、そこで鷓鴣の腿肉を差し出した。するとカリフは、

「愚か者、ほら、お前は予に冗談を仕掛けるのか。鷓鴣の胸肉をもってまいれ」

と命じた。そこで私は言ったのだ。

「陛下、私は天秤のうえに乗せられたも同然です」

と。するとカリフが笑うので、私は、

「陛下が私を笑わせてくださらないとすれば、いったい何《い》時《つ》になったら私は笑うことができるのでしょうか」

と聞いた。するとカリフが、

「席を立って、下にあるものを取れ」

と言われるので、立ってみると、一ディーナール金貨が見えた。

「戴いてよろしいのですか」

「よいぞ」

「神かけて、ほら、陛下はたった今、私に冗談を仕掛けられました。カリフたるお方が陛下の侍臣にたった一ディーナールをご下賜なさるのですか」

「愚か者、予は国庫のなかからお前に与える価値として、それ以上は見出せないし、予の私的なお金から何がしかをお前に与えようという心積もりもない。だが、さあ、予はお前のために一つの策を弄してやろう。それで五〇〇〇ディーナール用意するから受け取るとよい」

私はカリフの手に口づけをした。それからカリフが言った。

「明朝になれば〔宰相の〕カースィム＝ブン＝ウバイドッラー*3がやって来るから見ておれ。予はお前のことについて、宰相に向かって長くひそひそと話し、それからまるで腹を立てているかのように彼に接するであろう。この間、お前は宰相を気の毒に思うような目で盗み見しておればよい。

密談が終わればお前は退出しろ。ただし、控えの間から立ち去るな。お前が退出すれば、宰相が穏やかな物言いで話しかけ、挨拶をし、お前の境遇について尋ねるであろう。そう

すれば、お前は自分が貧しく、困窮にあえぎ、予からの手当も少なく、お前の背中は借金と家族の重みで耐え難いと不満を訴えよ。そうして宰相が与えるものを受け取り、目のまえにあるのは何でも欲しいと要求するのだ。そうすると宰相はお前を拒まず、お前は五〇〇〇ディーナール全額を手にすることができよう。

お金を手にできたとなれば、宰相はお前に、カリフとのあいだにどんなやり取りがあったのか尋ねるであろう。そうすれば正直に話し、決して偽りを言わないよう気を付けよ。予が策を弄した結果、お前が五〇〇〇ディーナール手にすることになったと宰相に知らせるのだ。事細かに話せ。宰相に話す場合、お前は必ずやひどく遠慮したあとで、妻との離婚や奴隷の解放にかけてと誓いを立ててから話さないといけない。また宰相がお前に与えようとする物は何でも邸宅から貰って帰るという意気で話さねばならないぞ」

翌日、〔宰相〕カースィムが参内し、カリフは彼を目にすると、私のことについてひそひそと話をはじめた。カリフと私との打ち合わせ通り、事の次第が経過したので、私は御前を退出した。すると、カースィムが控えの間にいるではないか。私を待っていたのである。宰相は私に言った。

「やあアブー＝ムハンマド〔アブドッラー＝ブン＝ハムドゥーン〕よ。水臭いではないか。なぜ儂《わし》のところに来なかったのか。なぜ儂を訪ねて、必要な用件を聞いてくれなかったのか。儂がお前のために取り計らってやれたものを」

と。私は宰相に祝福の挨拶をした。

「今日、お前が儂の官邸を訪ねてくれると嬉しいのだが。一緒に気晴らしをしようではないか」

「私は宰相の召使いです」

宰相は私を自分の舟艇に誘い、私の境遇や私の身の上について尋ねはじめた。そこで私は自分の困窮や借財、カリフの不興、カリフのしみったれ等々、宰相に不満を訴えた。すると宰相は悲しみの表情をして言った。

「お前さん、儂の財産はお前の財産でもある。儂のできる限りのことをして、決してお前さんに生活の苦労はさせないぞ。幸運はたとえ儂のところから離れても、お前さんを見捨てはしないし、不運は儂に降り懸かるようなことがあっても、お前さんからは通り過ぎよう。もし儂に教えてくれれば、お前さんを助けようではないか。お前さんを苦境から救い出してやろうぞ」

私は宰相に感謝の言葉を述べ、やがて我々は宰相の官邸に着いた。川べりの石段を登って行くあいだ、宰相は何も他のことは考えていないふうであった。

「今日は特別に、アブー＝ムハンマドとの喜びを嘉《よみ》しようと思うから、誰にも邪魔をさせてはならないぞ」

宰相はそう言って書記官たちに諸々の政務に従事するよう命じ、そのあと、離れ屋で私とだけになり、私に話しかけ、私を元気づけようと何かと気遣いをした。果物が運ばれてくると、みずから手に取って私に食べさせようとした。料理が出たときも同様であった。もっと食べないかと私に勧めるのであった。酒席に座を移したとき、宰相は私のために金三〇〇〇ディーナールの支出命令書に署名してくれ、私はすぐさまそれを受け取った。

それから宰相は私に衣服や香料や乗り物を用意してくれ、私はそれも受け取った。それだけではない。私の手に銀の大皿を渡してくれたが、そのうえには銀のフィンガーボールと水晶の酒杯、水晶の水差しとコップが載っていた。宰相はそれを私の舟艇に運ぶよう命じた。私が目にしたものはいずれも素晴らしいものばかりで、その価値は計り知れなく、私はそんなものを要求することになってしまった。宰相は高価な絨毯も私のところに運ばせた。宰相が言うには、それは娘たちのものだった。

酒席が散会し、宰相と私だけになったとき、宰相が言った。

「やあアブー＝ムハンマドよ、お前は儂のお前に対する誠実さ、お前への友情についてよく承知しているであろう」

「私は宰相の召使いです」

「儂はお前に尋ねたいことがあるのだが、それについて真実を述べると儂に誓ってくれるか」

「承知いたしました。神にかけて、離婚にかけて、奴隷解放にかけて真実を述べますから、そのように私を誓いで縛ってください」

「ならば聞くが、カリフは今日、儂に関する事柄でお前に何か秘密を打ち明けたのではないか」

そこで私はカリフとのあいだで起こったことを事細かに宰相に話した。すると宰相は言った。

「お前は儂の心配事を晴らしてくれた。あれこれ考えていたが、カリフは儂に対して信頼してくださっており、儂への気分も軽くされているとわかって安堵した」

と。私は宰相に感謝の言葉を述べ、辞去して自宅に帰った。翌日、朝早くカリフ－ムウタディドを訪ねると、お前の話はどうなったかと下問されたので、一部始終を伝えた。するとカリフがこう言われたのである。

「お金をしっかりと守っておけよ。お前がこんなにもすぐに取引が成立するようなことはもはや起こらないぞ」

と。古物商のイブン＝アッタープとして知られるアブッサリー*4によれば、〔法官〕イブン＝アビッシャワーリブ*5の解放奴隷ワースィク＝ブン＝ラーフィウ*6がアブドッラー＝ブン＝ハムドゥーンから聞いてこの逸話を語っている。その逸話では使っている語彙に違いがあるが、話の趣旨は同じである。ただ

し、ワースィクの話には鶏と鷓鴣による夕食の場面もカリフ
ームウタディドが一ディーナールを与える場面も出てこない。
　ワースィクがイブン＝ハムドゥーンから伝えたという話の冒頭は、彼が借財や窮乏についてムウタディドのところに不満を訴えに行くと、カリフが「自分のお金では望みをかなえてやることはできないが、お前のために一つの策を弄してやろう」と言ったとなっていて、あとこの逸話が語られている。

（第一巻一七八話）

1 —— Abū Muḥammad ʻAbd Allāh b. Aḥmad b. Ḥamdūn. 第一巻一四二話註3参照。
2 —— al-Muʻtaḍid. 第一巻三一話註4参照。
3 —— al-Qāsim〔b. ʻUbayd Allāh b. Sulaymān〕. 九〇一年四月から翌年三／四月までムウタディドの、九〇二年三／四月から九〇四年一〇月までムクタフィーの宰相を務めた。
4 —— Abū l-Sarī Muḥammad ʻUmar al-Ṭāzī al-Baghdādī, 通称 Ibn ʻAttāb.
5 —— Ibn Abī l-Shawārib. 同名の法官が三名存在するが、どれに当たるか不明。
6 —— Abū l-Ṭayyib Wāthiq b. Rāfiʻ.

いたずらな横恋慕が招いた悲劇

我々が見たり聞いたりしたさまざまな事件や物語のうちで、アブルカースィム＝ジュハニー[*1]が私タヌーヒーに語ってくれた次のような話がある。

　バグダードのある街区に美貌で貞淑な女性が住んでいた。女性には従弟がいて、彼女をとても愛していた。と言うのも、従弟はその女性と一緒に育てられたからであった。そこで父親は娘を従弟から引き離そうと、一人の見知らぬ男に娶《めと》らせ、結婚させた。それでも従弟はよく女性の住まいの門前に来て会いたいと彼女に恋焦がれるのであった。

　ある日、夫が所用のために出かけたので、女性は涼を取ろうと、衣服を脱ぎ、井戸に坐って沐浴を始めた。手に指していた金の指輪は、屋敷内の衣服のところに置いたままであった。彼女が優美な姿のままでいるとき、家のなかで放し飼いにされているカササギがその指輪をくわえて飛び立った。カササギはそのまま指輪をくちばしにくわえ、門のところにやって来た。見つけたものを取って隠してしまうのはカササギの習性である。

　カササギが飛び立ったちょうどそのとき、件《くだん》の従弟が通り

かかり、指輪を目にした。従弟は走ってカササギの後ろにまわり、指輪を取って指にはめ、門のところに坐った。女性の夫に自分がいることを知らせるためであった。というのも、指輪を付けているのを見つければ、夫は女性を離婚し、自分が彼女と結婚できるだろうと考えたのである。

夫が帰ってきたので従弟は立ち上がり、はめている指輪が見えるように夫に挨拶をして立ち去った。夫は指輪のことを知り、家のなかに入った。すると妻が沐浴をしているではないか。沐浴は不純な行為を洗い流すためのものであり、従弟が妻を犯したのだと夫は信じて疑わなかった。

夫は女中にしかじかと用事をしてくるよう命じ、女中は出かけた。夫は門を閉め、妻を横たえさせ、何も聞かずに殺した。帰ってきて女主人が殺されているのを見つけた女中は大変驚き、走り出して叫んだ。隣人や近所の住民たちが駆けつけて夫を捕え、官憲に突き出し、夫は殺人の罪で殺された。事件を聞いた従弟はいたく後悔し、神への信仰に身を委ね、死が訪れるまで、この世を捨てたのである。

（第一巻一七九話）

1 ―― Abū l-Qāsim al-Juhanī. 第一巻一二話註3参照。

殺人事件を飼い犬が暴く

私の父の解放奴隷にギリシャ人の伝道者がいた。この男は、以前はザカリーヤー＝マダニー[*1]という人の解放奴隷だった。この人は大金持ちの大商人で、高潔で信頼がおけ、誠実な人物としてよく知られていたが、次のような逸話を語ってくれた。

バグダードに住んでいたその商人の隣人に徒党の仲間[*2]に属する一人の人物がいて、犬を扱う芸を生業としていた。ある日その犬芸人は所用で出かけることがあり、飼っている犬のうちでもとくに可愛がっていた犬を連れていった。ところが犬は捨てられたのか、主人は戻ってこず、犬は放置されたままになった。

実は、飼い主は歩いて敵対関係にあったグループのところまで行ったところ、彼らは飼い主が武器を持っていないのを知ると、犬の見ているまえで飼い主を捕え、家のなかに押し込んだ。犬もそのまま付いて入った。すると彼らは飼い主を殺し、屋敷内の窪地に埋めてしまった。あげく犬を叩いたので、犬は走って逃げ、外に出た。犬は傷を負ったまま主人の仲間だった人の家に行き、吠え立てたが誰も注意を払ってくれなかった。

　その人物の母親は昼も夜も息子を探し回った。母親は犬が傷を負っているのを見て、傷は息子を殺した者の仕業と気付き、息子はすでに死んでしまったと悟った。母親は息子のための葬儀を出したあと、犬を門から追い出してしまった。それでも犬は門を離れなかった。一方、人々は失踪した主人をずっと探し続けていた。

　ある日、主人を殺した殺人者の一人が門前を通りかかった。そこにうずくまっていた犬は、その男を認め、男の足をひっかき噛みつき、しっかりとくわえた。通りかかった人たちは男を犬から引き離そうとしたができなかった。騒ぎが大きくなり、この街区の見回り役がやって来た。そして「犬はこの男をしっかりとくわえている。何かわけがあるに違いない。多分、男がこの犬を傷つけたのだろう」と言った。

　殺された主人の母親もやって来た。かつての飼い犬がその男にしっかりと噛みついている様子を見たり、見回り役の言葉を聞いたりした母親は、その男をじっと観察して、その男が息子と敵対していたグループの一人であり、息子を呼び出したことを思い出し、この男こそが息子を殺したのだと確信した。母親は男に食らいつき、男が殺したのだと訴えた。そこで双方は警察署長*3のもとへ訴えに行き、男は投獄された。男は鞭打たれたが、自白しなかった。犬は監獄の門のところに居坐った。

　数日後、男は釈放された。監獄の門から出てきたとき、犬が最初のときと同様、男にしっかりと噛みついた。人々はこのことに驚いた。警察署長は自分の従卒たちに囁き、犬を男から引き離し、男の後を付け、行き場所を突き止めて監視するように命じた。従卒はその通り行動した。犬の方は引き続き男の後ろを走り、従卒は男の後を付け、男の家までやって来た。

　治安長官*4は男の屋敷を急襲させたが、何ら痕跡を発見できなかった。すると犬が吠えだして、死体が投げ込まれた窪地を探し始めた。警視が叫んだ。

「犬が掘っている場所を掘れ」

　窪地を掘ると、かの主人が殺されているのが発見された。長官は件《くだん》の男を逮捕し、鞭打たせて、本人と仲間たちが殺人の犯行に及んだことを自供させた。男は死刑に処せられ、残った一味は捜索されることになったので逃亡してしまった。


（第一巻一八〇話）

1—— Abū ʿUthmān Zakarīyā al-Madanī.
2—— 原語 aṣḥāb al-ʿaṣabīya. 第一巻三七話註9参照。
3—— 原語 ṣāḥib al-shurṭa.
4—— 原語 ṣāḥib al-maʿūna.

用心がかえって仇に

アフマド＝アズラク[*1]によれば、自分たちには一人の友人がいて、幸運にも時代の波に乗り、さまざまな事件に遭遇しながらも、身は安全に保たれていた。

バグダードが連夜にわたって盗賊の襲撃に遭うという事件が起こり、友人はそのことで手元にあるお金のことが心配になった。そこで現金三〇〇〇ディーナールを壺のなかに入れ、壁を掘って、その壺が入るだけの壁龕《へきがん》を造った。ところがその壁は屋敷内の二つの建物のあいだにあり、壁龕のくぼみは壁の表面から近く、しかもその表面は通りに面していた。

しばらくはこのまま日が過ぎていったが、やがて盗賊がやってきて、屋敷の壁に穴をあけた。しかもその穴は壁龕の方に向かっていた。盗賊たちは壁に何かくぼみがあるに違いないと考え、壁龕のところまで穴を掘り進んで、ついに壺に達し、それを取り出した。

盗賊たちはなかに入っているものを見て満足し、立ち去った。屋敷内には押し入らなかったのである。こうして友人の境遇は破滅してしまった。

（第一巻一八一話）

1 —— Abū l-Ḥasan Aḥmad b. Yūsuf al-Azraq. 第一巻一四話註2参照。

幸運な財宝の発見

ダイラム人の一指揮官スーリール[*1]の書記でカズウィーン出身のイブン＝ムハッジブ[*2]が私タヌーヒーに次のような話を語ってくれた。

ブワイフ朝の太守イマード＝アッダウラ[*3]がシーラーズ[*4]を占領したとき、時代がかった財宝や新しい財宝を手中にしたのであるが、それは実に莫大なもので、しかもその得かたは珍奇な話を伴うものであった。その一つの話はこうである。

太守が自分の住まいとすることになった総督官邸の便所に入ると、その天井から毒蛇が落ちてきた。天井は煉瓦造りでアーチ型に湾曲していたが、かなり古いものであった。太守は大変驚き、天井を引き剥ぐよう命じた。そして太守はそこに金貨五万ディーナールが隠されているのを発見したのである。

（第一巻一八二話）

また書記のイブン＝ムハッジブは次のような話も語っている。

儂《わし》はいつも太守イマード＝アッダウラの御前に侍っていたのであるが、ある日、市場のある店の建物のことで注進があり、その建物はかつて〔アッバース朝軍司令官〕ヤークート[*5]の部下が所有していたもので、どうやら莫大な埋蔵金があるらしいとのことであった。

太守は儂に「そこへ行って財宝を確保してまいれ」と命じた。そこで儂はその建物に出向き、扉を開けた。見ると莫大なものが仕舞われていた。儂はもう一人の書記を呼びにやり、二人して坐って記帳していった。すると突如、儂の眼に店の奥の建物が映った。その建物は何重にも錠前が掛けられていて、なかには古くて擦り切れているものもあった。

儂は、この建物にもかつての政府高官の所有になる別途の埋蔵金があるに違いないと思い、店の家主に、

「この建物の所有者は誰で、なかには何が仕舞われているのか」

と尋ねた。すると家主は、

「存じません。もう三〇年以上も鍵が掛かったままです」

と答えた。儂はそのなかに何があるのかぜひ知りたいと思って、

「建物を開けろ」

と命じた。

ところが開けても何も見つけることはできなかった。儂はいぶかしく思い、長年にわたって何重にも施錠された建物が空っぽだというのはばかげた話だと考え、詳しく調べるよう

に命じた。そこで壁の側面を丹念に調べたが、何も発見できなかった。ただ壁に何か茣蓙《ござ》のようなものが塗り込められており、それを引き剝がして、そこを掘るように命じた。だが掘ってみても、何も出てこなかった。我々が立ち去ろうと決心をしたとき、五つの水瓶が目に付いた。なんとそこに金貨が入っていたのである。我々は水瓶を太守のところに運び、儂は発見に至る経緯を太守に語った。太守は儂に、そこから金一〇〇〇ディーナールをくださった。**（第一巻一八三話）**

莫大な報償金よりも漁業権を

フサイン＝ジュッバーイー[1]によれば、〔ブワイフ朝君主〕ムイッズ＝アッダウラ[2]の従臣ダーマガーニー[3]は次のような逸話を語ったという。

閲兵式の日、自分が宮殿の玄関に坐っていると、一人の男がやって来て「ご注進」と叫んだ。「何事か」と尋ねると、その男は「太守閣下にしか申し上げられません」と言う。そこで殿内に入って太守に知らせた。

「すぐ連れてまいれ」

その男を太守のもとに案内すると、その男は言上した。

「儂《わし》はマダーイン[4]の漁師でございます。儂が漁をしておりますと、えぐられた岸辺のところで、網が何かに引っかかってしまいました。それが何かよくわからないし、引き上げようとしてもできません。そこで儂は飛び込んで水に潜ってみました。よく見ると、鉄の輪っかに引っかかっていたのです。掘ってみましたら、なんとものがいっぱい詰まっていそうな水瓶が出てきました。それで儂はそこを元通りにして、太守にお知らせしようとやって来たのです」

太守は自分に命じられた。

1——Sūrīl.
2——Abū l-Ḥasan Ibn Muhaddhib al-Qazwīnī.
3——ʿImād al-Dawla ʿAlī（原文に Aḥmad とあるのは誤り）b. Buwayh, Abū l-Ḥasan. 第一巻一七四話註13参照。
4——Shīrāz. イランのファールス州の首府。
5——Yāqūt. 第一巻一七四話註16参照。

「直ちにその男と川を下って、財貨を余のもとにもってまいれ。その男はそのまま余のところに戻すのだぞ」

自分は下って古都のマダーインの岸辺に行き、男が言上した通り水瓶を発見した。心はさらに中身を知りたいとの思いが募り、掘り下げて調べるように命じた。人夫たちは掘り始めたが、それは長く時間が掛かった。とうとう自分たちはお金が詰まった水瓶を新たに八つ発見したのである。

自分はそのすべてを運び、男を連れて太守のもとへ帰り、一部始終を報告した。太守はたいそう喜び、見つけたお金のなかから男に銀一万ディルハムを与え、引き取らせるように命じた。ところが男は「そんな物は欲しくありませんし、儂には必要ございません」と言う。太守が「なぜか」と尋ねると、男は答えたのである。

「お願いがございます。儂にこの地区の漁業権を与えて、何人も儂以外にはそこで漁はできないとお命じください」

太守は笑い、男の愚かさに驚きながら、「男の願い通り書類を書いてやれ」と命じた。むろん男のために書類は作成されたのである。


（第一巻一八四話）

1——al-Ḥusayn b. Muḥammad b. al-Ḥusayn al-Jubbāʾī. イランのジュッバー出身者で、タヌーヒーの情報源の一人だが、詳細不明。
2——Muʿizz al-Dawla. 在位九四五—九六七。第一巻一話註5参照。
3——Abū l-Ḥasan al-Dāmaghānī.
4——al-Madāʾin. かつてのササン朝の都クテシフォン。

ダイラム人族長が商人出身のオマーンの支配者を襲撃

我々の時代に起こったことで、私タヌーヒーが報告を受けた〔ダイラム人〕族長カルダク[*1]に関する次のような話がある。〔ブワイフ朝君主〕ムイッズ＝アッダウラ[*2]は〔九六五年〕カルダクをオマーンに向けて、ヌーカーニー[*3]という一人の男のもとに派遣した。ヌーカーニーはオマーンの支配者であったウジャイフ家[*4]が滅亡した結果、オマーンを支配することになったのであるが、ムイッズ＝アッダウラがこのヌーカーニーにオマーンの支配権を委譲するよう書簡を送り、軍隊を派遣すると脅した。

この男は富裕な商人であったが、オマーンの住民たちが彼に統治を委ねたので、彼が支配者となったのである。ムイッズ＝アッダウラの使節がやって来ると、ヌーカーニーは弱気になり、オマーンを引き渡すと返事し、カルダクに栄誉服を与えて帰した。そこでオマーンの住民たちはヌーカーニーとその軍隊に対して騒ぎを起こし、ヌーカーニーを襲撃し捕えて、彼に追放先を選ばせたので、ヌーカーニーはバスラを選んだ。

ヌーカーニーは自分の荷物や財貨、オマーンやバスラにある私領地[*5]や宅地[*6]の権利書[*7]や計算書[*8]、預託財産[*9]や財宝の目録、その他ありとあらゆる所有物で手近に持てるものを集め、それを一艘の船に積み、バスラを目指して急ぎ出帆した。そのおり、ヌーカーニーの船には莫大なお金が積まれていた。

ところがヌーカーニーは途中、自分のもとに向かっていたカルダクに出会ってしまった。使節からの返書では、ヌーカーニーはオマーンにいるはずである。ヌーカーニーはカルダクを見ると、その足下に身を投げ出し、自分の身に起こった事変を知らせた。見るとヌーカーニーはごくわずかの伴を連れているだけだったので、カルダクはヌーカーニーを餌食にしようと考え、ヌーカーニーの船で彼と夜を過ごし、その間、部下の傭兵たちを一部ヌーカーニーの船に移した。

夜が更けると、カルダクはヌーカーニーを縛り上げ、海に投げ捨ててしまった。そしてヌーカーニーの船内にあったものをすべて没収し、宝石や香料、高価な家具や女奴隷など、欲しいものを自分の船に移し、残りはヌーカーニーの船にそのままにした。

こうしてからカルダクは船を走らせ、ムイッズ＝アッダウラのもとに帰還して、自分が対処した経緯を報告し、ムイッズ＝アッダウラに私領地の売買契約書[*10]と預託金の目録を引き渡した。そして残りの女奴隷や家具など、自分が欲しい品物を下賜されるよう求めた。それでムイッズ＝アッダウラは望み通り与えた。

　ヌーカーニーの血統が滅んだので、太守ムイッズ＝アッダウラは彼の私領地を没収し、その売却を命じた。この売却が実施され、私タヌーヒーもその売買の証人となった。売買の際、購入者たちは売り主の権利書を受け取るものであるが、私が伝え聞いたところによると、私領地の購入者たちはヌーカーニーの権利書を渡されたという。　**（第一巻一八五話）**

1——Kardak al-naqīb.
2——Muʻizz al-Dawla. 在位九四五―九六七。第一巻一話註5参照。
3——al-Nūkānī.
4——Banū Wujayh.
5——原語 ḍiyāʻ. ḍayʻa の複数形。
6——原語 ʻaqār.
7——原語 ṣikāk. ṣakk の複数形。
8——原語 ḥisāb.
9——原語 wadāʼiʻ. wadīʻa の複数形。
10——原語 ʻuqūd al-ḍiyāʻ.

バグダードの治安は乱れたり

　バグダードに「欲張り女の息子」のあだ名で知られる弩砲《どほう》手《しゅ》がおり、これがダイラムの法官バルアッバース[*1]の子でシールマルディー[*2]と呼ばれるダイラム人の一指揮官と結託して事件を起こした。

　この弩砲手は賭博師や無頼漢、放蕩者や酒売りを贔屓にし、盗人たちも彼のもとに群がっていた。しかし、誰もこのことを非難することができなかった。シールマルディーが弩砲手から毎月銀二〇〇〇ディルハムの庇護保証金を受け取っていたからである。

　私タヌーヒーにこんな話が伝わってきた。弩砲手は保証金が支払えなくなると、門前を通りがかった通行人を捕まえて館内に連れ込み、「望み通り女と寝ないか、買春料は幾らいくらだ。それとも嫌か」と凄み、捕まった者は女と寝て立ち去るのであった。それ以外、館から出ていくすべがなかった。

　この弩砲手はバグダードの東岸地区に住んでいて、そこは対岸に渡る舟橋とターク門の近くであった。ターク門は二つの城郭のあいだに在って、しかもティグリス川沿いのジャーシャヤーリー邸[*3]の区域内に建っていた。　**（第一巻一八六話）**

1 —— Bal'abbās.
2 —— Abū l-Ḥasan Shīrmardī.
3 —— Dār al-Jāshiyārī. 詳細不明。

公衆に丸見えで売春させた無頼の館

アフマド＝アズラク[*1]が私タヌーヒーに語ってくれた。

自分が川岸に沿った弩砲手「欲張り女の息子」の館の側を通りかかったところ、二人の男女が中庭で、何の仕切りもせず丸見えで性交しているのが見えた。自分はスマイリー艇[*2]に乗っている同僚に言った。

「我らはあの二人を咎めるという正義の行ないをすべきではないか」

我々が〔舟艇から降りて〕二人に物を投げると、みんなも二人に向かって川岸から石を投げ始め、人々に向かっては共にやっつけようと呼びかけた。我らと一緒にいた一人が

「神に呪われよ。その館には中に入る部屋もないのか」

と叫んだ。そのときすぐに、自分は預言者の言葉を思い出した。それは非難されるような事柄が起こったとき、人々に戒めとしてもっとも勧められるのは、「お前たち、隠れようとしないのか」と言う人の言葉だと。預言者は同様のことを言っておられる。

「欲張り女の息子」の仲間たちが我々を襲いにやって来たので、我々は散りぢりに隠れたり、またスマイリー艇に乗り

込むなどして立ち去った。この事件の噂はその後止むことなく、ますます大きくなってムイッズ＝アッダウラ[*3]の耳に達し、太守も大変恥ずべきことだと考え、その弩砲手の館を急襲するよう命じた。それで弩砲手は逃亡し、徒党も四散してしまった。

（第一巻一八七話）

1——Abū l-Ḥasan Aḥmad b. Yūsuf al-Azraq. 第一巻一四話註2参照。

2——al-Sumārīya. Sumayrīya とも。小型の船の一種。やや多人数の乗客を運べる。

3——Mu'izz al-Dawla. 在位九四五—九六七。第一巻一話註5参照。

極度の物価騰貴が招いた悲劇

アフマド＝ジャウフィー[*1]はイブン＝フバイラ城市[*2]の公証人の一人で、当時私タヌーヒーはその管区の法官を務めていたのであるが、そのアフマドが私に語ってくれた。

ヒジュラ暦三三四年（九四六）にバグダードとその近隣地方に大変な物価騰貴[*3]が起こったとき、一人の婦人が我が子を火で焙《あぶ》り、坐って食べてしまった。イスラム教徒たちは母親を捕え、拘束した。自分は母親を取り調べて、官憲に連行したが、彼女は死刑に処せられた。

かつてバグダード市民の多くが、あの当時はこんなことが自分たちのあいだで起こったし、目にしたこともあると私に語ったものであった。

この事件について、私が聞いた語り手のなかには、その婦人が隣人のために我が子を火で焙ったのだという人もいれば、女奴隷の女の子を焙ったのだという人もいた。いずれにせよ、これはまったく奇怪な事件であった。（第一巻一八八話）

法官イブン＝アイヤーシュ[*4]がバグダード出身者でアリー家のムーサウィー[*5]から聞いたところによると、ヒジュラ暦三三四年の極度の物価騰貴のとき、当時バグダード郊外の西岸に駐留して包囲していた〔ブワイフ朝君主〕ムイッズ＝アッダウラ[*6]に対し、ムーサウィーは平均して小麦を一クッル当たり銀二万ディルハムで売却したという。

　ムーサウィーの言葉によれば、現金を受け取るまで穀物は出さないことにしたので、取引は儂《わし》の館で行なわれ、儂は穀物を出した。そこで彼らはそれを計量し、受け取ったのだということ。

　神よ、こんなことがまた起こらないよう我らを守りたまえ。

（第一巻一八九話）

1――Aḥmad b. Ibrāhīm al-Ja'fī.

2――Qaṣr Ibn Hubayra. バグダードとクーファとのほぼ中間に位置する都市。ウマイヤ朝最後の総督イブン＝フバイラによって建設された。

3――ブワイフ朝のムイッズ＝アッダウラは九四五年一二月、バグダードに進軍し、カリフ＝ムスタクフィーから大総督に任命されたが、それでイラクにおけるブワイフ朝の権力が確立したわけではなかった。バグダードの周辺にはなお旧勢力が存在し、自軍への食糧供給もままならないほど治安は悪く、バグダードの物価は高騰した。

4――Abū l-Ḥusayn b. 'Ayyāsh. 第一巻六話註3参照。

5――Abū 'Abd Allāh al-Mūsawī al-'Alawī al-Baghdādī. 第一巻一七話および同註8参照。

6――Mu'izz al-Dawla. 在位九四五―九六七。第一巻一話註5参照。

太守を称えるバッバガーの詩

バッバガーとして知られる〔詩人〕アブルファラジュ[*1]は私タヌーヒーに、〔ハムダーン朝君主〕サイフ＝アッダウラ[*2]を称えるカセーダ体詩を朗誦してくれた。それはサイフ＝アッダウラがあるアラブ部族と戦い倒したときのものである。[*3]

法のうち剣による裁きがより正しく
槍の穂先は筆先よりも見事に書ける
恵みへの感謝を忘れる者よよく知れ
忘恩は早晩破滅への原因となろうと
幸運に恵まれた者でも落ちぶれると
屈辱こそ幸福者にもっとも相応しい

この詩は人々に流布すべき傑作である。このカセーダ体詩には次のようなすぐれた詩句もある。

汝はまるで子鹿のように屈服させた
汝はまるで酒杯のように心を差し出させた
敵は血縁の絆を忘れ　互いを見捨てた
なんとまあ四肢から離れた首が横たわる

（第一巻一九〇話）

1 —— Abū l-Faraj ʻAbd al-Wāḥid b. Naṣr b. Muḥammad, 通称 al-Babbaghā'. 第一巻五二話註 1 参照。
2 —— Sayf al-Dawla. 第一巻四四話註 1 参照。
3 —— サイフ＝アッダウラがアラブのキラーブ族と戦ったときのバッバガーの詩について、第一巻五二話参照。

第一巻終わる。神のご意志で第二巻に続く。

（イスタンブール写本奥書）
称えるべき神のお蔭で、私は第一巻を書き上げ、書物にしようという習慣も知られず、記憶にとどめようと顧みられることもほとんどなかった数々の逸話をここに述べることができた。

第二巻

序　文

私タヌーヒーは、お蔭様で本書の第一巻を書き終えた。私は世間に流布していない物語を記述したが、それらは書き留めようという習慣がなかったか、あるいは単に記憶に止めるという枠を超えて、帳面に永遠に書き留めようということまで、ほとんどなされたことがなかった話であった。それらは書き留める以前の類、何らかの意味で必要とされる場合や機会に応じて語られる座談や談話にふさわしい類のものである。

私が記述したものはあらゆる分野にわたっているが、いずれも大変有用かつ珍奇なものであり、新たな知識や有益な教訓、雄弁な論説や感動的な詩文を含んでいる。語り手が有名にさせようと思って公表したものでも、得意気に広めたり書いたりしたものでもない。あたかも偶発的に吐露されたものである。

加えて、気高いほどの寛大さが語られたり、崇高な、あるいは偉大な人々の伝記が登場したり、類がない単独の事件が出てきたり、また強欲な人に対する叱責や愚か者に対する警句、夢による訓戒、まれに起こった突然の出来事、学問的見方や物語性、人間の種類と体質、上流の人と中流の人など、さまざまな逸話が繰り返されるが、これらは書物で説明されるとか、文人たちによって文章化されることがほとんどなかったものである。

このような逸話を蒐集したり書き留めたりしようと私を駆り立てた理由を説明するとすれば、それは私が、物事の考え方の変化、技術の変容、人物の死、財貨の減少、大半の事柄に見られる完全性の欠落、膨大どころかわずかの言葉でさえ記憶にとどめたいと熱望する人の不在、あらゆる問題で起こる大衆の付和雷同、こうしたことが起こっていると認識しているからである。この苦難の時代においては時の変化はめまぐるしく、その苦悩により文学は打ち捨てられている。

私はたとえ省略の形でも、本書を読んでくれる人には、「本書にはこれといったこともないとしても、白紙のページよりは有益だろう」と申し上げて感謝したい。それで十分なのだ。

ここでこれ以上申し上げる必要のないことは、すでに本書第一巻の冒頭で長々と述べた。神は成功の導き手、もっともよき救い主である。

（第二巻序文）

都から来た法官の気位の高さ

イーザジュの公証人で有力者の一人であり、私タヌーヒー[*1]の父や父以外の法官の代理を長く務めたことのあるサフル＝ブン＝アブドッラー[*2]という人物がいて、この地方の首長で有力な公証人の一人だったその人の父親が、以下のような話を語ったという。

法官アブー＝ジャアファル＝ムハンマド[*3]は、カリフ＝ムタワッキル[*4]からアフワーズ諸県の法官職に初めて任命され着任したとき、自分の管轄区を好んで巡回した。彼はきわめて高尚好みの人物で、豪奢な生活を営み、男らしさを保つのに費用を惜しまず、あげくは厨房で、胡麻油の代わりにアーモンドとヘーゼルナッツの油を調理に使うほどであった。彼の邸宅には見事な石臼があって、驢馬がそれを引いて、絶えずアーモンド油を絞り出していた。また彼の厨房では牛肉とか鶏肉、若鳥や子羊、子山羊の肉などがことごとに、しかも宰相たちが使うよりも多量に用いられていた。

さて、法官が我々のもとに来られるというので、我々は遠くまで出迎えに赴き、私どものところに泊まってくださるよう申し出たが、

「誰かの家に泊まることは法官には許されないことだ」

と言って断ったので、

「一軒の屋敷をあなたのためにお開《あ》けしましょう」

と申し出た。法官はこれには応ずるようだったので、我々は彼よりも先に帰り、我々の邸宅のうちの一軒を開けた。そして彼が到着して、そこに泊まった。

我々は彼の召使いたちに、あれやこれや贈り物を受け取ってもらおうと努めたが、彼らは断った。

「あなた方がそうしたことをなさったとわかれば、主人は気分を害されましょう。主人はどなたからも何もお受けになりません」

一週間が過ぎた頃、法官は私を呼んで尋ねた。

「やあ、アブー＝ムハンマドよ、当地ではパンはいくらぐらいするのだね」

「銀一ディルハムで五〇ラトル分あります」

「鶏は」

「一ディルハムで三羽です」

「若鳥は」

「一ディルハムで六羽です」

「子山羊は」

「最上のものですと二ディルハムします」

こうして法官は蜂蜜や砂糖、雑貨品やそのほか果物とか氷

菓子などについて私に尋ねはじめた。そこで私は、我々やみんなが同じようにして買う当地での値段をありのまま法官に告げた。
「お前たちもこのような値段で買うのか」
「そうです」
こうしたやりとりが終わると、法官は言ったのである。
「やあ、小姓よ、側用人たちや下男たちに荷物を運び出して騾馬や駱駝に縛りつけるように言え。召使いどもにはサワードへ出発するようせき立て、自分と一緒に出かける者にはしかるべく残って、駄馬に鞍を置き、駱駝に轎《かご》を載せるように言え」

（第二巻一話）

1 —— Abū al-Qāsim ʻAlī b. Muḥammad al-Tanūkhī. 第一巻一五話註3参照。

2 —— Sahl b. ʻAbd Allāh al-Īdhajī. イーザジュ Īdhaj はホーズィスターン州の町。

3 —— Abū Jaʻfar Muḥammad b. Manṣūr. ワキーウ Wakīʻ（第二巻五一話註3）の『法官列伝』*Akhbār al-quḍāt* によれば、三度アフワーズ諸県の法官に任命されたという。

4 —— al-Mutawakkil. 在位八四七—八六一。第一巻一三七話註8参照。

法官と税務長官との対立

私タヌーヒーの父[*1]によれば、アフワーズのある年長の公証人——私はその名前を失念してしまった——が父親やその地の住民から以下のような話を伝えて語ったという。

アフワーズ諸県では〔当時〕ムハンマド＝ブン＝マンスール[*2]が司法の、ウマル＝ルッハジー[*3]が税務の、それぞれの職務を委ねられていた。

彼ら二人は政府の職階では対等であったので、法官ムハンマドは税務長官ルッハジーの方からやって来ない限り、みずから税務長官のところに出向くことはなかった。両者は互いに尊大さを競っていた。このような両者に宛てて、カリフから一通の書簡が届いた。このことから両者のあいだに敵対関係が生じた。

ルッハジーは法官について、カリフ＝ムタワッキル[*4]に手紙を書き送ったが、法官ムハンマドのことを大変尊敬していたムタワッキルは、その手紙に関心を示さなかった。このことが法官に伝わり、法官はルッハジーのことをいっそう気に掛けず、ますます尊大さを見せつけるようになった。

しばらく時が流れて、カリフ＝ムタワッキルからルッハジーに宛てて、税務に関するしかるべき案件を命じ、しかも独自で行なうのではなく、法官ムハンマドと共同で当たるようにという趣旨の勅書が、カリフに仕える枢要な宦官《かんがん》によってもたらされた。

ルッハジーは法官のところに書簡を送ってこの件を知らせ、「税務庁に出かけられ、案件について我らとともに協議されたい」と申し送った。ところが法官は、「貴殿こそモスクに参られて、共に協議いたそう」と返事を返した。両者のあいだでこうした言葉が繰り返され、あげくルッハジーは宦官に言った。

「信徒の指揮者の御前に戻り、我らの経緯を伝え、法官が案件の処理を遅らせようとしていると報告せよ」

と。情報が法官のもとに届いたのか、法官ムハンマド＝ブン＝マンスールが公証人たちを引き連れ、税務庁にやって来た。なかに入るとルッハジーが執務室の座所に坐り、書記たちが長官の面前にいた。書記たちは法官を見ると立ち上がったが、ルッハジーは坐ったままであった。

法官は税務庁のなかの所定の席を避け、給仕に絨毯を巻き上げるように指示したあと、絨毯の端の茣蓙《ござ》のうえに坐った。公証人たちも法官の周りを取り囲んで坐った。件《くだん》の宦官がやって来て法官の傍らに坐り、勅書の内容について法官に知らせた。

ルッハジーと法官とのあいだは若干距離があったが、ルッハジーは案件が終了するまでずっと法官に話しかけた。協議が終わったとき、ルッハジーが法官に言った。

「やあ、アブー＝ジャウファル〔ムハンマド〕よ、なぜそれほどまでに尊大に振舞うのかね。それに、お前さんは儂《わし》に対してむやみと執心のようだが、儂と張り合ったり儂と比べたりして儂に刃向かおうというのかね。それとも、お前さんはカリフさまの覚えの点で儂に似ており、お前さんの立場は儂の立場に匹敵しているとでも言うのかね」

この種の人間はこうしたことになると次第に激して、自分の言葉に酔うものである。法官はじっと黙っていたが、ルッハジーはとどのつまり、こんなことを言ってしまった。

「国家を支える税金であるにもかかわらず、儂の手にあるお金をカリフさまは差し押さえされなかった。儂はかつて税金から金一〇〇万ディーナールと一〇〇万ディーナールと一〇〇万ディーナールと一〇〇万ディーナールを頂いたが、カリフさまはこの件に関して儂にお尋ねにならなかった。どうだ、お前さん。お前さんはたかが真実を述べるように誓いを立てさせたり、女のために結婚結納金を夫に課したり、借金の支払いを断った人間を投獄させたりするぐらいが落ちではないかね」

ルッハジーは似たようなことを繰り返し言い続けた。ところが法官ムハンマドはといえば、ルッハジーが一〇〇万ディーナールというたびごとに指を折って数えていた。法官は人々に見えるように、ルッハジーが横領した金額を明るみに出したのである。ルッハジーが話すのをやめたとき、法官は何も答えずに呼んだ。

「やあ、法官代理某よ」

「はい、ここにおります法官閣下」

「お前は今起こったことを聞いたであろう」

「はい」

「儂はここにお前を、信徒の指揮者ならびにイスラム教徒[*5]を原告とし、この男を被告人としてこの金額を請求するための代官に任命する」

「法官閣下がイスラム教徒の利益のために、このお金の件を裁こうとされるのであれば」

ルッハジーは釘付けとなり、その場に居合わせた人々は例外なく、どのように行動すべきか何もわからなかった。法官ムハンマドはインク壺を取り、四角い所定の用紙にみずからの手で、この金額を記載した決裁文を書き、それを公証人たちに寄越して言った。

「儂がこの文書に記載されている内容の通りに裁判を執行し、この文書記載の金額はイスラム教徒に属する税金であると儂のもとで承認された。よってこのお金を某の子の某——指でルッハジーを指し示しながら——に賦課するものであると証言し、その旨の署名をせよ」

公証人たちはその通りの証言文をみずからの手でしたため、封印した。法官ムハンマドはそれを受け取ると袖に入れて立ち上がろうとした。

ルッハジーは法官ムハンマドを嘲笑《あざわら》い、法官の行為を無視するような態度を取りはじめた。ルッハジーは立ち上がった法官を罵って言った。

「やあ、あざけり屋、アブー＝ジャウファルめ。儂への罰を誇張して儂を殺そうというのか」

「そうだ、神かけて」

我々はその言葉以外、法官からの返事を耳にすることなく、散会した。情報官[*6]は直ちに密書をカリフ－ムタワッキルのもとに書き送った。

我々が聞くところによると、密書が差し出されるやムタワッキルは宰相[*7]を伺候させ、申し付けた。

「なんという小細工の達者な奴め。予は汝にずっと前から申していた。この不忠者に用心しろ、と。ルッハジーは我らが税金を横領しとったぞ。汝がぐずぐず遅らせていたため、我らに代わって法官のムハンマド＝ブン＝マンスールが暴いたぞ」

カリフはそう言って情報官の密書を宰相に投げて寄越し、

命じた。

「今や本人が語るに落ち、口が滑って、我らの税金が明るみに出た。これこそまさに、神のしもべたちを導く指導者に代わって、神がしもべの敵どもをあぶり出される作法なのだ。直ちにルッハジーの逮捕状を書き、手足に枷《かせ》を掛け、檻《おり》に入れて送還させよ」

宰相は退出したものの、ルッハジーへの関心から不安は極度に募った。宰相はルッハジーの代官[*8]を呼び出し、命じた。

「今すぐにもルッハジーに書簡を書き送れ。『お前にとってことは急ぐのだ。やあ、不幸なる者よ。お前はみずからを死に至らしめようとしている。お前に対して法官どもが敵意を示すようになった理由は何なのだ。かくかくしかじかのことが起こったぞ。もし、法官ムハンマドとの関係が修復できなければ、お前は殺されるであろう』と。さあ急げ。この件に関して我輩のできることは、ルッハジーがかの法官との関係に決着が図れるよう、彼の逮捕に向かう人物の派遣を今日一日だけ遅らせることぐらいだ。カリフには『すでに担当者を派遣いたしました』と言上しておいて、我輩は明日、命令に従う人物をルッハジーのもとに派遣するつもりだ」

ルッハジーのもとに代官の書簡が届き、それを見たルッハジーはすっかり動転した。自分の腹心を呼び出し、相談した。するとその人物は、「すぐさま法官のもとに出向き、法官のまえに身を投げ出すことです」と進言した。そこでルッハジーは馬に乗り、たいそうな行列を組んで出向いた。ところが法官は会うことを拒んだ。ルッハジーは何とか法官との接触を試みたが失敗した。しかも道中のことで、ルッハジーは恥辱を受けたまま引き返さざるを得なかった。

ルッハジーは仲間たちに尋ねた。

「お前たちどう思う。儂は今夜にも儂の逮捕にやって来る人間が到着するのではないかと恐れているのだ」

「法官には某というこの国出身の豪農[*9]がおります。法官はこの男をよく使っており、案件を委任したり、男の証言をよく採用したりして、法官にはとても影響力のある人間です。この男を呼び出し、この男に、何がしかの金額の地租[*10]を受け取ったことにする受領証を渡すのです。そして貴殿を法官のもとに連れて行き、貴殿のために執り成してくれるよう依頼されるのです」

ルッハジーは仲間の進言に従って豪農を伺候させ、一〇〇〇ディーナールの地租を受け取ったとする受領証を書き、執り成しを頼んだ。

「執り成しにつきましては保証しかねますが、閣下を法官のもとにはお連れしましょう」

「それでもよい」

「日没の時刻がやって来るまでお待ちください」

豪農は退出した。日没の時刻になると、ルッハジーのところに豪農がやって来た。

「ターバンをかぶり、タイラサーン服[*11]を着てください。驢馬に乗って出かけるのです[*12]」

ルッハジーは言われた通りに身支度をし、二人は明かりを持たずに出かけた。法官の館に着くと豪農は門番に、「私の親友を連れてきたので、法官に入門の許しをいただきたい」と告げた。門番はいったんなかに入ったが、出てきて「どうぞお入りください」と。法官はルッハジーを目にするや叫び声を上げ、ルッハジーに告げた。

「こんな恰好をして貴殿は正気か。なんということだ。閣下、どうぞ儂の館から出て行ってもらいたい」

すると、ルッハジーは急ぎ法官に向かって、がばと平伏した。これを見た法官はルッハジーの方に駆けよって立ち上がらせ、抱きしめた。ルッハジーは法官のまえで泣き、自分の代官が寄越した書簡を法官に差し出した。法官も涙して言った。

「貴殿よ、これは儂には手に余る問題だ。儂は貴殿を無理やり自白に追い込んだかね」

「儂のことを救ってくれる手立てを考えてもらえないか」

「神かけて、儂には手立てなんぞない。放たれた矢のごとく、裁可はすでに下されているのだ。もはや元に戻すことはできないぞ」

ルッハジーはそれでも何とかと法官に取りすがったが、法官に再考を促すことはできず、見るも無残な姿のまま立ち去ったのである。

翌日になると宦官がやって来て、ルッハジーを逮捕し、手足に枷を掛けさせ、護送していった。法官のもとにカリフの勅書がもたらされ、次のようにしたためてあった。

「イスラム教徒の税金を確保するに当たって汝が取った行為に対し、神は汝への報償をよくご存知であろう。すでに我らはルッハジーの件を監査するように命じていたが、何らかの障害によって遅れていた。今やそれが満足のいくような形で確定した。我らは法の定める通り権利を享受するという点では、被護民[*13]と立場を同じくする者であり、我らが選ぶ賦課規約[*14]は、被護民が採用しているもの以外にはない。この点についてすでに汝は、あるべき姿でことを実行してくれた。神が汝を祝福されよう。まさにあの男の私有財産は汝の目の前にある。よって汝は財産の売却人を任命し、その売価を確定した通りに国庫に送付せよ」と。

そこで法官ムハンマドは、アフワーズ諸県の主要な地方に存在したルッハジーの私有財産の売却人を任命し、その売価を国庫に送金した。その売却された財産とは今日ではルッハジーヤート[*15]として知られているものである。なおルッハジーはサーマッラー[16]で拷問にかけられた。

（第二巻二話）

1——Abū al-Qāsim ʻAlī b. Muḥammad al-Tanūkhī. 第一巻一五話註3参照。

2——Muḥammad b. Manṣūr. 第二巻一話註3参照。

3——ʻUmar b. Faraj al-Rukhkhajī. 首都サーマッラー建設のための土地を購入した高官の一人。出身地ルッハジュ Rukhkhaj はアフガニスタンのカーブル近郊の都市。父ファラジュ Faraj もアッバース朝重鎮の一人だった。タバリーによれば、ルッハジーがカリフ＝ムタワッキルの不興を蒙り、財産を没収されたのは八四八年のことという。次話も参照。

4——al-Mutawakkil. 在位八四七—八六一。第一巻一三七話註8参照。

5——信徒の指揮者 amīr al-muʼminīn はむろんカリフのことで、イスラム教徒は muslimūn と複数形で書かれてイスラム教徒全体を指し、両者で国家という概念を表している。

6——原語 ṣāḥib al-khabar. カリフは全国に情報官を密偵として派遣し、みずからの耳目として統治に当たった。

7——当時の宰相はジャルジャラーイー Muḥammad al-Jarjarāʼī.

8——主要な州の税務長官は首都にみずからの代官を駐在させていた。第二巻六話も参照。

9——原語 tāniʼ. 農地を経営している地主のことで、在地の有力者であることもあれば、都市などに拠点を持つ不在地主のこともある。

10——原語 kharāj. 第一巻一二〇話註7参照。

11——原語 ṭaylasān. 第一巻一一九話註10参照。

12——行政官は通常は馬に乗る。

13——原語 ahl al-dhimma. ズィンマ dhimma とは庇護の意味で、原義は「庇護の人々」となるが、これでは誤解を受けやすい。このような立場の人を単数形ではズィンミー dhimmī という。預言者ムハンマドがアラビア半島内のキリスト教徒やユダヤ教徒など異教徒に庇護を与えたのに始まる。やがてアラブ＝イスラム教徒が諸国を征服すると、異教徒である被征服民は「ズィンマの人々」として扱われた。本書では被護民を訳語としている。イスラム法では、庇護を受ける代わりに地租ハラージュと人頭税ジズヤの納付が義務づけられる。これらの税を逃れる目的で異教徒の被征服民が改宗すると、歳入の減少を招くことになるので、政府は税制を改革し、耕作者もしくは地主が改宗しても、征服時の土地の法的地位は変わらず、したがって当該者は被護民と同様従来通り地租を支払わねばならないとした。

14——原語 muʻāmala.

15——al-Rukhkhajiyāt.

16——原語 Surra Man Raʼā. 当時の首都サーマッラー Sāmarrāʼ のこと。第一巻一三七話註9参照。

地元の長の深慮遠謀に中央官僚も顔負け

私タヌーヒーの父の叔父で、〔元書記官〕イブン＝アビー＝アッラーン[*1]によれば、地元の長老の一人が次のような逸話を語ったという。

かつてウマル＝ルッハジー[*2]は、我々〔アフワーズ州〕のところに第一次税務長官として赴任していたが、やがて交代して新たな税務長官が着任してきた。

しかし数年後、我々は圧政を訴願する[*3]ために上京することになった[*4]。我々のところにはルッハジーの私有財産が多数存在し、なかにはこの国のなかほどにあって、かつては「独楽園」として、また現在は「小園」として知られる庭園があった。

我々がカリフ〔ムタワッキル[*5]〕の御前に参内し、圧政を訴願すると、ルッハジーが我々に反論し、この国〔アフワーズ州〕の言葉で我々に語りかけた。それは整然とした議論に基づいた弁舌で、我々の訴願は立ち往生することになった。我々の弁論人某はこの国の首長[*6]で、名前はアブルカースィム某——私タヌーヒーは正確な名前を忘れた——であったが、我々に黙るよう身振りで合図したので、黙るとカリフに告げた。

「信徒の指揮者に神のご加護がありますように。本日は陛下に弁論で煩わしい思いをさせてしまいました。我々は改めて出直し、第二回の会談を持ちたく存じます」

「そうするがよい」

我々は退出した。それで首長に「どうしてあのように発言なさったのですか」と尋ねたが、「儂《わし》が何を考えているかお前たちは知らずともよい」と理由を答えなかった。夕方になって我々はルッハジーの邸宅を訪ね、ルッハジーに面会した。会談の席で首長は人払いを求め、ルッハジーと我々だけになった。首長はルッハジーに言った。

「貴殿は今日、我々に対して鋭く議論を挑まれ、我々のお国の言葉で我々と弁論されました。我々がもし貴殿に反論したとしても、我々が貴殿を傷つけるか、あるいは貴殿が我々を傷つけるか、いずれにしても我々は敗れたでありましょう。しかしながら、これで貴殿は我々と取引する必要がなくなりはしますが、貴殿には何の得にもならないでしょう。今や貴殿は我々の徴税官ではないし、貴殿がこれまで我々のために面倒を見てくれたという優位な立場は、貴殿の手から離れることになります。そこで我らが思い至ったのは一つの解決法で、これ以外にないと確信いたしました。

もし我々がこのまま解決法を手にできずに帰国したならば、我々の権威は失墜し、アフワーズ諸県の住民の大半は申すでしょう。『あの者たちはわざわざ上京したが、何ら得るところがなかった』と。我々が正義を求めるにしろ不正義を求めるにしろ、どちらか一方で済むことではなさそうに思います。もし正義を求めるのであれば、圧政が貴殿と我らとのあいだに割り込み、もし不正義を求めるのであれば、貴殿と我らのあいだに恥辱が介在することになりましょう。

したがって我々にはこの解決法なしで帰国することは許されないのです。なぜなら、帰国すればもはや権威は失墜しており、徴税吏たちが我らの富を貪《むさぼ》ることでしょう。貴殿は我らに委ねている貴殿所有の私領地[*7]やその他資産のことをよくご存知でしょう。どこそこと、どこそこにあると」

続けて首長は、離婚と忠誠の誓いにかけて決然と言った。

「もし仮に、貴殿がまったく我々に援助の手を差し伸べようとされず、第二回の会談において、貴殿がいずれの件も我々が望むような形で証言しようとされないのであれば、私は即刻税金を支払う覚悟をしましょう。だが一方では、貴殿のハラージュ地[*8]と私領地に関する文書を作成し、貴殿が我々の国の税務長官であった当時、貴殿は地租の基礎額からみずからに掛かる税額を減らしたこと、また貴殿が行政上の手数料を横領したこと、これらの件を文書に書き入れることにしましょう。それは金二〇〇万ディーナールにのぼるはずであります。そしてカリフにこう申し上げましょう。

『ルッハジーは六〇ジャリーブ（約九六〇アール）に及ぶ菜園を所有していて、我々が管理しておりますが、その価値は六万ディーナールにのぼり——それは先述の庭園のことですが——しかもムタワッキル（委ねられたるもの）と称されております』

私はここにいる人物すべてを公証人に任命するつもりです。彼らはこの、貴殿にかかわる金額が間違いないものだと証言し、しかも私が結論づけた通り貴殿が彼らから奪ったものだと、貴殿に面と向かって宣言するはずです。彼らはカリフ＝ムタワッキルの御前で、誓いをもって申し立てをし、私は貴殿に誹謗と中傷の言葉で対抗するつもりです。

私は以上お話ししたことをまず陛下に申し上げましょう。そうすれば貴殿が不幸と請求に見舞われると知った宰相たちが、真っ先に私を恐怖の眼で見つめ、さらには私が原因で貴殿は不幸のどん底に落ちたと知った徴税官や官庁の同僚たちが、私を恐れ、私を応援したり証人となったりすることでしょう。こうして私はもっとも好むところを達成し、平安に我が家に帰ることができましょう。それに対して貴殿は不幸のどん底に陥るのです」

首長の言葉を聞いていたルッハジーの顔は、みるみる血の気が失せ、黒くなった。

「どうすればよいのだ」

「貴殿は我らに有利になるよう証言し、我らを援助すると誓いをお立てください」

ルッハジーは言われた通り誓いを立て、我々は辞去した。第二回の会談がやって来て、我々はカリフ－ムタワッキルの御前に参内した。我々が訴願すると、ルッハジーは我々の味方になって証言し、我々の主張を是認した。

結局のところ、我々は粘って我々の税務長官の更迭と我々の必要経費の大部分に対する配慮、我々が要求した訴願費用の考慮を勝ち取ったのである。我々は希望し予測していた目的を達成できたばかりでなく、それ以上の成果を得て退出した。首長が我々に尋ねた。

「お前たち、儂の見解をどのように思うかね。このやり方がいいか、それとも訴願の裁判の席上で我々がルッハジーに反論し、それに対してルッハジーがさらに反論し、その論法で我々が敗れ、カリフは機嫌が悪くなり、『この者たちはお金に執着した欲の塊だ』と言ったりして、我々に退廷を命ずるとすれば、我々はもはや永遠にカリフに近づくことはできない。我々は旅をして費用をかけたにもかかわらず、失意のうちに帰宅することになろうが、そのようなやり方がいいか、どちらが最上と思うかね」

「神があなたに善き報いをお与えくださいますように。長老どのは我々のうちでもっとも見識のあるお方だ」

（第二巻三話）

1――Abū l-Qāsim ʿAbd Allāh b. Muḥammad b. Mahrawayh b. Abī ʿAllān. この人物について、第一巻一一九・一二〇話参照。

2――ʿUmar b. Faraj al-Rukhkhajī. 第二巻二話および同話註3参照。

3――原語は動詞で taẓallama. アッバース朝では政府役人の圧政など、行政上の不法行為を受けた場合に、カリフもしくはその代務者に訴願する裁判制度が認められていた。これを名詞ではマザーリム maẓālim という。

4――当時の首都はサーマッラー。

5――al-Mutawakkil. 在位八四七―八六一。第一巻一三七話註8参照。

6――原語 raʾīs al-balad.

7――原語 ḍiyāʿ. ḍayʿa の複数形。

8――原語 kharāj. 通常ハラージュは地租を意味するが（第一巻一二〇話註7参照）、ここではハラージュ地と私領地という法的区分による対比がなされているので、税金の重い地租が賦課される土地を意味している。

法官ムハンマド＝ブン＝マンスールの男気

バスラのイブン＝ハッラール[*1]によれば、法官ムハンマド＝ブン＝マンスール[*2]は〔私タヌーヒーの父〕アブルカースィム＝タヌーヒー[*3]に次のような話を語ったという。

信徒の指揮者マームーン[*4]がある旅の同伴者に一人の男を求めたところ、自分が推薦された。儂《わし》はまだ若輩だったが、カリフとウンマーリーヤに馬で出かけた。〔休憩を取ることになり、〕カリフは儂に右側に坐るよう命じた。夜になって儂は急に眠気に襲われた。翌日、カリフが儂に申された。

「ムハンマドよ、お前の眠りは若者の眠りだのう。夜の時間を三等分し、三分の一は話し相手に、三分の一は眠りに、残りの三分の一は勤行《ごんぎょう》に当てよ」

それから儂を促して左側に坐るよう命じて申された。

「昨日はお前に右側に坐るよう命じたのに、なぜだかわかるか」

「いいえ、信徒の指揮者さま」

「予は胃に水気を感じていたが、〔お前が坐っているので〕右側に吐き出すことができなかったからだ[*5]」

法官である父タヌーヒーが言うには、このムハンマド＝ブン＝マンスールは非常に高尚な人物で、同時に完全な男気の持ち主だったという。

（第二巻四話）

我らのある長老が私タヌーヒーに次のように語ってくれた。

法官ムハンマド＝ブン＝マンスールがアフワーズ諸県の司法を監督することになり、ジュンディーサーブールにやって来たとき、自分の代理人の計算書を調べた。すると、そこには子山羊の値が銀一ディルハム、一〇羽の若鳥の値が一ディルハムとして計上されていた。そこで法官ムハンマドは代理人に尋ねた。

「儂《わし》はお前に、お前が儂の代理人であることを知らない売り手から買い入れるように命じなかったか」

「はい、そのようにいたしましたが」

「もし売り手が、お前が儂の代理人であることを知らなかったとしたならば、売り手はお前に特別な好意を持ったのか」

「これらは私がこの国で買い入れた物です。どの買い手に対してもこのような値段で売っているのです」

法官は公証人たちの方に振り向いて尋ねた。

「本当かね」

「何ともお恥ずかしい限りです、法官閣下。私どもは子山羊を四ダーニク（三分の二ディルハム）ほどで買い入れます」

「男気の持ち主というのはこの土地では生きてゆけぬのう」

法官はそう言って、急ぎ旅支度をして立ち去った。

（第二巻五話）

法官ムハンマド＝ブン＝マンスールについて、ある我らの長老が私タヌーヒーに語ってくれた。

スーク＝アフワーズにある大モスクのなかで、法官ムハンマドが裁判のために坐っていると、モスクの門のところをアフワーズ諸県の税務長官が通り掛かった。税務長官は人々が集まっているのを見て、「何事か」と尋ねた。みんなが「あの方は法官であられます」と答えると、「このみんなはアブー＝ジャアファルのために集まっているのか」と重ねて聞いた。そこで税務長官に事情を説明するために、裁判が中断されてしまった。やがて税務長官は自分の公邸に向かい立ち去った。

法官はその日に起こったことを以下のように認《したた》め、カリフに書き送った。

「げに、私が大モスクで裁判を執行しておりましたところ、税務長官某が通りかかり、大衆の面前でラカブ名を付けずに〔アブー＝ジャアファルと〕クンヤ名だけで私を呼び捨てにいたしました。[6] この呼び方は私にとって卑しむべき行為であり、信徒の指揮者が私にお与えくださった名誉を棄損するものであります。まさに私が見るところ、あの者はふんぞり返り、居丈高になって人々の財産を搾り取っておりますが、私は畏敬の念と寛大さで人々にお金を差し出させているのであります」

〔手紙を見た〕カリフは、その税務長官にアフワーズの大モスクの門前で鞭一〇〇〇打[7]を叩くよう命令を出した。首都に駐在する税務長官の代官はこのことを知ると、できる限りの手段を尽くして、税務長官に科せられる懲罰を免れさせようと画策した。

代官はカリフの勅書を運搬する飛脚に金一〇〇ディーナール握らせ、送達を一晩遅らせるように頼んだ。一方、税務長官へは別途急ぎ密使を出発させ、カリフが税務長官への懲罰を下すという事態を受けて、自分が飛脚に頼み込んで出発を遅らせたので、懲罰を免れる手段を講じられるようにと知らせた。

密使が到着するや、税務長官はすぐさま法官の親友で地元の公証人でもある人物のところに出かけ、がばと平伏した。しかし深い事情を教えずに、法官の心情を和らげるよう執り成しを頼んだ。

税務長官は夜、その公証人と法官の門前に出かけ、じっと待ってようやく会うことができた。長官は法官に対して過剰なくらいに謝罪し、へりくだって、とうとう法官から「貴殿の謝罪を受け入れ、罪を大目に見よう」という言葉を引き出し、帰っていった。

翌朝、飛脚が命令書を持って法官の門前に到着した。しかし、命令書を見た法官は「すでに儂は長官を許すことにした」と言っ〔て、勅命は執行しなかっ〕た。

（第二巻六話）

1 —— Abū al-Ḥasan Muḥammad b. ʻAlī b. al-Khallāl al-Baṣrī.
2 —— Muḥammad b. Manṣūr. 第二巻一話註３参照。
3 —— Abū l-Qāsim ʻAlī b. Muḥammad b. Abī l-Fahm al-Tanūkhī. 第一巻一五話註３参照。
4 —— al-Maʼmūn. 在位八一三—八三三。第一巻一話註２参照。
5 —— 痰や唾は礼儀として前に吐いてはならない。マームーンは右に向かって吐いていたようである。
6 —— アラブ人の名前については凡例の五で簡単ながら説明している。ラカブ名は尊称に当たり、この法官がどう呼ばれたか不明であるが、呼び名の作法が確立していたことがわかる。
7 —— 原語 khalīfat al-ʻāmil.

暴虐を行なった徴税官への懲罰

イブン＝シュアイブ[*1]によれば、アッラジャーンの知識人で有力者でもある法官のアブー＝アブドッラー＝イブン＝シャイーブ[*2]が次のように語ったという。

カリフ＝ムクタフィー[*3]からアッラジャーン県[*4]に派遣された徴税官がある地租の民[*5]に地租を請求したところ、その男は身を隠してしまった。そこで徴税官はその男の家を焼き討ちするように命じた。

この情報がムクタフィーのもとに届くと、カリフは徴税官を逮捕する人間を派遣し、アッラジャーンのモスクの門前で鞭一〇〇〇打を叩かせた。

（第二巻七話）

1 —— Abū l-Ḥusayn Muḥammad b. ʻAlī b. Ibrāhīm b. Shaʻīb.
2 —— Abū ʻAbd Allāh al-Ḥusayn b. Shaʻīb al-Arrajānī.
3 —— al-Muktafī. 在位九〇二—九〇八。第一巻一五五話註６参照。
4 —— kūra Arrajān. アッラジャーンはホーズィスターン州からファールス州へ抜けるタープ川東岸の都市。
5 —— 原語 ahl al-kharāj. 地租（ハラージュ）を賦課されている民。

法の番人と権力保持者

イブン＝シュアイブ[*1]によれば、彼の父親が伝え聞いた次のような話を語ったという。

バグダードの法官や公証人たちがカリフ＝ムウタミド[*2]のもとに召し出され、ザンジュの〔乱の〕首領鎮圧[*3]の戦費不足を補うための借財を証言するように求められた。

一行がカリフの御前に居並ぶと、〔宰相〕イスマイール＝ブン＝ブルブル[*4]が文書を読み上げて申し渡した。

「信徒の指揮者さま――神が延命されますように――が、この文書に書かれている内容について証言するよう汝らに命じておられる」

大半の者たちは次々と証言の署名をしたが、文書が法官ジュズーイー[*5]のところに回って来たとき、ジュズーイーはそれを手に玉座に進み出て言上した。

「信徒の指揮者さま、私はこの文書に書かれていることを証言するのでしょうか」

「証言せよ」

「それは合法ではございません。もし、『そうだ』とおっしゃっていただきますれば、私は陛下のために証言いたします」

「そうだ」

それでジュズーイーはその文書に証言し、立ち去った。カリフ＝ムウタミドが聞いた。

「あれは何者か」

「バスラのジュズーイーと申す者です」

「あの者には何か問題はあるのか」

「何もございません」

「こんなことであの者を失職のままにしておくのではないぞ。ワースィトの法官に任命しろ」

そこで〔宰相〕イスマイールは任命し、ジュズーイーはワースィトへ向け、ティグリス川を下っていった。ある日、司法に関する問題で諮問をする必要が生じ、カリフは法官ジュズーイーを召し出すよう命じた。そこで法官が伺候することになった。

法官は背の低い人物で、高いとんがり帽子をかぶっていた。小姓を連れてある通り道に差し掛かると、〔執政〕ムワッファク付きの小姓に遭遇した。この小姓はムワッファクのもとで大変高い地位にあったが、よく酒を飲み、酔っ払う癖のある人間であった。ムワッファクの小姓は、偶然、法官が通りの地面の低くなったところで出会ったので、手を法官のとんがり帽子の上に置いてしまい、そのため、法官の頭が帽子のなかにもぐってしまった。しかし小姓は法官をそのまま置き去りにして行ってしまった。

法官ジュズーイーがその場にしゃがみ込んでいると、法官の小姓が近づいて帽子を引き裂き、ようやく頭を助け出した。法官は外套を頭の上で折り曲げ、自邸に戻ると、公証人たちを伺候させ、当局に事を明らかにするよう命じた。ムワッファクに事が露見しないよう、使者がたびたびやって来ていたが、とうとう公証人の一人が使者に経緯を語ったので、使者は戻ってムワッファクに経緯を伝えた。

ムワッファクは警察長官を伺候させ、件《くだん》の小姓を裸にして法官のところに連れて行き、その場で鞭一〇〇〇打を叩くように命じた。この小姓の父親は将軍の一人で、その立場は、もし叛乱を企めば大勢の軍人が従うであろうと思われるほど重いものであった。

指揮官たちは馬から降りて徒歩で将軍のところに行き、「我々にご命令をお与えください」と申し出た。しかし将軍は、「執政ムワッファクどのは、儂《わし》に気を遣って息子のことを心配しているはずだ」と告げた。

指揮官たちは全員、徒歩で小姓とともに法官ジュズーイーの邸宅に出かけ、なかに入って法官に懇願した。そこで法官は、警察長官と小姓を招き入れて告げた。

「もう叩かなくともよい」

「ムワッファク殿下の命令に逆らうことはできません」

「自分が執政どののところに出かけて、命令を取り消していただきましょう」

こうして法官は出かけて小姓への執り成しをし、執政は命令を撤回したのである。

（第二巻八話）

1――前話のイブン＝シュアイブと同一人物。

2――al-Muʿtamid. アッバース朝第一五代カリフ。在位八七〇―八九二。実権は弟の執政ムワッファク al-Muwaffaq に握られていた。第一巻七三話註1参照。

3――ṣāḥib al-Zanj. 第一巻七八話註3参照。

4――Ismāʿīl b. Bulbul. ペルシャ系書記で、八七八年から八九一年まで宰相の職にあった。第一巻一四話註4参照。

5――al-Judhūʿī, Abū ʿAbd Allāh Muḥammad b. Muḥammad b. Ismāʿīl b. Shaddād al-Anṣārī. 九〇四年バグダードで没した。

法官のしゃれた表現

私タヌーヒーの父によれば、法官のアブー＝ハリーファ[*1]に一人の友人がいて、法官がモスクに居るとき、馬でモスクのまえを横切った。それで法官は馬から降りて自分と談じていかないかと誘った。ところがその友人は、「このまま行ってからまた戻ってくる」と断った。すると法官は、「貴殿がいないと寂しいぞ。約束が待ち遠しいぞ」と言って念を押した。

（第二巻九話）

アブー＝ハリーファは言葉によくサジュウ体[*2]の表現を用いる人であった。バスラにアブッラトル[*3]という間抜けを装い、アブー＝ハリーファの真似をする男がいた。この男はいつも冗談めかしたサジュウ体の言葉でしかしゃべらなかった。

この男の女が、当時バスラの法官を務めていたアブー＝ハリーファのところに男を連れて行き、男に対する婚姻と結婚契約金を申し立てた。そこでアブー＝ハリーファは、これらについて彼女の権利を認めて命じた。

「女に結納金を支払いなさい」

「どうして俺さまは結納金を払わねばならないのだ。俺の鋤《すき》はこの女の川を切り裂いたかね」

「結婚契約金の半額を彼女に払いなさい」

「いやなこった。どうしてもというのなら、俺さまが彼女の足を上げ、アーチに一物《いちもつ》を置いてからだ」

アブー＝ハリーファは命令を下し、男は平手打ちを食らった。

私タヌーヒーはこんな話も聞いている。このアブッラトルは、ある男が「御力は神に不可欠のもの」と言うのを耳にするや、「緑色は菊ちしゃに不可欠、熟柿《じゅくし》は棗椰子《なつめやし》に不可欠、赤色は紅花に不可欠、黄色はウコンに不可欠、白色はうなじに不可欠」と言った。

また大衆が「雄鶏はおぼれない」と言うのを耳にすると、「雄鶏は盗まれず、猫は滑らず、火は焼けず、カリフは盗まず、法官は怒らず」と言った。

（第二巻一〇話）

1——Abū Khalīfa, al-Faḍl b. al-Ḥibāb b. Muḥammad al-Jumaḥī. バスラの法官を務め、詩人でもあった。九一七年没。

2——原語 saj'. 押韻散文のこと。散文と詩の中間のようなもので、長短さまざまな句を積み重ね、句末を韻で区切り、それを繰り返す。コーランの基本的な文体。

3——Abū l-Ratl. 意味は「愚者の父」。

書記官僚の派閥抗争

私タヌーヒーは長老の書記官たちが互いに次のように語り合うのを聞いたことがある。

〔宰相〕アリー＝ブン＝イーサー[*1]は書記の技術をきわめて重視し、事細かくうるさいほど書記としての立場にこだわった人物で、少しの間違いも認めようとせず、技術の劣った者を無視した。

このアリー＝ブン＝イーサーと競合関係にあったのがイブン＝アルフラート[*2]で、アッバース＝ブン＝アルハサンの宰相[*3]時代に両者はそれぞれ別個の官庁を担当していた[*4]。

アリー＝ブン＝イーサーが長官を務める官庁に、イブン＝アルフラートが目を掛けているある徴税官[*5]が従事していて、アリー＝ブン＝イーサーはこの徴税官を貶《おとし》めようと、担当徴税区について金一〇万ディーナールの不足を計上した意見書[*6]を作成し、徴税官からこの金額を追徴しようと心に決めた。そこでアリー＝ブン＝イーサーは徴税官を伺候させ、意見書を引き渡して言った。

「この意見書に関して、貴殿に何か返答することがあればそうしたまえ。もしなければ、この金額の責任を取りたまえ」

「この意見書を自邸に持ち帰り、返答したく存じます」

「そうしたまえ」

徴税官は意見書を受け取り、その足でイブン＝アルフラートを訪れ、状況を説明した。そして意見書を調べ、各項目についてどのように返答すればよいか教えてほしいと頼んだ。イブン＝アルフラートは意見書を読んで徴税官に言った。

「偶然のことでもない限り、お前は銀一ディルハムたりとも免れることはなかっただろう。だがお前は神のお蔭か、アリー＝ブン＝イーサーの手落ちで救われたぞ。あの者自身が書き間違いを犯しておる。あれは書記の技術にとてもうるさい男だ。間違いは自分の場合でも大目に見ようとしないのだ。かつて恥ずべき書き間違いを犯したことがあって、もし下級の書記官が同じような間違いをしようものなら、必ずや辱《はずかし》められ、その者の書記の技術は役立たずだと、その地位が貶められることは必定だった。

ところで、アリー＝ブン＝イーサーはこの意見書の冒頭、お前の徴税管区の徴収高[*7]のうち、徴収余剰高[*8]に関する記載を一項目として書き出し、お前がそれを計上していないとして、莫大な金額をお前に義務づけている。ついでそのあとに、計上すべき何がしかの金額をお前が分割徴収高[*9]から横領していると述べ、その論拠を示し、お前に巨大な金額を義務づけている。それはこの意見書記載の金額の半分に当たる。

決算書作成法[*10]ならびに書記術規則[*11]ではこのような場合、アリー＝ブン＝イーサーが二番目に置いている基本徴収高[*12]の横領の件は、まず冒頭に述べられるべきで、それから徴収余剰高の記載に移るべきである。

徴収余剰高を冒頭に置いた場合は、すでに基本高がお前の記す通りに確定していると見なされ、したがってアリー＝ブン＝イーサーが言及したお前の基本高からの横領は無効となるのだ。これは書記としては恥ずべき間違いで、書類の作成者の地位を下げることになる。

お前がなすべき道は、アリー＝ブン＝イーサーを訪ね、人払いを申し出てこのように言うのだ。

『おゝ我らが長官どの、書記の技術に関する閣下の地位は、このような意見書の作成に閣下がかかわる必要のないほどのものです。ところが閣下は恥ずべき間違いを犯されました。かくかくしかじかです』と。

そう言って彼に間違いを確認させるのだ。そしてこう言え。

『私の問題は閣下としても、選択すべき二者のいずれの場合でも免れることはできますまい。その第一は、私が閣下の過ちをみんなに公表することで、私は閣下を書記術のうえで辱めることになります。なるほど私に課されたお金は私を不幸にするでしょう。そのあとの、私に課せられた意見書の残りの金額はわずかなものです。第二は、閣下がこの意見書を好意的に廃棄し、私に課せられた金額を取り消されることです。閣下の誤謬は表に出ることはなく、閣下は私から利益を得たことになります。それは閣下の望まれることでしょう』と。

そして彼にたいそうな賄賂を贈るのだ。必ずや書記術の地位を失いたくないという思いと賄賂への関心から、意見書を廃棄し、引き裂くはずだ。もし拒否するようであれば、お前は誤謬をめぐって大衆のあいだで彼と対決するとよい。彼が当該徴税区の基本徴収高にかかわって算出した額、つまり意見書の金額の半分はお前から控除せざるを得なくなるはずだ」

徴税官は夜明けにアリー＝ブン＝イーサーの邸宅を訪ねた。徴税官を見るや、アリー＝ブン＝イーサーが尋ねた。

「意見書への返答を用意してきたかね」

「内密で申し上げたいことがございます」

「近《ちこ》う寄られよ」

徴税官は近くに寄って、イブン＝アルフラートが教えた通りにアリー＝ブン＝イーサーに告げ、意見書を開いて問題の箇所を指摘した。それを見たアリー＝ブン＝イーサーは憂鬱な表情になって言った。

「なんとお前よ、神のお蔭でお前は賄賂を節約できたぞ。

この件に関する儂《わし》への賄賂は、自分の身から出た誤謬に傷つかないかという恐れと、この件を内密にし、将来同じような過ちを犯さないという用心とに代えよう。神は意見書に書かれた全額を貴殿から取り下げ給うたぞ。今後貴殿は、もはやこの意見書に関して一言すら聞くことはないであろう。神かけて、儂とイブン＝アルフラートとの間柄のことだ。これは彼がお前に教授したことに違いなく、お前がこうしたことを知るはずはあるまいぞ」

徴税官はアリー＝ブン＝イーサーのもとを退出した。追徴の請求は停止され、賄賂も支払わずに済んだ。イブン＝アルフラートのところに戻り、徴税官が経緯を話すと、イブン＝アルフラートは笑ったのである。*13

（第二巻一一話）

1——Abū l-Ḥasan ʿAlī b. ʿĪsā. 第一巻一四話註7参照。

2——Abū l-Ḥasan ʿAlī b. al-Furāt. 第一巻九話註4参照。

3——al-ʿAbbās b. al-Ḥasan. 九〇四年一〇月から九〇八年九月までカリフ＝ムクタフィーの宰相となり、続いて同年一二月までムクタディルの宰相となったが、一二月一七日にイブン＝アルムウタッズをカリフに推挙するクーデターが起こり、殺された。

4——アリー＝ブン＝イーサーは西部方面庁を、イブン＝アルフラートはサワード庁を担当した。いずれも税務官庁に属す。

5——原語 ʿāmil.

6——原語 muʾāmara.

7——原語 ghallāt ʿamal.

8——原語 faḍl al-kayl.

9——原語 ghallāt al-muqāsama. 農民が収穫した現物を一定比率で国家と農民とでそれぞれ取り分として分ける制度。ムカーサマ muqāsama は課税方法の一種で、産額比率制と訳せるが、他に土地測量制 misāḥa があり、いずれの方法によるかは地方もしくは土地で定められていた。

10——原語 qānūn al-ḥisāb. ヒラール＝サービー Hilāl al-Ṣābiʾ の『宰相史』*al-Wuzarāʾ* では、ḥisāb は kitāba となっている。すると「文書作成法」となって、次の語と対句になる。

11——原語 rasm al-ṣināʿa.

12——原語 uṣūl al-ghallāt.

13——アッバース朝時代の税務行政と、担当官庁における手続き等については、拙著『初期イスラム時代 エジプト税制史の研究』(岩波書店、一九七五年)四一二—四一九頁を参照されたい。

派閥抗争に弁舌は武器

ある書記官が私タヌーヒーに次のように語ってくれた。

かつて〔元宰相〕イブン＝アルフラート[*1]は金一六〇万ディーナールの科料に処され、その全額を逮捕から六カ月間で支払ったことがある。彼は拘禁されていたのであるが、そうすれば釈放されるだろうと期待してのことであった。

〔宰相補佐〕アリー＝ブン＝イーサー[*2]と〔宰相〕ハーミド＝ブン＝アルアッバース[*3]はイブン＝アルフラートの釈放を恐れた。[*4]カリフ＝ムクタディル[*5]がイブン＝アルフラートを釈放しないようにするには、どのような方策を講じればよいか、二人は相談した。

そのころアブー＝ズンブール[*6]という者が〔エジプトの税務を〕清算するために〔バグダードに〕上京していた。アブー＝ズンブールは、かつてアリー＝ブン＝イーサーの第一次宰相時代にアリーの部下だった人物であった。

ところが、イブン＝アルフラートが宰相に復帰するやアブー＝ズンブールの地位を保証し、優遇した。そこでアブー＝ズンブールはイブン＝アルフラートに対し、自分の徴税区から賄賂として毎月一万ディーナールを運んだ。むろんそれは内密に行なわれ、お金は亜麻かそれに類した袋に収めて配送された。

アリー＝ブン＝イーサーはハーミド＝ブン＝アルアッバースに言った。

「イブン＝アルフラートが、かつてエジプトの税務長官から莫大な賄賂を受け取っていたことは間違いない。アブー＝ズンブールを召し出し、この件について尋問しようではないか」

二人はアブー＝ズンブールを伺候させ、賄賂の件について尋ねた。アブー＝ズンブールは二人に経緯を明かし、正直に話した。しかし、イブン＝アルフラートと自分との関係といったことは内密にし、それ以上のことは言わなかった。アリー＝ブン＝イーサーは、「なんと莫大な金額だ。これをイブン＝アルフラートに送ったというアブー＝ズンブールの告白書を取り、それをカリフに提出しよう」と言って、それが実行された。二人はカリフに告白書を差し出して、言上した。

「陛下はこのお金を請求されるべきです」

「イブン＝アルフラートを出廷させ、彼と対論させたあとで請求するとよい」

カリフの勅許を得て、査問会が開かれ、ハーミド＝ブン＝アルアッバース、アリー＝ブン＝イーサー、〔侍従〕ナスル＝クシューリー[*7]、イブン＝アルハワーリー[*8]が席に坐った。アブー＝ズンブールもまた出廷を命じられた。ついで対論するために、イブン＝アルフラートを獄舎から査問会に呼び出した。

ところで〔廷臣に〕シャフィーア＝ムクタディリー[9]という者がいた。イブン＝アルフラートの派閥に属していて、彼の事件を心配し、カリフとの仲介役を買って出て、進言した。

「陛下、イブン＝アルフラートは犠牲者です。あの者たちは彼の敵側の人間です。イブン＝アルフラートはあの者たちに対して、必ずや陛下の得になるように答弁するでしょうが、あの者たちは決して陛下の得になるようにはいたしますまい。誰か査問会に立ち会う人物を派遣され、議事の経過を陛下に報告させるとよろしいと存じます」

「お前が行って報告しろ」

シャフィーアはカリフのもとを退出すると、獄舎から引き出されて中庭を歩いているイブン＝アルフラートに出会った。宰相の査問会に入廷するためであった。シャフィーアは、

「気をしっかりお持ちください。私はあなたの味方ですぞ」

と叫んだ。

イブン＝アルフラートは意を決し、査問会に入っていった。カリフ宮廷における宰相職のしきたり[10]に従って、ハーミドが中央の大きな席に坐り、アリー＝ブン＝イーサーがその右に、左にはイブン＝アルフラートとナスル＝クシューリーが坐っていて、さらにその横にアブー＝ズンブールが坐っていた。

イブン＝アルフラートは挨拶をし、歩いてハーミドのまえの席に坐り、少し威儀を正した。ハーミドに向かって宰相職について話しかけ、ついでアリー＝ブン＝イーサーに挨拶をした。

議場を見回すとほとんど周知の人間だったが、アブー＝ズンブールだけは心当たりがなかった。アブー＝ズンブールはエジプトに赴任していたので、これまでイブン＝アルフラートは会ったことはなかったのである。傍らの者に「あれは誰か」と聞くと、「エジプトの税務長官アブー＝ズンブールだ」と言う。イブン＝アルフラートは、このアブー＝ズンブールが口を割ったために、厳しい試練にさらされているのだと感じた。イブン＝アルフラートはアブー＝ズンブールに向かって言った。

「良かれと思ってなした善が神のご意志でどんな報いとなるか、お前は聞くことになろう」

アブー＝ズンブールは背が低く、容姿の醜い男であった。アブー＝ズンブールはすぐ鸚鵡返しにつぶやいた。

「願わくば、そうなるまえに大地が私を飲み込んでしまいますように」

ハーミドとアリー＝ブン＝イーサーがイブン＝アルフラートに告げた。

「このアブー＝ズンブールはエジプトの税務長官で、貴殿

に徴税区の税金から毎月一万ディーナールの賄賂を贈ったと告白した。貴殿が宰相として取りしきっていたころのことで、それは国庫に納付すべきものであり、今や貴殿にはそれを支払う義務があると思うが、何か言い分はあるか」

「この男は――そう言ってアブー＝ズンブールを指さして――この男はかつてある宰相から、宰相が派遣した徴税官の収税の仕事を命じられたことがあったが、逆境の時代にその仕事を隠蔽し、その宰相の時代に儂《わし》が贈ってやった賄賂で税金を支払い、そのことを自分の裁量と誠実さによるものだと説明した。この男は誰が頼りになる人間か理解したのである。まさにこの男は儂が知っている通り正直に話したのだ。

しかしながら、儂はこの男にそれは政府の税金だと申し渡しこそすれ、決してこの男から収賄なんぞしておらぬ。ましてや政府の税金から横領などできるものではない。ただ儂は、時期を繰り延べることができるように、この男に猶予を与えてやったに過ぎぬ。むしろ儂はこの男への敬意を高め、親しい語らいを心掛けたほどだ。さらにこの男への督促吏の派遣や借方に記入する必要のない督促吏の糧食の送達を猶予してやった。これら手心の見返りのすべては、宰相たちが昔も今も賄賂として受け取っているものだ。これは習慣なのだ。

儂は一六〇万ディーナールもの科料に処せられたが、和解金として、あるいは和解同然にこの金額を支払った。さもなければ、儂に科料を支払うどんな理由があるというのだ。科料を支払ったことで、儂はすでにこれらすべてについての免罪符を得たのだ。

しかしながら、アブー＝ズンブールにはこの賄賂分を支払う義務がある。それは儂の失職と拘留の期間、つまり一六カ月のあいだ、一六万ディーナール贈ったと告白したからである。もし儂が宰相閣下に贈賄するとして、すでにお金が支払われ、しかもカリフと宰相とのあいだで約束ができているにもかかわらず、そのお金がカリフにもたらされていないとしたならば、それは当然、カリフのもとに送付されねばならないだろう」

イブン＝アルフラートがここまで弁じたとき、シャフィーアが突然立ち上がった。アリー＝ブン＝イーサーが聞いた。

「いったいどこへ行くのだ」

「陛下のところだ。議論の経過を陛下に報告するのだ。陛下はこのことのために私を派遣され、私に命令されたのだ」

シャフィーアはそう言って立ち去った。イブン＝アルフラートが獄舎に護送されたあと、シャフィーアが戻ってきた。

「陛下は貴殿らに申された。『貴殿らは誰一人として立ち去ることを許さぬぞ。さもなくば、件《くだん》の一六万ディーナールを予のもとに持ってまいれ。どのような方法を取ろうが貴殿らの自由だ』と」

アリー＝ブン＝イーサーが、「我々でこれを科料として負担する以外なかろう」と言って、みんなで負担することになった。つまり大きな金額をアブー＝ズンブールに義務づけ、ハーミドとアリー＝ブン＝イーサーはそれぞれ負担に耐えうる分担額で、アブー＝ズンブールを援助することとなった。そこで三人は、それぞれの金額を支払う保証書を書いて散会したのである。

（第二巻一二話）

1——Ibn al-Furāt. 第一巻九話註4参照。

2——ʻAlī b. ʻĪsā. 第一巻一四話註7参照。

3——Ḥāmid b. al-ʻAbbās. 第一巻五話註2参照。

4——ハーミドが宰相になったのは九一八年一一月のことで、イブン＝アルフラートは直ちに逮捕された。なおアリー＝ブン＝イーサーについては実務上「宰相補佐」としたが、実際の肩書はライース raʼīs で、「首長」を意味し、ハーミドの部下になったわけではない。

5——al-Muqtadir. 在位九〇八—九三二。第一巻七話註2参照。

6——Abū Zunbūr, al-Ḥusayn b. Aḥmad b. Rustam al-Mādharāʼī. 第一巻二一話註2参照。

7——Naṣr al-Qushūrī. 第一巻八三話註8参照。

8——Ibn al-Ḥawārī, Abū l-Qāsim. 第一巻二一話註3参照。

9——Shafīʻ al-Muqtadirī.

10——原語 rasm al-wizāra. アッバース朝時代の宮廷のしきたり全般については、ヒラール＝サービー『カリフ宮廷のしきたり』*Rusūm dār al-Khilāfa*（谷口淳一他訳、松香堂書店、二〇〇三年）を参照されるとよい。

残すべき遺産は真の友

アブルカースィム＝ジュハニー[*1]は語る。

私が〔宰相〕イブン＝アルフラート[*2]の御前にいたところ、〔宝石商〕イブン＝アルジャッサース[*3]もその場に居合わせていて、人々は自分の子供たちにいったい何を残してやればよいか、を話し合っていた。宰相の「子孫に残してやりたいと思うものでもっとも素晴らしいものは何か」という問いかけに、人々は答えた。

「それは私領地[*4]です」

「宅地[*5]です」

「金銀の資産[*6]です」

「それほど高価でない宝石類です。というのは、ウマイヤ家一族が『お前たちが逆境にあったとき、お前たちにもっとも役に立ったものはどんな財産だったのか』と問われて、『高価でない宝石類です。私どもがそれを売っても、そのわけを尋ねられることも、人々が気に留めることもなかったからです。宝石の一つひとつはまったく取るに足らないものでしたが、それなりの値打ちのあるものでした』と答えたからです」

イブン＝アルジャッサースはこうした話を黙って聞いていたが、それを見た宰相が促した。

「アブー＝アブドッラー〔イブン＝アルジャッサース〕よ、お前はまるでこれらの答えを嘲《あざけ》っているように見えるが、言いたいことがあるなら申してみよ」

「子孫に残してやろうと思うものでもっとも素晴らしいものは、信頼のおける腹心の部下や同胞です。もし子孫に私領地や宅地や金銀資産を残してやったとしても、同胞がいなければこれらの資産は無駄に滅び去ってしまいます。宰相閣下、以前起こりました一つの物語をお話ししましょう。そうすれば、私の申すことが真実であることがおわかりいただけると思います」

「それはどんな話だ」

「ご存知のように、私はトゥールーン朝のホマーラワイフ[*7]さまの腹心の部下でありました。ホマーラワイフは宝石に目のない人で、自分自身ばかりでなく、子供たちや女奴隷たちにも宝石を残してやろうという考えの持ち主でした。ある日、私が自分の屋敷で坐っておりますと、門番がやって来て、『一人の女性が門のところにきて案内を求めております』と言う。許しますとその女が入ってきて、私に『二人きりでお話ししたいことがあります』と、わけありげに言いました。そこで門番を去らせました。すると、『わたしは某といって、ホマーラワイフさまの女奴隷だった者です』と言うのです。

私は女の姿を見て思い出しましたが、同時に女の様子に深い哀れみの心を抱きました。私は女の身なりを替えるよう召使いを呼びました。ところが彼女は『誰も呼んでくださいますな。おそらくわたしの身なりを替えさせるためにお呼びになったのでしょうが、わたしはこれで十分満足しております。わたしはそんなことであなたさまのところに参ったのではありません。ただそのことよりも重要なお願いがあります』

『それは何でしょうか』

『ご存知のように、ホマーラワイフさまはわたしどもに宝石しか残していただけませんでした。ホマーラワイフさまが亡くなられたあと、起こるべきことが起こりました。わたしどもは官憲の追及するところとなり、散りぢりとなってしまい、それからは、わたしどものまわりを目まぐるしく時が過ぎ去りました。そしてわたしの手もとには一つの宝石しか残っておりませんでした。それはホマーラワイフさまがわたしに手渡し、わたしとわたしたちの娘某とにくだされたもので、その娘はこの地にわたしと一緒におります。さて、わたしはこの宝石をエジプトで人に見せると、没収されてしまうのではないかと恐れ、旅支度をととのえることにしました。そして人に蔑まれるような姿に変装して出かけました。わたしの娘も一緒にです。わたしどもはアッラーのご加護を得て、この国に到着しました。お金はすべて無事でした。

わたしは宝石のなかから一部を取り出しました。それはホマーラワイフさまのときには金五〇〇〇ディーナールの価値のあったもので、それを持って宝石商街へ出かけました。〔見積ってもらうと〕二〇〇〇ディーナールになりましたので、承知いたしました。すると、店の人たちはお金を出して『この品物の持ち主はどこにいるのだ』と聞きますので、『わたしがその持ち主です』と言うと、『お前はこんなものを持てる身分ではない。お前は泥棒だ』と言ってわたしを縛り、引き立てて、わたしを警察署長*8に突き出しました。

わたしは警察署長のもとで尋問されて宝石を奪われはしないか、お金を強要されて残りまで出させられはしないかと恐れました。わたしは自分が持っていたわずかのディーナール金貨を署の人たちに賄賂として与え、宝石は彼らのもとにそのままにして、なんとか釈放されました。わたしは身に起こったことに対する悲しみと貧乏の恐怖から、その夜は一睡もできませんでした。わたしにはなすすべがなかったからです。わたしは金持ちなのに貧しい。いったいどうしたらよいかと迷いました。しかしながら、わたしはあなたさまがバグダードにおられること、わたしどもとあなたさまとの間柄を思い出し、あなたさまのもとに参りました。わたしのお願いしたいことは、あなたさまのお力添えを得て、わたしが奪われましたものを取り戻すことと、残りの宝石類を売って換金し、それでわたしと娘のために、わたしどもが食べていけるだけの収益のある宅地を買っていただきたいことです』

『貴女から宝石を取ったのは誰ですか』

『某です』

私はその人物を呼び出しました。彼がやって来ると、私は軽蔑した言葉遣いをして言いました。

『この婦人は儂《わし》の屋敷の者だ。儂がこの婦人に品物を持たせ、値段を知りたいものと差し向けたのだ。儂が値段も知らないで物を売っているとは思われないためであったのに、お前たちはどうして妨害するのか』

『そうとは知らなかった。旦那もご存知のように、品物についての知識もなしに売ることはないと思い、この婦人に宝石のことを尋問しましたところ、取り乱された様子でしたので、これは泥棒に違いないと思った次第です』

『今すぐにもその宝石を返してもらいたい』

〔私は出向き〕その宝石が私のもとにもたらされ、それを見ますと、見覚えのあるものでした。かつて私自身がホマーラワイフのために五〇〇〇ディーナールで買ったものです。私はその宝石を受け取ると、彼らのもとを立ち去りました。件《くだん》の婦人は私の屋敷にとどまり、娘も私のところに引き取りました。私はその宝石を取り出して〔委託販売の〕契約書を書き、宝石を売りに出しました。私は女のために、できるだけ高く売れるよう取り計らってやったのですが、それで女は五万ディーナール以上ものお金を得ることができました。

　私はそのお金で、私領地と宅地と住宅を買ってやりました。女は娘とともに、それで今もなお生活しております。思いますに、宝石はもし彼女が真の友もなしに持っていたのであれば、それはただの石ころで、女の身の上に起こったような災いのもとになったばかりでなく、釈放されるために数ディーナールを賄賂として使わねばなりませんでした。女を助けてくれる真の友を見出してはじめて、このような莫大なお金を手にすることができたのです。真の友こそがもっとも利の得られる資産です」

〔イブン＝アルジャッサースが以上のように話し終えると、〕宰相イブン＝アルフラートは彼に、「おゝアブー＝アブドッラーよ、お前は善いことをしたな」と褒め、また皆には「人々はこの男を愚か者だと思っているが、しかしお前たちが聞いたような次第だ。どうしてこのような人間が間抜けなはずがあろうか」と諭《さと》したのである。


（第二巻一三話）

1 —— Abū l-Qāsim al-Juhanī. 第一巻一二話註3参照。
2 —— Abū l-Ḥasan ʿAlī b. Muḥammad b. al-Furāt. 第一巻九話註4

参照。

3——Abū ʻAbd Allāh Ḥusayn b. ʻAbd Allāh b. al-Jaṣṣāṣ. 第一巻七話註3参照。

4——原語 ḍiyāʻ. ḍayʻa の複数形。一種の荘園。

5——原語 ʻaqār. 不動産の一種。貸出を目的にした商業地区の店舗用地を指すことが多い。

6——原語 al-māl al-ṣāmit.

7——Abū l-Jaysh Khumārawayh b. Aḥmad b. Ṭūlūn. 九世紀後半にアッバース朝から半ば独立したエジプト・シリアのトゥールーン朝の第二代君主。在位八八四—八九六。初代アフマド Aḥmad はもとトルコ軍人で、その父親は中央アジアのブハラからの貢納として送られてきた一人。ホマーラワイフの時代がトゥールーン朝の絶頂期で、娘のカトル＝アンナダー Qaṭr al-Nadā をカリフ＝ムウタディドに嫁がせた。第二巻一六五話参照。

8——原語 ṣāḥib al-shurṭa.

宝石の相場を下げさせたカリフの知恵

語られているところによると、カリフ＝マームーン[*1]は宝石を好んだという。そこでこのカリフの治世中、宝石は法外な値段で売買されるようになり、あげくの果て、人々は宝石の値打ちを低めるような策を弄し、値段を下げさせてから買おうとするまでになった。

ある日カリフは宝石商を集め、話しかけて尋ねた。

「もっとも高価な宝物は何か」

宝石だとする意見が確かめられると、カリフは「宝石を一つ持ってまいれ」と命じた。そこで宝石商たちは、買えば金一〇〇ディーナールはする一つの宝石を持ってきた。カリフは宝石商たちに尋ねた。

「この宝石はいくらするのかね」

「一〇〇ディーナールです」

「小姓よ、この宝石を微塵《みじん》に砕け」

宝石が砕かれると、カリフが尋ねた。

「今はいくらになったかね」

「銀一ダーニク(六分の一ディルハム)です」

ついでカリフは一ディーナール金貨を取り出し、尋ねた。

「いくらの価値があるかね」

「銀二〇ディルハムです」

「この金貨を細かく砕け」

金貨が砕かれると、カリフが尋ねた。

「今はいくらになったかね」

「正味一九ディルハムです」

「このもっとも高価だという宝石は、砕いてしまえば価値はなくなってしまうぞ」

カリフの御前に侍っていた宝石商のあいだでこの話が騒がれ出すと、宝石の価値はこれまでの半分に減ってしまい、宝石を買おうという宮廷人たちの願望も少し冷めた。このことを聞いたカリフ＝マームーンはさらに努力を重ね、その結果、宝石の値段はさらに下落したのである。　（第二巻一四話）

1――al-Ma'mūn. 在位八一三―八三三。第一巻一話註2参照。

逆境における真の価値

あるウマイヤ家出身者が語ってくれた。

カリフ＝マンスール[*1]はウマイヤ家出身者に、ウマイヤ朝が没落し、ウマイヤ家の人々が逃亡するときに、何がもっとも有用であったか尋ねた。そこで出身者は次のように答えた。

「我々がもっとも有用だったと思ったのは、あまり高くない宝石、一個の価値が金五ディーナールほどの宝石でした。なぜなら我々は大変高価な、あるいはそれに近い価値の宝石も所有しておりましたが、我々に対する追及が厳しいために、そのような高価なものは売ろうとしても、もし売れば自分たちのことが知られてしまい、逮捕されるのではないかと恐怖が先に立って売ることができなかったのです。しかし、値段の安いものであれば、身元を知られずに売ることができますし、我々にとって役に立ち、しかも身は隠すことができました。そのようなわけで、あまり高くない宝石がもっとも有用だったのです」

「どんな女性がもっとも好ましかったか」

「従姉妹たちで、我々のうちでもっとも忍耐強く、もっとも情愛が深かったのです」

「どんな男たちがもっとも好ましいと思ったか」
「自分たちが名付け親になった改宗者たちです[*2]」
このあとマンスールは〔息子でのちのカリフ〕マフディー[*3]に、〔初代カリフで〕叔父サッファーフの娘〔ライタ〕と結婚するよう命じた。また行政区の徴税官には自分の改宗者たちを採用・優遇し、抜擢したのである。

（第二巻一五話）

1——al-Manṣūr, Abū Jaʿfar ʿAbd Allāh b. Muḥammad b. ʿAlī. アッバース朝第二代カリフ。在位七五四—七七五。初代カリフ＝サッファーフの異母兄。アッバース朝支配体制の実質的建設者。即位後、アッバース朝革命に貢献した叔父のアブドッラーやアブー＝ムスリムを排除、またアリー家を弾圧してシーア派勢力を殺いだ。また堅実な支配体制を象徴するような円環状の新都バグダードを建設した。

2——原語 mawālī. mawlā の複数形。コーランでのマウラーは信者の保護者としての神を指し、イスラム前のアラブ社会では、奴隷は解放されても自由人になるのではなく、もとの主人のマウラー（被護民）とされ、家庭内にとどまることが多かった。抽象名詞 walāʾ は保護を伴う主従関係を意味し、マウラーは保護者・被護者双方ともを指して用いられた。初期イスラム時代では、非アラブの被征服民がアラブの有力者を頼って改宗することが多く行なわれたが、そのさい改宗者は主人からアラブ風の新たな名前をもらってその主人のマウラーとなった。そのような経緯から、多くのマウラーは主人に対する忠誠心に厚かった。文中のマワーリー mawālī はそのような意味で用いられているが、一般的な意味でのマワーリーの存在は保護関係よりも改宗に力点が置かれて取り上げられ、新改宗者が同じイスラム教徒として、アラブ人と同等の権利を主張し始めたことから、ウマイヤ朝以降大きな政治問題となっていった。

3——al-Mahdī, Abū ʿAbd Allāh Muḥammad. アッバース朝第三代カリフ。在位七七五—七八五。父マンスールの薫陶を受け、一五歳頃、ホラサーン総督に任じられて現地の住民との絆を築く。七六二年にバグダードに一時帰国して従妹ライタ Rayṭa と結婚、マンスールの後継者と目されていた甥のイーサー＝ブン＝ムーサー ʿĪsā b. Mūsā がカリフ位を辞退するに及んで、後継者の地位を確実なものとし、七七五年一〇月、マンスールがメッカ巡礼中に没すると、バグダードで直ちに即位した。治世の大半において平和と繁栄を享受するなかで、主要モスクの拡張、アリー家との融和、異端のザンダカ主義者の弾圧、バルマク家を中心とする書記階級の養成など、アッバース朝の安定化へ向けての政策を実現した。ただ書記階級の登用は、権力基盤であったホラサーン系軍隊との軋轢を生むもととなった。後継のカリフ位をムーサー Mūsā とハールーン Hārūn の二人の息子による継承と定め、七八五年八月に没した。

母の一口の喜捨が息子を救う

イブン＝ドゥライド[*1]の従僕アブー＝バクル＝バスターミー[*2]が私タヌーヒーに語ってくれた。

ある婦人に一人の息子がいたが、その息子はときどき母親のもとから姿を消して不在にすることがあった。ある日、婦人は食事をするために坐っていた。婦人が一口分を切って口に入れようとしたとき、乞食が門のところに立って施しを求めた。そこで婦人はその一口を食べるのをやめ、それをパンに添えてもって行き、乞食に喜捨をしてしまった。婦人は空腹のままとなった。

婦人はいつも息子のことを大変心配しており、息子の帰宅を強く望んでいた。夜も少し更けたころ、息子が旅からひょっこり帰って来て、一大事に出会った話をした。

「自分の身に起こった大変なことはこうなのです。僕はあのとき、某地方の密林に差し掛かっていた。するとライオンが現われ、驢馬に乗っていた僕を摑まえ、驢馬を襲ったのです。ライオンの爪は驢馬の背当てに絡まり、今にも僕に届きそうになったので、僕は失神してしまった。ライオンは僕を引っ張り、密林に引きずり込みました。

ライオンが今にも僕を引き裂こうと、僕のうえに身を横たえたとたん、勇気百倍の、白衣を着た白面《はくめん》の男が現われた。その男はライオンの首筋を鷲づかみにして持ち上げ、大地に打ち付けたのです。しかもその人は言ったのです。『おい、犬畜生よ、立て。一口には一口〔の報い〕だ』と。

ライオンは意気消沈して立ち上がり、僕には意識が戻った。それで僕はその人を探したのですが、見つけることはできませんでした。僕は自分に気力が戻るまで、しばらくそのまま坐っていた。ふと自分の体を調べてみると、どこにも傷跡が見当たらない。やおら歩き出したところ、隊商に出会った。それで隊商の一行に自分に起こったことを話すと、僕が救われた話を大変不思議がった。ただ僕には白面の男が言った『一口には一口だ』の意味がわからないのです」

息子がここまで話したとき、婦人には合点がいった。それこそ、一口を自分の口に入れてしまわずに、それを乞食に喜捨した、まさにそのときだったのだと。それで婦人は、自分のした行為を息子に語ったというわけである。

（第二巻一六話）

1 —— Ibn Durayd, Abū Bakr Muḥammad b. al-Ḥasan. 第二巻一〇九話註3参照。

2 —— Abū Bakr al-Basṭāmī.

恐怖のあとの幸運

バグダードの法官付き信託人の一人、[*1]イブン＝アルハディル[*2]によれば、信頼のおける友人が次のように語ったという。

〔カルバラーにある殉教者フサインの〕墓廟[*3]にお参りに出かけたところ、一人の男に出会い、道中一緒に旅することになった。よく知らない人であったが、当時はハンバル派教徒がしばしば暴動を起こしていた時代[*4]で、我々は変装して訪れねばならなかった。

我々が〔クーファ近郊の〕バーニキヤーの密林に差し掛かったとき、連れが言った。

「某どの、何やらライオンが突然飛び出してきて、お前さんのまえで自分を襲うような予感がする。もしそんなことになったならば、儂《わし》の驢馬と衣服を取って、それを我が家にもって行って渡してもらいたい。場所はしかじかのところだ。そして家族に、儂の身に起こったことを知らせてやってほしいのだ」

「そんなことないよ。大丈夫だよ」

私が言い終わるか終わらないうちに、ライオンが飛び出してきた。男はライオンを見ると、驢馬のうえでしゃがみ込んで「アッラーのほかに神はいませぬ」と唱え始めた。ライオンは男の方を目がけ、男を引きずりおろした。

私は持ち物を持って驢馬を追い立て、急いで密林を出た。ようやく村にたどり着いたが、私は男の予感と、予想の正しさに不思議に思うと同時に、男と別れたことや起こった顚末から深い悲しみに襲われた。

私はバグダードへの帰途についたが、着いたときにはすっかり気力を失っていた。しかし、連れの住所が気がかりとなり、探し求めて扉を叩き、家の人に「どうぞご主人の持ち物をお受け取りください」と差し出した。すると「たった今用事ができて出かけました」と言うではないか。連れは生きていたのか。そんなこと神のお蔭でもない限りありえない。人違いしているのだと思って、名前を聞くと、某だという。驚きで胸いっぱいになり、坐り込んでしまった。だがそれほど待つまもなく、連れだった男が現われたのである。私の心は恐怖と喜びと怪しみが入り混じり、「貴殿の話を聞かせてほしい」と促した。

「ライオンはしばらく儂を引きずって密林に入ると、儂を揺さぶったり引っ張ったりしていたようだが、儂は気を失っていた。すると何か変わった音が聞こえてきた。突然大きな豚が現われたのだ。ライオンは豚を見ると、儂を放り出し、豚を目がけて叩き、豚を食べ始めた。儂はそれを見て意識が少し戻ってきた。

ライオンは豚を食べ終わると、密林から出ていき、儂を残して行ってしまった。儂の腿《もも》は傷を負っていたが、深手ではなかった。立ち上がってみると、どうやら歩くことができる。儂は道を探して密林のなかを歩きだした。すると人間や牛や羊の死体が横たわっているではないか。他の動物の死体もある。すでに白骨化したものもあれば、まだ新しいものもある。さらに歩くと、擦り切れた襤褸《ぼろ》や飛脚たちの袋が打ち捨てられていた。袋を調べてみようという誘惑に駆られて見ていくと、巻かれた状態のものが目に入った。なんとそれは胴巻きだった。開けると金貨で一〇〇〇ディーナールが入っている。儂はそれを取り出し、他は調べもしないで、密林を出た。あとは止まらず、まっしぐらに家に戻ったのだ。それで貴殿よりも先に着いたというわけだ」

連れの男は金貨を取り出して私に見せ、傷の状態も見せてくれた。そこで男の持ち物を引き渡し、我々は別れたのである。


（第二巻一七話）

1 ── 原語 aḥad umanāʾ al-quḍāt. 法官の職掌のなかには孤児の資産などの金銭的な管理もあり、特定の人物を信託人 amīn に指定して、その金銭業務を委ねることが多かった。

2 ── Ibrāhīm b. al-Khaḍar.

3 ── 原語 al-Ḥāʾir. ḥāʾir は庭園などの意の普通名詞であるが、当時特別にはフサインの墓廟を指した。

4 ── 第二巻一二三・一二四話参照。

弟を監禁したハムダーン朝太守への諫めの書簡

ヤフヤー＝アズディー[*1]は、〔ハムダーン朝の〕ナーセル＝アッダウラの子で太守のアブー＝タグリブ[*2]が弟アブルファワーリス＝ムハンマド[*3]への恐怖から弟を拘束し、手枷《てかせ》足枷をして城塞[*4]へ護送・監禁した件で、太守アブー＝タグリブに書簡を書き送った。これはヒジュラ暦三六〇年シャアバーン月八日(九七一年六月六日)付で出された。

　ヤフヤー＝アズディーは、アブルファワーリスが監禁されたとの情報を得るや、我々が集まっている会合の席で、長く考えることも苦労することもなく、まるで一気にこの書簡をしたためたのである。以下はその写しである。

　偉大なる神は一人の人物を選ばれて、重大な政務を執行させ、人民を保護させ、国境を防衛させてくださる。神はその人物に、締結するか破棄するか、識見を使って問題処理に当たらせ、隙あらばと狙っているあらゆる敵対者からその人物を守り、偽りや妬みで近づく者の策謀から守ってくださる。

　しかも決裁するに当たっては、何事も正しい方向に決意させ、世のなかに希望を与えてくださる。神はその人物の悩みをうまく解きほぐし、障害を乗り越え、最善の道に進ませ、滞っている問題は動き出すよう助けてくださる。こうして神は信仰厚き国家を守り、国家をその人物の手に委ねて保護してくださる。とりわけ、何事についても率先して栄えある神の立場を強め、どんな状況においても好んで偉大なる神の満足を得たいと願うならば、その人物は政治を執っても神の掟から外れることもなく、いささかなりとも正義の道を踏み外すこともない。

　これら高尚な特質や高潔な資質を当今の諸王より、もっぱら我らが太守閣下に帰せられ給うた神にこそ称えあれ。なんぴとの言葉も閣下のことを語り閣下に感謝し、なんぴとの心も閣下によって誠実となり、さまざまな意見も閣下によってまとまり賛同される。

　閣下が政治を正義に基づいて、あるいはコーランの掟に照らして執行されるように、また、あらゆる不義の悪徳から我らの身を守ってくださるように、あえて高みを望むことも競うこともなく煌く星の如く輝くように、閣下を導いてくださる神にこそ称えあれ。

　仲間であり国家の奉仕者である我ら全員は、閣下にお願いする。閣下に最大限の懇願を致すのも、日頃のご恩に感謝し、その名声の清らかさに賛美して、お許しをいただければと思ってのことである。願わくは閣下の尊厳とお導きが永遠に続き、閣下の約束と強制が正義と結ばれ、どんな祝福も贈り物も閣下の幸運をいや増し、閣下の言葉が信心深いものとなり、閣下の敵が屈服され、閣下の行為が称賛され、閣下の心が喜びに満たされんことを。幸いなる好機が失われることなく、閣下は称賛に値する統治者にして、望みの通り実行されるお方である。

さて、いかなる忠告もいかなる約束の履行も疑う人物でさえ顔色を失わせるような情報が伝わってまいりました。しかも、ひそかに裏切りの心を抱き、太守の国の醜さを隠していたあげく、王国の亀裂を目論む計略、国論の二分を促す陰謀、国家の没落、民衆の動揺があらわになったとの情報が次々と寄せられたそのすぐあとに、国家にとってきわめて由々しい見解が現われたのです。

情報の到達は、たまたま先触れや情報を事とする者によるものでしたが、彼らは〔事実を曲げて伝えるような者でなく〕起こった事件における神の見事な御業《みわざ》をよくわきまえ、神が試され与えられる助力に感謝し、我らの太守閣下がお命じにならなかったとよく知っている者たちであります。閣下はしかるべき事態改善の道を探ろうとはなさりつつも、その道を打ち捨てられて、少しも進めようとはされておられません。ただ謀反にこだわり、道を誤り、非道の広場を渡り、神の掟でもある血族の紐帯《ちゅうたい》から脇道に逸れるべきだと偽っておられるのです。それこそ神がコーランのなかで非道だとお決めになっていることです。

血統の義務を放棄しようとなさっておられますが、この点、コーランには素晴らしいことが書かれています。《まことに神は正義と善行を命じ、近親に惜しみなく与えることを命じ、すべてけがらわしいこと、いとうべきこと、非道なことを禁じ給うた。かくお前たちを戒め給うのも、ただなんとかしてお前たちを目ざめさせようとの思し召しから出たこと》（一六章九〇節）と。

神はお説きになっておられます。けがらわしいこととは正義にもとることであり、いとうべきことは善行を侮ることであり、非道な態度は親族の縁を切ろうとするからである。いと高き神が我らが太守閣下に義務となさっていることは、「非道に扱われている者は、必ずや神が助け給うぞ」と言われているように、非道な者から助けることであります。

我らが閣下がその人物に贈るべきは、もっとも近き血族の絆の故に、もっとも義務を果たすべき血族の繋がりの故に、その人物を家族のもとに戻してやることであります。そうすればその人物が唆《そそのか》されて罪を犯すことも身を滅ぼすことも防げましょう。閣下はその人物を、これまでの信仰の堕落や世俗の非道から離れさせ、必ずや豊かな生活、全《まった》き世事、明るい幸福、喜ばしい環境へと運ばれるに違いありません。

神は我らが太守閣下の意向と素晴らしい計画に応じて、閣下に報償を与えてくださるでしょう。信仰心への気遣いと同等に、現世の繁栄を達成してくださるでしょう。イスラム教徒を保護することで、閣下の敵をひれ伏させ、恩恵に祝辞を述べさせ、面前において贈り物を享受せしめてくださるでしょう。神は閣下の敵を好まれず、何事においても閣下を終始お褒めになることでしょう。まさに閣下は寛大で親切、よく聴いてよく答えている、と。

（第二巻一一八話）

1 —— Abū Muḥammad Yaḥyā b. Muḥammad b. Sulaymān b. Fahd al-Azdī. 第一巻二話註２参照。

2 —— Abū Taghlib Faḍl Allāh b. Nāṣir al-Dawla. 第一巻一〇三話註３、第二巻一三二話参照。

3 —— Abū l-Fawāris Muḥammad b. Nāṣir al-Dawla. アブルファワーリスは七年間監禁され、アブー＝タグリブと戦って、九七九年にモスルを征服したブワイフ朝のアドゥド＝アッダウラ ʻAḍud al-Dawla により解放された。

4 —— アルドムシュト Ardumusht 城塞のこと。アブー＝タグリブはかつて父親のナーセル＝アッダウラを廃位するクーデターを起こし、父親をここに監禁したことがある。父親は囚われのまま、二年後病没した。

ヤフヤー＝アズディーの詩

モスル出身のヤフヤー＝アズディー[1]は自作の詩を私タヌーヒーに朗誦してくれた。

おゝ聖法がこのうえなく愛する者よ
はるかかなたにいるとも大地は狭く
心臓はあなたへの畏怖に動悸を打ち
あげくはまるで大地の底が脈を打つ

ヤフヤー＝アズディーは次のように自作の詩を朗誦してくれた。

葡萄の水のうちでも年代物で気品のある
黄色ワインは葡萄汁と比べものにはならぬ
儂《わし》のコップが満たされ陽の光を受けて輝く
あたかも栗毛の雌馬の下で斑《まだら》や白や薄茶の
仔馬たちがたらふく飲んでいるかのように
コップの反射光が点じられた火のように
胴まわりのカット飾りがきらきらと輝く

とれたての葡萄が儂の運命を悲しみから
喜びに変えるまで儂は酒宴に侍《はべ》りはしない

ヤフヤー＝アズディーは次のようにも自作の詩を朗誦してくれた。

貴女さまと別れたあと私の目は眠りを忘れた
目が切望するほどよい眠りは訪れそうにない
長い間の涙に慣れてしまったのであろうか
まるで世界の目が涙を流す道筋となったのか

次のようにも自作の詩を朗誦してくれた。

おゝ心臓のなかの囲炉裏よ　目に不眠を命ぜよ
汝は我が心眼からゆっくりと心底に降り立つ
我が目の涙は止まらぬとも心臓は意志を得よ
我が心臓は恐怖で消えずとも目は眠りを得よ

次も朗誦してくれた自作の詩である。

秘かに息をしながら　我は切望と不平の徒《やから》となった
訪れるたびごとにあなたに愛の不満を訴えている

おゝ我らが主人よ　我から離れ遠くに退かれ給うや
我をどれほど試練に耐えうると思し召し給うや
あなたは試練に打ち勝たれても　我は自制に耐えられぬ

次のようにも自作の詩を朗誦してくれた。

朝早く顔面にほのかな陽の光を浴びてやって来た
やあ晴ればれした朝出の人よ　顔は円満そのもの
丸い砂の丘を棹さしてすたすた歩いてお出でたか

次も朗誦してくれた自作の詩である。

闇夜は我を悩ませる　寝ずにどう過ごそうかと
熱望は我に眠りを思い止まらせる　眠気を払おう
朝は激しい我が夜を気遣って　どこぞに隠れるか
だが今夜は泊まるのをやめ　別の夜にしようか
漆黒の夜は朝と競い　薄暗がりは赤味をおびる

次のようにも自作の詩を朗誦してくれた。

汝のところに男がやって来て
男の必要物を汝に望むだろう

男はお金の力で価値を高める
服従して男の言葉をよく聞け
男の求めを成し遂げさせてやれ
男の正義を知り運命に逆らうな

次のようにも自作の詩を朗誦してくれた。

おゝ自分の小姓との縁を切ろうとしている者よ
小姓との言葉のやり取りを止めようとする者よ
小姓の拒絶、非難、叱責に次々出遭う破目の者よ
汝は取り乱しに堪えぬし　熱望を棄ててはおけぬ
従順さと熱病を慮《おもんぱか》って結ばれると安堵させてやれ

次のようにも自作の詩を朗誦してくれた。

おゝ三日月よ　現われて吉兆に出会うというか
おゝガゼル[*2]よ　まるで人を満足させる若枝のよう
全き美を備える者よ　語らい　葡萄と薔薇を摘め
絆を断てば必ず無情と縁切と拒絶がやって来る
限りを超え　美を持てる者はみな限りを超えよ
まさに我はお前のほかに主人を持たぬとしよう
お前の顔の美貌ゆえに　我をしもべに選び給え

次のようにも自作の詩を朗誦してくれた。

目に愛の喜びと痛みの水を振りかけられて
必ずやその人は恋の水のなかを泳ぐだろう
だが愛の悲しみから目を覚ますときがくる
ため息が頬のうえに苦い水を振りかけよう

ヤフヤー＝アズディーが自賛するカセーダ体詩の出だしはこうである。

我が夢を除けば　若者には軽率さが見られる
我が手綱さばきを除けば　子供の仕草と紛う

途中では以下のように詠んでいる。

日々の結末が延びに延びているかの如く
我が内臓はコーランのなかに沈み込む
我は明白なる事実に疑いでもって抗《あらが》わず
起こったことに疑いをもって不満を訴えず

ヤフヤー＝アズディーはまた別のカセーダ体詩を私タヌー

ヒーに朗誦してくれた。

我が父は高貴の生まれ　心は気高く　知性にすぐれ
運命にひるまず　魂は神から見放されることに揺るがず
まさに堅固で　鋭い槍先に頼らず　教訓は神智獲得への
邁進

次もヤフヤー＝アズディーが自賛するカセーダ体詩である。

我が掌《てのひら》は剣の柄《つか》を友とし　どんな事態においても助太刀
となる
鋭い両刃《もろば》の素早い動きは　まるで思いのままに水から抜
くごとく
ときには刃上をつたう蟻の道のごとく　知性に富む者は
瞑想が似合う

（第二巻一九話）

1——Abū Muḥammad Yaḥyā b. Muḥammad al-Azdī. 第一巻二話註2参照。
2——美少年のたとえ。

別離の寂しさを詠む

〔ヤフヤー＝アズディーは、〕バグダードを去ってモスルに移った〔詩人〕アブルファラジュ＝バッバガー[1]に宛てて、バッバガーを慕っている旨の詩を書き送った。[2]

あなたは去られた　我に引き止める手立てなく
あなたは離れていて　我が心から喜びは離れた
もし我に諸事の始末をつける決意があれば
何が起ころうとも我はあなたに付き従うまで
我に愛を　さもなくば独居の寂しさは減らず
それは重ねての伺候を求めないようなものだ
もし遠ざかるとしても　あなたは我が胸に満つ
偉大なるあなたに愛を　なんと胸を打つ方よ

バッバガーはこれに答礼の詩を書いた。

我は貴殿を遠くより近くにいると思って助けを求める
この時代に　貴殿のほかに誰に助けを求められようか
我は移り住む　されど我が安らぎは手元にあろうか

熱望は我が動きを休息へと戻すであろう
心はあらゆるものが流転しているのを見る
人間の心もまたそれぞれに移り行くのだ
貴殿のあと我は燃え立つものを見ることなく
ただ何か親しきものに向け　瞼《まぶた》を開かせよう
だが何事を行なってもすべてに不平をかこち
かつての我がときはなんと我に甘美だったか
貴殿から離れて以来　我は寛大さを求めるも
出会うは疑念ばかり　我はかつてを確信する

バッバガーは私タヌーヒーに次の自作の詩を朗誦してくれた。

我が愛しい人は我の移住をかこつ
あの者は心に病を秘めているので
我の旅立ちと己のとの区別がつかぬ
もし公平に判断することができれば
我との繋がりを断つことができよう
だが互いの愛で結ばれた者にとって
時の流れとはむごたらしいものだ

（第二巻二〇話）

我は遠く離れる　されど我が喜びは傍らにあろうか
貴殿は仲間であった　だが陽は月なしで済まされようか
おゝかつて頼りにしていた者よ　昔は何かと世話をかけた
おゝ我が頼りにした世話人よ　我を極貧から救ってくれた
もし貴殿から喜びが去り　貴殿が我から離れるとすれば
いったいどのようにすれば我が喜びは全うできるだろう

このあと、ヤフヤー＝アズディーは病を得たが、アブルファラジュ＝バッバガーに宛てて手紙を書き、詩を残した。

我は健康を損なった　貴殿が去ってしまったためか
我は貴殿が立ち去ったことで思い出を深く突き詰める
貴殿に近づくことは我にとって健康を保つもとだった
貴殿が駱駝の背に旅立ったとき　我は仲間を失った
おゝ我が思いの方よ　病は癒されようか癒されまいか

アブルファラジュ＝バッバガーはその手紙の冒頭に、ヤフヤー＝アズディーに宛てた返事の詩をしたためた。

悲しみを越えて　安寧のときを迎えよう

1 —— Abū l-Faraj al-Babbagā'. 第一巻五二話註1参照。
2 —— 名前の明示はないが、詩の送り手は前話のアブー＝ムハンマド＝ヤフヤー＝アズディー。

ある法官への賛辞

ある書簡のなかで、法官への次のような賛辞が見られた。

「神に称えあれ。神はあの方に対して用心深くなく、あの方から去る者に賛辞を与えず、またあの方自身、称賛に目がくらみ、誘惑にごまかされる、そんな方ではない」

また別の箇所では、「あの方の知識はむろんその知性に、才能はむろんその好意に掛けて神に称えあれ。必ずや神はあの方の進路を見逃さず、あの方の要請に失望を与えられないであろう」

また別の箇所では、「我らが従わないとあの方は不満が多いにもかかわらず、我らはあの方のお蔭で、数えきれない恵みを与えられた。神にこそ称えあれ。まさに我らは、公にすべき善事についてであれ、隠すべき悪事についてであれ、あの方にどのような言葉を述べ、どのように感謝すべきかを知らない」


（第二巻二一話）

カリフ臨席の結婚式における大法官の気遣い

〔法官〕イブン＝アイヤーシュ[*1]と〔詩人〕イブン＝カンナーシュ[*2]は私タヌーヒーにある逸話を語ってくれたが、それは双方をまとめてみると次のようなことであった。

　イブン＝アルハワーリー[*3]の邸宅は快適なことで有名であったが、そのイブン＝アルハワーリーのもとに始終出入りしていた説教師のアブー＝イスマ[*4]が先の二人に語ったという。

　法官アブー＝ウマル[*5]は大将イブン＝ラーイク[*6]のために娘の大カイサルの結婚式を執り行なった。法官はできるだけ式を長引かせたのであるが、当日は大変暑い日であった。式が終わったとき、法官はもう一件結婚式があると告げられた。法官は長くなるのを嫌った。それはカリフをいらだたせないよう気を遣ったためで、「偉大なる神に称えあれ」とわずか二言を述べ、それからコーランの一節を唱え、結婚の契約を結ばせた。

　カリフ-ムクタディル[*7]は暑さのためにすぐに立ち上がった。法官アブー＝ウマルの気遣いに、カリフは心地よさを感じていた。

　イブン＝アルハワーリーが自分の邸宅に帰って来たので、私アブー＝イスマは早速彼のもとを訪れ、坐り込んで談笑し、互いに冗談を言い合い、降りかかった災難をかこった。するとイブン＝アルハワーリーは話した。

「その日、法官アブー＝ウマルにとってはすべてが順調に進んだ。カリフは法官について語られ、褒め、最初の説教を長引かせたこと、次の説教を簡潔に収めたことを是と認め、『このような優秀な人物を模範として、我らがその美徳を称えないという法があろうか』と語られた。そこで儂《わし》はカリフと相談して、法官の俸給とその職掌を幾らいくらに増すことを書き留めた。するとカリフは、宰相にこの件を執行するよう儂に命じられたのだ」

　ときにイブン＝アルハワーリーはアブー＝ウマルの友人であった。私アブー＝イスマはこのことを聞くと、それは吉報であり、法官アブー＝ウマルと近づきになる機会だと思い、急ぎ自分自身で法官に知らせてやりたい感情に駆られた。

　私はじりじりと時を待ち、イブン＝アルハワーリーが眠りに就いたとみるや、騾馬に乗って法官アブー＝ウマルのもとを訪ねた。法官は私が非常識な時間にやって来たことを非難したが、重大な知らせを持って来たと知ると、迎え入れて坐らせた。そこで私は法官に祝福の挨拶をして、経緯を詳しく話した。

　すると法官は、「神が信徒の指揮者の寿命を長遠《ちょうおん》にし、イブン＝アルハワーリーに善き報いを与えられんことを。貴殿のことはよく憶えておくぞ」と言った。私は自分に対する法官の感謝の念が足りないと感じ、自身でも驚くような考えが浮かんだ。

法官のもとを辞去すると、私はいたく後悔し、「国家の秘密を宰相より上位にあるような人物に漏らしてみよう。そうすればその人物が秘密を私から聞いたと言わずに、私の目のまえで漏らしたことになるかもしれない。多分、その人物は法官アブー＝ウマルのことを利用しようとするかもしれない」と考えて、急ぎ秘密を明かそうと向かった。もしアブー＝ウマルがすでに行動を起こしていれば、アブー＝ウマルはこのことに感謝するか、あるいはその人物と話し合いをもつであろう。そして件《くだん》の問題について、秘密の情報源が私から出ているのか、それとも私ではなく他の人物から出ているのか判断することになろう。良きことであれ悪しきことであれ、喜びであれ悲しみであれ、卓越したことであれ堕落したことであれ、秘密を漏洩したという点では同じなのではないか。

だが、これがもとで自分にとってつらい破目になったり、腹を立てることになったりして、自分の生活や財産が失われることになりはしないだろうか。もし断られれば、いったい誰が自分を連れて行ってくれるだろうか。誰が自分に協力して、その人物の館に連れて行ってやろうと思うであろうか。それとも、よく知りもしないで、自分が秘密を洩らしたという理由で追い返されたという噂が世間に広まりはしまいか。

結局のところ、私にはアブー＝ウマルのところに戻って、秘密の隠匿を頼むしか方法がなかった。私は騾馬から降りて、アブー＝ウマルのところに戻りかけた。すると、アブー＝ウマルの執事に出会い、執事が『やあ、アブー＝イスマよ、一言もない、一言もない』と言うではないか。まるで執事には私が何を考えているかわかっているようであり、私に何が降りかかるか、知っているかのようであった。執事は私が考えついたことを見抜き、私がアブー＝ウマルに秘密の隠匿を頼みに戻ったのだと理解した。そのようなことを私に語りはじめたので、私は執事に感謝し、立ち去った。法官アブー＝ウマルの館には上らなかったのである。

かつてイブン＝アイヤーシュはこの逸話をアブー＝イスマから聞いて私タヌーヒーに語ってくれたが、実はイブン＝アイヤーシュ自身は説教のことも、秘密の漏洩のこともよく話してくれなかった。そこで私は以上のように、より詳しく説明したのである。

（第二巻二二話）

1 —— Abū l-Ḥusayn ʿAbd Allāh b. Aḥmad b. ʿAyyāsh. タヌーヒーの重要な情報源の一人。第一巻六話註3参照。

2 —— Abū Jaʿfar Ṭalḥa b. ʿUbayd Allāh b. Qannāsh al-Ṭāʾī al-

Jawharī al-Baghdādī. 詩人でサイフ＝アッダウラの侍臣。第一巻四〇・四四話参照。

3 —— Abū l-Qāsim Ibn al-Ḥawārī. 第一巻二三話註3参照。

4 —— Abū ʿIṣma al-ʿUkbarī. 第一巻六三・六四話参照。

5 —— Abū ʿUmar. 第一巻一〇話註2参照。

6 —— Ibn Rāʾiq, Abū Bakr Muḥammad. ハザル族出身の軍人。アッバース朝の初代大総督 amīr al-umarāʾ. 警察長官を振り出しに、カリフ＝ムクタディルの侍従を務め、ラーディーがカリフに即位すると、バスラのみならずワースィトも領有して勢力を拡大、九三六年に初代の大総督となって、軍事と財政の両権を掌握した。九三八年、部下のバジュカムに地位を奪われるが、九四一年に返り咲いた。しかし翌年、ハムダーン朝のナーセル＝アッダウラに殺された。この逸話は侍従だった頃のことか。なお、イブン＝ラーイクの名前には尊称の意味でか、「大きい」を意味する形容詞が付されている。

7 —— al-Muqtadir. 在位九〇八—九三二。第一巻七話註2参照。

カリフへの法意見の御進講

アフマド＝アズラク[1]によれば、法官アブー＝ターリブ＝イブン＝アルブフルール[2]は次のように語ったという。

「私の父[3]は私有財産について、カリフ＝ムクタディル[4]に御進講できるのは余人をもって代えがたいということで、船列式のあとの拝謁の日に参内し、カリフの御前で法意見を開陳することになっていた。ところが、それが遅参してしまったのである。そこで宰相アリー＝ブン＝イーサー[5]は私に向かって、『これは本来、汝の父が行なわねばならないことであった。よって汝が代わって進講するのがふさわしい』と命じたが、私ができないと断ると、法官アブー＝ウマル[6]に『貴殿が進講しなさい』と要請した。ところがアブー＝ウマルは断る許しを請い、代わりに『この仕事を息子[7]にやらせてください』と請うた。そこで宰相は許したのであるが、息子はカリフ＝ムクタディルの御前で、私有財産についての御進講をやり遂げたのである」

（第二巻二三話）

1 —— Abū l-Ḥasan b. al-Azraq. 第一巻一四話註2参照。

2 —— Abū Ṭālib Muḥammad b. Aḥmad b. al-Buhlūl. 第一巻一五四

話註2参照。

3――法官 Abū Ja'far Aḥmad b. Isḥāq b. al-Buhlūl. 第一巻一六話註2参照。

4――al-Muqtadir. 在位九〇八―九三二。第一巻七話註2参照。

5――'Alī b. 'Īsā. 第一巻一四話註7参照。

6――Abū 'Umar. 第一巻一〇話註2参照。

7――Abū l-Ḥusayn b. Abī 'Umar. 第一巻一二七話註4参照。

歌姫に入れあげた部下への宰相の粋な計らい

ヤフヤー＝アズディー[*1]によれば、書記官のアブー＝アフマド＝シーラーズィー[*2]は次のように語ったという。

私は当時宰相であったイブン＝ムクラ[*3]に仕えて書記官をしていた。私は生活がそれほど豊かでもなかったにもかかわらず、ある歌姫[*4]が好きになり、稼ぎのすべてをその歌姫につぎ込んでいた。イブン＝ムクラは私の事情をよく知っていて、利益になる仕事を与えてくれた。私は徴税官宛てに約定書《やくじょうしょ》をしたためたり地方の長官に宛てて返書をしたためたりする機会を逃さず、多かれ少なかれ金二〇〇ディーナールか三〇〇ディーナールかを手にしたが、それでも何も残らなかった。

そうこうするうちに、ジュルザーン王[*5]の書簡がイブン＝ムクラのもとに寄せられ、宰相はその書簡を私に寄越し、返書をしたためるように命じた。すると、書簡をもたらした使者が私のところにやって来て、返書をしたためるよう求め、私に金二〇〇ディーナールと錦織の衣服などを差し出した。私は美辞麗句をちりばめた返書をしたためて贈与を受け取ったが、それもすべて歌姫に費やした。

数日間、歌姫は私のそばにいたが、私にはもはや歌姫を一日中独り占めにできる花代の持ち合わせがなかった。私は歌姫が立ち去りはしないかと、落ち着かなかったが、もはや歌姫を引き止める手段がなかった。そうしたとき、私の小姓がやって来て、「ジュルザーンの方が門前にお見えです」と言う。私はうるさく思い、「もはや私が煩わされねばならないことは何も残っていない。私はすでに返書をしたためた。私は今日の花代をどう工面したらよいか、考えごとに忙しいのだ。引き取ってもらうように」と言った。

それで小姓は出ていったが、また戻って来て、「自分に銀一〇ディルハムを与えて、主人に会わせるようにと頼んでおられます」と言う。それで私は欲に目がくらんで、「小姓に一〇ディルハムもくれるというのであれば、何か私に会わねばならない重大なことかもしれない」と考え、「お通ししろ」と命じた。

使者が入って来て、王への返書を差し出して言うには、

「閣下、手前どもの主人宛ての書簡は、慣例では表題を付けることになっております。たとえば、某の子にして某の父と書いて、そのあとに『ジュルザーンの王』と書かれます。ところが、この書簡ではそのような表記がございません。したがって、それは王に対する軽視を意味することになりますので、追記をいただかねばなりません」と。そこで、

「そのような追記は、宰相の命令がなければ違法となっている。事は重大な問題だ。もしそのように書けば、それはあたかも、我らがカリフの統治権をその地方から除外していると取られかねないからだ」

私はそのように言って、事態の重大さに畏怖させ、大変な政治の力が要るとまで誇張した。

「おゝ閣下、手前には宰相にお願いするだけの時間がございません。今日中に隊商たちと出発しなければならないからです。どうか貴殿が望まれるだけのものを手前からお受け取りください。いくらか額をお書きください」

私はますます欲にかられて、「この問題はカリフの命令がなければ、宰相といえども執行できないことだ」などとあれこれ言って、結局のところ、私に即金で金貨三〇〇ディーナールを支払うことで落ち着いた。だが私は念を押した。

「貴下に同行している者は誰であれこの書簡を見ることはなく、また本日はもはやバグダードに滞留しないという条件を承知でならば」

と。使者がこの条件について私に同意したので、私は書簡の表題の端に「ジュルザーンの王」とだけ書いて、金貨を受け取り、その男は立ち去った。こうして私は歌姫を手放さずに、この金貨からいくらかを出して私と一緒に居させることができたのである。

それから数日して私は宰相イブン＝ムクラのもとに伺候し

た。すると宰相は私に数通の書簡を寄越して、「〔ホーズィスターン州の〕トゥスタル地方の領主に宛てて、その地の徴税区を安堵する書状をしたためよ」と命じた。すると一人の人物がやって来て、私に金二〇〇ディーナールとトゥスタル産の衣服とターバンを差し出した。私は安堵状を書き、衣服は別に取って置いて、お金はいくらか使ってしまった。

ところで、宰相イブン＝ムクラとアブルアッバース＝ハセービー[*6]とのあいだには敵対関係があって、どちらも宰相職に対する執着があり、人々のあいだではよく知られていた。私はこのハセービーに恩義があり、かつては指導を受けたことがあった。私は好んでハセービーに会いに行ったものだが、内心は宰相イブン＝ムクラとのことを恐れていたので、よく内々で会いに行っては、宰相との関係という私の至らなさをハセービーに謝り、ハセービーはそれを許してくれた。

ある早朝、私にとんでもないことが起こった。私はトゥスタルの使者から贈られた真新しい衣服を着て宰相官邸に出かけたのであるが、その一室に入ると、そこには宰相とその息子アブルフサインとが二人だけで在室しており、それに接した広間に書記官たちの面々が坐っていた。そのなかには、イブン＝シールザード[*7]、アブー＝ムハンマド＝マーザラーイー[*8]、ハサン＝ブン＝ハールーン[*9]らがいた。

私は一団の書記官たちのところに坐ろうと、脇へ向けて歩き出したところ、宰相が私を見つけて、「こちらへ来い」と怒った調子で叫んだ。私は自分がハセービーに会いに行ったという情報が宰相の耳に達していて、それで私が来たのだと思われていないか恐怖におびえて立ち止まり、息子のアブルフサインに、「私のことで何かご存知ですか」と囁《ささや》いた。息子は「何も知らない」と笑い、「お坐りなさい」と言った。息子の笑いで私の気分は落ち着き、私は坐った。すると宰相が言った。

「今日は安息日だ。空気もいいし、仕事を休んで朝の一杯をやろうと思うがどうかね」

「神かけて、それは素晴らしいご意見、正しいご判断と思います。お誘いをお断りしたり、どこかへ出かけたり、行なわずに引き延ばしたりすることが許されるはずもありません」

と、私は朝の一杯の素晴らしさを称え、すぐにも目に浮かぶようなことを話した。すると宰相は侍従に、

「我らが書記官たちに、『役所へ行って、各人の執務状況なり仕事の溜まり具合なりを調べ、また一般人が入る館から立ち退かせるように』と言え。余には誰も面会に来させるな。それが済めば朝の一杯の準備に掛かれ」

と命じた。それから宰相は調度係の召使いを呼び、絨毯を調《ととの》えて宴会場を好ましい状態にしつらえるよう命じて言った。

「朝の陽の光を直接差し込ませないで、会場そのものは明るさに満ちたものにするのだぞ」と。宰相は立ち上がって部屋を出た。それから一刻もしないうちに準備が整い、宰相が座所に就き、我々は宰相とともに食事を摂った。しかし私自身は、事の成り行きに注意することを怠らなかった。

一同が食後の手洗いのために立ち上がったとき、私は宰相の息子に、なぜ朝の宴会を開くことになったのか聞いてみた。すると息子は、宰相が私を見たときにこう言ったのだ、という。

「この男は我らに仕え、それも特別に奉公している。我らとしては何かしてやる義務があるのではないか。どうやらあの男は歌姫にぞっこん惚れ込んでいる。おそらくはその費用に事欠き、稼ぎのすべてをその歌姫につぎ込んでいるはずだ。我らがこの男のために歌姫を身請けしてやろうではないか。何か具合の悪いことでもあるか」

私は宰相の息子が厳しい人間であることを知っていたので、「貴殿はどう言われたのですか」と聞いてみた。すると「ご意見は結構かと思います」と答えたという。私は申し出た。

「まさに私としては、このような事態にとうてい確信がもてません。貴殿がよくよく考えられ、決心され、思いめぐらされることを希望します。もし身請け金を今日のうちにご都合できないようであれば、どうかこの件は打ち捨ててください」

息子アブルフサインは「やってみる」と言って、午睡のために立ち上がった。私は眠れるどころではなかった。坐りなおして、私のために考えてくださった宰相への感謝の気持ちを託し、約束の果たされることを願う詩を作った。それを私のできうる限りの美しい字体で清書した。

しばらくして、我々は酒を飲むために坐った。宰相が何杯か酒を飲んだところで、私はイブン＝ハールーン[*10]に詩を書き連ねた紙片を渡した。これは私の詩を高く評価してくれる彼と私の習慣であった。私は彼の口を借りて宰相を称賛するなどして、侍臣たちのうちでも彼とはとくに親しい関係にあったのである。

イブン＝ハールーンは紙片を手にし、そこに書かれている詩を朗誦した。続いて詩の内容を描写し、その素晴らしさを述べた。一団の書記官たちも同意した。宰相はよい詩だと褒めてから紙片を受け取ると、ナイフでその余白を切り取り、そのうえに何やら書いて、それを息子のアブルフサインに渡した。息子が何かを書くと、宰相はそれをきつく丸め、まるでボタンのようにしてからそれを投げた。それは私の胸に当たり、開いてみると、なんとそこには、「銀一万ディルハムを持って来るように宦官《かんがん》が呼ばれる」と、ついで息子の字で「貨幣取扱吏[*11]某は五〇〇〇ディルハムを」と書かれているではないか。

私は直ちに立ち上がって宰相に感謝を述べ、手に口づけをした。すると宰相は指で黙っているように合図し、指を口に当てた。それで私は黙った。我々は酒宴を続け、日没のときがやって来た。宰相が礼拝のために立ち上がると、我々も立ち上がった。

すぐ宰相に呼び出されたので、行ってみた。

「お金は受け取ったか」

「いいえ」

「まさに神かけて、このたびのことからして、お前はなかなか気の利く男だのう。もしカリフがお前に『予が労を取ってやるからもってまいれ』と言われたならば、お前の胸は期待で膨らみ、御馳走がお預けになることはなかろう。だがもしそのカリフが、今夜にでも儂《わし》を宰相職から罷免するとしたならば、お前はお金をどのようにして手に入れるかね。もし儂が死んだらどうなるかね。もしかくかくしかじかだったらどうするかね」

「閣下に限って、そんなことが断じて起こりませんように。神がこのお金にも閣下のお言葉にも呪いをかけられませんように。神は閣下を一〇〇〇年もご長命にしてくださいますとも」

「よかろう」

それから宰相は宦官を呼びにやらせ、来るとこう命じた。

「この小切手を持って行ってただちに記載のお金を持ってまいれ。礼拝が終了するまでにだぞ」と。宦官が受け取ると宰相は礼拝に向かい、我々も礼拝室に入って行った。

まさに我々の礼拝が終わるか終わらないかのうちに、件《くだん》のお金が持って来られた。ところがそのとき私はインク壺を持ち運びする少年のほかは、そのような現金を運べる小姓を連れておらず、お金を運ぶことができなかった。広間を見渡すと〔娼婦の〕小ビドアがいた。私と彼女とのあいだには親愛関係があって、彼女は私にとても好意を感じていた。そこで頼んだ。

「姫よ、貴女の宦官を幾人か私に貸してくださらんか。このお金を私の邸宅まで運んでほしいのだ。私の召使いではできないので」

と。小ビドアはビドア＝ハムドゥーニーヤ[*12]とも言い、そのときは宰相官邸に、多くの女奴隷や宦官や下働きを伴って来ていた。そこで彼女は先導していた小姓を私に預けてくれた。私はお金を持たせ、その小姓は私の邸宅までお金を運んでくれた。

私は歌姫を所有する女主人を呼び出し、宰相がくださったお金を歌姫の身請け金として渡した。ところが女主人は銀三万ディルハム以下では歌姫を売れないという。宰相のお墨付きの話だと言っても認めない。やむなく自分でお金の都合をつけようと、まず花代として五〇〇〇ディルハムを前払いし、残額は少しばかりのちに支払って、ようやく彼女を身請けしたのである。

（第二巻二六話）

同じくヤフヤー＝アズディーによれば、書記官のアブー＝アフマド＝シーラーズィーはさらに次のようにも語ったという。

私はある日の朝、宰相イブン＝ムクラのもとに伺候した。私はそのとき前夜の酒のせいで二日酔い状態であった。自分の屋敷に例の女奴隷の歌姫を残したままであった。

二時間余りが経ったとき、宰相が仕事をやめて酒を飲もうと言い出した。私は巻紙の端を切り、その紙片に弟に宛てた伝言を書き、女奴隷を引き止めておくように、またしかるべきものを用意しておくようにと命じ、末尾に、「これから自分は宰相との食事会を言われているが、二日酔いで食べられそうにないと宰相に弁解しなければならない」と知らせた。ところが、宰相は私が書くのを横目で見て読んでいたのである。私はそのことをまったく知らなかった。

私は伝言を私の小姓に渡し、屋敷に持ってやらせた。宰相の方はそれほど急ぐふうでもなく立ち上がって、料理を運ぶように促し、私に一緒に食べるよう命じた。しかし私には食欲がなく、昨夜大酒を飲んでいるので、料理の臭いを受け付けず、ましてや食事は到底できない、と弁解した。それでも宰相は承知せず、私は断り続けた。

すると宰相は書類入れを持って来させ、そこから何通か書類を出し、専念して答弁書を作成するよう命じた。私には宰相が嫌がらせをしているように思えたが、その意図やなぜ食事に誘ったのか、なぜ仕事に打ち込み、翌日までに書き終えるよう指示したのかわからなかった。私は二日酔いの頭痛に悩みながら、食事が摂れないことを詫びた。

私は書類を書き終えたので、宰相は食事中であったが、書類を持ち、辞去を許してもらえるだろうと予想しながら伺った。ところが宰相は別の書類入れを持って来させ、そこから何通か書類を引き出し、「お前は我らと一緒に食事をしなくともよいが、この仕事を仕上げるのだぞ」と言った。

宰相はまえよりもいっそう私を責めているのだと思いながら、答弁書を書くのに専念した。書き上げたときには、宰相は食事を済ませていた。私は書類を持って伺い、提出した。今度こそ辞去を許してもらえると疑わなかった。すると宰相は「お前の酒がもう切れたことは疑いないだろうから、食事を持って来させよう。ぜひともそうさせよう」と言われるではないか。私が断ると、三度目の書類入れを持って来させ、仕事を命じて微笑んだ。

それで、「これは今日どうしても私が書き上げねばならない緊急の用件ではないのではありませんか」と尋ねると、宰相が「お前が弟に宛てた伝言を読んでしまったのだ」と言われたので、それまでのことが理解できた。宰相が笑い、私も笑った。

宰相は金二〇〇ディーナールと年代物の酒瓶二〇本を持って来るよう命じ、それを私の小姓に渡した。それからまた、香料の入った自分の小箱を持って来るように命じた。宰相のまえにエジプト産の錦織の包みが差し出され、開けると、そこに龍涎香《りゅうぜんこう》や沈香《じんこう》が詰まった小箱が現われた。樟脳や麝香《じゃこう》などの小箱もあった。宰相は小壺を持って来させ、そのなかに何オンスかの香料を詰め、それを錦織の布で包み、封泥で封印して言った。

「持って行け。この金貨を使い、酒を飲み、香を焚き染《し》めよ」と。私はそのすべてを受け取って、辞去したのである。

（第二巻二七話）

同じくヤフヤー＝アズディーによれば、書記官のアブー＝アフマド＝シーラーズィーはさらに次のようにも語ったという。

この女奴隷の名はバフジャ（喜び）と言ったが、別にはサフラー（黄色）と呼ばれていた。ある晩、私は彼女と一緒に飲み、すっかり酔っ払って、朝を迎えてしまった。私は宰相イブン＝ムクラに会いに行かねばならなかったが、彼女と一緒にいる方を選んだ。

私とこの女奴隷との関係を宰相がよく知っているにもかかわらず、私はそのことを隠したまま、出仕が遅れる言い訳をしようと思い、「サフラー（黄胆汁）が私の身体を動きまわり、遅れてしまいました」と手紙に書いて、遅れる許しを乞うた。すると宰相はその手紙の裏にみずから筆を添え、「お前がサフラー（女奴隷）に心を動かされたのであって、サフラーが動きまわったのではなかろう」と書いた。*13

この宰相の言葉は、イブン＝ハールーンが女奴隷サフラーについて作った詩の言葉に似ているように思えた。それはイブン＝ハールーンが医者に、「黄（サフラー）胆汁」について不満を訴えたときに作詩したもので、私は宰相が医者の言葉を取って返書をしたためたことを知らなかった。

注意深く顔色を観察していた医者は言った
この若者は黄胆汁に苦しめられている、と
それは正しいには違いなかろうが　医者が
言葉を知らず　明らかな誤診なのは驚きだ

（第二巻二八話）

1 —— Abū Muḥammad Yaḥyā b. Muḥammad b. Sulaymān b. Fahd al-Azdī. 第一巻二話註2参照。

2 —— Abū Aḥmad al-Faḍl b. ʿAbd al-Raḥmān b. Jaʿfar al-Shīrāzī. イブン＝ムクラの書記官で、イランのファールス州のシーラーズ出身。第一巻一七話註7参照。

3 —— Abū ʿAlī Muḥammad b. Muqla. 第一巻一七話註4参照。

4 —— 原語は qayna であるが、別のところでは mughanniya（歌姫）とある。身分は奴隷の遊女で、奴隷主の仕込みで歌謡や器楽の芸を磨き、娼館で歌舞・演奏するか、あるいは客の求めで宴会などに呼ばれて歌舞したり個人的に侍ったりしたが、花代は高価なことが通常だった。

5 —— ジュルザーン Jurzān はカフカース山脈の南麓、黒海の東岸にある現在のグルジア（ジョージア）に当たる。すでにイスラム勃興期にアラブによる侵攻があり、アッバース朝初期には、クライシュ族の血を引き、ウマイヤ朝最後のカリフ＝マルワーン二世縁故のイスハーク＝ブン＝イスマイール Isḥāq b. Ismāʿīl が首都ティフリース Tiflīs（現ティビリシ）に拠って支配権を確立していたが、カリフ＝ムタワッキル（在位八四七—八六一）が派遣したトルコ将軍ブガーに滅ぼされた。九四二年まで、アッバース朝のディルハム銀貨がティフリースで鋳造されていたことが知られている。アッバース朝の支配権は次第に後退し、九世紀末にはアルメニア出身者による半独立の王国が樹立されていた。

6 —— Abū l-ʿAbbās Aḥmad b. ʿUbayd Allāh al-Khaṣībī. 第一巻一七四話註3参照。

7 —— Abū Jaʿfar Muḥammad b. Yaḥyā b. Shīrzād. 混乱の時代を生きた官僚。カリフ＝ムクタディルの叔父ガリーブの子ハールーン Hārūn b. Gharīb の私領地庁の書記を振り出しに、書記の技術が認められて頭角を現わし、大総督イブン＝ラーイクの書記となり、九三九年に宰相に就任、実権を握ったイブン＝ラーイクの部下バジュカムに逮捕された。しかしバジュカムが殺されると、後任の大総督トゥズンのもとで再度宰相となり、彼の名でバグダードを統治したが、不法行為を公認したりして、バグダードの混乱は極度に達した。ブワイフ朝のムイッズ＝アッダウラによるバグダードへの進攻が伝えられると、一時身を隠した。その後、姿を現わしたイブン＝シールザードにムイッズは書記として国家の徴税業務に当たるよう命じ、カリフ＝ムティーウ（在位九四六—九七四）の宰相に任じた。しかし、ムイッズのもとを逃れ、バグダードを占領したハムダーン朝のナーセル＝アッダウラに合流、政務を執った。ムイッズが巻き返しを図ってバグダードを再占領すると、イブン＝シールザードはハムダーン朝に身を寄せたが、ナーセルと意見が合わず、ムイッズのもとに送られ、五〇万ディルハムに及ぶ科料に処せられた。第一巻七〇話註4参照。第二巻一七七話、第八巻一八話も参照。

8 —— Abū Muḥammad al-Ḥasan b. Aḥmad al-Mādharāʾī. 官僚の重鎮。イブン＝アルフラートの第三次宰相時代、宰相の息子ムハッスィン al-Muḥassin によって莫大な科料に処せられた。

9 —— Abū ʿAlī al-Ḥasan b. Hārūn. 第一巻一七話註9、同一四八話註6参照。

10 —— Abū l-Ḥasan Ibn Hārūn b. al-Munajjim.

11 —— 原語 jahbadh. 当時の通貨は、おもにディーナール金貨とディルハム銀貨、ダーニク銀貨（六分の一ディルハムに相当）が使われていたが、金に対する銀の時価は時代によって変動するし、またすり減った通貨が使われた場合とか、決済に信用にもとづく手形や小切手が用いられる場合とかもあった。そこで、とくに納税民からの徴税にさいし、差し出されるさまざまな通貨をすべて金本位のディーナールに正確に換算する必要があり、ジャフバヅはそのような貨幣の取扱いを専門にする吏員の役割を果たした。語源はペルシャ語なので、古くからの伝統があったのであろう。アッバース朝時代では、二人の有名なユダヤ人貨幣取扱吏の存在が知られており、政府は年度内の財政の執行上、軍隊に支払う俸給の支払予定額に不足が生じた場合、こうしたユダヤ人から・時資金を利子付きで借り入れることがあった。

12 —— **Bid'at al-Ḥamdūniya.** 宮廷にまで出入りする有名な娼婦であった。九五三／五四年没。

13 —— 両義を掛けたこのやり取りの逸話は、第八巻一一三話でも取り上げられている。

カリフの寂しい最期

ハーシム家出身の法官イブン＝アブドルワーヒド[*1]が私タヌーヒーに語ってくれたことがある。

カリフ＝ラーディー[*2]が亡くなったとき、儂《わし》のもとに使者がやって来て、カリフの湯灌《ゆかん》をするよう要請された。そこで儂はカリフの宮廷に参内し、カリフの遺体が安置されている場所に入った。見るとカリフは経帷子《きょうかたびら》を着せられ、顔にはメルヴ産の粗末なベールが被せられていた。儂は驚いた。

「あゝ、おいたわしい。カリフのお顔にこんなものが掛けられているとは」と。宦官《かんがん》の一人が言うには、「カリフが亡くなられたとき、みんなそれぞれが、カリフが身に着けていたものを自分たちへの形見分けの品として取り外し、それを宝庫に戻したので、私が自分のベールをお掛けしたのです」と。

我々は、お湯を沸かすための大鍋か盥《たらい》を持って来るよう求めた。しばらくして宦官の部屋から運ばれて来たので、儂がカリフの遺体を清め、儂の屋敷から持って来させた綺麗な経帷子を着せた。それで儂とカリフ付きの宦官とで祈りを捧げ、それから遺体をルサーファ[*3]にあるカリフの館に運び、そこに埋葬したのである。

（第二巻三〇話）

1 —— Abū l-Ḥasan Muḥammad b. ʻAbd al-Wāḥid al-Hāshimī. 第一巻五話註1、第二巻八〇話参照。

2 —— al-Rāḍī, Abū l-ʻAbbās. 在位九三四—九四〇。第一巻四四話註5参照。

3 —— al-Ruṣāfa. バグダード東岸の宮殿地区。カリフ＝マンスール（在位七五四—七七五）が皇太子マフディーのために建設した。全域舗装され、堀と城壁をめぐらし、宮殿や兵舎、練兵場などがあった。

オオトカゲがカリフの遺体から両目を食べる

私タヌーヒーの父の親族であるフサイン＝ワースィキー*1によれば、その父親ハサンはアフマド＝ワースィキー*2が語った次のような話を伝えている。

儂《わし》はカリフ＝ワースィク*3に長く仕え、カリフが亡くなるまで病床近くに仕えていた。儂がカリフの病床のまえに立ち、総督たちや廷臣や宦官《かんがん》たちも控えていたとき、カリフが失神したので、息を引き取ったのだと誰しも疑わなかった。誰に命じるともなく「お傍《そば》へ行って確かめよ」と声が聞こえたが、誰も前に進もうとしなかった。

そこで儂がカリフの傍に進んだ。頭のところに近づいて手を鼻に当て、息を確かめようとしたところ、精気が戻ったのか、カリフが両目を開けられた。儂はカリフが、身分不相応にも近くに寄ったのかと、儂を睨んだように思えて、恐怖で気絶しそうになった。

後退《あとずさ》りしたところ、儂の剣の柄《つか》が部屋の扉の取っ手に引っ掛かり、儂はよろけて転倒してしまった。そのはずみで儂の剣が折れ、儂の体に当たって傷を負いそうになったが、無事で済んだ。儂は扉の外に出て、別の剣と帯を求め、それを身に着けて部屋に取って返し、すぐに自分の身分の場所に立った。

　ワースィクがもはや臨終であることは、その場の誰もが疑わなかった。儂はカリフの傍に進んで、カリフのあごひげを縛り、目を閉じさせ、経帷子《きょうかたびら》を着せ、顔をメッカの方に向けた。用度係の召使いが入ってきて、部屋にあったカリフの身の回りの品を宝庫に戻すために取り去った。それらは形見の品として、彼らに分け与えられることが決まっていたからである。それで、部屋にはカリフの遺体だけが残された。

　法官イブン＝アビー＝ドゥアード*4が儂に言った。

「我らは新カリフへの忠誠の誓いの準備で忙しくなるだろうが、カリフの遺体が埋葬されるまで、誰かがお守りしなければいけない。そこで貴殿にその役目を果たしてもらいたいのだが」と。なるほど、儂はカリフに特別にお仕えしてきた人間であり、廷臣のなかから儂をとくに選ぶについては、儂のあだ名がワースィキーとなっていることからも当然だろう。それに儂はカリフの死にひどく悲しみを感じていた。そこで儂は、「お任せください。皆さん、どうぞ行ってください」と承知した。

　儂は霊安室の扉を閉め、中庭に坐って扉の出入りを見守った。霊安室は広大な庭園のなかにあり、隣の庭園とのあいだには畑もあった。しばらくして儂は、何かぎょっとするような大きなものが、建物のなかで動いたのを感じた。霊安室に入ってみると、何とオオトカゲが庭園の方から近づき、遺体のところまで来て、カリフ＝ワースィクさまの両目を取り出そうとしているではないか。トカゲはそのまま目を食べてしまった。

「おゝ、何ということだ。あの目はつい先ほどまで開かれていて、それを恐れて儂は剣を折ってしまったのに。今やそれが動物の餌になっているとは」

　やがてみんなが戻ってきて、カリフの湯灌をした。そのとき法官イブン＝アビー＝ドゥアードが両目のことを尋ねたので、儂はことの経緯を話したのである。

　オオトカゲとはトビネズミより少し大きい動物である。

（第二巻三一話）

1——al-Ḥusayn b. al-Ḥasan b. Aḥmad b. Yaḥyā al-Wāthiqī.

2——Abū l-Ḥasan Aḥmad b. Muḥammad b. Yaḥyā al-Wāthiqī. 八九八／九九年にバスラの総督となり、カリフ＝ムクタフィー（在位九〇二―九〇八）の治世中バグダードの警察長官を務めた。

3——al-Wāthiq. 在位八四二―八四七。第一巻七三話註7参照。

4——Aḥmad b. Abī Duʾād. ムウタズィラ派の法官。七七六年頃バスラに生まれ、カリフ＝マームーンの知遇を得て、その側近となる。在位中のマームーンの推挙もあって、ムウタズィラ派の信奉者となった後継のカリフ＝ムウタセムにより大法官に任じられ、イブン＝ハンバルの宗教裁判（第一巻七四話註14参照）にかかわった。カリフ－ワースィクの治下でも引き続き大法官の地位を占め、ワースィクが没すると、その弟の即位を容認し、ムタワッキルのカリフ名を提案した。しかし新カリフは次第にムウタズィラ派への敵意を示し、スンナ派と友好関係を持つようになり、イブン＝アビー＝ドゥアードは大法官としての力を発揮できず、八五一／五二年には免職され、全財産が没収された。八五四年没。

義母を残忍な拷問にかけたカリフ

カリフ－ムクタディル[*1]の母后シャガブは、かつて誰も行なったことがないような贅沢な暮らしを送り、この世のあらゆる財物で遊楽し、その噂は世間に広まっていた。

〔九三二年に〕ムクタディルが殺されると、〔異母弟の〕カリフ－カーヒル[*2]は母后のシャガブを捕らえ、あらゆる種類の拷問にかけた。伝えられているところでは、金を出させるために彼女を乳房で吊り下げたとか、あるいは逆さまに吊り下げ、放尿すると尿が顔のうえに流れたとか言われている。それでも母后はカーヒルを諌《いさ》めた。

「やあカーヒルよ、もし我らにお金があれば、お前を即位に至らしめたような政治的混乱が我らの政治に起こらなかったはずだ。それにもかかわらず、お前はこのような懲罰でもってわらわを罰しようというのか。コーランの言葉によれば、わらわはお前の母なのだぞ。わらわがわらわの子のうちからお前を選んで、お前をカリフの座に据えてやったのだぞ」

（第二巻三三話）

イブン＝アイヤーシュ[*3]によれば、彼の叔父アブー＝ムハンマドは次のように語ったという。

法官アブルフサイン＝ブン＝アビー＝ウマル[*4]は私とイヅン＝ハバーブ＝ジャウハリー[*5]とをカリフ－カーヒルのもとに派遣した。というのはカリフが二人の証人を出仕させ、ムクタディルの母后の私有財産を売却するについて、母后に証言して、母后の委任状を得るように求めていたからである。

我々がカリフの宮廷に参内し、拝謁の許可を得てカリフのところに入ると、カリフが広大な広間に坐っていた。広間では扉の傍らに錦のとばりが垂れ下がり、鉄製の椅子にはサバン産の黒いカバーが掛けられていた。しかもカリフは手に槍を持ち、それをあれこれ調べていて、後ろには宦官《かんがん》たちが控えていた。

我々はカリフに挨拶して坐った。すると一人の宦官が我々に一通の書類を差し出した。その冒頭には「カリフ－ムウタディド陛下の夫人にしてカリフ－ムクタディル陛下の母后シャガブは承認する」と書かれていた。我々は理解した。それは、母后が全国に所有している私有財産を売却するについての委任状なのだと。

我々は宦官に尋ねた。

「母后はどこにいるのか」

「とばりの向こうです」

我々はカリフに、母后と直接話したいと許可を求めた。カリフが許したので母后に尋ねた。

「母后陛下に書類を読み上げてもよろしいでしょうか」

「かまわぬ」

そこで我々は書類を読み上げ、母后の確認を取ったが、我々は証言するとの文言を書く段になって躊躇し、互いに身振りで、母后に対する目視をどのようにして行なうか相談した。というのは、目視がなければ証言を立てることができず、そうしようと思えばカリフがどのように言われるか我々は恐れたからである。[*6]

「お前たちは何を企んでいるのだ」

「おゝ信徒の指揮者よ、この証言は陛下の法官たちの誰かのもとで立てる必要がございますか」

「そうだ」

「陛下、この証言は、我々がこの夫人を我々自身の目で見て、名前と身体的特徴とに間違いなく本人であることを知ることなくしては正当と認められません」

「そうするがよい」

すると、とばりの向こうからすすり泣き、悲嘆する声が聞こえてきた。とばりが上げられた。私は尋ねた。

「貴女は、信徒の指揮者ムウタディド陛下の夫人にしてムクタディル陛下の母后シャガブさまであられますか」

母后はしばらくのあいだ泣いていたが、やがて「そうです」と答えた。そこで我々は書類に書き入れるべきことを母后に確認し、それからとばりが下ろされた。だが、まだ我々は証言をためらった。カリフ－カーヒルは苛立った。

「まだ何か残っているのか」

「陛下は我々に、あの方が本人であると教えていただけますか」

「そうだ。あの女は信徒の指揮者ムウタディドの夫人にして、予が兄ムクタディルの母シャガブだ」

カリフ－カーヒルはそう言って立ち上がった。そこで我々は委任状に我々の署名を行ない、辞去した。

母后を見たとき、私は母后が小顔で美しく肌は茶色よりも白か黄色の老いた婦人であるが、体にはひどい虐待の痕があり、服装は質素なものだと知った。この日、我々は時代の変化と不幸な出来事の連続に深く思いを致し、暗い気分になった。それから法官アブルフサイン＝ブン＝アビー＝ウマルのところに戻り、委任された件について法官に証言したのである。

（第二巻三四話）

1 —— al-Muqtadir. 在位九〇八―九三二。第一巻七話註２参照。

2 —— al-Qāhir. アッバース朝第一九代カリフ。在位九三二―九三四。九二九年二月、宮廷におけるクーデターでカリフに担がれたが、わずか二日で瓦解、カリフ－ムクタディルの死によってカリフに迎えられたものの、実力者の将軍ムーニス Mu'nis の意に沿わず、政権の運営は宰相イブン＝ムクラ Ibn Muqla やムーニスに牛耳られた。しかし九三三年、非常手段に訴えてムーニスやその支持者を宮廷内で逮捕・処刑し、宰相は逃亡した。その後反撃を狙っていたイブン＝ムクラはサージー隊（第一巻九九話註２参照）の不満をあおってカリフを逮捕させ、投獄させた。カリフ－ムクタディルの子、ラーディー（在位九三四―九四〇）はカーヒルに退位を迫ったが、拒否したので、カーヒルは親衛隊長によって両目を焼かれ、盲目となった。その後一一年間幽閉され、ムスタクフィー（在位九四四―九四六）によってようやく釈放された。九五〇年没。

3 —— Abū l-Ḥusayn b. ʿAyyāsh. 第一巻六話註３参照。

4 —— Abū l-Ḥusayn b. Abī ʿUmar. 第一巻一二七話註４参照。

5 —— Ibn Ḥabāb al-Jawharī.

6 —— 通常、高貴な女性を直接目にすることはできないが、直接目にして本人かどうか確かめる必要があった。

人は見かけだけで判断してはならぬ

書記官のアスバグ＝ブン＝アフマド[*1]が私タヌーヒーに語ってくれた。アスバグはかつてサイマリー[*2]に仕え、のち〔宰相〕ムハッラビー[*3]の侍従を務めたことのある長老であった。当時アスバグはあらゆる政務でサイマリーの代役を果たしていたが、ムハッラビーが宰相に就任すると、宰相はアスバグを侍従職から罷免し、徴税吏や徴税督促吏を束ねる職務に任じた。このアスバグによると、〔大総督〕バジュカム[*4]指揮下のある奴隷軍人が次のような逸話を伝えたという。

　バジュカムは自分に、一団の奴隷軍団を率いてアンバール[*5]に赴くようにと派遣した。それはアラブ遊牧民と結託していた一群の反抗者たちを処刑するためで、バジュカムは我々に反抗分子の首級を持ち帰るように命じ、この件に関する現場の署長宛ての命令書を書いて持たせた。我々が署長のところに赴き、命令書を渡すと、署長が捕らえていた連中を引き渡したので、我々は首を刎ね、首級を切り落とした。その夜、我々は当地に滞在することになり、翌早朝に起床した。首級は騾馬の飼葉《かいば》袋に入れて吊り下げ、我々はバグダードを目指して帰路に就いた。

我々の軍団は一〇名からなっていて、処刑された者も一〇名であった。道中、日中の日差しがとても暑かったので、我々はある荒れ果てた村に待避し、坐って食事を摂った。首級の入った飼葉袋は騾馬からはずして我々のまえに置き、騾馬には草を食《は》ませた。

　食事が終わって立ち上がり、飼葉袋のところへ行くと、首級が一つ無くなっているではないか。我々は大いに慌て騒ぎ、「儂《わし》らは殺される。バジュカムはきっと、見逃して金を貰ったのだろう、と怒鳴り散らすに違いない。どうしようか」などと、口々に言い合った。そこで、我々は砂漠に出かけ、最初に出会った男を殺し、その男の首を飼葉袋に入れ、無くなった分の代わりにして、ふたたび出発しよう、と意見の一致を見た。

　我々がこの計画をもとに出かけて、最初に出会ったのは立派な身なりの白髪の老人であった。老人は驢馬に乗り、物腰は立派で礼拝用絨毯を持ち、驢馬の背には、ほどほどに物の詰まった鞍荷《くらに》袋が掛けられていた。

　我々は殺人の嫌疑がかからないように、老人の周りを見回し、砂漠の道に人々の姿がないか用心しながら、突如老人を襲って殺した。殺すと老人の首を切り落とし、戻ってその首を飼葉袋のなかに入れた。とたんに、なんと首級が一つ、騾馬の両脚のあいだに転がっているではないか。疑問に思って首級を数えると一一もある。

　わけがわからず、自分たち一人ひとりが首を一つずつ持つことにすると、地面に一つ首が余った。我々は動揺し、平手で顔を打って、「儂らは一人のイスラム教徒の男をわけもなしに殺してしまった。儂らに罰が当たるぞ」と嘆いた。

　ところで軍団の仲間に一人の分別ある老兵がいて、「やあみんな、儂らがこの老人に暴力を振るってしまったのは、神がご存知の、何か秘密のわけがあってのことに違いない。この老人の旅嚢《りょのう》を調べてみようではないか。そうすれば、人殺しをしてしまった儂らの悲しみが晴れる何かが出てくるかもしれないぞ」と呼びかけた。

　そこで我々は旅嚢のところへ行って鞍荷袋を降ろし、それを開けてみた。真っ先に出てきたのは滑車で、次に血と人間の排泄物とで汚れた衣服が出てきた。こうして我々の目のまえに証拠となる品が次々と出てきたのである。なんとこの老人は、人を打ち殺す殺人者だったのである。

　我々はわけもなく無実の人を殺してしまったという罪の意識を免れさせてくださった神に感謝し、老人の持ち物を分け合い、首を道端に埋めてバグダードに戻り、バジュカムに一〇の首級を渡したのである。


（第二巻三五話）

1 —— Abū Ja'far Aṣbagh b. Aḥmad.

2 —— Abū Ja'far al-Ṣaymarī. ブワイフ朝の宰相だったことのある人物。第一巻四七話註２参照。

3 —— Abū Muḥammad al-Muhallabī. ブワイフ朝ムイッズ＝アッダウラの宰相。第一巻一話註４参照。

4 —— Bajkam al-Mākānī. カリフ・ラーディー（在位九三四—九四〇）時代の大総督。第一巻一〇六話註１参照。

5 —— al-Anbār. 第一巻一三七話註６参照。

法官アブー=ウマルの英知

ハーシム家出身の法官イブン=アブドルワーヒド[*1]が、以下のように私タヌーヒーに語ってくれた。

ある船列式の日、私は法官アブー=ウマル[*2]とともに彼の舟艇に乗ってカリフ=ムクタディル[*3]の宮廷に向かった。船着き場に着くと、法官とその息子〔法官アブルフサイン〕[*4]は石段を登って行き、私は他の者たちとともに舟艇に坐って法官の帰りを待った。すると一団の宦官《かんがん》たちが法官に向かって、口汚い言葉で罵り、「やあ圧政者。やあ収賄者」などと叫んだ。だが法官アブー=ウマルは黙ってうつむき、歩いて宮廷に入った。

私は宦官たちの大胆さ、そのやり方の醜さに驚き、「こんな不祥事がカリフの意見で起こったのでなければよいが。さもなければ、法官がカリフに、宦官たちのことで不満を訴え、宦官たちが罰せられるに違いないのに」と思った。

法官が戻ってくると、またあの宦官たちが先ほどよりもいっそう汚い言葉で法官を罵倒した。私は法官が不満を訴えなかったのだと理解したが、畏れ多いので、あえてこの件を法官に尋ねる勇気がなかった。我々はそのまま別れた。

その日の晩、私は法官のもとに伺った。法官はすでに役所から退出していて、誰か人を呼びにやったらしい。その者が来ると、素晴らしく豪華な衣裳などの入った箪笥《たんす》を渡した。その価値は金五〇〇ディーナールはするだろう。法官はそれを今朝、法官を罵倒した宦官たちの頭目に渡すように命じ、「頭目に挨拶したならば、このように申せ。

『貴殿は某の件に関して、しかるべく儂《わし》に判決するようにと手紙を遣わしたが、某のことで貴殿に返事をすることは許されないのだ。なぜなら、某は儂の法学派に属していないので、儂のところで判決することは合法と認められていないのだ。もし儂が剣で斬りつけられようとも、法のうえで不可能なことは答えられない。貴殿にそのように返答する。昨日は、神がお喜びにならないようなことを儂は貴殿から受けた。儂の政務のいかなる問題についても、罵ることは許されない。だが儂は罵倒されたことで貴殿の不平について考えてみた。そこで儂は思い至った。件《くだん》の人物は貴殿を悩ませているしかるべき問題について、貴殿に実現可能以上のことを約束したのであろう、と。よって儂は貴殿にこれ——贈り物を彼のまえに置いて——を贈ることにした。貴殿がこれを受け取り、儂を容赦くださることを希望する』

とな」。私は法官アブー=ウマルのやり方に腹が立ち、「結局、法官は言いなりに税を支払って、問題の解決のために賄賂を贈っているようなものだ。なんという見解なのだ」と心で思った。

使いの者が出かけ、法官と私は別れたが、法官は私に何も指示せず、私も法官と何かやり取りすることもなかった。

次の船列式の日、私は法官アブー＝ウマルに同伴し、法官は舟艇から降りて、石段を上がって行った。私はいつもの通り船のなかで坐って待った。すると件の宦官たちが前回よりも多く、ずらりと並んで法官を出迎え、「やあ清廉な方よ。やあ潔白な方よ。やあ信心深い方よ。やあ信頼できる方よ。やあイスラムの美よ。やあ法官の歴史に残る鏡よ」などと、口々に称え、法官のために祈り、感謝の言葉を述べ、それは法官が船から降りて石段を登りきるまで続いた。宦官たちは最高の丁重さで法官を誘導した。だが法官はいつものように黙ったまま宮廷内に入って行った。やがて法官が廷内から退出し、先頭に立って舟艇まで下りてきた。

私は目にした宦官たちの法官に対する前回とは対照的な態度に当惑した。つい先ごろのことなのにである。我々が舟艇内で落ち着いたころ、法官アブー＝ウマルは我々に尋ねた。

「おそらく諸君は、過日の式典のときとは違った光景に当惑していることであろう。もし儂が宦官たちの態度に対する不満をカリフに訴えたならば、カリフは宦官たちを罰する命令を下すであろう。そうした場合、いったいどんなことが起こるか諸君は考えてみたか、言ってみたまえ」

「はい、おっしゃる通りです」

「今日、目撃したことを諸君はどのように思うかね」

「素晴らしかったと思います」

「なるほど、儂は諸君が考えた通りにはしなかった。もし諸君が思っているようにしたならば、儂はいくつかの場面に遭遇して立ち往生するとわかっていたのだ。まず、もし何らの反発もしなかったならば、儂の威厳は引き裂かれ、儂の権威は失墜し、誰もが儂に対して貪欲となり、儂にとって一事が万事、重大な問題になってしまうだろう。あるいはもし、わずかばかりの反発で済ますとしたならば、やはり宦官たちは欲望に駈られることになろう。しかし、もし強く反発したならば、宦官たちはすべて儂の敵となり、儂のことを悪く言いふらし、彼らの上位にある宦官たちまでもが敵意を抱いて儂を敵対者として扱うだろう。宦官たちは宮廷においてカリフとのあいだに隠然たる関係を持っているが、儂にはそれがない。宦官たちはカリフの傍《そば》で、陰口を聞いたり中傷したりして、儂についてカリフがどのように考えているか、カリフの意見を悪意のあるものに変えてしまおうとするであろう。

儂には、宦官たちとの関係から、宦官たちがこうしたことを目論むであろうことがわかっていたのだ。それは頭目に対する宦官たちの服従心によるものだ。今回の場合、頭目が儂に求めた問題の解決について、頭目の立場を採るように押し付けてきたが、儂は拒否した。

その代わり、儂がその償いをして和解を求めれば、儂にとってすべてがうまく収まると儂にはわかっていたのだ。儂は貴殿がどのように思っているかもわかっていた。これで、宦官全体のことも含めて、すべてが改善され、宦官たちの敵意も鎮めることができた。宦官たちはあの日、儂に投げつけた言葉が間違っていたと認め、今日はあの汚い言葉で話しかけたときよりも大勢の目のまえで、反対の言葉で儂に話しかけ、儂に丁重に奉仕してくれた。儂の敵対者が見ても、儂の立場は上がり、カリフ直属の宦官たちも儂を丁重に遇し、儂のために祈りの挨拶をしてくれた。カリフ自身は、たとえ宦官たちに対する儂の激しい非難が伝えられたとしても、宦官たちにそのように仕えよとは命令されなかったはずだ。

宦官たちが儂に対して満足し、儂を丁重に遇するようになった理由は、門外漢にはわからないかもしれぬ。儂の敵対者であれ儂の友人たちであれ、カリフが宦官たちに、丁重に応対し、当初のときのような態度を取らないようにと命じたので、それであのような態度を取ったのだと考えることは当然である。これで儂は、大体においてほぼ自分が願った通りを達成できたのであって、極端なことを達成したのでも、誰かを敵に回したのでもなかった。

よくわかったか、イブン＝アブドルワーヒドよ。敵愾心《てきがいしん》というのは、何を選択するかで、わずかなことでも大きく膨らむものなのだ。――ここで法官アブー＝ウマルは具体的なことを挙げたが、その内容を自分は忘れてしまった――今や貴殿のなかではどんな意見がより正しいと考えているかね」

「法官閣下のお考えがもっとも正しいと思います」*5

神が嘉《よみ》して、法官アブー＝ウマルの命を長らえさせ給え。

（第二巻三六話）

1――Abū l-Ḥasan Muḥammad b. ʻAbd al-Wāḥid al-Hāshimī. 第一巻五話註1参照。

2――Abū ʻUmar Muḥammad b. Yūsuf al-Azdī. 第一巻一〇話註2参照。

3――al-Muqtadir. 在位九〇八―九三二。第一巻七話註2参照。

4――Abū l-Ḥusayn ʻUmar b. Abī ʻUmar. 第一巻一二七話註4参照。

5――タヌーヒーはたびたび法官アブー＝ウマルの逸話を引用して、この法官の大らかな知恵を紹介している。

法官アブー＝ウマルの裏わざ

私タヌーヒーは、〔前話の語り手である〕ハーシム家出身の法官イブン＝アブドルワーヒド[*1]とは別のグループからも、法官アブー＝ウマル[*2]にまつわる話を聞いたことがある。そのグループのなかには、バグダードの仲買人で、公証人を務めるウバイドッラー＝ブン＝アルフサイン[*3]という者がいた。この人物はいろいろな行政区で、法官たちの代理を務めたり、バグダードの奴隷市場の監督を委ねられたりしていた。人々の話は次のようなことであった。

法官アブー＝ウマルは宮廷の宦官《かんがん》と事を構えるような事件を起こしたとき、召使いを呼び出して命じた。召使いはまた気の利く町方の男[*4]であった。

「行って宦官の某と面会し、彼に向かって泣きを入れて来い。お前は次のような口上を言うのだ。

『私の兄が死んで財産と幼児を遺しましたが、遺言を遺しませんでした。そこで法官はこれらを兄の親戚の者に帰属させる処置を取りました。しかし、これでは私の名誉は台無しです。法官は法に照らしてこの処置を取ったのでしょう。さりながら、どうか私にお慈悲をかけてくださり、私に遺産と遺児たちを帰すよう、法官に頼んでみてください』

とな。このことをとにかくしてほしいと頼むのだ。この金貨を宦官のところへもって行け」

法官アブー＝ウマルはそう言って召使いに金一〇〇ディーナールを手渡し、言葉を継いだ。

「それから『もし、あなたさまが私の願いを叶えてくださいましたあかつきには、もう一〇〇ディーナールを差し出しましょう』と言うのだ。宦官が儂のところへやって来て、儂に依頼する気になるまで、諦めずに頼み込むのだ」

こう法官から命じられて町方の召使いは出かけ、宦官に面会した。ところが宦官は、

「愚か者め、俺はあいつとのあいだにまったくいやなやり取りがあったのだ。道理があると頼み込めるような相手ではないわ」

と取りあってくれない。それでもこの町方の召使いは宦官をかき口説き、どうやら応じてもらうことができた。そこで早速法官のもとに帰り、しかじかの日に宦官が参ります、と知らせた。

待つことしばし、宦官が法官アブー＝ウマルのところにやって来て、自分の町方がしつこくねだった一件を法官に頼んだ。宦官はこの訴えは必然的道理のあるものと疑っていなかった。法官は言葉やさしく執り成し、甘い言葉で宦官を包み

込んだ。宦官の胸のうちにあったわだかまりはもうすっかり取れていた。法官は宦官の頼み通り判決し、決裁書に署名して、それを町方に渡した。町方は感謝し、法官に祝福の言葉をかけて別れた。宦官もまたお礼を言い、立ち去った。

法官アブー＝ウマルは件《くだん》の町方を呼び出し、決裁書を取り返してそれを引き裂いた。それから予定通り、もう一〇〇ディーナールを渡し、宦官のところへ持って行くように命じた。町方がそれを持って宦官のところへ出かけたことは言うまでもない。

こうして宦官は法官の友人となったが、彼はそうとも知らずに、法官アブー＝ウマルの賄賂を受け取ったのである。こうして両者の関係はもとの正常な状態に戻った。

（第二巻三七話）

町方[5]の何人かが私タヌーヒーに語ってくれた。

あるハーシム家出身者が、大モスクへ行く途中の法官アブー＝ウマルを待ち受けた。この男は法官に頼みごとがあったのだが、法官は取り合ってくれなかった。男は法官に向かって、「やあ、びくつき屋め」と声をかけた。それは法官に当てこすって、かつて法官が、カリフ位請求者イブン＝アルムウタッズ[6]のクーデターに加担したことを仄《ほの》めかしたのであった。こうすれば情報官がこのことを〔宮廷に〕書き送って、法官がカリフに対し、ふたたびよからぬことを企んでいるかのような印象を与えるであろう、と思ったのである。

法官アブー＝ウマルは立ち止まって、

「やあお前、信徒の指揮者であられる陛下はすでにこの件の罪をお赦しになったぞ。お前も赦そうと思うならそうしなさい」

と言葉を男に投げ返した。男は恥じ入り、人々は法官の冷静沈着さと見事な答え方、そして頭の廻りの早さと機知に驚嘆したのであった。

（第二巻三八話）

1 —— Abū l-Ḥasan Muḥammad b. ʿAbd al-Wāḥid al-Hāshimī. 第一巻五話註1参照。
2 —— Abū ʿUmar. 第一巻一〇話註2参照。
3 —— Abū ʿUmar ʿUbayd Allāh b. al-Ḥusayn b. Aḥmad.
4 —— 原語 ḥaḍarī.
5 —— 原語 ahl al-ḥaḍra.
6 —— Ibn al-Muʿtazz. 幼いムクタディルの即位に反対した一派がクーデターを起こし、イブン＝アルムウタッズをカリフに即かせたが、一日で廃位となった。第一巻七話註2参照。

毒消しのまじない

私タヌーヒーはアフマド＝アズラク*1のところに居合わせたのであるが、まさにそのとき、彼はサソリに刺された人にまじないをかけていたところであった。サソリに刺された人は「痛みが消えました」と言って、それまでは苦痛のために悲鳴をあげていたのに、まるで病気から治った人のように立ち上がったのである。

アフマド＝アズラクにわけを尋ねると、これは呪文なのであるが、これには興味深い話がある。それは秤商《はかり》のアブー＝アフマド*2が語ってくれたもので、この呪文をある人に試してみたところ、確かに効き目があったとのことだった。

そこで私は秤商アブー＝アフマドに、その話をしてくれるように頼み込んだ。するとこの男は、実はこの話はアフマド＝ブン＝アッタイイブ*3から聞いたものだという。アフマドの語った内容は以下のようなことであった。

私がカリフ－ムウタディド*4の御前にいると、一人の宦官《かんがん》が入ってきて言上した。

「門のところで、ある男が申し上げたき儀があります、と叫んでいますので、どんな用だと聞きますと、陛下にしか申し上げられません、と言っております」

「おそらく何か訴えごとでもあるのか、それとも頼みごとでもあるのだろう」

カリフにそう言われて、宦官たちはその男に用件を尋ねたが、同じことを繰り返すだけであった。そこでカリフはその男をなかに入れるよう命じた。カリフが入ってきた男に、

「お前の話したいこととは何か」と聞くと、

「私は毒を消し去るまじないを知っています」と言う。カリフは命じた。

「サソリを持ってまいれ」

まるで用意されていたかのごとく、すぐさまサソリが持ち込まれ、それが一人の宦官に投げられた。サソリがその宦官を刺し、宦官が叫び声を上げると、その男がまじないをかけた。すると、宦官が感じた痛みは消えてしまったのである。

カリフはアフマド＝ブン＝アッタイイブにこの様子を書き残しておくようにと言い、またその男には金三〇〇ディーナール与えるようにと命じた。

アフマド＝ブン＝アッタイイブが我々に書き取らせたまじないは、以下のようなものであった。

「鉄片を取ってそれを身体に当て、刺された箇所より上の方から刺された箇所へと滑らせ、それをあたかも何かを引き戻すようなやり方で行ないながら唱えよ。

〃神の名において。lawmarr sirlawmarra bahal batī tanbah tanbah kurūrābā kurūrābā ibhutaḥ ibhutaḥ bahshataram bahwadālah mahrishataram lawtah qarqar sifāhah〃

このまじないを繰り返し続けよ。サソリに刺された人が、身体にあった毒はもはや刺した箇所に下った、と言うまで鉄片を擦り付けよ。刺された箇所以外、もはや腫れが治まったならば、針でその箇所を絞り出せ。そうすれば毒は出て行き、痛みはすぐにでも消える」

アフマド＝アズラクの言うには、サソリの毒消しのこのまじないを何度かかけてみたが、効果があったという。この男の言うと、このまじないは、サソリ以外の毒に試してもよい。このまじないはどんな毒消しにもよく、ただある毒にだけ効くというものではないという。秤商のこのアブー＝アフマドに私タヌーヒーは会ったことがあるが、善良な老人で、法官イブン＝アルブフルール*5やアブー＝ターリブの薪販売の代理人を務めていて、彼らは私にいくつか逸話を伝えてくれている。

（第二巻三九話）

1 —— Abū l-Ḥasan Aḥmad b. Yūsuf al-Azraq. 第一巻一四話註 2 参照。

2 —— Abū Aḥmad. この秤商は、法官イブン＝アルブフルール Abū Ja'far Ibn al-Buhlūl の副業の代理人を務めていた。第二巻四五話参照。

3 —— Aḥmad b. Muḥammad b. Marwān b. al-Ṭayyib al-Sarkhasī. 第一巻六六話註 6、同一七七話参照。

4 —— al-Mu'taḍid. 在位八九二—九〇二。第一巻二二話註 4 参照。

5 —— Abū Ja'far Ibn al-Buhlūl. 第一巻一六話註 2 参照。

できものの腫れを引かせるまじない

アリー＝アンサリー[*1]が次のようなことを言ってくれた。

私には脛《すね》にできものがあって、すでに腫れが広がっていた。私はアンバール[*2]行政区に属すマーバルワーン[*3]に近いある村に出かけ、イブン＝シャムウーン[*4]という一人の分益小作農[*5]のところに滞在した。彼は私のできものを見ると、

「手前どものところに、このようなできものにまじないをかけて治す老婆がおります」

と教えてくれた。そこで我々はその老婆を呼び寄せ、できものを見せた。

「これはドゥルーグというものです。わたしが呪文をかけましょう」

と言って、長いあいだ呪文を唱えた。それから私の脛に天人《てんにん》花《か》と香油を混ぜたもの(テリアカ)を当て、

「三日間ははずしてはなりませんぞ」

と注意してくれた。三日が経ってはずしてみると、できものは治っていたのである。

（第二巻四四話）

1 —— ʿAlī b. Muḥammad al-Anṣārī.

2 —— al-Anbār. 第一巻一三七話註6参照。

3 —— Mābarwān.

4 —— Ibrāhīm b. Shamʿūn.

5 —— 原語 muzāriʿ. 収穫高を一定の比率で地主と分け合う農民。

危機一髪、祈りが通じたか

この秤《はかり》商アブー＝アフマド[*1]が私タヌーヒーに次のような逸話も語ってくれた。

私は、法官イブン＝アルブフルール[*2]の薪販売の代理人を務めておりました。法官はその薪をハラールから仕入れていて、それを私がお客に目方で量って売っていたのです。ある日、大きな筏《いかだ》が届くとの知らせがあり、私はその筏を見るためにディミンマー村へ出かけました。それはとてつもなく大きな筏でした。

当時、〔川に架かっている〕アーチ橋はひどい土砂降りの雨のため危険な状態にあり、小艇でもその下を通過することは禁止されていました。その橋を損壊する恐れがあったからです。私は二日間、筏を待ち続けました。折しも一団の人々が私のところにやって来て、

「とてつもない筏だ。激流に押し流されているが、アーチ橋の下をくぐれそうにもないぞ。今にも筏がやって来てアーチ橋に激突し、橋を壊してしまうのではないか。そうなれば、法官イブン＝アルブフルールさまはむろんのこと、お上《かみ》にとっても破滅的な損害となるぞ」

と口々に言い立てました。この話を聞くや否や、私は筏を見に出かけました。それはまるで小山のような格好で、下流のアーチ橋に向かって進んで来ていて、事故が起きるのは必定でした。筏に乗っていた人々はと見れば、流れに身を投げ出している。疑いなくアーチ橋へ向かって進むと思ったのでしょう。

私は筏が橋から逸《そ》れることを神に祈りました。近付いてきたとき、驚いたことに私の口から叫び声が突いて出ました。

「おゝアフマド＝ブン＝イスハークの幸《さち》よ[*3]。筏を引き戻し給え」と。

それも三遍、口から突いて出たのです。見ると、どうしたことか、筏は向きを変え、がくりと止まったのです。同時に括っていた紐が切れてばらばらになり、薪が水面に散乱しました。橋は損壊を免れたのです。薪の大部分は筏がばらけた場所に淀みました。難を免れたことを告げる喜びの叫び声が上がり、大騒ぎとなりました。

「いったいどうなったのか」

「筏がアーチ橋から脇に逸れ、水に覆われた中洲の上にひっかかったのだ」

筏が中洲に座礁したとき、紐がほどけてしまったのでしょう。それが真相と思われます。私どもはアーチ橋の下流から薪を集めました。木材はほとんど失われることなく、難儀な

目に遭うこともなかったのです。私どもは集めた薪をいくつかの筏に仕立て、バグダードへ向かいました。

私は法官イブン＝アルブフルールのもとに出かけ、ことの次第を報告しました。法官は偉大なる神に感謝され、莫大な喜捨を行なわれたのでありました。

（第二巻四五話）

1――Abū Aḥmad. 第二巻三九話註２参照。
2――Abū Ja'far Ibn al-Buhlūl. 第一巻一六話註２参照。
3――原語 bakht はペルシャ語。アフマド＝ブン＝イスハークは何者かわからないが、この言葉に霊力があると信じられていたか。

ブワイフ朝君主も少年時代は極貧生活

人々の出世とか、時の経過における人々の境遇の変化とかに話題が及んだとき、アフマド＝アズラク[*1]が私タヌーヒーに話してくれたのだが、それは宰相アブルファドル＝シーラーズィー[*2]が〔ブワイフ朝の〕太守ムイッズ＝アッダウラ[*3]どのについて語ったもので、太守は次のように話したという。

ダイラムの国で、余は家族のために薪を集めていた。姉が余に「この薪では足りないから、今日もう一束薪を持って来て」と言ったが、自分は「もうできないよ。精一杯取ってきてやったじゃないか」と答えた。すると姉は「もし持って来れば、焼いたパンのうちから一枚余分にあげるから」と言う。やむなく余は背中にもう一束、薪を背負って持って来た。

ところが、もう疲れきっていたのだが、姉は「三つ目の薪を持って来れば駄賃に余分のパンのほか、玉葱一束をお前にやろう」と言う。そこで余は三つ目の薪の束を持って来た。姉はパンが焼き上がると、余に駄賃をくれ、さらに余が運んだ薪に見合って、パン二枚と玉葱一束を余分にくれたのである。

〔余はそうした極貧にあったが〕それから神が余に幸運を与

えてくれ、余の境遇はお前たちも知っているように変わったのだ。

宰相はアフマド＝アズラクに次のように付け加えた。

「もしスルタンが、人々で満ちあふれる集会でこの話を何度もし、自慢の種にするというようなことがなかったならば、自分の方から話すことはなかったであろう」

（第二巻四六話）

1——Abū l-Ḥasan Aḥmad b. Yūsuf al-Azraq al-Tanūkhī. 第一巻一四話註２参照。

2——Abū l-Faḍl al-ʿAbbās b. al-Ḥusayn al-Shīrāzī. 第一巻四三話註３参照。

3——Muʿizz al-Dawla. 第一巻一話註５参照。

ブワイフ朝の重臣もかつては貧窮生活

私タヌーヒーは〔ブワイフ朝君主ムイッズ＝アッダウラの僚友〕ハムーリー[*1]が自分にまつわる長い話をするのを聞いたことがある。当時、彼は名誉・栄光・富裕といった点で、絶頂期にあった。彼は刺繍の入った後宮用の錦地の服を身にまとい、衣服を買い込み、ムイッズ＝アッダウラのもとでももっとも高い地位に就いていたが、かつてはしばらくのあいだ、困窮と極貧のために〔ユーフラテス中流域〕スーラーから〔近くの〕イブン＝フバイラ城市[*2]までを往来する小艇の管理人をしていたという。

〔『歌謡の書』の著者〕イスバハーニー[*3]によると、ハムーリーはかつて、とある倉庫の商人たちの商品の番人をしていて、ティグリス川沿いの彼の家の倉庫には、モスルの商品が荷揚されていたという。

（第二巻四七話）

1——Abū ʿAlī Aḥmad b. Mūsā Ḥamūlī al-Qummī. 第一巻一六九話註２参照。

2——Qaṣr Ibn Hubayra. 第一巻一八八話註２参照。

3——Abū l-Faraj al-Iṣbahānī. 第一巻三話註１参照。

貧者だからといって蔑《さげす》んではならぬ

私タヌーヒーの父[*1]が主催するある集いで、取るに足らない小者だったが出世をした、という人物の話になった。その場に居合わせたある人が、

「その下賤な男とは誰のことか、そういえば昨日、そいつが襤褸《ぼろ》をまとって物乞いをしていたのを見たっけ」

と言った。それを聞いて父は戒めた。

「彼を賤しめていたのは、時の運が彼に恵みを与えなかったからだ。ところがそれから彼に時の運が巡ってきた。どんな大人物も最初は小者だ。もしその人物が心に優れたものをもっていれば、貧窮は問題ではない。知識人たる者は、とりわけそうした人物を辱《はずかし》めるのではないぞ。

小者だったのが出世したとか、貧乏だったのが大金持ちになったとか、そうした人物は富裕な家、高位な家に生まれついた人物よりも優れている。恵まれた環境に生まれつくと、他人がその人物のために働いてくれるので、とりわけその人物に称賛の言葉が寄せられるということはない。ところが逆の恵まれない家に生まれつくと、他人が働いてくれるということがない〔自分で働かねばならない〕ので、称賛も寄せられる。自分自身の幸運と努力によってその地位を築いたのだ。遺産によって、あるいは他人の運や努力で地位を得た者よりも、その人物は優れているのだ」

（第二巻四八話）

1 —— Abū l-Qāsim ʻAlī b. Muḥammad al-Tanūkhī. 第一巻一五話註3参照。

大火も原因はちょっとしたこと

法官イブン＝アイヤーシュ[*1]によれば、法官の叔父の父親が「駱駝による大火がバグダードに起こったとき、儂《わし》の店はとてもひどい目に遭い、莫大な財産を失った」と言ったことから、叔父が「駱駝による大火とはどんなことだったのですか」と尋ねてみた。すると父親は次のように語ったという。

背中に葦《あし》を載せた駱駝が宝石商街を通っていたとき、一人の職人が真珠に孔をあける仕事をしていたが、その職人のまえには火が置いてあった。駱駝の背の葦の端がその火のうえに落ちて燃え上がり、たちまちのうちに駱駝に燃え移った。火がついたと感じるや駱駝は走り出し、火の粉が道の両側に振りまかれた。それで、駱駝が通ったところはどこも火の手が上がってしまった。

こうした状況は駱駝が死ぬまで続き、人々は邸宅や借家に移った火を消すのに大わらわであった。火災に遭った地域は宝石商街からハッラーン門にまで及び、その中心にはラビーウ地区[*2]があった。大勢の人々が死に、財産や商人の元手の消失、借家の灰燼によって莫大な富が失われた。

これはカリフ＝ムウタセム[*3]がサーマッラー[*4]へ遷都する契機となった事柄であったが、人々はバグダードが荒廃に帰したとしても、遷都に応ずるには不安があった。この話がカリフのもとに届けられた。

〔大法官〕イブン＝アビー＝ドゥアード[*5]はカリフと話し合い、人々に資金を下付してくれるよう頼んだ。これに対してカリフは銀五〇〇万ディルハム支出することを命じ、それでもって人々の失われた財産すべてを取り戻させるように説いた。

イブン＝アビー＝ドゥアードはお金を受け取ると、出かけていって〔バグダード西岸の〕シャルキーヤ地区の法廷に坐り、人々もそこに集まった。法官は、カリフが市民の状況がどんなものかご存知なこと、カリフが自分と話し合いを持たれたこと、カリフが自分に託してお金を拠出されたことを彼らに知らせた。しかしながらその金額については明らかにせず、ただ人々が失ったすべての物を取り戻すに足るお金を運んできた、とだけ話した。

儂はその集会に出席して直接法官の言葉を聞いたのだが、やはりその集まりに出ていた一人の長老が立ち上がり、法官に向かって言った。

「やあ法官どの、それは莫大なお金になるはずじゃが、信徒の指揮者は我々のためにいったいいくら寄越されたのですかい」

法官が五〇〇万ディルハムだと答えると、長老はその集ま

りにいた二人の人物の方に向き、

「お立ちなされ」

と声をかけて立ち上がらせた。

「法官どの、これら二人の人物の借家の資産や商売の元手でも、五〇〇万ディルハムが失われました。イスラムを信ずる皆の衆、そうじゃありませんか」

長老が同席者に証言を求めると、みんなそうだと答えた。

「法官どの、もしこれら二人、ここに出席している者すべてのうちからたった二人ですら、信徒の指揮者が拠出してくださったと同じ金額の資産が失われたとすると、残りの人たちはいったいどこからお金を貰えばいいんですかい」

この言葉を聞いて大法官は当惑し、みんながどのように考えているか意見を求めたが、法官こそご意見をと言うばかりであった。すると先ほどの二人が、

「私どもは何も望んでおりません。何か補償を得たいと要望する考えはありません。ただ、偉大なる神の償い、神の恩寵を願うのみです。そこで法官どのにお勧めしたい儀があります」

と申し出た。法官から許しを得ると、二人は具申した。

「このお金を、品物もあまり持っていない人々や弱小の人々に分けてあげてください。もし弱小の人々と同様、かつて裕福であった人で、もしも分配に与《あずか》ることを望む者があれば、その人にも分配すればよいし、それは法官閣下次第です」

こう彼らが言うと、大勢の人々が立ち上がり、

「我々は何も望んでおりません。お金は弱小の人々に分けてあげてください」

と言って立ち去った。

法官は物をあまり持っていない弱者にお金を分配したが充分でなく、用意された金額の数倍のお金が必要であった。そのお金がすべて分けられると、法官はあまりにも多くの人々が押しかけて彼にお金の交付を求め、その資金も使い尽くされたことから、ある夜、逐電したのである。


（第二巻四九話）

1 —— Abū l-Ḥusayn ʻAbd Allāh b. ʻAyyāsh al-Baghdādī. タヌーヒーの重要な情報提供者の一人。第一巻六話註3参照。

2 —— Qaṭīʻat al-Rabīʻ. カリフ＝マンスールがバグダードを建設したとき、カリフは指揮官や廷臣たちに居住区を割り当てたが、ラビーウ地区はカリフの侍従のための地区で、そこにはバグダード近郊のバードゥーラヤー Bādūrayā の村々に住む人々のための農地もあった。

3 —— al-Muʻtaṣim. 在位八三三—八四二。第一巻七四話註**14**参照。

4 —— 原語 Surra Man Raʾā. バグダードの北方一二五キロに位置する都市。一時アッバース朝の首都であった。第一巻一三七話註

9参照。

5 —— Abū ʿAbd Allāh Aḥmad b. Abī Duʾād. 第二巻三一話註4参照。

政敵を蹴落とすには

〔法官〕ジュハニー[*1]が私タヌーヒーにこんな話を語ってくれた。

〔宰相〕イブン＝アルフラート[*2]の面前で、何かのことで自分と法官仲間のワキーウ[*3]とのあいだで争いが起こり、我々のあいだに敵対意識が芽生えてしまった。自分はワキーウの欠点を探した。そして、彼の父親が〔バグダードの〕ターク門のところで箱物を作っているしがない職人だということを耳にした。

そこで驢馬に乗って、彼の父親のところに出かけた。なるほど、父親は自分で箱を作っている。よく観察すると、彼がとても貧相で愚鈍な男であることがわかった。自分はそこを立ち去ると、〔バグダードの〕両岸の公証人のお歴々や〔アッバース家・アリー家の〕両家のお偉方、それに主だった豪商、書記官、豪農[*4]たちに手紙を送り、大モスクに参集されるよう約束を取り付け、大勢の人たちが列席してくれた。

自分は大モスクに出かけ、着くとすぐ箱職人のハラフを呼び出すよう依頼した。その老人は仕事中だったが、そのまま連れてこられた。自分が指図しておいたように、老人は道具をもったまま、手も汚れたままであった。自分は列席者たちに挨拶をした。

「皆の衆に神のご加護がありますように。さて自分が皆さまにご列席をお願いしましたのは、皆さまのまえで、ある事柄についてこの老人と話し合いをし、その結果、証言のお墨付きを皆さまから頂戴したいがためであります。どうぞこれから起こりますことを憶えておいてください」

自分はこう挨拶を述べてから老人の方へ向き直った。

「ご老人、あなたのお名前は」

「儂《わし》はハラフ某じゃ」

「法官のワキーウとあなたとのご関係は」

「儂の息子じゃ」

「この集会にご列席の皆の衆、このご仁はこのように申しましたね」

「そうだ」

「あなたの息子さんは立派な暮らしをなさっているのに、あなたのそのご様子は」

「あやつは儂の手に負えない息子じゃ。神が為し給うたのか、勝手気ままな奴じゃ」

「やあご老人、コーランは憶えておいでか」

「礼拝するときの文句ぐらいは憶えておるが」

「コーランの読み方には通じておられるか」

「いいや」

「これまでハディースを書き留められたことは」

「いいや」

「歴史事件とか伝承とか文学作品とか詩文とか、何か語られたことはございったか」

「いいや」

こうして自分は諸々の学問や技術について次々と尋ねたが、答えはいずれも否であった。

「文法とか韻律学とか論理学とかはお出来になられるか」

「いいや」

「皆の衆、ワキーウは虚偽を弄《もてあそ》ぶ男でござる。ただ学問や文学を道楽半分にしているにすぎませぬ。預言者の事柄について、さまざまな学問について、虚言を弄しているのではないかと、自分には信頼がおけませぬ。この老人が死んだあとで、伝承系譜を作り、『私の父は語った』とか『私の父はこう告げた』とか言って、この老人を語り手としてどんな虚言を伝えるかわかったものではありませぬ。皆の衆は、どうぞこの老人がかかる学問のことなどどんなかかわりもないと述べ立てたことをご記憶くだされ。そうすれば、父親が死んだあと、ワキーウがこの老人に結びつけた伝承系譜を捏造するといったことは、よもやできますまい。それに、あやつは父親の言うことを聞かないならず者、自分の父親をこんなみすぼらしいありさまに放っておくという、まったく男らしさに欠けた男だということを憶えておいていただきたい」

　こうして自分はできうる限り恥ずべき説明の仕方で事を起こし、そのことへの証言のお墨付きを列席者たちから貰って、ようやくにして彼らと別れた。それから自分は証言の調書*5を持って、それも自分の靴のなかに忍ばせて、宰相の謁見室へ出かけた。いよいよワキーウと事を構え、言葉で彼を辱《はずかし》めるときがやってきたのである。

「やあ黙らっしゃい。愚鈍な箱屋の息子よ」

そのような言葉をかけ、ワキーウが憤りをあらわにしたところで、自分は調書を取り出し、宰相に差し出した。そのうえ、人を遣って父親を実見されてはいかがかとも申し出た。宰相は大いに笑い、ワキーウは面目を失った。自分の取った手段により、ワキーウは怒り心頭に発したのである。

（第二巻五一話）

1——Abū l-Qāsim al-Juhanī. タヌーヒーの情報提供者の一人。第一巻一二話註3参照。

2——Abū l-Ḥasan Ibn al-Furāt. 第一巻九話註4参照。

3——Wakīʿ al-qāḍī, Abū Bakr Muḥammad b. Khalaf. 文人、法学者、文法家で、アフワーズ諸県の法官職を務めた。『法官列伝』*Akhbār al-quḍāt* の著者。九一八年没。

4——原語 tunnāʾ. tāniʾ の複数形。第二巻二話註9参照。

5——原語 maḥḍar. 裁判行政用語で、本来は公判記録に当たる。通常の裁判では、法官が書き取る供述録取書 ruqʿa をもとに、書記が訴訟当事者を交えて書く。法官ジュハニーはライバルのワキーウの面目を失わせるために、このような法的手続きに準じた調書を作成したのであろう。

口は禍のもと

この法官ジュハニー[*1]は〔ブワイフ朝君主ムイッズ＝アッダウラの宰相〕サイマリー[*2]から任命されて、バスラの経済検察[*3]を担当していた。当時、私タヌーヒーは長老たちの次のような話を聞いたことがある。

ジュハニーは民衆の公安維持や詐欺行為の取締りにすぐれ、また彼ほどさまざまな細工物や家具類の真贋に通じている者は他に見たことも聞いたこともなく、誰も彼のようにはこなすことができないと思われるほどであった。ジュハニーは法を遵守することを人々に厳しく求めたため、バスラでの彼の評判は高まり、市井の人々はむろんのこと、有力者たちのあいだでさえ、彼に対する畏敬の念が起こったほどであった。

ある日、ジュハニーが歩卒たちを先導させて歩いていたとき、一人の礼拝布令役人の傍らを通りかかった。群衆は、「ジュハニーさまだ」「ジュハニーさまだ」と言い合っていた。布令役人はふと目を止め、ジュハニーを見て、

「お前さまといえども私に刃向かう術《すべ》をお与えにならなかった神にこそ称えあれ」

と言った。これを耳にしたジュハニーは歩卒たちに命じたのである。

「あれを逮捕して、詰所まで連れてまいれ」

布令役人はもがき騒ぎ立て、近所の人たちも布令役人に付いてやって来た。ジュハニーが詰所に着き、人々をなかに入れるや、みんなは口々に、

「旦那はこの布令役人を召し出すようお命じなすったが、この人にどんな落度があったのですかい」

と詰め寄った。するとジュハニーは、

「この男は厠《かわや》に入ったままの靴でモスクに入りませんと、儂《わし》に誓いを立てねばならないのだ。そうでなければ人々の礼拝を汚すことになり、それは赦されることではないぞ。不潔なままで礼拝の布令などもっての外だ」

と叱り飛ばすのであった。

人々は大目に見てやるようジュハニーに懇願するが、聞き入れてくれない。

「誓いを立てるか、さもなくばもはやモスクに入らないかだ」

と言い出す始末。とうとう布令役人は誓いを立てさせられた。役人がやれやれ立ち去ろうとすると、ジュハニーが声を掛けた。

「お前さん、儂にはお前にものを言う術のあることを今は思い知ったであろう。俺たちのあいだにかかわりがあるか、

それともないと言い張るか」
「神があなたさまに助けを与え給わんことを。私は間違っておりました。私は気が付かなかったのです」
「もう二度と無駄な口をたたくのではないぞ。余計なことは怪我のもとだ」

（第二巻五二話）

1 —— Abū l-Qāsim al-Juhanī. 第一巻一二話註3参照。

2 —— Abū Jaʻfar Muḥammad b. Aḥmad al-Ṣaymarī. 第一巻四七話註2参照。

3 —— 原語 ḥisba. 本来は善を勧め悪を禁じる宗教義務の一つであるが、現実的に法として適用する場合のヒスバの及ぶ範囲は狭く、市場における経済活動の監視に限定される。なお義務を果たすことを委任された役人をムフタスィブ muḥtasib といい、法官の監督を受け、とくに有力者による穀物など必需物資の退蔵や買い占めなどが取締りの対象となった。

法官と経済検察官との確執

アフワーズの波止場で、法官であった私タヌーヒーの父の代官を務める公証人ナスル[*1]が、私に以下のような話を語ってくれた。

宮廷女官長ウンム＝ムーサー[*2]の兄弟から任命されてアフワーズの経済検察官[*3]を務めていたカウカビー[*4]という人は、武骨で剛胆、実にしっかりした人物であった。彼と法官サッラージュ[*5]とのあいだには嫌悪の情が芽生えていて、カウカビーは数日間、法官のところへ出向くのを控えていた。しかし、法官が週に二回、モスクに坐って法廷を開かねばならないのに、それを怠っていると知るや、突如、法官の屋敷に向かった。歩卒たちを引き連れ、屋敷の門前に立つと、「法官に大声で言ってやれ」と歩卒たちに命じた。

「貴殿にはいつまでも自分の屋敷内に居坐っている権利はないぞ。モスクに出向いて、貴殿の叙任状に記されているごとく、強者であれ弱者であれ、汝への訴えを聴く義務があるぞ」

この言葉を聞いた法官の召使いは急ぎなかに入り、このことを法官に知らせた。法官は極度に困惑し、傍らにいた公証

人たちを使いに出して、検察官を宥《なだ》めさせようとした。しかし検察官は、

「儂《わし》は法官どのがモスクに出かけない限りは、屋敷内に入りもしないし、ここから立ち去りもしないぞ」

と言う始末。公証人たちは、二人が仲直りするまで執り成しを続けねばならなかったのである。

（第二巻五三話）

1――Abū l-'Abbās Naṣr b. Muḥammad.
2――Umm Mūsā. 第一巻一二八話註8参照。
3――原語 muḥtasib. 経済検察の ḥisba について、第二巻五二話註3参照。
4――al-Kawkabī.
5――Abū l-Ḥasan b. 'Alī al-Sarrāj.

情は人の為ならず

イブン＝アッスィムサールとして知られる法官ウバイドッラー*1が、駱駝の御者で公証人のイブン＝イドリース*2から伝え聞いたところによれば、イブン＝アビー＝アウフ*3が〔のちのカリフ＝ムウタディドの宰相〕ウバイドッラー*4とくに親しくなった理由とは次のようなことであった。

ある日私こと、イブン＝アビー＝アウフが〔バグダードの〕円城市区にある大モスクのなかを通りかかったとき、債権者*5の手に拘禁されているウバイドッラーを見つけた。彼は〔執政ムワッファクから〕不興を蒙ったあと、金三〇〇ディーナールを借金したのだという。我々のあいだに友情関係があるわけではなかったが、私は彼がただ者でないことを知っていた。

「あなたはどうしてこんなところに坐っているのだ。まだ礼拝に来たわけでもなかろうに」

「私は三〇〇ディーナール借金しているために、この男の手に拘禁されているのです」

私は債権者に猶予を与えてやるよう頼んだが、断られたので債権者に申し出た。

「その金は私が肩代わりしよう。一週間後に私のところに来てくれ。そうすればお前にその金を渡そう」

「その旨を書いた証文を自分に下されたい」

債権者が言うとおり、私はインクと紙を取り寄せ、一カ月後にその金を支払う旨の保証書[6]をその男宛てに書いた。すると男は満足して立ち去った。ウバイドッラーが立ち上がって礼を言いはじめたので、私は、一緒に家まで来てくれたなら喜びはこのうえないのだが、と申し出た。

私はウバイドッラーを私の騾馬に乗せ、私はその後ろから歩いて自分の家に入った。我々は商人たちがするように、私のために用意されていた金曜日用の食事を食べ、〔午後の〕仮眠をした。

ウバイドッラーが目を覚ますや私は財布を彼の前に差出し、

「おそらくあなたはお困りのことでしょう。あなたが望むだけこの財布からお取りください。それが私の願いです」

と言うと、彼はそれから数ディーナール取り出し、立ち上がって去って行った。すると妻が私を叱り、非難しはじめた。

「あなたはあの人のために自分の身上《しんしょう》でできる以上のものを請け負ってしまわれた。あなたって人は、余計なものまであげないと気が済まないんだから」

「儂《わし》は善いことをしたのだ、とってもな。彼は実に気立ても生まれも素性も素晴らしい男なんだ。もし神が彼のことで儂に得をさせてくれたら、それはそれで結構なことだし、もしそうならなくても、神のもとでは決して無駄にならないと思うよ」

この事件があってからしばらく過ぎ、借金返済の期限が来て、債権者が私のところに請求にやって来た。そこで私は自分の地所[7]を売却してその代価をもって支払うことを引き受け、ウバイドッラーに請求するのをよしとしなかった。そしてその男には、約束の日を数日間遅らせてくれるよう無理に頼んだ。

このことがあって二日後、ウバイドッラーから来てほしいという書状を受け取ったので、彼のところへ出かけると、こう言うのである。

「私が逆境にあったとき、売却することを見合わせていた私の私領地[8]から私のもとに、わずかばかりの収穫物[9]が届いたのだ。その代価はあなたが私に代わって保証してくれた金額に相当するので、これを受け取り、売り払ってほしい。そしてこれで債権者と精算してほしい」

「そうしましょう」

収穫物[10]が私のもとに送られてきたので、私はそれを売ってその代金全額をウバイドッラーに渡した。

「あなたは困っておられる。だから私が債権者に何がしかの額を支払って猶予させるので、あなたはこのお金で十分な生活をしてください」
と言うと、彼はどうか一部でも受け取ってほしいと申し出た。しかし私は神に誓って受け取らないと言って、彼にお金を使わせなかった。債権者がやって来て私に催促するので、私の手もとから一部だけ返してやり、あとはしばらくの猶予をさせた。

それからほんのしばらくののち〔八九一年〕ウバイドッラーが宰相に就任した。彼はその日のうちに私を呼び出し、宰相の謁見室でみずから私のために立ち上がるということをして、私を有頂天にさせたのである。私はウバイドッラーを通じて財産を得て、いま享受しているような繁栄を手にすることができたのである。

（第二巻五四話）

アフマド＝アズラク[*11]によれば、彼の父は次のように語ったという。

儂《わし》が宰相ウバイドッラーの御前から退出しようと玄関の方へ行くと、イブン＝アビー＝アウフが出て来た。門衛や侍従、大勢の人たちが、イブン＝アビー＝アウフの馬を引けと叫んだ。彼の馬が引き出されてきたとき、やはり宰相も馬に乗ろうと出て来て、二人の顔が合った。イブン＝アビー＝アウフは脇へ寄り、宰相の馬を先に行かせるために、自分の馬を後回しにするよう命じた。すると宰相は自分の馬を先にせず、イブン＝アビー＝アウフが乗るまでは先に乗らないと言った。儂は立ち止まって様子を見ていたが、他の人たちも同様であった。結局イブン＝アビー＝アウフの馬が先に引き出され、彼が乗ると、宰相の馬も引き出されて宰相は乗り、二人並んで歩き出した。

（第二巻五五話）

1――Abū ʻUmar ʻUbayd Allāh b. al-Ḥusayn, 通称 Ibn al-Simsār.
2――Abū ʻAlī b. Idrīs.
3――Abū ʻAbd Allāh b. Abī ʻAwf. 第一巻二〇話註３参照。
4――ʻUbayd Allāh b. Sulaymān. 第一巻三二話註３参照。
5――原語 gharīm.
6――原語 ḍamān.
7――原語 ʻaqār.
8――原語 ḍayʻa.
9――原語 ghulayla.
10――原語 ghalla.
11――Abū l-Ḥasan Aḥmad b. Yūsuf b. Yaʻqūb b. al-Buhlūl. 第一巻一四話註２参照。

父の寵臣であっても、息子の扱いは別

アフマド＝アズラク[*1]によれば、彼の父は次のように語ったという。

宰相ウバイドッラー[*2]がジャバル地方[*3]へ赴き、その間［息子の］カースィム[*4]を宰相代理に任命したとき、カースィムはイブン＝アビー＝アウフ[*5]に対して、父親がしているような丁重な扱いをしなかった。このことはイブン＝アビー＝アウフを苦しめたが、その不満を訴える手紙をもし宰相に送っても、それが息子の手に渡るのではと恐れた。

イブン＝アビー＝アウフはしばしば儂《わし》のところにやって来た。表敬の意思を示すが、これと言った用事を頼むのでもなかった。ところが親密な仲となると、宰相宛ての手紙を儂の友人[*6]の妻の手紙に同封して送ってもらえまいかと頼んできた。というのは、その友人とは宰相専属の指揮官で、儂はいつもそのようにしていたからであった。

宰相宛ての手紙は極秘のうちに宰相に渡されて、それに対する返書が届けられ、一方、カースィムへは宰相からの私的な手紙が届き、その内容はイブン＝アビー＝アウフに関して息子をひどく叱責するものであった。カースィムは街道に代官を派遣し、多数の人々の書簡を取り上げて検閲させたが、イブン＝アビー＝アウフの手紙は一通も発見できなかった。カースィムは激怒したが、結局、宰相が帰還するまで、手紙がどのようにして届けられているのか知ることはできなかったのである。

（第二巻五六話）

1――Abū l-Ḥasan Aḥmad b. Yūsuf b. Ya'qūb b. al-Buhlūl. 第一巻一四話註2参照。
2――'Ubayd Allāh b. Sulaymān. 第一巻三二話註3参照。
3――原語 al-Jabal. ジバール州 Jibāl のこと。かつてのメディアに当たり、ハマダーン、イスファハーン、ライ、カズウィーンの諸都市がある。
4――al-Qāsim b. 'Ubayd Allāh. 第一巻三一話註3参照。
5――Ibn Abī 'Awf. 第一巻二〇話註3参照。
6――指揮官バドル＝ラーニー Badr al-Lānī のこと。第一巻七三話参照。

善意で引き受けても商売のうち

アフマド＝アズラク[*1]は次のように述べた。

この当時〔ビザンツとの〕国境地帯[*2]に住む住民の一人が私のところに来て、ビザンツの捕虜となっている縁者を救出するために、イブン＝アビー＝アウフ[*3]に執り成してくれるよう頼んだ。しかし、私はイブン＝アビー＝アウフが根っからの商人であることを知っていたので、その頼みを断った。それでもひどく懇願するので、イブン＝アビー＝アウフに手紙を書いてやった。

それからしばらくして、その男が私のところにやって来て礼を述べ、イブン＝アビー＝アウフが〔身代金として〕金四〇ディーナールも支払ってくれたと語った。

数年が過ぎて、イブン＝アビー＝アウフが私に次のようなことを頼んできた。それはアンバールにある私の私領地[*4]のうちの灌水地[*5]を彼に貸してほしいこと、その土地で西瓜——のちにアブドラウィーと言って、まさにアブー＝アブドッラー＝イブン＝アビー＝アウフという名前が訛った西瓜になるのだが[*6]——を栽培したいとのことであった。私はその土地をかなりの金額で貸してやった。

イブン＝アビー＝アウフは西瓜を栽培し、収穫を得た。そこで賃貸料を請求すると、イブン＝アビー＝アウフは、そこから私が執り成しを頼んだ国境地帯の男のための〔身代金〕四〇ディーナールを私の負債分として差し引いて、払ってくれたのである。

（第二巻五七話）

1 —— Aḥmad b. Yūsuf b. Yaʿqūb b. al-Buhlūl. 第一巻一四話註2参照。

2 —— al-Thaghr. 複数形の al-Thughūr が用いられることがある。文字通りには敵国と接する「辺境」を意味するが、当時はもっぱらビザンツ帝国との国境地帯を指し、域内の都市タルスースが前線基地となっていた。

3 —— Ibn Abī ʿAwf. 第一巻二〇話註3参照。

4 —— 原語 ḍiyāʿ.

5 —— 原語 raqqa.

6 —— Abū ʿAbd Allāh Ibn Abī ʿAwf が訛って、al-ʿAbdlāwī となった。

娘の不義の相手を責めるだけでは片手落ち

法官イブン＝アイヤーシュ[*1]が私タヌーヒーに語ったところによると、〔政商〕イブン＝アビー＝アウフ[*2]の社会的地位が失墜した原因は娘の事件にあって、噂はバグダード中に広がったという。

あるとき、イブン＝アビー＝アウフが自邸に戻ると、自分の娘が見ず知らずの男と一緒にいるのを見つけた。彼はその男を捕らえ、思いきり鞭打った。

そんなことをするものでない、そんなことをすれば娘さんばかりでなく、自分の名誉も傷つけることになるぞ。その男を釈放し、娘さんを縛って監視のもとに置くべきだと、そのように忠告されたが、イブン＝アビー＝アウフは承知せず、警察署長を呼んで、自分の屋敷のまえでその男に鞭打たせた。男にはちょっとした文才があって、叩かれながらも詩でもって抗弁した。

もし自分が罪を犯したというのなら
あの女にも同じ罪があろうというもの
もしあの女に罪がないというのなら
俺にだって罪はないはずだ

「やあ皆の衆、不義密通の片方が罰せられて、もう片方は罰せられないというのか。俺の相棒も引き立てられるべきだろう。そうしないのなら、俺を釈放してくれ」

イブン＝アビー＝アウフはこのことで恥をかき、面目を失った。詩人たちや講談師たち、一般の人たちまでも、口々にイブン＝アビー＝アウフのことを話題にし、ついに彼の地位は失墜したのであった。

こうした諷刺のうちイブン＝バッサーム[*3]がイブン＝アビー＝アウフのことを取り上げたカセーダ体詩があって、次のように始まっている。

やあ皆の衆、最後の審判の日が近づいているぞ
だが姦夫は罰せられても姦婦は助けられるとさ

こうして始まる詩句は次のように終わっている。

やあライラの夫よ、ライラとはうまく行かないぞ
もめ事を起こそうとするときは俺にかかって来い

（第二巻五八話）

1 —— Abū l-Ḥusayn b. ʻAyyāsh. 第一巻六話註3参照。

2 —— Ibn Abī ʻAwf. 第一巻二〇話註3参照。

3 —— Ibn Bassām, Abū l-Ḥasan ʻAlī b. Muḥammad b. Naṣr. バグダード生まれの書記官で、駅逓官も務めた詩人。諷刺を得意とした。九一五年頃没。

実力者の命令でも筋は通すべし

通称ハーリスィーとして知られるワースィトの馬具屋アブドッラー*1によれば、ワースィトのコーラン読師ユースフ＝ブン＝ヤアクーブ*2は自分たちに次のように語ったという。

〔カリフの弟で執政の〕ムワッファク*3はザンジュの乱の首領*4を追撃して、ワースィトの町に入城、そこに駐留した。一方のカリフ＝ムウタミド*5はファムッセルフ*6に滞在していたが、そのおり、執政とムウタミドとのあいだで〔ムウタミドの皇太子〕ムファッワド*7を廃位し、代わりにムワッファクを皇太子とする旨の書簡が交換された。このことでムワッファクは、私を含めワースィトの公証人たちを呼び出し、ムウタミドのもとに赴いてこの件の証言を行なうようにと命じた。そこで皆は「承知しました」と言って立ち上がったが、私だけはそのまま黙って坐っていた。そこでムワッファクが私に尋ねた。

「何か言いたいことがあるのか」

「もし閣下がお許しくださるのならお話しいたしますが」

「言え」

「閣下は私どもをカリフのもとに派遣されるおつもりですが、しかし、閣下が私どもに望んでおられるのとは違った証言をカリフが私どもに依頼されないとも限りません。もし私どもがカリフの御前に伺候し、カリフがそのような証言を求められましたならば、私どもにはカリフのご希望とは異なる証言をすることは許されないことです。閣下はそれでもお命じになられますか」

この私の言葉はムワッファクを眠りから目覚めさせるものだった。カリフが私どもに、もしムファッワドの皇太子位の確認とムワッファクの廃位と有罪の宣告の証言を求められたならば、そうせざるを得ないだろうということに気付く結果になったのである。ムワッファクは私を褒め、我々をカリフのもとに派遣するのを断念した。それからというもの、ムワッファクは私のことを目にかけ、時には私を召し出されるようになった。これがきっかけとなって、町での私の地位は上がり、町の指導的な人間となったのである。

（第二巻五九話）

1——Abū Aḥmad ʻAbd Allāh b. ʻUmar, 通称 al-Ḥārithī. 第一巻四九話註１参照。

2——Abū Bakr Yūsuf b. Yaʻqūb al-Wāsiṭī. アサンム al-Aṣεmm として知られたワースィトの指導的な宗教者で、大モスクの導師。九二五／二六年没。

3——al-Nāṣir l-Dīn Allāh al-Muwaffaq. 第一巻七三話註１参照。

4——ṣāḥib al-Zanj. 第一巻七八話註３参照。

5——al-Muʻtamid. 在位八七〇—八九二。第二巻八話註２参照。

6——Fam al-Ṣilḥ. 第一巻一六二話註４・５参照。

7——al-Mufawwaḍ, Jaʻfar b. al-Muʻtamid. 八九二年四月、皇太子を廃位され、ムウタディドが皇太子となった。翌八九三年に没した。

実利のある宰相職を求めて

アフマド＝アズラク[*1]によれば、仲間の一人がイブン＝ムクラ[*2]の語った次のような話を伝えている。

儂《わし》はイブン＝アルフラート[*3]の第一次宰相時代以前から彼の書記官として、彼と特別な関係にあった。〔九〇八年〕イブン＝アルフラートが宰相に任命され、職務に就くと、儂は宰相に呼び出されて、かく命じられた。

「大商人のイブン＝アルアフラス[*4]および一団の商人たちを伺候させ、サワードの〔政府〕穀物[*5]のうち三万クッルを売却する件につき、商人たちと交渉するように。また商人たちと価格を取り決めたならば、穀物一クッルにつき金二ディーナールを控除し、その控除金[*6]を今日中に集めるよう彼らに要求するように。そのお金を領収したならば余に知らせよ」

そこで儂は商人たちを伺候させて、売買価格を確定させ、控除金を即金で支払うよう要求した。商人たちが「しかと三日間のうちにご用意いたします」と言うので、儂は宰相にその旨を知らせた。すると宰相も了承して儂にこう命じた。

「控除金を領収したならば、商人たちのために、現地の徴税官に宛てた穀物の引渡しと代金の受領を指示する書状を書け」

三日目、商人たちは控除金を持って来た。そこで儂は商人たちへの穀物の引渡し状を書いたが、儂は何かと準備に忙しく、これが何のためなのか宰相に説明を聞く機会を逃していた。二日が経って儂はようやく宰相に尋ねた。

「サワードの穀物売却に伴って控除したお金が、ここ数日私の手元に保管されておりますが、宰相閣下がこの件でお命じになった目的は何だったのでしょうか」

「おやおや、神こそ称えあれ。お前さんは余が自分自身のために控除したと思っていたのかね。それはとんでもない邪推だぞ。余はこのお金でもってお前さんの生活環境をよくさせようと望んだのだ。お前さんが裕福になれば、お前さんに対する余の友情も増すというものだ。このお金で生活をよくととのえるとよいぞ」

儂は宰相の手に口づけをして感謝の言葉を述べ、自宅に帰った。儂は喜びを抑えることができなかった。こうして儂もお金を手にすることができるのだと学んだとき、いずれは宰相になろうという立身出世のこころが儂に芽生え、それは宰相職を求めてよりいっそう努力しようと儂を駆り立てたのであった。それ以来、儂は宰相職を求めて仕事に没頭し、とうとうそれを手にしたのだ[*7]。

（第二巻六〇話）

1——Abū l-Ḥasan b. al-Azraq al-Tanūkhī. 第一巻一四話註２参照。

2——Abū ʻAlī b. Muqla. 第一巻一七話註４参照。

3——Abū l-Ḥasan b. al-Furāt. 第一巻九話註４参照。

4——Ibn al-Akhras.

5——原語 ghallāt al-Sawād. 穀倉地帯である南イラクは当時「黒い土」を意味する「サワード」と呼ばれ、アッバース朝政府の直轄州であった。この地方での徴税は、小麦と大麦からなる穀物を産額比率 muqāsama に応じて現物で徴収され、それが各地方に設けられた政府所属の倉庫に備蓄された。このような穀物は ghallāt al-sulṭān とか ghallāt sulṭānīya、つまり「政府穀物」と呼ばれた。この現物の穀物は通常現地の徴税官が商人たちを集めて競売に付されるが、ときには中央政府がこれを裕福な御用商人に売却し現金化することがあった。

6——原語 al-istithnāʼ. 政府穀物を売却するさい、政府がいったん特定の個人に一定の割引率で売却し、その個人がもとの値段で商人たちに転売することが行なわれた。istithnāʼ とは、そのように割引控除することを指すが、この控除金は特定の個人にとっては一種のマージンとなる。ところがこの逸話のケースでは、形式的な譲渡の形を取らず、商人たちに直接に賦課されている。

7——イブン＝ムクラが初めて宰相職に就いたのは、この二〇年後の九二八年で、カリフ＝ムクタディル(在位九〇八—九三二)の治世下であったが、在任二年でカリフの逆鱗に触れ、科料に処せられたあと、ファールス州に左遷された。九三二年、カリフ＝カーヒル(在位九三二—九三四)によって宰相に任じられるも、すぐカリフの不興を蒙り、逃走。新カリフ＝ラーディー(在位九三四—九四〇)のもとで九三四年、宰相となるが、カリフの怒りを買って、投獄された。その後、軍閥跋扈の混乱のなかで逮捕され、まず手を、次に舌を切られて九四〇年、死亡した。

宰相とは危険な仕事

〔法官〕イブン＝アイヤーシュ[1]は私タヌーヒーに次のような話を語ってくれた。

イブン＝ムクラ[2]が宰相になるかもしれないとの噂が飛びかっていたころ、儂《わし》はイブン＝ムクラのもとに侍っていた。するとディーナール家[3]の一長老が部屋に入ってきた。イブン＝ムクラはその長老に敬意を払い、褒め称え、ともに坐って長いあいだ話し合っていた。

ところが二人の声が大きくなって、長老が何を言っているのか、私に聞こえてきた。長老は宰相職に就こうなどと高望みしないようにと諫《いさ》め、控え目にするように、宰相にはなられないようにと忠告した。しかし、イブン＝ムクラはただ黙って聞いていた。長老の言葉が跡切《とぎ》れると、イブン＝ムクラは、「世智に通暁していた〔ウマイヤ朝初代カリフ〕ムアーウイヤは、『大望を抱く者は大いなる危険に身をさらすものだ』と述べたというではないか」とみずからの思いを打ち明けた。

すると長老は、「それならば、儂は神にそなたが宰相になれるようにお勧めしよう」と言って立ち去った。それから一週間も経つか経たないうちに、イブン＝ムクラは宰相に任命されたのである。

（第二巻六一話）

1——Abū l-Ḥusayn b. ʻAyyāsh. 第一巻六話註3参照。

2——Abū ʻAlī b. Muqla. 第一巻一七話註4参照。

3——al-Dīnāriyūn. カリフ＝ラシード（在位七八六—八〇九）の家臣ディーナール＝ブン＝アブドッラー Dīnār b. ʻAbd Allāh の子孫のことで、バグダードにはティグリス川東岸に面して、彼に帰せられる「ディーナール邸 Dār Dīnār」という街区があった。

大望を抱いている者はその危険も大きい

〔シーラーズ出身の書記官〕イブン＝アルマルズバーン*1は私タヌーヒーに次のように語ってくれた。

バリード家のアブー＝アブドッラー*2がブワイフ家のアリー*3との戦いを目指してスィーラーフ*4を通過していたころ、私はスィーラーフにいた。〔当時スィーラーフの徴税官であった〕ライス*5はアブー＝アブドッラーを尊敬していて、彼に乗馬を提供し、スィーラーフの有力者たちも軍隊を率いて彼に会いに行った。町のすべての人々が集まったかと思われ、私自身もその群衆のなかにいた。

そのとき、馬上のアブー＝アブドッラーが次のように言うのを私は聞いた。

大望を抱いている者はその危険も大きい。〔詩人〕ムタナッビー*6が朗誦したカセーダ体詩は、なんと素晴らしい詩だろう。

どんな国でも異邦人には真実の友はいないもの
求める目的が大きければそれだけ援助者は減る

（第二巻六二話）

1――Abū l-Faḍl Muḥammad b. ʿAbd Allāh b. al-Marzubān al-Shīrāzī. ブワイフ朝の宰相ムハッラビーにまつわる逸話の重要な情報源の一人。
2――Abū ʿAbd Allāh al-Barīdī. 第一巻四話註7参照。
3――ʿAlī b. Buwayh. のちのイマード＝アッダウラ ʿImād al-Dawla. 第一巻一七四話註13参照。
4――Sīrāf. ペルシャ湾岸の海港都市。
5――al-Layth.
6――al-Mutannabī. 第一巻序文註3参照。

政争に敗れた前宰相は哀れなもの

〔法官〕イブン＝アイヤーシュ[*1]が私タヌーヒーに次のように語ってくれた。

イブン＝ムクラ[*2]に代わってスライマーン＝ブン＝アルハサン[*3]が宰相になったとき、新宰相とハセービー[*4]とは、イブン＝ムクラからお金を引き出させてみせると請け負った。そのころ私は宰相スライマーン付きという仕事の内容から、彼のもとへしばしば出入りしていて、ハセービーが宰相のまえでイブン＝ムクラの件について話し合い、彼に対して厳しい取り立てをしているのを目撃した。二人はよくイブン＝ムクラを連れてこさせ、拷問にかけていた。私は、彼に見つからないように立つか、あるいは坐って聞き耳を立てるかして、これらの様子をうかがった。むろん彼からは私を見ることはできなかった。

イブン＝ムクラは強要され、拷問にかけられて苦しくなると、自分はどこそこに、しかじかのお金を持っていると自供した。拷問が中止され、イブン＝ムクラの言った場所へ使いが出されたが、彼が述べたような事実は発見できなかった。

そこでイブン＝ムクラに詰問すると、「自分には身上《しんしょう》も財産もない。すぐにも楽になりたい、死にたい」などと言うので、宰相のスライマーンは拷問を数日間、中止せざるを得なかった。こうしてイブン＝ムクラの審問は長く行なわれたが、何も得るところがなく、その結果、宰相とハセービーとのあいだに意見の対立が生じた。ハセービーはもっと厳しい拷問にかけてイブン＝ムクラからお金を吐き出させるべきだと主張するが、宰相の方はそれを恥ずべきことと感じた。結局、〔宰相の友人〕イブン＝アルハーリス[*5]の邸宅に移送することで意見がまとまった。ハセービーはしばしばその邸宅へ出かけ、イブン＝ムクラを拷問にかけてお金を引き出した。

ある日、私がイブン＝アルハーリスのもとに表敬訪問し、歓談していると、ハセービーの来訪が伝えられた。それで、私は顔を合わせないように別の部屋に移った。彼らは二人だけになるとイブン＝ムクラを連れてこさせた。するとハセービーがイブン＝ムクラを責め立て、かつて彼が自分や宰相のスライマーンに対して取った態度を非難し、思う存分口汚く罵った。イブン＝ムクラの前後には三人の奴僕が控えていた。ハセービーはイブン＝ムクラに散々悪態をついたあげく、こう言ったのである。

「バスラのバリード家のヤアクーブ[*6]は、儂《わし》がペルシャ湾〔の オマーン〕から帰還するとき、ヤアクーブに宛てたお前の返書を儂に読んで聞かせてくれた。それはヤアクーブからお前に宛てた書簡の裏に書かれたものだ。ヤアクーブが、『閣下のご命令通りハセービーを追放し、ペルシャ湾まで護送しました』と書いているのに、お前はいまいましいその手でもって『能なしめ、どうしてあやつの目をえぐり出してから送り出さなかったのか。おゝ、指しゃぶりめ』等々とヤアクーブに書きおったではないか。お前は儂の目を潰しにかかったのだ。今度はお前の口が聞けなくなるようにしてほしいか。奴僕よ、こやつを叩きのめせ」

こうしてイブン＝ムクラは打擲《ちょうちゃく》され、支払手形を書かされたのであった。

（第二巻六三話）

1——Abū l-Ḥusayn ʻAbd Allāh b. Aḥmad b. ʻAyyāsh. 第一巻六話註3参照。
2——Abū ʻAlī b. Muqla. 第一巻一七話註4参照。
3——Sulaymān b. al-Ḥasan b. Makhlad. 第一巻一三三話註2参照。
4——Abū l-ʻAbbās al-Khaṣībī. 第一巻一七四話註3参照。
5——Ibn al-Ḥārith. 第一巻一五四話註11参照。
6——Yaʻqūb al-Barīdī, Abū Yūsuf. 第一巻一六六話註5参照。

熱湯に手を入れても火傷せぬ

アフマド＝アズラク[*1]が私タヌーヒーに語ってくれた類のない逸話のなかに次のようなものがある。

我々が住むアンバールに〔イブン＝フバイラ〕城市出身の、ウマルという男がやって来た。男は群衆に説教を垂れ、信心深さを誇示して言うのであった。

「神に帰依する者には何事も思うがまま、ぐらぐらと沸騰する油に手を入れても、火傷もせぬ」

町の人々はこの男に唆《そそのか》されて、その様子を見るためにモスクに集まった。皆は儂《わし》にも出るように頼むので、兄弟や町長とともにその場に臨んだ。すでに、モスクの中庭の石の台座には五徳が据え付けられていて、上には大鍋がのせられていた。男は祈りを始めていた。我々が行くと、オリーブ油が欲しいという。儂は召使いに取りに遣らせた。まもなくすると五リットル入りの壺が届き、油が大鍋に注がれた。その下は焔が真っ赤に燃え上がっていた。

油が沸騰して泡立ちはじめると、その男は儂の兄に向かって、

「おゝアブー＝アブドッラーよ、アッラー、アッラー、持

って来ていただいたのはまさしくオリーブ油なのでしょうな。そうでなければ、私は死ぬことになりますからな」

と念を押した。この言葉を聞いたとき、何かトリックがあるのでは、と感じたが、ただ儂は、

「それはまさしくオリーブ油だ」

とだけ言った。男は上着を脱ぐと油壺の方へ行き、残りの油から半リットルを掬《すく》ってそれを大鍋に注いだ。次に男は水差しを所望し、水を注がせ、両手や両腕、それに胸をも丹念に洗った。それからやおら冷水から手を出し、垂れる雫《しずく》を油に振りかけた。泡立つ音が激しく上がった。


　男はカスタネットを手にして台座に上がり、それを大鍋のなかに投げ入れた。それからすばやく手を入れ、大声で「アッラーのほかに神はいませぬ」と叫び、手で大鍋の底をかきまぜ、カスタネットを取り出した。そして、それを大仰に投げると、大声で「おゝ神よ、おゝ神よ」と叫んだ。それから油のあるところに行き、手で掬うと、それで胸や腕を洗い、その間激しく声を上げながら、その場に居合わせた者たちに祈りを捧げようとしているのだと思わせる素振りをした。しかし、儂には苦しみ呻《うめ》いて、叫び声を上げているように思えた。


　それが収まると、その男は祈りをはじめ、群衆に向かって、

「俺さまは数日後にまた来よう。そのときは藪のなかの獅子を、耳を手で摑んだまま連れて来よう」

と語った。儂らは男を我々の家へ案内し、お湯で洗い、マッサージをしてやり、香を焚きしめてやった。彼はその日一日我々のところに滞在した。


　我々は男に火傷をしない理由を尋ねてみたが、神に服従する者にはすべてが服従するというのみで、それ以上聞くのは憚られた。


　数日が経ったころ、アンバール市の一団がやって来て、

「私どもも、あの男がやったように、油を沸騰させて手を入れてみました。またタールでも試みてみましたが、やはり熱くなったタールの鍋から手を出すことができました」

と口々に言う。そこで我々は集まり、アンバールの人たちはその男のまえで熱湯に手をつけることをやって見せたのである。すると男は途方にくれてしまい、

「これはまさに、俺さまがあなた方に祝福を与えたためだ」

とのみ言うだけであった。男は翌日、町から逃げ出したのである。我々は実際にことを行なってくれた人たちに聞いてみた。彼らの言うところによると、自分たちで試してみたところ、ある者は我々同様、浴場で大変な熱湯に耐えることができたが、ある者は耐えられなかったと。


　アスカル＝ムクラムの一公証人、イブン＝アビー＝サラマ[*2]がこれと同じような話を我々に語ってくれたことがあったが、

それは、ある男が熱した砂糖の鍋に手を入れ、すでに投げ入れてあったものを取り出した、それを自分の目で見たとのことであった。

（第二巻六四話）

1 —— Abū l-Ḥasan Aḥmad b. Yūsuf b. al-Azraq. 第一巻一四話註2参照。

2 —— Abū Aḥmad b. Abī Salama al-ʻAskarī.

あるスーフィー行者の奇行

〔ワースィトの伝承家ヌウマーン〕アブッタイイブ*1が私タヌーヒーに語ってくれたところによると、スーフィー行者のシブリーがプディングの入った煮えたぎっている大鍋に手を入れ、そこから何口分かをつかんで食べたという。自分はこれまで、こんなたまげたことをする人を見たことはなかったが、この行者はそれを何度もやり遂げたので、その場に居合わせたあるスーフィー行者が呆れて言った。

「何とまあ、お前の手には裁縫の指貫《ゆびぬき》がはめられ、喉は漆《しっ》喰《くい》で固められているとでもいうのかね」

*2このシブリーは頭の髪の毛をむしり取る癖があったが、何しろ奇行が多く、話題に事欠かない行者であった。宰相のムハッラビー*3からこんな話を聞いたことがある。

バグダードのある通りを歩いていると、群衆が地面に倒れている男を取り囲んでいるのを目にした。どうしたのだと聞くと、シブリーがたった今この肉団子売りのそばを通り、売り子が「お前はどれほど過ちを犯したのか」と叫ぶのを聞いて悲鳴を上げ、失神してしまったのだ、とのこと。儂《わし》はシブリーの奇行に驚きを覚えながら通りを歩いていくと、あるスーフィー行者に出会ったのでこの話をして聞いてみた。
「シブリーが気を動転させ、悲鳴を上げた理由は何だ」
「シブリーは神が売り子の口を借りて話し掛けられたと信じたのであろう」
「何と不思議なこと、それではその売り子と反対側に別の肉団子売りがいて、その売り子が同じように、お前はどれほど過ちを犯したのか、と叫んだとすると、いったいどちらの売り子が神の声だったのだろうか」
「それはシブリーに聞いてもらわねばわからないよ」

（第二巻六五話）

1——Abū l-Ṭayyib, al-Nuʿmān al-Wāsiṭī. 第一巻一一〇話註3参照。

2——シャールジー校訂版では、このパラグラフから六五話が始まっていて前段は六四話に入っているが、当訳のように改めた。

3——Abū Muḥammad al-Muhallabī. 第一巻一話註4参照。

長時間使用に耐える巨大蠟燭

〔法官〕イブン゠アイヤーシュ[1]が私タヌーヒーに語ってくれた類のない逸話のなかに、次のようなものがある。

イブン゠アビー゠ジャアファル゠ターイー[2]が〔宰相〕スライマーン゠ブン゠アルハサンとその息子アブー゠ムハンマド[3]とともに、我々を金二〇〇ディーナールもかけた宴会に招待してくれた。それは什器《じゅうき》といい、豪勢さといい、太っ腹ぶりといい、すべてが珍奇で並外れており、贅沢なものであった。

なかでも我々がもっとも素晴らしいと思ったのは、式典用の二本の蠟燭で、三、四〇マン[4]の重さはあろうかと思われ、それが広間の中央に据えられた巨大な燭台に立てられ、その周りには小さな蠟燭がぐるりと配されていた。召使いたちが蠟燭の芯切りをしようとするときには、高く背伸びをして切らねばならなかった。

蠟燭の炎の色は美しいとは言えない白色に近いもので、鋳型のなかで火花が飛んでいるようなものだった。我々は明け方近くまで宴席に坐っていたのであるが、二本の蠟燭は冬の一晩中燃え続けた。しかも我々が眠ってしまって眼が覚めたあとも、まだ燃え続けていたのであるが、蠟燭を見ると、どちらもわずかの寸法しか減っておらず、取り替えられることはなかった。

儂《わし》はこの蠟燭のいわれについて、イブン＝アビー＝ジャアファルにぜひとも聞きたいとの思いを抑えることができなかった。すると彼はこう話したのである。

「この蠟燭は私の持ち物なのですが、その以前は五〇年まえから父のもので、私どもはその間一度も使ったことがなかったのです。私どもにはこの種の蠟燭がたくさんございますが、私どものしきたりでは蠟燭が熟成するのを待つことになっていて、それは父が、この蠟燭は数十年古くなってから使うように、そうすればこのようによく燃えると教わっていたからです。

それで父は多くの蠟燭をそのまま倉庫に寝かせ、そのことを忘れたまま亡くなったのです。父の死後、私も何かと忙しく、蠟燭のことは何年も使わずにきましたが、この度この招待宴を催すに当たって、倉庫にしまってあった古い蠟燭のことを思い出し、そのうちから二本取り出したのです。この蠟燭のことは貴殿がごらんの通りです。我々がこの蠟燭を使ってみようという試みは正しかったと思います」


（第二巻六六話）

1 —— Abū l-Ḥusayn〔ʿAbd Allāh b. Aḥmad〕b. ʿAyyāsh. 第一巻六話註3参照。
2 —— Abū l-Ṭayyib b. Abī Jaʿfar al-Ṭāʾī.
3 —— Abū l-Qāsim Sulaymān b. al-Ḥasan b. Makhlad. 第一巻一三三話註2参照。
4 —— 一マンは八〇〇グラム強。

信仰にまつわる変わった出来事

アブルファラジュ＝イスバハーニー[*1]がヤムート＝ブン＝アルムザッリウ[*2]から聞いたこととして伝えているところによると、ジャーヒズ[*3]は次のように語ったという。

私はクーファで、ある吸い玉放血師[*4]に出会ったのであるが、彼は復活の日[*5]までの後払いでもよいと言って治療をしていた。復活はかならず起こると固く信じていたからである。

（第二巻六七話）

同じくイスバハーニーによれば、バグダードのかのカティーア地区の男が次のように礼拝布令の呼び声を上げていたという。

「アッラーは偉大なり。アッラーは偉大なり。アッラー以外に神はいないと証言します。ムハンマドはアッラーの使徒だと証言します。アリー[*6]はアッラーの友人だと証言します。ムハンマドとアリーは最良の人間であると証言します。そのことを否認する人は不信心者であり、そのことを認める人は感謝される。ヒンドはイブン＝ウマルを嘲笑った[*7]。礼拝に来《きた》れ。豊穣に来れ。最良の善行に来れ。アッラーは偉大なり。アッラーは偉大なり。アッラー以外に神はいない」

これはまったく度が過ぎた礼拝の呼びかけで、我々はこの男について神の許しを乞うばかりであり、その無知に対して神の保護を求める次第である[*8]。

（第二巻六八話）

バグダードの一団の人々が次のように私タヌーヒーに語ってくれた。

ハンバル派の人たちがバグダードに「反対のためのモスク」というのを建て、そこを騒乱や紛争の根城とした。そこで人々は〔宰相〕アリー＝ブン＝イーサー[*9]に不満を訴えた。するとアリー＝ブン＝イーサーはその訴願状の裏に次のような決裁文を書いたのである。

「この建物は破壊し消滅させるに値する。神を冒瀆する目的で建てられたものであり、したがって基礎と同じ高さに為すべきである。神が思し召すならば」

（第二巻六九話）

1 —— Abū l-Faraj al-Iṣbahānī. 第一巻三話註1参照。

2 —— Abū Bakr Yamūt b. al-Muzarriʻ. 文人ジャーヒズの甥で、文人、歴史家。九一六／一七年ダマスクスで没した。

3 —— al-Jāḥiẓ, Abū ʻUthmān al-Baṣrī. 文人、思想家、散文アラブ文学の確立者。ジャーヒズとは出目に由来する異名。七七六年頃バスラに生まれ、幼少より勉学の志が篤く、八一五年頃、カリフ＝マームーン（在位八一三—八三三）に認められてバグダードに移り住んだ。あらゆる分野にわたる多くの著作を世に出し、マームーンが公認するムウタズィラ派神学を擁護した。約二〇〇点といわれる著作の大半は散逸したが、主著にペルシャ人を諷刺した『けちんぼたち』*al-Bukhalāʾ*、修辞法を論じた『雄弁と明解の書』*Kitāb al-Bayān wa-l-tabyīn*、博物学に通じる『動物の書』*Kitāb al-Ḥayawān* などがある。八六八/六九年没。

4——吸い玉は古代からある治療法で、放血師が患者の首筋もしくは患部をカミソリで傷つけたあと、吸い玉、つまり中空のガラスコップを押し当て、悪血を吸い取った。

5——死者は埋葬されて骨と化すが、この世の終末が到来すると、肉体を与えられて元の身体に復活し、最後の審判に引き出される。

6——ʿAlī b. Abī Ṭālib. 第四代正統カリフ。在位六五六—六六一。スンナ派の史観では第四代正統カリフだが、シーア派では初代のイマームとする。預言者ムハンマドの従弟で、預言者の娘ファーティマと結婚、ハサンとフサインの二子をもうけた。二番目の入信者とされるほど若くして預言者に従い、イスラム教団の発展に尽くした。第三代カリフ-ウスマーンの暗殺者たちから推戴を受けてカリフに就任したが、同年、預言者ムハンマドの未亡人アーイシャとタルハ、ズバイルらクライシュ族の有力者が叛旗を翻したために、その連合軍を破った(駱駝の戦い)。一方、ウスマーンと同族出身のシリア総督ムアーウィヤが、ウスマーンの血の復讐を求めて反抗するや、翌六五七年にユーフラテス川畔のセッフィーンで決戦を挑んだ。しかし勝敗が決せず、調停によって事態収拾を図ろうとしたため、この調停を批判した一味がハワーリジュ派(第二巻一〇六話註3参照)となってアリーと袂を分かった。アリーがこれを殲滅したことから、その残党によって六六一年二月に暗殺された。

7——一部の写本にある文言で、意味不明。

8——狂信的なシーア派の信仰を非難したもの。

9——ʿAlī b. ʿĪsā. 第一巻一四話註7参照。

記憶力抜群のいたずらっ子

私タヌーヒーの父によれば、〔バスラ出身の詩人〕ムファッジウ[1]は次のように語ったという。

私はカースィム＝カルヒー[2]のまえで長編のカセーダ体の賛歌を朗誦した。全編を吟じ終わったとき、我々のいる広間のまえに設《しつら》えてあった粗末なテントから、カースィム＝カルヒーの息子のジャアファル[3]が出てきて、

「やあ御仁《ごじん》よ、我らを褒め称える詩を朗誦してくれたが、お前さんの作でもないのに自作と称して恥ずかしくないのかね」

となじった。私は、息子が素早く記憶できる能力の持ち主だとはそれまで知らず、

「坊ちゃん、儂《わし》以外の誰がこの詩を語っていると言うのですか」

と抗《あらが》った。

「たわけたことよ、この詩は何年もまえから学校の先生から教わっているものだ」

と言って、五〇行以上はあろうかと思われるこの詩を終わりまで、一行も間違えることなく朗誦したのである。私は恥ずかしさですっかり当惑し、あわてて離婚と奴隷解放にかけて、その詩が自作のものであると誓った。私としてはどうしてこのようなことになったのか理解できなかった。すると父親のカルヒーが私を慰めて、

「まあ、落ち着かれよ。拙者は貴殿が正直者であることはよく承知している。だが儂の息子のアブー＝アブドッラーは詩を一度聞いただけで記憶してしまい、それが長編でも間違えずに朗誦することができるのだ。貴殿が朗誦したときに息子は記憶したのだろうよ」

と言って、私が間違っていないと認めた。そこで私は立ち去ったのである。

（第二巻七〇話）

私の父はこうも語っている。

〔成長して行政官となった〕ジャアファル＝ブン＝アルカースィムはファールス——多分ファールスの一地方だったと思うが——の歳入に関する収納実績書[4]を作成した。この書類には当該地の有力者たちの名前、当該地の賦課規約[5]、地租額[6]、送金済額、未払残額、収入額、支出額の各項目が含まれており、ジャアファルはこれに基づいて決算書を宰相に提出することになっていた。

〔ある確認のための会合で〕ジャアファルの作成した収納実績書を持ってくるように求められたが、それが見つからなか

った。するとジャアファルは「心配するな」と言って、すぐさま宰相の面前で記憶している収納実績書を書き取らせ、それに基づいて決算書を宰相に提出した。

ところがその後に件《くだん》の収納実績書が見つかり、照合したところ、一項目を除いて一字一句間違いなく一致していることがわかった。しかも間違った一項目というのも、ただ前後が違っているだけであった。

（第二巻七一話）

1 —— Abū ʻAbd Allāh〔Muḥammad b. Aḥmad〕al-Mufajjiʻ. 書記官で詩人。九三九年没。

2 —— Abū Muḥammad al-Qāsim b. Muḥammad al-Karkhī. バスラのカルフ出身の行政官。アフワーズ諸県やエジプト、シリア、ディヤル=ラビーアなどを歴任した。

3 —— Abū ʻAbd Allāh Jaʻfar b. al-Qāsim al-Karkhī. 長じてアフワーズ諸県やファールス、キルマーンなどの行政に携わった。

4 —— 原語 jamāʻa. アッバース朝時代、地方の徴税官は年度の終了に当たって中央政府に決算書を提出しなければならなかったが、この逸話はその決算書の基礎となる収納実績書の各項目内容を明示している。拙著『初期イスラム時代　エジプト税制史の研究』(岩波書店、一九七五年)四一三—四一四頁参照。

5 —— 原語 muʻāmala.

6 —— 原語 kharāj.

記憶力抜群の乞食

書記官のイブン=ウスマワイフ*1によれば、将軍イブン=アッサイラフィー*2所属の書記であるキルマーニー*3は次のように語ったという。

私は主人から〔総督〕イブン=ワルカー*4の歩卒たちの俸給を支払うように派遣され、彼らに俸給を支払った。支払いに携わったのは私のほか、イブン=ワルカーの書記と貨幣取扱吏*5と副官だったが、銀一万ディルハムが余剰として残った。そこでみんなして「どこかなかに入って互いに勘定しあい、山分けしようではないか」ということになった。イブン=ワルカーの邸宅の向かいのモスクに入ると、そこには一人の病人らしき男のほか誰も見当たらず、しかもその男は居眠りをしていて乞食のようでもあったので、男のことは無視した。

我々は勘定をはじめ、交替要員の項まできた。つまり除隊した某の給与はいくらで、交替要員某の給与はいくらで、換算するといくらで、貨幣の重さの余りはいくらで、差し引きいくらで、というようにして、余剰の総額と我々一人当たりの分け前の額を算出した。

我々が分け前分の重さを量りはじめたとき、かの病人がすくと頭を上げて言った。

「やあ、皆の衆、儂《わし》にも分け前を寄越しなされ」

「お前は何者だ」

「儂は一人のイスラム教徒よ。お前さんたちが話しているのを聞いておったぞ」

「あやつはたいしたことはない。五ディルハムでもやればよかろう」

と、このように仲間うちでしゃべっていると、男は、

「儂が貰いたいのはお前さんたちの取り分と同じく、きっちり同額の分け前だ」

と言った。しかし我々は無視した。すると男が脅すではないか。

「お前さんたちの分はないぞ。もし儂の要求分をくれればよし、さもなくば、すぐさまスマイリー艇に乗って、イブン＝アッサイラフィーのところに駆け込み、お前さんたちが、除隊者某の名前でいくら、交替要員某の名前でいくらいくら取ったと注進するまでだ――男は我々が話し合い勘定したすべての事柄について、一言の見落としもなく繰り返して――このお方は、よしんばお前さんたちを罷免し罰しなかったとしても、最低限、お前さんたちが盗んだお金をお前さんたちから吐き出させるであろうよ」

我々は男が言ったことを考え、その通りだと納得した。それでも男が要求するよりも値切ろうとしつこく粘ったが、

「滅相もない。お前たち一人ひとりと同じ分け前だ」

我々は男の言う通り支払うしかないと思い至り、我々の分け前と同額を渡した。男はそれを受け取り、我々は別れたのである。


（第二巻七二話）

1――Abū l-Qāsim ʻAbd Allāh b. Muḥammad b. ʻUthmawayh.
2――Abū Bakr b. al-Ṣayrafī.
3――al-Kirmānī.
4――Abū Muḥammad Jaʻfar b. Warqāʼ al-Shaybānī. 第一巻八話註5参照。
5――原語 jahbadh. 給与の支払いは金銀銅の通貨でなされるが、貨幣のなかには磨り減ったり縁が削り取られたりした粗悪なものも流通しており、受領者に不満のないように、貨幣取扱吏は重さを量って渡す場合がある。

タヌーヒーの父も抜群の記憶力の持ち主

私タヌーヒーの父によれば、まだ一五歳だったころのある日、祖父がディウビル[*1]の長編のカセーダ体詩を朗誦するのを聞いたという。それはイエーメンを誇るもので、クマイト[*2]が称えるニザール族の偉業をはじめ、当地の人々の美徳を数え上げていた。出だしはこうである。

小言は少し止まったかね　やあ駱駝の背に揺られる女よ
四〇年の歳月が過ぎて　儂《わし》はもう小言を聞くことがない

この詩はおよそ六〇〇行からなっていたが、儂はこの詩が先祖の故地であるイエーメンの栄光を詠んでいるので、ぜひ暗記したいと思い、祖父に暗記できるように詩集を見せてほしいと頼んだ。祖父は思い止まらせようとしたが、儂が懇願すると、「お前は詩を憶えはじめて五〇行か一〇〇行も進めば、詩集を投げ出して、自分には不向きだと怒るのではないかと心配するがね」と言った。それでも見せてほしいと頼むと、詩集を持ってきて儂に渡してくれた。

儂は祖父の言った言葉に深く心を動かされていた。儂は祖父の家の儂にとあてがわれている部屋に入り、一人引きこもって、一昼夜ただひたすら詩の暗記に過ごした。夜が明けるころ、儂はすべての暗記を終え、朗誦に熟達し、いつも通りに朝、祖父のところに出向いてまえに坐った。

「おい、詩を何行ほど暗記できたかね」

「すべて暗記しました」

すると祖父は儂が嘘をついていると怒って、「詩集を出しなさい」と言った。儂が袖から詩集を出すと、祖父が受け取り、開いて詩文を熟視した。儂が一〇〇行以上朗誦し終えると、詩集を何頁も繰って開いて見せ、「ここから朗誦しなさい」と言った。そこで儂はまた一〇〇行ほどを朗誦した。すると終わり近くの一〇〇行を開き、そこから朗誦するようにと言うので、その一〇〇行を終わりまで朗誦した。祖父は儂が見事に暗記していたのを知って、儂を抱き寄せ、儂の頭や目に口づけをして言った。

「お丶息子よ、お前がかくも暗記できたことを決して誰にもしゃべってはならないぞ。お前が邪視の目にさらされるのを恐れるのだ」

(第二巻七三話)

私タヌーヒーの父は続けて語ってくれた。

このあと、祖父の勧めと自分でも憶えたいという気があって、儂はアブー=タンマーム[*3]やブフトゥリー[*4]の詩と、それに近年の詩人の二〇〇のカセーダ体詩を暗記した。祖父やシリアの師匠たちが、「ターイー族出身のこれら二人の詩人の四〇〇のカセーダ体詩を暗記していても、純粋の詩を吟じることのできない者は、人間の皮を被った驢馬だ」とよく言っていたものだからである。

そこで儂は、まだ二〇歳にもならない年であったが、作詩を始め、ついでマクスーラ体詩を作った。出だしはこうだった。

頂点に達することができなくとも
理性が禁じるならばそれに従おう
どれほどまでに達したところで
求める者こそが限界を超えられる

（第二巻七四話）

1 —— Di‘bil b. ‘Alī al-Khuzā‘ī. クーファに生まれ、バグダードで大半を過ごした詩人。八六〇／六一年没。

2 —— クーファ生まれの詩人クマイト＝ブン＝ザイド al-Kumayt b. Zayd al-Asadī のことか。七四三年没。

3 —— Abū Tamām al-Ṭā’ī.

4 —— al-Buḥturī al-Ṭā’ī, Abū ‘Ubayda al-Walīd b. ‘Ubayd. 九世紀のアラブ世界を代表する詩人。八二一年、マンビジュ（第一巻一二二話註7参照）に生まれる。出身部族であるターイー族への賛歌をきっかけに、同族の将軍サグリーの保護を得た。バグダードに移り、カリフに近侍する希望を抱いたが成功せず、やがてムタワッキルが即位すると、八四八年に謁見を許され、以後詩人としての輝かしい経歴を持つに至った。ムタワッキルが暗殺されると、故郷に引退することも考えたが、カリフ宮廷での活躍を続けた。しかしムウタミド治下で不遇となり、一時エジプトのトゥールーン朝に移ったが、八九二年にムウタディドへの頌詩を最後に、故郷のマンビジュに帰り、八九七年に没した。

神に祈ってコーランの暗記に励む

バスラのモスクに滞在しているとき、コーラン読師のアブー＝アブドッラー＝トゥスタリー[1]が私タヌーヒーに語ってくれた。

儂《わし》は何年ものあいだコーランの暗記に努めてきたが、ある程度まで進むと、前の部分をすっかり忘れてしまい、まるで聞いたことがないと思うほどの始末であった。儂は悲嘆に暮れ、巡礼に出かけて、メッカのカーバ神殿の垂れ幕に寄りかかり、神に祈った。コーランの暗記に神の助けを給わりたい、と。

儂はバスラに戻り、コーランを筆写するなど懸命に勉強して、アブー＝アムル[2]の教本に基づき六カ月で暗記することができた。そこで続いて七つの教本[3]に取り掛かり、一年もしないうちにその大半を習得することができたのである。

（第二巻七五話）

1 —— Abū ʻAbd Allāh b. Hārūn al-Tustarī.

2 —— Abū ʻAmr Zabbān b. al-ʻAlāʼ al-Māzinī. 有名なコーラン読師で、アラビア語文法のバスラ派の祖ともいわれている。七七〇年没。

3 —— アッバース朝時代にあった七派のコーラン読誦法のこと。アブー＝アムルもその祖師の一人で、他にはメディナのナーフィウ Nāfiʻ b. ʻAbd al-Raḥmān al-Madanī(七八五年没)、メッカのイブン＝カスィール ʻAbd Allāh b. Kathīr al-Makkī、クーファのアーセム ʻĀṣim b. Bahdala al-Kūfī(七四五年没)、イブン＝アーミル ʻAbd Allāh b. ʻĀmir al-Yaḥṣubī(七三六年没)、ハムザ＝ブン＝ハビーブ Ḥamza b. Ḥabīb al-Zayyāt(七七二年没)、キサーイー ʻAlī b. Ḥamza al-Kisāʼī(八〇五年没)がいる。

スーフィー行者が説く人生の糧《かて》

あるスーフィー行者が私タヌーヒーに教えてくれた。

懺悔は罪を償《つぐな》うための石鹸、神への感謝は生計のための手形、礼拝は胃の消化剤、断食は体の脂肪の燃焼剤、揺るがぬ信仰は最大の資本だと。

また、我々の時代のあるスーフィー行者はこうも述べている。

神についての知識は道に迷わぬための指針、神の御業《みわざ》は長い人生の旅の食料だと。

（第二巻七六話）

君主の教訓

〔モスル出身の〕ヤフヤー＝アズディー[*1]によれば、アブー＝イスハーク＝カラーリーティー[*2]は次のように伝えている。

〔ハムダーン朝君主〕ナーセル＝アッダウラ[*3]は語った。

私の父アブルハイジャー[*4]は、私が生まれてまもなくから私をひどく嫌っていた。それは私のなかに才能を見て、自分の職権を脅かすかもしれないと恐れていたからである。父はいつも私を蔑《さげす》み、邪険に扱ったので、私はそれに耐え、我慢しなければならなかった。

さて、父は〔九二〇／二一年〕ホラサーン道の総督をすることになった。父は自分の軍馬を検閲すると、そのうちから病気にかかっている馬や痩せた馬など五〇頭を選《よ》り分け、私に言った。

「ハサンよ、儂《わし》は二カ月後に任地に赴くつもりだ。そこでこれらの馬をお前に引き渡そう。馬が良くなればお前も良いということだ。この仕事をお前に任せるのは、重要な任務を取りしきることができるか、お前を試すためである。もしお前がうまく世話することができれば、馬は病気が治り、すこやかになって肥えるであろう。お前にはこの仕事の能力があることがわかり、儂はこの仕事より上位の仕事がお前にふさわしいと考えるに至るであろう。しかし馬がお前の世話で丈夫にならなかったならば、これは儂がお前に任せる最初にして最後の仕事になるであろう」

私は、自分にふさわしいとして与えられる最初の仕事が馬の手入れであることを訝《いぶか》りはしたが、ただ辛抱することだけ考えて、

「わかりました。おっしゃる通りにします」

と答えた。馬を受け取って専用の厩舎に入れ、そこに自分が坐る椅子も置いた。そして馬丁《ばてい》たちを雇い、しかるべき給金を与えて彼らにしっかりと世話するよう命じた。私自身は一日に何回となく馬の仕事に出向き、馬が元気になり、病気も治って肥えてきたかどうか、様子を調べた。また私はこの仕事のために熟達した獣医たちにも馬を診《み》させた。こうして一カ月と数日が過ぎると、馬は丈夫になり、肥えて素晴らしい状態になった。父の任地への出発の日が近づいてきた。

「ハサンよ、あの馬たちはどうした」

「厩舎へお出でください。そして馬を御覧ください」

父親はやって来て馬が素晴らしい状態にあることを見ると、ひどく喜び、私を褒めた。

「ハサンよ、お前はこの仕事を立派にやり遂げたから、代わりに何かお前に役立つ事柄を教えてやろう。それは儂がお前に与えた試練と同様、お前にとって正しいことは何かの判断のもとになるものだ」

「おっしゃってください、父上」

「もしお前の身内の誰かが支配者によって登用されるか、あるいは幸運に恵まれて指導者になることがあろう。その場合、お前自身はその人物をうらやんだり、敵意を抱いたりするかもしれないが、お前はいらだちを抑え、利を求めてはならない。みずからを抑え、彼を傷つけてはならない。みずからは悲しんでも、彼を痛めてはならない。

高位に就くことになったお前の身内のその人物を、お前は見下そうとするであろうが、それはお前自身に向け、みずからを見下すことだ。その人物はみずからが持っているなんらかの手段か、あるいはなんらかの幸運によって高位に就けたのであって、お前はそれによって退けられたのである。その人物に奉仕し、忠誠心を持つことに励め。彼の有徳は、またお前の有徳でもある。彼の栄光はお前にも及ぶであろう。彼を称賛することは、大なり小なりまたお前自身もそれに与《あずか》れることなのだ。その人物の援助者の一人となれ。その方が、お前とは血の繋がりのない他人の援助者となるよりも、お前にとってより善いことなのだ。

人々はお前がその人物のもとで高い地位にあることを知ると、お前を尊敬するであろう。もしその人物が政府の役職に

に使わせていただくつもりです。あながち大それたことでもないと思いますが」

父親はこの私の言葉を聞くとたいそう立腹し、もっともひどい言葉で口汚く罵りだした。

「畜生め、ナフラワーンの持ち主になりたいとでも言うのか」

父親はそう言って、手にしていた鞭《むち》を私に振り下ろした。それは細い棒のように巻き付いた。鞭は私の顔に当たり、端から端まで切り裂き、私の顔に火が走ったように感じた。鞭を振るわれるとはまったく予期しなかったことなので、私は非常な痛みと、このような仕打ちに対する怒り、それも痛みそのものよりもいっそうひどい怒りに襲われた。

「これは私が受けるべき答えではない。父はただ私に断りさえすればよいのだ。それにしても、これから父は私に対してよい感情は持たないであろう」

私は心のなかでそうつぶやいて、父親に付き従って歩くことを止めた。私の郎党[*6]たちが追い付き、彼らは私の傷が少し癒えるまでしばらく私とともにとどまった。一方、父親はそのまま出立して行った。

私は馬首を返すとともに、行列のなかに加わっている私の二頭の騾馬を連れ戻すよう人をやった。これらには私の調度品や衣類が積まれ、小姓たちも付き従っていたからである。

就いているのであれば、お前はその人物の代官となるか、あるいは彼がもっと重要な地位に昇進するとかによって、お前自身、政府の仕事に就けるかもしれない。同じようなことは、その人物が政府以外の職務に就いている場合でも言えようが、いずれにしてもお前はその人物との血の繋がりがあることをひけらかしたり、もっとも親しい関係にあるのだというようなことを言ったりしてはならない。その人物は、昨日は卑しい、我々よりも身分の低い者だったかもしれないが、人には時の運というものが付いて回るのじゃ」

「わかりました、父上」

こうして父親は親切に語りかけてくれたが、どうやら父親は私の馬の世話の仕方が気に入って、私を見直してくれたらしい。私に自分と一緒に任地に出かけるよう命じた。父親は出発し、私も同伴してナフラワーン橋[*5]まで一緒に歩き、語り合った。私の心は喜びに溢れていたが、それは父親に何かものをねだろうという気持ちを私に起こさせた。私はナフラワーン橋で、父親がモスル県に広大で素晴らしい私領地を持っていたことを思い出した。その私領地はナフラワーンと呼ばれ、以前から私が欲しいと思っていたものであった。

「父上、すでに私自身で整えるべきものが多くなり、その経費も何倍かに増えております。もし父上の私領地ナフラワーンを私にお与えくだされば、私はその収益を父上への奉仕

私はバグダードに向かうことにした。私は痛みと怒りですっかり打ちひしがれていた。

私はバグダードに到着した。当時の宰相はアリー＝ブン＝イーサー[*7]であったが、宰相は私の父に非常な関心を持っていて、今回の職務に父を任命したのも宰相であった。また宰相は私にも好意を持ち、寛大で特別な愛情を持ってくれていた。そこで私は宰相のもとを訪れ、顔にある鞭の痕を見せて、父親に対する不満を訴えようと思った。私は先に我々の屋敷に行って、二頭の騾馬と調度類を屋敷のなかに入れ、そのまま屋敷にとどまらずに宰相官邸へ向かった。

私は馬から降り、中庭を通ったとき、身内についての父親の忠告を思い出し、宰相官邸に入ったことを後悔した。だが父親の忠告は身内のなかでも父親その人の場合がもっとも従うのにふさわしいのだということに思い至り、宰相には嘘を言って、本当のことは知らせまいと決心した。

部屋に入り、宰相に挨拶して彼のまえに立った。宰相のまえで坐るというのは私の習慣にはなかったからである。宰相は私を見ると、顔の傷痕にぎょっとなり、

「何事が起こったのだ」

と言って顔をそむけた。それほど傷痕はとても醜かったのである。

「ポロ競技をしていたのですが、逸《そ》れたボールが私の顔に当たってしまったのです」

「お前は父親と一緒に出かけたのではなかったのか。どうして戻ってきたのだ」

「途中まで見送ったのですが、しかるべきところまで赴いてから宰相にお仕えすべきだと思って帰ってきました」

宰相が父親の道中について私に尋ねはじめたとき、突然父親が現われ、入ってきた。父は私が道の途中から引き返したことを知ると、激怒して自分も戻ることにし、私を連れ戻すかあるいは逮捕するつもりだったのである。父親は屋敷に着いて、私が馬を降りずに宰相官邸に出かけたことを知り、てっきり私が父親への不平を訴えに行ったと疑ったのである。

父親はやって来て私が宰相と話しているのを見ると、そのことをいっそう確信して坐った。宰相が父親に尋ねた。

「やあアブルハイジャーよ、どうして戻ってきたのだ」

「宰相閣下、これは私の閣下に対する奉仕、閣下に対する忠誠、閣下に対する献身の報酬ではないのですか」

父親はそう言って宰相を激しく非難しはじめた。私は立ったまま黙ってそれを聞いていた。

「その儂に対する非難は何事だ。儂がいったい何をしたというのだ」

「閣下はこの畜生めが閣下のまえで私を誹《そし》り、私について大言することをお許しになられたのでしょう」

「お前は誰のことを指して言っているのだ」

「このハサンのことです。ここに立っている、この神がしくじってお造りになった奴です」

「やあ、お前は何をわけのわからないことを言っているのだ。こうなったきっかけはいったい何だ。本当にこの若者はお前のことなど一言も話していないし、そんな咎《とが》めねばならないようなことをお前について言うのを、儂は聞きもしていないぞ。それなのにどうしてこの若者に、儂が言うがままにさせたと言えるのだ。たとえこの若者がお前のことを話したとしても、儂の目から見れば自分を卑下したことと思うぞ」

父親は私が宰相に何も話していないことを知って当惑した顔をし、押し黙ってしまった。

「お前たちのあいだでいったい何事があったのか、儂に話す必要があるぞ。よほど重大なことでもない限り、お前がわざわざ戻ってくることはありえないからな。それにハサンの醜い傷痕も儂は見ている。聞けば一緒にポロ競技をしていて、ある郎党の打ったボールが逸れて自分の顔に当たったというではないか。儂はこの若者が本当のことを話したと思っていたが、いまやお前がやって来て、若者がお前に対する不平を訴えたかのごとくお前は考えたし、これはお前の仕業《しわざ》だと儂には思えてきた。お前は儂に本当のことを話さねばいけないぞ」

こうしてアブルハイジャーは、宰相にことの起こりをありのままに話した。すると宰相アリー＝ブン＝イーサーは父に近づいて言った。

「おゝアブルハイジャーよ、自分の息子に対するお前の寛容度がそんなものだったとは、お前、恥かしくないのか。しかもお前の長子ではないか。息子にこんな軽率なことをするとすれば、見ず知らずの他人に対してはどういうことになるのだ。この若者がお前に私領地を与えてくれるよう求めたということに、どんな問題があるのだ。もしお前が私領地を与えてやったとしても、それは父親が息子にしてやることとしては何も異常なことではない。もしお前がやりたくないのであれば、穏やかに断るか、せいぜい腹が立っても口悪く断ればいいのだ。鞭で叩くなんて何たることだ。あゝ本当に」

こうして宰相は非難と叱責の調子を上げ、一方、父親は恥かしくうなだれたままであった。

「息子に対する怒りからお前が任地から戻ってくるなんて、こんな不思議なことがあろうか。しかも息子がお前のことを非難するために私のところに来て、儂が息子に悪口を言わせるままにしたと勝手に考え、あげくはここに来て間違った想像で儂を非難までしおった」

父親は宰相に弁解しはじめた。だが宰相は言った。

「かならずやお前が息子を虐待した償《つぐな》いとして、お前が呼んだ証人のまえでその私領地をハサンに与えると宣言しない限り、儂はお前の弁明を聞きもしないし、儂の心に焼きついた傷痕は消え去ることもあるまいぞ」

「承知しました。宰相閣下の御命令に従います」

父親がそう言うと宰相アリー＝ブン＝イーサーは、

「父上の頭に、それに手にも、腰を曲げて口づけをしなさい」

と言ったので、私はそうした。するとアリー＝ブン＝イーサーはインクと巻紙を取り寄せて、それを父アブルハイジャーに渡し、

「正式に証人を呼ぶまで、私領地を息子に譲る旨の文書を書きたまえ」

と命じた。そこで父親は私領地が私のものである旨の文書を書いた。宰相は私に言った。

「受け取れ、受け取れ。そして家へ帰ったら公正証書[*8]の形で父親が譲渡する旨の契約書[*9]を書き、一団の公証人[*10]を証人として呼びなさい。もし父親が拒否すれば、儂に知らせよ。父上がお前のために譲渡するように、儂がしてやろう」

こうして父親と私は仲直りして、宰相のもとを立ち去った。玄関の間まで来たとき、父親は言った。

「ハサンよ、儂がお前に勧めた忠告は、実は儂自身のために教えたもののように思うぞ。お前は儂への不満を訴えるためにやって来たのだろうが、玄関の間まで来たとき、お前は作り話を言って儂のことは訴えなかった」

「まさにおっしゃる通りです、父上」

「これと似たような状況のときに、儂の忠告を思い出す度量がお前に備わっておれば、今後お前は私のやり方に不平を抱くことはもはやあるまい」

私は父親の手に口づけをし、一緒に屋敷まで帰った。父親は私に私領地を譲渡し、そのための証人を呼んで証書を作成した。これ以後、父親は私に好感情を持つようになり、我々の関係は強固なものとなった。父親の忠告を受け入れたということが、私にとってもっとも幸運な出来事になったのである。

（第二巻七七話）

1 —— Abū Muḥammad Yaḥyā b. Muḥammad al-Mawṣilī. 第一巻二話註2参照。

2 —— Abū Isḥāq Muḥammad b. Aḥmad al-Qarārīṭī. 第一巻一二話註2参照。

3 —— Nāṣir al-Dawla, Abū Muḥammad al-Ḥasan b. ʻAbd Allāh b. Ḥamdān. 第一巻二九話註3参照。

4 —— Abū l-Hayjāʼ, ʻAbd Allāh b. Ḥamdān b. Ḥamdūn al-Ḥamdānī. アッバース朝の部将で、ハムダーン家として、九〇六年に初めてモスルの総督となる。九二〇／二一年にホラサーン道とディーナワルの総督に任じられ、その後カルマト派の襲撃から

メッカ巡礼者を護る役割など、カルマト派の防衛に功績があったが、アッバース朝末期の政治的混乱に巻き込まれ、九二九年、カリフ＝ムクタディルを廃して弟カーヒルを即位させる陰謀に加担。ところがムクタディルを擁護する軍隊の反撃に遭い、カーヒルを護って殺された。

5――**Jisr al-Nahrawān.** バグダードから東北イランへ向かうホラサーン道の最初の大きな町ナフラワーンのことで、そこには運河に架かる舟橋があったことから、ナフラワーン橋とも呼ばれた。

6――原語 ghilmān.

7――'Alī b. 'Īsā. 第一巻一四話註7参照。

8――原語 wathīqa.

9――原語 'ahd.

10――原語 'udūl. 'adl の複数形。

自分のことは自分で始末しろ

〔ブワイフ朝君主〕ムイッズ＝アッダウラの子息、太守アブー＝ハルブ＝ハバシーの書記で、イスファハーン出身のサアド＝ブン＝アブドゥッラフマーンが私タヌーヒーに語ってくれた。この太守は高貴、尊厳、信頼、教養、知識のいずれにおいても、卓越していることで有名であった。[*1] [*2] [*3]

さて、ムハンマド＝ブン＝アビルバグルという、イスファハーンの徴税業務を担当する長官がいて、その長官の執務室に同席していた人が私サアドに以下のような話をしてくれた。[*4]

バグダードからやって来たという一長老が、その当時の宰相や首都〔バグダード〕のお歴々、それに長官イブン＝アビルバグルの友人たちからの書状を携えて長官の部屋に入ってきた。それらの書状は、長官にその男の就職を依頼したものだった。

男は長官に挨拶を交わし、着座して書状を手渡した。ところが長官は不愉快といらだちの感情を顔に出した。書状の束は大きく、長官はその書状の多さに辟易し、そのすべてを読もうとはしなかった。男が長官に、

「もし書状をお読みくださり、そのすべてに目を通すよう

思し召しくだされば」

と言うと、長官は腹を立てて怒鳴った。

「書状はどれも同じ意味で書かれているのではないのか。儂《わし》はお前たちのような役立たずのために、実に被害を蒙《こうむ》っているのだ。儂のところには毎日お前たちのような者がやって来て、就職を頼みよる。儂の自由になる書庫がこの地上にあったとしても、もはや一杯だ。

おいお前、儂にはお前のための手持ちの働き口もないし、お前に与えられる空席の仕事もないし、お前に恵んでやれるようなお金のゆとりもないのだ。このようなわけだから、お前は自分で自分の事をなんとかしろ」

男は黙って、ただじっと長官の怒りが収まるまで坐っていた。長官が黙り、一刻が過ぎると、男は立ち上がった。

「神が閣下に御恵《み》みを嘉《よみ》し給わんことを。閣下が私のためになされたことで、神が閣下への褒賞をお与え給わんことを」

そう言って大仰に長官への感謝を述べ、長官のために祈り、最善最良の言葉で長官を賛美して立ち去りかけた。

「出て行こうとしているその男を引き戻せ」

長官はそう命じて男を呼び返した。

「おいお前、なんとお前は儂を愚弄するつもりか。どんなわけで儂に感謝の言葉を述べるのだ。儂はお前に就職を諦めさせ、贈り物が得られるかもしれないという期待を打ち砕き、就職と贈り物のいずれの希望をも邪険に撥ねつけたにもかかわらずだ。それともお前は儂を欺《あざむ》こうという魂胆か」

「いいえ、そんな欺こうというようなつもりは毛頭ございません。閣下が邪険に拒まれましたことは、ありえないとは言えない事柄でありましょう。閣下は統治されるお方です。いらだちを覚えられるのも当然です。おそらく事は閣下がおっしゃられるように、閣下のところにやって来る者たちがあまりにも多いということであり、これまでも閣下はその者たちにうんざりしておいででした。私が不幸だったのは、このような邪険や拒絶、就職を諦めさせようとなさる事柄が私の場合について起こったということです。

しかるべき理由があってこそ、私は閣下に感謝申し上げているのです。と言いますのも、閣下が私のことについてどのように考えておいでになるのかを、最初の出会いで閣下は私に正直に話してくださり、そのお蔭で、私は就職を願うあまりに屈辱の頭を下げる、そうした辛いことをせずに済みましたし、閣下のところに夜討ち朝駆けをするという労苦をしなくてもよいようになりました。また閣下への執り成しを頼んだ人たちへの機嫌取りもしなくて済むことになりました。

そのうえ、閣下は私にみずからの事はみずから処すべきことを明らかにされました。私にはまだ路銀が残っております。

それは私が他の国へ行って、慇懃に就職を依頼する場合の支えとなるでしょう。このようなわけで、私は閣下に感謝の言葉を申し上げ、先に述べたごとく、閣下が私に対してとられた態度を寛容の心で受け容れたのです」

〔長官〕イブン＝アビルバグルは男が立ち去るあいだ、恥じ入って首《こうべ》を垂れ、じっとしていた。しかし、しばらくすると頭を上げ、

「その男を連れ戻せ」

と命じた。男が戻ってくると、長官は男に赦しを乞い、彼に贈り物を渡すよう命じた。

「これを受け取るがよい。そのうちにお前にふさわしい仕事を与えよう。儂はお前を取り立てようと思っている」

それから数日後、長官は男を立派な役職に叙任し、それによって男の暮らしは改善されたのであった。

（第二巻七八話）

またサアド＝ブン＝アブドッラフマーンは私タヌーヒーにこんなことも語ってくれている。

この〔長官〕イブン＝アビルバグルは極端に気難しい人であった。ある日、長官のもとに、幾十里も離れた地区を担当する部下の徴税吏から書簡が届いた。それは分厚い紙で固く包装されていた。自分の手で封を切ろうと、何とか苦労したが、どうしても開けることができなかった。長官は書簡をそのままにして、その徴税吏を召喚する命令書を書き、その日が過ぎた。

さらに数日後、徴税吏が到着し、長官のまえに着座した。そこで長官はインク壺係に、「あの分厚い紙で固く包装されていた書簡はどこへやった」と尋ねた。書簡が持って来られると、長官は徴税吏に、「この包み紙を開封しろ」と命じた。徴税吏は懸命に開けようとしたが、方法が見つからず、その場に居合わせた書記官の筆箱からナイフを借りて、書簡を切り開いた。すると長官は徴税吏に言った。

「即刻お前の徴税区に帰れ。お前を召喚したのはただこの分厚い書簡を開封させるためだけだ。よく覚えておけ。今後またこのようにして書簡を送って来たときには、開封させるためにお前を呼び出すぞ」

こうして長官は直ちにこの徴税吏を任地に帰らせ、一時間も留まることを許さず、徴税吏の仕事ぶりについても何ら問うこともしなかったのである。

（第二巻七九話）

1 —— Muʻizz al-Dawla. 第一巻一話註5参照。

2 —— Abū Ḥarb Sanad al-Dawla al-Ḥabashī. 父ムイッズ＝アッダウラが没したとき、バスラを領有していたが、ムイッズ＝アッダウラの後を継いだバフティヤール Bakhtiyār に叛旗を翻し、バス

ラを退かなかったために、バフティヤールに包囲され、囚われの身となった。大変な蔵書家で、書庫には一万五〇〇〇冊の書物があった。叔父のルクン＝アッダウラ Rukn al-Dawla に助けられ、アドゥド＝アッダウラ ʻAḍud al-Dawla からも封土を与えられた。九七九／八〇年没。

3 ―― Abū l-Qāsim Saʻd b. ʻAbd al-Raḥmān al-Iṣbahānī.

4 ―― Abū l-Ḥusayn Muḥammad b. Abī l-Baghl. 一時は宰相職も望んだことのあるアッバース朝の行政官。九一一／一二年にイスファハーンの徴税官となり、九二二／二三年に免職となった。

新任法官への諷刺詩

ヒジュラ暦三五六年[*1](九六七)、バスラの法官職からハーシム家出身の法官ムハンマド＝ブン＝アブドルワーヒド[*2]が更迭され、人々のあいだでは後任としてふさわしくないと考えられた人物が任命された。イブン＝アブドルワーヒド家の法官ジャアファル[*3]と同じく法官ムハンマドの二人に書記として仕えたハサン＝ブン＝ビシュル[*4]は、新法官を諷刺した以下のような詩を作った。

ほらご覧　頭の上のカランスワ帽[*5]が取ってほしいと助け
　を求めているよ
あるときは左に　あるときは右にと揺れ動き　落ち着き
　がないことこの上ない
お前にいったい何事が起こったのだと聞くと　悲しく痛
　ましい声が返ってくる
なんと儂《わし》にはふさわしくない地位に就かされたのだ　儂
　には恐ろしいのだ
みんなが儂のことを何と見るか　みんなが儂を冗談ごか
　しに嘲笑《あざわら》うのが

そんなことをされたら儂の面目は丸つぶれだと　そこで
　言うてみた
それはこんな重大な人事を認めようとしない人々がくれ
　た苦い薬なのだ
お前さんを見てため息をつく者もおろう　呻き声を上げ
　る者もおろう
神を冒瀆すると平手打ちを食らわす者もいよう　だが嫌
　気を出すな
厳しさに耐え　正しいのか間違っているのか　完璧を期
　して判断を出せ
そうすればいらだちは去り　カランスワ帽にふさわしい
　平穏が戻ってこよう

（第二巻八〇話）

参照。

1――ブワイフ朝ムイッズ＝アッダウラの子、バフティヤール Bakhtiyār（在位九六七―九七八）が即位した年。

2――Abū l-Ḥasan Muḥammad b. ʻAbd al-Wāḥid al-Hāshimī. 第一巻五話註1、第二巻三〇話参照。

3――Abū l-Qāsim Jaʻfar b. ʻAbd al-Wāḥid al-Hāshimī. ムハンマド Muḥammad b. ʻAbd al-Wāḥid の兄で、ムハンマドの前任者。

4――Abū l-Qāsim al-Ḥasan b. Bishr al-Āmidī. 第一巻三八話註2参照。

5――qalansiya. qalansuwa のほうが一般的。第一巻一六話註3

褒美をくれない宰相への諷刺詩

アラビア語の権威として、また詩人としてよく知られたアブー＝リヤーシュ[*1]が、〔ブワイフ朝の宰相〕ムハッラビー[*2]を称えた自作の頌詩を私タヌーヒーに朗誦してくれた。アブー＝リヤーシュ自身が語ったところによれば、これは宰相を称えているにもかかわらず、褒美が遅れたので、宰相にたびたび催促したのだという。

少女は言う　宰相を賛美した詩を作ったと
だが宰相は誰からも贈り物を望まれるお方
その賛辞でどれほどの褒美がいただけるのか
少女は朝といい夕方といい　呼びかける
そこで儂《わし》は少女に言う　仕事の勝手が
分からなかった男でもやがては成功するものだと
いかなる激変や混乱が儂の肩に懸かろうとも
ただ努力あるのみだ　成功の是非は神にある

（第二巻八一話）

1 —— Abū Riyāsh Aḥmad b. Abī Hāshim al-Qaysī. 九五〇／五一年没。

2 —— Abū Muḥammad al-Muhallabī. 第一巻一話註4参照。

一編の詩で担保の宝飾品を取り戻す

イブン＝ザカリヤー＝ラームフルムズィー[*1]によれば、私タヌーヒーの父は次のように語ったという。

私の友人にウバイドッラー＝ブン＝ディーナール[*2]というのがおり、我々同様ラームフルムズ[*3]の住人であった。ウバイドッラーは極貧に見舞われ、家族を養うのに支障をきたすほどとなった。それで私のところに腕輪や腕飾りや黄金の足飾りを寄越して、これらを担保に金三〇〇ディーナールを借りたいと言ってきた。私は承知して貸した。

数カ月が過ぎたころ、〔ブワイフ朝の〕ダイラム人がホーズィスターン州を目指してやってくるとのことで、ダイラム人を迎え撃つために〔大総督〕バジュカム[*4]が進発した。町の住民はダイラム人が来るというので、それぞれに逃げはじめた。我々も逃げる決心をしたが、そのときバジュカムの軍隊が敗走してきた。あまりにも早く我々のところに敗残兵としてやって来たので、住民たちは我先にと逃げはじめた。ウバイドッラーは妻たちに「すぐにも出立しろ」と言ったが、彼女らは宝飾品のことで手間取った。ウバイドッラーはこれ以上我慢できなくなったとき、女たちの部屋に入って告げた。

「いったい何をしているのか。もしお前たちが親切な友を見つけたならば、そこにとどまって、儂《わし》に知らせよ。そうすれば儂は一人で逃げ出せるだろう。もし気の合った女たちと出会ったならば、彼女らを一緒に連れてこい。さもなくば剣が我らのうえに振り下ろされることになるぞ。ぐずぐずして逃げ遅れたら、追いつかれるぞ」と。

すると、女たちは担保に入れた宝飾品のことを話しはじめた。——ここでウバイドッラーは話の途中で私に次のようなことを紙に書いた。

慈愛あまねき神の御名において
女たちの宝飾はすべて略奪された
腕輪も胸元で黄金に輝く首飾りも

私は気恥ずかしさを感じて、担保に取っていた宝飾品を返すことにした。ウバイドッラーはそれを受け取ると、女たちと出立し、我らも旅立った。そのあと、ダイラム人たちがホーズィスターン州に侵入してきたのであった。

（第二巻八二話）

1 —— Abū Yaḥyā Zakarīyā b. Muḥammad al-Rāmhurmuzī.
2 —— Abū l-'Abbās 'Ubayd Allāh b. Dīnār.

3――Rāmhurmuz. ホーズィスターン州の一都市。アフワーズから東に三日行程のところにある。
4――Bajkam. 第一巻一〇六話註1参照。

蠅を追い払うことのできる不思議な石

イブン＝ウマル＝ハーリスィー[*1]によれば、鉱石の特性を知っているその道の専門家のホラサーン人が、以下のような話を語ってくれたという。

私はエジプトの首都で、とある大道の物売りの傍らを通り過ぎたとき、私にはわかるある〔特殊な〕石を見つけた。それは五ディルハムの重さ[*2]があって、見た目も美しいものであった。物売りはそれを目のまえの品物の山のなかに置いていた。私はその石が蠅を追い払うという特性をもつことを常々知っていて、長年にわたってその石を探し求めていたのであった。

私はその石を見つけるや、値段を聞いた。すると銀五ディルハムだと言う。私は値切ることなく、きっちりとお金をその物売りに支払った。五ディルハムが物売りの手に入り、石が私の手に入るや、男は私を嘲笑し、嘲《あざけ》りはじめた。

「とんだ馬鹿者たちがやって来た。何を与え、何を受け取ったか何もわかっちゃいねえんだ。おゝこの小石はな、たった数日まえに小僧がもっているのを見つけ、銀一ダーニク〔六分の一ディルハム〕を与えて手に入れたものだ。それをこの愚か者が五ディルハムで買いやがった」

と言うではないか。私は立ち戻って言ってやった。

「儂《わし》はお前さんこそが愚か者で、儂じゃあないことをお前に教えなくちゃならねえな」

「どうしてだ」

「まあ儂と一緒に来い。そうすればわけを教えてやろう」

私はその物売りを立ち上がらせ、一緒に出かけた。そしてとある露天の、取るに足りぬ物売りのところまで来て止まった。その物売りは大鉢に棗椰子《なつめやし》の実を容《い》れて売っており、棗椰子には蝿が群がっていた。

私は連れてきた男を大鉢から離れたところに立たせ、鉢のうえに件《くだん》の石を置いた。すると、石が置かれているあいだ、群がっていた蝿が飛び去ったのである。そのまましばらく石を置いておくと、蝿が一匹残らずいなくなってしまった。そこで私は石を取り上げた。すると蝿が戻ってきた。ところが石を鉢に戻すと、また蝿は飛び去った。

私はこうしたことを三度繰り返してから石を仕舞い込み、その男に言ってやった。

「やあ馬鹿者よ、これは蝿追い石[*3]というんだ。儂はこの石を探し求めてホラサーンからはるばるやって来た。当地の諸侯たちは、これを食卓に置くんだ。すると蝿は近づきはしないし、蝿払いや扇の必要もないんだ。まさに、もしお前がこの石を金五〇〇ディーナールでしか売らないと言っても、儂は買ったであろう」

私がこのように言うと、男は心底打ちのめされたとばかりに呻き声を上げた。それからしばらくして男は正気にかえり、私はその男と別れた。

数日後、私はホラサーンへ向けて出発した。件の石は携行してである。そして私はこの石を、〔サーマーン朝の〕太守ナスル＝ブン＝アフマド[*4]に銀一万ディルハムで売ったのである。


（第二巻八三話）

1 —— **Abū Aḥmad ʻAbd Allāh b. ʻUmar al-Ḥārithī.** 第一巻四九話註1参照。
2 —— ディルハムは重さの単位でもあり、時代により差はあるが、一ディルハムは約三グラム。
3 —— 蝿は硫黄を嫌うというから硫黄の結晶に近い石か。
4 —— **Naṣr b. Aḥmad al-Sāmānī.** 中央アジアとイラン東部を支配したイラン系のサーマーン朝の第四代君主（アミール）。在位九一四—九四三。名君として首都ブハラに君臨し、多くの人材を輩出した。

宝石売りに危険は付き物

イブン＝サイード＝アスカリー[1]によれば、自分たちの町アスカル＝ムクラム[2]にイスファハーン出身の有名な長老が住んでいた。通称はカーフーリー[3]と言い、宝石を商っていて、目利きに大変すぐれているということであった。その宝石商がイブン＝サイード＝アスカリーに次のような話をしてくれたのである。

儂《わし》、カーフーリーは二つの指輪用の宝石を買った。その宝石の持ち主はそれを石榴石《ざくろいし》だと思って売ったのであるが、本当は何の石だか知らなかったのである。しかし儂はその宝石のことはよくわかっており、それが紅玉でルビーによく似た種類の石であることを知っていた。儂はこれらを銀三〇〇ディルハムで買い、バスラで研磨にかけた。水のなかから取り出すと、それは素晴らしい光沢を発する石となった。

儂はたまたまこれらの宝石を持ってオマーンへ出かけ、そこの太守ユースフ＝ブン＝ワージフ[4]に見せ、それがルビーであると主張した。太守が宝石商全員に石を見せると、彼らは儂が本当のことを言っていると認めた。そこで太守は長いあいだの交渉と値段のやり取りののち、儂からその宝石を銀五万ディルハムで買い、儂はその代金を受け取った。

ところが、しばらくして太守はこの宝石に疑いを抱き、儂を伺候させ、お金を返すよう要求した。

「もし閣下が、権力に物言わせお金を力ずくで取り戻そうとされるなら、閣下は支配者であられるし、儂には刃向かう力はありません。しかし、もし論拠でもって取り戻そうとされるなら、閣下とのあいだに専門家を立てればいかがでしょうか」

「オマーンには宝石の知識の点で信頼のおける者はおらぬ」

「セイロンは閣下の国から近《ち》こうございます。そこは鉱山の国ですから、その地に使いを出し、宝石を見せられたらいかがでしょうか。もし、この二つの宝石はルビーでないと言われたならば、儂はお金を返却いたしましょう」

儂はこのように述べて、内心では、事が露見するまで商売に徹しよう、何がしかのお金を利益として得て、元金は太守に返そうと決めていた。太守は、宝石がルビーでなかった場合のお金の返却と、その結果が判明するまでのオマーンでの滞在を条件として儂に保証を求め、宝石をセイロンに送った。

それからおよそ一年後、太守は儂を呼び出し、セイロン駐在の彼の代理人からの手紙を取り出した。その手紙には、代理人がセイロンにいるすべての宝石鑑定人を集め、彼らに二つの宝石を見せたところ、鑑定人たちは、宝石がいずれもルビーであること、これはルビーだがセイロンの鉱山産のものではないことなどが述べられていた。

儂が手紙を読み終えると、太守はお金を返せと命じた。そこで儂は言ったのだ。

「儂にはそのような義務はございません。儂はその宝石がセイロンの鉱山から採集されたものであるとか、他の鉱山から採れたものであるとかの条件をつけて、宝石を売ったわけではないし、その宝石が硬いとか軟らかいとかの条件をつけて売ったわけでもありません。しかもセイロンの鉱山の専門家たちは、この宝石はルビーであると証言し、ただ軟質だと判定しました。もしこの欠点がなければ、儂としては五万ディルハムで閣下に売ることはいたしません。儂は閣下の国を目指してやって来た商人です。どうか儂を虐《しいた》げるようなことはなさらないでください」

儂がこのように反論すると、太守はその場に居合わせた者たちに、

「どう思うか」

と尋ねたので、彼らは、

「自分たちも同じ意見です」

と進言した。それで太守は儂を釈放したのである。

（第二巻八四話）

1——Abū ʿAbd Allāh Muḥammad b. Aḥmad b. Saʿīd al-ʿAskarī.

2——ʿAskar Mukram. ホーズィスターン州の一都市。アフワーズをドゥジャイル川に沿って遡り、支流のマスルカーン運河に入ったところに所在する。初期イスラム時代に繁栄した。

3——al-Kāfūrī.

4——Yūsuf b. Wajīh. オマーンの支配者。バリード家と戦うために、九四三年、船隊を率い、バスラに向けて出発、バリード家の船隊を焼き打ちにしてウブッラを占拠、バスラに侵入したが、バリード家の船隊を焼かれて敗退した。またブワイフ朝下の九五一／五二年、ふたたびバスラを襲撃したが、ブワイフ朝の宰相ムハッラビーに敗れた。

ある貿易商人の知恵

イブン＝ウマル＝ハーリスィー*1はまた次のようなある貿易商人の話も伝えている。

私は、とある山岳地帯を旅していた。私はディーナール金貨を所持していたが、そのことが心配で仕方なかった。そこで中空になっている葦《あし》を用意し、その管《くだ》のなかに一杯になるまで金貨を入れ、じゃらじゃら音が鳴らないようにした。こうして音が響かなくなると、今度はその葦の先端に熱した鉛を注入した。その結果、お金が入っているとはわからなくなった。お金が葦に密着したのである。私はこれに輪と革紐を付け、これを杖にして歩いた。

〔旅の途中〕何カ所かで追剥《おいはぎ》やクルド人が我々を襲い、隊商の荷物をすべて奪ったが、私のところには誰も立ち現われなかった。ところがそれもしばらくのことで、新たに歩兵の山賊が我々を襲い、我々の身ぐるみを剝ぎ取った。そのとき、彼らの一人が私の杖を見て、良いものだと思い、奪い取ってしまった。私はまさしく絶望の淵に落ち込んだ。〔隠していた〕金貨を失うことになったからである。

隊商に加わっている人々は私のそんな様子を嘲笑《あざわら》った。

「我々の仲間にはお金も品物も失ってしまった人たちがいるんだぞ。そんな彼らだって、お前が棒きれを失っただけで嘆くような、そんな心痛を見せたりはしていないぞ」

と言うのである。私は引き下がって、杖の中身のことは何も説明しないことにした。我々の旅は長く続き、ついに目的地に到着した。そして私はみんなから離れて一人残った。約一年間、ある職業、身体を使う仕事をして働かねばならなかった。

一年が過ぎたころ、私は路傍のある行商人の傍らを通りかかった。すると、その男のまえに私の葦によく似た葦が置かれているではないか。よく見るとそれは紛れもなく私のものだった。〔手に取って〕重さを量ってみると、そのものだ。私は意を強くして行商人に尋ねた。

「これを私に売ってくれるかね」

「いいですよ」

「いくらだ」

「銀二ディルハムです」

私はちょうどその額しか持っていなかった。いちかばちか、神に委ねてこの金を払ってしまおう。もし自分の金がこの杖のなかに入っていれば、それを手にすることができるだろう。だが入っていなければ、自分自身に申し訳ないと謝るだけだ。そのように心のなかでつぶやいて、男に二ディルハム与えた。

私は杖を受け取ると、モスクへ向かった。途中とある靴屋から錐《きり》を借り、モスクの方へ上がって行った。モスクのなかで私は杖を割った。すると、まさしく私の手から離れてしまっていたあの金貨があるではないか。私は金貨を取り上げ、杖を投げ捨てた。こうして私は、これまで私のためによくぞ残してくださったと、神を称えてその場を去った。それから私は旅支度をととのえ、商品と食糧を持って故郷に出発したのである。

(第二巻八五話)

1 ―― ʻAbd Allāh b. ʻUmar al-Ḥārithī. 第一巻四九話註1参照。

訴訟で法官を出し抜いた女の知恵

書記のアブー＝アリー＝アンバーリー[*1]が私タヌーヒーに次のような話を語ってくれた。

我らが町アンバールで某が亡くなった。彼は非常な金満家で、〔辺りを払うかのような〕男らしさに富み、大変な衣裳の持ち主であった。〔とくに〕衣裳はあまりにも多く、それぞれ種類ごとにケースに納めていたほどだった。つまり、ダビーク産の長上衣はそれだけの専用のケースに、錦織の長上衣はその専用のケースにという具合で、同様にしてガウン、パンタロン、広袖長上衣、マント、ターバンもそれぞれのケースに納められていた。

この人物には遺産相続人となる従弟たちと婚姻関係にあった側室(女奴隷出身の妻)があった。主人が死んだとき、この側室は家財道具や織物家具、衣裳など、わずかなものを残してそのすべてを持ち出し、隠してしまった。ただパンタロンのケースは忘れてしまって、持ち出しはしなかった。そこへ従弟たちがやって来て、庫蔵を封印した。

服喪の期間が過ぎて従弟たちが庫蔵を開けると、なんと庫のなかはからっぽであった。そこで彼らは当地の法官に提訴した。しかし、訴訟[*2]は結審に至らなかった。

従弟たちは首都〔バグダード〕に入り、訴願院[*3]に訴えた。側室は出頭を命ぜられ、法官イブン＝アルブフルール[*4]のもとに連れて来られた。そして訴願院の規定により、両者間の審理[*5]はこの法官に委ねられることに決定した。

〔原告と被告の〕双方は法官のもとに出頭し、法官は〔まず〕従弟たちに、彼らの訴状[*6]について尋問した。しかし側室はそれを全面的に否認した。そこで彼らは申し立てた。

「法官閣下、某について、彼が男らしさに富んで多くの衣裳を持ち、またつねに閣下が目にされていたように、彼が物持ちであったことは、閣下が誰よりもご存知のはずです。故人が亡くなってすぐ、私どもは彼の庫蔵を封印いたしました。そのときあの女は屋敷におりました。〔その後〕私どもが庫蔵を開けてみると、そこにはパンタロンの入ったいくつかのケースと、ごくわずかの衣裳しか見出すことができませんでした。いったい残りはどこへ行ったのでしょうか。誰が取ったのでしょうか。パンタロンばかりが多く、他の衣裳は少ししかないというのはいかなるわけなのでしょうか」

彼らがこのように言うと、〔被告の〕若い女はまるで返答を用意していましたと言わんばかりに感情をあらわにして、〔法官の方に〕向かって言った。

「神の嘉《よみ》し給う法官さま、あなたはジャーヒズ[*7]が語っている乳鉢にひどく凝っていた男の話をお聞きになったことはございませんか。この男は二〇〇個もの乳鉢を集めたということです。一方、私の夫はといえば、パンタロンにひどく凝っていたのです」

〔女のこの言葉を聞いて〕法官イブン＝アルブフルールは笑い、法廷はなんらの結審をすることなく解散してしまった。これ以後従弟たちは彼らの正当な取り分を彼女から取り立てることはできなかったのである。

（第二巻八六話）

1――Abū ʿAlī al-Ḥasan b. Muḥammad al-Anbārī. 第一巻二九話註6参照。
2――原語 khuṣūma.
3――原語 maẓālim. 第一巻一四四話註3参照。ただし本文では動詞で taẓallama で表記されている。
4――Abū Jaʿfar b. al-Buhlūl. 第一巻一六話註2参照。
5――原語 naẓar.
6――原語 daʿwā.
7――al-Jāḥiẓ. 第二巻六七話註3参照。

負債を否定し、宣誓を拒絶した男

〔実はこんなことがあった。〕私〔法官タヌーヒー〕のところにアフワーズ[*1]に住む二人の男がやって来て、一方の男が他方の男を借金のことで告訴した。[*2]ところが訴えられた男はそれを否定したので、私はその男に尋ねて、

「お前はそのことに誓いを立てるか」

と聞いた。すると、

「俺さまにはあの男に対してなんらの借金もありません。どうして誓いを立てる必要がありましょうや。もし、俺さまがあの男になんらかの借金があれば、俺は誓いを立てますし、彼に対して丁重に応対もいたします」

と答えたのであった。

（第二巻八七話）

1――al-Ahwāz. ホーズィスターン州の首府。

2――著者タヌーヒーがホーズィスターン州の法官を務めていたことは、下巻の訳者解説参照。

言葉は知ったつもりで使うでない

私タヌーヒーはアブドルワーヒド家の法官ジャアファル＝ハーシミー[*1]が次のように述べたのを聞いた。

私は法官アブー＝ウマル[*2]にすべき証言を済ませ、しばらくして二人きりとなったとき、法官とのあいだになごやかなひとときをもつことができた。話題が楽器のことに及び、私が、

「某はラバーブ[*3]を叩きます」

と言ったところ、法官アブー＝ウマルが私をひどく叱った。

「なんと、お前は本官を嘲《あざけ》り、謗《そし》ろうというのか。その言葉遣いは何だ」

「どうかいたしましたか、法官閣下。あなたの気に障るようなことを私が申しましたか。私にはよくわかりませんが」

「お前は〈叩く〉と言ったが、ラバーブの音を出すには叩くのではなく弾かねばならないというのを、お前はまるで知らないみたいだな」

「固く誓って申しますが、私は知りませんでした。私はいまだかつてラバーブを見たことがないのです」

「それはまあ恥かしいことだ。しかるべき人の道というのは、その場の雰囲気を台無しにするようなことを避けるもの

だ。そのためには無知でなく、賢明でもってなすべきなのだ」

法官がこのように諭してくれたので、私は家に帰ると執事に、「おい、ラバーブ弾きを探して来い」と命じた。執事の探したラバーブ弾きがやって来て、私の目のまえで楽器を弾いた。そのとき、私はまさしく法官アブー＝ウマルの言葉が正しかったとうなずけたのである。

（第二巻八八話）

1――Abū l-Qāsim Ja'far b. 'Abd al-Wāhid al-Hāshimī. 第一巻一六七話註6参照。
2――Abū 'Umar. 第一巻一〇話註2参照。
3――原語 rabāb. 一弦胡弓。

公証人たるものの心構えとは

法官アブー＝ウマル[*1]がある公証人を伴って道を歩いていると、道端で葡萄酒の壺が割れて酒が流れていた。それを見て公証人は、「しぇ、しぇ、うう、うう」と不快感をあらわにして呻いた。だが、法官は公証人をたしなめることを控えていた。

ところが、公証人が自分の任務である証言をしようと法廷に赴くと、法官は彼の証言を聴取することを断った。それで公証人は激怒し、人を介して、なぜ断られたのかを問い糺《ただ》した。法官は、

「彼は嘘つきか無知かである。自分には彼の証言を受け入れることはできぬ」

と言って葡萄酒の一件を話し、次のように答えた。

「葡萄酒が禁止されているのは、彼が言ったような、なにもよい匂いを悪い匂いだと考えを変えてよいということではない。匂いはよいものだと知りながら、あんな呻き方をするのは、本心を隠して嘘をついたことになる。そうではないと言うならば、彼はそんなことも知らないのかということになり、いずれにせよ、自分は彼の証言を受け入れるわけにはい

かないのだ」

1 ——Abū 'Umar. 第一巻一〇話註2参照。

（第二巻八九話）

女郎屋のなかの女郎屋

ヤフヤー＝アズディー[*1]によれば、ある書記官が次のような話を語ったという。

私は友人たちの一団とともに〔役人の〕仕事に就くため、エジプトを目指して旅に出た。我々には荷物を積んだ多くの騾馬と従僕たちが同道し、我々自身は馬に乗って出かけた。ダマスクスに到着してどこに泊るかまだ決らぬまま、町の通りを突き進んでゆくと、一人の若者のそばを通りかかった。その若者は立派な顔立ちと身なりをしていて、高層の建物と広い庭のある屋敷の門のところに坐っており、その前には従僕が立っていた。若者は立ち上がって我々の方に向かって言った。

「あなた方は旅の方とお見受けしたが、いまお着きなされたのか」

「そう、おっしゃる通りだ」

「私のところにお泊りになりませんか」

若者が我々にしきりにそう懇望するものだから、我々は若者の地位や立派な外見と威厳に気後《きおく》れを感じながら、その門前に降り立ち、なかに入った。すると件《くだん》の従僕たちが我々の荷物を運んで屋敷内に入れ出した。その間、彼らは我々に仕えている従僕たちの誰にも手伝うよう声をかけることなく、速やかにすべて運んでしまった。それから洗面器と水差しを持ってきたので、我々は顔を洗った。従僕たちは我々を立派な部屋に坐らせたが、そこにはこれまで見たこともないような類いの絨毯が敷かれていた。

この屋敷は美しさといい、素晴らしさといい、広壮なことといい、その極みにあるような建物で、なかにはいくつもの棟と広大な庭園があって、その屋敷の主人みずからが我々に世話をやいてくれたのであった。主人が浴場の準備をしているというので、我々が所望しますと言うと、屋敷内にある広々とした浴場に案内してくれた。すると、あごひげがなく輝くような、まことにハンサムなふたりの小姓が入ってきて、付き人や理髪師に代わって我々の世話をしてくれた。ついで我々は浴場から出てきて、先ほどとは違う別の部屋に案内された。そこには獣肉や見事に調理された料理、棗椰子《なつめやし》料理、良質のパン、特別製のデザートなど、あらゆる種類の料理が載っていた。

すると突然、容姿や風采の見事な、あごひげのない小姓たちが我々のもとに入ってきて、我々の脚を見て目くばせするではないか。我々は異国にあってしかも日々も長く経っているので、罪な男色の行為に身を任せてしまった。そしてそれから彼らに立ち去るように命じた。もっとも我々のなかには小姓たちと交わることを潔しとせず、慎んだ者もいたが、それは自分たちが小姓たちの主人のところに泊めてもらっているからであった。

我々はしばしのまどろみから覚めると、二つの中庭に面した別の部屋に移った。その中庭の一つには美しい庭園があった。我々のもとには珍奇で美しい酒器が運ばれ、あらゆる種類の美味な酒が出された。

少しばかり杯を重ねたところ、主人が手を叩き、垂れ幕が引かれた。するとその幕の蔭に女奴隷たちがいるではないか。主人が歌えと命じた。幕の後ろにいる女奴隷たちが、えもいわれぬ美しさで歌った。酒宴もたけなわとなったころ、主人が、

「お客さまがたに対するこの湿っぽさはなんだ。出て行け」

と言って垂れ幕を引き裂いた。

それから我々のところにいまだかつて見たこともないような、より美しく上品で綺麗な女奴隷たちが、素晴らしい衣裳や装身具を付けた琵琶弾きやリュート弾き、小太鼓叩きや一弦胡弓弾き、シンバル叩きや踊り子たちとともに現われて歌を歌い、部屋のなかで我々と入り交じって坐った。しかし、我々はなるたけ彼女たちを避け、ひどく尻ごみして、自制心を保つようにした。

半ば酔いがまわって夜もかなり更けたころ、屋敷の主人が我々のところにやって来て言った。

「やあ旦那衆、完全な歓待、客人が受けるべき権利というのは歓待の作法を実行することであり、主人は食事や飲酒や媾《まぐわ》いなど、客人に必要なあらゆる事柄を客人に対する義務として果たすことです。私はお昼、皆さん方に小姓を遣わしたが、小姓は皆さんたちが彼らを近づけず自制なさったと報告してまいった。そこで私は、多分あの方たちは女の方を好まれる人たちなのだろう、と言って、女たちを遣わした。ところが、やはり皆さん方は他に人もいないのに、女たちと戯れることを差し控えなすった。その様子は小姓たちの場合とまったく同じだった。これはいったいどうしてなのですか」

「やあご主人、あなたのお屋敷におられる方の御奉仕を受けてはあまりにも畏れ多いことですし、私どものなかには、そうした神に禁じられた行為を潔しとしない者もおりますので」

「あの者どもは私の奴隷なのです。ただ、もしあなた方一人ひとりがそれぞれ一人ずつの手を取って、女と夜を楽しもうとされるのであれば、女たちは神の意志に添う自由人ということです。もし望まれる方がおられれば、私がその方を女と妻《めあ》わせいたしましょうし、それをお望みでない方は、より賢明な方なのでしょうが、いずれにしても私としては歓待の義務は果たさせていただいております」

すでに酔いがまわっていた我々としては、この主人の言葉を聞くと、みな喜びに満ち溢れて叫び声を上げ、一人ずつ女の手を取り、側に坐らせ、女に口づけをしたり、つねったり、冗談を言い合ったりしはじめた。私自身も一人の女と契りを結び、私以外の者もそうしたことを望む者は同じようにしたが、なかにはそうしない者もいた。

主人はこのあとしばらく我々と一緒に坐っていたが、やがて立ち上がっていった。すると召使いたちが現われて、我々一人ひとりを同伴の女とともに一軒のあずまやに案内した。そこはまったく見事な造りで、素晴らしい絨毯が敷かれており、柔らかく最高の品質の寝具が用意されていた。召使いたちは我々のために香を焚きしめ、寝る支度をし、女奴隷の側に寝かせた。それにあずまやのなかには、蠟燭とか夜の宿泊に必要なものを置き、戸を閉めて立ち去った。こうして我々はもっとも快適な夜を過ごしたのである。

夜が明けたとき、召使いたちが訪ねてきて、

「浴場はいかがですか」

と尋ねた。浴場はすでに用意されていて、我々は起き上がり、そこに入った。するとあごひげのない小姓も我々と一緒に入ってきた。そして我々のなかには、昨日はすることを差し控えていた行為に身を任せる者もいた。

我々が浴場から出ると、召使いたちが年代物の龍涎香《りゅうせんこう》を我々に焚きしめ、薔薇水や麝香《じゃこう》や樟脳で香りを付け、磨かれた鏡を持ってきた。

我々の従僕たちは、彼らの夜の様子もまさに我々の夜と同じようなもので、ローマ人の女奴隷を伴って、彼女たちと媾ったと語った。それで我々は互いに身に起こった話に不思議がった。ある者は何か策略があるのではないかと恐れ、ある者は「夢を見ているのではないか」といぶかった。

我々が話をしていると、屋敷の主人が近づいてきた。そこで我々は立ち上がって主人に称賛の言葉をかけた。主人が昨晩はどうでしたかと聞くので、女たちのことも褒めそやした。

「食事までのあいだ、馬に乗って庭園を散策されますか。それともチェスを指されるか、さいころを振られるか、あるいは読書をされますか」

「乗馬は遠慮して、チェスとかさいころとかカードとかで遊びたいと思います」

そこで、主人がそうした遊び道具を持ってきた。我々はそれぞれ自分の好きな遊びに夢中になった。午後の二時か三時になったころ、昨日と同じような食卓が運ばれ、我々は食事を摂った。そうして立ち上がって寝所に赴くと、あごひげのない小姓たちがやって来て我々をさわった。それで我々のなかでこれに応じようとする者たちは、小姓たちをさわって返した。もはや警戒心は消えていた。

〔しばしの〕眠りから覚めると、我々は浴場に案内され、浴場から出ると、香を身に焚きしめ、昨日の部屋に導かれて坐った。すると件の女奴隷たちがまたやって来た。それに彼女たちよりもっと美しい女たちも新たに加わっていた。女たちはそれぞれ昨夜の相手方のところへ恥らいもなくやって来て、一緒に夜半まで酒を飲み、寝所へ一緒に案内された。

こうした状態が一週間続いた。私は仲間たちに言った。

「ねえお前たち、これでは切りがないと思うよ。あの男が、出発されたらどうか、と言うような気遣いはありそうもない。お前たちは今の境遇に満足しきって、旅のことはそっちのけにしているが、どう決着を付けるつもりだ」

「お前はどう思うのだ」

「俺はあの男を調べたらよいと思う。あれが何者か見てみるのだ。もし彼が贈り物なり慈善の中し出なりを受け取る男ならば、我々は彼に捧げ物を与えて出立しよう。もしそんな男でなかったならば、またの機会に彼に報いることとして、男に頼んで我々がお金を借りられる人に来てもらい、彼に保証してもらって我々は旅立つとしよう」

こうして我々の意見がまとまった。その日の夕暮れ、我々が酒宴のために席に着いたとき、私は主人に、

「貴殿のところでの滞在も長くなりました。貴殿は私たち

が誰も経験したことがないような、このうえない素晴らしいおもてなしをしてくださった。私どもは仕事を求める目的地のエジプトへ向けて旅立とうと思います。私は某の子、某といいます。この男は某といいます」と言って、自分自身や一行の紹介をしながら、「貴殿には何かと親切にしていただき、本当にお世話になりました。にもかかわらず、我々が貴殿のことをまったく知らないというのは許されないことです。どうかご自身のことを我らに紹介してください。我らは貴殿に感謝の気持ちを伝え、貴殿への義務を果たしたうえで、旅立ちたいのです」

「私は某の子、某といい、ダマスクスの住人です」

そう答えてくれたが、我々のうち名前を知っているのは誰もおらず、「もしよろしければ、詳しくお話ししてくださいませんか」と頼んだ。すると主人が、

「承知しました。おっしゃる通りにしましょう。私は女郎屋[*2]のあるじです」

と言うではないか。我々はその言葉を聞いて恥じ入り、うなだれた。

「何か問題でもございますか。私が女郎屋をすることになったのは、それなりの経緯があるのです。あなた方が考えられるよりもずっといい話ですぞ」

「よろしければお話しくださいな」

「承知しました。私の先祖は豪農[*3]だったり豪商だったりした者たちで莫大な資産を所有し、私の父がその資産を受け継ぎました。ところが父は金持ちでありながら欲深くけちな人間でした。私はこの父に育てられたのですが、気前がよく金遣いの荒い人間となって、散財・女性・歌姫・飲酒に溺れ、父親の財産から莫大なお金を費消しました。それでも父の資産が影響を受けることはほとんどありませんでした。それから父が病気にかかり、延命が絶望となったとき、遺言状を認《したた》め、私を呼んで言いました。

『息子よ、儂《わし》はお前に資産を残すことになろう。その価値は金一〇万ディーナールを下らないはずだ。かつてお前が儂への付けとして費消してしまった五万ディーナールを別にしての話だ。財産をいくら費消しても、支出が収入を上回らなければ、使い切ってしまうということにはならないものだ。もし儂が、この財産がお前の手に渡らないように、生きているあいだか、あるいは今現在に、一挙に消滅させようと思えば、そうすることもできた。だが儂はこの財産をお前に遺贈することにした。お前は必ずや果たすべき儂の教訓を履行せよ。そうすればお前が不利益を蒙《こうむ》ることはないであろう』

『おっしゃる通りにします』

『儂はお前が比較的短期間のうちに、このすべての財産を費消してしまうであろうことはわかっている。そこで尋ねる

が、もしお前が貧乏となり、お前には何も残っていないとなったとき、お前はみずから命を絶つか、この世で生きてゆこうという気はないのか』

『いいえ、死ぬつもりはありません』

『お前の家長の世話になるか』

『いいえ』

『役所勤めができるか。あるいは商売でお金を稼げるか』

『いいえ』

『ではいったい、どのようにして生きてゆくのか』

このように尋ねられて、私はしばらく考えてみましたが、結局、一つの言葉しか思い至りませんでした。

『女郎屋になろうと思います』

父親は私の返事を聞いてしばらく泣いておりましたが、やがて両目をぬぐって言いました。

『儂はこの職業を選ぼうとするお前を責めるつもりはない。お前の口を衝いて出た言葉は、以前から考えていたからで、たった今思い付いたのではなかろう。儂が死んだあと、お前は決してその職業を捨ててはならないぞ。だがその職業に就くにしても、お前はどのようにして生計を成り立たせるのか』

『私はすでに幾度も招待宴を経験し、売春婦や歌姫、酒の飲み仲間と親しい間柄にあります。そこで一定の規律のもとに、私はこの者たちを集めて、私の家で金を使わせ、この者たちのやりたいようにやらせ、私はこの者たちからお金をいただいて、生計を立てるのです』

『もし金曜日に、お前の噂が官憲の耳に入るようなことがあると、お前は頭髪やあごひげを剃られ、尖塔のうえから読み上げられるかもしれないぞ。すると、お前の客たちは四散し、お前の生計が成り立たなくなる。お前の国の住人は〝某を見ろ。どのように罪状が読み上げられているか。父親が死んだあと、女郎屋になったそうだ〟というかもしれないぞ。

しかし、お前はこの職業を選んだ。この職業のことをお前に教えておこう。もしお前がこの道に熟達していなかったならば、お前は知らずに過ごしてしまうであろう。決して貧乏になるな。官憲の追及を受けるようなことは一切するな』

『わかりました』

『お前が儂の言うことを認めた旨の誓いを立てなさい』

言われて私は誓いを立てた。

『儂が死んだあと、お前は儂の財産をすべて使い切り、お前が貧乏になったとき、お前はこの仕事に取り掛かるのだ。お前は女郎屋に過ぎないが、お前には私領地・宅地・邸宅・家財道具・女奴隷・家具・宦官《かんがん》・貴顕・交易など、何でも揃っている。お前は貧乏になったとき、何をどうすればよいか、何事も自分の心に浮かんだことで決めるのだ。仕事に精を出せば、お前は同胞たちの長として持てるものや財産で、運命に打ち勝つことができる。お前はかつてお金を費消した。その経験を生かして仕事をするのだ。貧乏になったときに達成しようと望んだ目標を生活の糧《かて》とするのだ。

そうすればお前はいくつかの事由で利益を得ることができるであろう。その一つはお前が自分の仕事をみずからはじめたのであり、誰からも否認されることはないということ。もう一つは、お前はこの仕事を社会的地位の高さ、宅地や私領地、豪壮な生活環境でもって行なっているので、官憲の餌食にはならないということ。もしお前が強要されるようなことがあれば、賄賂を贈ればよい。お金の力や富を気前よく与えれば、官憲の貪欲から免れることができる』

『儂が亡くなったら弔問を受けるために三日間は坐らなければならない。それで不幸事による取り込みは過ぎ去っていくだろう。それが終われば、お前は儂の遺言を遂行しなければならない。それは人々にわからせるよう派手に行なわねばならない。そのうえで儂の教訓を履行するのだ。

それからお前はもはや遊びを捨てたこと、今や娯楽を慎むだけでなく、財産を貯めることに意欲をもっていることを世間に示さねばならない。そうしておいてから女郎屋の仕事をはじめるのだ。それから女奴隷や歌姫やあらゆる種類の香料、それにあごひげのない小姓たち、白人・黒人の宦官といった、仕事に必要でかつ自分が手に入れたいと思えるような人材も買わねばならない。それに儂がお前に残しておくような館や私領地も必要であろう。もしお前が増やす必要があると思うものがあれば、増やせばよい。ただ使いこなさねばならないぞ。

それから交際したいとお前が望むような人たちと交流を深めよ。それはお前のところに出入りする歌姫や女奴隷の歌手のことでも、花代を取る者たちのことでもないぞ。総督や税務長官と関係を持ち、毎月に一回か二月に一回は彼らを招待せよ。祭日には素晴らしい贈り物をせよ。毎週一度は彼らに会え。彼らの館での酒宴の席には努めて出るようにし、彼らと会って挨拶を交わしたり、しかるべきことを果したりするのだ。

毎日素晴らしい食卓を用意し、気の合った人たちを招待するのだ。ただしこれは知性と秩序をもって行なわねばならないぞ。

これは手始めの段階の話で、あまり日をおかずに明らかになることがある。それはお前の敵対者と思われていたのが信用のおける人物だったり、仲間と思っていたのが嘘つきだったりするのがわかるようになるということだ。このような者たちは、〝多分にそれは恥知らずで貪欲な生計の道であり、妻を離婚したり兄弟の絆を弱めたりするような生き方である。それにもかかわらず、彼にはこの道でどんな喜びがあるのか。彼は気力のない男でもないし、気が狂っているわけでもないし、貧乏人でもない。この職業を選ぶ何か必然があったに違いない〟などと言い合うだろう。

お前についての議論はこれで終わらず、次の段階の話になるだろう。お前はすでに〔総督や税務長官といった〕権力者たちと親しい関係にある。おそらくお前たちのあいだには親密な友情が生まれていて、権力者はお前の歌姫を呼び、お前は権力者の館で彼女らの歌を聞かせることになる。そうすればお前には権力者に陪席する機会がたびたび訪れることになる。すると、これまでお前の誠実さなり出会いなりで関係が保たれていたお前の仲間たちはお前の立場を見直し、なかでも知性ある仲間はお前を歓迎し、そうでない者は差し控えるかもしれない。いずれにしてもお前は総督の食客の列に連なることになるだろう。結局のところ、お前に対する中傷と非難の的であったお前の売春業は、常に損害を蒙ったり宿が急襲されたりする一般の女郎屋の域を超えることになるのだ』

私は父親の話が正しいことを即座に確信しました。父親が病没し、私は弔問を受けるために三日間坐り、父親の遺言を遂行し、父が私に命じた通りに遺産を分配しました。それから私は館の建物を白く上塗りしました。これがその建物です。そこに私が思うように建物を増築し、いろんな道具や家具、壺などを私が考える通りに増やし、これらの女奴隷や小姓、宦官をバグダードから買い入れました。私は父親が話した通りに仕事を取り仕切って、遺言を違《たが》えるようなことをしておりません。

こうして何年も仕事をしておりますが、いまだかつて害を蒙ったことも損失を招いたこともありませんし、男らしさを失墜させたことも悪徳に身を委ねてしまったこともほとんどありません。私はもっともよい人生を生きており、このうえない喜びで人生を楽しんでおります。むろん女奴隷たちや小姓たち、宦官たちや私と交友を結んでいる人たちとも好ましく暮らしております。

この者たちによって得る私の収入は、私の支出よりも多く、私が相続した資産はそのまま残っております。私は父の遺産をびた一文も売っておりません。私はすでにこの仕事から得た収入で素晴らしい宅地を買い、父親が私に残してくれた資産に付け加えました。私の仕事はあなた方がご覧になった通りに運ばれているのです」

「やあご主人、打ち明けていただいてこれですっかり飲み込めました。我らとしては貴殿への義務をどう果たせばよいかも教えていただきました」

我々は主人と打ち解けて話し合い、言ったものです。

「この職業における貴殿の優秀さは反駁の余地がありません。まさに貴殿は女郎屋のなかの女郎屋です。貴殿ほど賢く売春業を取り仕切っている御仁《ごじん》は、他におりますまい」

すると主人は笑い、我々も笑った。この若者は文才があり、機知に富んでいた。その日の夜はこうして過ごし、翌日、我々は世話になった費用として金三〇〇ディーナールを集め、主人に渡した。彼はそれを受け取り、我々は旅立ったのである。

(第二巻九〇話)

1――Abū Muḥammad Yaḥyā b. Muḥammad b. Sulaymān b. Fahd al-Azdī al-Mawṣilī. 第一巻二話註2参照。

2――原語 qawwād.

3――原語 tunnāʾ. tāniʾ の複数形。第一巻九〇話註7参照。

とんだ書きまちがい

徴税官アサド＝ブン＝ジャフワル[*1]は強欲な男で、いくつかの大徴税区を委ねられていることから権力もあり、また生活ぶりも豪勢で、財産も豊かであった。ある日、徴税官はある郷村[*2]を担当する部下の徴税吏に書簡を送り、

「二〇〇のジャワーンビーラ(老婦人)を自分のもとに送れ」

と命じた。

徴税吏は「徴税官は老婆たちみんなをどうなさるつもりだろう。これだけの人数が果たして一つの村から集まるのだろうか」と心中つぶやいたものの、それでも老若取りまぜて、可能な限り女たちを集めた。彼女たちのうちには、おとなしく従う者も嫌がる者もいたが、とにかく送り届けることにし、次のような添え状を書いた。

「二〇〇のジャワーンビーラを集めるようにという閣下の書状が届きましたが、これほどの数を見出すには大きな町か、あるいは数カ村をもってしかできません。しかしながら私は閣下のために、しかじかを集め、この書簡の持参人とともに閣下のもとへ送り届けます」

徴税吏からの書簡を読んだ徴税官は、

「それらを料理人のもとへ届け、今日はそのうち、しかじかを屠《ほふ》り、しかじかは生かしておくように伝えよ」

と命じた。

「閣下のために料理人は女たちを殺さねばならないのですか」

「儂《わし》は女たちなど求めてはおらぬ」

「いえ閣下は女たちを殺すよう求められました」

「儂の書いた書簡を戻すように伝えよ」

こんなやり取りの結果、戻された書簡を見た徴税官は、

「神かけて、儂はジャワームルグ(子雀)を請求したつもりがジャワーンビーラと書いてしまった。女たちに何か適当なものを与えて帰らせるように。また徴税吏には改めて子雀を集めるようにと書き送れ」

と命じた。徴税吏はその通り実行したという。


(第二巻九一話)

1 —— Asad b. Jahwar. 第一巻一四一話註 2 参照。
2 —— 原語 rustāq. サワード州(南イラク)の最小の行政区画。

食い物にけちな徴税官を甥がやり込める

徴税官アサド=ブン=ジャフワル[*1]は食い物に対してとてもけちくさいという評判で、彼の食客たちはそのことでいつも苦労するのであった。というのも、徴税官は食客たちを招待して食卓に坐るよう命じ、そこに食欲をそそるようなさまざまな御馳走を運ばせるのだが、もしそれをたとえ一口でも味わおうとすれば激怒して、たちまち罰を加えようとするのであった。

徴税官は食卓が運び去られたとき、食客たちに手を自分のあごひげで拭《ぬぐ》うように指図するのであったが、それは料理を手で散々つまんで汚していないかどうかを確かめるためであった。

徴税官には甥がいたが、この人物は叔父になんら物怖じしたり気遣いしたりするところがなく、自分が叔父に信頼されているとわかっているときには、叔父の面目を潰すこともままあった。

ある日、インド産のそれは珍しい極上の鶏が食卓に出された。甥がそれに手を伸ばすと、徴税官はしっかとその手をつかんだ。

「やあ、やせっぽち。やあ、のろま。やあ、不作法者。やあ、礼儀知らず。この世にこんなひどいことを認める者が一人でもあろうか」

「やあ、しみったれ。やあ、けち。やあ、できそこない。鶏はいったい何のためにあるのだ。あんたはこの鶏を、子孫たちにはなんの益にもならない飾り物の遺産、部屋の中央に置かれた飾り物、ただ見て楽しむだけの美人の妾にするつもりか。神かけて、俺にはこの鶏から手を放すなんぞは金輪際できねえよ」

と言い争い、互いに力を張り合ったが、とうとう若者が声を上げた。

「それでは何か償いをしてくれ」

「何が欲しいんだ」

「某という叔父さんの騾馬がいい」

「くれてやるとしよう」

「鞍と飾りの付いた馬具一式もだ」

「それもくれてやる」

「ここにもって来なければ手を放すわけにはいかないよ」

「おい、召使い、もって来てやれ」

騾馬が引き出され、馬具が運ばれてくると、若者はそれを自分の召使いに渡し、連れて行かせた。そしてやっと鶏から手を放した。

食事が済み、食卓が片付けられると、徴税官は午睡のために立ち上がった。すると甥は部屋を出て行って料理人に、

「今すぐ、あの極上の鶏を俺のところにもって来い。食卓から片付けてしまったものすべてだ」

と命じた。そこでふたたびあの鶏が出され、食客たちも戻って来て坐り、みんなして食事をした。こうして甥は鶏やその他の料理を食べたばかりでなく、騾馬や馬具も手に入れたのである。

この徴税官は料理が他人に食べられてしまうのに忍びなかったのであるが、しかし、目の前から片付けられると、あとはそのことを尋ねも聞きもしなかったのである。

アフマド＝アズラク[*2]の父によれば、この話は〔宰相〕ハサン＝ブン＝マフラド[*3]の甥にあったことで、その若者がある朝、我々のいる税務庁にハサン＝ブン＝マフラドの騾馬に乗ってやって来たので、わけを聞くと、この話をしたのだという。

（第二巻九二話）

1 —— Asad b. Jahwar. 第一巻一四一話註２参照。
2 —— Abū l-Ḥasan b. al-Azraq. 第一巻一四話註２参照。
3 —— al-Ḥasan b. Makhlad. カリフ＝ムウタミド（在位八七〇—八九二）の宰相。八七七年から翌年にかけて、短期間に三度就任している。

王者の観察眼

ハーシム家出身のイブン＝アビー＝ムーサー[*1]によれば、自分がバグダードで〔ハムダーン朝君主〕ナーセル＝アッダウラ[*2]のもとにいたとき、時間を無駄にしないよう急いで何か食べるものをもって来るよう命じた。そこでローストチキンとパン、塩と酢の入った二つの小鉢、それに野菜少々が運ばれて来た。

ナーセルは自分と話をしながら食事を摂りはじめたが、そのとき侍従が入って来て、改まって迎え入れねばならないような客人が訪ねてきたと知らせた。そこでナーセルはチキンを下げるよう命じた。

チキンが下げられ、ナーセルが手を拭くと、客人たちが入って来た。ナーセルは彼らと話し合いたいと望んでいたことを話し合い、彼らは立ち去った。するとナーセルは下げた食事を元に戻すようにと命じたのである。

皿が戻されると、彼はしばらくのあいだ、チキンを注意深く観察していたが、〔突如〕怒って怒鳴りつけた。

「さっきのチキンはどこへやったのか」

「これがそれですが」

「そうではないぞ。料理人を呼んでまいれ」

料理人が現われたので、ナーセルは、

「これがさっきのチキンか」

と詰問した。しかし、料理人は黙ったままであった。

「正直に申せ」

「〔おっしゃる通り〕違います」

「さっきのチキンはどうしたのだ」

「食卓が片付けられたときには、それがまた閣下のもとに戻されるとは知らなかったものですから、小姓の一人がそれを取って食べてしまいました。閣下が戻すようお命じになったとき、私どもは代わりにこれを用意し、ちょうど閣下がなさっていたように、腿《もも》の部分を引きちぎり、一部を食べ散らかしました。閣下が別のものだとお気付きにならないようにと願ってのことです。そしてこれをお出しいたしました」

「馬鹿者、さっきのチキンは右の腿をちぎり、左の胸肉を食べたのだ。ところがこれは右の胸肉が食べられ、左の腿が引きちぎられている。今後はこんなことを繰り返すのではないぞ」

「かしこまりました」

そこで料理人は立ち去ったのだが、自分は王侯でもあるナーセル＝アッダウラの観察眼の鋭さに驚いた次第で、それはその後も変わらなかった。

（第二巻九三話）

1――Abū ʻAbd Allāh b. Abī Mūsā al-Hāshimī.
2――Nāṣir al-Dawla. 在位九二九―九六七。九六九年没。第一巻二九話註3参照。

ちょっとした機転とおねだりでひと財産

〔バルマク家出身の文人〕ジャフザ[*1]がイブン＝アイヤーシュ[*2]に語ったところでは、一回の食事を我慢したことによって金五〇〇ディーナールと銀五〇〇ディルハム、それに五着の素晴らしい衣服と極上の香箱を儲けたのだという。イブン＝アイヤーシュが「どうやってか」と尋ねると、次のような話をしてくれた。

〔カリフ＝ムウタミドの宰相〕ハサン＝ブン＝マフラド[*3]は食べ物に対してけちな人だが、お金については気前のよい人物であった。彼はよく食客たちを急に招待して酒を振舞い、食事を共にした。ところがもし食べる者がいると、その人に激しい怒りをぶつけるのであった。だが食事に手を出さないで飲むだけであれば、その人は気に入られるのであった。

ある日、私がこの宰相ハサン＝ブン＝マフラドのところにいると、

「やあ、アブルハサン〔ジャフザ〕よ、明日早朝、簡単な朝食会をやろうと思うから、私のところに泊らないか」

と誘ったので、

「いいえ、私には泊ることはできませんが、その時間に閣

下のもとに参りましょう。朝食にはどんなものをご用意なさるおつもりですか」

と尋ねた。すると、宰相はしかじかのものを用意しようと思っている、と言って、すでに料理人に命じた料理の品をあれこれ述べてくれた。私たちのあいだに、私が早朝訪れるという約束ができた。

　私は宰相のもとを立ち去り家に帰ると、自分の料理人を呼んで、宰相が述べたのとまったく同じものを調理し、それを半夜までに終えるように、と命じた。料理人が仕事にかかるあいだ私は眠った。

　私が起き上がると、すでに半夜は過ぎていた。私は調理されたものを食べ、手を洗い、馬に鞍を置かせた。出かけようと支度をしていると、宰相の使いが来たので、彼のところへ赴いた。

　着くと、お前は何か食べてきたのか、としつこく尋ねるので、

「とんでもない、閣下。私は日没直前に閣下のもとを去り、そして今や夜半どきです。私のために何か調理をしたり、私が何か食べたりするのに、いかほどのときがありましょうや。閣下の召使いたちにお尋ねください。私を見たとき、私がどんな状態だったのかを」

と私が言うと、召使いたちは、

「我らが閣下、確かにこの方はもう衣服を着ておられ、お乗りになる馬にちょうど鞍を付け終わるのを待っておられました」

と言上した。

　この言葉を聞いて宰相はとても喜び、食事を用意させた。だが私にはその匂いを嗅ぐだけのゆとりもなかった。宰相は私に食べるようにと勧めたが、私は差し控えた。もし食べれば、私に手荒なことをすることは目に見えていた。それが彼の習慣でもあった。

「これ、このように私は頂戴しております、閣下。私ほどいただいておる者がこの世で他におりますでしょうか」

と宰相にうわべを取り繕った。食事が終わると、我々は酒を飲むために坐った。私が何杯か飲むと、宰相は満足そうであった。おそらく脳裏に、私が空腹かつまみ食い程度にしか食べていないか、そんな状態で飲んでいるのだと描いていたのだろう。

　それから宰相に命じられるまま、私は歌を歌った。彼は褒め、喜んでまた何杯か飲んだ。酒の酔いが相当まわったと見た私は、

「おゝ閣下、あなたは私の歌でたいそうご満足の様子ですが、私はいったい何で喜べばよろしいのでしょうか」

とねだった。すると宰相は召使いに筆箱を持ってくるよう言

い付けた。差し出された筆を取って私宛ての小切手*4を書き、私に投げて寄越した。なんとそれは、金五〇〇ディーナールを支払うよう、彼と取引のある両替商に宛てたものであった。私はそれを受け取り、謝意を述べ、また歌った。彼は喜び、その酔いはいっそうまわった。そこで私は彼に衣服をねだった。すると五着もくれたのである。

それから宰相は同席のみんなに香を薫きこめるように命じた。するとお香の詰まった素晴らしくきれいな香炉が運ばれ、召使いたちが客人に香を薫きしめはじめた。それがひと通り終わったとき、私はまたねだった。

「おゝ閣下、私は薫香だけで満足すればよろしいのでしょうか」

「何が欲しいのだ」

「望みはこの香箱のうち、私の分け前分です」

「ではその箱をお前にやろう」

宰相はこのあともまた酒を飲み、クッションに背をもたせかけた。それが酔った場合の彼の癖であった。客人たちが彼のサロンから立ち去るころをみて、私も立ち上がった。すでに夜は白み、輝きはじめていた。人々が仕事に就く時間であった。私はまるで一軒の家から出てくる泥棒のように屋敷を出た。私の召使いの首には、衣服と香箱とが振り分けて掛けられていた。

私は家に帰り着き、しばし微睡《まどろ》んだのち、アウン通りに向かい、両替商を目指した。運よく店で両替商に会うことができ、件《くだん》の小切手を渡した。

「旦那さん、あんたはこの小切手の名宛ての方ですかい」

「そうだ」

「旦那は、手前どもが利益のために商売するてえことをご存知ですか」

「うん、知っとるよ」

「手前どもの慣習では、こうした場合、金貨一枚当たり銀貨一枚の手数料をいただくことになっているんです」

「私はそのことに異存はないよ」

「いえ、たいそう儲けようと思って申し上げているんではないのです。今、旦那にお教えしたような、通常のお方がお取りになる方法を選ばれるか、それとも、私が仕事を終える正午まで、そのまま坐って待っていただき、それから馬に乗って手前の屋敷へ行き、一昼夜、手前のところにとどまられて、一緒にお酒を飲む、そのような道をお選びになるかです。手前は実際に旦那の声を聞いたことがあります。手前は旦那の歌をいつかは聞きたいものと思っておりました。それが今、私には思いがけず、願ってもない機会が訪れたのです。もし旦那が手前の申し出の通りにしていただけるなら、手数料分を差し引くことなく、額面通りの金貨をお支払いいたしましょう」

「それではお前さんのところに伺いましょうか」

こうして私が承知すると、両替商は小切手を袖に入れ、仕事に取り掛かった。正午近くなったとき、両替商の召使いが素晴らしい騾馬を連れてやって来た。両替商はそれに乗り、私も一緒に乗った。私たちは、とある豪奢で立派な屋敷に着いた。その屋敷には豪華な家具や調度品が整えられていて、また屋敷内には、召使いとなるギリシャ人の女奴隷たちがいるだけで、他に男性はいなかった。

両替商は私を彼のサロンに残したまま奥へ入っていったが、それから屋敷内の浴場から王子風の服装をして出てきた。彼は香を薫き込め、みずからの手で、素晴らしい年代物の龍涎《りゅうぜん》香《こう》を私に薫きこめてくれた。私たちは最高の、見た目にも美しい食事を摂った。ついで酒を飲むために、別の素晴らしいサロンへ移った。そこには果物や高価な食器が並んでおり、私たちはその晩を飲み明かして過ごしたのである。その夜は、宰相ハサン＝ブン＝マフラドのもとで過ごした夜よりもずっとここちよいものであった。

明け方になったとき、両替商は二つの財布を出してきた。一方にはディーナール金貨が、他方にはディルハム銀貨が入っていた。そしてその一つから私のために五〇〇ディーナールを量り、それからもう一つの財布を開けた。そのなかには真新しいディルハム銀貨が詰まっていた。両替商はその財布から私のために五〇〇ディルハムを量ってくれた。

「旦那さん、こちらの方は小切手に指図されている通りの金貨です。だがこのディルハム銀貨のほうは手前からの贈り物です」

私はそれらのお金を受け取り、そこを辞した。それ以来、この両替商は私の友人となり、彼の屋敷は私の屋敷ともなったのである。

（第二巻九四話）

1── Jaḥẓa, Abū l-Ḥasan Aḥmad b. Ja'far al-Barmakī. 文人。ジャフザは出目に由来するあだ名。九三五年没。

2── Abū l-Ḥusayn b. 'Ayyāsh. 第一巻六話註3参照。

3── al-Ḥasan b. Makhlad. 第二巻九二話註3参照。

4── 原語 ruq'a.

詩人の悪ふざけ

イブン＝アイヤーシュ[*1]の語るところによれば、ジャフザ[*2]は年を取ってから、会合のなかでよく放屁をしたので、それでジャフザと交際のあった人々はこれで迷惑を蒙ったものだった。ジャフザには文学の才能があったので、私は彼の歌や書道を好んだ。ジャフザもまた私の友情を好ましく思っていた。私は会合の席に着く場合、彼よりも風上のほうに坐ったものだった。

ある日、文学の会合でジャフザのもとを訪れることがあった。人々も集まっていて、彼の話に楽しんでいた。話が盛り上がったとき、ジャフザが私だけでなく他の人――名前を言ってくれて、その人からも同様の話を聞いたのであるが――にも言った。

「儂《わし》のところに坐りなさい。二人並んでくっついた状態で坐るのだ。そして肝臓の入ったタバーヒジャ[*3]を食べ、ユダヤ人の年代もののワインを飲み、沈香《じんこう》で焚きしめ、マスドゥード[*4]の歌を楽しみ、龍涎香《りゅうぜんこう》の香水を付けるとよい」

それで我々は「ここは礼拝場だ」と言った。我々は座席に着いたが、私の友人はジャフザの放屁という生来の癖を知らなかった。私はすでに風上に陣取った。ジャフザは我々のために自分が課したすべての条件を整えた。

すでに詩を朗誦し、酒宴も始まってから、ジャフザは、「我らは、昼間は学者の風情をしておるが、夕方になれば道化師のようだ」と我々に語った。棗椰子酒《なつめやし》を飲むとジャフザの放屁が始まった。友人は驚いて私に目くばせしたが、私は目で合図して、「これはジャフザの習慣で、生来の癖なのだ。根気よく耐えるしかないのだ」と告げた。

そうしているうちに、ジャフザは美しい声で技巧を凝らして詩を歌った。とても素晴らしい歌い方であった。

かつてヒーラ[*5]に邪《よこしま》な説教をする司祭がいた
ヒーラの修道僧は唆《そそのか》され　煽り立てられて
福音書を捨て　稚児《ちご》を愛してしまった
この世は破廉恥だと見なし　心の支えとした

私の友人はこのジャフザの詩にいたく感動し賛美して、「まさしくあなたは素晴らしい、アブルハサン〔ジャフザ〕よ」と言おうと思って、つい「あなたの気のまま私に放屁してください」と言ってしまった。これにはジャフザも恥じ入った。

（第二巻九五話）

またあるときジャフザと一緒に、イブン＝アルハワーリー[6]所有の小型の舟艇[7]に乗って、〔バグダードからティグリス川を〕バラーシュカル[8]まで船上の散策を楽しんだことがあった。この舟艇は水夫たちが〔岸に結わいつけた〕太い綱を引っ張って進むものであった。ジャフザの後ろにはある男が坐っていたのであるが、舟艇の甲板に北風が吹いてきたとき、ジャフザが放屁を始めた。男はこれを責めて、「放屁ではないか。どこから漂ってきたのだ」と言った。そこでジャフザが答えた。

「この綱引きたちは下賤な者だ。綱を引っ張るときに放屁したのだ。あの者たちは我らよりも風上にいるだろう。それで彼らの放屁が我々のところに漂ってきたのだ」

そこで私イブン＝アイヤーシュが横槍を入れた。

「やあ、アブルハサンよ、もしあの者たちが舟[9]のうえで放屁したのなら、綱のうえを伝わって船上に漂うはずで、こんなにすぐに我らのところに届かないはずだ。風は貴殿の方角から吹いてきたのであって、水夫たちの方からではないぞ。儂は貴殿だと思うぞ」

するとジャフザは私にへつらいの態度を見せはじめ、私が男に目配せしないようにと慎む様子を見せた。

「自分に非があると認めるなら終わりにしようか」

「承知した」

（第二巻九六話）

1——Abū l-Ḥusayn b. ʿAyyāsh. 第一巻六話註3参照。

2——Jaḥẓa. 第二巻九四話註1参照。

3——原語 ṭabāhija. 挽肉と卵と玉ねぎで作られたペルシャ料理。

4——al-Masdūd. カリフ＝ワースィク（在位八四二—八四七）時代の有名な歌手。

5——al-Ḥīra. 三世紀から七世紀初めまで栄えた南アラブ系のラフム朝の首都。クーファ近郊に位置した。アラブの固有の文化だけでなく、ビザンツとペルシャの文化の影響を受け、ネストリウス派キリスト教の教区も置かれた。ムンズィル Mundhir 三世（在位五〇三—五五四）の治世はその絶頂期で、アラビア半島からやって来た多くの詩人が、王のまえで詩作を競った。六〇二年、ササン朝ペルシャ総督の支配下に入り、六三三年、イスラム教徒となったアラブに征服された。六三九年に軍事都市クーファの建設が始まると、ヒーラの建造物は破壊され、円柱などが建築資材として転用された。

6——Ibn al-Ḥawārī. 第一巻二二話註3参照。

7——原語 ḥadīdī. 一種の小舟。ただし ḥadīd は鉄を意味し、文中のように甲板があり、数人は乗れた。

8——Balāshkar. バグダードとバラダーン al-Baradān とのあいだにある村。

9——原語 ṭarrāda. ḥadīdī を言い換えているだけで、小型の舟。

詩趣のわかる追剝ぎ

書記官アブルカースィム＝サラウィー[*1]は私タヌーヒーに話してくれた。

バグダードにアブー＝アイシューナという追剝ぎがいた。バグダードに騒乱が起こり、出掛けては通行人たちから衣服を奪っていた。そうしたとき、学識のある一人の文人が通りかかった。アブー＝アイシューナは文人を捕まえた。

「お前のみぐるみを置いて行け」

「我輩は某だ」

追剝ぎは名前を聞いて恥ずかしく思った。

「我輩がお前に詩を朗誦してやるから、それを取ればよい」

「早くしろ」

　五万人の勇敢な若者がいたとさ　その一人ひとりは
　まるで獰猛な獅子一千頭に匹敵する兵《つわもの》であったとさ
　希望に膨らむ日々　若者たちは衣服をきつく縛ったとさ
　だが腰帯はゆるみ下ろされてしまった　死が訪れたのさ

追剝ぎは言った。

「素晴らしい。お前さんの詩をもっと聞かせてほしい」

　まさにマルメロの実を嚙むとき　騒乱を起こしてしまった
　汝の愛はその高みに至ったとき　我が心臓に突き刺さった

「ドキドキしたぞ。俺さまはアブー＝アイシューナだ。汝の命を拾われよ」

そう言って追剝ぎは立ち去り、文人をその場に残したのである。

（第二巻九七話）

1 —— Abū l-Qāsim〔ʻUbayd Allāh b. Muḥammad〕al-Ṣarawī. タヌーヒーの情報源の一人で、詩に関係することが多い。みずからも詩人。

ふざけた人たち

私サラウィーは〔バグダードの〕ターク門[*1]のところで、ムドゥリク[*2]というふざけた靴屋を目にしたことがある。法官とあだ名されていた男で、サンダルにいちいち冗談めかした名前を付けていた。

たとえば顧客が来ると、「こいつははげさまだ」とか、「こいつはどあたまだ」とか、「こいつは首根っこだ」などと言うのであった。お客の一人が尋ねた。

「これはいくらかね」

「そいつがお前さんののどを通ったら値段を教えましょう。お前さんからお金をいただきますよ。もしお前さんの首筋に落ちたのであれば、お前さんはそいつを嫌っているということだ。でもお代をいただけるのであれば、そいつをお前さんから取り出しますよ」

（第二巻九八話）

私サラウィーは病人にふざけたことを言う医者に会ったことがある。病人は何か病状を訴えていた。すると医者は言った。

「これは黄胆汁[*3]がお前さんに悪さをしている兆候だ」

湿気が災いしていると訴えていた病人は言った。

「やあ先生、私は湿気に苦しんでいるのに、どうして黄胆汁が私に悪さをしていると言われるのですか」

「黒胆汁[*4]かな」

「その言葉は知りません」

「私の診るところ斑色《まだらいろ》、つまり褐胆汁[*5]がお前さんに悪さをしているのかな」

ここで病人は医者の述べた黄胆汁と黒胆汁の二つの言葉の意味に気付き、医者は患者が訴えた病状を〔その納得で〕癒すための処方をすることができた。

（第二巻九九話）

1——第一巻八話註7参照。

2——al-Mudliq.

3——原語 safrā'. 古代ギリシャのヒポクラテス以来、人間の気質には多血質・憂鬱質・胆汁質・粘液質の四類型があるとされ、黄胆汁の多い者は情緒的反応が早く力強いとされた。

4——原語 sawdā'. 黒胆汁質は憂鬱質とされ、些細なことでも誇大に考えて取り越し苦労をし、人を信用せずに生気に乏しく暗いとされる。

5——原語 mulamma'a. 混ぜられたものの意で、現実に褐胆汁があるわけでなく、医者がふざけて言った言葉。

因果はめぐる

クーファの神学者イブン＝ワラーム[*1]が我々に語ってくれたことがあった。

クーファの我々のところに、どうにも手に負えない息子を抱えていた男がいた。ある日、些細なことから息子をののしった。すると息子は父親の足を摑んで家から引っ張り、道端をかなりの距離まで引きずった。しかるべき場所まで来ると、父親は息子に言った。

「息子よ、ここで十分だ。この場所は、かつて儂《わし》が自分の父親の足を引きずって、屋敷からここまで来たところだ。お前は儂をもっと引きずろうというのか[*2]」

（第二巻一〇一話）

1 —— Abū ʻAbd Allāh b. Warām.

2 —— マルゴリウスによれば、この話はアリストテレスの『倫理学』に載っているという。『ニコマコス倫理学』第七巻第六章一一四九b一〇以下に、万人に共通する激情の一例として、次のように述べられている。「息子に引きずられた父親が、戸口で止まるよう命じたとのことだが、それは彼自身が自分の父親を引きずって行ったのが戸口までだったからである」（『アリストテレス全集』第一五巻、神崎繁訳、岩波書店、二〇一四年）。

宰相ムハッラビーの書簡

私タヌーヒーは父[*1]の書簡の束のなかに、ムハッラビーの手紙を見つけた。それはムハッラビーが宰相に任命される数年前[*2]に、父に宛てて書かれたもので、その出だしはこうなっていた。

これは我らが法官どの——神が長命を与えられんことを——への手紙で、彼の友人として、また彼の資産の安全を願う者として、我から発信される。

主を称えよう　そは彼の地位の高み
彼の栄光の永続を　主に願えばなり
時の流れが我らの出会いを好まぬとも
運命は彼に耳傾けることを嘉《よみ》されよう

貴家のお手紙を拝受しました。神が貴家の繁栄を長からしめんことを。お手紙を手にして私は意気高く立ち上がり、喜びにあふれて坐りました。

封を切りし夜　我は手紙のおもてに光を見ぬ
あたかも髪の毛のなびく乙女のうなじか頬かと
まるで白き歯か首の真珠のように文言が並び
我が心は胸のうちでも安らぎの宿に落ち着きぬ

（第二巻一〇四話）

1——Abū l-Qāsim ʿAlī b. Muḥammad al-Tanūkhī. 第一巻一五話註3参照。
2——ムハッラビーが宰相に任命されたのは九五六年。第一巻一話註4参照。

機転を利かせて過激派の襲撃を免れる

アフマド＝アズラク[*1]が私タヌーヒーに次のように語ってくれた。

〔ムウタズィラ派の〕ワーセル＝ブン＝アター[*2]は、一団の同胞たちを率いて旅に出かけた。ところが彼らに一隊のハワーリジュ派教徒[*3]が立ちはだかった。ワーセルは同胞たちに、

「お前たちのうち誰一人としてしゃべるでないぞ。彼らとの交渉は儂《わし》に任せておけ」

と言った。同胞たちは承知した。ワーセルがハワーリジュ派教徒たちの方へ進み、同胞たちも彼に従った。近づくと、ハワーリジュ派の一団は彼らに襲いかかった。ワーセルが叫んだ。

「汝らはなぜ、かかる仕業をよしとされるのか。我らが何者なるやも知らず、我らがなぜやって来たのかを知らずに」

「なるほど。お前たちは何者か」

「我らはみな多神教徒である。我らは神の言葉を聞きたいと助けを求め、汝らのもとにやって来たのだ」

このワーセルの言葉を聞いて、ハワーリジュ派たちは襲いかかるのを思いとどまり、一人の男がコーランを読み聞かせはじめた。それがやむとワーセルは頼み込んだ。

「今や我らは神の言葉を聞いた。我らが宗教をよく考えることができるように、我らを安全な場所に導いてくださらぬか」

「それはもっともなことだ。行くがよかろう」

ハワーリジュ派の者たちがこう命ずるままに、我らは旅を続けたが、まさにその間、彼らは槍を持ったまま我らと共にあり、我らを幾里も護送し、ついに我らは彼らの力の及ばない、とある町へと近づいたのである。

「ここはお前たちの安全なる場所か」

「そうだ。戻られるとよかろう」

ワーセルがこう言うと、ハワーリジュ派は去って行った。

ワーセルがとっさにこのような処置をとったのは、コーランの次の言葉に思い至ったからである。

《もし誰か多神教徒がお前に保護を求めてきたら、保護を与えておいてアッラーの御言葉を聞かせ、それから安全な場所へ送り届けてやるとよい》（九章六節）　**（第二巻一〇六話）**

1 —— Abū l-Ḥasan Aḥmad b. Yūsuf b. Yaʿqūb b. Isḥāq b. al-Buhlūl al-Tanūkhī. 第一巻一四話註２参照。

2 —— Abū Hudhayfa Wāṣil b. ʿAṭāʾ. ハサン＝アルバスリー al-Ḥasan al-Baṣrī（七二八年没）に学んだウマイヤ朝末期の神学者で、

ムウタズィラ派の祖ともされる。七四八年没。

3 ―― Khawārij. イスラムにおける最初の政治的宗教的党派。六五七年、カリフ＝アリーとウマイヤ家のムアーウィヤとが対峙したセッフィーンの戦いで、双方が調停による事態収拾を図ろうとしたことに反対したアリー軍の一部が、「判決は神のみに属す」と主張してアリーの陣営から離脱した。このことから彼らのことを「ハワーリジュ」(外に出た人々)と呼ぶようになった。翌年アリーの討伐を受け、数千ともいわれる戦士たちが殲滅されたが、残党が各地で活躍、アリーも彼らに暗殺された。

ムウタズィラ派の振舞い

アフマド＝アズラクが私タヌーヒーに次のように語ってくれた。

バスラの真鍮細工職人イスマイール[*1]は、我々の仲間であるムウタズィラ派の有力者の一人であった。当時、一般の人々はムウタズィラ派教徒に対して厳しい態度を取り、ムウタズィラ派とは意見の対立をきたしていた。

ある夜、イスマイールが住んでいるバスラ市内の街区に落雷があった。夜が明けると、イスマイールは召使いたちに、門前を掃き清め、自分が坐るための敷物を広げておくよう命じた。そうしなければ反対派の連中が自分に対する流言蜚語を放つであろうから、というのであった。

召使いたちは命じられた通りのことをし、イスマイールは門前に坐った。すると、反対派に属するバスラの有力な長老の一人が通りかかり、イスマイールを見て言った。

「やあ、神はお前に雷を落とされたと聞いたはずだが」

と。そこでイスマイールは、

「それはまたどうして。我はお蔭ではっきりと神を見ることができたというのに」

と言い返した。

（第二巻一〇七話）

コーラン創造説をめぐる逸話

バスラの〔ムウタズィラ派の〕イスマイール[*1]の仲間の一人が、町の群衆の前で「コーランは創造されたものだ」と告げた。そこで群衆は彼に飛びかかり、バスラ総督であったニザール＝ダッビー[*2]のもとへ連れて行き、総督は彼を監禁した。

　イスマイールはムウタズィラ派の家々をまわり、一〇〇〇名以上の仲間たちを糾合して、翌早朝総督官庁を訪れ、面会を求めた。許されると、イスマイールは総督に言った。

「総督閣下、聞くところによると閣下は、『コーランは創造されたもの』と主張したとかである男を監禁したとのこと。我々が閣下のところに参りましたのは、我々は一〇〇〇名からなりますが、いずれも『コーランは創造された』と申しておりますし、我らのうしろに続くこの町の数倍に及ぶ人たちも、同じ言葉を述べております。閣下は我らの朋友と同様、我らすべてを監禁なさるか、それとも我らとともに、逮捕された我らの朋友を釈放されますか」

　イスマイールのこの言葉を聞いた総督は、もし彼らに反対すれば収拾のつかない暴動が起こるかもしれぬ、彼らに好意を示す方がよいと判断し、

1 —— Ismāʿīl al-Ṣaffār al-Baṣrī.

「彼を釈放して、お前たちに引き渡そう」

と答えた。総督はイスマイールの仲間を釈放し、彼らはその男と共に急ぎ立ち去ったのである。

（第二巻一〇八話）

1 —— Ismāʿīl al-Ṣaffār al-Baṣrī. 前話註 1 参照。

2 —— Nizār b. Muḥammad al-Ḍabbī. 九〇一年に対ビザンツ戦に参加、九〇四年にバスラ総督となり、その後クーファ総督を兼ね、九一六／一七年にバグダードの警察長官となり、九一八／一九年に免職になった。

二人の著名な学者が同日に亡くなった

イーザジュ出身の法官ハサン＝ブン＝サフル[*1]が私タヌーヒーに次のように語った。

長老のアブー＝ハーシム＝ジュッバーイー[*2]がバグダードで亡くなったとき、我々は埋葬のために集まり、遺体をハイズラーン墓地に運んだ。その日は雨で、大半の人々は長老の死を知らず、我々だけが一団となって葬儀に参列していた。我々が埋葬しているちょうどそのときに、別な遺体が運ばれてきた。葬儀の一団は、私も知っている文学関係の人たちであった。

私が「誰の遺体だ」と尋ねると、彼らは、「イブン＝ドゥライド[*3]のです」と答えた。それで私は〔法学者の〕ムハンマド＝ブン＝アルハサン[*4]と〔言語学者の〕キサーイー[*5]がライで同じ日に埋葬されたときに語ったというカリフ－ラシード[*6]の逸話を思い出した。

これはヒジュラ暦三二一年[*7]（九三三）に起こったことで、我々はこの逸話を語らいながら、神学者と言語学者の死に長いあいだ涙し、別れたのであった。

（第二巻一〇九話）

1——Abū ʻAlī al-Ḥasan b. Sahl b. ʻAbd Allāh al-Īdhajī. ハサンの父のサフルは、イーザジュとラームフルムズで法官であったタヌーヒーの父の代理を務めていた。

2——Abū Hāshim ʻAbd al-Salām al-Jubbāʾī. ムウタズィラ派の重鎮アブー＝アリー＝ジュッバーイー Abū ʻAlī al-Jubbāʾī の息子。父の高弟だったアシュアリー al-Ashʻarī と同時代の人。スンナ派に影響を与えた最後のムウタズィラ派神学者。九三三年没。第一巻八八話註2参照。

3——Abū Bakr Muḥammad b. al-Ḥasan b. Durayd al-Azdī. アラブの言語学者。八三七年バスラに生まれ、語学を学ぶもザンジュの乱で故郷を離れ、オマーンに、さらにファールスに移住、その間にアラビア語の辞書を編纂した。カリフ＝ムクタディル(在位九〇八—九三二)の招きでバグダードに移り住み、多くの弟子を育てた。九三三年の八月一三日、ムウタズィラ派のアブー＝ハーシム＝ジュッバーイーと同じ日に死んだ。九八歳だったという。

4——Muḥammad b. al-Ḥasan b. Farqad al-Shaybānī. ワースィトに生まれ、クーファで長じ、アブー＝ハニーファに学んだ法学者。カリフ＝ラシードに同道してライに行き、そこで没した。

5——ʻAlī b. Ḥamza al-Kisāʾī. 言語学者、文法家。クーファ出身でバグダードに住み、カリフ＝ラシードの二人の息子アミーンとマームーンの家庭教師となった。カリフに同道してライに赴き、八〇五年にそこで没した。

6——al-Rashīd. 在位七八六—八〇九。第一巻一〇四話註6参照。

7——原文には三二三年とあるが、正しくは三二一年。

夜討ち朝駆けの就職運動

私タヌーヒーの父[*1]は自分に至る伝承系譜にもとづいて次のような話をしてくれた。

フバイリー[*2]として知られている一人の有力書記官がいたが、失職して生活が苦しくなったために、当時、宰相の職務を担っていたイブン＝アビー＝ハーリド[*3]に付きまとうようになった。フバイリーが宰相の官邸をたびたび訪れ、そのようなことが長期に及ぶと、イブン＝アビー＝ハーリドはフバイリーを疎《うと》ましく感じて、彼を官邸に入れないようにと、侍従に命じた。しかしフバイリーは毎日、早朝に出かけて、宰相が出てくるまで馬に乗ったままじっと立ち尽くした。宰相が出かけてしまうと、今度は宰相が戻るまで待ち続け、宰相が戻って邸内に入ると、やっと立ち去るのであった。

こうしたフバイリーの行動は宰相をひどくいらだたせ、自分の書記に向かって、

「あの男に会って言ってこい。儂《わし》にはお前に与える仕事なんかない。儂はお前なんぞ金輪際見たくない。儂のもとから立ち去れ。儂の屋敷に近づくな、とな」

と命じた。

書記は、落ちぶれたとはいえ偉大な書記官に、主人のこんな言葉を伝えねばならないかと思うと恥かしかった。彼には、宰相がフバイリーに対して抱いている個人的な不信と憎悪と疎ましさが、このような事態を招いたのだということもわかっていた。書記はいったん自分の家に帰り、銀五〇〇〇ディルハムを手にしてフバイリーのもとへ行った。

「宰相閣下は貴殿に挨拶を送り、申されました。仕事が忙しく、門前で貴下を見ることは余にとって心苦しい限りである。目下のところ、貴下も満足されるような仕事は余にはない。貴下に五〇〇〇ディルハムを贈るゆえ、これで貴下の生活の足しにされるとよい。貴下は家にとどまり、余の邸宅まで来る労苦を厭《いと》われよ。貴下にふさわしい仕事が見つかれば、貴下を召し出すであろう」と。

この伝言を聞いて老書記官は怒りに燃え上がり、

「宰相は儂をしつこい乞食、贈り物をせびる物もらいにしようと言うのか。神かけて、その金は受け取れぬ」

と拒んだ。書記はこの老人を愚か者だと思うと同時に、彼の言動に激しい怒りを覚えた。

「やあ貴殿、神かけてこのお金は宰相が出したものではなく、実際は自分のお金なんだ。宰相の伝言というのは貴殿の考えている以上にひどいものだ。貴殿に会って、宰相の伝言をそのまま伝えるのは自分には辛かった。貴殿は書記官のなかでも長老だ。それで主人には内緒で、この身銭を貴殿のために切ったのだ。貴殿も宰相も、どちらの立場も庇《かば》ってのことだ」

書記がこのようになじると、老書記官は、

「お前さん、神がお前さんの行為を褒めてくださるだろう。だが、たとえ雨露をすすろうとも、お前さんのお金に用はない。それよりもむしろ、宰相の伝言は、本当はどうだったのか、言葉通りに教えてほしい。お前さんにはこのうえなく感謝している」

と言った。書記が宰相の伝言を偽りなくそのまま伝えると、老人は次のように宰相に伝えるよう頼んだ。

「神かけて、我らは個人としての閣下のもとを訪れたわけではない。閣下は我々が糧《かて》を得ようとした場合に是非通らねばならない入口のようなお方だからである。我らには書記業務以外にこなせる技術はなく、またその業務も閣下を通じてしか仕事にありつけることはない。家のなかに入るには、必ず入口を通らねばならないように、求職をしようとする者は、その筋のところへ赴かねばならぬ。もし神がその人物になんらかの機会を与えられたならば、彼はその機会を享受するであろう。もし機会に恵まれていないのであれば、しかるべき努力を果たさねばならない。

閣下がいかに我らを厭われようとも、それで我らがひるむということはない。もし神が閣下を通じてか、あるいは閣下によってか、なんらかの仕事を我らにお与えくだされたならば、我らは閣下の意向に反してでも、その仕事を引き受けるであろう。しかし、仕事が与えられないのであれば、少なくとも我らとしては我らの姿を見せることによって、閣下をいらだたせることができるというものだ。それは我らの失職によって閣下が我らを苦しめているのと同じことだからだ」

書記は老書記官の言葉に驚きの気持ちを抱いたままそのもとを去ったが、その言葉をそのまま宰相に伝えることはしなかった。宰相が立腹することは必定だったからで、その日は宰相に対してなにげないふうを装った。

ところがその翌朝、宰相が官邸から出かけようとしたそのとき、あの老書記官がいるではないか。宰相は彼を見るや書記の方に振り向き、尋ねた。

「お前は余の伝言を彼に言ったのではなかったのか」

「確かに伝えました」

「どうしてあれはまたやって来たのだ」

「ことの次第は長く、珍奇なものがあります。宰相閣下がお部屋でくつろいでおられるときにでもお話しいたします」

書記はそのように答えたが、宰相は舟艇に乗るや、

「ことの次第を余に申せ」

と命じた。そこで書記は経緯を話し、自分のお金を持っていったことや宰相の伝言をそのまま伝えたことなど、包み隠さずすべて話した。すると宰相は、今にも怒りを爆発させんばかりになった。書記の話が終わったころには、舟艇はカリフの宮殿の泊りに着いていた。宰相は宮殿のなかに入ったが、頭のなかはフバイリーの話と怒りで一杯であった。宰相はカリフの御前に立ち、二人のあいだで対話が始まった。カリフは宰相に命じた。

「エジプトの税務長官が納税を拒否しており、反逆の意志を顕わそうとしておる。頭の切れる男を選び、彼を査察使として派遣して、未納となっている税額を請求させよ」

このとき、宰相にはすでにズバイリーという意中の役人がいて、その人物の名前を挙げようとしたが、しかし、

「フバイリーはいかがでしょう」

と言ってしまった。たった今まで、怒りに満ちてこの男のことが頭に残っていたからであった。

「フバイリーは生きておるのか」

「おゝ、信徒の指揮者よ。私はフバイリーのことを申し上げようとしたのではありません。某のズバイリーをお薦めしようとしたのです」

「お前がズバイリーを推そうとしたことはわかる。だがフバイリーの話を予に申してみよ。かつて父王の生前に、予は予の一族ともどもフバイリーの世話になったことがあるのだ。

我らとしては恩返しをしなければならない人物なのだ」

「さようでしたか。彼はなるほど生きております」

「彼をエジプトに派遣せよ」

「おゝ信徒の指揮者よ、彼が適任であるとは思いません」

「なぜだ」

「すでに耄碌《もうろく》しているからであります」

「彼を伺候させよ。予が実際に会って確かめてみよう。もし耄碌しているのであれば、彼に贈り物と手当を与えるよう命じるとしよう。しかし仕事をこなせるのであれば、予は彼を派遣するぞ」

「おゝ信徒の指揮者よ、彼は何年も仕事に就いておりません。すでに世に知られておらず、彼の名声は過去のものとなりました。この仕事は勢威のある者しか務めることができません」

「我らが彼に心を寄せ、かかる重大な職務に任命すれば、彼の名声も権威もふたたび上がるであろう」

「彼には仕事にかかれるだけの資産がありません」

「彼の立場にふさわしいように、我らの資金から彼に銀一〇万ディルハムを与え、他に騾馬、驢馬、テント、調度品を支給すればよかろう」

　カリフのこうした命令を聞いて、宰相はなおフバイリーを拒む口実を言おうとした。それでカリフが、

「予の見るところ、汝は彼に対し偏見をもっているのではないか。汝とはどんなかかわりがあったのか、予に申してみよ」

と迫った。宰相は口ごもった。さらにカリフが、

「命かけて、本当のことを申してみよ」

と叱ったので、宰相は真相を語った。それを聞いてカリフは、

「なるほど、まさに彼が述べたように、神は嫌がる汝の手を通じて彼に糧を与えられた。神かけて、予は汝が叙任状を認《したた》め、予が命じた事柄すべてが実行されない限りは決して引き下がらないぞ」

と言い張った。ついでカリフはフバイリーを自分のもとに寄越すように命じ、フバイリーは伺候した。それから宰相イブン＝アビー＝ハーリドはフバイリーのところへ赴き、彼に向かって、

「貴殿よ、神は嫌がる儂の手を通じて汝に糧を与え給うたぞ。かくかくしかじかのことが起こったのだ」

　宰相はそう言って、一部始終をフバイリーに話した。それから宰相は、カリフが命じた決裁状*4とエジプトへの書簡を手渡し、仕事の内容を指示してから彼を送り出したのであった。


（第二巻一一〇話）

1 —— Abū l-Qāsim ʿAlī al-Tanūkhī. 第一巻一五話註3参照。

2 —— al-Hubayrī.

3 —— Aḥmad b. Abī Khālid al-Aḥwal. アフワル Aḥwal とは斜視ḥawal だったことにより付けられたあだ名。カリフ＝マームーン（在位八一三―八三三）の書記官。八一七／一八年頃から在職。八二六年没。

4 —— 原語 tawqīʿāt.

身のほどを忘れて宰相をなじった結末は

私タヌーヒーの父は、いやらしい人物だったとされているこのイブン＝アビー＝ハーリドについて、また次のようにも語った。

〔宰相〕イブン＝アビー＝ハーリドはある日の早朝、有力な書記官の一長老の訪問を受けた。この人物はイブン＝アビルアドハム[*1]と言い、長い間失業中で、夜明けに宰相に会い、自分の生活状態を訴えて就職を頼もうとしたのであった。それはあまりにも早い時間であったので、宰相は非常な不機嫌で彼に会い、

「こんな時間に来るとは、いったいどんな重大事が起こったのだ」

と言った。すると長老は、怒りに我を忘れて声を荒げた。

「驚くのは貴殿の方ではなくて私の方だ。希望を貴殿に託し、早朝、貴殿に会いに行くために、夜明けを期して両目を開けさせ、家族や従僕たちを寝かせず、貴殿に困難なことを頼まねばならないという心の重荷に耐え、私事を貴殿に委ねる。そうしたあげくに、貴殿はこのような〔無作法な〕仕方で私に会った。何たることだ、何たることだ」

長老はそう言って、さらに忠誠の誓いを立て、

「私はもう決して貴殿の館を訪れないし、貴殿に頼み事も就職の世話を求めることもない。こうした会い方をしたことに対し、許しを乞うよう貴殿が私の屋敷にやって来て、私の家で私の問題の解決をはかるのだ」

と言い放って立ち上がった。だが長老は自分の家に帰ると、我を忘れた自分に非常に後悔した。

「あの男は性格のねじれた、高圧的で底意地の悪い人間だ。自分はあの男に会い、自分の生活のことを頼まねばならない追い詰められた立場なのに、どうしてあんな誓いなど立ててしまったのか。自分ほど最悪の状態に置かれた人間が他にあろうか。もはや宰相は自分のことを考えてくれず、金輪際自分のところに来ることはなかろうし、自分には宰相に近づく手段もない。おそらく徴税吏たちはこの事実を知って、私の私領地を餌食とするであろう。そのうえ自分の失業はずっと続くであろうし、次から次へと新たな不運に襲われるに違いない」

こうして長老は厳しく自分を責め、どうしたものかと考え続けた。すでに陽はすっかり昇り、午前八時頃になったとき、従僕たちがやって来て、「旦那さま、宰相が表通りを進んで来られます」と告げた。「儂《わし》に何の関係があるのだ」と長老は言ったが、別の従僕がやって来て、「旦那さま、宰相はまさしく表通りから、こちらの小道に曲がられました」と、また新たな従僕がやって来て、「旦那さま、宰相は我らの館に向かって来られます」と注進した。今度は急ぎみんなでやって来て、「宰相が門前に来られて、訪問の許しを乞うておられます」と口々に告げた。

長老は立ち上がり、外に出て、宰相の手に口づけをして挨拶した。

「神がかならずや閣下の徳行を嘉《よみ》されますように」

「儂に感謝しなくともよいぞ。このことは神が嘉し給う陛下にこそ感謝しなされ」

宰相はそう言って館内に入った。

「貴殿が立ち去ったあと、貴殿の言葉は儂の心をひどく痛めた。貴殿に申した言葉は腹立ち紛れに述べたまでで、決して真意ではなかったと。儂には折しもカリフ〔マームーン〕のもとに参内しなければならない用事があった。陛下は儂に声をかけられたが、儂の頭はまだ貴殿とのやり取りでいっぱいであった。陛下は儂が取り乱していることに気づかれ、わけを話すよう申し渡された。儂が経緯を陛下に話すと、陛下は儂が貴殿に対してとった態度をひどく叱責され、『ただちにその者のところに出かけ、謝罪をしてまいれ。そしてその者の誓いの縛りをはずしてやって、窮乏を解決し、何か仕事を用意してやれ』と仰せられたのだ」

宰相はこのように言うと、インク壺を取り寄せ、長老宛ての決裁書を認《したた》めた。それは長老の嘆願により当座の資金を与え、長老にしかるべき職務を叙任する旨を述べたものであった。宰相は立ち上がった。長老は宰相に感謝し、神の導きが得られるよう図られたカリフに感謝の祈りを捧げたのであった。

（第二巻一一一話）

1 —— Ibn Abī l-Adkham.

危機一髪に祈りは有益か

イブン＝スハイル＝ハッザー[1]がイブン＝アブドゥッラー＝ハッザー[2]から伝え聞いたところによると、スーフィー行者のジャアファル＝フルディー[3]は次のように語ったという。

我々一行はヒジュラ暦三一一年（九二三）、スーフィー行者のイブン＝ワーセル[4]とハビール[5]にいた。人々が〔カルマト教徒に〕襲撃され、隊商一行にも殺戮の手が及んだとき、我々はイブン＝ワーセルのところに集まって、「我らが助かるよう神に祈ってくだされ」と頼んだ。すると行者は、「今は祈るときではない。あきらめて神に従うときだ。もし断罪が下されれば、祈りは何の役にも立たない」と言った。

（第二巻一一二話）

1 —— Abū l-Ḥasan b. Suhayl al-Ḥadhdhā'. タヌーヒーの情報源の一人。
2 —— Abū l-Ḥasan ʻAlī b. ʻAbd Allāh al-Ḥadhdhā'.
3 —— Jaʻfar al-Khuldī. 幾たびも旅を重ね、逸話の多いスーフィー行者。
4 —— Ibn Wāṣil.
5 —— al-Habīr. 第一巻一〇八話註3参照。

返り咲きの宰相への頌詩

私タヌーヒーが諷刺詩人でもあるバグダードの書記官イブン＝アルハッジャージュ*1のもとに伺候すると、宰相アブルファドル＝シーラーズィー*2のために、書記官が自作の詩を朗誦した。その日は〔宰相〕イブン＝ファサンジャス*3の家族とその郎党がバグダードで逮捕され、イブン＝ファサンジャスの邸宅に拘禁されていたアブルファドル＝シーラーズィーが釈放されて、宰相に任命された日で、宰相はその日の大半をその邸宅に過ごしていたのであった*4。

この日はヒジュラ暦三六〇年シャアバーン月一七日（九七一年五月一五日）火曜日で、その翌日、つまり水曜日に宰相は栄誉服を授けられた。かつてアブルファドル＝シーラーズィーが逮捕されたときは火曜日で、イブン＝ファサンジャスがアブルファドルに代わって宰相に任命されたのは水曜日であった。四〇〇日まえのことで、そのときはイブン＝ファサンジャスがやって来て、アブルファドル＝シーラーズィーの邸宅に坐り、宰相としての政務を見たのであった。

おゝ閣下　あなたは不死鳥のように甦られた
私の目には眠っていたころより輝いて見える
あなたはかつて人々を虐《しいた》げることはなかった
民への圧政をなさることは断じてないでしょう
あなたは民が前もって支払ったものに対して
日々官邸にても会議にても報われるでしょう

それから書記官はその部屋を去って行った。宰相アブルファドルは宰相官邸で一般公開の謁見を催した*5。すると一人の長老の書記官が、書記イブン＝ズライクの作になる同趣旨の詩を朗誦した。それはアブルカースィム＝イブン＝ザンジー*6であった。実はイブン＝ズライクはアフマド＝クーフィー*7が罷免されたとき、このことについての自作の詩をイブン＝ザンジーに朗誦したことがあったからである。

お会いしたく思っても侍従が妨げ我らを苦しめる
閣下の目的は　我らを卑しめることではなかろう
そんなに急ぎ召さるな　我が忠告に耳を貸されよ
お金や財産目当てにご忠告をとは思っていない
まさしくこの館のこの広間のこの椅子をめぐって
権力は繁栄を極めてもいつかは滅びもすることを

（第二巻一一三話）

女性による辛辣な諷刺

ムハンマド＝ジュハイナの娘アーイダ[1]が自作の詩を私タヌーヒーに朗誦してくれた。この女性は宰相イブン＝シールザード[2]の叔父の妻であったが、文学や書芸に豊かな才能を持ち、イブン＝シールザードが〔大総督の〕バジュカム[3]やセブクテギン[4]のもとで、中央官庁を統轄していたとき、彼の書記の補佐を務めたほどであった。

イブン＝ズライク[5]はイブン＝シールザードのもとを訪れ、いったんは入室を拒まれたが、我々にあとで話してくれたように、巧みに入って、アーイダのこの詩をイブン＝シールザードに朗誦したという。イブン＝シールザードが宰相に任命されたとき、宰相はイブン＝ズライクの利を思って抜擢した。

〔税務長官〕ムナッジム[6]が逮捕され、その娘が私タヌーヒー[7]の父の邸宅に軟禁されることになったとき、このアーイダはすでにかなりの老女になっていたが、父はその娘の保護をアーイダに委ねた。彼女は我々によく詩を朗誦してくれたものだが、ときには自作の素晴らしい詩も朗誦した。

アーイダが私タヌーヒーに教えてくれたところによると、彼女はムハンマド＝カルヒー[8]が〔九三五年に〕宰相に任命され

1 —— Abū ʿAbd Allāh 〔al-Ḥusayn b. Aḥmad b. Muḥammad〕 b. al-Ḥajjāj.

2 —— Abū l-Faḍl al-ʿAbbās b. al-Ḥusayn al-Shīrāzī. 第一巻四三話註3参照。

3 —— Abū l-Faraj Muḥammad b. al-ʿAbbās 〔b. Fasānjas〕. 第一巻四三話註4参照。

4 —— 第一巻一四八話註11参照。

5 —— Abū Muḥammad b. Zurayq al-Kūfī.

6 —— Abū l-Qāsim Ismāʿīl b. Abī ʿAbd Allāh Muḥammad Zanjī. 父はイブン＝アルフラートの宰相時代以前からの書記官で、イブン＝ザンジー自身も父同様、イブン＝アルフラートの書記官となった。

7 —— Abū ʿAbd Allāh Aḥmad b. ʿAlī al-Kūfī. 最初イスハーク＝ナウバフティー Isḥāq al-Nawbakhtī の書記となり、ついで宰相イブン＝ムクラ、地方君主バリーディー、大総督バジュカム、同じくイブン＝ラーイクと、主人を変えて生き延びた。

たとき、彼を皮肉り、彼の短軀《たんく》とやせっぽちをあざけった次のような詩を吟じたという。

新年の祭日が近づいてきたとき　カルヒーは
いつもの作り笑いをしながら　妾に相談した
我らはスルタンにどんな贈り物をすればよいか
持っているもののなかでも最良のものはと
妾は答えた　妾の忠告を除けばどんなものも
破滅を意図して招こうとはしてないでしょう
スルタンにはあなた自身を贈られてはいかが
そうすればあなたはスルタンが火を付けたとき
スルタンのドバーラカとなって光り輝くはず

アーイダがこの詩を朗誦してくれたのは、ヒジュラ暦三四二年(九五三/五四)のことであった。

ドバーラカとは、ペルシャ語で子供ぐらいの大きさの人形のことである。バグダードの住民はカリフ－ムウタディドの新年[*9]の晩、これを屋根のうえに置いて祝うのである。というのはこの人形はまるで花嫁を飾るように、素晴らしい衣服と飾りをつけて美しく並べ立てられ、そのまえで太鼓を鳴らし歌を歌って、それからかがり火を付ける。

私の見解を言えば、この女性の諷刺は当を得たもので、女性による表現に適《かな》っている。しかし彼女は私にもっと男っぽい自作の詩も朗誦してくれた。私はそれを書きとめ、私の著書の各所に入れ込んだが、私の記憶に止まっていたのは上記の詩だけである。

(第二巻一一四話)

1 ── ʿĀʾida bt. Muḥammad al-Juhayna.
2 ── Abū Jaʿfar Muḥammad b.Yaḥyā b. Shīrzād. 第一巻七〇話註4参照。
3 ── Bajkam al-Mākānī. 第一巻一〇六話註1参照。
4 ── Sabuktigīn. セブクテギンはブワイフ朝の部将でムイッズ＝アッダウラの侍従のことであるが、ここはタヌーヒーが誤っていて、トゥズン Tūzūn が正しい。
5 ── Ibn Zurayq, Abū Muḥammad al-Kūfī. 第二巻一一三話註5参照。
6 ── al-Ḥasan b. ʿAlī b. Zayd al-Munajjim. ブワイフ朝君主ムイッズ＝アッダウラのホーズィスターン州の税務長官を務めたことがある。第一巻四話参照。
7 ── Abū l-Qāsim ʿAlī al-Tanūkhī. 第一巻一五話註3参照。
8 ── Abū Jaʿfar Muḥammad b. al-Qāsim al-Karkhī. アッバース朝の有力な書記官。中央のサワード庁に勤務し、バスラやアフワーズの徴税官を歴任、ついで首都の諸官庁の長官を務めたあと、カリフ－ラーディー(在位九三四－九四〇)、さらにはムッタキー(在位九四〇－九四四)により宰相に任命された。
9 ── al-nayrūz al-Muʿtaḍidī. 第一巻一五七話註5参照。イランでは古来ナイルーズは祝日で、火を焚いて先祖の霊を迎えるとともに、しかるべき支配者に贈り物をする慣わしがあった。

殉教者フサインの母の悲しみ

私タヌーヒーの父[1]が次のような逸話を語ってくれた。

ある日、〔アフワーズ出身の〕書記アブルハサン＝アフマド[2]が我々のところへやってきて、

「あなた方のうちで、バグダードに住んでいるイブン＝アスダク[3]という男を知らないか」

と尋ねた。そのとき、会合に集まっていた人たちのうち、その人物を知っているのは儂《わし》だけだった。

「知っているが、どうして聞くのだ」

「何をする人物か」

「〔アリーの息子で殉教者〕フサイン[4]の死を嘆き悲しむ哀歌を作る男だ」

儂がそう教えてやると、アブルハサンは泣き出して、次のように語った。

「私のところに乳母の老婆がいるのですが、彼女はカルフ＝ジュッダーン[5]の出身で、喋るのが不自由、しかもナバテア語[6]を母語としているために、正しいアラビア語を話すことができません。ましてや詩なんぞ朗唱できるような人ではありません。それでも、彼女は断食や夜中の祈りもたびたび実行

している善良なイスラム教徒なのです。その老婆は、ふだん私のところから少し離れた寝台に寝ているのですが、昨日、真夜中に目が覚めると、彼女が『アルハサンよ』と私を呼ぶのです。『どうしたのだ』と尋ねると、『あたしのところに来て』と言う。

行ってみると、彼女がおののき震えている。『何が起こったのだ』と聞くと、『お祈りの言葉を唱えて眠りに就いたのですが、しばらくして夢を見たのです。あたしは〔バグダードの〕カルフ地区のある街角にいるらしく、見ると美しいチーク材で建てられた白い清潔な住居があって、扉が開いており、そこに婦人たちが立っている。彼女たちに〝誰が死んだの、教えて〟と言うと、彼女たちは家の奥を指差した。それでなかに入ると、立派な、実に見事な部屋があって、そのなかほどに若い婦人がおられた。あたしがいまだかつて見たこともないような美しく、顔立ちの整った麗《うるわ》しいお人で、メルヴ産の上質で柔らかいリンネルの着物を着ておられた。

そして真っ白なベールで頭が包まれ、胸からは血が流れ出ている一人の男の首を抱いておられるのです。その人に〝あなたはどなた〟と聞くと、〝心配せずともよい。わたくしは預言者の娘ファーティマで、この首は息子のフサインのものです。イブン＝アスダクに、かく詠うように言いなさい。私はあの子の看病をして慰めることができなかった。あの子は病を得たわけではないのですもの〟と、そう言われたのです。このとき、あたしは怯《おび》えきって目が覚めてしまいました』

このように老婆は語ったのですが、『看病できなかった〔ラム・ウマッリドゥフ〕』と言うとき、正しい発音ができず、〝ḍ〟と発音するところを〝ṭ〟と発音した。私は老婆が寝静まるまで、彼女を宥《なだ》めすかさねばならなかったのです」

アブルハサンは以上のように語ったのち、儂に向かって、

「やあアブルカースィムよ、その男を知っているのであれば、申し訳ないが、彼女の詩を彼に伝えると引き受けてくれないか」

と頼むのです。そこで儂は、

「世界の女主人の命令とあらば」

と承知した。

さて、この話があったのはシャアバーン月（イスラム暦八月）のことで、ちょうど当時人々は〔カルバラーにあるフサインの墓に詣でるために〕ハーイル[*7]に出かけようとしていたのであるが、ハンバル派教徒がこれを妨害し、非常な苦しみに遭っていた。そこで儂はできるだけことを荒立てないように出発し、シャアバーン月半ばの夜にハーイルに着いた。

早速イブン＝アスダクを探し求め、彼を見つけて伝えた。

「いと気高きファーティマさまが、あなたに哀歌を詠うよ

う命令されているぞ。この句を含めてな」

あの子の看病をして慰めることができなかった
あの子は病を得たわけではないのですもの

儂はこれまでこの詩のことは知らなかったが、イブン＝アスダクが儂の伝言をとても不思議がったので、彼やその場に居合わせた人たちにことの次第を話した。すると人々は感涙にむせび、その夜はこの哀歌のみを朗詠するのであった。その出だしはこうである。

やあ両眼よ　涙せよ
ほとばしれ　涸らすでないぞ

この哀歌はクーファの詩人の作になるものである。儂は戻ってアブルハサンに会い、起こったことを伝えたのであった。

（第二巻一二三話）

私タヌーヒーの父とイブン＝アイヤーシュ[*8]が〔前話の逸話に関連して〕次のようにも語ってくれた。

バグダードにヒルブ[*9]という非常に巧みな哀歌の歌い手がいて、このフサインの葬送歌を哀愁深く歌っていた。人々は彼女の歌を有力者の邸宅などで聞いていたが、それは当時、ハンバル派の襲撃を恐れて、そうした哀歌を権力者の庇護の下か、あるいは内密にしか聞くことができなかったからである。フサインや預言者の家族を悼む哀歌も、原初のイスラム教徒を中傷するような言葉が含まれておれば歌うことはできなかった。

伝え聞くところによると、〔ハンバル派の領袖〕バルバハーリー[*10]は、「ヒルブという泣き女が哀歌を歌っているという話だ。彼女を探し出して殺せ」と命じたという。

（第二巻一二四話）

1 ── Abū l-Qāsim ʻAlī al-Tanūkhī. 第一巻一五話註3参照。
2 ── Abū l-Ḥasan Aḥmad b. Muḥammad b. ʻAbd Allāh b. al-Ḥusayn al-Ahwāzī. 第二巻一三〇話、第三巻一五六話参照。
3 ── Ibn Aṣdaq.
4 ── Ḥusayn b. ʻAlī b. Abī Ṭālib. シーア派第三代イマーム。第四代正統カリフ－アリーと預言者ムハンマドの娘ファーティマとのあいだに生まれた第二子。メディナに隠退していた兄ハサンの死で、シーア派のイマームとなった。六八〇年、ムアーウィヤ一世の死後、カリフ位を継承したヤズィードを認めず、クーファの民の招きで同地に向かったが、これを察知したウマイヤ朝の官憲によって近郊のカルバラーで包囲され、一族とともに戦死した。シーア派では彼の死を殉教と見なし、以後同派の精神的支柱となった。

5――Karkh Juddān. クルディスターンのシャフラズールとイラクとの国境地帯近くのイラク側にある小村。

6――原語 Nabaṭīya. 第一巻六八話註9参照。

7――al-Ḥā'ir. カルバラーにある殉教者フサインの墓地で、シーア派の人々は巡礼に出かけるが、当時はバグダードを中心に過激なハンバル派教徒が跋扈し、シーア派の聖地巡礼も妨害された。次話も参照。

8――Ibn 'Ayyāsh, Abū l-Ḥusayn 'Abd Allāh. 第一巻六話註3参照。

9――Khilb.

10――al-Barbahārī, al-Ḥasan b. 'Alī b. Khalaf. 一〇世紀から一一世紀にかけてのシーア派に対するスンナ派の攻撃に大きな役割を果たしたハンバル派の神学・法学者。原初期のイスラム史に対する人間的解釈を異端として極度に排斥し、シーア派ばかりでなくムウタズィラ派に対しても攻撃した。バルバハーリーの説法に突き動かされた民衆は、九二一年から九四一年にかけてバグダードでしばしば暴動を起こした。九二三年二月、暴徒と化したハンバル派の民衆は歴史家でコーラン注釈家として名を成していたバグダードのタバリーの屋敷を襲い、その夜、タバリーは屋敷内に埋葬されたと言われている。ハンバル派の暴動はその後も続いたが、バルバハーリー自身は九三九年、警察長官が逮捕命令を出したので身を隠し、カリフ＝ムッタキー（在位九四〇―九四四）がハンバル派を逮捕、シーア派のモスクを厳重に護衛するに及んで、暴動は少し下火になった。そうしたなか九四一年四月、バルバハーリーは身を隠していた将軍トゥズーン Tūzūn の妹の家で没し、そこに葬られた。

失業法官の神への祈り

私タヌーヒーは父[*1]につながる伝承系譜を経て、父から次のような話を聞いた。

アブー＝ハッサーン＝ズィヤーディー[*2]は、我ら法学者仲間のうちの有力者で、〔カリフ＝ラシード[*3]の大法官〕アブー＝ユースフ[*4]の門弟であり、かつ伝承学者の一人であった。

ズィヤーディーはかつて裁判行政に携わっていたが、その後失職し、貧乏になった。彼は自宅のまえのモスクに始終身を寄せ、法意見を出したり、法理論を教えたり、礼拝の指導をしたり、ハディースを講義したりしていたが、貧窮は日々に度を増していった。彼は就職口か手当を貰う口を探したが、見つけることができなかった。そしてとうとう手持ちのお金を使い果たし、持ち物すべてを売ってしまった。そのうえ彼には重い借金が肩にのしかかった。

そうしたある日、彼は一人のホラサーン人の訪問を受けた。それは人々が、ほどなくしてバグダードからメッカへの巡礼に出かけようとしている頃であった。その男はズィヤーディーに、

「自分はメッカへの巡礼に出かけようと思う。ここに銀一

万ディルハムがある。これを自分の委託財産[*5]として預かってほしい。自分が巡礼から帰ったときに、このお金を返してもらいたい。もしみんなが帰って来たのに自分が戻らないときには、自分は死んだものと思って、このお金を貴殿への合法的な贈り物として受け取ってほしい」

と言ってお金を預けた。ズィヤーディーはそれを持って自分の家に帰り、妻にことの次第を話した。すると妻は、

「私たちはとてもひどい貧乏に陥っております。もしあなたがこのお金を処分して借金を返済し、ゆとりのある生活を送っても、おそらく神はこのお金をあなたのものとしてお与えになるでしょう。あなたは良き生活を先取りすることになるのです」

と話して、お金を使うことを勧めた。しかしズィヤーディーはそうはしなかった。

しかしながら、一昼夜が過ぎるあいだにも、妻はズィヤーディーにくどくどこのことを言い続けた。それで次の日、彼はとうとう妻の言葉を受け入れ、ホラサーン人が預けた財布の封印を切った。そしてそこから借金を返済し、調度品を買い、住居をきれいに整えた。また自分の分を含め、妻や娘たちのために衣服を買い入れた。こうしてズィヤーディーが生活の改善に使った費用は約五〇〇〇ディルハムに達した。

このことが起こってから三日か四日経ったある日、モスクでの礼拝が終わろうとしたとき、なんと、かのホラサーン人が目のまえにいるではないか。ズィヤーディーは彼を見て気が動転し、あわてて尋ねた。

「いったいあなたはどうなさったのですか」

「自分はメッカへの巡礼を取り止めたのだ。バグダードに滞在しようと思うので、例の預託金を自分に返してほしい」

「今すぐにと申されましても私にはできません。明朝、私のところへお出でください」

この言葉を受けてホラサーン人は立ち上がり、ズィヤーディーもまた立ち上がって自宅への帰途についた。しかしズィヤーディーには、モスクから自宅へ帰る途中、歩く気力は消え失せ、家のなかに入ったとたん、気を失って倒れてしまった。家族の者たちが駆け寄った。ズィヤーディーが意識を取り戻すと、みんなはいったい何事が起こったのかと尋ねた。

「お前たちは儂《わし》に、かのホラサーン人のお金を使うよう勧めたが、その彼がたった今儂のところに来て、お金を返すよう求めたのだ。儂はいったいどうすればよいのだ。今や儂は辱《はずかし》められ、儂の威厳は失われ、人々の注目のなかで罰せられ、投獄され、やがては打擲《ちょうちゃく》と悲嘆のために死ぬであろう」

こうズィヤーディーがわけを話すと、家族の者たちは泣き出し、彼も涙した。日没の礼拝のときがやって来たが、ズィヤーディーにはモスクに出かける気力はなく、夕刻もそのま

ま過ごした。それからやおら立ち上がり、自宅で礼拝を勤めた。

「これはもはや神にしか解決できないことだ。自分には神に哀願するしかすべはない」

ズィヤーディーはそう思って、改めて身を清め、礼拝所に正座し、祈り、涙を流し、神にすがった。そしてとうとうコーランを最後まで読み終えた。すでに夜も白みはじめており、彼は一睡もしなかったのである。

「もうすぐ、かの男がモスクへやって来る。儂はどうしたものか」

と、ズィヤーディーは家族の者たちに問うてみたが、わからないと答えるのみであった。彼は自分が所有する乗用馬に鞍を置くよう命じ、みんなに申し渡した。

「儂はこれより馬に乗って出かける。どこへ行き着くかは儂も知らぬ。もはや儂はお前たちのところへ帰って来ないであろう。たとえ儂が死んでも、儂には、かのホラサーン人に申し開きをするすべはない。もし彼がお前たちに返済を求め、手荒な手段を行使するようなことがあれば、彼のお金の残りを引き渡すとよい。彼にことの次第を正直に申せ。もし彼がお前たちに返済の猶予を認めてくれるようであれば、儂は負債を抱えたまま身を隠した形にしておけ。儂はなんらかの幸運を得てか、あるいはあの男との決着の方法を見つけてかして、戻ることがあるかもしれぬ」

こう言ってズィヤーディーは馬に乗り出かけたが、どこへ行くとも当てがなかった。手に松明《たいまつ》をもたず、召使いも連れず、手綱は馬のたてがみに掛けたままであった。馬は橋のところにやって来て、ティグリス川の東岸へと渡った。むろんズィヤーディーは乗ったままである。馬はターク門に来ると、大きな通りの方に曲がった。そこはカリフの宮殿に通じる道であった。そのなかほどに差し掛かったとき、突如、松明を手にした大きな一隊が現われた。カリフの宮殿の方からやって来た人たちであった。ズィヤーディーは彼らの馬に押し潰されないよう通り道を開けるため、手綱を引いた。横丁へ入ろうとしたのである。そのとき、ズィヤーディーを呼ぶ彼らの声が聞こえて来た。ズィヤーディーは立ち止まった。

「お前は何者だ。職業は」

と尋ねるではないか。

「法学者だ」

と答えると、その一隊がズィヤーディーにつかみかかった。彼が抵抗すると隊長がやって来た。

「貴殿は何者でござるか。本当のことを言えば心配はござらぬ」

「法学者にして法官だ」

「貴殿の名前は」

「ズィヤーディーだ」

「アッラーは偉大なり。なんという偶然。信徒の指揮者がお呼びだ」

ズィヤーディーは隊長に連れられて、カリフ＝マームーン[*6]のところに伺候した。

「お前は何者だ」

「法学者にして法官でございます。名前はズィヤーディーでございます。しかし、ズィヤード族出身者ではありません[*7]。ただズィヤード族の居住区に住んでおりましたために、こう名乗っているだけでございます」

「クンヤ名は何というか」

「アブー＝ハッサーンでございます」

「ときにお前には何事が起こったのだ。事情を話してみよ。というのも、預言者〔ムハンマド〕さまが、昨晩お前が原因で予を眠らせてくれなかったからだ。預言者は初夜に一度と半夜に一度、予の前に現われて『ズィヤーディーを助けよ』と言われたのだ。そこで予は目が覚めてしまった。しかし、お前のことは知らないし、尋ねることも忘れてしまった。ところが、今また預言者が現われて『ズィヤーディーを助けよ』と言われる。予はもはや眠る気になれず、それからずっと起きていた。そしてお前を探させるために、この町の両岸のいずこにも人を派遣したのだ。いったいお前にはどんな出来事があったのだ」と。

ズィヤーディーはこう聞かれて、ことの経緯を包み隠さずカリフに話した。そして自分はかつて〔大法官〕アブー＝ユースフのもとで、ある地区の法官としてカリフ＝ラシードに仕えていたが、カリフが没すると自分は罷免され、俸給は差し止められて、以後ずっと失職と困窮にあえいできたこと、そうしたときに、かのホラサーン人とかくかくしかじかの事柄が起こったことなどを語ったのであった。語るも涙で、カリフも貰い泣きした。カリフは、

「我らはまさに神の思うがまま、神に帰すべき存在なのだ。誰かある。銀五〇〇〇ディルハム持ってまいれ」

と命じ、それがもたらされると、

「このお金を受け取るように。それでお前が使い込んだお金を返すとよい」

とズィヤーディーに言って、さらに、

「一万ディルハムを持ってまいれ」

と命じ、それがもたらされると、

「これを受け取れ。それでお前の仕事の立て直しをはかり、自身の生活もこれで調えるとよい」

と言った。ところがカリフはさらにまた、

「三万ディルハムを持ってまいれ」

と命じ、それがもたらされると、

「これを受け取り、それで娘たちの支度を調え、結婚させるとよい。それから次の船列式の日、黒の礼服を着て我らのもとに参れ。我らは汝をなんらかの職務に任命し、手当を支給するであろう」

と申されたのである。

ズィヤーディーは神を大いに称え、神に感謝し、神の使徒を祝福し、カリフのために祈り、与えられたお金を持って宮殿を退出し、家に帰った。日の出はまだであった。モスクでは人々が礼拝の導師を勤めてもらおうと彼を待っていたが、あまり遅いので非難していたところであった。そんなところへ着いて彼は馬から降り、礼拝の導師をし、祈りを捧げた。するとかのホラサーン人がその場にいるではないか。ズィヤーディーは彼を自宅に連れ帰り、彼のお金の残りを差し出した。ホラサーン人は封印が元通りでないことを見て取った。

「これを受け取られよ。貴殿のお金の残りだ。あとは私が使ってしまった」

ズィヤーディーはこう言ってから、自分の持っているお金を示して、

「これが貴殿のお金から使ってしまった額に相当するお金だ。受け取られよ」

と渡した。それでホラサーン人が、

「いったいあなたに何が起こったのか」

と尋ねたので、ズィヤーディーはことの次第を話した。するとホラサーン人は深く感動し、誓ってお金をいっさい受け取ろうとしなかった。ズィヤーディーが受け取るよう懇願しても、ホラサーン人は、

「神かけて、受け取れませんよ。こうした人々のお金を私のものとすることは、びた一文できません」

と言って、どうしても受け取ろうとしない。そこでズィヤーディーは娘たちのことや彼女たちの結婚、その支度のことを考え、また黒の礼服や乗馬の購入、召使いの雇い入れに当てることにした。

ズィヤーディーは船列式の日、カリフ－マームーンのもとに出かけた。彼は招き入れられ、挨拶をされ、法官たちとともに座についた。カリフは彼の礼拝座の下から叙任状を取り出し、ズィヤーディーに渡しながら、

「汝をティグリス川西岸の東バグダード管区の法官に任命する。これは汝に対する予の叙任状である。神を畏れかしこめ。予はすでに汝に対し、毎月の手当として、しかじかの額を支給するよう命じた」

と宣布した。こうしてズィヤーディーはカリフ－マームーンの治世中、その法官職にとどまったのである。

（第二巻一二五話）

1――Abū l-Qāsim ʻAlī al-Tanūkhī. 第一巻一五話註3参照。
2――Abū Ḥassān al-Ziyādī, al-Ḥasan b. ʻUthmān.
3――al-Rashīd. 在位七八六―八〇九。第一巻一〇四話註6参照。
4――Abū Yūsuf. 第一巻一三四話註1参照。
5――原語 wadīʻa.
6――al-Maʼmūn. 在位八一三―八三三。第一巻一話註2参照。
7――同名の人を識別する方法の一つにニスバといって、出身地や部族の名前の語尾に「イー」を付けて出身を示す方法があるが、必ずしも厳密なものではない。

殉教者フサインの子孫討伐者に対するシーア派感情

私タヌーヒーの父が[*1]スーリー[*2]から聞いて、ターヒル家のウバイドッラー[*3]の語った次のような話を伝えてくれた。

私の兄のムハンマド[*4]が〔殉教者フサインの子孫〕ヤフヤー＝ブン＝ウマル[*5]の闘殺からの帰還後、しばらくしてのある朝、自分が兄のもとを訪れると、兄はうなだれ、何か悲嘆にくれている様子で、まるで死刑の執行を待っているかのようであった。女奴隷たちがその場に立っていたが、誰もあえて問いかけようとせず、妹もまた立ちつくしたままであった。

私もあえて話しかけず、妹にどうしたのだと目くばせした。すると妹は、

「恐ろしい夢を見たようよ」

と囁いた。私は兄の方に進んで、

「殿下、預言者が仰せられるには、『忌まわしい夢を見たならば、寝返りをして〝神よ、許し給え〟と三度唱え、それから悪魔を呪い、神の加護を祈ってから眠るとよい』ということだそうですが」

と励ました。すると兄はうなじを上げ、

「やあ弟よ、破局が預言者自身からもたらされたとしたら

どうすればよいのだ」

と問いかけた。私は詰まって、「神よ守り給え」と言うのみであった。

「お前は〔ターヒル家の祖〕ターヒル＝ブン＝アルフサイン*6の夢を覚えているか」

「むろん覚えております」

それは、ターヒルがまだ取るに足らない身分であったころ、夢のなかで預言者を見て、預言者が、

「おゝターヒルよ、お前はこの世で大変高い地位に昇るであろう。神を畏れかしこめ。そして予の子孫を守れ。汝が予の子孫を守る限りは、汝もまた庇護されるであろう」

と告げたというものであった。このことがあってから、ターヒルは決してカリフ＝アリーの子孫たちと戦おうとはしなかった。たとえ一度ならず主君から勧められても、拒んできたのである。

兄ムハンマドは次のように打ち明けた。

「昨日、俺は夢のなかで預言者を見たのだ。預言者はまるで、俺を『ムハンマドよ、汝は誓いを破るのか』と非難しているようであった。俺は恐怖におののいて目が覚めた。そこで寝返りをして神に赦しを乞い、悪魔から逃れるための呪文を言い、また神に赦しを求めて眠った。すると預言者がふたたび現われて、『ムハンマドよ、汝は誓いを破るのか』と言うではないか。それで俺はまた最初と同じように神に赦しを乞い、悪魔を呪って眠った。ところが、俺はまた預言者を見たのだ。預言者は、『汝は誓いを破るのか。予の子供たちを殺すのか。神かけて、汝らは今後、決して栄えることはないぞ』と言われたのだ。そこで俺は目が覚めた。それからの俺はお前の見ての通りだ。このざまで、俺は真夜中から眠らないでいるのだ」

兄はこう言って泣き出し、自分も貰い泣きしてしまった。こんなことがあってしばらくして、兄ムハンマドは死んだ。それからというもの、我々はみなとてつもない不運に見舞われ、統治するといったことから離れ、権威は徐々に陰り、今や我々〔ターヒル朝〕の名がモスクで唱えられることはなく、我々の軍旗が軍隊や支配地で翻ることもなくなった。そして我々は今に至るまで、こうした試練にあえいでいるのだ。

（第二巻一二六話）

1 —— Abū l-Qāsim ʻAlī al-Tanūkhī. 第一巻一五話註3参照。

2 —— al-Ṣūlī, Abū Bakr Muḥammad b. Yaḥyā. 第一巻一六〇話註6参照。

3 —— ʻUbayd Allāh b. ʻAbd Allāh b. Ṭāhir. 第一巻六五話註3参照。

4 —— Muḥammad b. ʻAbd Allāh b. Ṭāhir. ホラサーンのターヒル家の子として八二四／二五年に生まれ、八五一年カリフ＝ムタワッキル（在位八四七―八六一）により警察長官 ṣāḥib al-shurṭa の

肩書きをもつバグダードの総督に任命され、ホラサーンから着任した。ついでカリフ＝ムスタイーン（在位八六二―八六六）からはイラクならびにメッカ、メディナの総督の兼務を命じられた。翌年サーマッラーとバグダードで騒擾が起こったが、ワセーフ Waṣīf とブガー Bughā の二人のトルコ将軍の活躍で鎮圧した。ついでヤフヤー＝ブン＝ウマル Yaḥyā b. ʿUmar のクーファにおける叛乱やタバリスターンでのシーア派の叛乱を鎮圧、またムスタイーンとムウタッズとのカリフ間の抗争の調停に努力した。ムハンマドは学者としても名を成しており、文武に秀でた統治者として当時名声を博した。八六七年没。本話の逸話はシーア派寄りに描かれている。

5――Yaḥyā b. ʿUmar b. al-Ḥusayn b. Zayd al-ʿAlawī. 八六四年にクーファで叛乱を起こし、一時はクーファ総督を追い出し、バグダード総督の鎮圧軍を敗走させるなどしたが、結局は戦闘で敗死した。

6――Ṭāhir b. al-Ḥusayn b. Muṣʿab al-Khuzāʿī. ホラサーンのターヒル朝の祖。祖父ムスアブ Muṣʿab はアラブのホザーア族のイラン系解放奴隷で、アッバース朝革命に一定の貢献を果たしたらしく、その子フサイン al-Ḥusayn ともども東北イランの諸地方の総督を務めた。ターヒルは七七六年に生まれ、長じて将軍ハルサマ Harthama b. Aʿyan 指揮下で、中央アジアでの叛乱鎮圧に加わり、八一〇年、カリフ＝ラシード（在位七八六―八〇九）の二人の息子アミーンとマームーン兄弟による内乱では、マームーンに与してアミーンの将軍アリー＝ブン＝イーサー ʿAlī b. ʿĪsā をハマダーンで撃滅、バグダードに入城し、八一三年アミーンを殺した。その後ラッカを首府とする西部州の総督兼バグダードの警察長官となって財を築き、八二一年、ホラサーンならびに東部州の総督となり、みずからの名を刻した貨幣を鋳造、半独立の意志を示したが、翌年に没した。

夢のなかの預言者のお告げ

首都の一団の人々が私タヌーヒーに次のように語った。

〔バグダードの〕カルフ地区のある香料商は慎み深いことで有名であったが、負債をかかえることになり、店を閉めてもっぱら自宅に閉じこもり、幾晩も祈禱と礼拝に明け暮れるようになった。ある金曜日の晩、礼拝を行ない、祈りを捧げて眠りについたが、不思議な夢を見た。以下はその香料商が語った話である。

私が眠っていると、夢のなかに預言者が現われ、

「宰相アリー＝ブン＝イーサー＊1のところへ参れ。予はすでに汝のために金四〇〇ディーナール出すよう命じてある。それを受け取り、それで汝の仕事を立て直せ」

とお命じになられました。私には六〇〇ディーナールの借金があったのです。翌日私は自問自答しました。

「かつて預言者は夢のなかで、『予を見た者は、それはまさに予を見たということだ。悪魔は予の姿を真似ることができぬ』とおっしゃった。どうして宰相のもとに行かないということがあろうか」

私は宰相を訪ねるべく出かけました。しかし、門のところまでやって来たが、入ることが許されない。意気消沈して坐り込みました。ほどなくして立ち去ろうとしたとき、宰相の友人のアブー＝バクル＝シャーフィイー＊2が出てきました。シャーフィイーは私と少し面識がありましたので、私は訪ねてきたわけを話しました。

「それはそれは、神かけて、宰相は夜が明けるや今もなお、お前さんを探しておられるぞ。儂《わし》は宰相からお前さんのことを尋ねられたが、儂は知らぬし、誰もお前さんのことを教えてくれなかった。そこでお前さんを探すよう、使いが四方に遣わされていたところだ。ここに居るとよい」

シャーフィイーはこのように言って私を残し、官邸のなかへ入って行かれました。がすぐさま私を呼び入れる声がして、宰相アリー＝ブン＝イーサーのまえに案内されました。

「貴殿の名前は」

「香料商の某です」

「カルフ地区の出身か」

「はい、そうです」

「そうか、神はよくぞお前を余のもとに寄越してくださった。実は、余は昨日から生きた心地がしなかったのだ。それというのも、夢のなかに預言者が現われ、『カルフ地区の香料商某に四〇〇ディーナールを与えて、彼の仕事を立て直してやれ』とおっしゃったのだ。それで今日一日中お前を捜さ

せていたのだが、誰もお前のことを知らないと言っていたところだ」

宰相はこのように言われ、金一〇〇〇ディーナールをもって来るように命じられました。そこで現金の一〇〇〇ディーナールが運ばれてきました。

「このうち四〇〇ディーナールは預言者さまのご命令にそって受け取るがよい。残り六〇〇ディーナールは余からの贈り物だ」

と宰相が言われたので、私は、

「宰相閣下、私は預言者さまの贈り物以上にはお受けいたしかねます。祝福のみを戴きたいので、それ以外は要りません」

と辞退いたしました。すると宰相は私の言葉に感じ入り、

「その通りだ。お前の思うままの額を受け取れ」

と言ってくださり、私は四〇〇ディーナールを受け取って立ち去りました。私はことの経緯を友人に話し、ディーナール金貨を見せてから、債権者たちを呼び集め、彼らとの仲立ちをしてくれるよう頼み込みました。

友人の呼びかけで集まった債権者たちは、返済に三年の猶予を与えるから店を開くように、と申し出てくれましたが、私は断って、〔負債の〕六〇〇ディーナールのうち、三分の一の二〇〇ディーナールは受け取ってほしいと提案しました。結局、私は借入金の三分の一に当たる二〇〇ディーナールを分けて、すべての債権者たちに渡して店を再開し、残りの二〇〇ディーナールを営業の運転資金に廻しました。

こうして一年が過ぎるころには、手元に一〇〇〇ディーナールのお金が貯まっていました。私はそれで借金をすべて返しました。それからというもの、私の財産は増え続け、私の境遇はよくなったのであります。


(第二巻一二七話)

1 ——'Alī b. 'Īsā b. Dā'ūd b. al-Jarrāḥ. 第一巻一四話註7参照。
2 ——Abū Bakr al-Shāfi'ī. 第一巻三五・五〇話参照。

夢のなかで詩を暗記する

アブー＝アフマド＝ハーリスィー*1は次のように語ってくれた。

儂《わし》は〔不思議な〕夢を見た。バスラのバヌー＝ヌマイル街にある警察の屯所のそばを通りかかると、人々がたむろしているので、儂は何事が起こったのか聞いてみた。すると若者が斬首の刑に処せられるという。人々の輪をかき分けてみると、美男の若者が椅子に坐らされ、縛られて斬首を待つばかりとなっていた。若者が叫んだ。

「ふたことほど、話をさせてくれないか」

「話してみろ」

「ここにどなたか読み書きのできる方はおられるか。私が言うことを記憶してもらいたい」

そこで儂が名乗り出た。すると若者は詩を吟じたのである。

おゝ　恋に焦がれた若者の死刑に立ち会われる皆の衆よ
ヒマー山に遊ぶ赤き唇を想う者の清らかな挨拶を受けられよ
そこはウスマーン*2がまさに扉を開けようと近づきつつある処
かの女に伝えてくだされ　恋人は運命の時を見守る者の手に落ち
みまかりはした　だが女への愛は恋人の胸のなかに生き続け
神が永遠の死を与えるまで　見守ってくださると

若者はそこまで吟じると、儂に告げた。

「おゝ兄弟よ、私が吟じた詩を暗記してくださったか。韻を踏むはずの五行目の詩句はないが、各々の行末詩句のṢ（サード）とD（ダール）の文字が入る語句は単語を間違えてくれるなよ」と*3。そのあと若者は首を刎ねられたのである。

そこで儂は夢から目覚め、急いで詩を朗誦してみてから書き留めた。それに五行目の詩句も記憶に残っていないかどうか探ってみたが、思い出せなかった。

それからあと、私タヌーヒーは自分でも五行目にふさわしい詩句はないものかと考え、二句ほど思いついたが、なぜアブー＝アフマドがそれを憶え損ねたのか自分にはわからない。おそらく自分以外の人が調べて、他の詩句を見つけるだろう。いずれにしても、この作詩の条件からすれば、夢のなかで聞いた詩行は素晴らしいものであった。　（第二巻一二八話）

1——Abū Aḥmad ʿAbd Allāh b. ʿUmar al-Ḥārithī. 第一巻四九話註1参照。

2——このウスマーンが第三代正統カリフのことであれば、暗殺される直前の話となるが、確かなことは不明。

3——原文のアラビア語の詩は四行からなり、各行は上下の半句に分かれる。夢の話なので不明なところはあるが、五行目は朗誦されなかったのであろう。四行の詩句の各下句末の単語は maqāṣidah - qāṣidah - tarāṣidah - ḥāṣidah となって、韻を踏んでいる。

いったん出された主命をいかにして撤回させるか

私タヌーヒーの父[*1]が語る。

カリフ－ムウタディド[*2]は〔叛乱者の〕宦官《かんがん》ワセーフ[*3]と戦うためにタルスース[*4]に出征し、彼を捕らえてアンティオキアに凱旋した。その折カリフはその郊外に駐屯するとともに、軍隊を率いてこの都城を巡察した。自分はその当時まだ学校に通う少年であったが、他の大勢の人たちと一緒にカリフ一行を見に出かけた。カリフは〔制服の〕黒色ではなく、黄色の広袖上衣を着ていた。誰かが、

「カリフさまは黒色ではなく黄色の広袖上衣を着ておられる」

と不思議がった。すると軍人の一人が、

「これにはわけがあるのだ。バグダードの宮殿でくつろいで坐っておられると、ワセーフ謀反の知らせが届き、カリフはただちに宮殿を出て、〔練兵場のある〕シャンマスィーヤ門[*5]に向かわれ、そこで野営をなさった。そのときカリフは、ワセーフの叛乱が片付くまでは決してこの衣服を変えないぞ、と誓われたのだ。それから数日間シャンマスィーヤ門に滞在され、軍隊の集結を待って出征された。こうしてカリフさま

はあの衣服をそのまま変えずにお召しになっているのだ」と説明した。

その後に起こったことについては、のちに自分の父（タヌーヒーの祖父）が次のように語ってくれた。

カリフ＝ムウタディドはアンティオキアの城壁に工人たちを遣わし、城壁を取り壊させようとした。これに人々が騒ぎ出し、民衆はあれこれ不平を言い合った。アンティオキアの長老たちはこの件について相談し、民衆の騒ぎを鎮めるとともに、カリフの幕営へ行き、拝謁を願うことで意見の一致を見た。

この旨がカリフに伝えられると、カリフは使者を立て、市民のうちから一〇人を選び、カリフのもとに寄越して協議するように、と言ってきた。そこで一〇名の代表が選ばれたが、そのなかには自分も入っていた。

我々はカリフの幕営に入り、挨拶してからカリフの前に立った。我々はカリフの許しを得て坐り、言上した。

「おゝ信徒の指揮者よ、我々は野蛮なる敵と対峙しており、絶えざる戦闘と突撃に明け暮れております。敵が我々を攻撃してくれば、我々もまた敵を襲撃します。陛下がもしこの城壁を取り壊しになれば、それは敵にとって我々への強力な備えとなりましょう。この都城はほんの些細な敗北や味方の突発的な事件によっても敵側の手に陥《おち》るでありましょう。どうか我々の弱い立場に慈悲を垂れ、この城壁でもって我らが子孫たちに庇護をお与えくださいますように」

カリフは長老たちの嘆願を聞いて自説を主張した。

「この辺境地帯には政府に刃向かう争乱が頻発し、どの叛乱者もこの城壁に立て籠る。お前たちも知っているように、先頃はイブン＝アッシャイフ[*6]の叛乱があったし、またこの度は宦官ワセーフの叛乱があった。すでに予は城壁を取り壊すよう命令を出してしまったあとである。したがって予は城壁を取り壊すつもりである。だが、予は駐屯軍の人員を増加し、給与をたっぷり与えるとともに、敵の攻撃を迎え撃つ義勇軍にも軍資金を与えて、汝らを敵から守ってやろうぞ。これだけの軍事力があれば、敵は充分防ぐことができる。城壁がそのまま残っているのと同じことになろうぞ。また城壁がなければ、誰も立て籠って叛乱を起こそうという者もいなくなるというものだ」

このカリフの言葉に儂の同僚たちは誰も反論せず、弁舌の気迫も弱いものであった。会談はこのままの状態で物別れになると見て取った儂は、立ち上がって発言の許しを求めた。

「おゝ信徒の指揮者よ、思うまま述べてもよろしいのでしょうか」

「よい」

「おゝ信徒の指揮者よ、もし神がこの世の誰かに不死をお与えになられるとしたならば、それは〔預言者〕ムハンマドさまにこそお与えになるでしょう。この城塞と城壁は一年だけのために建てられたのでも、一人のカリフの治世だけのために建てられたのでもありません。幾世代にもわたって存続するようにと建てられたのであり、明君であれ暗君であれ、いかなる支配者の治世においても、市民たちを守るために設けられたのであります。

もし陛下のお命が永遠に続くものと信じて差し支えないのであれば、私どもとしては陛下のご意見に反してお願いするようなことはいたしません。もしイスラム教徒の諸事万端に責任ある陛下の後継者が、イスラム教徒の福祉に心遣いを見せ、特権階級であれ一般大衆であれ、陛下と同様の統治をなさるものと信じて差し支えないのでありますれば、かけがえのないこの城壁を失うことによる我々の苦難は、さほど厳しいものとはならずに済みましょう。

しかし、もし陛下のあと、私どもを治めてくださる方がたとえ陛下のような方であろうとも、城壁を失った場合、もはや私どもにとって慰めになるものがないということもありましょう。と申しますのは、陛下のあとを継がれた方が、私どもの面倒を見切れないような事件が何か起こって、私どものことは疎《おろそ》かになってしまう、そのようなことがないと確信できないからであります。そうしたときには、私どもはビザンツ軍の剣と槍の標的となるでありましょう。

おゝ信徒の指揮者よ、陛下がこの城壁を取り壊しになられましても、陛下がご存命の限りは私どもの都城は安泰でありましょう。しかし、陛下の治世ののちはイスラム教徒の手から離れて、ビザンツ軍は私どもを殺戮し、私どもの子孫は捕虜となり、陛下は最後の審判の日、私どもの積み荷より、この世における私どもの恥辱により、炎にさらされるでありましょう。神かけて、どうか私どもをお赦しください。信徒の指揮者よ、私は陛下にありのまま申し上げました。あとは陛下の御意のままに」

カリフ＝ムウタディドはしばらくうなだれていたが、やおら顔を上げた。深く感動した面持《おもも》ちであった。

「如何したものかの。城壁を取り壊すという予の命令はすでに発せられているのでの」

「工人たちには今日だけ作業をさせればいかがでしょう。そうすれば陛下のご命令は果たされたことになります。陛下がご出立のさい、その日に取り壊した部分を修復する許可をお下しいただければ」

「明日、人を遣って工人たちを連れ戻し、それ以降の城壁の取り壊しを中止するよう命令させよう。予は取り壊し部分の修復を汝らに許すぞ」

こうして我々はカリフに感謝し、カリフのために祈りを捧げた。祈りの声が大きく湧き上がったことは言うまでもない。我々がカリフの幕営から戻ると、その日、工人たちはすでに城壁の一部を取り壊していた。カリフ＝ムウタディドが出発したあと、我々は自分たちの費用で、その問題の城壁部分を元に戻したのである。城壁の一部が当初のものと違っているということは、今日でもなお認めることができる。

（第二巻一二九話）

1――Abū al-Qāsim ʿAlī b. Muḥammad al-Tanūkhī. 第一巻一五話註3参照。

2――al-Muʿtaḍid. 在位八九二―九〇二。第一巻三一話註4参照。

3――Waṣīf al-Khādim. 総督イブン＝アビッサージュ（第一巻一七四話註4参照）の元奴僕で、指揮官の一人。ワースィトで騒乱を起こし、各地を移動、最後にマラティアに逃れた。カリフ＝ムウタディドみずからが討伐に出かけ、戦闘で捕虜とし、バグダードに帰還、ワセーフは九〇一年に処刑された。

4――Tarsūs. 現トルコ領南部の都市タルスース。ウマイヤ朝カリフ＝ムアーウィヤ（在位六六一―六八〇）がシリア総督時代に対ビザンツ帝国との聖戦の前進基地を置いたのに始まり、アッバース朝時代になると、大勢の自発的な聖戦の戦士たちが集まるようになった。またこのあたり一帯は国境地帯スグール al-Thughūr（単数形 Thaghr）と呼ばれた。

5――第一巻七〇話註2参照。

6――Ibn al-Shaykh, ʿĪsā b. al-Shaykh b. al-Shalīl. ダマスクスを統治していたが、八六九年に叛乱、ムウタディドの軍隊が鎮圧してその父と部下の行政官を殺したので、イブン＝アッシャイフは逃走した。その後しばらくアーミドとディヤル＝バクルを領有していたが、八八二／八三年に死んだ。

世知辛い世になったもの

アフワーズ出身の書記アブルハサン＝アフマド[*1]は賢くきわだった人で、知性と高貴に恵まれた人物であった。しかも書記の技術にすぐれ、進取の気性に富んでいた。この人はかつて〔アッバース朝時代には〕政府のために重要な徴税区の税務を担当し、〔その末期には〕アフワーズ〔諸県を支配していた〕バリード家のアブー＝アブドッラー[*2]の代官を、ついでブワイフ朝ムイッズ＝アッダウラ[*3]が〔九三八年に〕このアブー＝アブドッラーを駆逐してからは、ムイッズ＝アッダウラのためにアフワーズ諸県の税務を担当し、その後は、バスラを支配していたバリード家のアブルカースィム[*4]に乞われてその代官となり、さらに〔ブワイフ朝の〕アフワーズ諸県を統治したアブー＝アリー＝タバリー[*5]およびムハッラビー[*6]の代官となった。それからホラズム出身のトルコ系侍従スバーシー[*7]のためにバスラ地区の税務を担当し、ついでムハッラビーの宰相時代にはムイッズ＝アッダウラのために指導的な地位についた。

　こうして書記アブルハサン＝アフマドは幸運と悪運を経験し、諸政務を手がけ、時代の辛酸を嘗めたのであったが、私タヌーヒーは時代の栄枯盛衰とか、それに伴う友人の離間とか、友情の希薄さとかについて彼と語り合った。そのさい書記は、〔元宰相〕イブン＝アルフラート[*8]が述べたという言葉、すなわち「我らの知らぬ人、彼も我らを知らぬ、そのような人に神は祝福を与え給う」とか、「余は自分の蒙《こうむ》った災難を数えてみるに、それがいずれも余が親切にしてやった者から蒙ったものばかりだ、ということがわかった」とかの言葉を、次のように評したのである。

「イブン＝アルフラートの言葉はなるほど正しいが、これは〔当今の〕時代の悪さから起こった新しい現象で、かつては大半の人々は時の運が変わっても、友情というものを固く信じていた。ところが人々の性格が堕落したものとなり、友情というものの考え方がルーズになってしまった当今では、地位ある人たちは、あまり知りもしない人の方が用心しなくともよい、知りもしない人からは悪意や損害を蒙ることはない、むしろ害は知人とか同胞とかに当たる人からもたらされるものだ、と感じるに至っている。

　こんなことが起こるのは、人々が友情を頼みとして、自分自身では行なえそうもないような事柄をその人に求めようとするからだ。人がもしそうした人々になんらかの恩恵を与えたとしても、〔人々は当然のことのように思い〕人はわずかながらも嫌な思いを抱くであろう。もしその人がまったく気疲れさせられるような思いを抱く破目になれば、それは奴隷の苦しみとなる。もしその人が頼まれ事を実行したとしても、敵意が芽生え、その人に災難が次々と起こってしまう。ということは、貴殿が親友だと思っている人物が真っ先に貴殿に対し、確かめもよく理解もせずにただ疑いや憶測だけで、悪意を抱いたり誣告《ぶこく》をしたり、恥ずべき行為を行なったりすることも、あり得なくはないということだ。

貴殿たちのあいだにそれほどの面識がない場合には、せいぜい信頼を損ねるだけである。貴殿を襲った災難はいずれも、貴殿を知っているという人物、貴殿を知っていることで貴殿に目論みを抱く人物から受けている。貴殿の知らない人物からの災難というのはたかが知れている。たとえば道で貴殿を襲う追い剝ぎを考えればよい。その目的は貴殿か、あるいは貴殿以外の人からお金を盗ることで、事が起こったとしても、かならずしも盗られるとは限らない。追い剝ぎでもっともひどい目に遭うのは、たまたま知られていたために追い剝ぎの標的になってしまったという場合であろう。

今の時代、賢い人というのは、できるだけ知己を少なくし、兄弟と呼ぶような人をできるだけ遠ざける人のことだ。そうすれば敵を少なくすることができるとわかっている。知己を増やせば、かならずや敵が増えるというものだ。イブン＝アッルーミー*9はこのことを次のような詩で詠んでいる」

汝の敵はもとは汝の友　親しき友を増やすまいぞ
もっとも命にかかわる病　それは飲み食い仲間から

（第二巻一三〇話）

1 —— Abū l-Ḥasan Aḥmad b. Muḥammad b. ʻAbd Allāh al-Ahwāzī. 第二巻一一三話、第三巻一五六話参照。

2 —— Abū ʻAbd Allāh al-Barīdī. 第一巻四話註7参照。

3 —— Muʻizz al-Dawla. ブワイフ朝のイラクにおける創始者。在位九四五―九六七。第一巻一話註5参照。

4 —— Abū l-Qāsim al-Barīdī. バスラを統治していたのは父の死(九四四年)後のこと。第一巻一〇〇話註5参照。

5 —— Abū ʻAlī al-Ḥasan b. Muḥammad al-Ṭabarī. ブワイフ朝の行政官。ムイッズ＝アッダウラの宰相サイマリーが没したとき、アフワーズの税務長官だったタバリーは、みずからが宰相になることを画策し、ムイッズ＝アッダウラの妻でバフティヤール Bakhtiyār(在位九六七―九七八)の母に賄賂を贈ったが、結局ムハッラビーが宰相となった。

6 —— Abū Muḥammad al-Muhallabī. 第一巻一話註4参照。

7 —— Subāshī al-Khwārazmī al-Turkī. ムイッズ＝アッダウラの軍司令官の一人。ムイッズ＝アッダウラの子バフティヤールによって逮捕されるが、トルコ奴隷兵がバフティヤールに叛乱を起こしたとき、釈放された。

8 —— Ibn al-Furāt. 第一巻九話註4参照。

9 —— Ibn al-Rūmī, Abū Ḥasan ʻAlī b. al-ʻAbbās b. Jarīj. 生没年八三六―八九六。九世紀の代表的な詩人。バグダードに生まれるが、父はビザンツ人の解放奴隷。親シーア派で、かつムウタズィラ派であったために、宮廷よりも上位の官僚層に愛された。

ハムダーン朝太守アブー＝タグリブへの祝辞

ナーセル＝アッダウラ[*1]の二人の息子フサイン[*2]とイブラヒームとが、二人の兄である〔太守〕アブー＝タグリブ[*3]に対して叛旗を翻した。それはアブー＝タグリブが弟のムハンマド[*4]を逮捕して〔アルドムシュト〕城塞に連行し、枷《かせ》をはめ、ムハンマドの財産を没収したからであった。二人の兄弟はナーセル＝アッダウラのもう一人の息子ハムダーン[*5]と共謀してアブー＝タグリブと戦おうと、アブー＝タグリブの領地に侵攻し、ハムダーンと結集した。

ところが、アブー＝タグリブが軍隊を率いて三兄弟と会戦すると、ハムダーンは敗走し、フサインはアブー＝タグリブに帰順、イブラヒームは安全保障を求めてバグダードの支配者〔ブワイフ朝太守バフティヤール〕の宮廷の門をくぐった。これはヒジュラ暦三六〇年シャアバーン月（九七一年六月）のことで、同年シャッワール月（七／八月）に平和協定が成立した。

そこでヤフヤー＝アズディー[*6]はアブー＝タグリブに対し祝福の書簡を送った。以下はその写しである。

「神の御業《みわざ》は我らが太守閣下——神がその命を長らえ、つねに助け、敵どもを屈服させ給わんことを――に絶ゆることなく注がれ給うた。神は高貴なる贈り物、偉大にして絶えざる恩寵を与えられ、適度なる均衡を整えられ、慈愛を途切らせることがない。それは神が誰よりもとくに閣下を選ぼうとなさる美しいご意志、真実の信仰のためであり、右往左往する事象に正義を与えるために閣下を選ばれ、感謝と称賛の的になれるよう神が閣下に息を吹き込まれたためであります。

太守閣下――神が絶えざる助けを与えられんことを――が二つの点でお始めになったことは、良き結果の兆候であり、事の発端も終結も希望の達成へ向けての幸先良い予兆であります。称えある閣下のご見解は正しく適確なものであり、閣下の軍旗は栄光と勝利へ向けてたなびいております。閣下は神の恩寵に感謝の念を抱かれ、それに応じて閣下を支持する声は高まり、援助の手は倍加して差し出されましょう。この高貴なる品性、卓越した美徳、称賛に値する意向に対して、神はさらなる贈り物で閣下を強化され、敵を撃破し、閣下に勝利をもたらされるでしょう。また祝福をお与えになり、閣下を上手《かみて》に、敵どもを下手に置かれ、閣下の名前を全国に轟《とどろ》かせ、閣下の栄光を他の誰よりも輝かしいものとされるでしょう。その結果、先駆けは遠くから閣下の名声を称え、近くでも遠方でも閣下への感謝の言葉が沸き起こるでしょう。

閣下に恩恵をお与えになった神にこそ称えあれ。我らは神が閣下にさらなる贈り物を授けられますようにと願い、何事であれ神の御業において、神が閣下をお守りくださるように祈る者であります。また閣下をうらやみ反抗しようとするあらゆる敵対者、みずからの野心を達成できず閣下を妨害しようとする者どもに抗《あらが》って、閣下を高く支持する者であります。

休息であれ移動であれ、さまざまな状況においてであれ、軍馬を休めるにしろ出立させるにしろ、最高の陣容と武装とで勝利を予見しようと、軍旅を成功に導かれる神にこそ称えあれ。民衆の感謝と祝福をつねに勝ち取り、意見の相違を超えて心を一つに結ばんとされる神にこそ称えあれ。

神こそ、我らはお傍に寄って助けを求めるべきお方、神こそ、近づいてお導きをお願いするお方、神は称賛すべき主にして全能のお方なり。

さて、神は今や太守閣下――神が力を与え続けられんことを――について、閣下の友人や家臣たちがどのような考え方をしているかをお知りになり、神が与え給うた敵への勝利によって、従卒や奴隷兵への豊かな褒美を確かめられた。この点、閣下に救済と恩寵をお与えになった神に対する彼らの感謝の念は、それぞれの戦場での働き、その度合い、その適所に釣り合ったものであり、戦場で直接働いた者はむろんのこと、それ以外の者も含めて、遠き者も近き者も、およそ分け前に与《あずか》ったすべての者が抱いていることであります。叛旗は決して翻ることなく、神が閣下——神が力を与え給う——のような誠実な信仰者を通じて、それは押し止められることでありましょう。謀反の心は決して蔓延することなく、神の御業にもっとも忠実な信仰者を通じて、神がその芽を摘まれることでありましょう。

神は帰依者たちについて、つわものたちが勝者となり、敵対者たちが敗者となるように、またしかるべき者の手によって正義が打ち立てられるようにと、次のように申しておられます。すなわち、

《死ぬ者は死ぬでアッラーの御徴《みしるし》によって死に、生き残る者は生きるでアッラーの御徴によって生きるようにするために。まことにアッラーは耳敏《みみざと》く、全てのことを知り給う》と(コーラン八章四四節)。また《アッラーは》我らが閣下の恩恵《を信じず、》閣下への《怒りを顕わにする者どもを追い払われ、その者どもは》閣下へのアッラーの守護以外《何の得することもなかった。そのうえアッラーは信心する者たちに代わって戦いを引き受けてくださったのだ。まことにアッラーは強くお偉いお方》と(コーラン三三章二五節)。

神は我らが太守閣下にこころよく恩寵を下され、閣下への贈り物を倍増され、閣下を通じ、閣下の手で繁栄をもたらされました。閣下に天恵と至福をお与えになり、敵対者や猜疑者を卑しめられ、聖俗いずれにおいても閣下の願望をかなえられました。もはや閣下から神の栄光の衣服が剝ぎ取られることはなく、閣下が命を懸けてお守りすべく民を守護され、邪悪の目を閣下の王朝から逸らさせ、閣下のお力で王朝の礎《いしずえ》を強化されました。幸福者は閣下の臣下になるべく導かれ、閣下の見識を享受する者であり、不幸者は閣下の領土から逃げ出し、そのお蔭から、その仲間から立ち去った者であります。神は閣下の友にして守護者であり、神はイスラムとその信者の保護者であって、それは閣下の延命をもってして可能であり、信者の庇護者であることは神が閣下の魂をお守りくださってこそ可能であります。神は我々に充分なお方、お任せできる良き代理人であります」

(第二巻一三二話)

1——Nāṣir al-Dawla. 第一巻二九話註3参照。

2——al-Ḥusayn b. Nāṣir al-Dawla. のちアブー=タグリブ Abū Taghlib がブワイフ朝によって排除されたあと、弟イブラヒーム Ibrāhīm とともに、ブワイフ朝保護下の君主となった。在位九八一—九八九。

3——Abū Taghlib Faḍl Allāh b. Nāṣir al-Dawla. モスルのハムダーン朝第二代君主。在位九六七—九七九。第一巻一〇三話註3参照。

4——Abū l-Fawāris Muḥammad b. Nāṣir al-Dawla. 第二巻一八話註3参照。

5——Ḥamdān b. Nāṣir al-Dawla, Abū l-Muzaffar. アブー=タグリブの異母弟。第一巻一〇三話註3参照。

6 —— Abū Muḥammad Yaḥyā b. Muḥammad Sulaymān b. Fahd al-Azdī. 第一巻二話註2参照。ヤフヤー＝アズディーはこの二カ月ほどまえ、アブー＝タグリブを諫《いさ》める書簡を送ったことがある。第二巻一八話参照。

再婚する母の息子を慰める書簡

〔詩人〕バッバガー[*1]が私タヌーヒーに次のように語ってくれた。

〔ハムダーン朝の〕太守サイフ＝アッダウラ[*2]の御前で、一人の家臣の母親が結婚するという話がもちあがり、我々のあいだでこれにまつわる書簡などが話題となった。するとサイフ＝アッダウラが私に、「お前の名で家臣に宛てて母親の婚姻を慰める手紙をすぐさま書き、駅逓《えきてい》に託せ」と命じた。そこで私は、太守のまえで即席の手紙を以下のように書いた。

「冗長な文体で書くことに慣れている者にとって、簡潔に手紙を書くことは難しいことではない。私は貴下がしかるべくしてお仕えし、しかも貴下の母上にもかかわるお方からの命を受けて手紙を書く。

神は、口さがない者たちが認めず、あるいは法を盾にとって阻もうとする者たちがいたとしても、かならずや母上が選び辿られる道をお守りくださるであろう。よって貴下には誰よりも喜ばしいと思う心が与えられ、貴下は母上の新たな門出を祝う気持ちを抱かれるであろう。立法者である神がお認めになり、宗教としてのきまりが合法としたことであれば、貴下は決して気分を害され給うな。神がもっとも合法としてお認めになるのは、よく従う者である。貴下は神によって選ばれることがなくとも、運命によって選ばれることに決して憤りを覚える人ではなかろう。平安あれ」

（第二巻一三三話）

1 —— Abū l-Faraj ʻAbd al-Wāḥid b. Naṣr b. Muḥammad al-Makhzūmī al-Babbaghā'. 第一巻五二話註 1 参照。

2 —— Sayf al-Dawla. 第一巻四四話註 1 参照。

麻痺の少女に起こった奇跡

ヤフヤー＝アズディー[*1]が私タヌーヒーに次のような逸話を語ってくれた。

〔バグダードの〕「奴隷の館」通りに、一五年間麻痺したままのアリー家の少女が住んでいて、儂《わし》のおやじがよく訪れていた。少女は寝たきりで、自分で寝返りすることもさせることもできず、自分で坐ることも坐らせることもできなかった。それで彼女には身を動かしたり食事をしたりする介護者がいた。

少女は貧しくもっぱら人々の善意を頼りに生きていたが、儂のおやじが死ぬと、その生活はより困難なものとなった。こうした彼女のことは〔ブワイフ朝宰相〕ムハッラビーの女奴隷タジュニーの耳に達し、少女のことは彼女がほとんど面倒を見ることになった。

ところがある日、少女はこのように麻痺したままの状態で朝を迎えたのにもかかわらず、その翌日の朝、少女は歩き、麻痺は癒え、立ったり坐ったりできるようになっていたのである。

我々はこの少女の隣人であったが、私は人々が少女の家のまえで、まるで祭でもあるかのように群がっているのを見た。そこで儂は、これまで長年にわたって麻痺したままの少女を見てきた我が家の信頼のおける女性を行かせ、少女に何事が起こったのかわけを尋ねさせた。

「実はわたしは自分自身がいやになり、〔麻痺が癒えた〕喜びか、それとも死か、いずれかを与えられるようにと、長時間神さまにお祈りしました。その晩、わたしは激痛に襲われ、叫び、眠れずに過ごしました。わたしを介護してくれていた婦人はいらだち、わたしも熟睡できずに悶々としていますと、夢なのか、一人の男の人がわたしの部屋のなかに入ってくるではありませんか。わたしは驚きうろたえました。その人は、

『驚かなくともよい。予はお前の父親だ』

と言うのです。わたしは〔第四代正統カリフの〕アリー＝ブン＝アビー＝ターリブ[*2]さまだと思い、

『信徒の指揮者さま、あなたはわたしのこの有様をご覧になれるでしょう。どうか神さまがわたしに健全な身体をお与えくださるようお祈りしてください』

とお願いしました。するとその人は、

『予はお前の父、神の使徒ムハンマドだ』

と言われました。それでわたしは、

『神の使徒さま、どうかわたしのために神さまにお祈りしてください』

と頼みますと、その人は唇を動かし、

『手を出しなさい』

と言われたのです。わたしが手を差し出すと、その人は手を取り、わたしを坐らせました。それからその人は促しました。

『立て、神の御名《みな》において』

『神の使徒さま、どうしてわたしが立てましょう』

『手を出しなさい』

その人はわたしの手を取って、わたしを立たせました。

『歩きなさい、神の御名において』

『どのようにして歩けば』

『手を出しなさい』

こうして、その人はわたしを歩かせ、わたしを坐らせ、これを三度繰り返し、

『神は汝に健全なる身体を与えられた。神を称えなさい』

と言われました。それから、わたしをおいて出てゆかれました。わたしは目覚めたのですが、それがあまりにもすぐだったので、その人を見たことははっきり憶えておりました。わたしは叫び声を上げました。介護の老婆はわたしが小用に行きたいのか、いずれにしても難儀なことを望んでいるのだろうと思い、うるさそうにしてすぐには動いてくれませんでした。

『いいから来て。夢で神の使徒さまを見たの。そして寝た

きりの状態で目を覚ましたの』

とわたしが話すと、介護の老婆は詳しく話すよう求めました。

『本当にわたしは神の使徒さまを見たの。夢のなかで使徒はわたしのために祈り、神がわたしのために健全な身体を与えられたと、お述べになったの』

『おやおや、あなたが本当に病気から治ったのならいいのだけど。手を貸してごらん』

老婆はそう言ってわたしを立たせました。夢のなかで預言者さまが立たせてくださったのと同じようにです。わたしはそのことを老婆にまだ話していないのに。また手を出すと、今度はわたしを坐らせました。老婆が、

『立ちなさい』

と言い、わたしが立つ。わたしは疲れると坐りました。老婆はこうしたことをわたしに三度繰り返させました。それからわたしは立ち、自分で歩いたのです。老婆はこの様子にすっかり喜び、大騒ぎをして叫び声を上げました。近所の人たちは、わたしが亡くなったものと思ってやって来ました。わたしはみんなのまえで立ち、もたれかかりながらも歩きました。夜となく昼となく、大勢の人々がやって来るので、わたしは疲れ果ててしまいました。しかし、わたしには少しずつ体力が戻り、とうとう今のように歩けるようになったのです。もはや病気は治ってしまったのです」


このあと、儂は自分の目で少女が歩くのを見た。彼女は歩いて儂の家族のところにもやって来た。彼女は今も健在で、しかも噂によると、当今の女性たちのうちでももっとも善良で慎み深く、敬虔であり、礼拝と断食以外のことには関心がなく、糧《かて》を得るにもできるだけ倹《つつ》ましく行なっているという。彼女は今も未婚で、信仰心の篤い女性であり、ただ彼女が訪れる諸々の聖所の人々のあいだでは、今もなお「麻痺したアリー家の女性」として知られている。[*3]

(第二巻一三四話)

1 —— Abū Muḥammad Yaḥyā b. Muḥammad b. Fahd al-Azdī. 第一巻二話註2参照。

2 —— ʻAlī b. Abī Ṭālib. 第四代正統カリフ。在位六五六—六六一。第二巻六八話註6参照。

3 —— タヌーヒーがのちに十数年を経て著した『悲哀からの救い』*Faraj baʻd al-Shidda* にもこのエピソードは載っていて、しかも主人公は裕福なアリー家の男性と結婚したことを付け加えている。

公証人の資格とは

大法官アブッサーイブ[*1]は私タヌーヒーに次のように語った。

「公証人[*2]たる者は、地獄の亡者の資質ともいうべき三つの性格をもっていなければ、地獄の亡者に堕してしまうものである」

「それはなんでしょうか」

「まず、恥知らずであることだ。なぜなら、公証人が恥かしがりだと、質問された内容が不合理なものであっても、唯々として応じてしまう。それは、その人物の信仰心が逸脱したことを意味し、その証人は地獄の亡者になってしまう。しかし気恥かしさというのは、本来は信仰にかかわることであり、預言者の言葉にあるように、信仰心ある者たちは天国に入れるのである。一方、恥知らずは、地獄の亡者にかかわる資質である。これがその三つの性格の一つだ。

次に公証人は、疑念をもつことが必要だ。なぜなら、考え方がお目出たいと、策略や詐欺の餌食となり、不合理なことでも正しいと証言してしまう。すると、その証人は地獄に堕ちることになる。しかし、つねに疑念をもてば、そのような事態に陥ることはない。もっとも、疑念を抱くということは、神が申されているように、本来は罪にかかわることであり、罪は地獄の亡者の資質である」

このようにして、大法官はもう一つについても語ったが、私はそれを忘れてしまった。それに、大法官は次のようにも語った。

「一万人の住民がいるのに彼らには一〇人内外の公証人しかいない、そのような都市があると仮定しよう。今その都市の住民すべてが、これら一〇人の公証人たちを策略に落とし込めようとしている場合、もしこれらの公証人たちが警戒心や知性、用心深さや理解力といった点で悪魔的な人間性を持ち合わせていないならば、果たして彼らは策略から逃れることができるであろうか。お前たちはどのように思うか」

（第二巻一三五話）

1――Abū al-Sāʾib ʿUtba b. ʿUbayd Allāh b. Mūsā. 第一巻一一七話註2参照。

2――原語 shāhid.

チェス指しの説くチェスの効用

私タヌーヒーの父が次のように語ってくれた。

かつては父親(タヌーヒーの祖父)に仕え、その後は儂《わし》に仕えてくれているアンティオキアの住民のアブー＝イブラヒーム[*1]という友人がいた。この友人は無類のチェス好きで、彼にはチェスにまつわる一風変わった話があった。たとえばこんなのがある。

儂の使用人たちはよくチェスをして遊んでいたものだが、その友人がするときには地面に両膝を付き、まるで居眠りをしているかのように、両腕に身体をもたせかけてするので、誰かが後ろに廻って背中にクッションをいくつも置いてもそれに気が付かず、一局が終わるとやっとそれに気付いて、背中からクッションを取り除き、いたずらした者を叱りつけるという具合であった。

この友人が儂にこんな話をしてくれたことがある。

ある晩、すでに日が沈んで日没の礼拝時にさしかかっているとき、やはりチェスが無類に好きな親友のもとを訪れると、親友が、

「今晩、自分のところで夜を過ごせ。チェスを指したり、話をしたりしようではないか」

と誘ったが、私は断った。すると、

「〔日没後の〕礼拝を済ませてから一局か二局、初夜の礼拝[*2]時までやろう。それから帰ればよい」

とねばった。我々は礼拝を済ませ、親友はランプを用意し、チェスに打ち興じた。私はチェスに気分が乗り、間断なくチェスを指し続けた。夜が更けたが我々は激しい疲れと嫌気を感じるまでそのことに気付かなかった。そのとき、ちょうど礼拝を布令《ふれ》る呼び声が聞こえてきた。

「初夜の礼拝のお布令だ。私はもう疲れたから、行かねばならぬ」

私がこう言うと、親友は召使いを呼んだ。だが、誰も返事がない。親友は私と一緒に立ち上がり、召使いたちを起こした。

「お客さんをお送りしろ」

我々が外に出て見ると、なんと礼拝の布令というのは暁《あかつき》の礼拝のことではないか。夜はすっかり過ぎてしまったのに、我々はまったく気が付かなかったのだ。それというのも、親友がチェスに狂ってうつつを抜かしているからこんなことになるのだ。私が友人を非難すると、

「俺はチェス狂いではないぞ。チェス狂いというのは、いまわのきわに『アッラーのほかに神はいませじ』と唱えよ、

と言われて、なお『お前の王様はどこだ。城将を置け』などと口走る人のようなことだ」

と抗弁した。私は、

「お前さんのような人を儂は知らないよ。まるでお前さんは、いま自分で述べたような段階でしか満足しないのではないか」

と呆れて言うだけだった。

この親友は常々、チェスの効用をいくつか挙げて言っていた。

「それは、戦術というものを学ぶことができること、知性を練磨できること、思考力を養うことができること、鋭い洞察力を習得できること、これがチェスの効用だ。これらはチェス以外では見られないものであるが、もし人類が何千年となくチェスを指してきたにもかかわらず、チェスにこうした利点がないとすれば、チェスの対局が繰り返し行なわれるということは決してなかったであろう。それだけで充分ではないか」と。


（第二巻一三六話）

1 —— Abū Ibrāhīm.

2 —— 原語 ʻatama. イスラム教徒の一日五回の礼拝のうち、最後の晩の礼拝イシャー ʻishāʼ に当たるが、三回に分けられる夜のうち初めにする場合はアタマと言った。

貧すれば鈍する、それが当世気質

我々のあいだで、当今の逼迫した状況、人々の貧窮、生活状況の悲惨さ、用心とか始末とかで呼ばれることのある人々の吝嗇癖《りんしょくへき》、お互いに譲り合って責任を他人に押しつけようとする傾向、なかなか人と取引を決めようとしない商人の用心深さ、人に親切にしたり善行を施したり、悲嘆にくれている人を救ったり、あるいは思い悩んでいる人を慰めたりすることへの手控え、といった現今の事情についてあれこれ話が及び、おおむねそれは、人々の困窮のせいだということで意見が一致した。

アフマド＝アズラク[*1]が私タヌーヒーに次のような話をしてくれた。

昔はある碩学が〔バグダードに〕やって来ると、我々の仲間は当時そんなに大勢いたわけではないが、その人物のために、一日で多かれ少なかれ銀一〇〇〇ディルハムのお金を集めたものであった。それもこの募金について、取り立てて人に説得するという必要もなしにである。

かつてある人物がやって来たとき、我々はその人物が非常な才能に恵まれていることから彼に師事したいと思い、一カ月に銀一〇〇ディルハムかかる手当について、自分が我々の仲間である書記官で支出庁長官[*2]のイブラヒーム＝ブン＝ハヒーフ[*3]ともう一人の我々の仲間にもちかけたところ、この二人が毎月一〇〇ディルハムを、すなわち一人当て五〇ディルハムを出し合って支給した。この人物はバグダードを去るまでの数カ年、このお金を受け取ったのである。

ある日、法学者アブルハサン＝カルヒー[*4]の塾に出席していた人が、「寒さが厳しいので塾生たちに上衣が必要なんだ」と言うので、誰かにこのことを話してみなければと思案しはじめたところ、道すがら、とある屋敷のまえを通りかかった。一緒にいた男が、「これはある豪商の屋敷だ。その商人は慈善家だということだ」と教えてくれた。自分はこの商人のことは知らなかったが、頼んでみようと思い、案内を乞うた。こちらは知らなくても商人の方は知っていたらしく、立ち上がって快く迎えてくれた。どんな用事かと尋ねられるまま、上衣の件を話した。

「何着欲しいのですか」

「五〇着なのですが」

この商人はすぐさま、自分と一緒に上衣を運び、塾生たちに配ってくれたのである。

さて、数日前、高貴な家柄の人が自分のところにやって来て、涙を誘うやり方で貧乏暮らしを訴えた。生活を立て直すには三〇ディルハム余が必要だという。しかし自分は誰かに用立てを頼もうとも望まず、たとえ話をもちかけても、応じてくれそうな人も知らなかった。

この年、我々は〔ムウタズィラ派の〕アブー＝ハーシム＝ジュッバーイー[*5]の同僚の訪問を受けた。我々は彼に援助の手を差し伸べるために何人かの人々に割り当て、アブー＝ハーシムの生活環境の改善に役立つよう資金の獲得に努めたが、それほどの結果は得られなかった。

私が居住するマフラワイフ通りというのは、将軍や書記官や大地主や大商人ら、大勢の人たちが住んでいたところで、彼らの所有する財産を計算したところ、ざっと金四〇〇万ディーナールには達していただろう。ところが今日、この通りで銀四〇〇〇ディルハムを超える財産を所有している者は、イムラーン＝ブン＝シャーヒーン[*6]の弟アブー＝ウルバーン[*7]以外には誰もいない。

（第二巻一四〇話）

1 —— Abū l-Ḥasan Aḥmad b. Yūsuf al-Azraq. 第一巻一四話註2参照。

2 —— 原語 ṣāḥib dīwān al-nafaqāt. 中央政府には収入部門や支出部門を担当する数多の官庁があって、時代によって存廃はあるが、支出庁は軍務以外の支出を担った。

3 —— Ibrāhīm b. Khafīf. カリフ＝カーヒル（在位九三二―九三四）、ラーディー（在位九三四―九四〇）のとき、支出庁長官を務めた。

4——Abū l-Ḥasan al-Karkhī, ʻUbayd Allāh b. al-Ḥusayn b. Dalāl. ハナフィー派の祖アブー＝ハニーファの高弟らに学ぶ。九五二年没。

5——Abū Hāshim ʻAbd al-Salām al-Jubbāʼī. 第二巻一〇九話註2参照。

6——ʻImrān b. Shāhīn.

7——Abū ʻUrbān. 兄のイムラーンが手勢を集めて軍団化し、ブワイフ朝のムイッズ＝アッダウラの支配するバグダードに侵入するかもしれないと恐れて、九六〇年に家族ともどもワースィトに移住した。

友人も立場変われば敵同士

ヒジュラ暦二九九年（九一一／一二）、〔宰相〕イブン＝アルフラート[*1]はアブー＝バクル＝アズラク[*2]にメッカ巡礼道の改修と巡礼の祝祭の経費の業務を監督するよう派遣し、このための資金をクーファに賦課した。アサド＝ブン＝ジャフワル[*3]はそのクーファの徴税官[*4]であった。以下はこのアブー＝バクル＝アズラクが語った話である。

儂《わし》はクーファに着任したが、アサドは儂の友人であったにもかかわらず、儂に会いに来るのが遅れた。儂もまたアサドに会いに行くのが遅れたので、我々のあいだの友情関係は冷えてしまった。儂は資金の調達についてアサドに強く求め、アサドはそれを引き延ばそうとした。その結果、我々のあいだには公然たる敵意があらわとなった。

儂は宰相に手紙を書いて徴税官のことについて煽動し、一方、徴税官も儂のことについて宰相に不平を訴えた。宰相からクーファ総督[*5]シャーキル＝アルイスハーキー[*6]宛ての書簡が儂のもとに届き、我々二人を大モスクに集め、両者が仲違《なかたが》いして別れることがなく、資金を与えて儂を満足させるようにと命じてきた。

儂は馬に乗って総督官邸の門まで行った。しかし、なかに入らず、〔宰相から〕伝えられてきた内容と、自分は大モスクへ行くつもりだということを総督に知らせた。

総督も馬に乗ってやって来て、大モスクで儂と会った。

「自分にも宰相から同じようなことを言ってきた」

「それならアサドを連れてきていただきたい」

総督は徴税官アサドのところへ出かけ、彼を連れてきた。我々は会って話し合ったが、お互いに反発し、あげくに儂はアサドに、

「俺がお前の父親を知らないとでも思っているのか。父親は私領地庁の門に勤める月給金二ディーナールの衛兵だったではないか」[*7]

とまで言ってしまった。

我々の会談はラマダーン月一日(九一二年四月二一日)に行なわれたが、議論は決着せず、夕刻の礼拝のときがやって来た。総督は立ち上がって馬に乗り、アサドも一緒に立ち上がった。しかし、儂はそのまま坐っていた。

「なぜ坐ったままなのか」

「儂は宰相の命令に背きたくないし、決着もせず、資金も得られずに立ち去るわけには行きません」

総督はアサドに向かって、

「アズラクと一緒に坐り、出て行くな」

と言い、儂には、

「自分がお前たちと同席してもなんの益にもならんだろう。もし自分が傷つくということがないのであれば、坐ってもよいが」

と言って断わった。むろん儂は了解し、総督は立ち去った。

それから儂は立ち上がって〝ハーリドのドーム〟と呼ばれているモスクの一角へ行き、そこに坐って礼拝をした。アサドもまた自分の場所に坐った。そして自分の屋敷に人を遣って夕食を求めさせた。儂も自分の屋敷に人を遣った。アサドの食事も、儂の食事も同時に来た。アサドは立ち上がり、儂のところに来て一緒に食事をするよう勧めた。モスクの礼拝はもう済んでいて、残っているのは我々の仲間だけであった。革の敷物が広げられ、食卓がしつらえられた。

アサドは、自分に届けられた弁当を儂に食べるよう勧めた。儂は断わったが、どうしてもと懇願する。儂はアサドがけちな人間であることを知っていたので、召使いに、

「我々の弁当をあっちに持って行って、モスクの周りの者たちに喜捨してまいれ」

と命じた。召使いたちがそうしてから、儂はアサドのところへ行き、一緒に広げられたものを食べたが、儂はまるで断食者がむさぼるがごとく食べた。するとアサドの顔色が変わり、一言も発することができず、アサドの心は深く傷ついた。

こうして我々二人はモスクでラマダーン月の二週間、互いに話し合いを続け、ついにアサドは問題の資金を出した。この間、僕自身はアサドとともに食事を摂る習慣を続けたのである。

我々が別れて断食明けから数日後、アサドは病気になり、死んでしまった。僕はつぶやいたのである。

「我らはアッラーあってこその身、自分がアサドに対して取った態度が、アサドの悲しみ、死の原因だなんてことはありませんように」と。

（第二巻一四七話）

1 — Abū l-Ḥasan ʻAlī b. al-Furāt. 第一巻九話註4参照。
2 — Abū Bakr al-Azraq, Yūsuf b. Yaʻqūb b. Isḥāq b. al-Buhlūl al-Tanūkhī. アフマド＝アズラクの父。第一巻一四話註1参照。
3 — Asad b. Jahwar. 第一巻一四一話註2、第二巻九二話参照。
4 — 原語 ʻāmil〔al-kharāj〕.
5 — 原語 amīr al-Kūfa.
6 — Shākir al-Isḥāqī.
7 — 原語 dīwān al-ḍiyāʻ. 私領地については第一巻四話註6で簡単に述べたが、土地制度史上現実には時代的変遷がみられる。したがって中央政府において、私領地の徴税業務を管轄する私領地庁の設置は時代によって差異はあるが、概して九世紀以降は恒常的に行なわれていた。

夢に現われた神の使徒のお告げ

アフマド＝アズラク[*1]の語るところによれば、文法学で有名なイブン＝アルアフザル[*2]は気高く偉大で、信頼があり虚偽に無縁な人物であった。その彼が語るには、自分は巡礼をしたさいにアリー家のターヒル＝ブン＝ヤフヤー[*3]のもとを訪れて挨拶をしたところ、ある男が入って来てターヒルの頭と手に口づけをし、謝りの言葉を述べはじめた。すると、二人のあいだに次のような話が交わされたという。

「謝らなくともよい。もはやわだかまりは消え去った。お前の謝罪を受け入れよう。もし望むならば、お前がなぜ私に会いに来たか、なぜ私がお前の話を聞くまえにお前を許したのか、お前に話そうではないか」

ターヒルがそのように言うと男は驚き、「どうぞそうしてください」と請うた。

「お前は夢のなかで神の使徒〔ムハンマド〕さまを見たであろう。使徒さまはお前がメディナに巡礼したさい、私を訪ねる習慣を止めてしまったことを非難なされたはずだ。お前は何年も巡礼でメディナを訪れながら、私のところに来なかった、と。そこでお前は使徒さまに、『自分は気《き》後《おく》れから私に会いに行けなかった、私がお前の謝罪を受け入れるかどうか自信がなかったので』と弁解すると、使徒さまはお前に、『予はお前の謝罪を受け入れるようターヒルに命じよう。予の子供を避けるではないぞ。行け』とお答えになられたであろう。それでお前は私のところに来たのだ」

「神かけて、まさにおっしゃる通りです。ですが、どうしてそのことをお知りになったのですか」

「神の使徒さまが私の夢のなかに現われ、『今述べたような事柄がお前たちのあいだで起こるであろう』と私にお告げになったのだ」

(第二巻一四八話)

1 —— Abū l-Ḥasan Aḥmad b. Yūsuf al-Azraq. 第一巻一四話註2参照。

2 —— Abū l-Qāsim ʻAlī b. al-Akhzar.

3 —— Ṭāhir b. Yaḥyā al-ʻAlawī.

神への祈りがローマ人軍奴の麻痺を救う

またアフマド＝アズラクが語るところによれば、〔バグダード西岸の〕シリア門に、崇拝者ラビーブ[*1]と呼ばれる男が住んでいた。男は苦行者であり隠遁者であり、敬虔な人物で、その彼が次のような話をしてくれたという。

儂《わし》はローマ人奴隷であったが、主人が死ぬときに儂は解放された。それから儂は歩卒としての俸給を得て、主人の妻であった女主人と結婚した。女主人を守るためだったとは神様もご存知のはず。儂が彼女と暮らしてしばらく経ったある日、巣穴に潜り込もうとしている毒蛇を見つけた。そこで儂は蛇を捕らえ、手で摑んだのだが、蛇は身をくねらせて儂の手を嚙んだ。儂の手は自由がきかなくなり、しばらくしてもう片方の手もきかなくなった。ついで両足も片方から片方へと、順次麻痺してしまった。次には目が見えなくなり、口がきけなくなった。

儂は一年間というもの、このような状態のままとなり、五感のうちでまともなのは聴覚だけで、それで儂は嫌なことも聞かねばならなかった。儂は背を下に仰向けに寝るだけで、なんらの指図も身振りもできなかった。喉が渇いていないのに水を飲まされ、喉が渇いているのに捨て置かれ、満腹なのに食事を与えられ、空腹なのに食事を取り上げられた。自分のことを自分でできず、自分の意志をわかってもらえるよう身振りをすることもできなかった。

一年ののち、ある婦人が妻のところにやって来て、儂のことを尋ねた。

「ラビーブの様子はどうなの」

「望まれても生きているとはいえないし、忘れられても死んだとは言えないわ」

妻がこう答えるのが聞こえて儂は悲しく、涙が出た。儂は心のなかで思いっきり神に願った。儂がこのような状態でいるあいだ、身体のどこにも苦痛を感じたことはなかったが、その日はどのように表現すればよいかわからないぐらい、身体中が激しく波打ち、極度の痛みに襲われた。

夜になって痛みは鎮まり、儂は眠りに就いて、そして起きた。なんと儂の手が胸のところに置かれているではないか。驚きだった。どうして手が胸のところにあるのだろう。儂は考え続けて思った。おそらく神さまが儂の健康を取り戻してくださったのではないかと。儂は手を動かしてみた。すると手が動くではないか。嬉しさがこみあげ、健常への期待がふくらんだ。

神さまは儂の救済をお許しになったのだ。儂は一方の足を摑んで引き寄せた。足は曲がる。足を伸ばすと伸びる。同じことをもう片方の足にもすると、やはり動く。儂は立ち上がった。悪いところはない。儂はこれまでへばりついていた寝床から降りて、屋敷の中庭に出た。目を上げて星を見た。見えているのだ。舌が緩み、言えた。

「おゝ汝、永遠なる慈悲をもたれる永遠なる慈悲者よ」

儂は妻を呼んだ。妻は声を上げた。

「アブー＝アリー」

「たった今、アブー＝アリーとなったのだ」

儂はランプの火をともし、鋏を持ってこさせた。儂には軍人のしきたりで口髭があったが、儂はそれを切り取った。妻はなんということをするの、と騒ぎ立てたが、儂は、これからは我が主のみにお仕えする、と申し渡した。これが、儂が信仰の道に入ったわけだ。

このラビーブの話は世間に広まり、彼の信心深さは有名となった。先に述べたラビーブの言葉は彼の口癖となり、たいてい、何かにつけて「おゝ永遠なる慈悲者よ」と口をはさみ、他のことは言わなかった。

世間では、ラビーブは祈りのかなえられるお人だと称され、人々は彼が預言者さまを見て、預言者さまに手をなでられたのだ、と噂し合った。そこで私〔アフマド＝アズラク〕はことの真相をラビーブに尋ね、彼が以上述べたような話をしてくれたのである。ラビーブの言によれば、彼が健康を取り戻した理由は他にはないとのことであった。そのうえラビーブは次のような話もしてくれた。

儂はマダーイン付近のティグリス川畔に畑地[*2]を持っていたが、そこには小丘や取り除けばよいようなものがあって、それもいっぱいに広がっていた。しかし、取り除くには多くの人間が必要であった。ある月明りの晩、儂がその畑地にいると、大勢の人夫たちが儂のそばを通りかかった。灌漑のための堤防の開鑿《かいさく》の仕事から引き上げるところであった。人夫たちは儂を見やり、儂が誰だかわかった。儂は人夫たちに頼んでみた。

「皆の衆、今夜この畑地をきれいにし、丘をたいらに地ならししてくれんかのう。いくらいくら出すがのう」

「よろしいよ、お手当を高く出してくれるのなら」

人夫たちは地ならしの仕事をこなし、朝になった。畑地は平地になっていた。世間の人たちは天使がきれいにしたのだ、と話し合ったが、そうではない。本当は儂の話した通りのことだったのだ。

（第二巻一四九話）

1 —— Labīb.

2 —— 原語 qarāḥ.

バスラの大モスクのハッラージュ

イブン＝ナスラワイフとして知られる法官アブルフサイン＝ムハンマド[*1]が私タヌーヒーに語ってくれた。

叔父が私をハッラージュ[*2]のところへ連れて行ったことがあった。当時ハッラージュはバスラの大モスクにいて、信仰に身を捧げ、スーフィー行者となり、コーランの読誦法を教えたりしていた。それはまだあの馬鹿げたことを主張したり、それに伴う混乱に巻き込まれたりする以前のことであった。

当時ハッラージュのことはまだ明るみに出ておらず、ただスーフィー行者たちが、ハッラージュにはスーフィーの流儀でいう奇跡、自身の教義に関係なく、彼らが〝お助け〟と名付けているものがあると主張しているに過ぎなかった。

叔父はハッラージュと話をはじめたが、私はまだ子供で、二人の傍らに坐って話の成り行きを聞いていた。

「儂《わし》はバスラを出ようと思う」

「どうして」

「この町の人たちが儂の話をでっちあげ、儂としては煩わしさを感じている。こんな連中とは遠く離れたいのだ」

「たとえばどんな話を」

「町の人たちは、儂がしかじかのことをしたと語るが、そのことについて儂に尋ねもせず、明らかにするよう求めもしない。そのくせ、彼らには考えが及ばないようなことが起こったと思い込み、出かけて行って、『ハッラージュの祈りには効き目がある』とか、『お助けや恩寵がハッラージュの手を通じて成就された』とか言いふらす。こんなことが言われる儂はいったい何者だというのか。

過日もこんなことがあった。ある男が何ディルハムか銀貨を持って来て、『貧しい人たちのために使ってください』と言う。そのとき周りには誰もいなかったので、儂はそれをモスク内の目星を付けた柱の傍らの莚《むしろ》の下に入れ、長いこと坐っていた。しかし誰も来ないので、そのまま家に帰った。一夜あけて朝になったとき、儂は件《くだん》の柱のところへ行き、坐って祈りはじめた。すると一団のスーフィー行者が儂を取り囲んだ。そこで儂は礼拝をやめ、莚を持ち上げ、かねての銀貨を行者たちに与えた。

ところが行者たちは儂にあらがって、儂が土間を叩くと手に銀貨が握られていた、と言うではないか」

ハッラージュはこうして、これに類した話を数え上げはじめた。叔父は立ち上がって別れを告げ、ふたたびハッラージュのもとへ帰ることはなかった。叔父は、「あれは詐欺師だ。あの男には将来、何かことが起こるに違いない」とつぶやいた。

その後しばらくしてハッラージュはバスラを出立し、それからハッラージュのことがこうした話とともに世に明るみに出たのである。

（第二巻一五〇話）

1 —— Abū l-Ḥusayn Muḥammad b. ʻUbayd Allāh b. Muḥammad, 通称 Ibn Naṣrawayh. 第一巻一二四話註1参照。

2 —— al-Ḥusayn b. Manṣūr al-Ḥallāj. 第一巻八一話註2参照。

さいころの負けをつい神に愚痴る

アフマド＝アズラク[1]によると、詩人イブン＝アルアーラービー[2]は次のように話したという。

私は〔バルマク家出身の文人〕ジャフザ[3]のある招待宴に列席した。私どもは食事を摂り、坐って酒宴となった。ジャフザが歌っていると[4]、一人の男が入って来たので、ジャフザは歌いながら、料理を取り分けた皿をその男に渡した。我々も食べた。ところがその男は食べ物に貪欲であった。まるで飢えた獣のように食事にむしゃぶりつき、あっという間に平らげてしまった。ジャフザは怒りの眼で男を一瞥し、我々はそのようなジャフザをこっそり見て笑った。

男が食事を終えると、ジャフザが男にさいころ将棋[5]をしないかと誘った。男が承知したので、二人のあいだに将棋盤が用意され、二人が勝負を始めた。ところがさいころの目は男が思うような数が出て、ジャフザは連続して負けてしまった。とうとうジャフザは招待宴のテントから頭を出して天に向け、まるで神に話しかけるようにつぶやいたのである。

「命かけて、私はあなたが飢えさせ給うた男を満足に食べさせてあげたのに、どうして私が罰を受けねばならないのでしょうか」と。

（第二巻一五一話）

1――Abū l-Ḥasan Aḥmad b. Yūsuf al-Tanūkhī. 第一巻一四話註 **2** 参照。

2――Abū ʻAlī Ibn al-Aʻrābī.

3――Jaḥẓa, Abū l-Ḥasan Aḥmad b. Jaʻfar al-Barmakī. 第二巻九四話註 **1** 参照。

4――ジャフザは歌の名手であった。第二巻九四話参照。

5――原語 nard. さいころ将棋とチェスは別物。現代アラビア語では「タウラ」といって、さいころを振り、駒を進める。

反目する礼拝布令役人と経済検察官

またアフマド＝アズラクは自分たちの先輩たちが語ったこんな話も伝えている。

〔その町の〕礼拝布令役人は経済検察官に対して敵対感情を抱いていた。そこで経済検察官は礼拝布令役人を呼び出した。

「どんな権利があってお前さんは儂《わし》を呼び出すのだ」

「礼拝の時間を教えてもらいたいと思ってのう。もしよく知っているのであればそれでよし、さもなければ、我輩は貴殿がしかるべき時でもないのに人々に礼拝の呼び出しを掛けているのを許すわけにはいかないのだ」

経済検察官は礼拝布令役人が反論できないことを調べ上げて、礼拝の布令役を禁じたのである。（第二巻一五二話）

イブン＝ドゥライドは抜群の記憶力

またアフマド＝アズラクは述べている。一団の人々が〔言語学者の〕イブン＝ドゥライド[*1]について語ったところによると、イブン＝ドゥライドは次のように言ったという。

「アブー＝ウスマーン＝アシュナーンダーニー[*2]は私の家庭教師であった。私の教育を任されていた叔父のフサイン＝ブン＝ドゥライド[*3]は、食事時によくアブー＝ウスマーンを呼んで会食をすることがあった。

ある日、私の叔父が入ってきたが、そのときはちょうど先生のアブー＝ウスマーンが私に、『アスマーは我らに別離を告げる』[*4]で始まる〔ジャーヒリーヤ時代の詩人〕ハーリス＝ブン＝ヒッリザのカセーダ体詩を講義している最中であった。叔父は私に、『お前がこのカセーダ体詩を暗記したならば、かくかくしかじかのものをお前にやろう』と言って、先生を食事に誘ってしまった。そこで先生は叔父の部屋に入り、ともに食事をし、そのあとも一時ばかり座談にふけった。私は、先生が叔父のもとを離れるまでにハーリス＝ブン＝ヒッリザの詩をすべて暗記した。

先生が戻って来たので、私は詩を全部暗記したと知らせた。

すると先生は、信じられないと驚き、私を試してみたが、私が確かに暗記していると納得した。そこに私の叔父が部屋に入って来た。先生が暗記したことを告げると、叔父は私に約束のものをくれた」

イブン＝ドゥライドは大変な記憶力の持ち主で、彼ほどの人を私は知らない。イブン＝ドゥライドのまえでアラブのある詩集がすべてか、あるいはおよそ朗読されると、彼は誰よりも真っ先に暗記してしまうのであった。私は詩集の朗読で彼にまさる人を知らない。

（第二巻一五三話）

1――Abū Bakr Muḥammad b. al-Ḥasan b. Durayd. 第二巻一〇九話註3参照。

2――Abū ʿUthmān al-Ashnāndānī.

3――al-Ḥusayn b. Durayd.

4――al-Ḥārith b. Ḥilliza al-Yashkurī. カセーダ体詩の始祖とされるイスラム以前の詩人。ここでいうハーリスの詩というのは、伝説であろうが経緯はこうである。バクル族とタグリブ族という二派のアラブ遊牧部族の抗争を、ヒーラの王が二派からそれぞれ人質を差し出すという条件で執り成し、和平を成立させた。ところがその後アムル王ʿAmr b. Hind（在位五五四―五七〇）の治世中、タグリブ族の人質が事故で死亡するという事件が起こり、タグリブ族がその責任をバクル族に問い、賠償を求めた。バクル族が拒否したために両者間は険悪となり、タグリブ族はアムル王に訴えた。バクル族の詩人であったハーリスは王の御前でバクル族の立場を訴えるためにカセーダ体詩を吟じた。それが見事だったので王はその詩を懸架するよう命じ、紛争の芽は摘みとられた。

言葉の言い間違い

またアフマド＝アズラクによれば、アッバードとして知られるハーシム家のアブー＝ムハンマド＝スライマーニー[*1]の面前で、〔ハンバル派の領袖〕バルバハーリー[*2]のことが話題となったとき、アッバードは以下のようなことを述べたという。

アッバードはある日、カリフ‐カーヒル[*3]のまえに立ち、「おゝ信徒の指揮者よ、〈アフリク〉ハーシム家[*4]」と言った。するとカーヒルはアッバードが言った〈アフリク〉は「滅びゆく」を意味しているのだと考えて、「そう思う」と言った。実際には、アッバードはカリフにハーシム家一族のことを思い起こさせるつもりで、〈アフルカ（あなたの一族）〉と言うつもりであった。ところが、カリフの目は怒りに燃えていた。

アッバードは、「もし比喩（ハドゥラト）を用いようとしたのであれば、私は許されるでしょうか」と尋ねた。〔それも間違った言い方だったので〕「それは比喩ではないのでは」と言われてしまった。それで「そうです。言い間違いをしました。それは攪拌（ハドゥハドゥ）です」と言った。みんなは〔呆れて〕黙ってしまった。それを言うなら「唆《そそのか》す（フドゥドゥ）」となるのだが。

（第二巻一五四話）

1 —— Abū Muḥammad al-Sulaymānī al-Hāshimī, 通称 ʻAbbād.
2 —— al-Barbahārī, al-Ḥasan b. ʻAlī b. Khalaf. 第二巻一二四話註10参照。
3 —— al-Qāhir. 在位九三二—九三四。第二巻三三話註2参照。
4 —— al-Hāshimīyūn. アッバース朝はハーシム家に属する。

ハムダーン朝君主の功績を顕彰する書簡

〔詩人〕バッバガー[*1]が私タヌーヒーに語ってくれた。

〔ハムダーン朝君主〕サイフ=アッダウラ[*2]はヒジュラ暦三五五年ラジャブ月(九六六年六月)、ユーフラテス川畔において〔ビザンツに捕らえられていたイスラム教徒を〕贖《あがな》う件を執行した。[*3]彼にはこれにより、捕虜の身代金と捕虜に帰すべき財産の補償費ならびに生活改善のため、金五〇万ディーナールの費用が掛かった。彼はそのすべての出費をみずからの資産で賄《まかな》ったのであるが、それは彼が清貧に耐え、神を敬い、来世の報いと栄光を願ってのことであった。しかしながら、彼の行為に対して他の諸王は誰一人として援助しようとはしなかったのである。

このサイフ=アッダウラの行為は、彼の一連の善行と崇高な功績の極致となるものであり、筆舌に尽くしがたいものである。彼はこの件をすべて片付けると、当時彼のところで働いていたすべての文筆家に対して、サイフ=アッダウラの名において諸国の軍人ならびに臣民に宛てて、捕虜の身代金支払いの完了とそれにまつわる状況を記した書簡を各自認《したた》めるように命じた。以下は私が認めた書簡である。

この我らが書簡――神が汝らを十二分に保護され、汝らを注意深い眼で見守られんことを――は、〔ビザンツとの〕捕虜の身代金支払い交渉の終結を機に、ユーフラテス川畔の、「血の代価」という名の平原にある我らが軍営地より発せられるものである。この交渉ごとは、まさしく神が栄えあるかつ重大な仕事を成し遂げさせようと我らをとくに選ばれ、重い負担に耐えられるよう我らを助けられ、美徳の名声を博するよう我らを導かれた結果であって、我ら以外の者たちは意志の弱さから怠惰に流れ、強欲に従い、気楽さに安住して、神を気まぐれに想像するだけだった。

神こそ称えあれ。我らは神の恩寵が永遠に続くことを願う者であり、我らが主ムハンマドとその家族に恩寵が与えられるよう神に祈る者である。

我らに与えられた神の贈り物と恩恵は、永遠にして、かついくら称賛しても足りないほど膨大であり、到底返礼のできないほど偉大である。それでもなお、我らがさらなる恩恵を願い、いっそうの加護を願う最良の道は、そうした恩恵をすでに過去において戴いていることに気付き、将来においても戴けるであろうことを声高にお唱えすることである。

我らは神を称えることを知り、急ぎ不信心者との聖戦に赴き、敵との戦いに身を捧げることが使命だと知って以来、ずっと神の恩寵に感謝し続けてきた。それも、成功は神のお導きにより保証されるとの考え方、勝敗は敵に向かってこそ得られるとの決意、歴史はイスラムが重ねて成し遂げてきた征服、武勇伝は戦いの日々に次々に味わった試練、それらを脳裏に描きながらのことであった。

我らは相手を打ち負かさない限りは戦いを止めることはない。我らは統御しない限りは監視の目を逸らすことはない。我らは支出するためにこそ財貨を蓄えるのである。我らはイスラム共同体の防衛と宗教の保全、正義の拡大と烏合《うごう》の衆の統一に使うためにこそ備蓄を喜ぶのである。

それというのも、これは我らが〔キリスト教徒〕諸侯を捕虜とし、彼らの館を勝者として調べ上げ、権威の肩書きを保持者から剝奪し、城塞から領主を追い出し、皇帝から叔父と甥とを力でもって奪い、皇帝の弟を屈辱のもとに置くことができたからこそのことであった。

今や過ちではなく真実を指し示し、矛を収めてさらなる高貴さに戻すべきときである。我らの剣は血を求めず鞘に収められ、騎士たちは団欒の場に連れて来られ、槍先は固定され、軍馬の手綱は緩められた。敵は我らに休戦を求め、しかるべき問題の処理を懇願した。

捕虜の身請けを求めて交渉が始まったが、我らはそれを拒否する理由はなく、交渉のもつれを釈明する要はなかろう。我らは《地上の敵を思う存分殺戮したあと》(コーラン八章六七節)で、彼らの手にある唯一神の信仰者、彼らの奴隷とされているイスラム教徒を解放することこそ、すぐにも感謝され、永遠に報われるための最善の方法であると見た。

そこで、我らは各地に使者を派遣し、あらゆる都市に我らの仲間を送り込んで、拉致された捕虜の人数を調べ、集計し、我らの私的な財産で買い戻すことを我らの関心事とした。このことに対して、当世の人からは誰も我らを援助しようという者が現われなかった。ただ衣服を提供しようという者は現われ、彼らは我らとともに称賛と報償に与《あずか》るであろう。

加えて、槍の掟で我らが所有物となり、軍馬と剣の力で我らの庇護下に置かれることになったビザンツの大貴族や中小貴族、異邦の首領や不潔な戦士どもも挙げねばならないであろう。

休戦条約の締結と身代金の支払い条件の確定に当たっては、我らのまえに立つビザンツ側の諸王もイスラム側のスルタンたちも、他の指導的立場の責任者や権力に協力的な富豪、状況の改善に貢献しようと金銭を惜しまない協力者、こうした人たちへの配慮を見せた。しかしながら、神は我々をこそ、この交渉ごとに伴う報償と感謝と称賛に値する唯一なる担い手と為し給うたのである。

我らは騎兵軍団の師団長や奴隷兵の信用ある領袖に、最大の同情心と親切心でもって彼らを移送するようにと勧めた。

つまり、我らは捕虜や囚人たちを安寧と敬意をもって遇するように命じたのであって、捕虜たちは、ビザンツ側の責任者が我らに希望した通りの乗船地と下船地を経てユーフラテス川を全員渡り切り、治安が危ぶまれる国境地帯や山岳地帯を慎重かつ人間として遇されながら帰途に就いたのである。

我々が目的地に近づくやビザンツ側の責任者は迅速に移動し、取り決められた通りに事が運ばれることを願いながら、群衆が見守るなかを一歩一歩と、疑いの目のまま前へ進み行くだろう。だが、群衆の心は心配と恐怖と用心と臆病が入り混じったばらばらなものだ。彼らに投げかけられる叫び声は、「敵だ、用心しろ」と言っているに過ぎないのだ。それでも先方の責任者は我らの宮廷に降り立ち、権威の鍵をイスラム側に引き渡し、代わりに我らより、約束を履行するより確かな誓約を受け取った。

我々はもっとも神聖な月の新月、ラジャブ月一日土曜日(九六六年六月二三日)に捕虜交換業務を始めた。神はイスラム教徒に何が善行で何が清廉なる行為かを知らしめた。神は速やかなる祝福を与えられ、恩寵を双方に下された。神は我らに完全なるお導きを引き続き与えられ、努力を嘉《よみ》され、力を増してくださるであろう。いつも勝利を与えられ、権威を強化され、論拠を明らかにされるであろう。神の言葉はいと高く、不信心者の言葉はあまりに低い。神は偉大で賢きお方。

かくして、事は秩序と調和をもって粛々と運ばれ、神は我らの手で、長期の監禁で心を病んだり解放に絶望して体を壊してしまったりした人々を救い給うた。これらの人々は我々が知っているなかでもっとも揺るがぬ信仰の持ち主となり、宗教の絆で固く結ばれた者となった。

ついで我々が身代金を受け取った〔ビザンツの〕著名な大貴族や名だたる貴族たちは、肉体は立ち去っても心は名残惜しさを残しながら、我らから受けた好意や恩恵を胸に、我らに背を向けて我らのもとから出発した。なるほど、彼らは身代金を支払われて解放はされたが、我らの慈善や好意や恩恵という絆ではなお縛られた者たちだったのである。

一方、彼ら〔ビザンツ側〕が遠方の隔たった諸州から連れてきた捕虜たちについては、我らは身代金の支払いを惜しまず、できるだけ早く解放させることを優先し、最高額といってもよいほどの高値で身請けした。金銀の備蓄というのは、得てして何がしかの脅しや危険を伴うものであるが、我らはそうした商売の利ざやにとらわれず、いと高き神が行なわれる取引だと考え、遅かれ早かれやってくる来世の報いを信じて妥結したのであった。これこそがまさしく大いなる利得なのである。

我らは、貧窮に耐え忍び、長年の拘禁に衣服は襤褸《ぼろ》となっていた捕虜たちの状態を改善し、彼らをもっともめでたく、もっとも有利な、もっとも前進的かつ素晴らしい状態での凱旋者として帰還させた。それは敵――神が彼らを見捨て給わんことを――が長期の駐屯に疲れ、身の安全に疑いを持ち、駈け抜ける騎兵の奇襲や一歩一歩と近づく歩兵の槍先を想念して撤退した結果であって、何も敵は敗残の兵として背中を見せてとぼとぼ歩くことを考えたわけでも、逆にこのうえない勝利を断念したわけでもなかった。

我らは、友人たちやすべての人民に先触れの使者を遣わした。それは偉大なる神が、明白なる恩寵と絶え間ない分け前とを我らに整えられたことを知らしめるためであり、使者たちはこのことをモスクの説教壇において宣布し、あるいは書簡や公文書でもって通告するであろう。それは栄光の神が次々と贈ってくださった恩恵が宗教の増進に資し、イスラム共同体に等しく利益をもたらすからである。

我らをとくに選ばれ、とりわけ我らこそ、イスラム共同体の防衛を担う預言者の後継者にふさわしく、また預言者の言葉の強化にふさわしいとお選びくださった神に称えあれ。

我らは神の恩恵に目覚めることができるように、神が我らをお導きくださるよう祈る者である。まさに神によってこそ神の恩寵は守られ、神の贈り物は保たれ、不信心が恩寵を減らしたり、不誠実が贈り物を他のものに置き換えさせたりすることはない。神の欲し給うままに。　**(第二巻一五五話)**

1――Abū l-Faraj ʿAbd al-Wāḥid al-Babbaġā'. 第一巻五二話註1参照。

2――Sayf al-Dawla. 第一巻四四話註1参照。

3――第一巻一二一・一二二話参照。

即興の頌詩で大金の褒美

私タヌーヒーの父によれば、〔詩人〕ムウワッジュ*1が語ったという。

〔将軍〕バドル＝ハンマーミー*2の乗った馬がよろめき、落馬して血が流れた。ちょうどそのとき、私は将軍のもとを訪れたときだったので、即興の詩を彼のために朗誦した。

たとえ脚がよろけたとしても馬には罪はありませぬ
こんな場合誰も馬の欠点をあげつらうことはできぬ
馬の背には大胆さと寛大さと強力が重くのしかかり
馬はそのすべてを背負うほど力強くはなかったのだ
血が流れたとき　これら徳目も流れ出てしまったか
人々がそう言わなかったのは　閣下を恐れてのこと
お手に口づけし手当てを戴こうと差し出された手を
払い除けられるのでしょうか　閣下の徳目はいずこに

朗誦が終わると、バドル＝ハンマーミーは私に銀五〇〇〇ディルハムを与えるよう命じ、私はそれを受け取って立ち去ったのであった。

（第二巻一五六話）

1 —— al-Mu'waji.

2 —— Badr al-Ḥammāmī, Abū l-Najm. カリフ＝ムウタディドの解放奴隷。イブン＝トゥールーン Ibn Ṭūlūn とともにエジプトの統治に参画していたが、バグダードに来てイラン諸州の総督に任命された。九二三／二四年、シーラーズで没した。

褒美を催促した詩人がかえってやり込められる

我々と同時代のバグダードの一団の教養人たちが私タヌーヒーに語ってくれた。

ハーシム家出身の〔詩人〕イブン＝スッカラ[*1]が大法官アブッサーイブ[*2]のところへ入っていくと、大法官は裁判の席に坐っていた。そこでイブン＝スッカラはまるで訴状のようにして紙片に言葉を書き、それを大法官に提出した。かつて大法官を称賛する詩を書いたことがあったが、まだ褒美を貰っていなかった。大法官アブッサーイブはその紙片を読み、怒りや拒みの表情をいささかも浮かべることなく、紙片に何か決裁文を書いた。

「この訴状を出した者はいるか」

イブン＝スッカラが立ち上がって進むと、大法官は紙片を渡した。そこには褒美かまたはその約束かが書かれてあり、もはや非難がましいことをせずともよいに違いないと思って、受け取った。ところがイブン＝スッカラは、それを読むと恥ずかしそうにして立ち去ったのである。

のちに他の人たちがその紙片を読むと、各行の冒頭にはイブン＝スッカラの手で詩が、その返答としてアブッサーイブの手で散文が次のように書かれていた。

やあウトバ＝ブン＝ウバイドよ
　余はここにいるぞ
汝はあらゆる恥辱から免れて
　やあ名前を省く男め[*3]
神は汝に嫌疑を掛けようとする
　お前こそ神はあらゆる
人々から汝を遠ざけられている
　危害からお前を守られる
汝はシュアイブの子のザビーバを
　それは嘘に決まっている
噂では愛しているそうではないか
　それには感謝あるのみだ
それは馬鹿げたことだと我は言った
　だがお前は自分のことを
何しろ白髪の男が稚児《ちご》を抱くのだから
　言ったのではなかったか
かつて汝らは敬虔で誠実な老人を
　よくある話ではないか
よく褒め称えたものだった
　なんてきざなことをするものよ

それに神の救いがあらんことを
本当に汝はその人の一物《いちもつ》を見たのか
　そんなことを言う輩《やから》は証言の
なぜ隠れたものを見たと証言するのか
　道理もわからぬ無知どもなのだ[4]

（第二巻一六二話）

1 ——Abū l-Ḥasan Muḥammad b. ʻAbd Allāh b. Sukkara al-Hāshimī. 一〇世紀後半のバグダードの名のある詩人。九九五年没。

2 ——Abū l-Sā'ib ʻUtba b. ʻUbayd Allāh. 第一巻一一七話註２参照。

3 ——大法官の本名はウトバ＝ブン＝ウバイドッラーで、イブン＝スッカラが神を意味するAllāhの部分を省いたのを皮肉っている。

4 ——ミスカワイフ Miskawayh（九三二頃—一〇三〇）の著書『諸民族の経験』*Tajārib al-Umam* によれば、九六一年に大法官アブッサーイブが亡くなったとき、ブワイフ朝の宰相ムハッラビーは大法官の財産を没収、執事ムハンマドを科料に処し、ミスカワイフの面前で死を目前にするほど執事を強く鞭打たせたという。執事は美男子で魅力的な人物だったらしく、人妻を犯すという不道徳で破廉恥な行為に耽りながら、大法官の執事という立場からあえて誰も訴えようとしなかった。そのような情報を耳にした宰相は、復讐心をもって執事のくるぶしを砕かせた。

宝石商イブン＝アルジャッサースが金持ちになれたきっかけ

イブン＝ジャアラーン[1]によれば、イブン＝アルジャッサース[2]の息子アブー＝アリー[3]が父から以下のような話を聞いたという。

儂《わし》が金持ちになれたきっかけはこうだ。儂は〔エジプトの〕トゥールーン朝の太守ホマーラワイフ[4]の後宮のロビーにたむろし、太守や後宮の女たちが求める宝石その他の購入を任されていて、ロビーから離れることはほとんどなかった。

ある日、女官が二〇〇粒の宝石からなる首飾りをもって儂のところへやって来た。それは、これほど美しく素晴らしいものはこれまで見たこともないというもので、思うに一粒それぞれが金一〇〇〇ディーナールはするしろものだった。

「これを小さくカットして、一〇粒からなる小さな人形を四組作ってくださいな」

女官の言葉を聞いて儂はたまげたが、首飾りを受け取り、

「かしこまりました」

と答えた。儂はすぐさま喜び勇んで出かけた。儂には思うところがあったのである。宝石商たちを呼び集めて可能な限り買い集め、女官の希望通りのさまざまな形をした宝石一〇〇

粒を手に入れた。

その晩、儂は女官を訪れ、

「もしこれをカットされるのであれば、時間的猶予が要ります。今日できるだけ仕事に励んで、これだけ整えました」

と集めた宝石を差し出し、

「残りは数日のうちにカットします」

と猶予を頼んだ。女官は満足し、宝石の粒を手にして喜び、儂は辞去した。

それから数日間というもの、儂は残りの宝石を探し求めた。やがて儂は集めた宝石二〇〇粒を件《くだん》の女官らに引き渡した。それは儂にとってはほどよい値段、およそ銀一〇万ディルハム掛かっただけで、代わりに二〇万ディーナールもする宝石を手に入れることができたのである。

その後も儂はトゥールーン家のロビーにたむろし、その一室を自分の専用として確保し、そこを住み家とした。

これを機に、儂には数え切れないくらいの財が集まり、それは富となって、ついには語り草になるほど有名になったのである。

（第二巻一六四話）

1 ―― Abū l-Ḥusayn Aḥmad b. Muḥammad b. Ja'lān.

2 ―― Ibn al-Jaṣṣāṣ. 第一巻七話註3参照。

3 ―― Abū 'Alī Aḥmad b. Ḥusayn b. 'Abd Allāh al-Jawharī, Ibn al-Jaṣṣāṣ.

4 ―― Abū l-Jaysh Khumārawayh b. Aḥmad b. Ṭūlūn. エジプト・シリアのトゥールーン朝第二代君主。第二巻一三話註7参照。

酒づきあいがもとで信用を得る

イブン＝アイヤーシュ[*1]が長老たちから聞いて私タヌーヒーに次のように語ってくれた。

イブン＝アルジャッサース[*2]がトゥールーン朝の〔第二代君主〕ホマーラワイフ[*3]と親密になったきっかけはこうだという。

ホマーラワイフは酒好きで、シーラウィーというエジプトの棗椰子《なつめやし》酒を四〇ラトルも飲み、

「一升酒を飲める者はそれ以上飲める」

と公言するほどであった。そんなわけで、ホマーラワイフの飲み仲間で勝てる者は一人もなく、みんな先に酔っ払ってしまうのであった。それがホマーラワイフにはおもしろくなく、一人ぽつねんとしなければならないので、もっと酒が飲める男がいないものかといつも探していた。

そうしたとき、当時宝石の商いをしていたイブン＝アルジャッサースがホマーラワイフに紹介された。イブン＝アルジャッサースはさっそく呼び出された。導き入れられてホマーラワイフのまえに来ると、地べたに口づけをした。こんな挨拶の仕方は知られていなかったので、ホマーラワイフは彼の作法を好ましく感じた。

「お前のあだ名は」

「太守の奴隷フサインです」

イブン＝アルジャッサースはこの名を二度繰り返して言った。ホマーラワイフは一緒に食事をするよう命じ、一杯、二杯と、ともに酒を飲み、とうとう酔っ払ってしまったが、イブン＝アルジャッサースはそれからなお一ラトル飲み干した。

翌朝、このことがホマーラワイフに伝えられると、イブン＝アルジャッサースを連れて来させ、莫大な褒美を与えた。

「お前の職業は何か」

「宝石商です」

イブン＝アルジャッサースに惚れ込んだホマーラワイフは、家族の者たちに命じて、宝石はすべてイブン＝アルジャッサースを通じて買うようにさせ、彼に金儲けの機会を与えた。

ホマーラワイフはしばしばイブン＝アルジャッサースと食事を摂り、飲みたいときには彼と飲むようにした。ほかの陪席者たちがみんな寝てしまっても、二人だけは飲み続けるという有様だったので、両者のあいだには非常な親密感が生まれた。こうして、ホマーラワイフは酒を飲みながら秘密を打ち明け、あるいは相談をしたりして、親密な関係を結び、やがては宮廷の諸事や歳出全般の管理をもイブン＝アルジャッサースに任せるようになった。

このような両者の関係はその後ますます強まり、やがてホ

マーラワイフに、自分の娘とカリフ＝ムウタディド*4とを結婚させようという考えが芽生えると、イブン＝アルジャッサースをその使節として派遣し、結婚の契約を取り決めさせた。そのうえ、嫁入り支度のこともイブン＝アルジャッサースに任せたので、彼は計算書なしで、お金を湯水のように使った。

　伝えられているところでは、ホマーラワイフの娘カトル＝アンナダー*5の嫁入りの道中、ダマスクスとラムラとのあいだで嫁入り道具が雨に遭ったので、イブン＝アルジャッサースはその地に滞在してこのことをホマーラワイフに知らせ、道具を新調する許しを求めた。それが許されると、イブン＝アルジャッサースは二カ月間〔結婚を〕遅らせて新調し、そのために金三万ディーナールを費やしたという。

　カトル＝アンナダーがバグダードに到着したときには、ホマーラワイフはまったく貧乏になってしまった。嫁入り支度にかかり過ぎたからで、ホマーラワイフの富はすべて失われ、ついには蠟燭一本ですらホマーラワイフが求めると、しばらくのあいだ待たせて、なんとか取り繕うといった始末であった。

「神に呪われよ、イブン＝アルジャッサースめ、儂を知らぬままに貧乏にしおって」

とホマーラワイフは嘆いたという。

（第二巻一六五話）

1——Abū l-Ḥusayn b. ʻAyyāsh. 第一巻六話註3参照。

2——Ibn al-Jaṣṣāṣ. 第一巻七話註3参照。

3——Khumārawayh b. Aḥmad b. Ṭūlūn. 第二巻一三話註7参照。

4——al-Muʻtaḍid. 在位八九二—九〇二。第一巻三二話註4参照。

5——Qaṭr al-Nadā. 当初はカリフ＝ムウタディドの息子で将来のカリフとなるアリー ʻAlī と結婚させるつもりであったが、アリーはまだ一五歳だったので、カリフ自身が結婚の相手になることを希望した。八九五年三月にバグダードに入り、ムウタディドと結婚、まもなく病気となり、九〇〇年七月に没した。

口は禍の門

イブン＝アイヤーシュ[1]によれば、イブン＝アルジャッサース[2]にまつわる変わった話に次のようなものがある。カリフ－ムクタフィー[3]はイブン＝アルジャッサースから素晴らしい宝石の連なる首飾りを買い求めようとした。

「値はいかほどまでお付けになられますか、信徒の指揮者さま」

「金三万ディーナールでは」

「それではお望み通りにはできかねますが。ただ私はほかにも首飾りを持っておりまして、それは六〇粒が連なったものですが、六万ディーナールを下回る値ではお売りできません。もしよろしければお持ちしますが」

「持ってまいれ」

イブン＝アルジャッサースが持参すると、カリフのそばに〔宰相の〕アッバース＝ブン＝アルハサン[4]が立っていた。イブン＝アルジャッサースがカリフ－ムクタフィーに首飾りを見せると、カリフはその出来栄え、その美しさに圧倒された。

「予はこれほどのものを見たことがないぞ」

「これほどのもの、あなたさまは他にどこから得られるとおっしゃいますか、やあアブー＝ミシュカーヒルよ[5]」

カリフは顔色を変え、怒りをあらわにし、イブン＝アルジャッサースに何か物言おうとしたが、宰相が控えられるようにと合図したので、ぐっと堪えた。イブン＝アルジャッサースは首飾りをカリフの面前に置き、出て行った。

「神かけて、民は予に対しこのあだ名で呼んでおるのか、とくと答えよ」

「いえ、滅相もございません、陛下。もっともあの男は愚かな平民でございます。民はある相手を見下そうとするとき、このように呼びかけるのでございます。陛下はあの男の物言いで、この首飾りをただで手にされましたぞ。イブン＝アルジャッサースのことは私めにお任せください。もしあれが陛下のもとに参りましたならば、私にお引き渡しください」

数日後、イブン＝アルジャッサースが参内し、首飾りの代金は、と促した。

「宰相のアッバースに会え」

カリフからそう言われて、イブン＝アルジャッサースは宰相のところへ行き、代金を請求した。

「愚か者め、お前は首飾りのことでカリフにあのようなあだ名を付けておきながらその代金を請求するというのか。お前は向こう見ずにも、カリフの下僕にさえ付けないようなあだ名でカリフを呼んだのだぞ。首飾りのことはもう言うな。

さもなくば、お前には好ましくないことを招くことになるぞ」

イブン＝アルジャッサースはこう言われてじっと堪えた。たった一言で首飾りもお金も失ったのである。

（第二巻一六六話）

1——Abū l-Ḥusayn b. ʻAyyāsh. 第一巻六話註3参照。

2——Ibn al-Jaṣṣāṣ. 第一巻七話註3参照。

3——al-Muktafī. 在位九〇二—九〇八。第一巻一五五話註6参照。

4——al-ʻAbbās b. al-Ḥasan. 九〇四年から九〇八年までカリフ＝ムクタフィーの宰相を務め、後継のカリフ＝ムクタディルのとき、クーデターが起き、殺された。

5——当時のバグダードの俗語で、相手を小馬鹿にするようなときに使われたアラム語起源の表現法。「ずる賢い」の意。

ベドゥインの占い師

イブン＝アイヤーシュ[*1]が信頼のおける人から聞いたところによれば、〔宰相〕イスマイール＝ブン＝ブルブル[*2]が〔政敵で執政ムワッファクの書記官〕サーイド[*3]の攻撃を受けて自邸に籠っていたころ、近々赤ん坊が生まれることになった。

「占星術師を呼んで参れ、赤ん坊の誕生はいつごろかのう」

占星術師がやって来たとき、その場に居合わせた者がイスマイールに言った。

「旦那は星で何をなさろうというんです。私はベドゥインの占い師を存じておりますが、この世でこの男ほどよく視《み》るものはおりません」

「連れてきてくれ。名前はなんというのだ」

人々が件《くだん》の占い師を探し出し、その男が入ってきた。イスマイールは男に尋ねた。

「お前さんはなんのために呼ばれたかご存知かのう」

「わかっております」

「なんだ、それは」

男は屋敷内を見まわし、

「赤ん坊のことでお呼びなすったのでげしょう」

イスマイールは、男に何も知らせるなと前もって命じていたので、男の言葉を聞いて感嘆し、

「男の子か女の子か、どっちだ」

と尋ねた。すると男はまた屋敷内を見まわし、

「男の子です」

と答えた。

「どうしてそう言えるのか」

「それはわかりません」

そうこうするうちに、突然スズメバチがイスマイールの頭のうえに飛んできた。下僕が追い払い、そのスズメバチを叩いて殺した。これを見たベドゥインの占い師は立ち上がり、

「神かけて、お前さまは腰帯をした異教徒を殺しなすったでげすよ。その後任に任じられますぞ。儂《わし》は吉報をもたらしたご褒美がいただける」

と叫んで踊り出した。イスマイールが静かにするようにと男を制した。そうしたとき、赤ん坊が生まれたと告げる叫び声が聞こえてきた。

「赤ん坊はどっちだ。見てまいれ」

「男の子です」

イスマイールはこれに非常に喜んだ。占い師の予言が当たったばかりでなく、宰相位への期待と政敵サーイドの破滅が予測されたためである。イスマイールはベドゥインの占い師に何がしかを与えて帰らせた。

このことがあってから一カ月もしないころ、執政ムワッファク[*4]がイスマイールを召し出して宰相に任命し、同時にサーイドの身柄をイスマイールに引き渡した。イスマイールはサーイドをたびたび拷問に掛け、とうとう死に至らしめたのである。

イスマイールはサーイドの身柄を渡されたとき、ベドゥインの占い師のことを思い出し、探させた。占い師がやって来ると、イスマイールは尋ねた。

「例のあの日、お前はどうしてあのように予言したのか、私に教えてくれ。お前には不可視なものについての知識があると思えないし、これは星のなかに顕われる事柄でもない」

「手前どもは何かと見た事柄から吉凶を占い判断するのでげす。お前さまは最初なんのために呼ばれたかわかっておるか、とお尋ねなすった。それで屋敷内を見まわしますと、手前の目は水がめに行き当たり、そのうえには水差しが掛かっていたのでげす。そこで手前は、赤ん坊のことで、と言いやした。するとお前さまは、当たったと言って、男か女か、と聞きなすった。そこでまた屋敷内を見まわしますと、水がめのうえに雄の雀がとまっておりやした。それで、男の子でげす、と申しやした。すると突然スズメバチがお前さまの方に飛んで来やした。これは目印ものです。キリスト教徒は腰帯

で目印としやす。スズメバチはその敵でげす。スズメバチはお前さまを刺そうとしやした。サーイドは、もとはキリスト教徒でげす。あれはお前さまの敵でげしょう。手前は、スズメバチはお前さまの敵サーイドで、下僕がハチを殺したので、きっとお前さまはサーイドを殺させる、そのように占ったのでげす」

イスマイールはベドゥインの占い師にしかるべきものを与え、立ち去らせたのである。

（第二巻一六七話）

1 —— Abū l-Ḥusayn b. ʿAyyāsh. 第一巻六話註 3 参照。
2 —— Ismāʿīl b. Bulbul. 第一巻一四話註 4 参照。
3 —— Ṣāʿid b. Makhlad. 第一巻一話註 8 参照。
4 —— al-Muwaffaq. 第一巻七三話註 1 参照。

ベドゥインの鳥占い

私イブン＝アイヤーシュ[1]は、法官アブー＝ターヒル＝ブン＝ナスル[2]とともに大法官アブルフサイン[3]の病気を見舞うため、大法官の邸宅を目指し法官通りを歩いていた。そのとき、騎乗の三人のベドゥインに出会ったが、そのうちの一人が、大法官の邸宅の塀のうえでカラスが鳴くのを聞き、後ろの二人の同僚に、

「このカラスはこの屋敷のあるじが亡くなると知らせているぞ」

と言った。すると、

「確かに、三日後に亡くなるようだ」

とあとの一人が応じ、もう一人が、

「そうだ、屋敷内に埋葬されるようだぞ」

と答えた。私がアブー＝ターヒルに、

「ベドゥインたちが言うのを聞いたか」

と確かめると、聞いたという。私はつぶやいた。

「あれらはまったく愚か者たちだ」

我々が別れてから四日目の夜明け方、大法官アブルフサインの逝去を知らせる叫び声が上がった。私はベドゥインたち

の言葉を思い出し、不思議に思った。

我々は葬儀に参列したが、大法官は確かに屋敷内に埋葬された。

「まさしく、ベドゥインたちの言葉ほど不思議な話をお前は聞いたことがあるか。何ということだろう」

アブー＝ターヒルにこう尋ねると、

「いや、神かけて、私は知らぬ。ベドゥインたちのことを探し出して赴き、何を根拠にあのような予言をしたのか聞いてみようではないか」

ということになった。数日間、かのベドゥインたちの消息や町の居住区について尋ねまわった。なかなかわからなかったが、ようやくにして、ハルブ門[*4]のところにアサド族の居住区があって、そこにたむろしているらしいと聞き出し、そこへ向かった。

「お前たちのうちで、占いをよくする者はいないか」

「いかにも、この居住区のはずれに三人の兄弟がいて、占い師の子らとして知られているよ」

出会った人たちがそう言って、かのベドゥインたちのテントを指差してくれた。行くと、まさしく我々の仲間と出会うことができた。だが兄弟たちは我々のことは知らなかった。そこで我々が聞いていたことを知らせ、兄弟たちに予言できたわけを尋ねた。


「儂《わし》らベドゥインは誰も、カラスがある場所で鳴くとき、そこの住人が死ぬ場合の鳴き方を聞き分けることができるんだ。これはベドゥインのずっと昔からの経験によるもので、聞き違えをすることはねえ。あのとき、儂らはあのカラスが聞き覚えのある鳴き声で鳴くのを聞いたんだ」

我々はもう一人に尋ねた。

「お前さんはどうして大法官が三日後に死ぬと言ったんだ」

「カラスは三回続けざまに鳴いて静かになったが、それからまた三回鳴いた。それでそう判じたんだ」

私はさらにもう一人に尋ねた。

「お前さんはどうして大法官が屋敷内に埋葬されると言ったんだ」

「儂はカラスがくちばしや両足で塀を掘り、その砂を自分に掛けているのを見たので、屋敷内に埋葬されると言ったんだ」


（第二巻一六八話）

イブン＝アイヤーシュの友人の語るところでは、巡礼のためにハーイル[*5]——住民に平安あれ——に赴いたとき、道中ベドゥインの野営地のそばを通りかかった。ベドゥインたちはテントを張っていたのであるが、友人は駱駝から荷物を下ろし、野営して、召使いたちとともに坐って食事を始めた。すると、そのベドゥインの一人が友人のそばに立ち止まり、食べ物を乞うた。以下はこの友人の話である。

「坐りたまえ。一緒に食事をしよう。お前の分をわけてやろう」

ベドゥインは我々のそば近く坐った。すると突然、近くでカラスが飛び立ち、続けざまに叫び声を上げた。ベドゥインは立ち上がってカラスに石を投げつけ、罵った。

「うそつきめ、アッラーの敵よ。うそつきめ、アッフーの敵よ」

「ベドゥインどの。どうしたのだ」

「カラスめが、お前さんたちが儂《わし》を殺すだろうと言うんだ。お前さんたちが儂を食べようとしている、と」

それで私は、カラスはうそを吐いているのだ、とベドゥインの言うことを否定した。

しかし内心では、こいつは馬鹿者だと見下していた。さて、我々は食事を終えたが、そのとき、食事をするために敷いたクロスには、サンドウィッチを切る大きくて鋭いナイフも載っていた。我々はそのナイフのことを忘れて、載っている残りものをまとめて包み、ベドゥインに言った。

「これを受け取られよ。食べ物がすっかりなくなれば、敷物だけは返してくれ」

そのベドゥインは敷物をくるみ、それを持ち上げ、中身が全部貰えたことに喜んで、勢いよく背中にかついだ。すると件《くだん》のナイフが刃先からすべり落ち、両肩のあいだに入ってしまった。ベドゥインは倒れ込んで大声で叫んだ。

「カラスは本当のことを言ったんだ。畜生め。カーバ神殿の主にかけて、儂は死ぬ」

我々はベドゥインとのあいだにいざこざが起こるのを恐れ、敷物はそのままに、急ぎ立ち上がって隊商のなかに紛れ込み、我々のことが知られないようにした。ベドゥインが血まみれになってのたうちまわっているのを見殺しにしたのである。果たしてそのベドゥインが生きているのか死んだのか、我々は知らない。

（第二巻一六九話）

1——Abū l-Ḥusayn b. ʻAyyāsh. 第一巻六話註3参照。

2——Abū Ṭāhir b. Naṣr.

3——Abū l-Ḥusayn b. Abī ʻUmar. 第一巻一二七話註4参照。

4——Bāb al-Ḥarb. バグダード円城市の北西、ターヒル運河沿いにあった城門で、門を抜けると、ハンバル派の祖イブン＝ハンバル Aḥmad b. Ḥanbal の墓がある墓地が広がっていた。ハルブはカリフ－マンスール（在位七五四—七七五）の一将軍ハルブ＝ブン＝アブドルマリク Ḥarb b. ʻAbd al-Malik に由来する。

5——al-Ḥāʼir. カルバラーにある殉教者フサインの墓所。第二巻一二三話註7参照。

高名な占星術師を顔色なからしめた辻占い師

またイブン＝アイヤーシュ[*1]によると、〔宰相〕スライマーン＝ブン＝アルハサン[*2]は、いかさま占い師[*3]のことが話題になったとき、占星術師のアブー＝マアシャル[*4]がこの種のなかでももっとも不思議な体験だったと語ったという、その折の逸話を次のように伝えている。

〔首都〕サーマッラーの私〔スライマーン〕の家の近所に住む男が逮捕され、その父親が私のところにやって来た。父親は私の友人であった。

「自分と一緒に警察署長のところへ行ってくれ。息子の釈放を頼むのだ」

と言うので、私は〔アブー＝マアシャルともども〕馬に乗って出かけた。道中で、とあるいかさま占い師のそばを通りかかったので、

「このいかさま占い師でひとつ気晴らしでもしようか」

と私が言うと、彼は承知した。そこで私はいかさま占い師に聞いた。

「我らの星を見てくれ。何が見えるかね。何のために我らは出かけているかね」

いかさま占い師はしばらく考えていたが、

「何か閉じ込められたもののために出かけていなさるね」

と答えた。これを聞いてアブー＝マアシャルの顔色が変わり、唖然として口をもぐもぐさせた。

「解き放たれたか、それとも放たれていないかね」

「向こうへ行きなさったら、もう解き放たれているね」

やり取りを聞いたアブー＝マアシャルは私に言った。

「かまわないで行こう。ただの偶然の一致だ。妄想だ」

我々は歩き出し、警察署長のところに着いて、件《くだん》の男のことについて尋ねた。すると、

「実のところ、たったいまこの件のことで某氏の手紙が来たので、本官は釈放した」

と言うではないか。アブー＝マアシャルは急ぎ立ち上がり、

「あのいかさま占い師はいったい何を根拠に占いの判断を下したのか、そのわけがわからないうちは私の気が狂ってしまう。私は自分の書物を引き裂き、占星術は根拠のない学問だと深く信じてしまいそうだ。みんなして、あれのところに戻ろう」

と促した。そこでもと来た道を引き返し、件のいかさま占い師がもとの場所にいるのを見つけた。アブー＝マアシャルが、

「立って我らと一緒に来てほしい」

と言った。そこで、我々はいかさま占い師を馬に乗せ、アブ

ー＝マアシャルの屋敷に連れてきた。

「儂《わし》のことを知っているか」

「いいえ」

「儂は占星術師のアブー＝マアシャルだ」

と名乗ると、いかさま占い師はアブー＝マアシャルの手に口づけをした。

「我らが師匠さま、お名前は聞いておりました」

「まあ、そのことはよい。現金で金五ディーナールを与えるから、お前は何を根拠に我らの星を判断したのか、本当のことを話してほしい」

「承知しました。本当のことを申します。だけど、あなたさまから何がしかでもお金を頂くわけにはまいりません。あなたはこの道のお師匠さまですから。よろしいですか、あっしは星占いそのものについては何も存じません。ただあっしは女どものために占いをし、たわごとをわめいているだけです。目のまえの卓上に天体観測儀と暦書を置いているのは、大衆の目を誤魔化すためです。しかし、あっしはあるとき、砂漠のベドゥインと仲良くなり、彼らからザジュル[*5]や吉凶占い[*6]や鳥の飛翔の占い[*7]などを教えてもらいました。ベドゥインの考えでは、何か占いごとを頼まれると、目についた最初のものを観察して、そこから意味を読み取り、それを求められていることの判断材料とするのです。あなたさまがあっしに、『何のために我らは出かけているかね』とお尋ねなさったとき、あっしは口ごもりながら目を遣りました。すると、水売りが皮袋に閉じ込めた水を持っておりました。そこであっしは、『閉じ込められたもの、のことですかい』と言ったのです。するとあなたは、『解き放たれたか、それとも放たれていないかね』と聞きなすった。そこで占うものは何かないかと観察すると、水売りが水を注いでいるのが目に入りました。皮袋から出て行っているわけで、そこで、『向こうへ行きなさったら、もう解き放たれているね』と申しました。それで占いは当たりましたか」

「そうだ。それに、お前さんは儂の気も晴らしてくれた。約束のディーナール金貨を受け取られよ。用人たちに送らせよう」

いかさま占い師はお金を受け取ることを断ったが、アブー＝マアシャルが強く勧めたので、やがて受け取り、出て行った。すると、アブー＝マアシャルはまるで非常な心配事から解放された人のごとく、身を投げ出し、心臓のうえに手を当て、

「あれは儂の心を救ってくれた」

と、安堵の声を上げたのである。

（第二巻一七〇話）

1 —— Abū l-Ḥusayn b. ʿAyyāsh. 第一巻六話註3参照。

2――Sulaymān b. al-Ḥasan b. Makhlad. 第一巻一三三話註2参照。

3――原語 zarrāq.

4――Abū Ma'shar al-Munajjim, Ja'far b. Muḥammad b. 'Umar al-Balkhī. ホラサーンのバルフ生まれの高名な占星術師。バグダードでイスラムの諸学を学んだのち、天文学や占星術の研究に没頭、ペルシャやインドの占星術も参照し、著述を残した。八八六年、イラクのワースィトで没した。

5――原語 zajr. イブン＝ハルドゥーンによると、占いの一種で、鳥あるいは動物が現われたとき、その様子から超自然的なことを語るのだという。動詞 zajara には、吉凶判断をするために鳥を脅して追い払うという意味がある。イブン＝ハルドゥーン『歴史序説』第一冊二八二頁（森本公誠訳、岩波文庫、二〇〇一年）参照。

6――原語 fa'l. 本来は吉兆の意味で、凶兆を意味する ṭiyara の反意語であるが、lā fa'la 'alayka（あなたのうえに悪運のないように）と逆の意味で用いられることがある。また何らかの意味での前兆を指すこともある。

7――原語 'iyāfa. 動詞 'āfa は「鳥が上空を旋回する」の意で、名詞 'iyāfa は「鳥のザジュル」とされる。

占星術師の腕比べ

ハーリスィー*1は父親が語った次のような話を伝えている。

儂《わし》はカリフ－ムウタミド*2の武器庫で働く役人の一人で、〔執政〕ムワッファク*3がザンジュの乱の首領と戦うためにもうけた軍営地で〔執政の〕御前にいたことがあった。そこにはアブー＝マアシャル*4ともう一人の占星術師――父はその名前を言ってくれたが、自分は忘れてしまった――が同席していた。ムワッファクはこの二人の占星術師に、

「昨日以来、余が心に抱いている事柄について、運勢を占ってみよ。余はお前たちに下問し、お前たちを試そうと思うぞ。余の心のうちにあるものを引き出してみよ」

と命じた。そこで、二人の占星術師は運勢を見たり、占卜《せんぼく》表*5を操作したりしていたが、やがて口を開くと二人揃って、

「お尋ねになられましたのは胎児のことでありましょう。だがそれは人間ではありますまい」

と言った。

「うむ、そうじゃ。だがそれは何かのう」

こう引き続き尋ねられたので、二人は長い間考えていたが、やがて、

「その胎児とは雌牛が孕《はら》んでいるものでございます」

と答えた。

「うむ、そうじゃ。だが生まれるのはどっちじゃ」

「雄牛でございます」

「してその特徴は」

重ねて尋ねられたアブー＝マアシャルは、

「黒牛でございますが、額に白斑があります」

と答えたが、もう一人の占星術師は、

「黒牛でございますが、尾は白色です」

と答えた。ムワッファクは命じた。

「みなの者、この占星術師らがいかに大胆な占いを行なったか、目の当たりにしようぞ。件《くだん》の雌牛を連れてまいれ」

雌牛が引き出されてくると、それは分娩まぢかであった。

「屠《ほふ》れ」

屠られ、腹が裂かれると、そこから小さな黒牛が現われた。しかも尾は白く、巻き上がって、額のところに達していた。ムワッファクも周りの者もこれに大変驚き、ムワッファクは二人にたいそうな褒美を与えたのである。


私がまた別の折にムワッファクの面前に伺候していると、アブー＝マアシャルとこの占星術師とが召し出され、ムワッファクから、

「余が隠しているものは何か、当ててみよ」

と尋ねられた。すると件の占星術師は運勢を占い、占卜表を操作し、長いこと考えたすえ、

「それは果物でございます」

と答えた。だがアブー＝マアシャルは、

「それは何か生き物でございます」

と答えた。するとムワッファクはまず一方の占星術師に、

「お前は正しい」

と言い、アブー＝マアシャルには、

「お前は間違っている」

と言って、手からリンゴを投げた。アブー＝マアシャルは立ち尽くし、困惑の表情を見せたが、しばらくのあいだ、ふたたび占卜表に目をこらしていた。すると急にリンゴの方に走り寄り、それを取り上げ、割った。

「アッラーは偉大なり」

アブー＝マアシャルはそう叫ぶと、リンゴをムワッファクに差し出した。なんとリンゴのなかに虫がうごめいているではないか。ムワッファクはアブー＝マアシャルの占いが的中したことに驚きの声を上げ、莫大な褒美を与えるよう命じたのであった。


（第二巻一七一話）

1——Abū Aḥmad ʻAbd Allāh b. ʻUmar al-Ḥārithī. タヌーヒーの情報源の一人。第一巻四九話註1参照。

2——al-Mu'tamid. 在位八七〇—八九二。第二巻八話註2参照。
3——al-Muwaffaq. 第一巻七三話註1参照。
4——Abū Ma'shar al-Munajjim. 第二巻一七〇話註4参照。
5——原語 za'iraja. 詳しくは前掲イブン＝ハルドゥーン『歴史序説』第一冊三〇七頁以下、第三冊四二〇頁以下（森本公誠訳、岩波文庫、二〇〇一年）参照。

タヌーヒーの父、みずからの命終《みょうじゅう》を占う

この話はにわかには信じがたいものだ。だが、筆者自身が目撃したもののうちには、占星術の法則の正しさをじゅうぶん納得させるものがある。それは私の父にまつわる話である。父は自分が亡くなる年[*1]、自分の星の運勢を占った。その結果、我々に、

「これは占星術師の言う危機の年だ」

と告げると、その旨、バグダードにいる法官アブルハサン＝イブン＝アルブフルール[*2]に宛てて手紙を書き、自分の死を予告するとともに遺言を伝えた。

父は病気にかかると、まだ重体になるまえに星占いの天宮図を取り出し、それを長いあいだ見つめていた。筆者はそのときそばにいたのであるが、父は涙を浮かべると、その占卜《せんぼく》図[*3]を閉じて自分の書記を呼んだ。そして遺言状を書き取らせ、その日のうちにその遺言状のための公証人を呼びにやらせた。

その後、占星術師のアブルカースィム〝土星の奴〟[*4]が父のもとを訪れ、慰めの言葉を掛け、占いの疑わしさをほのめかした。ところが父は、

「アブルカースィムよ、お前さんはこの種のことがわから

ない人間でもないし、間違いの付いて回る者でもない。それに儂《わし》もまた、そうした慰めに甘んじ、愚か者だと思われる人間でもない」

とさえぎって坐り、占卜図の、父が恐れている場所を、筆者のいるまえで指し示した。

「もうそのくらいでよい。この月の残りがあと三日となる水曜日の午後、それがまさに占星術師のあいだでいわれる危機の時であることに疑いはあるかね」

アブルカースィムは父にそう言われて胸が詰まり、返事ができなかった。「はい」と言うのがはばかられたのである。アブルカースィム〝土星の奴〟は涙を流した。実はこの占星術師は父の召使いだった人だからである。

父は長いあいだ涙にむせんでいたが、

「やあ小姓、水盤を持ってまいれ」

と命じて、それを持って来させると、そのなかで占卜図を洗って引き裂き、アブルカースィムに永久の別れの挨拶を述べた。

それから、父はみずからが言った、まさにちょうどその日の午後に亡くなったのである。　（第二巻一七二話）

1――タヌーヒーの父 Abū al-Qāsim ʻAlī b. Muḥammad はヒジュラ暦三四二年(九五三)に没した。第一巻一五話註3参照。
2――Abū l-Ḥasan ʻAlī b. Abī Ṭālib b. Abī Jaʻfar b. al-Buhlūl. 第一巻一六話註1参照。
3――原語 taḥwīl.
4――Abū al-Qāsim gulām zuḥal al-munajjim.

君子危うきに近よらず——ある神学者の占星術観

私こと、ラームフルムズ[*1]出身の神学者アブドッラー＝ブン＝アルアッバース[*2]は、〔ムウタズィラ派神学者〕アブー＝アリー＝ジュッバーイー[*3]のもとを去って故郷に帰ろうと、別れの挨拶に訪れた。するとジュッバーイーはこう言った。

「アブー＝ムハンマドよ、今日は出立するではない。占星術師たちが、このような日に旅立つ者は溺死する、と言っているから。いついつの日までとどまりなさい。占星術師のあいだでは、その日は吉日とされている」

「師匠さま、あなたが占星術師の言葉を信じておられるにしても、どうしてそのようにおっしゃるのですか」

「アブー＝ムハンマドよ、もし我らが旅の道中にあるとして、その道にはライオンがいると告げられた場合、違う道を行くことができれば、その道を通って行かないというのが知恵というものではないか。たとえ教えてくれた人が嘘をついているとしてもだ」

「おっしゃる通りです」

「この場合も似たようなことだ。星がこのしかるべき場所に来ると、しかじかのことが起こるということで、神が習慣づけをなさっていることもありえよう。慎重を期すというのはより賢いことなのだ」

こんなことがあったので、私はジュッバーイーの言葉通りの日まで出立を遅らせたのであった。 **（第二巻一七三話）**

1——Rāmhurmuz. 第二巻八二話註3参照。
2——Abū Muḥammad ʿAbd Allāh b. al-ʿAbbās al-Rāmhurmuzī.
3——Abū ʿAlī al-Jubbāʾī. 第一巻八八話註2参照。

占星術に熟達したムウタズィラ派神学者

アフマド＝アズラク[*1]によれば、アブー＝ハーシム＝ジュッバーイー[*2]は次のように語ったという。

〔父でムウタズィラ派神学者の〕アブー＝アリー＝ジュッバーイー[*3]はもっとも熟達した占星術師であった。あるとき近隣の人に子供が生まれそうだというので、父親がその子の星を占ってほしいと訪ねてきた。ちょうど夜間のことで、父は天体観測儀をもってきて操作し、その子の誕生について判断をしたのであったが、その後そのいずれも正しいことがわかった。

（第二巻一七四話）

1 —— Abū l-Ḥasan b. al-Azraq. 第一巻一四話註２参照。
2 —— Abū Hāshim al-Jubbāʾī. 第二巻一〇九話註２参照。
3 —— Abū ʿAlī al-Jubbāʾī. 第一巻八八話註２参照。

食事するのも相手次第

ある日、私の父をまえにして、吝嗇《りんしょく》とけちん坊、これに対する王者の対応の仕方が話題となったことがあった。そのときアフワーズ出身の公証人アブルハサン＝ムタッハル＝ブン＝イスハーク[*1]が居合わせていて、次のような体験を語った。

ある日、バリード家のアブー＝アブドッラー[*2]のもとを訪れると、すでに食卓が用意されていて、そこに誘われた。私はちょうど空腹だったので、貪るようにして食べた。すると火に焙られたばかりの温かい子山羊が運ばれてきた。私はその肩を摑んで貪った。次いで別の料理と冷たい子山羊の皿が運ばれてきた。同じようにその肩に手を伸ばしてがつがつ食べた。ついで別の料理と薬味の効いた子山羊が出された。そこでその肩を摑んで食べた。ついで水と塩が添えられた子山羊が運ばれてきた。またも摑み取ろうと手を伸ばしかけたところ、アブー＝アブドッラーの手が先に伸びてきたので、私は手を引っ込めた。するとアブー＝アブドッラーが言った。

「やあアブルハサンよ、お前さんは今日の『肩持ちシャープール王』だな」

私はきまり悪く、恥じ入った次第であったが、これは彼が腹立ちまぎれに口にした言葉だとわかって、それからはアブー＝アブドッラーのところで食事をするのを差し控えることにした。

以上のような話を聞いて私の父が言った。

「アブー＝アブドッラーは食べ物にけちな人間なのではない。ただ彼は大変な空腹だったので、食事が始まって半ばに進むにつれ強い飢餓に襲われたのだ。これに似たことはよく起こることなのだ。彼の性格を知らない者が彼をけちだと考えているに過ぎない。彼とともに食卓を囲んでいる者は、食事が半ばに至るまでに遠慮を心得ねばならない。

もし食事が半ばまで進んで客が料理に手を伸ばしたとき、彼の顔が一見晴れやかであっても当惑気味であれば、会食に与《あずか》っている者は遠慮しなければならない。つまりは、自分たちが食べられなかったからけちだと決めつけているのだ」

（第二巻一七五話）

しかしながら、〔バグダードの〕カルフ地区出身のジャアファル＝ブン＝アルカースィム*3は文字通り食事においてもお金においても寛容な人物であった。

ある日アフワーズにおいて、私ムタッハル＝ブン＝イスハークは当時税務長官だったジャアファルのもとを訪れ、品物の衣服類を見せた。我々のあいだに面識はなかったが、長官は気に入ったものを取り、私と値段について言葉のやり取りをして買ってくれた。

長官のところで長居をしてしまい、召使いが果物を盛った皿を運んできたので、私は立ち上がった。すると長官が、

「やあアブルハサンよ、ナバテア人みたいなことをするではないか。坐りたまえ」と言われるので、私は坐ってよばれることにした。実は私は空腹だったので、熟した棗椰子《なつめやし》の実を口いっぱいに頬張って食べ、次はスモモを、次はイチジクをと口いっぱいにして食べた。長官は私の食べ方を見ていたが、気に入ったのか笑い出し、感嘆してまるで珍しいものでも見たかのような素振りであった。実は長官は食の細い人であった。私が食べるのをやめると、もっと食べるようにと自分の手で取って私に勧めた。

果物の皿が下げられると、今度は食事が運ばれてきた。こんな様子で長官のもとを過ごし、翌日のお昼頃、反物商店街の私の店で坐っていると、突然、下男と騾馬を連れた小姓がやって来て、長官があなたを呼んでおられますと言った。心当たりはなかったが、私は騾馬に乗って出かけた。着くと食卓が用意されていて長官が待っていた。

「長官閣下、何かご用でしょうか」

「うん、昨日のお前との会食が気に入ってなあ。余はいつもより余計に食が進んだのだ。ところが今日料理が出されて

も、食べる楽しみが起こらないのだ。そこで料理を取っておいてお前を呼びに遣ったのだ。これからは毎日余のところに来てほしいのだ」

それからというもの、日々もし私が遅れようものなら長官は私を咎《とが》めて騾馬を寄越し、私はそれに乗って出かけるといった次第となった。だがこれは、この国における私の高い立場と権威を生むもととなった。私は長官らの紹介で、長官の官邸で必要とされるあらゆる品物の購入を任せられ、衣服商の事業を通じて莫大な利益を上げたのであった。

（第二巻一七六話）

1 —— Abū l-Ḥasan Muṭahhar b. Isḥāq b. Yūsuf al-Ahwāzī. 本職は反物商。次話参照。

2 —— Abū ʻAbd Allāh Aḥmad al-Barīdī. 第一巻四話註7参照。

3 —— Abū ʻAbd Allāh Jaʻfar b. al-Qāsim al-Karkhī. 第二巻七〇話、同註3、同七一話参照。

窮鳥、懐に入る

ヒバトッラー[*1]の語るところによれば、アリー家のアブー＝アブドッラー＝ムーサウィー[*2]が次のように述べるのを聞いたという。

〔宰相〕イブン＝シールザード[*3]はみずからが政務を執りしきっていた時代、私ムーサウィーに対して卑劣な行為を目論んだ。すなわち私にかかわる銀一〇万ディルハムの税金について、書記たちに意見書《ムアーマラ》を作成させたが、内容はその金額の大部分は私の負債であり、その残額もまた同様の状態にある旨を具申するものであった。

イブン＝シールザードはこの件に関して査問するために私を召喚し、そのまま官邸内に監禁した。私は自分に起こるであろう事態に不安を抱き、取り調べられればお金が奪われ、それは私の生活に悪影響を与え、私の権威はもぎ取られるであろうことが予想された。しかし、どうすればよいのか私にはわからなかった。そこで私はイブン＝シールザードと親しいある知人に相談した。しかし、

「あの人はあなたに対し強い野望を抱いております。あなたにとって、お金以外には何も役立つものはございますま

い」

と言うだけなので、

「何かうまい方策はないものか、お考えください」

と重ねて願うと、その人は考えたすえ次のように言った。

「あなたのお役に立てそうな方策が一つだけあります。もしあなたがイブン＝シールザードの懐に飛び込み、あなたがアリー家出身者であるという誇りを捨てて当たれば、あなたが救われる道もあるやも知れませぬ」

「それはどんなことだ」

「あれは食べ物には気前のよい人で、あの人の食卓でともに食事をすることを喜び、尊敬の念を示すとその人物に何かしてやらねばならないという気分になる人です。私が思うに、あの人の食事が用意されたときを見計らって、その席に出かけられたがよろしいでしょう。なるほど、あなたは官邸に拘留されてはいますが、監視人はそれを妨げたりは致しますまい。あらかじめの許可を取らずに出かけて食卓に坐り、食事をし、陽気に楽しみ、食べ終わってから、あなたの用件を話し、頼み、丁重なもの言いをし、へりくだるのです。そうすれば、必ずやあの人はあなたのたいていのことは大目に見て、あなた方の関係はよくなることでしょう」

この提案は私には耐えがたいように思われたが、熟慮のすえ、お金を支払う方がより煩わしいことだと判断した。


イブン＝シールザードは、毎日夕方以降は一回しか食事を摂らない人だったが、当日、私は何も食べずに彼の食卓が用意されるのに気を配った。食事が整えられたと知ると、立ち上がった。監視人が「どこへ行く」と聞くので、「宰相の食卓だ」と答えると、さえぎらずに連れて行ってくれた。

イブン＝シールザードは私を見ると、驚きとともに非常に晴れやかな表情を見せ、

「やあ、どうぞ余のそばへ、どうぞ余のそばへ」

と言って、私を自分の傍らに坐らせた。私は食事を始め、最後まで陽気に食べ、おしゃべりをした。やがて食卓の片付けが始まると、イブン＝シールザードが席を立ち、我々相伴《しょうばん》のみんなも立ち上がった。食卓が運び去られたとき、宰相が私に来るよう声をかけたので、私は彼の面前で手を洗った。

手洗いが終わって私が話しかけようとすると、宰相が口を切った。

「アブー＝アブドゥラーよ、余は貴殿を傷つけて貴殿の帰宅を遅らせてしまったが、もうお宅に帰られるとよい。余の心中にあることで貴殿に話すことは何もござらぬ。貴殿と話し合おうと思っていたことも、余から貴殿に求めようとしていたことも、貴殿が余に好意を示されたあとの今となっては、もう何もござらぬ」

と。そこで私は宰相に謝意を述べると同時に、

「もし閣下が私に対して示された恩恵を、かの意見書を私に返却するということで締めくくろうと思し召されるなら、そうしていただきたいのですが」

と重ねて願った。すると宰相は、書類をもって来るよう係の者に命じてくれたのである。私はその場にとどまって待ち、とうとう書類を手にしてそれを靴のなかに挟み、自分の家へと向かった。私は課徴金を課せられることから救われた。

これ以後、私はイブン＝シールザードのもとにたびたび挨拶に訪れ、食事をともにすることを心掛け、親密な関係を結んだ。私は彼の在職中、宰相に対する態度を変えることはなかったので、彼が没するまで、私の権威と財産は安全に守られたのである。

（第二巻一七七話）

1 —— Abū l-'Abbās Hibat Allāh b. al-Munajjim. 第一巻一話、同註1参照。

2 —— Abū 'Abd Allāh al-'Alawī al-Mūsawī. 第一巻一七・一八九話参照。

3 —— Abū Ja'far Muḥammad b. Yaḥyā b. Shīrzād. 第一巻七〇話註4、第二巻二六話註7参照。

気丈な老婆、泥棒を閉じ込める

私タヌーヒーの家庭教師であったムハンマド＝サイマリー*1が次のように語ってくれた。

我らの町に断食や礼拝の勤めをよくする敬虔な老婆がいた。彼女には、仕事は両替商だが飲酒や遊興にうつつをぬかす息子がいた。息子は昼間の大半は店で仕事につき、夕方には家に帰って母親に財布を預けるが、そのまま出て行って、あちこちで酒を飲んでは夜を過ごすのであった。

このような両替商の財布を盗もうと、一人の泥棒が目を付けた。ある日の夕暮れ両替商のあとを付けて、後ろから悟られずに屋敷内に入り、身をひそませた。両替商は財布を母親に渡すと出かけてしまい、屋敷には老婆が一人残った。

老婆は屋敷内に、壁の大部分がチーク材で覆われ、入口には鉄の扉がはまった納戸をもっていて、自分の家財や持ち物すべてをそのなかに入れ、息子の財布もそこに仕舞うのがつねであった。とりわけその晩は、その財布を扉の陰に隠した。それから老婆は坐って、その扉のまえで食事を摂った。件《くだん》の泥棒は考えた。

「いまは食事をしているが、そのうちくつろぎ、眠りにつくであろう。そうしたら降りていって、扉を開け、財布と家財を失敬しよう」

ところが、老婆は食事を終えると、立って礼拝をはじめた。泥棒は初夜の礼拝が済めば眠るのだろうと考えて待った。しかし礼拝は長引き、泥棒はもどかしくなってきた。

真夜中が過ぎ、泥棒は身に起こったことに当惑し、朝になってしまって何も取れないのではないかと恐れた。泥棒は屋敷内をうろつき、真新しいショールを見つけた。それから火《ひ》種《だね》を探し出し、何がしかの良質の香料を手に入れると、そのショールを羽織り、手にした乳香《にゅうこう》に火を付け、階段を降りはじめた。しかも野太い声を出しながらである。大声を出して老婆を恐れおののかせようとしたのであった。

しかし、老婆はムウタズィラ派*2の気丈な女であった。人の気配を感じ、それが泥棒であることに気づいたが、そのことは隠しておいた。恐怖におびえたかのように震え声で、

「だれ」

と言った。すると泥棒は老婆に、

「我は世界の主アッラーさまの使徒なるぞ。アッラーは放蕩者の汝が息子に訓戒を与え、罪を重ねることをやめさせるために、我をお遣わしになられた」

と言う。老婆は、自分が気弱で恐怖にすっかりおびえているかのようなふりをして、語りはじめた。

「〔大天使〕ガブリエルさま、神かけてお願いします。どうか息子に優しくしてやってください。私のたった一人の子ですから」

「儂《わし》は汝が息子を殺すために遣わされたのではない」

「何をお望みなのですか。何のために遣わされたのですか」

「息子の財布を儂が貰うためじゃ。そうすることで息子の心に苦痛を与えるためじゃ。もし息子が改悛すれば、財布は返してやろう」

「ガブリエルさま、どうぞあなたのご命令のままになさってくださいませ」

「納戸の扉からわきへ離れるがよい」

老婆がわきへ寄ると、泥棒は自分で扉を開け、財布や家財を取るために納戸に入った。泥棒が忙しく荷造りをしているあいだに、老婆は抜き足差し足で歩き、扉を力いっぱい引っ張り、閉めてしまった。そして止め金に輪を掛け、錠前を持ってきて錠を掛けた。泥棒は血の気が引くのを感じ、あわててどこか壁の破れ目はないか、出口はないかと納戸のなかを探し回ったが、そのすべは見つからなかった。

「儂は出るゆえ、扉を開けよ。すでに息子は訓戒を受けられたぞ」

「ガブリエルさま、もし扉を開ければ、あなたさまの光に目がくらんで、私の目が見えなくなるのではと心配です」

「それでは儂の光を消そう。そうすればお前は目が見えなくなることはあるまい」

「ガブリエルさま、あなたは世界の主の使徒であられます。天井から抜け出たり、あなたの翼の羽で、壁を突き抜けることがお出来になられることでしょう。どうぞお出になってくださいませ。目が見えなくなるような危険を私にお与えくださいますな」

老婆がしっかり者であることに気づいた泥棒は、優しい言葉でしゃべりはじめ、嘆願し、改悛を誓ったが、老婆は、

「もうあきらめなさい。お昼にならないと出られませんよ」

と言って、礼拝に立ってしまった。泥棒はたわごとを言い、懇願したが、老婆は返事をしなかった。やがて太陽が昇り、息子が帰ってきて、老婆が話をして事件を知った。そこで出かけて警察署長を呼んできた。署長は納戸の扉を開け、泥棒を捕まえたのであった。

（第二巻一七八話）

1——Muḥammad b. al-Faḍl b. Ḥumayd al-Ṣaymarī.

2——Muʿtazilīya. 第一巻四四話註6、同八八話註2参照。

ムウタズィラ派信者の肝っ玉

私タヌーヒーは一団の同僚たちが次のように言うのを聞いた。

ムウタズィラ派信仰の長所の一つは、信者の子供たちがジ[1]ンを怖がらないことである。こんな話がある。泥棒がムウタズィラ派信者の屋敷に忍び込んだ。これに気づいた主人がそっと追って行くと、泥棒は屋敷内の地下室にもぐり込もうと段を降りて行った。主人は大きな石を持ち、泥棒に目がけて落とそうと構えた。泥棒が殺されるのではないかと恐怖を感じたとき、主人は、ジンではないかと思わせるような声で「夜は我らのもの、昼は汝らのもの」と言った。

ついで、ムウタズィラ派信者よろしく「こんなときは家賃の半分を払うものだ」と言いざまに、主人は石を投げ、泥棒を打ちのめした。すると泥棒が、

「お前さんの家族はいったいいつジンから身の安全を得たのだ」

と聞いた。

「お前には関係のない話だ。出ていけ」

主人はそう言って泥棒を追いやり、立ち去らせたのである。

(第二巻一七九話)

1——原語 Jinn. 人間と同様、神により創造された思考力のある生き物で、精霊、霊鬼とも訳される。アラブの俗信として古くから信じられていたが、コーランにも触れられているところから、そのイメージは豊富となった。本来は不可視の存在であるが、煙や雲のような気体状のものから凝結して奇怪な動物のような姿で顕現する。人間よりはるかに古く、煙の出ない火または炎から創造されたとされる。一般的に信じられているところでは、人間と同じ居住空間を有し、時には人間を死に至らせることがあり、その頭目がサタンであるという。ジンに憑りつかれた人のことをマジュヌーン majnūn といい、もっぱら狂人を指すようになった。

女性歌手の歌声にほれ込んだ老伝承家

私タヌーヒーの父[*1]が次のように話すのを聞いた。

私は伝承を聞き書きしようとアブルカースィム＝ブン＝ビント＝マニーウ[*2]のもとを訪れたのであるが、家の人が「先生は用事があって出かけております」という。当時先生はおよそ一〇〇歳であった。我々は坐って先生の帰りを待った。すると突如、先生が担ぎ込まれてきた。まるで気息奄々《えんえん》の状態であったので、先生の回復を待って聞いてみた。

「アブルカースィムさま、先生自身でお出かけになるとはいったいどんな重大なご用事があったのですか。私どもにお申し付けくだされればよろしいのに」

「いいや、貴殿たちに頼むようなことではないのだ。儂《わし》は女性歌手のハーティフ嬢の独唱会に聞きに行っていたのだ。彼女の歌声にほれ込んだ」

我々は、長老の伝承家が太鼓を棒で打ちながら歌う女性の会にしばしば出かけていたと聞いて、驚いたものだ。信頼のおける者たちから聞くところでは、彼女はなお存命で棒を打って歌っているとのことで、およそ七〇歳だという。

またヒジュラ暦三六一年(九七一／七二)にアフマド＝アズ

ラク[3]から聞いたのであるが、この女性歌手はこの年、彼の近所にある彼女の屋敷で亡くなったという。

（第二巻一八〇話）

1 ―― Abū l-Qāsim ʿAlī al-Tanūkhī. 第一巻一五話註3参照。

2 ―― Abū l-Qāsim Ibn bt. Manīʿ, ʿUbayd Allāh b. Muḥammad b. ʿAbd al-ʿAzīz. 八二八／二九年頃生まれ、若い頃は家業の紙屋をやっていたが、やがてバグダードに上京し、伝承家となり、信頼が置けるとされた。九二九年没。イスラム暦で数えると一〇三歳と言われた。

3 ―― Abū l-Ḥasan b. al-Azraq. 第一巻一四話註2参照。

偽ガブリエル、愚者信仰を打ち破る

私タヌーヒーの父が語ってくれた話。

ルッカーム山として知られるアンティオキアの山に〈ごみあさりのアブー＝アブドッラー〉[1]という苦行者がいた。そう呼ばれるようになったのは、夜になると町へ出かけて行って、ごみの山をあさり、そこで見つけたものを洗って食べるからで、それ以外のものは食べないということであった。ただルッカーム山の奥深く入って、誰でも取ることが許されている果実は食べていた。

この男はハシュウ派教徒[2]で、いくぶん知性が足りなかったが、それでも熱心に神をうやまう敬虔な苦行者で、アンティオキアの民衆のあいだでは大変な人気があった。

一方、同じアンティオキアにはムーサー＝ブン＝ズクーリー[3]という、道化者で、編んだ毛髪をだらりと垂らし、さまざまな愚行を行なっている男がいた。この男には隣人がいて、イブン＝ズクーリーとは仲が悪かった。隣人は〈ごみあさりのアブー＝アブドッラー〉のもとを訪れては、イブン＝ズクーリーに対する不満を訴えるのであった。それで〈ごみあさり〉は、祈りのときにイブン＝ズクーリーのことを呪った。

当時人々は毎週金曜日の朝、〈ごみあさり〉のところに出かけ、その説法を聞き、祈ってもらうのがつねであった。人々は〈ごみあさり〉からイブン＝ズクーリーに対する呪いの話を聞くと、殺してしまえとばかりに、群れをなしてイブン＝ズクーリーの屋敷にやって来た。彼はあわてて逃亡し、群衆は屋敷を略奪した。そのうえ、イブン＝ズクーリーを探し出そうとしたので、身を隠さざるをえなかった。

潜伏してからしばらく経ったころ、イブン＝ズクーリーは私の父に、

「自分は〈ごみあさりのアブー＝アブドッラー〉の難から逃れるためにある奇策を用いようと思うので、どうぞ助けてください」

と頼んできた。そこで、

「どうしてほしいのだ」

と父は聞いた。すると、

「新しい衣服に龍涎香《りゅうぜんこう》と麝香《じゃこう》を少々、それに香炉と火種《ひだね》をいただきたい。そのうえ、山までの夜道を同行してくれる召使いをお貸しいただきたいのです」

と無心した。私の父はそのすべてをかなえてやった。

真夜中になったので、イブン＝ズクーリーは出発し、召使いたちも一緒に出かけた。やがて〈ごみあさりのアブー＝アブドッラー〉が住んでいる洞窟のうえまで登ると、龍涎香と麝香を焚いた。すると、香薫の風がアブー＝アブドッラーの洞窟の方に入った。イブン＝ズクーリーは野太い声で叫んだ。

「おゝ〈ごみあさりのアブー＝アブドッラー〉よ」

アブー＝アブドッラーはこの匂いを嗅ぎ、声を聞いていぶかしがった。

「いったい何でしょうか。あなたさまはどなたでしょうか」

「予は、かの誠実なる聖霊にして万有の主の使徒ガブリエルなるぞ。主が予を汝に遣わされたのだ」

〈ごみあさりのアブー＝アブドッラー〉はこの声が真実の声だと疑わず、いまにも泣き出さんばかりにして祈りながら、

「ガブリエルさま、万有の主があなたさまを私のもとに遣わされるとは、私はいったい何者なのでしょう」

と尋ねた。そこでイブン＝ズクーリーは言った。

「慈愛深きお方は汝に挨拶を送り、汝に、イブン＝ズクーリーは明日、天国において汝の友となるであろう、とお告げになっておられる」

この言葉を聞いて〈ごみあさりのアブー＝アブドッラー〉は雷に打たれたようになり、イブン＝ズクーリーが立ち去って行くときの衣服のすれる音を聞き、同時に何か白いものを見た。イブン＝ズクーリーは〈ごみあさりのアブー＝アブドッラー〉をその場に残し、自分の隠れ家へと帰って行った。

翌日はちょうど金曜日で、〈ごみあさりのアブー＝アブド

ッラー〉は人々に、天使ガブリエルが自分のもとに遣いに来られたという話を語り、人々に対して、

「イブン＝ズクーリーに祝福を与え、私の罪を赦すよう、私のためにお願いしてほしい」

と頼んだ。群衆は群れ集ってイブン＝ズクーリーの屋敷に行き、イブン＝ズクーリーに祝福があるよう、またアブー＝アブドッラーの罪を赦すよう、イブン＝ズクーリーに頼んだ。

こうしてイブン＝ズクーリーは隠れ家から姿を現わし、生命の安全を確保したのである。

（第二巻一八六話）

1――Abū ʿAbd Allāh al-Muzābilī.

2――Hashwī. コーランには認知できない事柄が含まれていると信ずる一派。

3――Mūsā b. al-Zukūrī.

いかさま苦行者、まんまと喜捨をせしめる

アブッタイイブ＝ブン＝アブドルムーミン*1が私タヌーヒーに語ってくれた。

ある非常に賢い物もらいが、女房同伴でバグダードを出発し、〔シリアの町〕ヒムスへ出かけた。ヒムスに着くや、その物もらいは女房に言った。

「ここは愚かだが金持ちの町だ。儂《わし》は一世一代の大ペテンをやってみようと思う。辛抱して儂を手助けしてくれ」

「あなたのおっしゃるように」

「お前は自分の場所にとどまって、決して儂のそばに来るでないぞ。ただ毎日、三分の二ラトルの干し葡萄と三分の二ラトルの生のアーモンドを用意し、それを捏《こ》ねるのだ。そして真昼時、大モスク近くの某手水場《ちょうずば》のなかで、儂にそれとわかるきれいな焼煉瓦のうえに、その捏ねたものを置くのだ。それ以外のものは何も加えてはならぬ。儂のいる場所には近づくなよ」

「おっしゃる通りにします」

男は別れると、もっていた羊毛の上着を取り出し、それを着て羊毛のズボンをはき、頭に頭巾をかぶった。そしてモス

クのなかの、それも大勢の人が通り過ぎるところの柱に背をもたせ、日中も夜中も一日中ずっと祈りに明け暮れた。休息には、礼拝が行なわれていないときにしか行かなかった。休息に行けば行くで、数珠を繰って神の栄光を称えた。だが一言も発しはしなかった。

数日間は誰も男の存在に気を留めなかったが、やがて注意が払われ、しばし関心の的となり、男のことが話し合われ、注目の目が集まるようになった。それでも男が祈りをやめず、食べ物を口にしないのを見て、この町の人々はとまどいを禁じ得なくなった。

男は毎日一回、真昼時だけ大モスクから出て、件《くだん》の手水場へ行き、放尿をしてから目印をしてある例の焼煉瓦のところに向かった。そこには約束の捏ねものが置かれていて、それはすでに変色し、まるで干からびた糞のように見えた。その場に出入りする者は、誰もそれを糞と思って疑わなかった。男はそれを食べて命の支えとし、それから戻って行くのであった。そして夜、初夜の礼拝時に手水するとき、十二分に水を飲んだ。だがヒムスの人々は、男は飲まず食わずで、空腹のまま過ごしているのだと思っていた。

こうして、人々のあいだで男に対する関心が高まり、称賛の声が上がって、男に近付き話しかける者も大勢出てきた。しかし、男は一言も答えず、取り囲まれても見向きもせず、一生懸命話しかけられても、沈黙とこうした行動を保ち続けた。

男はますます尊敬の念を集め、ついに人々は、男が手洗いに出て行ったあとの、男のいた場所を手で撫でたり、男が歩いた場所の土を拾ったり、あるいは病人を運んできて、男に手で撫でてもらったりするほどになった。

こうして一年が過ぎ、今や非常な尊敬を得られるようになったと判断した男は、手水場で女房と再会して、言った。

「次の金曜日、人々が礼拝に集まるとき、お前はここに来い。そして儂に突っかかり、儂の顔を叩いて言うんだ。

アッラーの敵め、この罰当たりめ。バグダードでわたしの子供を殺してここに逃げて来やったのか。お前はここに苦行に来やったのか。そんなお前の苦行で、お前の罪が償えるとでも思っているのかえ。

こう言って、お前は儂から決して離れるではないぞ。お前は儂を殺して、自分の子供のかたきを取るんだという素振りを見せよ。そうすればみんながお前のところに集まって来るだろう。そこで儂が押しとどめて、お前に危害を加えさせないようにする。儂は本当にお前の子供を殺したのだと白状し、儂はそれを悔い、苦行と贖罪のためにこの町にやって来て、自分の犯した罪を償う懺悔の行をしているのだという振りをしよう。

そこでお前は儂の自白にもとづく処罰を望み、儂を官憲に突き出すよう求めるのだ。そうすれば、人々はお前に血の復讐の代価を提示するであろう。だが通常の血の代価の一〇倍か、あるいは人々の増額の意志を見極め、充分だと思う額が差し出されないかぎりは、受け取ってはならぬぞ。

人々の差し出す血の贖金の額が、もうこれ以上の増額が望めない最大限に達したとき、お前はそれを受け入れ、その金を集めろ。そしてそれを持ってその日のうちに町を出て、バグダードへの道をたどれ。そうすれば儂もやがて逃げ出して、お前に追い付くであろう」

男がこのように命じた翌日、女はモスクにやって来て、男を見るや男の指示通りの行動に移り、男の顔を打ち、男の教えた言葉を述べた。すると町の人々が女を殺そうと寄ってきて、

「やあ、アッラーの敵よ、この方はかけがえのないお人だ。この方は万有を支えるお人だ。この方は時間の極に当たるお人だ。この方は時代の主に当たるお人だ。この方は、この方は」

と口々に言った。そこで男は人々に、気持ちを抑えて危害を加えないようにと合図した。人々が自制したので、男は祈りを簡単に切り上げ、祝福の言葉を述べ、それから地面に長いあいだ転がった。そしてやおら切り出した。

「儂がここにとどまるようになってのち、皆の衆は儂の言葉を耳になすったか」

人々は男の言葉を聞いて嬉しくなり、どよめきの声を上げ、

「いいや」

と言った。

「まさに儂はこの人の言われた通り、罪を懺悔する人としてあなた方のところに住まいしておりましたのじゃ。儂はかつて過ちを犯した男でござる。儂はこの方の息子さんを殺し、それを悔い、神に奉仕するためにここに参りましたのじゃ。しかし、儂はおのれの懺悔が間違っているのではと恐れて、この人のところに戻ろうと思い立ち、儂への復讐を遂げさせるためにこの人を探し求めました。儂はアッラーが儂の懺悔を受け入れてくださり、儂の祈りが届いて、この人が復讐を果たせるようにアッラーに祈り続けましたのじゃ。ところがこうして儂がこの人と出会えて、復讐が可能になったということは、アッラーが儂の懺悔をお受けくださったということじゃろう。どうかこの人に、儂を始末させてあげてくだされ。皆の衆、さらばでござる」

男がこのように述べると、人々のなかから涙にむせぶ声が上がり、

「おゝアッラーの下僕よ、私のために祈ってくだされ」

「私のためにお祈りして」

と口々に訴えた。女は男のまえを進みはじめた。町の代官のところに男を連れて行こうというのである。男はゆっくりとあわれっぽく歩き出した。これからモスクを出て総督官邸に向かい、女の息子を殺したかどで処刑されるのである。

　このとき、長老たちが叫んだ。

「皆の衆よ、どうしてこの試練をなんとか乗り切り、この聖なるお方に踏みとどまって、この町を守っていただこうと思いつかれないのか。このご婦人に対して丁重に振舞い、血の復讐の代価を受け取るようお願いしようではないか。その代価を我々が差し出そうではないか」

　この言葉を聞いて人々は女を取り囲み、受け入れるよう頼んだ。だが女は拒み、人々は規定の二倍の額を申し出たが、それも拒んで、

「息子の毛髪は一〇〇〇倍の血債に価する」

と承知しなかった。そこで人々は代価を上げ続け、ついに一〇倍の血債額に達した。そこで女は、

「ではそのお金を集めなさい。私がそれを見て、もしそれを受け取り殺人者を放免しようという気になれば、そうしよう。だが気が向かなければ、私は男を殺します」

と声高に言った。人々も、「よかろう」と承知した。すると男が女に向かって、

「どうぞ、あなたにアッラーの祝福がありますように。私をモスクのもとの場所に戻してくださいますか」

と頼んだ。しかし女が拒んだので、男は「お気の召すままに」と言うのみであった。

　さて、人々はお金を集め続けて、ついにそれは銀一〇万ディルハムに達した。そこで女に受け取るよう申し入れた。しかし、女は言い続けた。

「私の望みは息子を殺した罪びとの死だけです。それは私の心を深く傷つけたのです」

と承知しなかった。人々は自分の衣服や外套や指輪を投げ出し、女たちは自分の飾り物を、男たちは何がしかの品物を投げ出した。一方、この贖金を負担しようとしない者たちは、あたかもこの町から出ていかねばならないような事態に追い込まれた。

　女は差し出されたお金を受け取り、男を放免し、立ち去った。男はモスクにわずか数日間とどまっていたが、女がすでに遠くに行ったことを知ると、ほどなくしたある晩、逃げ出した。翌日探してみたがどこにも見つからず、その消息はようとしてわからなかった。あれが男の仕掛けた大ペテンであったことがわかったのは、かなり後になってからであった。

（第二巻一八七話）

1——Abū l-Ṭayyib〔Muḥammad b. Aḥmad〕b. ʻAbd al-Muʼmin.

サーマッラー出身のスーフィー行者。バグダードを経て、アフワーズに長く滞在した。

感激のあまり失神し息絶えたスーフィー行者

私はバグダードにあるアブー＝アブドッラー＝ブン＝アルブフルール[*1]のサロンで、アブルファトフという独眼のスーフィー行者を目にしたことがある。行者は美しい調べでコーランを読誦していたのであるが、一人の男の子が《気が付くものなら気が付くだけの寿命を授けてやったではないか》(三五章三七節)と読誦すると、スーフィー行者は大声で「そうだ、そうだ」と何度も叫びながら、みんなが寄り集まっているなかで卒倒してしまった。人々はやむなくその場から散って立ち去った。

私が住んでいる屋敷の中庭での会合でも、このスーフィー行者は失神したことがあって、私は行者をその場に寝かしたままにしておいたところ、昼過ぎになってようやく意識が戻り、立ち上がって帰って行った。

数日後、その後の行者の近況を尋ねて知ったのであるが、行者は〔バグダードの〕カルフ地区で催された太鼓を棒で打ちながら語る女歌手の会に出ていて、女が、

人々があれこれと嘆願に集うとも

汝の幸せな顔こそが我らの嘆願

という歌詞のくだりを歌うのを聞いたとたん、ひどく感動し、自分の胸を手で打ち失神し倒れてしまった。

歌の会が引けたので、行者の目を覚まさせようとしたが、行者はすでに息絶えていた。そこで人々は行者を運び、埋葬した。この行者の話はたちまち世間に広く知れ渡った。

問題の歌詞というのはアブドッサマド＝ブン＝アルムアッザル*2の作になるもので、聞き手の私に至る伝承系譜によってスーリー*3が以下のように書き留めている。

おゝ艶めく媚を見せる魅惑の作り手よ
汝こそ我らがいのちの支配者に適《かな》う
汝と住めるものならどんな灯明も要らぬ
安らぎが汝からもたらされるものなら
もはや神に安らぎを求めることはせぬ
人々があれこれと嘆願に集うとも
汝の幸せな顔こそが我らの嘆願

スーフィー行者たちによれば、「汝の幸せな顔こそ」という句が、かの行者を息絶えさせたのだという。彼らはこの語をそのような意味で使っているからである。行者が亡くなったのはヒジュラ暦三五〇年（九六一／六二）のことであるが、彼の逸話は類例のないものである。　**（第二巻一八八話）**

1 ―― Abū ʻAbd Allāh b. al-Buhlūl.

2 ―― ʻAbd al-Ṣamad b. al-Muʻadhdhal. バスラ生まれの諷刺詩人で、アブドルカイス ʻAbd al-Qays 族出身。八五四年没。

3 ―― al-Ṣūlī, Abū Bakr Muḥammad b. Yaḥyā. 第一巻一六〇話註6参照。

二人の乞食の知恵

バグダードの一団の長老たちからこんな話を聞いた。

バグダードの橋のたもとに二人の盲目の乞食がいた。一人は〔第四代正統カリフ〕アリー[*1]の名において物乞いをし、もう一人は〔ウマイヤ朝初代カリフ〕ムアーウィヤ[*2]の名において物乞いをした。それで人々はそれぞれのカリフに対する応援に熱狂したので、二人の乞食にはお金がたんまり集まった。乞食たちは一緒に立ち去り、集めたお金を山分けした。実は二人は仲間だったのである。二人はこうして人々を欺いたのである。

（第二巻一八九話）

1 —— ʻAlī b. Abī Ṭālib. 第二巻六八話註6参照。

2 —— Muʻāwiya b. Abī Sufyān. ウマイヤ朝の創始者で初代カリフ。在位六六一—六八〇。メッカのクライシュ族の有力支族出身で、六三〇年のムハンマドのメッカ征服に際し、父とともに改宗、征服戦争に参加し、兄ヤズィードの死後、カリフ=ウマル一世によってシリア総督に任命された。同じウマイヤ家出身のカリフ=ウスマーンが暗殺されると、その後カリフに就任したアリーと対決、セッフィーンの戦いを境に勢力を拡大、六六一年アリーの暗殺を機にダマスクスにウマイヤ朝を開いた。

敬神の苦行者といえども欲の持ち主

アブー=アフマド=ハーリスィー[*1]が私タヌーヒーに語ってくれた。

一人のスーフィー行者がワースィトに滞在していた〔大総督〕バジュカム[*2]のもとを訪れ、バジュカムに説教をした。行者によってペルシャ語とアラビア語で説教され、とうとうバジュカムは激しく涙してしまった。行者が立ち去ろうとしたとき、バジュカムは側用人に、「銀一〇〇〇ディルハムを持ってまいれ。行者に渡すためだ」と命じた。

銀貨がもたらされ、バジュカムは周りの人たちに「儂《わし》は行者が受け取るとは思っていないぞ。何しろ神に身を捧げた奴だからな。銀貨でどうしようというのだ」と言って用人に渡した。ところがほどなくして、銀貨を持っていった使いが手ぶらのまま急ぎ帰ってきた。バジュカムは尋ねた。

「いったいお前はどうしたのだ」

「行者に渡す銀貨を受け取り、行者に与えました」

「行者は受け取ったのか」

「はい」

バジュカムは唇を噛んで言った。

「神よ、まんまとしてやられたな。我ら〔人間〕はみな狩人だ。だが網はそれぞれ違うのだ」

（第二巻一九〇話）

1——Abū Aḥmad ʻAbd al-Salām b. ʻUmar al-Ḥārithī. タヌーヒーの情報源の一人であるワースィト出身の Abū Aḥmad ʻAbd Allāh b. ʻUmar al-Ḥārithī と同一人物か。第一巻四九話註1参照。

2——Bajkam. 第一巻一〇六話註1参照。

最果ての地の国王の知恵

書記のアブー＝アリー＝アンバーリー[*1]によれば、最果ての地まで旅する一人の商人が次のように語ったという。

私は商品を持って、〔カスピ海沿いの〕デルベントを越えてはるか遠くまで旅に出た。私はある地方に達したが、その地の住民は白人で、赤肌をしており、毛髪は剃り、細身で短身、裸体で、爪は短くしたままであった。また言葉はペルシャ語でもトルコ語でもなく、私の知らない言語であった。彼らの国には銀貨も金貨もなく、取引は物々交換でなされ、主たる商品は羊であった。

私は王のところへ導き入れられたので、持ってきた商品を見せた。すると、王はそのうちの斑点模様の錦織物を気に入ったらしく、値段を尋ねた。そこで私はたいそうな額を示した。

「我々には貨幣はない。ここにいろいろ品物があるから、よいと思ったら望むだけ取ればよい」

「私に気に入ったものはございません」

「それなら羊はどうか」

「いかほど頂けるのでしょうか」

「お前に任せる」

「それでは、織物にある斑点模様一つ当たり一頭ということでいかがでしょうか」

「よかろう」

こうして私は斑点模様を数えはじめたが、その正しい数字を確定できなかった。王のもとにいる者たちも努めて数えたが、やはり彼らにも難しかった。そこで王は私に言った。

「さて、どうしようか。我らとしては数を数えるのに飽きたし、無駄なことでお前を疲れさせてしまった」

私は、織物を持って立ち去るほかあるまいと決心した。王はしばらく考えていたが、通訳に、

「あの者に織物を広げるように言え」

と命じた。王には二人の通訳がいて、王が自分の言葉で一人に話すと、その通訳がもう一人の通訳に別の言葉で話し、その二人目の通訳がそれをペルシャ語で私に話す。そこで私は理解するというわけである。

私が織物を広げると、王はできるだけ多くの小石を持ってくるよう命じ、その小石をあらゆる斑点模様に一つずつ置かせた。それで織物はその斑点に置かれた小石でいっぱいになった。それから王は膨大な頭数の羊を集めるように命じ、それを目の前に立たせると、今度は男たちに、ある者は坐り、ある者は立つよう命じた。

男たちが織物にそって坐ると、小石を一つずつ拾い上げてはそれを織物から投げ捨てた。こうして坐っていた男が一つの小石を投げると、立っていた男が一頭の羊をその集められた場所から私の控えの場所に連れてきて、私の仲間に引き渡した。こうして私は織物の斑点のうえの小石の数だけ羊をすべて受け取ることができたのである。

私はこの王の賢さに感服し、通訳に、

「王に申し上げてほしい。このような解決の道を見つけ出された王のこのうえない聡明さを土産に、私は故郷に帰ることができます。しかし、王はこうした経験もないのにどうしてこの方法を思いつかれたのか。商人でありながら私が思いつかなかった、また王のお国のどなたも思いつかれなかったようなことを」

と頼んだ。王は私の言葉に喜んで、言った。

「お前が立ち去ろうとしたとき、余は織物が手に入らないことを残念に思い、考えたのだ。王たる者はかならずや王権によって知能が鍛えられ、みずからが体験したさまざまな事件における洞察を通じて、王以外の者にはない一つのすぐれた力を身に付けるものである。なぜならば、王たる者は王以外の者たちが悩まねばならない生活に思い煩わないでもよく、もっぱら王国のさまざまな政務であるとか、叛乱者の鎮圧もしくは叛乱者を従属させるに当たってのほどよい欲望の充足

であるとかにかかり切らねばならないからである。王はその人物がもつ高貴さとか、あるいはその人物に与えられた天賦の幸運や個人的な人徳のような、なんらかの意味でのきわだった資質とかがなければ、誰一人として王権を手にすることはできない。

余はいまにも織物が余の手から離れて行くのを感じて、どのようにして斑点の数を数えるか、その方策を考えたのだ。そうしたら、お前もすでに見たようなことを思いつけたのだ」

「王よ、あなたから聞いたこの言葉の有益さは、私が織物の売価で得た利益の有益さよりもより好ましいものです」

王は私に素晴らしい褒美を与えたうえに、私に同行して道中の世話をしてくれる人々を私に付き添わせた。この者たちは私とともに件《くだん》の羊を運び、私はこの王の支配地域から外に出て、羊たちを莫大な額で売り払ったのである。

（第二巻一九一話）

すぐれた医者の瀉血法

やはり〔書記の〕アブー＝アリー＝アンバーリー[*1]が私タヌーヒーに語ってくれたことがある。

私がバリード家のアブー＝ユースフ[*2]に仕えていたころのことである。あるとき多くの書類を書き、日中暑くなってきたので、いらだちを感じて立ち上がった。宮殿のとても大きな中庭を歩いていると、キリスト教徒で、アフワーズ出身の医者ヨハネ[*3]に出会った。

「やあアブー＝アリーよ、いますぐ瀉血をしたほうがよいぞ。さもなくばお前は疫病にかかってしまう」

「私は昨日、瀉血しました」

「ではお前の腹帯とズボンを緩めなさい」

私が立ち止まって言われた通りのことをすると、

「もしお前の顔色が変わって輝きが戻らなければ、私がもう一度瀉血をしてあげよう」

と言ってくれた。私は、顔に血が戻ってくることを予測したヨハネの診断の確かさと、そのすばやい手当に驚いたのである。

（第二巻一九二話）

1――Abū ʻAlī al-Ḥasan b. Muḥammad al-Anbārī. 第一巻二九話註6参照。

オレンジ臭過敏症

同じく〔書記の〕アブー＝アリー＝アンバーリー[*1]が語ってくれたことがある。

ある日、〔医者の〕ヨハネ[*2]が私の屋敷にやって来た。私のまえにはオレンジを盛った縞模様の皿が置かれていた。ヨハネはそれを見ると尋ねた。

「この皿は、いったいいつからあなたのところに置いてあるのですか」

「数日まえだ」

「おやおや、すぐさま除《の》けるようにお命じなさい。その皿が目の前に置かれている状態では、私は坐るわけにはまいりません」

それで私は皿を下げるよう命じ、ヨハネにはその理由を聞いた。するとヨハネは答えたのである。

「オレンジは鼻血を出させるという特性を持っております。オレンジの匂いを嗅ぐとか、あるいは偶然によるとかで、オレンジの匂いを嗅ぎ続けねばならなかった人は、かならずと言ってよいほど鼻血を出し、時には死に至ることもあるのです。その場合、治す方法はありません」**（第二巻一九三話）**

1 —— Abū ʻAlī al-Ḥasan b. Muḥammad al-Anbārī. 第一巻二九話註6参照。

2 —— Abū Yūsuf Yaʻqūb al-Barīdī. 第一巻一六六話註5参照。

3 —— Abū Zakarīyā Yūḥannā. アフワーズに在住し、バリード家の実力者アブー＝アブドッラー＝バリーディー（第一巻四話註7参照）を診断した有能な医者。

1 —— Abū ʻAlī al-Ḥasan b. Muḥammad al-Anbārī. 第一巻二九話註6参照。

2 —— Abū Zakarīyā Yūḥannā. 前話註3参照。

ここまで来たか、あゝ疲れた

〔書記官の〕アブルカースィム＝サラウィー[*1]は私タヌーヒーに自作の詩を朗誦してくれた。

恋人との別離の日のように　なんと暑い日よ
競走馬の背のように激しく揺れながら駆け抜ける
まるで鼓動をどきどきさせる恋人の心臓のように
真夏の一団の騎手のなかで疲れ果ててしまった[*2]

（第二巻一九四話）

1 —— Abū l-Qāsim〔ʻUbayd Allāh b. Muḥammad〕al-Ṣarawī. タヌーヒーの情報源の一人で、詩に関係することが多い。書記官で詩人。

2 —— さまざまな逸話を取り上げ、急ぎ書き終えて、疲れ果てたと象徴する意図か。

ここでこの巻は終わる。

（パリ写本奥書）

本書の筆写をヒジュラ暦七三〇年ラジャブ月朔日（一三三〇年四月二〇日）金曜日に終える。

森本公誠
1934年生まれ。
東大寺長老。2004-2007年、東大寺第218世別当・華厳宗管長をつとめる。京都大学文学博士。イスラム史家として、同大学で長年にわたり研究・教育に従事。
(主要著訳書)
『初期イスラム時代 エジプト税制史の研究』(岩波書店。
　英訳 *The Fiscal Administration of Egypt in the Early Islamic Period*, Kyoto, 1981)
『イブン＝ハルドゥーン』(講談社学術文庫)
『善財童子 求道の旅――華厳経入法界品・華厳五十五所絵巻より』(朝日新聞社・東大寺)
『世界に開け華厳の花』(春秋社)
『聖武天皇――責めはわれ一人にあり』(講談社)
イブン＝ハルドゥーン『歴史序説』全4巻(訳、岩波文庫)
ほか。

イスラム帝国夜話 上　　タヌーヒー

2016年12月22日　第1刷発行
2018年 3 月15日　第2刷発行

訳　者　森本公誠《もりもとこうせい》

発行者　岡本　厚

発行所　株式会社 岩波書店
〒101-8002 東京都千代田区一ツ橋2-5-5
電話案内 03-5210-4000
http://www.iwanami.co.jp/

印刷・法令印刷　函・半七印刷/加藤製函　製本・松岳社

ISBN 978-4-00-061172-5　Printed in Japan